Tansania

Victoriasee
S. 233

Nördliches Tansania
S. 162

Zentral-Tansania
S. 224

Nordöstliches Tansania
S. 132

Sansibar-Archipel
S. 78

Westliches Tansania
S. 252

Daressalam
S. 52

Südliches Hochland
S. 271

Südöstliches Tansania
S. 305

Mary Fitzpatrick,
Stuart Butler, Anthony Ham, Paula Hardy

REISEPLANUNG

MASSAI-MÄDCHEN, NÖRDLICHES TANSANIA, S.162

NIGEL PAVITT/GETTY IMAGES ©

STONE TOWN, S.80

HELENA LOVINCIC/GETTY IMAGES ©

REISEZIELE IN TANSANIA

Inhalt

TANSANIA VERSTEHEN

PRAKTISCHE INFORMATIONEN

SPECIALS

Willkommen in Tansania

Wildtiere, Strände, Ruinen, der Kilimandscharo, freundliche Menschen, faszinierende Kulturen – all das und noch mehr ist Teil des Abenteuers, das ein Urlaub in Tansania bedeutet.

Traumhafte Tierwelt

Tansania ist das ultimative Ziel für Safari-Fans. Gnus trampeln über die Ebenen, Nilpferde drängen durch schlammige Wasserwege, Elefanten ziehen entlang saisonaler Wanderrouten und Schimpansen schwingen durch die Baumkronen. Überall im Land locken einzigartige Erlebnisse in reicher Natur: Eine Boot-Safari auf dem Rufiji im Wildreservat Selous führt vorbei an dösenden Krokodilen, im Nationalpark Ruaha heben sich die Silhouetten von Giraffen vor uralten Affenbrotbäumen ab, im seichten Wasser rund um Rubondo Island picken Vögel vor den Augen des reglosen Betrachters umher und im Ngorongoro-Krater kann man mit Löwen auf Tuchfühlung gehen.

Idyllische Strände

Tansanias Küste am Indischen Ozean ist märchenhaft, mit ihren ruhigen Inseln und verschlafenen Küstenorten voller uralter Suaheli-Geschichte. Hier fühlt man sich zurückversetzt in eine Zeit, als die ostafrikanische Küste Sitz der Sultane sowie ein Dreh- und Angelpunkt im Handel mit Persien, Indien und China war. Neben erholsamen Pulverstränden locken pastellfarbene Sonnenaufgänge, der entspannte Lebensrhythmus der Küste und Segelfahrten auf hölzernen Daus.

Kilimandscharo

Im Landesinneren erheben sich die anmutigen, bewaldeten Flanken des Kilimandscharo um einen imposanten, von Schnee bedeckten Gipfel: Afrikas höchste Erhebung zählt zu den größten freistehenden Bergen der Welt und lockt Tausende Gipfelstürmer auf schlammige Hänge, felsige Wege und rutschiges Geröll. Die Belohnung? Der Kick, am höchsten Punkt Afrikas zu stehen, Traumblick auf die Eisfelder und der Sonnenaufgang über den Ebenen weit unten.

Faszinierende Kulturen

Überall im Land bieten sich Gelegenheiten, Tansanias Menschen und Kulturen kennenzulernen. Neben Begegnungen mit rotgekleideten *Massai*-Kriegern und halbnomadischen Brabaig am Berg Hanang warten hiesige Mahlzeiten in herzlichem Ambiente und die Rhythmen traditioneller Tänze. Makonde-Schnitzer erwecken Holz zum Leben, während auf Märkten in den Usambara-Bergen geplaudert und verhandelt wird. Die Tansanier selbst machen mit ihrer Wärme und Höflichkeit sowie der Würde und Schönheit ihrer Kultur einen Besuch unvergesslich. Viele kehren zurück, um mehr zu erfahren – und werden von den meisten Tansaniern mit *karibu tena* (Willkommen zurück) begrüßt.

Dau, Sansibar (S. 80)

Warum ich Tansania liebe

Von Mary Fitzpatrick, Autorin

An Tansania liebe ich, dass es überall strahlend, farbenfroh und lebendig ist. Besonders schön ist die Morgendämmerung, wenn die aufgehende Sonne das kühle Grasland vergoldet, Kinder sich am Straßenrand auf den Schulweg machen und Verkäufer ihre Waren auslegen. Inmitten der Natur zeigt sich ein unheimlicher Überfluss: Hier begegnen sich riesige und winzige Tiere, Vögel jeder Farbe und Größe zwitschern und kreisen umher, Bäume und Pflanzen stehen in voller Blüte und die Landschaft ist bunt und vielfältig. Am meisten liebe ich jedoch die Gelassenheit, den Charme, die Würde und die Gastfreundschaft der Menschen.

Mehr zu unseren Autoren siehe S. 439

Tansania

0
200 km
NP Rubondo Island
Seeadler und Wasservögel erspähen (S. 245)
Nationalpark Serengeti
Die jährliche Migration der Gnus erleben (S. 201)
Ngorongoro-Krater
Zu Massen von Tieren in den Krater hinabsteigen (S. 192)
Nationalpark Tarangire
Wilde Elefanten und Flusslandschaften bestaunen (S. 182)
Kilimandscharo
Das Dach Afrikas erklimmen (S. 218)
Felsenkunst von Kondoa
Die rätselhaften Zeichnungen bestaunen (S. 228)
Usambara- & Pare-Berge
Wandern und das ländliche Leben kennenlernen (S. 149)
LEGENDE
NG Naturschutzgebiet
NP Nationalpark
NR Naturreservat
WR Wildreservat
Kampala
UGANDA
RUANDA
Kigali
BURUNDI
KENIA
Nairobi
Kisii
Isebania
Sirari
NR Masai Mara
Bologonya
Nkurungu
Mutukula
WR Ibanda
WR Rumanyika Orugundu
Bukoba
Victoriasee
Musoma
Mara
WR Ikorongo
Bunda
Ukerewe
NP Rubondo Island
Nansio
Speke Golf
Grumeti
Mwanza
WR Burigi
Rusumu-Wasserfälle
WR Biharamulo
Benako
Biharamulo
Ngara
Kobero
Kabanga
Muyinga
Lusahunga
Nyankanazi
Maswa
NP Serengeti
Natron-see
Ol Doinyo Lengai (2878 m)
Krater-Berge
NG Ngorongoro
Ngorongoro-Krater
Namanga
NP Kilimandscharo
NP Arusha
Kilimandscharo (5896 m)
Meru (4566 m)
Holili
Arusha
Moshi
Taveta
NP Lake Manyara
Makuyuni
Eyasi-See
Bukombe
Kahama
Shinyanga
Kitangiri-See
Mbulu
Ol Doinyo Sambu (1570 m)
Östlicher Bogen
Pangani
Pare-Berge
Kibondo
Babati
NP Tarangire
Hanang (3417 m)
Mombasa
4°S
NP Mkomazi
Manyovu
Nzega
Wembere-Moor
Massai-Steppe
NP Gombe
Kigoma
Kolo
Usambara-Berge
Horohoro
Pemba
Singida
Kondoa
Lushoto
Uvinza
Kaliua
Tabora
Mombo
Amani
Wete
Korogwe
Tanga
Chake Chake
Sagara-See
Malagarasi
Segara
Handeni
Pangani
Ugalla
WR Ugalla River
Sikonge
Manyoni
Mkata
Sansibar

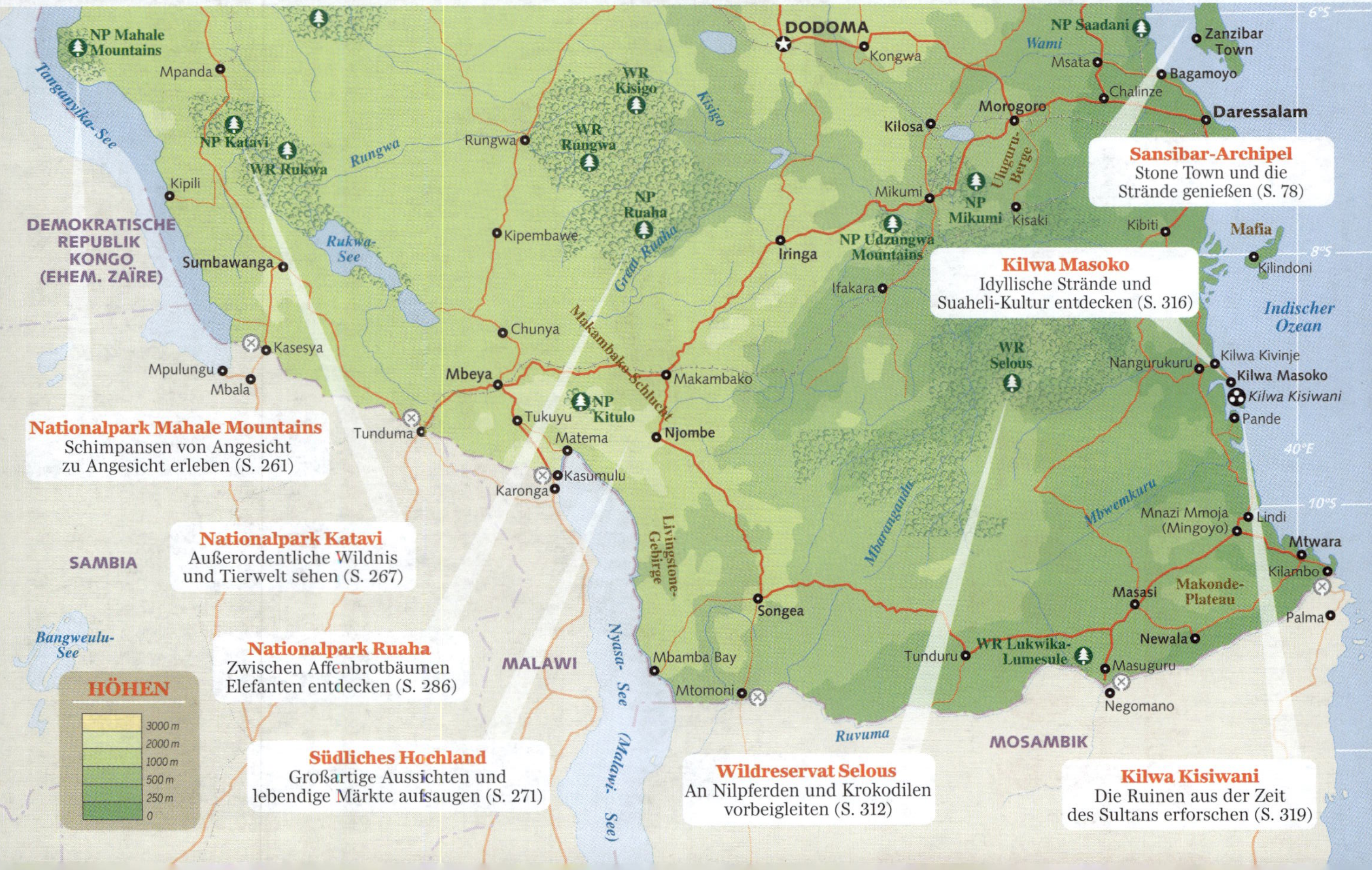

Nationalpark Mahale Mountains
Schimpansen von Angesicht zu Angesicht erleben (S. 261)
Nationalpark Katavi
Außerordentliche Wildnis und Tierwelt sehen (S. 267)
Nationalpark Ruaha
Zwischen Affenbrotbäumen Elefanten entdecken (S. 286)
Südliches Hochland
Großartige Aussichten und lebendige Märkte aufsaugen (S. 271)
Wildreservat Selous
An Nilpferden und Krokodilen vorbeigleiten (S. 312)
Kilwa Kisiwani
Die Ruinen aus der Zeit des Sultans erforschen (S. 319)
Kilwa Masoko
Idyllische Strände und Suaheli-Kultur entdecken (S. 316)
Sansibar-Archipel
Stone Town und die Strände genießen (S. 78)
HÖHEN
3000 m
2000 m
1000 m
500 m
250 m
0
DODOMA
Daressalam
Zanzibar Town
Bagamoyo
Chalinze
Msata
NP Saadani
Wami
Kongwa
Morogoro
Kilosa
Uluguru-Berge
Mikumi
NP Mikumi
Kisaki
Kibiti
Mafia
Kilindoni
Indischer Ozean
NP Udzungwa Mountains
Iringa
Ifakara
WR Selous
Nangurukuru
Kilwa Kivinje
Kilwa Masoko
Kilwa Kisiwani
Pande
Mbwemkuru
Mbarangandu
Mnazi Mmoja (Mingoyo)
Lindi
Mtwara
Kilambo
Palma
Makonde-Plateau
Masasi
Newala
WR Lukwika-Lumesule
Masuguru
Negomano
Tunduru
Songea
Ruvuma
MOSAMBIK
Mtomoni
Mbamba Bay
Livingstone-Gebirge
Nyasa-See (Malawi-See)
MALAWI
Njombe
Makambako
Makambako-Schlucht
NP Kitulo
Matema
Kasumulu
Karonga
Tukuyu
Mbeya
Chunya
Kipembawe
NP Ruaha
Great Ruaha
WR Kisigo
Kisigo
WR Rungwa
Rungwa
Tunduma
Kasesya
Mbala
Mpulungu
Sumbawanga
Rukwa-See
WR Rukwa
NP Katavi
Kipili
Mpanda
NP Mahale Mountains
Tanganyika-See
DEMOKRATISCHE REPUBLIK KONGO (EHEM. ZAÏRE)
SAMBIA
Bangweulu-See
6°S
8°S
10°S
40°E

Tansanias Top 10

1

Nationalpark Serengeti

1 Der Klang stampfender Hufe in der Serengeti kommt langsam näher und plötzlich stürmen Tausende Tiere in einer Staubwolke vorbei: Willkommen zur großen Gnuwanderung, einem der spektakulärsten Naturschauspiele der Welt. Trotz der Theatralik scheint die Zeit in dem Park der Superlative stehen geblieben zu sein. Löwen thronen majestätisch auf hohen Felsen, Giraffen schreiten graziös in den Sonnenuntergang und Krokodile sonnen sich an Flussufern. Die Wildtierbeobachtung ist zu jeder Jahreszeit großartig, man muss nur genug Zeit für die Attraktionen der Serengeti (S. 201) einplanen. Löwin

Sansibars Stone Town

2 Egal, ob es der erste oder der 50. Besuch ist – Sansibars Stone Town (S. 80) verliert nie seine exotische Note. Zuerst ist die Silhouette mit dem Turm von St. Joseph und dem Alten Fort zu sehen. Dann wandert man durch die engen Gassen, die an jeder Biegung eine Überraschung bereithalten: hier in nach Nelken duftenden Läden herumstöbern oder Männer in dem weißen kleidähnlichen *kanzu* beim *bao*-Spielen beobachten oder kunstvolle Hennazeichnungen auf den Händen von Frauen in *bui-bui* (schwarzer Tschador) bewundern. Der Rhythmus der Insel hat einen erfasst, sobald man das Festland hinter sich lässt.

ERICH SCHMIDT/IMAGEBROKER/CORBIS ©

2

PAUL HARRIS/GETTY IMAGES ©

Ngorongoro-Krater

3 An wolkenfreien Tagen beginnt der Zauber des Ngorongoro (S. 192) oben mit kühler Luft und dem großartigen Ausblick über den riesigen Krater. Der Abstieg führt in eine weite Ebene, gehüllt in Schattierungen von Blau und Grün, mit einer unvergleichlichen Dichte an afrikanischer Fauna. Wer ein ruhiges Plätzchen findet, kann sich dank einer ununterbrochen vorbeiziehenden Tierparade vor einem typisch ostafrikanischen Hintergrund leicht ins ursprüngliche Afrika zurückversetzen. So früh wie möglich losgehen, um so viel wie möglich zu sehen – und das Morgenlicht zu nutzen.

Kilimandscharo

4 Es ist schwer, dem Reiz des höchsten Bergs Afrikas – dem schneebedeckten Gipfel und der Aussicht auf die Ebenen – zu entgehen. Jedes Jahr nehmen Tausende die Besteigung in Angriff, wobei eine gute Akklimatisierung wichtige Voraussetzung für den Erfolg ist. Man kann den Kilimandscharo (S. 218) aber auch auf anderen Wegen erkunden: bei einer Tageswanderung durch die saftigen unteren Hänge die Kultur der hier lebenden Chagga kennenlernen oder an einem der zahlreichen Aussichtspunkte einen Sundowner genießen, mit dem Berg als Kulisse.

4

MICHAEL MELLINGER/GETTY IMAGES ©

TIM BEWER/GETTY IMAGES ©

Landleben

5 Wilde Tiere, ein schneebedeckter Gipfel, fantastische Strände und die Ruinen der Suaheli sind nur die Kulisse für Tansanias größten Schatz – seine Bevölkerung. Das Leben der Einheimischen ist sehr facettenreich und Kulturtourismusprogramme bieten Travellern die Möglichkeit, Massai zu begegnen, die Beerdigungstradition der Pare kennenzulernen und mit den Arusha einen Markttag zu erleben. Oder aber in den Usambaras durch Sambaa-Dörfer zu wandern und einem Makonde-Schnitzer in Daressalam bei der Arbeit zuzusehen. Wo auch immer man hinkommt – Tansanias faszinierende Kultur ist eine Entdeckung wert. Massai-Frauen

Strände & Tauchspots

6 Exotische Archipel, Seen im Landesinneren und über 1000 km Küstenlinie am Indischen Ozean: Tansanias Auswahl an Stränden ist überwältigend. Touristisch, aber dank weißem Sand, Palmen und tollen Tauchgründen dennoch großartig sind die in Sansibar. Pemba (S. 122) lockt mit ruhigen Buchten und spektakulären Tauchmöglichkeiten, ebenso das Festland nahe Pangani. Noch einsamer ist der äußerste Süden, zwischen Kilwa Masoko und der Grenze zu Mosambik, oder im Landesinneren der Tanganyika-See. Sansibar (S. 80)

Schimpansen aufspüren

7 Tiefe, schlammige Aufstiege und dichte Vegetation machen die Suche nach Schimpansen zu harter Arbeit. Die Mühen sind jedoch vergessen, wenn man einen Primaten erblickt. Die abgelegenen Parks in Tansanias Westen – Mahale Mountains (S. 261) und Gombe Stream (S. 260) – bieten die besten Möglichkeiten, den Tieren zu begegnen. Den Besuch am besten mit einer Safari im Nationalpark Katavi oder der Erkundung des Ufers des Tanganyika-Sees verbinden – ein unvergessliches Abenteuer abseits der ausgetretenen Pfade.

6

7

NIGEL PAVITT/GETTY IMAGES ©

DAVID FETTES/GETTY IMAGES ©

JOSON/GETTY IMAGES ©

Ruinen & Felsenmalerei

8 Geschichtsinteressierten wird in Tansania eine ganze Menge geboten. Die Ruine Kilwa Kisiwani (S. 319) – ein Unesco-Weltkulturerbe, erinnert an die Tage des Sultans und an die Handelsrouten, welche die Goldminen im Inland mit Persien, Indien und China verbanden. In der Großen Moschee glaubt man beinahe die Stimmen der vergangenen Jahrhunderte zu hören. Und die Felsenmalereien von Kondoa, die in den Hügeln von Irangi in Zentral-Tansania verstreut liegen, lohnen die schwierige Anreise. Große Moschee (S. 319), Kilwa Kisiwani

Wildreservat Selous

9 Das tropische Klima, die üppig grüne Vegetation und der mächtige Rufiji-Fluss unterscheiden das riesige Reservat (S. 312) grundlegend von Tansanias nördlichen Parks. Bei einer Boot-Safari vorbei an Palmyrapalmen, dösenden Nilpferden und herumtollenden Elefanten sollte man die vielen kleineren Sehenswürdigkeiten am Ufer – wie majestätische Schreiseeadler, stattliche Fischreiher und winzige weißbrüstige Bienenfresser – nicht übersehen. All diese Tiere sind Teil des täglichen Naturschauspiels in Afrikas größtem Wildreservat. Leopardin

Nationalpark Ruaha

10 Der raue, von Affenbrotbäumen übersäte Park (S. 286) beherbergt zusammen mit den umliegenden Schutzgebieten Tansanias größten Elefantenbestand. Ideal beobachten lassen sich die riesigen Dickhäuter, wenn sie bei Sonnenaufgang oder Sonnenuntergang, an das Ufer des schönen Großen Ruaha kommen, um in Gesellschaft von Nilpferden, Antilopen oder 400 verschiedenen Vogelarten einen Snack zu essen oder ein Bad zu nehmen. In Verbindung mit einem Besuch des Südlichen Hochlands eine unvergessliche Tansania-Reise. Elefant

Gut zu wissen

Weitere Informationen siehe S. 385

Währung

Tansanischer Schilling (TSh)

Sprachen

Suaheli und Englisch

Visa

Werden von den meisten Reisenden benötigt und am besten im Voraus oder an den größeren Flughäfen von Tansania beantragt. Prüfen, ob eine Gelbfieberimpfung verlangt wird.

Geld

Geldautomaten gibt es in allen größeren Städten; die meisten akzeptieren nur Visa und Mastercard. Auch beim Großteil der Nationalparks muss man mit Visa- oder Mastercard den Eintritt zahlen.

Handys

Lokale SIM-Karten können mit europäischen Handys genutzt werden. Andere Telefone müssen eine Roaming-Funktion haben.

Zeit

Ostafrikanische Zeitzone (GMT/UTC plus 3 Stunden)

Reisezeit

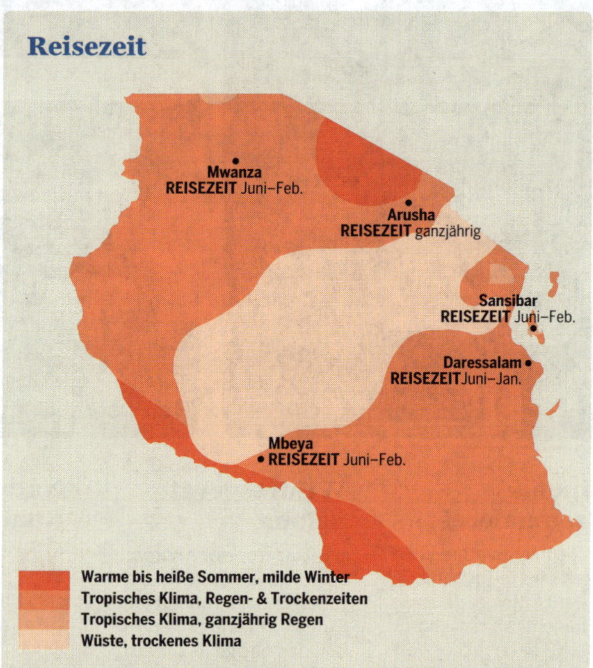

Hochsaison (Juni–Sept.)

- Das Wetter ist kühler und trockener.
- Hotels in beliebten Regionen sind ausgebucht; hohe Preise.
- Tierbeobachtung ist am einfachsten, da die Bäume nur spärlich belaubt sind und die Tiere sich an den versiegenden Wasserstellen sammeln.

Zwischensaison (Okt.–Feb)

- Es ist heiß, besonders von Dezember bis Februar.
- Ab Ende Oktober fallen die kurzen Regen (*mvuli*), und der *kusi* (saisonaler Passat) bläst.
- Hochsaisonpreise von Mitte Dezember bis Mitte Januar.

Nebensaison (März–Mai)

- Heftige Regenfälle machen Nebenstraßen matschig und manche Gebiete unerreichbar.
- Es regnet selten den ganzen und nicht jeden Tag. Die Landschaft ist saftig grün.
- Einige Hotels haben geschlossen; andere bieten Rabatte.

Nützliche Websites

Kamusi Project (www.kamusi.org) Ein lebendiges Suaheli-Wörterbuch

Lonely Planet (www.lonelyplanet.com/tanzania) Infos zum Reiseziel, Hotelbuchungen, Forum für Reisende und mehr

Tanzania Parks (www.tanzaniaparks.com) Hintergrundinformationen zu allen Nationalparks in Tansania

Tanzania Tourist Board (www.tanzaniatouristboard.com) Die offizielle Seite des TTB.

Zanzibar Tourism (www.zanzibartourism.net) Die offizielle Touristenseite von Sansibar

SafariBookings (www.safaribookings.com) Hervorragende Infoquelle zu Tansanias Parks und Wildtieren

Wichtige Telefonnummern

Festnetznummern bestehen aus sieben Ziffern plus Vorwahl; Handynummern haben sechs Ziffern und eine vierstellige Providernummer. Bei Ferngesprächen werden Ortsvorwahlen benötigt. Es gibt keine zentralen Telefonnummern für Polizei und Notruf.

Ländervorwahl	☎+255
Internationale Vorwahl	☎00

Wechselkurse

Europa	1 €	1990 TSh
Schweiz	1 CHF	1894 TSh
USA	1 US$	1838 TSh

Aktuelle Kurse sind nachzulesen unter www.xe.com/de.

Tagesbudget

Günstig: weniger als 50 €

- Camping pro Person: 5–10 €
- Bett im Hostel oder Budget-Gästehaus: 15–20 €
- Mahlzeit in einheimischem Restaurant: 3 €
- Bustickets: 5–30 €

Mittelteuer: 50–200 €

- Doppelzimmer in Mittelklassehotels: 50–200 €
- Mahlzeit im Restaurant: 10 €
- Mietauto pro Tag: 200 €

Teuer: Über 200 €

- Doppelzimmer in Luxushotels: ab 200 €
- Hochpreisige Safaripakete pro Tag und Person: ab 300 €
- Inlandsflüge pro Strecke: 100–350 €

Öffnungszeiten

Die Öffnungszeiten sind in der Regel wie folgt:

Banken und Behörden Mo–Fr 8–15 Uhr

Restaurants 7–9, 12–14.30 und 18.30–21.30 Uhr, in der Nebensaison kürzer

Geschäfte Mo–Fr 8.30–18, Sa 9–13 Uhr, Fr nachmittags oft während Gebeten in der Moschee geschlossen

Supermärkte Mo–Fr 9–18, Sa 9–16, So 10–14 Uhr

Ankunft in Tansania

Nyerere International Airport, Daressalam (S. 397) Taxis kosten 30 000 Tsh; 1 Std. bis ins Zentrum.

Kilimanjaro International Airport (S. 397) Taxis kosten 50 000–70 000 TSh, Shuttles der Airlines 10 000 TSh; 45 Minuten bis Moshi oder Arusha.

Zanzibar International Airport (S. 397) Taxis kosten 15 000 TSh; 15 Min. bis Sansibar Stadt

Überland Mit dem Bus nach/von Kenia, Uganda, Ruanda und Burundi. Am Grenzübergang kein Geld wechseln und Visa vor dem Grenzübertritt besorgen.

Unterwegs vor Ort

Die Entfernungen sind hier groß, deshalb sollte man sich auf wenige Gegenden konzentrieren.

Auto Zuverlässige Autovermieter wählen, von denen man Pannenhilfe erwarten kann. Nicht nachts fahren und den Fahrer ruhig bitten, das Tempo zu drosseln.

Bus Fahren gefährlich schnell und bieten minimalen Komfort. Am besten reist man frühmorgens – nie nachts – wählt einen Schattenplatz und behält sein Gepäck bei sich. Tickets am Vortag und nur in einem richtigen Verkaufsbüro kaufen, nicht bei einem Schlepper.

Schiff & Fähre Malerisch und entspannend, aber oft überfüllt und nur sehr einfach ausgestattet (Ausnahme sind die modernen Fähren nach Sansibar). Die 1. Klasse für die Fähren auf den Seen lange im Voraus buchen.

Zug Langsam und malerisch; Verspätungen sind üblich. Wasser und Verpflegung mitbringen; Abteile im Voraus buchen.

Mehr zum Thema **Unterwegs vor Ort** siehe S. 403

Wie wär's mit …

Tierwelt

Nationalpark Serengeti Ganzjährig schöne Möglichkeiten zur Wildbeobachtung – und die berühmte Gnuwanderung. (S. 201)

Ngorongoro-Krater Die steilen Felswände des uralten Kraters sind ein schöner Hintergrund für die vielfältige Tierwelt. (S. 192)

Nationalpark Tarangire Mehr als 3000 Elefanten sowie andere Zugtiere versammeln sich in der Trockenzeit, um aus dem Fluss Tarangire zu trinken. (S. 182)

Wildreservat Selous Herrliche Flusslandschaften, eine vielfältige Tierwelt und tolle Boot-Safaris. (S. 312)

Nationalpark Katavi Nilpferde, Büffel und andere kommen in der Trockenzeit zu den Wasserstellen des abgelegenen Parks. (S. 267)

Nationalpark Mahale Mountains Üppig grüne Berge erheben sich aus dem klaren Tanganyika-See und die Rufe der Schimpansen hallen durch den Wald. (S. 261)

Nationalpark Ruaha Zerklüftetes Flusspanorama und ein einzigartiger Tier-Mix, wie Elefanten und Wildhunde. (S. 286)

Nationalpark Mikumi Der leicht erreichbare Nationalpark bietet ganzjährig Möglichkeiten, die Tierwelt zu beobachten. (S. 276)

Nationalpark Arusha Der üppig grüne, malerische Park mit interessanter Tierwelt ist einen Tagestrip wert. (S. 181)

Strände & Inseln

Sansibar Türkisfarbenes Meer, die weißen Puderstrände, das Inselleben und Stone Town werden einen verzaubern. (S. 80)

Pangani Die Küste nördlich und südlich von Pangani zählt zu den schönsten und ruhigsten in ganz Tansania. (S. 140)

Mafia Die Suaheli-Hochburg lockt mit luxuriösen Refugien, tollen Schnorchelmöglichkeiten und Dau-Fahrten. (S. 307)

Tanganjikasee Weit abgeschieden und wunderschön, mit idyllischen Sandbuchten vor grünen Bergen. (S. 264)

Masoko Pwani Der lange, von Palmen gesäumte weiße Sandstrand ist eins der verborgenen Juwelen des Südostens. (S. 317)

Südöstliche Küste Verschlafen und geruhsam – diese Strände geben einen Einblick in das traditionelle Küstenleben. (S. 305)

Sange-Strand Dieser traumhafte, selten besuchte Sandstrand liegt versteckt zwischen Pangani und dem Nationalpark Saadani. (S. 137)

Nyasa-See Die ruhigen, von Bergen umgebenen Strände sind ideal für Familien und Trips abseits ausgetretener Pfade. (S. 298)

Pemba Hügelig, saftig grün, mit vielen Überraschungen, darunter versteckte Buchten, anspruchsvolle Tauchgründe und faszinierende Kultur. (S. 122)

Privatinsel Fanjove Dieses Paradies im Robinson-Crusoe-Stil bietet Küstenkultur, Erholung und Schnorcheln. (S. 321)

Trekking & Wandern

Kilimandscharo Auf Afrikas Dach wandern – oder auch die unteren Hänge kennenlernen. (S. 218)

Usambara-Berge Von Dorf zu Dorf, durch Pinien- oder Maisfelder – immer vor wunderschönem Panorama. (S. 149)

Meru Tansanias zweithöchster Gipfel. Ein lohnendes Ziel und eine gute Aufwärmübung für den nahen Kilimandscharo. (S. 178)

Krater-Hochland Mit einem Massai-Führer die zerklüftete Schönheit erleben. (S. 195)

Nationalpark Udzungwa Mountains Bewaldete Hänge, rasch fließende Gewässer, stürzende Wasserfälle und zehn Arten von Primaten. (S. 279)

Hanang Tansanias vierthöchster Gipfel bietet eine anspruchsvolle Tour und eine Einführung in die Kultur der Barabaig. (S. 231)

Nationalpark Kitulo Gut ausgerüstete Wanderer können dank weniger touristischer Einrichtungen in Ruhe die herrliche Landschaft erkunden. (S. 291)

Südliches Hochland Die Regionen um Tukuyu, Njombe und Iringa verfügen über viele schöne Wanderwege. (S. 271)

SEAN RUSSELL/GETTY IMAGES ©

Löwe, Nationalpark Serengeti (S. 201)

PAUL & PAVEENA MCKENZIE/GETTY IMAGES ©

Natronsee (S. 199)

Ruinen & Felsenmalerei

Kilwa Kisiwani & Songo Mnara Echos einer Zeit, als Kilwa (S. 319) und Songo Mnara (S. 320) Dreh- und Angelpunkte weitreichender Handelsnetzwerke bis nach Persien und in den Orient waren.

Bagamoyo Ruinen nahe Kaole und ein Reichtum an historischen Gebäuden dokumentieren die lange Geschichte des schläfrigen Städtchens Bagamoyo. (S. 134)

Pangani & Tongoni Einst wichtige Zentren an der Swahili-Küste, sind Pangani (S. 140) und Tongoni (S. 144) heute verfallen.

Mafia Die atmosphärischen Ruinen der Inseln Chole und Juani verweisen auf die Blütezeit der Shirazi-Ära. (S. 307)

Felsenmalereien Kondoa Letzte zum Unesco-Weltkulturerbe ernannte Stätte Tansanias. (S. 228)

Tauchen & Schnorcheln

Sansibar Eine Vielfalt an Fischen und anderen Lebewesen; auch die Wracks und Riffe vor Stone Town sind interessant. (S. 85)

Mnemba Vor dieser winzigen Privatinsel, gleich gegenüber von Matemwe auf Sansibar, kann man super schnorcheln. (S. 110)

Pemba Herausfordernde Tauchmöglichkeiten, aber auch lässiges Schnorcheln vor Misali. (S. 122)

Meerespark Mafia Island Tolle Korallen, viele Fische und kaum andere Taucher sind die Highlights dieses Parks. (S. 310)

Tanganjikasee Die klaren, tiefen Gewässer des Sees beherbergen viele Buntbarscharten. (S. 264)

Meeresreservat Maziwe Der winzige Strand vor Panganis Küste bietet Schnorcheln abseits des Touristentrubels. (S. 141)

Privatinsel Fanjove Bescheidene Insel mit tollen Schnorchel- und Tauchmöglichkeiten in unerforschten Gewässern. (S. 321)

Leibliches Wohl

Wildreservat Selous Schöne Lodges, deren Standort und Ambiente sich gegenseitig überbieten. (S. 312)

Nördliche Safari-Parks Tansanias nördliche Parks bieten schier unendliche Auswahl an Unterkünften, inner- und außerhalb der Parkgrenzen. (S. 164)

Ngorongoro-Krater In einer der exklusiven Lodges mit Blick auf den Krater oder das Hochland von Karatu übernachten. (S. 192)

Nationalpark Ruaha Zahlreiche komfortable Camps und Lodges. Am besten in jeder ein paar Nächte verbringen. (S. 286)

Mafia Die ruhige Insel hat viele einzigartige Lodges, in denen man es sich mit tollem Essen und wundervoller Aussicht aufs Meer gut gehen lassen kann. (S. 307)

Sansibar-Archipel Die Inseln bieten jede Menge komfortabler Unterkünfte, etwa die Mnemba Island Lodge vor der Küste von Matemwe, das Kisiwa House in Stone Town und die Unguja Lodge in Kizimkazi. (S. 78)

Budgetreisen

Eine Budgetreise ist eine großartige Möglichkeit, ins lokale Leben vor Ort einzutauchen.

Usambara-Berge Durch die Hügellandschaft wandern und den Wandermärkten der Einheimischen folgen. (S. 149)

Lokales Essen genießen In ein *hoteli* (lokale Wirtschaft) einkehren und die traditionelle Küche kosten. (S. 382)

Busreisen Busfahrten kosten den Bruchteil eines Mietwagens und öffnen die Augen für das Leben der Einheimischen. (S. 405)

Kirchengesang Sonntags sind die Gottesdienste lang, aber der Gesang ist großartig. (S. 54)

MS Liemba Mit der historischen Fähre über den Tanganjikasee – ein echtes Stück Afrika. (S. 264)

Cultural Tourism Programs Von Kommunen organisierte, sehr preiswerte Programme, die viel über das Leben und die Kultur vor Ort vermitteln. (S. 170)

Pare-Berge Einfach wandern oder auch einheimische Traditionen kennenlernen. (S. 157)

Ruaha Cultural Tourism Program Mit den Massai Viehherden hüten und traditionelle Kochkurse besuchen. (S. 287)

Südliches Tansania Die südlichen Hochlandgebiete (S. 271) und die Südostküste (S. 305) sind ideal für Budgetreisende.

Vogelbeobachtung

Nationalpark Rubondo Island Diese ruhige Inselgruppe mit ihrem Reichtum an Wasservögeln ist eine erstklassige Adresse zur Vogelbeobachtung. (S. 245)

Naturreservat Amani Der Bergwald von Amani ist reich an einzigartigen Vogelarten. (S. 150)

Wildreservat Selous Die Ufer des Flusses Rufiji sind mit Vogelnestern bedeckt, und auch die Zuflüsse bieten hervorragende Vogelbeobachtung. (S. 312)

Northern Safari Circuit Die nördlichen Parks beherbergen eine große Zahl an Vogelarten; ein besonderes Highlight ist der Manyara-See. (S. 164)

Udzungwa-Berge Ein weiteres gutes Ziel; hier leben einige endemische Arten wie das Udzungwa-Rebhuhn sowie viele Sumpfvögel. (S. 279)

Natronsee Mit seinen Millionen Flamingos wirkt dieser See wie aus einer anderen Welt – nicht verpassen! (S. 199)

Nationalpark Mkomazi Außergewöhnlicher Park bei Dindera Dam mit tollen Möglichkeiten zur Vogelbeobachtung. (S. 160)

Außergewöhnliche Orte

Tanganjikasee Auf der MS *Liemba* zum Nationalpark Mahale Mountains (S. 261) oder mit dem Seetaxi zum Nationalpark Gombe Stream (S. 260) reisen.

Westliches Tansania Tabora (S. 254) besuchen und bei einer Safari im Nationalpark Katavi (S. 267) einen Einblick in Tansanias Wilden Westen erhalten.

Nyasasee Am Ufer abhängen, in einem Einbaum-Kanu durch den See paddeln oder einen Töpfermarkt besuchen. (S. 298)

Südliches Hochland Die Hügel um Mbeya und Njombe entdecken, im Nationalpark Kitulo wandern gehen und in Iringa relaxen. (S. 271)

Südöstliches Tansania In die Geschichte des Landes eintauchen, mit Stopps in Mafia, Kilwa, Mikindani, Lindi und Mtwara. (S. 305)

Pangani An traumhaften Stränden entspannen, Ruinen besuchen und einen Bootstrip nach Sansibar machen. (S. 140)

Nationalpark Saadani Bei einer Safari in diesem Park gleichzeitig das Beste von Steppe und Strand erleben. (S. 136)

Victoriasee Insel-Hopping im Nationalpark Rubondo Island, oder die Uferstädte Bukoba und Musoma besuchen. (S. 233)

Eyasi-See Die unwirkliche Landschaft um den See sowie die Jäger- und Sammler Tradition der Hadzabe kennenlernen. (S. 191)

Monat für Monat

TOP-EVENTS

Gnuwanderung in der Serengeti, April–August

Festival of the Dhow Countries, Juli

Sauti za Busara, Februar

Wildtierbeobachtung in der Trockenzeit, Juli–Oktober

Kalbungszeit der Gnus, Februar

Januar

Fast überall ist es heiß – besonders an der Küste. In den meisten Gebieten ist es trocken, auch auf dem Kilimandscharo; diese trockene, warme Saison von Dezember bis Februar ist für einen Aufstieg ideal.

Februar

Es bleibt heiß, aber in einigen Landesteilen regnet es; dies bedeutet: grüne Landschaften, Blumen und viele Vögel.

Sauti za Busara

Dreitägiges Festival mit Musik und Tanz rund um die traditionelle und moderne Kultur der Suaheli (www.busaramusic.org). Das genaue Datum und der Veranstaltungsort wechseln.

Kalbungszeit der Gnus

In der südlichen Serengeti werden täglich bei einem der größten Naturschauspiele über 8000 Gnus geboren. Allerdings sterben etwa 40 Prozent davon, bevor sie vier Monate alt sind.

Orchideen im Nationalpark Kitulo

Die Blüten von Orchideen (mehr als 40 Arten sind bekannt), Iris, Geranien und vielen anderen Wildblumen bedecken die Hochebene von Kitulo im Südlichen Hochland von Tansania. Hier ist jetzt die regnerische, matschige Zeit – aber abgehärtete, gut ausgestattete Wanderer werden belohnt.

Kilimandscharo-Marathon

Diese Marathonveranstaltung am Fuße des Kilimandscharo (www.kilimanjaromarathon.com) ist etwas für diejenigen, denen das Klettern auf den Gipfel nicht reicht; der Termin ist im Februar oder März, Start und Ziel in Moshi. Es gibt auch einen Halbmarathon und einen 5-km-Spaßlauf.

März

Jetzt ist Regenzeit, aber dennoch regnet es nicht jeden und selten den ganzen Tag. Einige Hotels haben geschlossen, aber viele, die geöffnet haben, bieten Nebensaison-Rabatte – und Reisende sind in vielen Regionen alleine unterwegs.

Nyama-Choma-Festival

Laut eigener Beschreibung das „größte Grillfestival Ostafrikas" und der perfekte Ort, um tansanische Spezialitäten zu probieren, die von den besten Köchen auf unterschiedlichste Weise zubereitet werden. Dieses „Wettfuttern" findet mehrmals pro Jahr in Daressalam statt (www.facebook.com/nyamachomafest).

April

Der Regen lässt in einigen Gegenden allmählich nach, generell ist das Klima aber noch ziemlich feucht. Grüne Landschaften, Wildblumen und Vögel, dazu immer noch Nebensaison-Preise, machen diese Zeit für eine Reise attraktiv – wenn sich der Matsch umgehen lässt.

Start der Gnuwanderung

Die Gnus – bis jetzt weit über die südliche Serengeti und die westlichen Ausläufer des Ngorongoro-Schutzgebiets verteilt – beginnen, Herden zu bilden, die aus Tausenden Tieren bestehen und sich auf der Suche nach Futter Richtung Norden und Westen aufmachen.

Juni

Mit Ende der Regenzeit wird die Luft in Tansania klar und die Landschaft beginnt langsam auszutrocknen. Es kühlt deutlich ab gegenüber den Vormonaten.

Gnuwanderung in der Serengeti

Wenn die südliche Serengeti auszutrocknen beginnt, machen sich riesige Gnuherden auf der Suche nach Futter auf in Richtung Nordwesten; auf ihrer Route durchqueren sie den Grumeti. Der Zeitpunkt für die Durchquerung des Flusses (die ungefähr eine Woche dauert) variiert von Jahr zu Jahr und liegt irgendwo zwischen Mai und Juli.

Wohltätige Ziegenrennen Daressalam

Tansanias Antwort auf das britische Ascot-Rennen, nur dass hier der ganze Erlös gespendet wird. Wer eine Ziege sponsert, kann an den Festivitäten teilnehmen (www.goatraces.com). Die Daten variieren.

Juli

Der kühle, trockene Juli ist der Beginn der Hauptsaison mit höheren Preisen (und größeren Gruppen) für Safaris und Lodges. Es ist die optimale Zeit für die Wildtierbeobachtung, mit einer spärlichen Vegetation und Tieren, die sich an den versiegenden Wasserstellen versammeln.

Festival of the Dhow Countries

Ein zweiwöchiges Fest mit Tanz-, Musik-, Film- und Literaturdarbietungen. Die Künstler stammen aus Tansania und anderen Ländern am Indischen Ozean. Kernstück der Veranstaltung ist das Zanzibar International Film Festival (www.ziff.or.tz), das Anfang Juli an unterschiedlichen Orten im Sansibar-Archipel stattfindet.

Wildtierbeobachtung in der Trockenzeit

Da Flüsse und Ströme jetzt landesweit ausgetrocknet sind, versammeln sich die Tiere an den verbliebenen Wasserstellen; hier sind jetzt große Herden u.a. von Elefanten zu sehen. Die Parks Katavi und Tarangire lohnen sich besonders für Wildtierbeobachtung in der Trockenzeit im Juli und August.

Mwaka Kogwa

Dieses manchmal laute viertägige Festival Ende Juli findet zur Feier des Nairuzim (Neujahr der Schirazi) statt. Die schönsten Feierlichkeiten sind in Makunduchi auf Sansibar.

August

Das trockene Wetter setzt sich fort – ebenso die Gnuwanderung in der Serengeti. Nun ist überall die beste Zeit für Wildtierbeobachtung.

Durchquerung des Flusses Mara

Im August (oft auch früher) durchqueren die Gnus den Fluss Mara, um ins kenianische Masai Mara zu gelangen – ein spektakuläres Ereignis. Von dort wandern sie in Erwartung der nächsten Regenfälle wieder Richtung Süden.

Oktober

Im ganzen Land ist das Wetter meist trocken, in höher gelegenen Städten blühen überall lavendelfarbige Trompetenbäume, manchmal regnet es auch. Es ist immer noch eine gute Zeit für die Wildtierbeobachtung – jetzt sind nämlich nicht so viele Mitgucker dabei wie im Juli und August.

Makuya Cultural Arts Festival

Bei diesem zweitägigen Kulturfestival (http://makuyafestival.blogspot.com), das meist im September oder Oktober gefeiert wird (es gibt keinen festen Termin), werden traditionelle Tänze und Trommelrhythmen der südtansanischen Makonde, Makua und Yao gezeigt.

Bagamoyo Arts Festival

Eine etwas unorganisierte, aber faszinierende Woche mit traditioneller Musik, Tanz, Theater, Akrobatik, Dichterlesungen und mehr (www.bagamoyofestival.weebly.com), veranstaltet

Wanderung der Gnus in der Serengeti (S. 208).

Frauen in traditioneller Kleidung beim Mwaka Kogwa (S. 91), Makunduchi.

vom College of Arts in Bagamoyo; es treten lokale und überregionale Künstler auf. Der Zeitpunkt ändert sich jedes Jahr.

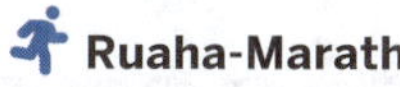

Ruaha-Marathon

Zwei Fliegen mit einer Klappe schlagen kann man durch die Teilnahme an dem Lauf in bzw. rund um Iringa. Er ist Fitness-Check und Sightseeingtour im südlichen Hochland in einem. Es gibt auch Wettkämpfe für Läufer mit Behinderung. Das Datum variiert.

November

Steigende Temperaturen werden gemildert mit dem Beginn der Mangoernte. In dieser Zeit kommt es nun auch in einigen Gebieten zu kurzen Regenschauern. Es ist immer noch eine gute Zeit zu reisen – vor der touristischen Hochsaison.

Dezember

Die Winterferien und heißes, aber trockenes Wetter sorgen für steigende Besucherzahlen. Dies ist die beste Zeit, um den Kilimandscharo zu besteigen und mit den Gnus der südlichen Serengeti auf Tuchfühlung zu gehen.

Swahili Fashion Week

Nirgendwo sind mehr ostafrikanische Designer vertreten (www.swahilifashionweek.com) als auf dieser Modenschau. Das Spektakel findet jedes Jahr im Dezember statt.

Reiserouten

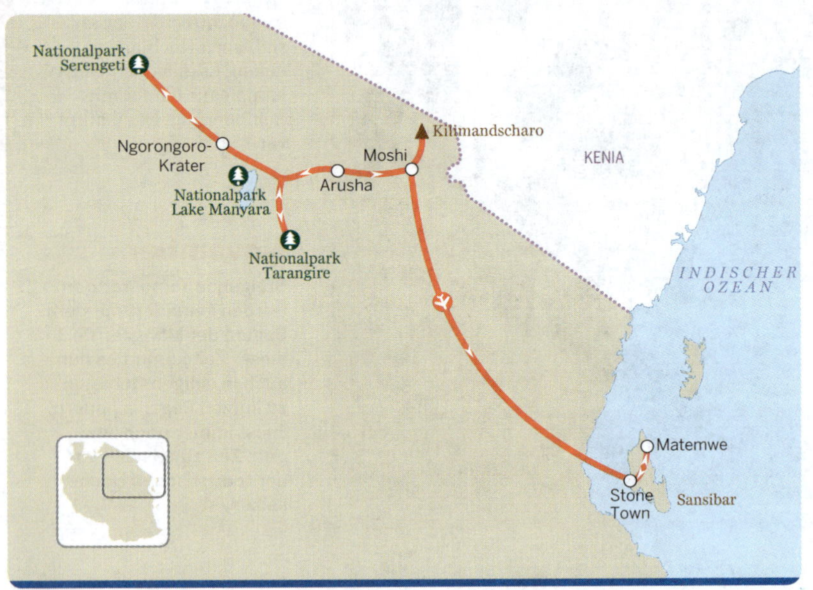

Tansanias Greatest Hits

Diese Route kombiniert Wildtierbeobachtung und Trekking mit herrlichen Stränden und den „Gewürzinseln“. Auf dieser Strecke ist viel los, deshalb gibt es auch zahlreiche Möglichkeiten zum Übernachten und Essen.

Nach der Landung auf dem Flughafen Kilimanjaro International geht's in der ersten Woche von **Arusha** in einige der nördlichen Parks. Der **Ngorongoro-Krater** und der **Nationalpark Serengeti** bieten viele Wildtiere, man kann den Ngorongoro aber auch mit dem **Nationalpark Lake Manyara** und dem **Nationalpark Tarangire** verbinden. Alternativ fährt man nach **Moshi** und macht eine Trekkingtour auf den **Kilimandscharo**. Ob man nun ausgiebig Tiere beobachten oder eine Bergtour machen will, die Umgebung von Arusha und Moshi hält zahlreiche Möglichkeiten zum Wandern und für kulturelle Aktivitäten bereit, wenn man anschließend noch ein paar Tage mehr Zeit hat.

Die zweite Woche beansprucht weniger Energie. Man fliegt von Moshi oder Arusha nach **Sansibar** und verbringt dort drei bis vier Tage mit der Erkundung von **Stone Town**. Den Rest der Zeit relaxt man an den Inselstränden – das gesegnete **Matemwe** erfüllt alle Träume von idyllischem weißen Sand. Zurückfliegen kann man von Sansibar oder dem nahen internationalen Flughafen Daressalam.

Südliches Hochland & Westliches Tansania

Das Südliche Hochland zählt zu Tansanias landschaftlich schönsten Regionen. Besonders reizvoll ist es für Urlauber, die genügend Zeit und Abenteuerlust mitbringen. Es lässt sich auch gut eine Reise durch das entlegene westliche Tansania anschließen.

Von **Daressalam** geht's für kulturelle Streifzüge oder Wanderungen ins lebhafte **Morogoro**, oder man fährt in den **Nationalpark Mikumi**, wo es viele Wildtiere zu sehen gibt. Anschließend kann man im **Nationalpark Udzungwa Mountains** einige Tage damit verbringen, die steilen, saftig bewachsenen Hänge zu erwandern und das nahe Kilombero-Gebiet zu entdecken. Alternativ fährt man von Mikumi nach **Iringa**, eine entspannte Ausgangsbasis für einen zwei- oder dreitägigen Abstecher in den **Nationalpark Ruaha**. Danach geht es weiter über die Autobahn Tanzam nach **Mbeya**. Unterwegs laden mehrere bezaubernde Orte zum Entspannen und Entdecken ein.

Die Stadt Mbeya ist zwar nicht so schön wie Iringa, dafür bietet die Umgebung einiges: Die hübschen Berge rund um **Tukuyu** sind ideal zum Wandern, ebenso wie die Gegend um den Lake Nyasa, wo man auch Kanu fahren kann; **Matema** mit seinen reizvollen Stränden ist eine gute Basis.

Hier sollte man sich Zeit lassen und die ersten drei Wochen der Reise verbringen. Die verbleibende Zeit reicht für den Rückweg und für ein paar Tage Aufenthalt auf den Inseln **Sansibar** oder **Mafia**.

Wer noch mehr Abenteuer möchte, fährt von Mbeya Richtung Westen über **Sumbawanga** zum **Nationalpark Katavi**. Dieser Park verdient mindestens zwei Tage, besonders in der Trockenzeit, wenn sich die Wildtierbeobachtung hier wirklich lohnt. Wieder kehrtmachen und runter geht's die Böschung nach **Kipili** am Tanganjikasee, um einige Tage zu relaxen, bevor einen die MS *Liemba* zu den Schimpansen im **Nationalpark Mahale Mountains** oder nach **Kigoma** bringt. Vielleicht schließt man noch eine Übernachtung im nahen **Nationalpark Gombe Stream** an. Von Kigoma geht's per Zug, Bus oder Flugzeug zurück nach Daressalam. Alternativ fährt man von Kigoma nach **Mwanza** und zum Victoriasee, und von dort weiter in die **Serengeti** und nach **Arusha**.

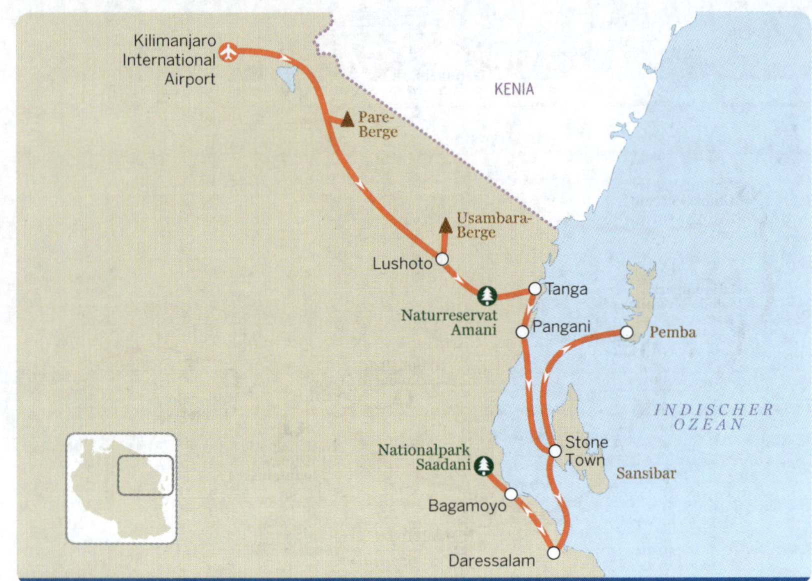

4 WOCHEN

Nordöstliches Tansania

Der Nordosten Tansanias ist von den Flughäfen Kilimanjaro sowie Daressalam leicht erreichbar und bietet viele gute Verkehrsverbindungen und Unterkünfte für jedes Budget. Neben einer herrlichen Mischung aus Stränden, Kultur, historischen Sehenswürdigkeiten und Busch hat er eine praktische Lage zwischen den Wildtierparks des Northern Circuit, dem Kilimandscharo im Norden und Westen und dem Sansibar-Archipel im Osten. Diese Reiseroute lässt sich deshalb gut mit „Tansanias Greatest Hits" verbinden.

Vom **Kilimanjaro International Airport** fährt man nach Südosten zu den **Usambara-Bergen** um **Lushoto**. Bei Wanderungen lässt sich spektakuläres Bergpanorama genießen, womit man leicht bis zu einer Woche Zeit verbringen kann. Botaniker und Vogelbeobachter können die Reise zum **Naturreservat Amani** in den östlichen Usambaras fortsetzen; hier gibt es kühle Waldwanderwege, nachts ein ganzes Insekten-Orchester und eine ehemalige medizinische Forschungsstation. Wer mehr Zeit hat und gern abseits ausgetretener Pfade reist, kann einen Abstecher in die **Pare-Berge** machen, um dort zu wandern und die Kultur der Pare kennenzulernen, bevor es nach Lushoto weitergeht.

Aus den Bergen fährt man Richtung Osten in die Küstenstadt **Tanga**, eine der schönsten des Landes dank ihrer entspannten Atmosphäre, breiten Straßen voller Fahrräder, nahen Stränden und vielen Ausflugsmöglichkeiten. Zudem ist sie das Tor zur Region **Pangani**, deren ruhige Küstenlinie und lange Geschichte viele Reisende länger festhält als geplant.

Sansibar ist von Pangani aus direkt auf der anderen Kanalseite (hier und da ist an klaren Tagen die Nordspitze der Insel sichtbar) und regelmäßig per Flugzeug oder Boot erreichbar. Dort angekommen, erkundet man **Stone Town**, entspannt an den Stränden und fährt vielleicht bis nach **Pemba** für eine echte Abwechslung. Im Anschluss an den Besuch auf dem Archipel erreicht man auf dem Luft- oder Seeweg leicht **Daressalam**. In dieser überfüllten, quirligen Stadt sollte man mindestens ein paar Tage verweilen, um alle Sehenswürdigkeiten abzuklappern, die vielen guten Restaurants zu genießen, zum Abschluss noch etwas zu shoppen und vielleicht sogar in der Nähe das historische **Bagamoyo** zu besuchen oder (mit etwas mehr Zeit) den kleinen **Nationalpark Saadani**.

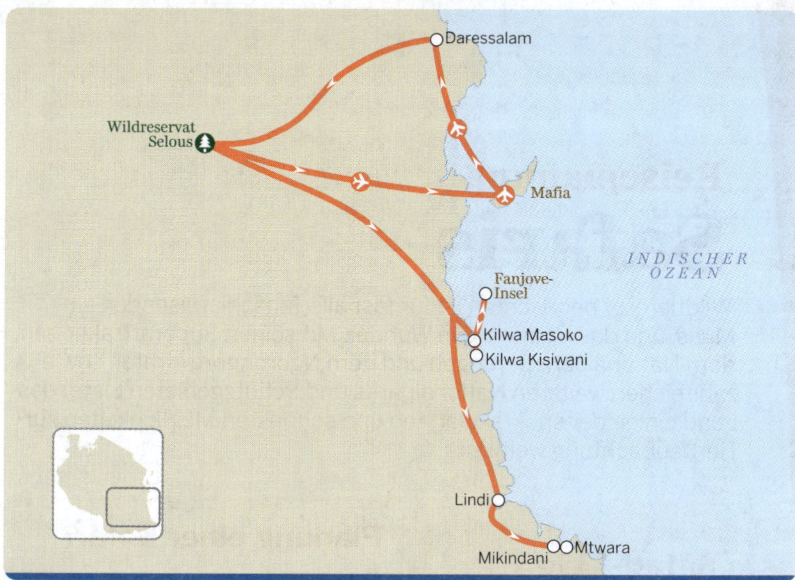

Selous, Mafia & Umgebung

Diese Tour ist ideal, um einen kurzen Eindruck von Tansanias Tierwelt und den Stränden abseits der üblichen Route Northern Circuit–Sansibar zu bekommen. Für die reine Kombination Selous–Mafia braucht man zehn Tage, und für ausgedehntere Reisen, die auch nach Kilwa und Mikindani weiter im Süden führen, sind bis zu vier Wochen erforderlich.

Zunächst genießt man in **Daressalam** für ein paar Tage die Restaurants und Kunsthandwerksläden. Wonder Workshop und Mwenge Carvers Market sind zwei Highlights. Daneben locken noch ein Museumsbesuch und eine geführte Kulturtourismustour.

Von Daressalaam fahren täglich Busse zum **Wildreservat Selous**, aber die Strecke ist lang und anstrengend. Als Alternativen gibt es noch einen langsamen Zug und tägliche Flüge. Das Selous ist ein wunderbares Wildreservat – für uns das schönste in Tansania. Es lohnt sich, hier mindestens drei oder vier Tage zu verbringen, um die hübschen Lodges, die Boot-Safaris, die Wildtiere und die erstaunlichen Klänge der Nacht zu genießen – besonders die grunzenden Nilpferde im Fluss Rufiji.

Von Selous kann man täglich zur Insel **Mafia** direkt vor der Küste fliegen. Hier lassen sich die letzten Tage in einer der wunderschönen Lodges mit Tauchen und Schnorcheln verbringen, und man bekommt vielleicht Walhaie zu Gesicht. Oder man segelt zu einigen kleineren Inseln, um die faszinierende Suaheli-Kultur und die lange Geschichte des Archipels kennenzulernen. Von Mafia starten täglich Flüge zurück nach Daressalam.

Abenteuerlustige Traveller mit mehr Zeit und Sinn für Ungewöhnliches können vom Wildreservat Selous (oder von der Festlandküste gegenüber von Mafia) leicht Richtung Süden nach Kilwa und Mikindani weiterreisen. Ein oder zwei Tage lässt es sich gut in dem kleinen verschlafenen Nest **Kilwa Masoko** aushalten, das als Sprungbrett zu den berühmten Ruinen in **Kilwa Kisiwani** direkt vor der Küste dient. Von Kilwa Masoko lohnt auch ein Ausflug zur nahen **Insel Fanjove**. Sie hat eine bezaubernde Lodge und lässt sich gut mit Mafia und Kilwa kombinieren. Nach der Erkundung der Region Kilwa fährt man mit dem Bus nach Süden über **Lindi** in die Region **Mtwara**. Ihr Highlight ist **Mikindani** mit Kokosnussplantagen und einer ereignisreichen Geschichte.

Reiseplanung

Safaris

Wildtiere zu beobachten ist für fast alle Tansaniareisenden ein Muss, und das ist auch kein Wunder. Mit seinen Superattraktionen, dem Nationalpark Serengeti und dem Ngorongoro-Krater, sowie zahlreichen weiteren Nationalparks und Schutzgebieten bietet das Land einige der spektakulärsten und schönsten Möglichkeiten zur Tierbeobachtung weltweit.

Beste Safari-Ziele

Menschenaffen
Nationalpark Mahale Mountains
Nationalpark Gombe Stream

Elefanten
Nationalpark Tarangire, Wildreservat Selous

Raubtiere
Nationalpark Serengeti, Nationalpark Ruaha

Ausgefallene Safaris
Nationalpark Katavi, Nationalpark Rubondo Island

Vogelbeobachtung
Nationalpark Lake Manyara, Nationalpark Serengeti, Nationalpark Rubondo Island, Wildreservat Selous

Aktiv-Safaris
Nationalpark Lake Manyara, Nationalpark Kilimandscharo, Nationalpark Udzungwa Mountains

Schönste Parks in der Trockenzeit
Nationalpark Katavi, Nationalpark Tarangire, Nationalpark Ruaha, Wildreservat Selous

Schönste Parks in der Regenzeit
Nationalpark Serengeti, Nationalpark Kitulo

Planung einer Safari

Buchung

Eine Tour in die nördlichen Nationalparks lässt sich am besten von Arusha aus organisieren. Veranstalter in Mwanza bieten darüber hinaus Safaris in die westliche Serengeti an. Für die südlich gelegenen Nationalparks gibt es zwar keine vergleichbare Drehscheibe, doch die meisten auf den Süden spezialisierten Veranstalter sitzen in Daressalam. Wer unabhängig und günstig nach Gombe und in die Mahale-Berge reisen möchte, sollte Kigoma als Ausgangsbasis wählen. Fast alle gehobenen Safaris in diese Nationalparks und nach Katavi werden von Arusha aus als vorgefertigte Package-Touren oder – für Mahale und auch Katavi – per Flugzeug als Zusatzprogramm zu einer Ruaha-Safari angeboten. Ein Besuch des Nationalparks Rubondo Island ist am besten von Mwanza oder Bukoba aus zu organisieren.

Es ist üblich und auch anzuraten, eine Safari bereits vor der Ankunft in Tansania zu buchen, vor allem während der Hauptsaison in viel besuchten Gegenden. Obwohl eine im Voraus gebuchte Safari auf dem Billigsektor wahrscheinlich etwa fünf bis zehn Prozent mehr kostet, lassen sich dadurch unangenehme Safari-Vermittler umgehen. Sie sind zwar nicht generell unseriös, aber viele sind ziemlich aggressiv, schmierig oder beides, und ihre Beharrlichkeit kann echt lästig werden. Außerdem bedeutet Vorbuchung, dass man weniger Bargeld oder Reiseschecks mitnehmen muss.

Wer seine Safari dennoch vor Ort organisieren möchte, sollte sich Zeit nehmen, die Angebote prüfen und keinesfalls übereilt abschließen.

Normalerweise werden größere Probleme wie z. B. eine Autopanne durch Zusatzzeiten ausgeglichen. Wenn das nicht möglich ist (z. B. weil ein Weiterflug erreicht werden muss), zahlen seriöse Veranstalter für einen Teil der verlorenen Zeit Geld zurück. Für „kleinere" Probleme wie etwa geplatzte Reifen oder Ähnliches gibt's allerdings keine Entschädigung. Parkgebühren werden nicht zurückerstattet. Wer betrogen wurde, sollte Regressansprüche sowohl beim **Tanzania Tourist Board** (TTB; www.tanzaniatouristboard.com) als auch bei der **Tanzanian Association of Tour Operators** (TATO; www.tatotz.org) geltend machen. Die Polizei ist selten hilfreich; es ist unwahrscheinlich, dass geleistete Zahlungen wieder auftauchen.

Kosten

In den Preisen der meisten Safari-Veranstalter sind Eintritt, Unterkunft oder Zeltmiete, die Hin- und Rückfahrt zum Nationalpark sowie die Fahrten innerhalb des Parks enthalten. Bevor Geld auf den Tisch gelegt wird, müssen jedoch die genauen Bedingungen geklärt sein. Getränke (Alkohol/Softdrinks) sind in der Regel nicht inklusive, viele Unternehmen stellen jedoch eine Flasche Wasser pro Tag. Auf die Kosten für billige Campingsafaris wird meist eine Miete für Schlafsäcke aufgeschlagen (5 US$ pro Tag bis 30 US$ pro Tour). Wer ausschließlich die Unterkunft bucht, muss mit zusätzlichen Kosten für Fahrten, Boot-Safaris oder Wanderungen zur Wildbeobachtung rechnen. Normalerweise sind zwei solcher „Aktivitäten" pro Tag bei einer jeweiligen Dauer von zwei bis drei Stunden zu schaffen. Die Kosten beginnen bei etwa 30 US$ pro Person und Ausflug und steigen bis auf ca. 250 US$ pro Tag für den Wagen und eine Tour in den Park.

Günstige Safaris

Die meisten Safaris im Budgetbereich sind Camping-Safaris. Um die Kosten so gering wie möglich zu halten, zelten die Gruppen häufig außerhalb des Nationalparks (wobei man allerdings die schönste Zeit zum Beobachten von Tieren am frühen Morgen verpasst), um Parkeintritt und Campinggebühren zu sparen, oder übernachten in preiswerten Gästehäusern. Viele Billigunternehmen sparen auch am Personal: Sie sind mit größeren Gruppen unterwegs, um die Transportkosten pro Person zu senken, und bieten nur einfache Mahlzeiten an. Bei den meisten Billig- und Mittelklasse-Safaris gelten tägliche Kilometerbeschränkungen.

Die Preise für eine Billig-Safari mit einem registrierten Unternehmen liegen zwischen 150 und 200 US$ pro Person und Tag. Es lohnt sich, eigene Getränke mitzubringen, vor allem Wasser in Flaschen ist innerhalb und in der Nähe der Nationalparks sehr teuer. Auch Snacks, Verpflegung und Toilettenpapier sind teuer – wer einen Vorrat mitführt, spart viel Geld. In der Nebensaison ist es oft möglich, Lodge-Safaris zu buchen, die nur wenig teurer sind als Camping-Safaris.

Mittelteure Safaris

Die Leistungen der meisten Mittelklasse-Safaris schließen Lodges mit einem komfortablen Zimmer und Essen im Restaurant ein. Generell sind Safaris in

TRINKGELD

Das Trinkgeld ist ein wichtiger Bestandteil der Safarikosten, insbesondere für Fahrer, Guides, Köche und andere, deren Auskommen von Trinkgeld abhängt. Es fällt immer zusätzlich zum eigentlichen Preis der Safari an. Viele Veranstalter schlagen die Höhe eines angemessenen Trinkgeldes vor – ungefähr 10 bis 15 US$ pro Gruppe und Tag für den Fahrer und/oder Guide sowie 10 US$ pro Gruppe und Tag für den Koch. Die Summe erhöht sich für Luxusklasse-Safaris oder wenn eine besonders gute Leistung erbracht worden ist. Es ist nie verkehrt, sich großzügig gegenüber denen zu zeigen, die eine Safari durch ihre Arbeit zum unvergesslichen Erlebnis machen. Wenn es möglich ist, sollte das Trinkgeld dem Angestellten, bei dem man sich bedanken möchte, persönlich übergeben werden.

dieser Kategorie komfortabel, zuverlässig und ihren Preis wert, obwohl manche an Pauschalreisen oder Fließbandabfertigung erinnern. Wer Safari-Unternehmen und Unterkünfte sorgfältig auswählt, kann dieses Risiko minimieren. Auch die Zahl und Art der Mitreisenden sollte man berücksichtigen und große, beliebte Lodges in der Hauptsaison meiden. Die Preise für eine Mittelklasse-Lodge-Safari rangieren zwischen 200 und 300 US$ pro Person und Tag.

Luxus-Safaris

Veranstalter von Luxus-Safaris bieten ihren Gästen mit privaten Lodges, Luxus-Zeltcamps und manchmal Flugcamps ein persönliches und möglichst authentisches Buscherlebnis, ohne dass sie dabei auf Komfort verzichten müssen. Für einen Preis von 300 bis 600 US$ oder auch mehr pro Person und Tag dürfen sie sämtliche Annehmlichkeiten sowie eine erstklassige Führung erwarten. Selbst in entlegenen Gebieten, wo es kein fließendes Wasser gibt, kommt heißes Wasser aus Duschen im Buschstil, gibt es bequeme Betten und feines Essen. Zudem ist die Betreuung sehr persönlich und die Atmosphäre oft sehr intim: Viele Lodges oder Camps dieser Kategorie haben weniger als 20 Betten.

Reisezeit

Safaris sind in der Trockenzeit (Ende Juni bis Oktober) angenehmer. Außerdem lassen sich die Tiere dann in vielen Nationalparks an Wasserlöchern und Flüssen einfacher beobachten und das dünnere Laub bietet bessere Sicht auf die Tiere. Entsprechend liegt die Hauptsaison in der Trockenzeit: Lodges und Camps sind voll belegt, und die Preise erreichen Spitzenwerte. Einige Lodges und Camps, vor allem im Wildreservat Selous und den Nationalparks im Westen, schließen meist im April für einen Monat.

Unabhängig davon hängt die beste Zeit für eine Safari natürlich davon ab, welche individuellen Interessen man hat. Vogelbeobachtung lohnt sich vor allem in der Regenzeit ab November/Dezember bis in den April. Zum Wandern in der Wildnis eignet sich die Trockenzeit am besten.

Grundsätzlich sollte der Nationalpark für die Wildbeobachtung nach der Jahreszeit ausgesucht werden. So sind etwa weite Teile von Katavi nur während der Trockenzeit zugänglich; in der Regenzeit schließen die meisten Camps ihre Tore. Der Nationalpark Tarangire ist zwar das ganze Jahr hindurch geöffnet, lohnt den Besuch aber vor allem in der Trockenzeit, wenn die Tierwelt um ein Vielfaches reichhaltiger ist als zu anderen Zeiten des Jahres. In der Serengeti hingegen sind die Tierbestände in der Trockenzeit relativ niedrig, aber immer noch spektakulär. Erst in der feuchten Jahreszeit sammeln sich die gewaltigen Herden von Gnus im südöstlichen Teil des Parks, bevor sie auf ihre

CHECKLISTE: AN ALLES GEDACHT?

- ☐ Qualitativ hochwertiger Schlafsack (für Camping-Safaris)
- ☐ Moskitocreme/-spray
- ☐ Regenkleidung für Reisen während der Regenzeit
- ☐ Sonnenbrille und Sonnencreme
- ☐ Kamera (mit großer Speicherkarte)
- ☐ Ausreichend Kontaktlinsenlösung und Ersatzlinsen, falls nötig (da der Staub die Augen reizt)
- ☐ Moskitonetz (wird in vielen Fällen gestellt; es schadet aber nichts, ein eigenes mitzunehmen)
- ☐ leichte Kleidung (lange Ärmel und Hosenbeine) in gedeckten Farben, Kopfbedeckung und feste, bequeme Schuhe (für Wander-Safaris)
- ☐ Bestimmungsbücher (vier Top-Titel: *The Kingdon Field Guide to African Mammals* von Jonathan Kingdon; *The Safari Companion – A Guide to Watching African Mammals* von Richard Estes; *Birds of Kenya and Northern Tanzania* von Dale Zimmerman, Donald Turner und David Pearson; und *Field Guide to the Birds of East Africa* von Terry Stevenson und John Fanshawe)

jährliche Wanderung nach Norden und Westen gehen. Dagegen zeigen sich in der Trockenzeit viel eher Löwen und andere Raubkatzen. Wer seine Safari zeitlich an bestimmten Ereignissen wie der Gnuwanderung in der Serengeti ausrichten möchte, sollte sich darüber im Klaren sein, dass der Beginn von Regen-/Trockenzeiten variiert und nur schwer genau vorauszusagen ist.

Im Nationalpark Lake Manyara, in den Schutzgebieten außerhalb und im Nationalpark Tarangire sind auch Nachtfahrten erlaubt – Letztere allerdings nur für Gäste bestimmter Lodges.

Safari-Arten

Auto-Safari

In vielen Nationalparks erlauben die Parkregeln nur Auto-Safaris. In den nördlichen Parks ist für Auto-Safaris ein „geschlossenes" Fahrzeug vorgeschrieben, also ein Auto mit geschlossenen Seiten, aber fast immer gibt's eine Öffnung im Dach, sodass man für eine bessere Aussicht aufstehen und fotografieren kann. Manchmal ist die Öffnung eine simple Luke, die aufgeklappt oder abgenommen wird. Besser sind Hebedächer, die weiterhin Schatten spenden. Im Wildreservat Selous, in einigen der südlichen Parks und im Nationalpark Katavi sind auch Safaris in offenen Wagen gestattet. Dies sind meist hohe Fahrzeuge mit zwei oder drei versetzt angebrachten Sitzen und einer Plane über dem Dach. An den Seiten und hinten sind sie völlig offen. Wer die Wahl hat, sollte offene Fahrzeuge vorziehen: Sie sind geräumiger und bieten freie, fast ungehinderte Sicht. Am ungünstigsten sind Minibusse, die vor allem im Norden gelegentlich eingesetzt werden. Sie nehmen zu viele Fahrgäste mit und üblicherweise ist die Dachluke zu klein, sodass immer nur einige gute Sicht haben. Die Passagiere auf den mittleren Sitzen sehen nur sehr wenig.

Für alle Fahrzeugtypen gilt jedoch: Es sollte nicht überfüllt sein. Wer stundenlang dicht gedrängt auf holprigen Straßen fährt, kann eine Safari nicht mehr genießen. Die meisten Preise für Safaris basieren auf Gruppen von drei bis vier Fahrgästen, was in den meisten Wagentypen noch ausreichend Komfort garantiert. Manche Unternehmen setzen aber fünf oder sechs Fahrgäste in einen normalen Geländewagen. Die damit erzielten, minimalen Einsparungen entschädigen nicht für das erhebliche Mehr an Unbequemlichkeit.

Wander-Safari

Im Wildreservat Selous und den Nationalparks Ruaha, Mikumi, Katavi, Tarangire, Lake Manyara, Serengeti und Arusha sind Wander-Safaris zu den „Großen Fünf" möglich. Mehrere Parks – insbesondere Kilimandscharo, Udzungwa Mountains, Mahale Mountains und Gombe Stream – sind ausschließlich zu Fuß zu besichtigen. Im Nationalpark Rubondo Island werden kurze Wanderungen angeboten.

Meist bestehen die Wander-Safaris aus relativ kurzen, ein- bis zweistündigen Wanderungen, gewöhnlich am frühen Morgen oder späten Nachmittag. Die Touren enden im Hauptlager, der Lodge oder auch in einem Flugcamp. Die Wanderstrecken sind eher kurz; man bewegt sich langsam und bleibt stehen, wenn Tiere zu beobachten sind oder der Guide eine Fährte aufspürt. Einige Wander-Safaris werden innerhalb der Parks oder Reservate veranstaltet, andere in angrenzenden Gebieten mit vergleichbaren Lebensräumen und Wildtieren. Im Ngorongoro-Krater, der Serengeti und im Wildreservat Selous sind auch mehrtägige Wanderungen möglich.

Alle Wanderungen finden in Begleitung eines bewaffneten Guides statt; man sollte unbedingt in seiner unmittelbaren Nähe bleiben.

Boot- & Kanu-Safari

Der bei Weitem beste Ort für eine Safari mit dem Boot ist der Fluss Rufiji im Wildreservat Selous. Bootsfahrten sind zwar auch auf dem Wami möglich, dem Grenzfluss des Nationalparks Saadani, sie bieten aber längst keine so vielfältige Natur wie der Selous. Im Nationalpark Arusha können Kanu-Safaris auf den Momela Lakes und bei ausreichendem Wasserstand auch auf dem Lake Manyara unternommen werden.

Reiserouten

Bei den großen Entfernungen in Tansania wäre es ein verhängnisvoller Fehler, zu viele Ziele in die Reiseroute zu packen.

Alles, was nach der stressigen Reise von Park zu Park bleibt, ist Erschöpfung und das unbefriedigende Gefühl, nicht einmal an der Oberfläche gekratzt zu haben. Viel besser ist es, „nur" einen oder zwei Parks zu besuchen, dafür aber dort so viel wie möglich von der Natur zu sehen. Auch Wanderungen sowie das Kulturerlebnis jenseits der Parkgrenzen sind empfehlenswert.

Northern Circuit

Der Nationalpark Arusha (S. 181) eignet sich am besten für einen Tagesausflug, während Tarangire (S. 182) und Lake Manyara (S. 187) zusammen leicht als Trip mit Übernachtung ab Arusha erreichbar sind. Eigentlich müsste man allen Parks mehr Zeit widmen, um ihnen gerecht zu werden. Für eine halbwöchige Tour sollte nur einer der nördlichen Parks oder der

WAHL DER SAFARI

Obwohl der Preis bei der Safari-Planung ausschlaggebend sein kann, gibt es andere ebenso wichtige Gesichtspunkte:

- **Ambiente** Wird in oder in der Nähe des Nationalparks übernachtet? Wer ziemlich weit außerhalb wohnt, versäumt die guten Tierbeobachtungsstunden am frühen Morgen und späten Nachmittag. Hat die Umgebung Atmosphäre? Ist eine große Lodge oder ein kleines privates Camp besser?
- **Ausrüstung** Mittelmäßige Fahrzeuge und Ausrüstung können das Gesamterlebnis erheblich trüben. In der Tat sind mangelhafte Ausrüstung oder Fahrzeuge und fehlende Vorräte für den Notfall sogar ein echtes Sicherheitsrisiko.
- **Anfahrt und Aktivitäten** Wer sich nicht für stundenlange Fahrten in einem Geländewagen über holprige Straßen begeistern kann, sollte Parks und Lodges auswählen, in die man einfliegen kann. In Gegenden, die Wandertouren und Boot-Safaris bieten, geht's am schnellsten raus aus dem Auto und rein in den Busch.
- **Guides** Ein guter Fahrer/Guide kann für das Gelingen der Safari entscheidend sein. Möglicherweise bezahlen Low-Budget-Veranstalter ihr Personal unfair; solche Guides sind wahrscheinlich schlecht motiviert oder haben wenig Ahnung.
- **Kommunales Engagement** Empfehlenswert sind Veranstalter, die nicht nur ein Lippenbekenntnis zum Ökotourismus ablegen, sondern sich engagieren und eine dauerhafte Verbindung zu den Gemeinden haben, in denen sie arbeiten. Sie sind nicht nur kulturell verantwortungsbewusster, sondern vermitteln auch ein authentischeres und intensiveres Erlebnis.
- **Das Programm bestimmen** Einige Fahrer glauben, dass sie von einer guten „Sichtung" zur nächsten rasen müssen. Wer lieber an einem strategisch günstigen Ort verweilen und abwarten möchte, was vorbeizieht, sollte das mit seinem Fahrer besprechen. Wer in wilder Verfolgungsjagd ausschließlich hinter den „Big Five" her ist, rast sehr wahrscheinlich an vielen Schätzen der Wildnis vorbei.
- **Außerplanmäßiges** Auf dem Northern Circuit halten die Fahrer meist unterwegs an Souvenirläden. Das bringt ihm zwar die oft sehr notwendige Pause am Steuer, doch die meisten Läden geben den Fahrern auch Provisionen, wenn sie Kunden bringen, und das bedeutet, dass vielleicht mehr Zeit beim Einkauf von Souvenirs verbracht wird, als vereinbart war. Wer nicht daran interessiert ist, sollte dies gleich zu Anfang mit dem Fahrer besprechen, idealerweise noch im Büro des Veranstalters.
- **Weniger ist mehr** Wenn die Veranstalter Gruppen zusammenstellen, sollte man sich informieren, wie viele Personen mitfahren, und versuchen, die Reisegefährten noch vor Reisebeginn kennenzulernen.
- **Spezialinteressen** Wer primär Vögel beobachten möchte oder andere Sonderwünsche hat, bucht am besten eine private Safari bei einem spezialisierten Veranstalter.

Safari-Fahrzeug

Giraffenbeobachtung, Nationalpark Serengeti (S. 201)

TIPPS ZUR BEOBACHTUNG VON WILDTIEREN

- Die größten Chancen, ein schwarzes Nashorn zu erspähen, hat man am Ngorongoro-Krater. Die hier lebenden Tiere sind an Fahrzeuge gewöhnt, während sie sonst in Tansania sehr scheu und nur in entlegenen Gegenden heimisch sind.
- Grüne Meerkatzen verraten die Gegenwart eines Raubtieres. Hört man ihr aufgeregtes Gekreisch, braucht man nur in dieselbe Richtung zu blicken wie sie.
- Während der Trockenzeit von Juli bis Oktober gibt's im Nationalpark Tarangire die besten Möglichkeiten zur Tierbeobachtung in Tansania. Über 3000 Elefanten und andere wandernde Tiere kommen hierher, um am Fluss Tarangire zu trinken.
- Hunderttausende Flamingos bieten im Nationalpark Lake Manyara ein großartiges Spektakel. Allerdings sind sie nicht immer anzutreffen, da sie mit wechselndem Wasserstand von See zu See ziehen.
- Ein Fernglas von sehr guter Qualität gehört unbedingt zur Ausrüstung. Am besten schon zu Hause vor der Abreise gründlich üben, weil einige Tiere, vor allem Vögel, nicht sitzen bleiben und warten, bis man gelernt hat, mit dem Fernglas umzugehen.

– David Lukas, Wildtierexperte

Ngorongoro-Krater zusammen mit entweder Lake Manyara oder Tarangire gewählt werden. Für die Serengeti lohnt es sich, wenigstens eine Strecke zu fliegen, weil die Anfahrt von Arusha einen ganzen Tag dauert. Eine Woche reicht zwar gerade aus für die klassische Kombination von Lake Mayara, Tarangire, Ngorongoro und Serengeti, es ist aber besser, sich auf nur zwei oder drei der Parks zu konzentrieren. Bereits die Serengeti allein oder in Kombination mit dem Ngorongoro-Krater erlaubt spannende Tierbeobachtungen für eine ganze Woche. Viele Veranstalter bieten eine dreitägige Standardtour zum Lake Manyara, Tarangire und Ngorongoro an, oder eine vier- bis fünftägige Tour mit der Serengeti. Die Entfernungen zum Ngorongoro und zur Serengeti sind jedoch weit, und die Tour hinterlässt allzu oft das Gefühl, dass zu viel Zeit vertan wurde, um von Park zu Park zu eilen, anstatt zwischendrin zur Ruhe zu kommen und Natur und Landschaft auf sich wirken zu lassen.

Außer diesen eher konventionellen Reiserouten gibt es unzählige weitere Möglichkeiten, die Wildtierbeobachtung mit Besuchen in anderen Gebieten zu verbinden. So könnte man beispielsweise eine Auto-Safari im Ngorongoro-Krater unternehmen, dann den Ol Doinyo Lengai (S. 198) besteigen oder irgendwo im Ngorongoro-Wildschutzgebiet (S. 194) eine Trekking-Tour machen. Zur Entspannung bietet sich eine Lodge in Karatu oder der Eyasi-See an. Eine gute Alternative dazu wäre eine Fahrt um den Victoriasee mit dem Besuch des Nationalparks Rubondo Island (S. 245), kombiniert mit der westlichen Serengeti.

Southern Circuit

Wer nur ein paar Nächte eingeplant hat, kann die Nationalparks Mikumi (S. 276) und Saadani (S. 136) von Daressalam aus gut erreichen. Drei bis vier Tage wären ideal für das Wildreservat Selous (S. 312) oder für den Nationalpark Ruaha (S. 286), wenn man fliegt. Die Nationalparks Mikumi und Udzungwa Mountains (S. 279) eignen sich für eine kombinierte Safari und Wanderung. Empfohlene einwöchige kombinierte Touren schließen Selous und Ruaha sowie Ruaha und Katavi im Westen ein. In beiden Fällen erlebt man sehr abwechslungsreiche Landschaften und Wildtierbestände. Seit es eine Flugverbindung gibt, wird die Kombination von Ruaha mit Katavi immer beliebter. Das erweiterte Flugnetz, das die südlichen und westlichen Parks mit der Küste verbindet, macht längere Reisen möglich, auf denen eine Erholungszeit an der Küste oder auf den Inseln mit Safaris in Ruaha, Mahale und/oder Katavi kombiniert wird. Empfohlen wird auch die Strand-Busch-Kombination Nationalpark Selous mit Mafia oder Sansibar.

Westliche Parks

Allein für den Nationalpark Katavi (S. 267) sollte man mindestens zwei bis drei Tage vorsehen. Wer sechs bis sieben Tage Zeit hat, kann Katavi prima mit Mahale (S. 261) kombinieren. Viele der Flugsafari-Programme sind um diese Route herum aufgebaut. Ideal wären sieben Extratage zum Relaxen am Tanganjikasee. Katavi lässt sich auch leicht und lohnend mit Ruaha verbinden. Auch die Kombination Ruaha-Katavi-Mahale ist gut machbar; dafür sind aber mindestens neun bis zehn Tage empfehlenswert. Für Gombe Stream (S. 260) sollte man sich zwei Tage freihalten. Abenteuerlustige Reisende könnten auch noch den Rubondo Island Park in die Route durch die westlichen Parks einbauen; mindestens zwei Tage für die Insel einplanen.

Andere Gebiete

Der Nationalpark Mkomazi (S. 160) ist ein faszinierender Ort für Vogelliebhaber, etwa auf einer Reiseroute von Daressalam oder der nordöstlichen Küste nach Arusha und

EINEN VERANSTALTER WÄHLEN

Wer einen Safari- oder Trekking-Veranstalter sucht, insbesondere, wenn's günstig sein soll, kann nicht vorsichtig genug sein.

- Persönliche Empfehlungen einholen und mit möglichst vielen Leuten sprechen, die kürzlich von einer Safari oder einer Wanderung zurückgekehrt und mit dem in Betracht gezogenen Unternehmen gereist sind.
- Skeptisch bei Preisangaben sein, die zu gut klingen, um wahr zu sein, und keine voreiligen Abschlüsse tätigen, auch wenn sie sich noch so gut anhören. Wenn sich angeblich andere Gäste bereits eingeschrieben haben, verlangen, sie sprechen zu dürfen.
- Vermittler, die außerhalb eines Büros Bargeld einfordern, sind unseriös. Das gilt auch für „letzte" Angebote an Bushaltestellen oder bei „Vermittlern", die ins Hotelzimmer kommen.
- Die „Black List" des Tanzania Tourist Board's Information Centre (TTB; S. 175) in Arusha einsehen – wobei dies nicht unbedingt das letzte Wort ist. Das TTB und die **Tanzanian Association of Tour Operators** (TATO; ☎027-250 4188; www.tatotz.org) führen Listen lizensierter Anbieter. TATO ist zwar nicht sehr einflussreich, aber wer mit einem ihrer Mitglieder auf Safari geht, hat zumindest die Möglichkeit, Regressansprüche zu stellen, falls Probleme auftreten.
- Legitimierte Veranstalter sollten das Original ihrer gültigen TALA (Tourist Agents Licensing Authority)-Lizenz vorlegen können – das ist ein von der Regierung ausgestelltes Dokument, ohne das der Veranstalter nicht berechtigt ist, Touristen in Nationalparks zu bringen. Für Tierparks ist die Bezeichnung als Tour- oder Safari-Veranstalter auf der Lizenz ausreichend; für Kilimandscharo-Wanderungen ist eine TALA-Bergsteigerlizenz erforderlich. Vorsicht ist geboten, wenn es heißt, das Original sei im „Hauptbüro" in Daressalam oder sonstwo im Lande.
- Ein Unternehmen mit eigenen Fahrzeugen und Ausrüstungen wählen. Wenn Bedenken bestehen, keine Anzahlung leisten, bis man am Morgen der Abfahrt das Fahrzeug gesehen hat. Es kommt vor, dass ein Veranstalter ein recht gutes Fahrzeug zeigt, aber am nächsten Tag mit einem schlechteren ankommt.
- Die Reiseroute im Detail durchgehen und bestätigen lassen, was auf jeder Etappe der Tour erwartet wird und geplant ist. Darauf achten, dass die Anzahl der Tierbeobachtungsfahrten pro Tag und alle anderen Einzelheiten im Vertrag aufgeführt sind. Nie vergessen, dass Safari-Wettbewerber zwar die gleichen Routen anbieten können, sich aber wesentlich in der Betreuung unterscheiden. Der Vertrag darf keinen Kundentausch vorsehen, sonst landet man eventuell bei dem Veranstalter, den man gerade meiden wollte.
- Immer wieder tauchen Scheinfirmen auf, die unter denselben Namen operieren wie Veranstalter in diesem oder anderen Reiseführern. Geschäftskarten oder Websites können täuschen; sie reichen nicht aus zur Legitimierung.

zum „Northern Circuit“. Der Nationalpark Kitulo (S. 291) lässt sich in Reiserouten im Gebiet von Mbeya-Tukuyu einbauen oder man kann ihn von Iringa aus besuchen. Tauchen im Meerespark Mafia Island (S. 310) ist ohne Probleme mit einem Aufenthalt auf der Insel Mafia zu kombinieren.

Selbst organisierte Safaris

Es ist natürlich durchaus auch möglich, die Parks – unabhängig von einem Safari-Veranstalter – mit dem eigenen Auto zu besuchen. Dazu sollte man aber in Tansania wohnen oder das Land gut kennen und sehr viel Erfahrung mit Fahrten im Busch, Reifenwechsel und Reparaturen haben. Die Kostenersparnis wird durch einen Veranstalter mehr als aufgewogen, der die gesamte Logistik übernimmt.

Für fast alle Parks und Schutzgebiete ist ein Fahrzeug mit Allradantrieb erforderlich. Zu den Eintrittspreisen im Park kommen 40 US$ pro Tag als Gebühr für Autos mit ausländischem Kennzeichen (20 000 TSh für Fahrzeuge mit tansanischem Kennzeichen). Sofern nicht in den Parkvorschriften vorgesehen, braucht man keinen Guide. Aber es wird empfohlen, einen Begleiter mitzunehmen, der die Gegend und die besten Beobachtungspunkte kennt.

Da in den Parks keine Tankmöglichkeiten zur Verfügung stehen – außer, sehr teuer, im Seronera Valley in der Serengeti –, muss genügend Treibstoff mitgeführt werden.

Autovermietungen gibt es in Daressalam, Arusha, Mwanza, Karatu und Mto wa Mbu. Manchmal kann auch vor dem Nationalpark Katavi ein Auto gemietet werden. In den übrigen Nationalparks und Schutzgebieten gibt es keine Autovermietungen.

Veranstalter

Die folgenden Veranstalter haben sich auf den Northern Circuit spezialisiert:

Northern Circuit

Access2Tanzania (www.access2tanzania.com; Budget- bis Mittelklasse) Kundenorientierte Reiserouten mit kommunalen Schwerpunkten.

Africa Travel Resource (ATR; www.africatravelresource.com; Mittel- bis Spitzenklasse) Webbasierter Veranstalter, der Safaris nach den jeweiligen Wünschen seiner Kunden zusammenstellt; die Website bietet hervorragende Hintergrundinformationen.

African Scenic Safaris (www.africanscenicsafaris.com; Mittelklasse) Das kleine Familienunternehmen hat sich auf Safaris auf dem Northern Circuit und Wanderungen auf den Kilimandscharo spezialisiert.

Anasa Safaris (www.anasasafari.com; Spitzenklasse) Maßgeschneiderte Auto-Safaris auf dem Northern Circuit. Der Veranstalter betreibt außerdem Lodges in den Nationalparks Mkomazi, Lake Eyasi und Victoriasee.

Base Camp Tanzania (Karte S. 166 f.; www.basecamptanzania.com; Mittelklasse) Safaris und Trekkingtouren auf dem Northern Circuit.

Duma Explorer (www.dumaexplorer.com; Budget- bis Mittelklasse) Safaris im Norden Tansanias, Wanderungen auf dem Kilimandscharo und dem Meru sowie Kulturreisen.

Hoopoe Safaris (Karte S. 166 f.; www.hoopoe.com; India St.; gehobene Mittelklasse) In die Gemeinden integrierte luxuriöse Camping- und Lodge-Safaris in den nördlichen Parks und eigene Zeltlager am Lake Manyara sowie mobile Camps in der Serengeti.

IntoAfrica (www.intoafrica.co.uk; Mittelklasse) Bietet Fair-Trade-Kultursafaris und Wanderungen in Nordtansania an; darunter auch eine siebentägige Wildnis- und Kultur-Safari im Gebiet der Massai.

Lake Tanganyika Adventure Safaris (www.safaritourtanzania.com; Mittelklasse) Abenteuer-Safaris vorwiegend in den Parks von Katavi und Mahale Mountains sowie am Tanganjikasee.

Maasai Wanderings (www.maasaiwanderings.com; Mittelklasse) Safaris und Wanderungen in Nordtansania.

Nature Discovery (www.naturediscovery.com; Mittelklasse) Safaris in die nördlichen Parks, Wanderungen auf den Kilimandscharo, den Meru und im Krater-Hochland.

Peace Matunda Tours (www.peacematunda.org; Budgetklasse) Kulturwanderungen und -touren rund um Arusha sowie Wildtiersafaris auf dem Northern Circuit.

Roy Safaris (Karte S. 166 f.; www.roysafaris.com; Serengeti Rd; gehobene Mittelklasse) Preiswerte bis halbluxuriöse Camping-Safaris auf dem Northern Circuit und preislich angemessene Luxus-Lodge-Safaris sowie Wanderungen am Kilimandscharo und Meru; sie sind für ihre erstklassigen Tourenfahrzeuge bekannt.

Safari Bookings (www.safaribookings.com; alle Preiskategorien) Die Website zur Planung von Safaris bietet eine große Übersicht verschiedener Anbieter sowie eine Vielzahl an Informationen über die Nationalparks in Tansania.

Safari Makers (Karte S. 166 f.; www.safarimakers.com; Budgetklasse) Schlichte Camping- und Lodge-Safaris sowie Wanderungen in den nördlichen Parks.

Shaw Safaris (www.shawsafaris.com; Mittelklasse) Safaris für Selbstfahrer auf dem Northern Circuit.

Summit Expeditions & Nomadic Experience (www.nomadicexperience.com; gehobene Mittelklasse) Hervorragend geführte Wanderungen auf den Kilimandscharo, dazu Fahrrad- und Wandertouren sowie Kulturausflüge in den unteren Bergregionen und maßgeschneiderte Wildtier-Safaris auf dem Northern Circuit.

Tanzania Journeys (www.tanzaniajourneys.com; Mittelklasse) Auto-, Aktiv- und Kultur-Safaris in den nördlichen Parks mit Schwerpunkt auf Gemeindewesen, darunter Wanderungen auf den Kilimandscharo, Tagesausflüge und kulturelle Führungen im Raum Moshi.

Wayo Africa (www.wayoafrica.com; Spitzenklasse) Auto- und Aktiv-Safaris in den nördlichen Parks, darunter auch eine Wanderung durch die Serengeti mit Besuchen bei den Hadza.

Southern Circuit

Folgende Veranstalter bieten Safaris in die südlichen Parks („Southern Circuit“) sowie Reiserouten mit den Nationalparks Mikumi, Ruaha und Katavi, dem Wildreservat Selous und den Inseln Sansibar und Mafia an.

Afriroots (www.afriroots.co.tz) Organisiert sonntagmorgens einen historischen Spaziergang (50 US$ pro Pers.) durchs Zentrum von Daressalam. Im Vordergrund steht die Geschichte der Stadt vom Sultanat von Oman bis zu den wichtigsten Schauplätzen des Unabhängigkeitskampfes des ANC (African National Congress) und der Mosambikanischen Befreiungsfront. Hervorragend ist auch die Tour „Hinter den Kulissen“ (40 US$ pro Pers.), bei der man Einheimische kennenlernt, die vom Leben in der Stadt erzählen. Die Erlöse aus den Touren kommen den Gemeinden zugute, die man besucht. Afriroots' Gemeindearbeit geht über die Grenzen von Daressalam hinaus und umfasst auch interessante Wander- und Fahrrad-Safaris.

Authentic Tanzania (www.authentictanzania.com; Mittelklasse) Gehobene Camping-Safaris im Süden und Westen Tansanias sowie Kombitouren, die Safaris und die Küste verbinden.

Essential Destinations (Karte S. 58; www.ed.co.tz; Mittelklasse) Verlässlicher, seit Langem bestehender Anbieter mit eigenen Flugzeugen, Safari-Camps und -Lodges in Ruaha, Selous und auf Mafia; bietet regelmäßig Last-Minute-Flüge und Unterkünfte an.

Foxes African Safaris (www.foxessafaricamps.com; Spitzenklasse) Betreibt Lodges und Camps in den Nationalparks Mikumi, Ruaha und Katavi, an der Küste bei Bagamoyo, im Südlichen Hochland und im Wildreservat Selous; hat Touren mit Flugzeug und Wagen im Programm.

Hippotours & Safaris (www.hippotours.com; Mittel- bis Spitzenklasse) Langjähriger Anbieter mit maßgeschneiderten Touren in die südlichen und westlichen Parks und Schutzgebiete.

Safari Big 5 (☎0682-077833, 0757-000763; www.safaribig5.com; Mittelklasse) Der professionelle Veranstalter bietet Safaris zu beliebten Zielen wie der Serengeti und den Nationalparks Selous und Ngorongoro sowie auch in kleineren Parks wie Saadani an.

Tent with a View (www.saadani.com; gehobene Mittelklasse) Unterhält Lodges im Wildreservat Selous, im Nationalpark Saadani und auf Sansibar; organisiert dort und in anderen Regionen kombinierte Reisen der Mittel- bis Spitzenklasse.

Wild Things Safaris (www.wildthingsafaris.com; Budget- & Mittelklasse) Safaris durch die Nationalparks Udzungwa und Kilombero sowie durch den Süden Tansanias.

Reiseplanung

Tansania aktiv

Tansania hält viele Alternativen zu den traditionellen, wenig bewegungsintensiven Auto-Safaris bereit. Man kann Trekkingtouren unternehmen, Tierschutzgebiete wandernd entdecken, tauchen und schnorcheln, Vögel und Schimpansen aufspüren, Rad fahren oder angeln.

Tansanias Highlights …

Trekking & Wandern
Kilimandscharo, Meru, Usambara-Berge, Kraterhochland

Tauchen & Schnorcheln
Sansibar, Pemba, Mafia-Island-Marinepark

Wander-Safaris
Wildreservat Selous, Nationalpark Ruaha, Nationalpark Mikumi

Vogelbeobachtung
Nationalpark Lake Manyara, Wildreservat Selous, Nationalpark Rubondo Island

Reisezeit
Trekking & Wandern: Juni–Feb.

Tauchen & Schnorcheln: Sept.–Feb.

Wander-Safaris: Juni–Okt.

Vogelbeobachtung: ganzjährig, am besten jedoch Dez.–Juni

Trekking & Wandern

Tansania hat ein zerklüftetes, abwechslungsreiches Terrain und eine tolle Auswahl an Gipfeln und Gebirgszügen – von den üppig bewaldeten Hängen der östlichen Udzungwa-Berge über die kahlen vulkanischen Klippen des Meru-Kraters bis zur letzten Etappe über die Geröllhalden zum Kilimandscharo. Trekking-Optionen reichen von Wanderungen von Dorf zu Dorf bis hin zu einsamen Fußmärschen in der Wildnis.

Überall im Land können fast alle Routen von jedem, der gesund ist, ohne technische Ausrüstung bewältigt werden. Allerdings müssen Trekking-Touren oder Wanderungen in Nationalparks und Wildnisgebieten von einem Führer oder Wildhüter (Ranger) begleitet werden, was gewöhnlich auch bedeutet, dass man sich an festgelegte (meist kurze) Tagestouren halten muss.

Buchung

Die Überlegungen bei der Buchung von Trekking-Touren sind die gleichen wie bei Safaris; siehe S. 26.

Am besten geeignet für die Organisation einer Tour auf den Kilimandscharo sind Moshi und Marangu, gefolgt von Arusha. Meru-Treks werden am besten individuell beim Personal am Parkeingang gebucht, organisierte Touren besser bei einem Trekking-Unternehmen in Arusha. Auch Wanderungen in das Krater-Hochland und Besteigungen des Ol Doinyo Lengai werden in Arusha optimal organisiert.

Kosten

Trekking-Touren auf den Kilimandscharo und ins Krater-Hochland sind teuer. Wer sich umhört, kann aber die meisten anderen Trekking-Touren zu vernünftigen Preisen buchen, und einige sind sogar richtig billig. Zu den günstigsten Trekking-Gebieten – alle mit öffentlichen Verkehrsmitteln zu erreichen – gehören:

Usambara-, Pare- und Uluguru-Berge Lassen sich als Teil eines Kulturprogramms für Touristen oder unabhängig (dann wird ein Guide empfohlen) erwandern. Der Zutritt zu den Nationalparks ist kostenlos.

Hanang und Longido Beide Berge kann man im Rahmen eines der örtlichen Kulturprogramme besteigen. Kostenloser Zutritt zu den Nationalparks.

Nationalpark Udzungwa Der größte Anteil der Kosten fällt für den Eintritt und die Guides an.

Reisezeit

Die besten Zeiten für Trekking sind die trockene, wärmere Jahreszeit von Mitte Dezember bis Februar und die trockene, kühlere Jahreszeit von Juni bis Oktober. Besonders ungünstig ist die Zeit von Mitte März bis Mitte Mai, wenn die schwersten Niederschläge fallen. Dennoch ist Trekking fast überall während des ganzen Jahres möglich. Ausnahmen sind die Berge Udzungwa, Usambara, Pare und Uluguru, wo der Boden während der Regengüsse von März bis Mai extrem schlammig wird.

Trekking-Arten

Trekking-Touren, die etappenweise mit voller Ausrüstung und in Begleitung von Führern und Trägern durchgeführt werden, sind die Norm für Besteigungen des Kilimandscharo und des Meru, wobei man für den Meru-Aufstieg keine Träger braucht. Der Ol Doinyo Lengai macht angesichts des zerklüfteten Geländes und der schwierigen Anfahrt ebenfalls eine gut strukturierte und voll ausgerüstete Unternehmung erforderlich, ebenso wie die meisten Trekking-Touren im Krater-Hochland. Die Usambara-Berge und in geringerem Maße die Pare-Berge sind leicht in Touren von Dorf zu Dorf zu schaffen, wo unterwegs Verpflegung nachgekauft werden kann. Die meisten anderen Gebiete liegen irgendwo dazwischen und setzen voraus, dass man ausreichend Proviant mitführt und von einem Führer – oder einem GPS und ein paar Suaheli-Kenntnissen – begleitet wird. Man sollte aber flexibel bleiben, was Routen und Wegweisung angeht.

Ab in den Rucksack

Für den Kilimandscharo und den Meru ist ein kompletter Satz wasserdichter Klei-

KOSTEN SENKEN

Je nach Länge der Tour, der Gruppengröße, dem Komfort der Unterkünfte vor und nach der Tour, der Qualität der Hütten oder Zelte sowie dem Wissen und der Erfahrung der Guides und Trekking-Führer können organisierte Touren ziemlich teuer werden. So spart man Kosten:

- Touren außerhalb der Nationalparks unternehmen (sparen den Eintritt in die Parks)
- Eigene Campingausrüstung mitbringen (spart die Kosten für den Verleih)
- Möglichst keine Strecken wählen, die nur mit dem Leihwagen erreichbar sind
- Wenn möglich, außerhalb der Hauptsaison losziehen; dann lassen sich Veranstalter möglicherweise auf Rabatte ein.

Allerdings darf man nicht am falschen Ende sparen, wo es auf Zuverlässigkeit ankommt, beispielsweise am Kilimandscharo. Es müssen ausreichend Träger zugegen sein, ein Koch und ein oder zwei zusätzliche Führer (Assistant-Guides), falls sich die Gruppe aufteilt oder ein Teilnehmer krank wird und umkehren muss. Manche skrupellose Veranstalter stellen Kosten für einen Fünf-Tage-Trek in Rechnung, zahlen aber nur Berg- und Hüttengebühren für vier Tage. Einige Tourbegleiter geben während der Tour vor, „nicht flüssig“ zu sein und bitten um Geld – die Rückzahlung im Basiscamp wird dann gerne vergessen oder verweigert.

DIE TOPOGRAFIE DES KILI

Das Kilimandscharo-Massiv hat eine ovale Grundform mit rund 40 bis 60 km Durchmesser und erhebt sich fast 6000 m aus der Ebene. Die beiden Hauptgipfel sind der Kibo, eine Kuppe in der Mitte des Massivs, die sich in der Spitze kraterförmig einsenkt (von unten nicht sichtbar), und der Mawenzi an der Ostseite. Dieser Gipfel besteht aus einer Reihe zerklüfteter Felsnadeln. Der Shira an der westlichen Seite ist deutlich niedriger und fällt weniger auf als Kibo und Mawenzi. Der höchste Gipfel des Kibos, der Uhuru Peak (5895 m), ist das Ziel der meisten Trekker. Der höchste Gipfel des Mawenzi, der Hans Meyer Point (5149 m), ist für Trekker nicht erreichbar und wird auch von Bergsteigern nur selten besucht.

Obwohl aus Spalten im Kraterinnern noch immer Rauch und Schwefeldämpfe aufsteigen, gilt der Kilimandscharo als erloschener Vulkan.

dung und Ausrüstung für kaltes, regnerisches Wetter erforderlich. Insbesondere auf dem Kilimandscharo muss die gesamte Ausrüstung, vor allem der Schlafsack, wasserdicht sein, denn auf dem Berg trocknet nichts. In allen Gebirgen Tansanias muss zu jeder Zeit des Jahres mit Regen und deutlich kälterer Witterung als an der Küste gerechnet werden. Die Nächte können eisig sein; eine wasser- und winddichte Jacke sowie ein warmer Pullover sind fast überall unerlässlich. Eine Übersicht weiterer nützlicher Utensilien steht auf S. 28.

Guides & Träger

Guides werden für Wandertouren auf den Kilimandscharo, den Meru, im Krater-Hochland und im Nationalpark Udzungwa Mountains benötigt. Andernorts ist ein örtlicher Führer zwar nicht unbedingt erforderlich, aber empfehlenswert. Er kennt den Weg, informiert über abseitige Stellen und schützt in einigen Gegenden vor gelegentlichen Belästigungen oder Diebstählen.

Wer sich entschließt, ohne Guide zu wandern, braucht ein paar Suaheli-Grundkenntnisse.

Wo immer man wandert, sollte man sich vergewissern, dass der Guide zugelassen oder bei einem zugelassenen Veranstalter angestellt ist. Am Kilimandscharo kümmert sich gewöhnlich das Trekking-Unternehmen darum, und am Meru sowie im Nationalpark Udzungwa Mountains übernehmen Wildhüter die Führung. Das Ngorongoro-Schutzgebiet hat ebenfalls eigene Guides. In anderen Gebieten erkundigt man sich am besten bei der örtlichen Touristeninformation oder der Guide-Genossenschaft, bevor man endgültige Abmachungen trifft. Freiberufliche Guides sind nicht zu empfehlen.

Träger werden gewöhnlich nur am Kilimandscharo und manchmal auch am Meru eingesetzt. Im Krater-Hochland sorgen manchmal auch Esel für den Transport der Ausrüstung.

Trinkgeld

Das Trinkgeld für Träger und Guides ist ein wichtiger Posten bei der Budgetplanung für Wanderungen auf den Kilimandscharo und den Meru (s. Kasten S. 179). In anderen Bergregionen und vorausgesetzt, der Service war zufriedenstellend, erwarten die Guides ein bescheidenes, aber angemessenes Trinkgeld für ihre Dienste (10 bis 15 % des Tagessatzes sollten ausreichen).

Trekking-Gebiete

Der Trek schlechthin ist natürlich die Besteigung des Kilimandscharo, aber es gibt noch viele andere tolle Routen.

Kilimandscharo

Der Kilimandscharo (5896 m; S. 218) ist Afrikas höchster Berg und Tansanias meistbegangene Wanderstrecke. Mehrere Routen stehen zur Auswahl, die alle über die bewaldeten unteren Hänge zu Moor- und Heidelandschaft und bis zu den alpinen Zonen und dem von Schnee und Gletschern bedeckten Gipfel führen. Außerdem existieren viele Wandermöglichkeiten über die unteren Hänge des Kilimandscharo, die wegen der üppigen Vegetation, der Wasserfälle und der kulturellen Begegnungen in den Chagga-Dörfern interessant sind. Marangu und Machame sind gute Ausgangspunkte.

Meru

Obwohl der Meru (4566 m) neben dem nahen Kilimandscharo etwas verblasst, ist er ein sehr schönes Reiseziel und längst nicht so kostspielig wie sein berühmter Nachbar. Er kann auch als gute Vorbereitung auf den höheren Gipfel in Betracht gezogen werden und eignet sich als Teil des Nationalparks Arusha (S. 181) bestens für kombiniertes Safari-Trekking. Die Besteigung ist ohne Hilfsmittel möglich und nicht besonders schwierig, obwohl kurz vor dem Gipfel eine extrem herausfordernde (ungeschützte) Gratwanderung zu bewältigen ist. Viele Trekker halten den Meru daher sogar für anspruchsvoller als den Kilimandscharo.

Hanang

Tansanias vierthöchster Gipfel (3417 m), der Hanang (S. 231), bietet eine lohnende und vergleichsweise leichte Bergwanderung auf gut ausgetretenen, häufig überwucherten Pfaden bis ganz hinauf zum Gipfel. Die Tour ist zudem relativ preiswert zu organisieren. Sie ist besonders reizvoll, wenn man einen Trekking-Ausflug mit dem Eintauchen in die örtlichen Kulturen verbinden möchte.

Krater-Hochland & Ngorongoro-Schutzgebiet

In den benachbarten Teilen des Ngorongoro-Schutzgebietes sowie im Krater-Hochland (S. 195) gibt es anstrengende, lohnende und generell teure Trekking-Möglichkeiten. Das großartige Terrain umfasst steile Hänge, herrliche Kraterseen, dichte Wälder, grasbewachsene Höhenrücken, Ströme und Wasserfälle. Gleich nördlich der Grenzen des Ngorongoro-Schutzgebietes (S. 194) erhebt sich der noch aktive Vulkan Ol Doinyo Lengai (S. 198); er kann auch vom Natronsee aus erreicht werden. Abgesehen von den Massai, die hier leben, ist man höchstwahrscheinlich allein auf weiter Flur.

Usambara-Berge

Die westlichen Usambara-Berge (S. 153) bieten Trekkingmöglichkeiten auf gut erschlossenen Fußwegen mit Strecken, die zwischen ein paar Stunden und bis zu einer

UMWELTVERTRÄGLICHES TREKKING

- Keinen Müll zurücklassen, auch nicht Damenbinden, Tampons, Kondome und Toilettenpapier (Brandgefahr und schlechte Verrottung).
- Möglichst wenig Verpackungsmaterial mitnehmen; besser sind wiederverwendbare Behälter oder Stoffbeutel.
- Toiletten benutzen, sofern vorhanden. Ansonsten alles in kleinen, 15 cm tiefen Löchern, mindestens 100 m von Wasserläufen entfernt vergraben; mit Erde und Steinen abdecken.
- Keine Reinigungsmittel oder Zahnpasta, auch wenn sie biologisch abbaubar sind, in oder in der Nähe von Wasserläufen verwenden.
- Zum Waschen biologisch abbaubare Seife und einen Wasserbehälter in mindestens 50 m Entfernung von Gewässern benutzen. Das Schmutzwasser weitläufig verteilen, damit es im Boden gefiltert werden kann.
- Kochgeräte 50 m von Gewässern entfernt mit einem Topfreiniger statt mit einem Spülmittel reinigen.
- Auf den vorhandenen Pfaden bleiben und keine Abkürzungen gehen. Die Pflanzen stehen lassen, weil sie dem Mutterboden Halt geben.
- Möglichst nicht auf offenem Feuer kochen. Wer in viel begangenen Trekking-Gebieten Feuerholz schneidet, trägt zur schnelleren Entwaldung bei. Auf einem leichten Kerosin-, Alkohol- oder Shellite(Kocherbenzin)-Kocher kochen und keine Butangaskocher mit Wegwerfkartuschen verwenden.
- Wer mit Guide und Trägern unterwegs ist, sollte Kocher für das ganze Team gestellt bekommen. In kalten Gegenden darauf achten, dass alle Teilnehmer warme Kleidung dabeihaben, damit keine wärmenden Feuer nötig sind.
- Nichts kaufen, was aus gefährdeten Arten hergestellt wurde.

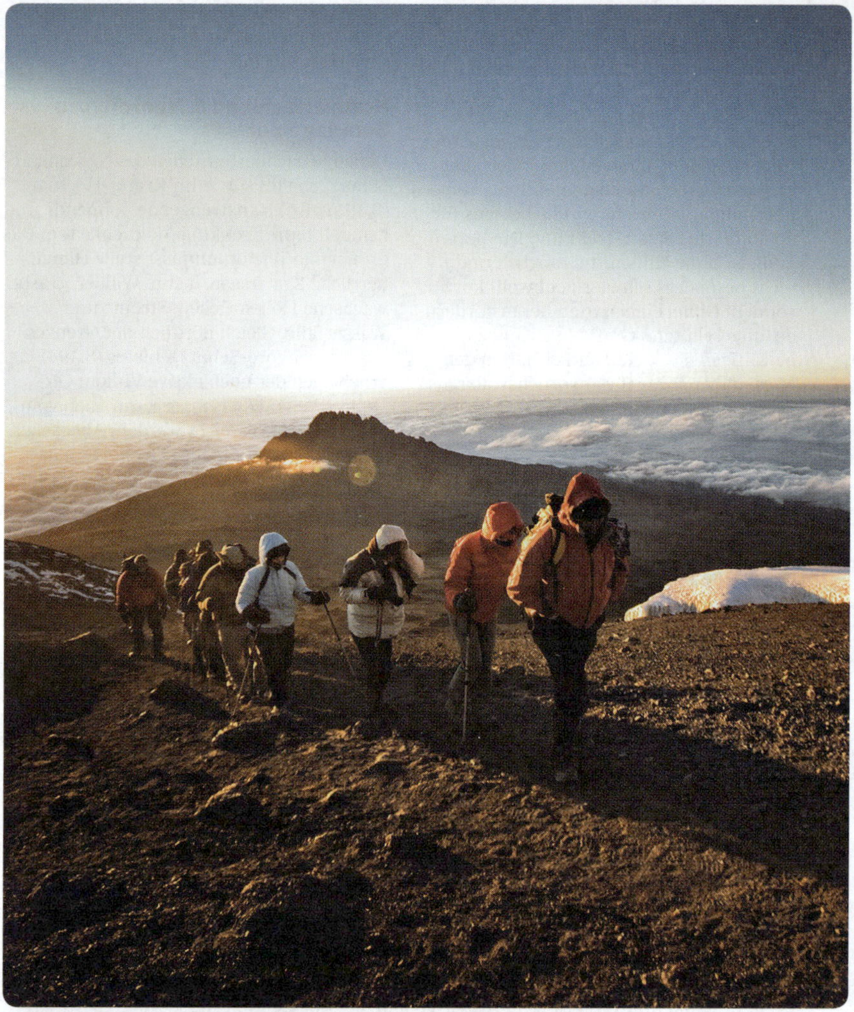

Wanderer auf dem Kilimandscharo (S. 219)

CULTURA RM/ZAC MACAULAY/GETTY IMAGES ©

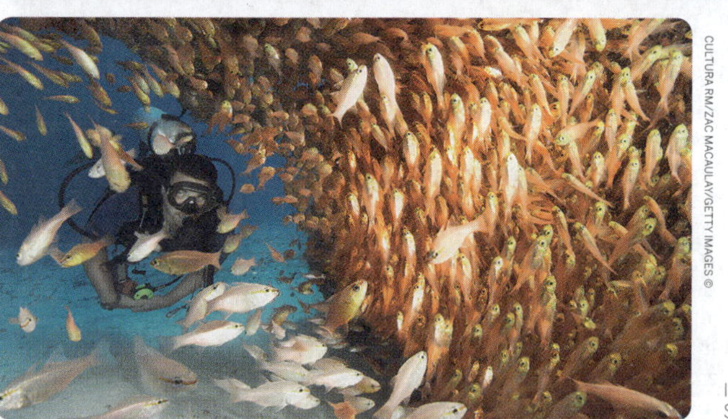

In einem Glasfischschwarm, Sansibar (S. 80)

Woche in Anspruch nehmen. Da es vor Ort genug Gästehäuser gibt, muss man auch kein Zelt mitschleppen. Am häufigsten wird Lushoto als Ausgangspunkt gewählt, neben anderen Optionen eignen sich auch Soni und Mambo. Das wichtigste Gebiet für Wandertouren in den östlichen Usambara-Bergen ist das Naturreservat Amani (S. 150) mit einem Netz kurzer Waldwege. Auch kombinierte Wanderungen in beiden Regionen (diese dauern mindestens fünf bis sechs Tage) sind möglich.

Pare-Berge

In den Pare-Bergen (S. 157) verlaufen relativ kurze, gut ausgetretene Bergfußpfade. Die touristische Infrastruktur ist gleich null, insofern sollten sich Wanderer gut auf die Treks vorbereiten und am besten einen Guide engagieren. Schlafgelegenheiten gibt es im Prinzip nur in Form von Zelten oder in sehr einfachen Gasthäusern.

Udzungwa-Berge

Die üppig-grünen Udzungwa-Berge (S. 279) faszinieren vor allem aufgrund ihrer prachtvollen Flora: Hier wachsen mehr einzigartige Pflanzenarten als anderswo in der Gegend. Auch Vogelbeobachter werden das Fernglas kaum noch absetzen. Es gibt nur eine Handvoll ausgebauter Wege, die von einem halbstündigen Spaziergang bis hin zu mehrtägigen Bergwanderungen reichen. Für Letztere benötigt man jedoch ein Zelt, und man muss sich auch selbst verpflegen.

Uluguru-Berge

Wen es zufällig nach Morogoro verschlägt, sollte etwas Zeit für eine Wanderung in den dicht bevölkerten Uluguru-Bergen (S. 276) einplanen – sie sind sowohl kulturell als auch botanisch äußerst reizvoll. Die meist halb- bis ganztägigen Wandertouren reichen von leichten bis hin zu ziemlich anstrengenden Ausflügen. In Morogoro findet man problemlos Führer; die Kosten sind angemessen.

Südliches Hochland & Nationalpark Kitulo

Bis vor Kurzem hatte das schöne Hügelland im südwestlichen Tansania, das sich ungefähr zwischen Makambako und Mbeya nach Süden erstreckt, kaum touristische Infrastruktur. Seit der Einrichtung des Nationalparks Kitulo (S. 291) und dank einem langsam wachsenden Netz einfacher Unterkünfte beginnt sich dies allmählich zu ändern. Viele Gegenden hat man jedoch nach wie vor fast für sich allein. Kurze Tageswanderungen und -ausflüge können von Mbeya oder Tukuyu aus organisiert werden. Für längere Aufenthalte oder Wanderungen mit Übernachtungen in Kitulo ist man noch vollständig auf Selbstversorgung angewiesen, muss ein Zelt und sämtlichen Proviant mitbringen.

Mahale-Berge

Der Nkungwe im Nationalpark Mahale Mountains (S. 261) eignet sich für einen zwei- bis dreitägigen Trek in zerklüfteter, aber faszinierender Landschaft.

Trekking-Veranstalter

Arusha

Wer eine Kilimandscharo-Besteigung in Arusha plant, sollte nach Veranstaltern suchen, die ihre Treks selbst organisieren und nicht an einen Subunternehmer in Moshi oder Marangu weiterreichen.

Dorobo Safaris (www.dorobosafaris.com) Arbeitet mit den Gemeinden zusammen; organisiert Treks im und um das Ngorongoro-Schutzgebiet sowie Wildnis-Treks im Grenzbereich der Nationalparks Tarangire und Serengeti.

Kiliwarrior Expeditions (www.kiliwarriorexpeditions.com) Hochklassige Kilimandscharo-Besteigungen, Treks ins Ngorongoro-Schutzgebiet.

Summits Africa (www.summits-africa.com) Qualitativ hochwertige Treks und Wanderungen im Northern Circuit und anderswo.

Marangu

Fast alle Hotels in Marangu organisieren Kilimandscharo-Wanderungen. Erwähnenswert ist auch die „Tour für Harte" des Marangu Hotels (S. 218): Die Teilnehmer zahlen den Parkeintritt, für die Crew und den Transport zum Ausgangspunkt des Wanderwegs. Zudem müssen sie für Proviant und Ausrüstung aufkommen. Die Hotelangestellten kümmern sich derweil um die Hüttenreservierungen und stellen die Führer und Träger.

Moshi

Die Veranstalter in Moshi haben sich auf Treks auf den Kilimandscharo spezialisiert, die meisten bieten aber auch Tageswanderungen an den unteren Hängen des Berges an.

Just Kilimanjaro (www.just-kilimanjaro.com) Kleiner Anbieter mit sehr gutem Ruf. Fachmännisch geführte Kilimandscharo-Treks.

Kessy Brothers Tours & Travel (www.kessybrotherstours.com) Kilimandscharo-Treks.

Moshi Expeditions & Mountaineering (www.memtours.com) Kilimandscharo-Treks.

Shah Tours (www.kilimanjaro-shah.com) Verhältnismäßig günstige Treks auf den Kilimandscharo und den Meru, ins Ngorongoro-Hochland und auf den Ol Doinyo Lengai.

Summit Expeditions & Nomadic Experience (www.nomadicexperience.com) Ausgezeichnete Kilimandscharo-Treks; dazu Wanderungen und Kulturexkursionen an den unteren Hängen des Bergs.

Tanzania Journeys (www.tanzaniajourneys.com) Kilimandscharo-Treks sowie Tageswanderungen und Kulturtouren ins Moshi-Gebiet.

Zara Tanzania Adventures (www.zaratours.com) Kilimandscharo-Treks.

Tauchen & Schnorcheln

Die faszinierende Unterwasserwelt Tansanias ist ebenso aufregend wie seine Sehenswürdigkeiten an Land: Prachtvolle Stein- und Weichkorallen sowie zahllose Meerestiere wie Mantarochen, Echte Karett- und Grüne Schildkröten, Barrakudas und Haie. Weitere Highlights sind das Steilwandtauchen, insbesondere vor Pemba, eine kulturell faszinierende Umgebung sowie die Möglichkeit, Safaris zu Wildtieren mit dem Tauchen zu verbinden. Allerdings ist die Sicht unter Wasser nicht verlässlich gut, und die Preise liegen deutlich höher als am Roten Meer oder in Thailand. Wer ernsthaft tauchen möchte oder gar einen Tauchurlaub plant, sollte berücksichtigen, dass viele Tauchreviere bis zu einer Stunde Anfahrtszeit haben – außer man chartert ein Boot und bleibt draußen.

Jahreszeiten & Bedingungen

Tauchen ist ganzjährig möglich, obwohl die Bedingungen variieren. Ende März bis Mitte Juni ist die ungünstigste Zeit: Das Wetter ist sehr wechselhaft und stürmisch. Die besten Monate sind Juli oder August bis Februar oder März. Allerdings können wechselndes Wetter und der Wind zum Problem werden. Bei Südwind ist das Meer im Südosten von Pemba im Juni und Juli rau. Bläst dagegen der Monsun von November bis Ende Februar von Norden her, ist das Meer ruhig und die Sicht klar. Die ruhigste Zeit herrscht von September bis November. Dann flaut der Wind zwischen den jährlichen Monsunregen ab.

Im Juli und August sinken die Wassertemperaturen auf 22 °C, im Februar und März liegen sie bei 29 °C. Der Durchschnitt beträgt etwa 26 °C. Tauchanzüge von 3 mm Dicke sind üblich; in den Wintermonaten zwischen Juli und September wird für einige Tauchreviere 4 mm, zwischen Dezember und März oder April 2 mm empfohlen.

Kosten & Kurse

Die Preise sind fast überall gleich, auf Pemba und Mafia vielleicht etwas teurer als sonst an der Küste. Ein viertägiger PADI-Open-Water-Kurs kann bis 500 US$ kosten. Ein einfacher Tauchgang liegt bei etwa 55 bis 85 US$ (mehrtägige Pauschalangebote sind im Endeffekt preiswerter). Die meisten Veranstalter gewähren Gruppen und Tauchern mit eigenem Gerät 10% Nachlass. Viele Veranstalter bieten außer den Grundkursen für Tauchen in offenem Wasser auch eine Reihe von Spezialkursen an: für Fortgeschrittene, Erste Hilfe, Rettungstaucher und Sonderkurse wie Unterwasserfotografie.

Fast alle Tauchveranstalter haben auch Schnorcheltouren im Programm. Die Ausrüstung wird für 5 bis 15 US$ verliehen; bei den Taucherbrillen unbedingt auf beste Qualität achten. Die meisten der guten Schnorchelreviere an der Küste sind nur mit dem Boot erreichbar. Eine halbtägige Tour kostet im Durchschnitt 20 bis 50 US$ pro Person; häufig ist ein Snack oder ein kleines Mittagessen inbegriffen.

Wohin zum Tauchen?

Sansibar (S. 80) ist bekannt für Korallen und die Schiffswracks vor Stone Town, für relativ gute Sicht, großen Artenreichtum und pelagische Fauna im Norden und Nordosten. Es gibt sowohl anspruchsvolle Tauchreviere als auch leicht zugängliche Stellen für Anfänger und leidlich erfahrene Taucher.

UMWELTVERTRÄGLICH TAUCHEN

- Anker zerstören die Riffe, Boote dürfen nicht über die Korallen schrammen.
- Lebende Meerestiere weder berühren noch draufstellen oder seine Ausrüstung über das Riff schleifen. Wenn es sich nicht vermeiden lässt, dann nur auf nackten Fels oder abgestorbene Korallen treten.
- Schon der Sog der Flossen schadet empfindlichen Rifftieren, aufgewühlter Sand könnte Kleintiere zuschütten.
- Sorgfältig die Gewichte kontrollieren: viele Taucher richten ernste Schäden an, weil sie zu schnell absteigen und gegen das Riff prallen.
- Vorsicht in Höhlen! Immer nur kurz darin aufhalten. Wenn sich die ausgeatmeten Luftblasen unter der Decke sammeln, könnten Organismen im Trockenen sitzen. Kleine Höhlen nacheinander erkunden.
- Korallen oder Muscheln sind tabu – auch am Souvenirstand.
- Den Müll mit nach Hause zurücknehmen. Jedes Stück Plastik ist eine ernste Bedrohung für die Meerestiere.
- Keine Fische füttern.
- Niemals auf dem Rücken von Schildkröten reiten.

Während Sansibar auf dem Kontinentalsockel liegt, ist Pemba (S. 122) eine ozeanische Insel in einem tiefen Meeresgraben. Daher ist das Tauchen dort merklich anspruchsvoller und umfasst Tauchen an der Steilwand und in der Strömung, obwohl Anfänger auch auf Pemba geschützte Reviere finden, insbesondere um die Insel Misali. Die meisten Tauchreviere liegen im Westen um Misali und im Norden um Njao.

Mafia (S. 308) bietet den Tauchern ausgezeichnete Korallen, reiche Fischvorkommen und pelagische Fauna; alles in wenig frequentierten Tauchrevieren, meist von motorisierten Daus aus.

Der Meerespark Mnazi Bay-Ruvuma Estuary (S. 329) im äußersten Süden ist etwas für Individualisten; hier gibt es noch wenig erkundete Reviere. Das gilt auch für den glasklaren Tanganjikasee (S. 264) mit hervorragenden Schnorchelrevieren.

Nach dem letzten Tauchgang sollte man ausreichend Zeit an Land einplanen, bevor es zurück zum Flieger Richtung Heimat geht. PADI empfiehlt eine Aufenthaltsdauer von mindestens zwölf Stunden; wer an mehreren Tagen jeweils mehrmals getaucht ist, sollte die Ruhezeit deutlich verlängern. Der Abschluss einer Versicherung noch vor dem Abflug nach Tansania ist unbedingt zu empfehlen. Leider schließen viele der üblichen Policen das Tauchen aus. Wer sich unter Wasser begeben will, sollte unbedingt in den sauren Apfel beißen und etwas mehr für einen umfassenden Versicherungsschutz ausgeben. Die Mehrkosten sind nichts im Vergleich zu dem, was man zahlen muss, wenn man ohne adäquates Versicherungspaket einen Unfall hat.

Das geeignete Tauchzentrum finden

Bei der Auswahl des richtigen Veranstalters sollten immer Qualität und inbegriffene Leistungen wichtiger sein als der Preis. Wie erfahren sind die Tauchlehrer, welche Qualifikationen haben sie, wie sieht es mit der Erfahrung und der Kompetenz der Mitarbeiter aus, welchen Eindruck macht die Ausrüstung, und wie oft werden die Geräte gewartet? Wichtig ist es, sich einen Überblick über den allgemeinen Zustand des Betriebes zu verschaffen. Wie steht es um die Sicherheitsvorkehrungen: Sprechfunk, Sauerstoff, Notfallpläne, Stabilität und Zustand der Boote, Ersatzmotoren, Erste-Hilfe-Ausrüstung, Leuchtraketen und Schwimmwesten? Sorgt der Veranstalter auf längeren Touren für ein nahrhaftes Essen, oder gibt's nur Tee und Plätzchen? Die PADI-Kurse bieten einen wesentlichen Vorteil: Der Lernstoff ist normiert, und die Lehrgänge werden auf der ganzen Welt von anderen PADI-Veranstaltern anerkannt – dadurch werden unnötige Wiederholungen vermieden.

In Matemwe gibt es eine Dekompressionskammer, die nächsten stehen erst wieder in Mombasa, Kenia (sie gehört der Armee und steht Touristen nicht immer zur Verfügung) und in Johannesburg, Südafrika, zur Verfügung. Auf der Website der **Divers Alert Network Southern Africa** (DAN; www.dansa.org) sind die Veranstalter auf Sansibar aufgelistet, die sich der Organisation angeschlossen haben. Wer sich für einen anderen Veranstalter entscheidet, sollte zumindest eine Versicherung bei der DAN abschließen.

Andere Aktivitäten

Vogelbeobachtung

Tansania ist ein Highlight für jeden Vogelbeobachter. Hier leben über 1000 Arten, darunter zahlreiche Endemiten. Außer den Nationalparks und Schutzgebieten sind die östlichen Usambara-Berge und der Victoriasee Top-Ziele. Besonders nützliche Websites sind der **Tanzania Bird Atlas** („Vogelatlas Tansania"; www.tanzaniabirdatlas.com), **Tanzania Hotspots** (www.camacdonald.com/birding/africatanzania.htm) und **Tanzanian Birds & Butterflies** (Vögel & Schmetterlinge Tansanias; www.tanzaniabirds.net).

Bootsfahrten, Segeln & Kajakfahren

In den Küstenorten lassen sich Fahrten mit einer Dau organisieren. Sie eignen sich jedoch besser für kurze Ausflüge als für längere Fahrten. Das Hotelpersonal kennt gewöhnlich zuverlässige Bootsführer. Viele Hotels an der Küste oder auf den Inseln besitzen eigene Daus, die für kurze Kreuzfahrten gechartert werden können. Auf Sansibar, Pemba und Kilwa werden Katamarane und Segelboote angeboten, in Daressalam und Tanga gibt es private Jachtclubs. Dekeza Dhows (S. 76) ist ein guter Ansprechpartner für Kajaktouren vor der Küste südlich von Daressalam.

Schimpansen beobachten

In den Nationalparks Gombe Stream (S. 260) und Mahale Mountains (S. 261) erforschen internationale Wissenschaftlerteams seit Jahrzehnten das Verhalten von Schimpansen. Hier können auch Touristen unsere nächsten Verwandten ganz aus der Nähe sehen.

Radfahren

Nur wenige Touristen erkunden Tansania mit dem Rad. Wer das angenehme Vergnügen einer Radtour plant, sollte Folgendes beachten:

- Die asphaltierten Hauptstraßen sind kein gutes Pflaster für Radfahrer: Der Straßenrand ist unbefestigt, und die Autos fahren gefährlich schnell – uns sind schon viele Geschichten von verunglückten Reisenden zu Ohren gekommen. Die Nebenstraßen sind jedoch ideal.
- Die Distanzen, die bewältigt werden müssen, sind groß, und oft liegt wirklich nichts zwischen dem Start- und Zielpunkt. Also besser eine Basis wählen und von dort die Umgebung erkunden.
- Auf die Fahrt ausreichend Vorräte mitnehmen, mindestens 4 l Wasser, Verpflegung, einen Wasserfilter, mindestens vier Ersatzschläuche und einen Reifen sowie jede Menge Flickzeug.
- Die besten Zeiten zum Fahren sind der frühe Morgen und der späte Nachmittag; die beste Jahreszeit der trockenere, kühlere Winter (Juni bis August/September). Um die Mittagszeit, wenn es richtig heiß wird, sollte ein Zwischenziel erreicht sein – die Strecken, die man an einem Tag schafft, sind viel kürzer als in Europa.
- Obwohl mehrere Firmen hochwertige Mountainbikes anbieten, ist es besser, sein eigenes Bike von zu Hause mitzubringen. Die üblichen Fahrradverleiher (500–1000 TSh pro Std.; in Hotels und auf den Märkten nachfragen) haben meist nur schwere Räder ohne Gangschaltung oder schwer mitgenommene Mountainbikes im „Stall".
- Man muss jederzeit mit rasenden Autofahrern (ein kleiner Rückspiegel ist empfehlenswert) und platten Reifen rechnen (dornige Akazien); für Übernachtungen am besten ein Zelt mitnehmen. In den Nationalparks und Wildreservaten ist das Radfahren verboten.
- Theoretisch nehmen Minibusse und Busse Fahrräder mit, doch viele Fahrer sträuben sich. Die Expressbusse verstauen die Räder beim Gepäck (im Voraus ankündigen). Die Fähren nach Sansibar und auf den Seen transportieren Räder – gegebenenfalls nach einigem geschickten Verhandeln – ohne Mehrkosten. Hier ein paar nützliche Ansprechpartner:

Afriroots (www.afriroots.co.tz) Radtouren rund um Daressalam, im Süden des Landes und in den Usambara-Bergen zu Budgetpreisen.

International Bicycle Fund (www.ibike.org/bikeafrica) Organisiert Radtouren in Tansania und bietet Hintergrundinformationen.

Summit Expeditions & Nomadic Experience (www.nomadicexperience.com) Radexkursionen an den unteren Hängen des Kilimandscharo.

Summits Africa (www.summits-africa.com) Mehrtägige Rad-Safaris (inkl. sämtlicher Ausrüstung) und kombinierte Bike-Safari-Trips im Norden.

Wayo Africa (www.wayoafrica.com) Hochklassige Radtouren um Arusha und am Lake Manyara.

Angeln

Mafia, der Kanal von Pemba, das Meer um Sansibar sowie der Archipel Songo Songo sind Insidern seit Langem als Top-Reviere für die Hochseefischerei bekannt. Hier vermitteln die exklusiveren Hotels Chartertouren. Gute Adressen sind das Mwangaza Hideaway (S. 318) in Kilwa Masoko und die Nobelhotels in vielen Küstenorten. In Daressalam können Angler bei **Msasani Slipway** (Karte S. 56; ☎022-260 0893; www.slipway.net; abseits der Chole Rd) und dem Daressalam Jachtclub (Karte S. 56) nachfragen.

Auch der Victoriasee ist für seinen Fischreichtum berühmt, vor allem für Nilbarsche. Die besten Kontakte haben die Lukuba Island Lodge (S. 235) und die Wag Hill Lodge (S. 240).

Reiten

Safaris auf dem Pferderücken werden in den Regionen westlich des Kilimandscharo und um den Natronsee angeboten. Hier zwei Veranstalter: die **Makoa Farm** (www.makoa-farm.com) und **Equestrian Safaris** (www.safaririding.com).

Reiseplanung

Reisen mit Kindern

Tansania wirkt oft abschreckend auf Familien mit Kindern: Die Preise für Unterkünfte und der Eintritt für Parks können hoch sein, die Strecken sind oft sehr lang und die Mietwagen teuer. Aber für abenteuerlustige Kinder hält Tansania nicht nur viele fantastische Attraktionen bereit – insbesondere Wildtiere und Strände –, sondern dazu auch freundliche Menschen und fast immer gutes Wetter.

Die besten Regionen für Kinder

Das nördliche Tansania

Tansanias Norden ist Safari- und Massai-Land. Billig ist es nicht, aber Kinder werden es lieben, die Tiere zu beobachten, und sich auch für die vielen farbenfrohen Kulturen begeistern. Weitere Vorteile sind die zahlreichen kinderfreundlichen Hotels und Restaurants.

Die Insel Sansibar

Allein die hübschen Strände machen Sansibar zu einem perfekten Ziel für Familien. Viele Hotels haben auch Swimmingpools, ideal bei Ebbe, und ein weitläufiges Gelände. Zudem gibt es viele kinderfreundliche Gerichte.

Das Südliche Hochland

Das Hochland bietet Kindern viel Platz zum Herumlaufen, mehrere Wildtierparks, den bezaubernden Lake Malawi und familienfreundliche Unterkünfte.

Das nordöstliche Tansania

Entspannte Strände, familienfreundliche Unterkünfte, das historische Bagamoyo und die Möglichkeit, im Nationalpark Saadani Wildtiere zu beobachten, machen den Nordosten zu einer guten Wahl für Kids.

Tansania für Kinder

Wildtiere beobachten

In Tansanias Wildtier-Regionen, besonders den Nationalparks Serengeti, Tarangire und am Ngorongoro-Krater, sieht man fast garantiert Wildtiere, oft aus nächster Nähe. Alle Parks bieten stark ermäßigten Eintritt für Kinder, wobei Karten immer nur für einen Besuch innerhalb 24 Stunden gültig sind. Wer im Park übernachtet, sollte eine Lodge oder ein Safaricamp mit Pool buchen, wo die Kleinen sich zwischen den Wildtier-Fahrten austoben können. Alternativ nimmt man ein Hotel mit Pool und/oder großem Grundstück außerhalb des Parks, damit die Kids Bewegungsfreiehit haben. Neben einem zeitlich gut gewählten Ausflug zu den Wildtieren im Park kann man in der restlichen Zeit das Angebot an Kultur-Touren, Nachtfahrten und weiteren Aktivitäten drumherum nutzen.

Strände

Tansanias Strände sind herrlich, aber nie gleich. Je nach Saison ist das Meer ruhig, klar und sauber oder trüb und wellig mit starkem Sog. Außerdem stellen scharfe Felsen unter der Wasseroberfläche eine Gefahr dar. Am besten im Hotel erkundigen, wo und wann man sicher baden kann.

Verkehrsmittel

Für eine Familienreise ist ein Mietauto mit Fahrer eine gute Investition. So kann man das Reisetempo selbst bestimmen und nach Belieben Toilettenpausen einlegen. Viele Familien bereisen das Land aber auch gern mit öffentlichen Verkehrsmitteln wie dem Zug.

Sicher übernachten

Weder Tansanias Parks noch die Lodges oder Camps sind mit Zäunen geschützt. Wir können nicht oft genug betonen, dass man in Camps sehr auf Kinder aufpassen muss. Häufig dringen wilde Tiere in öffentliche Bereiche vor, und Kinder dürfen auf keinen Fall allein im Camp herumlaufen, auch nicht auf kurzen Strecken. Besonders abends muss man wachsam sein.

Highlights für Kinder

Strände

➡ **Sansibar** Die Ostküste hat herrliche Strände (S. 80). In Stone Town lohnt das Mtoni Marine Centre (S. 96).

➡ **Pangani** Ruhige Strände, geschützte Buchten und viele familienfreundliche Ferienanlagen, z. B. Peponi (S. 141) und Fish Eagle Point (S. 147).

➡ **Nyasa-See** Der Strand Matema (S. 299) ist für Familien wundervoll, außer in der Regenzeit (März–Mai), denn dann sind die Wellen oft hoch.

➡ **Insel Mafia** Kleine Strandabschnitte, Dau-Fahrten und Schnorcheln (S. 307).

Wildtier-Gebiete

➡ Nationalpark Saadani (S. 136) Strand und Wildtiere.

➡ Nationalpark Arusha (S. 181) Klein und machbar; leichter Tagesausflug von Arusha.

➡ Ngorongoro-Krater (S. 192) Wildtiere garantiert, familienfreundliche Unterkünfte in der Nähe, z. B. das Ngorongoro Farm House (S. 191).

➡ Southern Circuit (S. 35) Ideal für ältere Kinder.

Anderswo

➡ **Iringa-Region** (S. 282) Viele Gelegenheiten zum Wandern und Erkunden des nahen Nationalparks Ruaha (S. 286) sowie super Familienunterkünfte.

REISEPLANUNG

Die Planung einer Familienreise in der Wildnis von Tansania ist sehr aufwendig. Hilfreich sind folgende Tipps und Anregungen:

➡ Die beste, einfachste Reisezeit ist die Trockenzeit von Juni bis September. Dann gibt es weniger Mücken, man sollte aber trotzdem für Malaria-Schutz sorgen.

➡ Wegen der empfohlenen Impfungen und einer Malaria-Prophylaxe (siehe S. 409) den Arzt aufsuchen. Kinder sollten unter mitgebrachten Moskitonetzen schlafen.

➡ In bevölkerten Gegenden besteht an Stränden das Risiko einer Hakenwurminfektion. Beim Waten durch flaches Wasser oder Schnorcheln auf Seeigel achten.

➡ In Seen kann man sich mit Bilharziose infizieren. Im Busch auf Dornen achten. Man braucht eine für die Erste Hilfe ausgestattete, kindgerechte Reiseapotheke.

➡ Straßenküche ist für Kinder ungeeignet, gesunde Kost unterwegs schwer zu finden. Frisches und getrocknetes Obst sowie Säfte kauft man am besten in größeren Städten. Ein Taschenmesser zum Schälen mitbringen! In Städten gibt's Naturjoghurt (*mtindi*).

➡ Außer in 5-Sterne-Hotels gibt es keine Wickelräume

➡ Nur in Städten findet man Fertigbabynahrung, Michpulver, Windeln, Wischtücher für Babys etc.

➡ Kindersitze für Mietwagen und Safarifahrzeuge bekommt man in der Regel nur auf Vorbestellung.

➡ Viele Lodges in Wildtiergebieten und Safaricamps beherbergen Kinder erst ab 12 Jahren.

➡ Die meisten Hotels und alle Nationalparks bieten Ermäßigungen für Kinder, aber man muss extra danach fragen, vor allem bei Buchungen über lokale Touranbieter.

➡ Weitere Tipps stehen im englischsprachigen Lonely Planet *Travel With Children*.

Tansania im Überblick

In Tansania sind die Strecken von Ort zu Ort sehr lang – was man unbedingt bei der Planung einer Reiseroute bedenken sollte. Eine beliebte zweiwöchige Tour führt in die Wildschutzgebiete im Norden, gefolgt von einem Treck auf den Kilimandscharo oder Relaxen auf Sansibar.

Wer mehr Zeit zur Verfügung hat und besonders abenteuerlustig ist, sollte lieber den Rest des Landes erkunden. Erst Richtung Westen, um etwas über die Lebensweise der Schimpansen zu erfahren, und dann den Tanganyika-See und den Victoriasee entdecken. Das Südliche Hochland bietet sich an zum Wandern, mit hübschen hügeligen Panoramen und lebendigen Märkten. Der Südosten Tansanias ist ideal, um Wildtiere zu beobachten und die traditionelle Kultur der Suaheli kennenzulernen. Der Norden hingegen bietet Wandergelegenheiten, Strände und Kultur. In Daressalam gibt es einen internationalen Flughafen und jede Menge tolle Läden und gutes Essen.

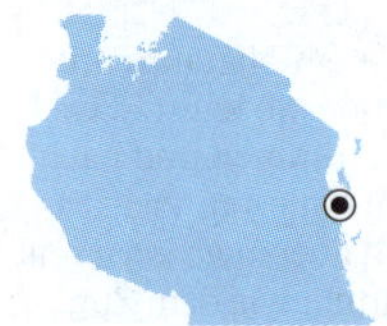

Daressalam

Shoppen
Architektur
Geschichte

Märkte & Boutiquen

Der Mwenge-Holzschnitzermarkt, die Handwerkermärkte am Wochenende im Msasani Slipway oder schicke Boutiquen in hochpreisigen Hotels – in Daressalam gibt's viele Möglichkeiten.

Kolonial-Architektur

Von deutschen Kolonialbauten an der Kivukoni Front bis zur Architektur mit indischen Einflüssen rund um die Jamhuri St. und modernen Konstruktionen in der Nähe des Hafens gibt's hier einfach alles.

Lokale Museen

Geschichtsfreunde werden die Ausstellungen zur Olduvai-Schlucht und den Schirasi von Kilwa im Nationalmuseum lieben. Das Village-Museum zeigt die traditionelle Lebensweise und Kultur Tansanias.

S. 52

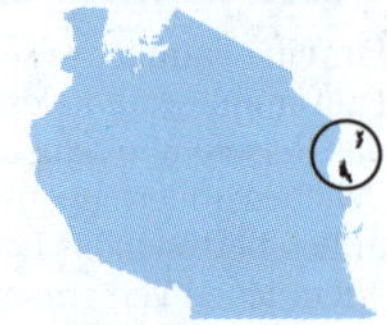

Sansibar-Archipel

Strände
Historischer Ort
Tauchen

Strände der Ostküste

Die Kombination aus weißem Pudersand, sich wiegenden Palmen, dem türkisfarbenen Meer, malerischen Daus und herrlichen Sonnenaufgängen machen die hiesigen Strände – besonders an Sansibars Ostküste – unschlagbar.

Old Stone Town

Das Labyrinth der Gassen, von Nelkenduft erfüllte Läden, Häuser arabischer Bauart, lebhafte Basare, eine lange Geschichte und reiche Kultur – all das ist Teil der Anziehungskraft dieses Weltkulturerbes.

Tauchen & Schnorcheln

Klares Wasser mit bunten Korallen lockt Taucher aller Leistungsklassen. Rund um die Insel Memba gibt es auch erstklassige Schnorchelreviere.

S. 78

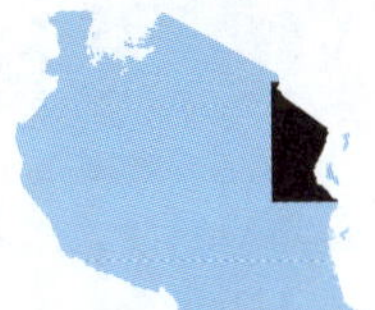

Nordöstliches Tansania

Strände
Wandern
Geschichte

Strände in der Region Pangani

Die Strände nördlich und südlich von Pangani sind mit Palmen und Affenbrotbäumen gesprenkelt – und verglichen mit Sansibars Stränden auf der anderen Kanalseite fast menschenleer.

Usambara-Berge

Die Highlights einer Wanderung in dieser Bergregion sind Lushoto und seine umgebenden Dörfer mit Wanderwegen und bergigem Panorama sowie das Naturreservat Amani mit vielen einzigartigen Pflanzen.

Historische Orte

Bagamoyo fasziniert mit seinem Museum, deutschen Kolonialgebäuden und nahe gelegenen Ruinen. Panganis verschlafene Straßen sind voller Geschichte – und im Süden warten die Tongoni-Ruinen aus dem 14. Jh.

S.132

Nördliches Tansania

Tierwelt
Wandern
Kultur

Northern Circuit

Ngorongoro, Serengeti, Tarangire, Lake Manyara: Tansanias „Northern circuit“ bietet einige der besten Möglichkeiten des ganzen Kontinents zur Wildtierbeobachtung.

Berggipfel

Kilimandscharo und Meru haben beide anspruchsvolle Strecken zum Gipfel – für jeden, der einigermaßen fit und gut akklimatisiert ist. Weitere Highlights: das Krater-Hochland und der Ol Doinyo Lengai.

Volksstämme

Die Massai sind nur eines der vielen Eingeborenen-Völker in Nord-Tansania – es gibt noch viele weitere zu entdecken: darunter auch die Chagga am Kilimandscharo, die Iraqw rund um Karatu und die Hazda rund um den Eyasi-See.

S.162

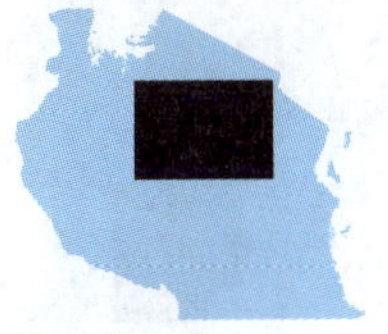

Zentral-Tansania

Kultur
Felsenkunst
Erkundungen

Traditionelle Kultur

Das halbnomadische Barabaig-Volk vom Berg Hanang ist am bekanntesten, aber Zentral-Tansania ist auch die Heimat der Massai, der Sandawe, der Iraqw und vieler anderer Völker – der Markt in Katesh gibt faszinierende Einblicke.

Kondoas Felsenkunst

Es dauert, bis man die faszinierenden Felsmalereien von Kondoa erreicht – aber der Aufwand lohnt sich.

Abseits der üblichen Pfade

Wenige Reisende kommen in diesen Landesteil, dabei gibt es viel zu entdecken, etwa Dodoma, mit seinen überdimensionierten Straßen und großartigen Gebäuden, eine Klettertour auf den Hanang oder ein Tag in der Marktstadt Babati.

S.224

Victoriasee

Vögel beobachten
Geschichte
Inseln

Nationalpark Rubondo Island

Der Victoriasee bietet viel Gelegenheit zur Vogelbeobachtung. Das Highlight ist der Nationalpark Rubondo Island mit seiner großen Fülle an Wasser- und Zugvögeln.

Museen in Sukuma & Nyerere

Am Victoriasee gibt's zwei fesselnde Museen: das Sukuma-Museum außerhalb von Mwanza und das Julius K. Nyerere Museum in Butiama, in der Nähe von Musoma.

Insel-Hopping

Man kann wählen zwischen dem Nationalpark Rubondo Island, den Inseln Lukuba bei Musoma, Musira bei Bukoba, oder Ukerewe vorm Ufer von Mwanza. Alle sind malerisch, erholsam und bieten einen Einblick in das traditionelle Leben am Seeufer.

S.233

Westliches Tansania

Schimpansen
Erkundungen
Tierwelt

Schimpansen-Safaris

Die Nationalparks Mahale Mountains und Gombe Stream bieten Gelegenheit, Schimpansen aus der Nähe zu beobachten. Beide sind auch landschaftlich sehr reizvoll, und die Anreise ist abenteuerlich.

Lake Tanganyika

Klares Wasser voller Fische, einsame Buchten, abgelegene Dörfer und die MS *Liemba* machen Lake Tanganyika und sein Hinterland zu einem wahren Schatz. Nicht Kigoma, Ujiji und Taboras Landesinneres verpassen.

Nationalpark Katavi

In der Trockenzeit Wildbeobachtungen im Nationalpark Katavi mit riesigen Nilpferd-Gruppen und Büffelherden erleben und danach bei Kipili am Seeufer relaxen.

S. 252

Southern Highlands

Tierwelt
Wandern
Landschaft

Nationalparks

Die Nationalparks Ruaha und Mikumi locken mit vielen Wildtieren und tollen Landschaften. Nicht die Elefanten und Nilpferde in Ruaha sowie die Zebras und Giraffen in Mikumi verpassen.

Udzungwa-Berge

Die steilen Hänge und Wasserfälle der Udzungwas sind ein Wander-Highlight. Außerdem locken geführte Wanderungen rund um Mbeya oder raue Trips auf dem Kitulo Plateau voller Orchideen.

Southern Highlands

Das weite Gebiet von Iringa zum Lake Malawi ist herrlich, mit sanft geschwungenen Hügeln, von Wildblumen übersäten Tälern, uralten Affenbrotbäumen, riesigen Teeplantagen und von Trompetenbäumen beschatteten Städten.

S. 271

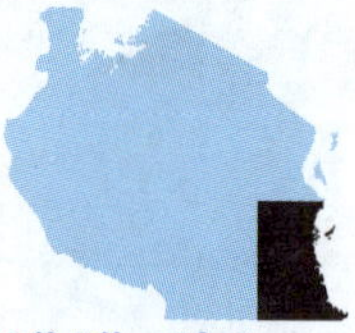

Südöstliches Tansania

Küstenleben
Ruinen
Tierwelt

Die Insel Mafia

Dank Wasserwegen im Schatten von Mangrovenwäldern und munteren lokalen Traditionen ist Mafia eine tolle Einführung in die Suaheli-Kultur. Auf dem Festland bieten Lindi, Mtwara und Kilwa Masoko Einblicke in das traditionelle Küstenleben.

Kilwa Kisiwani

In diesen Ruinen kann man sich die Zeit der Sultane, als die Handelsbeziehungen bis ins heutige Indien und China reichten, lebhaft vorstellen.

Wildreservat Selous

Das Wildreservat lockt mit tollem Panorama, Boot-Safaris und vielen großen Tieren. Vor der Küste des Südostens locken die Meeresparks Mafia Island und Mnazi Bay-Ruvuma Estuary mit tollen Tauchrevieren.

S. 305

Reiseziele in Tansania

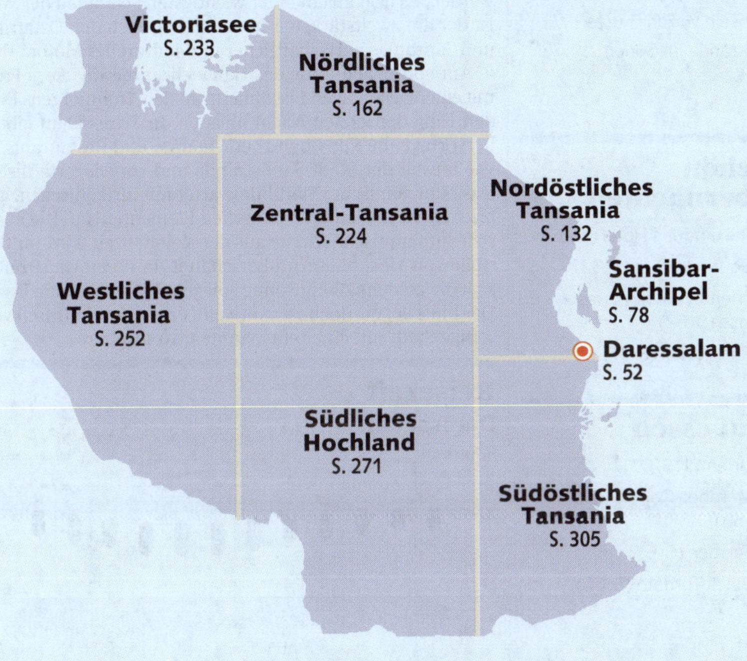

Victoriasee
S. 233

Nördliches Tansania
S. 162

Zentral-Tansania
S. 224

Nordöstliches Tansania
S. 132

Westliches Tansania
S. 252

Sansibar-Archipel
S. 78

Daressalam
S. 52

Südliches Hochland
S. 271

Südöstliches Tansania
S. 305

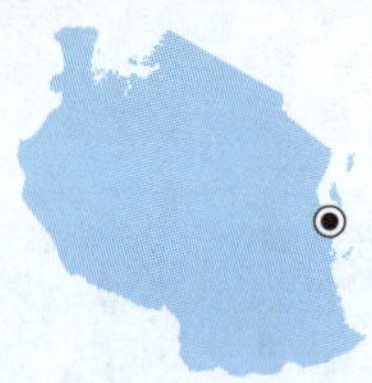

Daressalam

4,36 MIO EW.

Inhalt ➡

Schön übernachten

- Alexander's Hotel (S. 63)
- Southern Sun (S. 62)
- Friendly Gecko Guesthouse (S. 62)
- Ras Kutani (S. 77)

Gut essen

- Oriental (S. 66)
- Mamboz Corner BBQ (S. 66)
- Terrace (S. 67)
- Black Tomato (S. 66)

Auf nach Daressalam

In den letzten hundert Jahren ist aus dem verschlafenen Zaramo-Fischerdorf Daressalam eine aufstrebende Metropole mit über vier Millionen Einwohnern (Tendenz steigend) geworden. Es liegt an einer der wichtigsten Seerouten der Welt, ist der am zweitstärksten frequentierte Seehafen Ostafrikas und Tansanias wirtschaftlicher und kultureller Motor.

Am nördlichen Ende des Hafens liegt die Kivukoni Front mit einem lebendigen Fischmarkt, an dem frühmorgens Daus den Fang der letzten Nacht abladen. In Daressalam gibt es hervorragende Kunsthandwerksmärkte und Restaurants sowie unweit der Stadt Sandstrände und vorgelagerte Inseln. Das bunt gemischte Stadtbild wartet mit afrikanischen, arabischen, indischen und deutschen Elementen auf. Die idyllische lutheranische Kirche aus der Kolonialzeit wird mittlerweile von Hochhäusern überschattet, in deren Glasfronten sich die goldene Abendsonne spiegelt. Viele Reisende lassen Dar links liegen, doch wer verweilt, erlebt eine kulturell vielseitige Stadt mit einer entspannten Atmosphäre.

Reisezeit

Daressalam

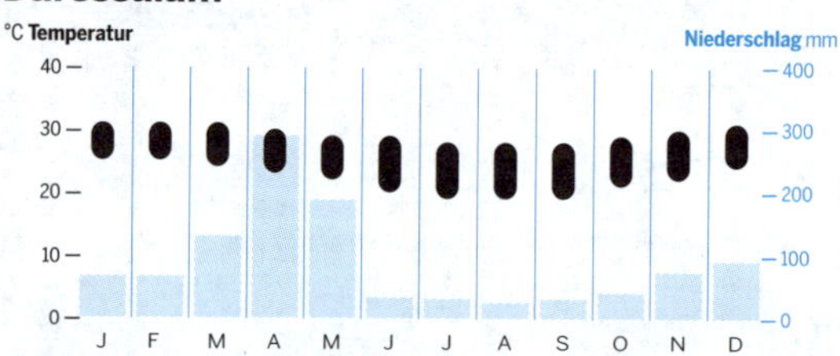

März–Mai Nebensaison: günstigere Preise und weniger Touristen, viele Lodges im Süden geschlossen.

Juni–Sept. Kühles, trockenes Wetter und niedrige Luftfeuchtigkeit. Eine tolle Zeit, um die Stadt zu genießen.

Dez. Modenschauen, Weihnachten, Kitesurf-Saison und die Ankunft der Zugvögel.

Geschichte

1862 ließ Sultan Seyyid Majid von Sansibar im Fischerdorf Zaramo Mzizima seinen neuen Sommerpalast bauen. Aufgrund der abgeschiedenen Lage an einer weitläufigen natürlichen Bucht, die ihm hervorragend als neuer geplanter Warenumschlagplatz dienen würde, nannte er den Palast Daressalam ("Oase des Friedens"). Jemenitische Araber wurden beauftragt, im Inland Kokospalmen anzupflanzen, während indische Kaufleute sich um die wachsende Wirtschaft kümmerten.

Mit Majids plötzlichem Tod im Jahr 1879 endeten die Arbeiten abrupt. Sein Bruder Barghasch, der die Herrschaft übernahm, interessierte sich nur wenig für den neuen Hafen. Erst Ende der 1880er-Jahre entwickelte die Stadt sich dank des Handels der Deutsch-Ostafrikanischen Gesellschaft weiter und wurde 1887 Hauptstadt des neuen deutschen Protektorats. Die Kolonialverwaltung zog von Bagamoyo nach Daressalam und der Bau einer Eisenbahnlinie beschleunigte das Wachstum der Stadt und ermöglichte den Handel mit Zentralafrika über den Tanganyika-See.

Diese Entwicklungen brachten auch ein gesteigertes soziales und politisches Bewusstsein mit sich. Ironischerweise beschleunigte ausgerechnet der Erste Weltkrieg das Wiederaufleben afrikanischer Institutionen wie der Tanganyika African Association, die von der britischen Nachkriegs-Verwaltung im Jahr 1922 genehmigt wurde. Die Organisation schloss sich schließlich mit der Tanganyika African National Union (TANU) zusammen und legte damit den Grundstein für eine nationalistische Bewegung, die 1961 die Unabhängigkeit des Landes erreichte. Seitdem ist Daressalam die unbestrittene politische und wirtschaftliche Hauptstadt des Landes, auch wenn der offizielle Regierungssitz 1973 nach Dodoma verlegt wurde.

Präsident Julius Nyerere bevorzugte im seit Kurzem unabhängigen Tansania ein sozialistisches Wirtschaftsmodell und investierte nicht in die Städte des Landes, sondern in ländliche Räume. So kam die Entwicklung Daressalams, der größten Stadt des Landes, zum Erliegen, während der nun nationalisierte Arbeitsmarkt und eine Zentralregierung ein Ausmaß an Bürokratie und Korruption mit sich brachten, wie man es seit dem Byzantinischen Reich nicht mehr erlebt hatte. Die engen Bande zwischen Nyerere und China zahlten sich jedoch aus, als der Sozialismus in den 1990er-Jahren zu

Highlights

1 Bei einer **kulturellen Führung** (S. 55) Holzschnitzer, Unternehmer und Schauspieler kennenlernen und herausfinden, wie die Stadt tickt.

2 In Daressalams **Multikulti-Küche** (S. 65) eintauchen und Dhoklas, Grillfleisch, Chai-Tee und Fisch im Kokosmantel probieren.

3 Schnorcheln und picknicken auf den unberührten **vorgelagerten Inseln** (S. 75) bei Mbudya und Bongoyo.

4 Am Wochenende zusammen mit hart arbeitenden Einheimischen am **Coco Beach** (S. 57) alle viere von sich strecken.

5 Herrlich verrückte Souvenirs aus wiederverwerteten Gegenständen im **Wonder Workshop** (S. 68) erstehen.

6 Sich bei einem Gottesdienst in der **Lutheranischen Kirche Azania Front** (S. 54) unter die Einheimischen mischen.

7 Bei **Dekeza Dhows** (S. 76) eine Dau oder ein Kajak mieten und hinausfahren.

8 Die herrlich unberührte Landspitze rund um die Lodge **Ras Kutani** (S. 77) erkunden, auf der Schildkröten nisten.

Gunsten des Liberalismus aufgegeben wurde. Seitdem haben chinesische Investitionen Daressalam von einer unwichtigen Kolonialstadt in eine aufstrebende Metropole verwandelt. 2013 beliefen sich Chinas Direktinvestitionen in Tansania auf 2,1 Mrd. US$ und Peking ist heute Daressalams wichtigster Handelspartner. Die Investitionen zielen auf riesige Projekte wie den Bau von Straßen, Brücken, einem Schienennetz, Apartments und Pipelines ab. Von besonders großem Ausmaß ist die Investition in die neue Stadt Kigamboni auf der anderen Seite der Bucht, wo in 20 Jahren Daressalams Zukunft liegen wird. Das Projekt mit einem Wert von 11,6 Billionen US$ soll 2032 fertiggestellt sein.

Sehenswertes

Das Stadtzentrum verläuft entlang der Samora Avenue. Nordöstlich der Allee liegt das alte Kolonialzentrum **Uzunguni**, in dem sich die Sehenswürdigkeiten der Stadt befinden, südwestlich davon die asiatischen Viertel **Kisutu** und **Mchafukoge** mit ihren vielen indischen Kaufleuten und Händlern. Hier erlebt man die Stadt von ihrer exotischsten Seite. In unzähligen *dukas* (Geschäften) wird alles von Lampen bis hin zu Textilien und würzigen Samosas angeboten. Weiter Richtung Westen und Südwesten schließen sich zahlreiche bodenständigere Viertel wie **Kariakoo**, **Temeke** und **Ilala** an. In diesen Teilen der Stadt, die selten von Touristen besucht werden, schlängeln sich sandige Straßen vorbei an eng gebauten Häusern und lebendigen Straßenmärkten.

Nördlich des Zentrums, jenseits der Selander Bridge, liegen **Oyster Bay** und **Msasani**, Wohngebiete der oberen Mittelklasse mit Restaurants und Geschäften im westlichen Stil. Hier findet man auch den größten Sandstrand der Stadt, den Coco Beach.

Nationalmuseum & Haus der Kultur — MUSEUM

(Karte S. 58; ☎ 022-211 7508; www.houseofculture.or.tz; Shaaban Robert St.; Erw./Schüler 6500/2600 TSh; ⌚ 9.30–18 Uhr) Das Nationalmuseum beherbergt neben anderen archäologischen Fundstücken die berühmten Fossilien vom Zinjanthropus (Nussknacker-Mensch) aus der Olduvai-Schlucht, allerdings nur eine Kopie. Der History Room und eine ethnografische Sammlung liefern Einblicke in Tansanias Vergangenheit und die bunt gemischten Kulturen des Landes, darunter die Shirazi-Kultur von Kilwa, in den Sklavenhandel von Sansibar und in die deutsche und britische Kolonialzeit. Doch trotz aktueller Renovierungsarbeiten sind die Präsentation der Ausstellungsstücke und der rote Faden noch immer verbesserungsbedürftig.

Für Liebhaber von Oldtimern wird eine kleine Spezialsammlung ausgestellt, darunter ein zuerst von der britischen Kolonialregierung und dann von Julius Nyerere gefahrener Rolls Royce. Die neue Erweiterung, das Haus der Kultur, wartet mit einem Bildungszentrum und einem Ausstellungsbereich mit zeitgenössischer Kunst auf.

Botanischer Garten — GARTEN

(Karte S. 58; Samora Ave.; ⌚ Sonnenaufgang–Sonnenuntergang) GRATIS Obwohl er zwischen lauter neuen Gebäuden zu verschwinden droht, bietet dieser Botanische Garten eine schattige Oase in einer heißen, staubigen Stadt. 1893 wurde er von Professor Stuhlman eröffnet, dem ersten Direktor für Landwirtschaft, und diente ursprünglich als Testgelände für Nutzpflanzen. Noch heute hat hier die Horticultural Society ihren Sitz, die sich um die Pflege der einheimischen und exotischen Pflanzen wie der Scharlachroten Brownea, verschiedenen Palmenarten, Brotpalmfarnen und Jacarandas kümmert.

Lutheranische Kirche Azania Front — KIRCHE

(Karte S. 58; www.azaniafront.org; Azikiwe St., Ecke Sokoine Dr.) Das auffällige Gebäude mit einem rot gedeckten Glockenturm mit Blick aufs Wasser und recht nüchterner gotischer Inneneinrichtung ist eins der bedeutendsten Wahrzeichen der Stadt. Die Kirche wurde 1898 von deutschen Missionaren erbaut und bildete das Zentrum der deutschen Mission in Tansania; heute wird sie als Kirche der Diözese für Gottesdienste und Chorproben (manchmal hört man den schönen Gesang von der Straße aus) genutzt.

Frühmorgens finden Gottesdienste auf Englisch statt, alle anderen sind auf Suaheli.

Kathedrale St. Joseph — KIRCHE

(Karte S. 58; www.daressalaamarchdiocese.or.tz; Sokoine Dr.) Die römisch-katholische Kirche im gotischen Stil mit einem Turm wurde zur selben Zeit erbaut wie die lutheranische Kirche, ebenfalls von deutschen Missionaren. Die Gottesdienste am Sonntagmorgen sind gut besucht und man kann dem Gesang lauschen. Neben auffälligen Buntglasfenstern hinter dem Hauptaltar (die am späten Nachmittag am schönsten aussehen) kann man hier noch originale deutsche Inschriften und Kunstwerke finden, darunter das geschnitzte Relief über dem Hauptaltar.

NICHT VERSÄUMEN

KULTURELLE FÜHRUNGEN

Bei all dem Aufhebens um Daressalams Bauboom is es manchmal gar nicht so einfach, Einblicke in die Geschichte und Kultur der Stadt zu bekommen. Es lohnt also, an einer Führung teilzunehmen, um die Stadt wirklich kennenzulernen.

Afriroots (www.afriroots.co.tz) Veranstaltet sonntagmorgens einen historischen Spaziergang (50 US$ pro Pers.) durchs Stadtzentrum von Daressalam. Im Vordergrund steht die Geschichte der Stadt vom Sultanat von Oman bis zu den wichtigsten Schauplätzen des Unabhängigkeitskampfes. Hervorragend ist auch die Tour „Hinter den Kulissen" (40 $ pro Pers.), bei der man Einheimische kennenlernt und von ihnen Geschichten über das Leben in der Stadt zu hören bekommt. Die Erlöse aus den Touren kommen den Gemeinden zugute, die man besucht. Afriroots' Gemeindearbeit geht über die Grenzen von Dar hinaus und umfasst auch interessante Wander- und Fahrradsafaris; Details siehe S. 34.

Investours (☎0684 504212; www.investours.org; Erw./Schüler US$75/50) Die Nonprofit Organisation bietet Führungen zum Holzschnitzermarkt in Mwenge an, der Besuchern die Gelegenheit bietet, Einheimische zu treffen, etwas über ihr Leben zu erfahren und in ihre Geschäftsideen zu investieren. Nach den Führungen werden alle Gebühren gepoolt und die Teilnehmer entscheiden darüber, wer das Geld als Mikrokredit zur Investition erhält. Auf diese Weise bekommen Fremde einen wunderbaren Einblick in das „wahre" Darsessalam und unterstützen gleichzeitig die lokale Bevölkerung. Investours hat auch ein Programm in Arusha in der Nähe des Massai-Markts.

Kigamboni Community Centre (☎0788 482684; www.kccdar.com; Kigamboni; ⏰Mo–Sa) Eine beeindruckende, von Einheimischen geführte Initiative, um die Jugendlichen von Kigamboni auszubilden, Talente zu fördern und beruflich weiterzubilden. Besucher zahlen einen angemessenen Preis für eine Führung zu Fuß oder auf dem Fahrrad (36 000 TSh). Auch Touren unter dem Motto „Ein Tag im Dorf" (70 000 TSh) werden angeboten, ebenso der Besuch von traditionellen Tänzen, Trommeln, Akrobatik, Koch- und Suaheli-Kursen. Die beste Zeit für einen Besuch ist montag- bis samstagabends zwischen 17 und 18 Uhr. Vielleicht findet gerade eine kostenlose Show mit jungen Akrobaten und Talenten statt; zur Sicherheit vorher anrufen. Mit der Fähre nach Kigamboni, dann mit einem *bajaji* (Tuk-Tuk) zum Zentrum gegenüber der Polizeistation von Kigamboni neben der Kakala-Bar.

Fischmarkt — MARKT

(Karte S. 58; Kivukoni Front; ⏰6 Uhr–Sonnenuntergang) Wer sich morgens um sieben am Kivukoni-Fischmarkt einfindet, kann beobachten, wie die Fischer Restaurantbetreibern und Hausfrauen mit dem Eifer von Aktien-Brokern ihre Waren anpreisen. Der Markt ist in zwei Hauptbereiche unterteilt und besteht aus acht Zonen, von denen in einer die Auktion stattfindet. In den anderen Bereichen wird Fisch geputzt, gekocht und zu teureren Preisen verkauft. Der Fischmarkt ist bunt und chaotisch und für nur 300 TSh kann man ein schönes Stück Snapper ergattern.

An manchen Ständen werden noch Muscheln verkauft, doch aus Umweltschutzgründen wird vom Kauf abgeraten. Der Export von Muscheln ist verboten.

Village Museum — MUSEUM

(☎022-270 0437; Ecke New Bagamoyo Rd. & Makaburi St.; Erw./Schüler 6500/2600 TSh; ⏰9.30–18 Uhr) Das Herzstück des Freiluftmuseums ist eine hochinteressante Sammlung von authentisch nachgebauten Häusern, die einen guten Eindruck von der traditionellen Lebensweise in verschiedenen Teilen Tansanias vermitteln. Sie sind nach Art der Region möbliert und liegen zwischen kleinen Nutzflächen. „Dorfbewohner" präsentieren traditionelle Fertigkeiten wie Weben, Töpfern und Schnitzen. Hinter dem Projekt steckt die Idee, architektonische und soziale Traditionen des Landes zu präsentieren, auch wenn heute einige der Häuser dringend rundüberholt werden müssten. Das Highlight für viele Besucher sind die einstündigen Stammestänze (Erw./Kind 2000/1000 TSh) am Nachmittag.

Das Museum befindet sich 9 km nördlich vom Stadtzentrum. Das *dalla-dalla* nach Mwenge fährt an der Haltestelle New Posta (400 TSh, 45 Min.) ab und hält am Museum.

Nafasi Art Space — GALERIE

(☎0716 997254, 0783 245537; www.nafasiartspace.org; Western Block, Light Industrial Rd, Mikocheni B) Das Nafasi strebt an, das führende Zentrum für Zeitgenössische Kunst in Tansania zu

Nördliches Daressalam

Nördliches Daressalam

Aktivitäten, Kurse & Touren
Bongoyo Boat Trips ....(siehe 14)
1 Coco Beach C3

Schlafen
2 Alexander's Hotel.................................C1
3 Coral Beach Hotel C1
Hotel Slipway..............................(siehe 14)
4 Protea Courtyard D6
5 Protea Hotel Oyster Bay C5
6 Q Bar & Guest House C3
7 Sea Cliff Hotel......................................D1
Triniti Guesthouse ....(siehe 36)

Essen
8 Addis in Dar B4
9 Barbecue House D7
Black Tomato .... (siehe 20)
10 Delhi Darbar.. D7
11 Épi d'Or...C1
12 Grace Shop C5
13 Jackie's... C3
14 Msasani Slipway C2
15 Rohobot.. C5
Terrace .... (siehe 14)
Örtlicher Supermarkt .... (siehe 21)
Waterfront .... (siehe 14)
16 Zuane Trattoria & Pizzeria................... C3

Ausgehen & Nachtleben
17 George & Dragon D2
Q Bar..(siehe 6)
Triniti Bar & Restaurant .... (siehe 36)
Waterfront ....(siehe 14)

Unterhaltung
18 Alliance Française D7

Shoppen
19 A Novel Idea B4
Green Room ....(siehe 14)
20 Oyster Bay Shopping Centre C3
21 Sea Cliff Village D1
Slipway.......................................(siehe 14)
22 Tingatinga-Zentrum..............................C3
23 Wonder Workshop C4

Praktisches
24 Aga Khan Hospital D7
Burundische Botschaft..............(siehe 31)
25 Botschaft der demokratischen Republik Kongo (ehemals Zaïre)........D7
26 Flying Doctors & Amref D7
27 Französische Botschaft........................C5
28 Indische Hochkommission....................C5
29 Irische Botschaft D2
30 IST Clinic..C3
31 Italienische Botschaft C6
32 Kenianische Hochkommission C5
33 Premier Care Clinic B4
34 Rickshaw Travels..................................C2
35 Ruandische Botschaft D6
36 Ugandische Botschaft C4
37 Botschaft der Vereinigten Staaten B4

Transport
38 *dalla-dalla*-Knotenpunkt & Taxistand... B3

werden. Der Komplex aus 11 Studios liegt in einem alten Industriewarenhaus in Mikocheni. Die hier arbeitenden Künstler – fünfzehn aus der Stadt sowie weitere aus dem In- und Ausland – präsentieren allesamt ihre Werke in der Galerie vor Ort. Das Zentrum bietet eine Plattform für Trainings und kulturübergreifende Vorträge, die einmal im Monat durch Veranstaltungen beworben werden; Chap Cap zum Beispiel ist eine Kombination aus Ausstellung, offenen Workshops, Musikveranstaltungen am Abend, Theater und Tanz.

Aktivitäten

Bongoyo Boat Trips SCHNORCHELN
(Karte S. 56; 0713 328126; Slipway, Msasani; Erw./Kind hin & zurück 36 000/28 000 TSh; Abfahrt 9.30, 11.30, 13.30 & 15.30 Uhr) Wer kein Auto hat, kommt am schnellsten und einfachsten an Bord der Fähre nach Bongoyo (Abfahrt am Slipway) auf eine der Inseln vor der Küste. Dort angekommen, kann man schnorcheln, wandern oder an einer der Buden am Strand einfachen Grillfisch genießen. Das letzte Boot zurück legt um 17 Uhr ab; die Hafengebühr ist im Fahrpreis enthalten.

Tanzaquatic FISCHEN, BOOTSFAHRT
(0772 011202, 0756 504987; www.tanzaquatic.com; Shop 17C, Slipway, Msasani; Bootsfahrten 20 US$, Glasbodenboot 10 US$, Insel-Ausflüge pro Pers. 20–30 US$) Tanzaquatic bietet Fahrten bei Sonnenuntergang vor der wunderschönen Msasani-Bucht und Ausflüge mit dem Glasbodenboot. Außerdem kann man Angelfahrten (450 US$ für einen halben Tag für bis zu 4 Pers.) sowie Schnorchel- und Picknickausflüge nach Bongoyo, Mbudya und Sinda unternehmen. Wer sich etwas Besonderes gönnen möchte, mietet einen Luxus-Katamaran und fährt nach Sansibar (1200 US$ für 18 Passagiere).

Coco Beach STRAND
(Karte S. 56; Toure Dr.) Nördlich des Stadtzentrums liegt die Msasani-Halbinsel mit einem

Daressalam Zentrum

Daressalam Zentrum

Sehenswertes
1 Lutheranische Kirche Azania Front E2
2 Botanischer Garten E1
3 Fischmarkt G3
4 Nationalmuseum & Haus der Kultur F1
5 Kathedrale St. Joseph D3

Aktivitäten, Kurse & Touren
Essential Destinations .... (siehe 30)
6 Wildlife Conservation Society of Tanzania E2

Schlafen
7 Dar es Salaam Serena Hotel D1
8 Econolodge C2
9 Harbour View Suites D3
10 Heritage Motel D2
11 Holiday Inn D1
12 Hyatt Regency Dar es Salaam E2
13 Luther House Centre Hostel E2
14 Rainbow Hotel D3
15 Safari Inn C2
16 Southern Sun E1
17 YMCA D1
18 YWCA D2

Essen
Al Basha .... (siehe 10)
19 Ali's C2
20 Chapan Bhog C2
21 Chef's Pride C2
22 City Garden E2
23 ex-Holiday Out E1
24 Mamboz Corner BBQ C2
25 Oriental E2
26 Patel Brotherhood D1

Ausgehen & Nachtleben
27 Akberali Tea Room C2
Level 8 Bar .... (siehe 12)

Praktisches
28 Britische Hochkommission E1
29 Kanadische Hochkommission E1
30 Coastal Travels D1
Deutsche Botschaft .... (siehe 28)
31 Kearsley Travel C2
Malawische Hochkommission .... (siehe 36)
32 Marine Parks & Reserves Unit C1
33 Mosambikanische Hochkommission E1
Niederländische Botschaft .... (siehe 28)
34 Surveys & Mapping Division Kartenverkauf F2
35 Tanzania Tourist Board Information Centre D3
36 Sambische Hochkommission E2

Transport
37 Avis D1
Coastal Aviation .... (siehe 30)
38 *dalla-dallas* nach Kisarawe A4
39 *dalla-dallas* nach Temeke C4
40 Dar Express C2
Fastjet .... (siehe 9)
41 Green Car Rentals B4
42 Kenya Airways D1
43 Kilimanjaro Express C2
44 New-Posta-Haltestelle D2
45 Old-Posta-Haltestelle E2
46 Precision Air E2
47 Stesheni-Haltestelle C3
48 Tanzanian Railways Corporation C4
49 ZanAir D2

langen Sandstrand und einem Korallenkalkstrand an der Ostseite. Schwimmen kann man nur bei Flut. Bei Einheimischen ist der Strand am Wochenende besonders beliebt, dann werden Lebensmittelbuden und Kokosnussstände aufgebaut und Bier verkauft, vor allem in dem Bereich gegenüber dem Einkaufszentrum Oyster Bar. Abends gibt es oft Livemusik. Wertsachen nicht mit an den Strand nehmen und sich von den ruhigeren Strandabschnitten fernhalten.

Ein Taxi vom Stadtzentrum hierher kostet rund 12 000 TSh.

Wildlife Conservation Society of Tanzania VOGELBEOBACHTUNG

(Karte S. 58; WCSt.; ☎022-211 2518; www.wcstanzania.org; Garden Ave.) Die WCST wurde 1988 gegründet, um die einheimische Bevölkerung stärker am Tierschutz zu beteiligen. Die Organisation setzt sich vor allem gegen Wilderei und für den Schutz von Lebensraum ein. Außerdem bietet sie zweimal im Monat, jeweils am ersten und letzten Samstag, sehr informative Vogelexkursionen an (kostenlos, 2 bis 3 Std.); sie beginnen um 7.15 Uhr, Ausgangspunkt ist das Büro der Organisation.

Feste & Events

Ziegenrennen KULTUR

(www.goatraces.com; the Green, Kenyatta Dr.; Erw./Kind 10 000/5 000 TSh) Im Juni kann man sein Glück bei Daressalams bestem Ziegenrennen versuchen. Wer gewinnt, kassiert Bargeld; der Einsatz der Verlierer kommt interessanten kleinen Unternehmen und Wohltätigkeitsveranstaltern zugute.

Nyama Choma ESSEN

(www.facebook.com/nyamachomafest; Eintritt 10 000 TSh) Ostafrikas größte Grill-Blockparty ist ein Schaukampf für Daressalams Grillmeister. Dazu gibt es Livebands, Fußballspiele und eine Kinderspielecke. Das Nyama Choma findet alle drei Monate statt (März, Juni, September und Dezember).

Swahili Fashion Week KULTUR
(www.swahilifashionweek.com) Tansanias Kleidungstrends werden auf dieser Modenschau im Dezember präsentiert. Sie ist die größte Plattform für ostafrikanische Designer.

Schlafen

In Daressalam gibt es zahlreiche Unterkünfte, die hochwertigen Mittelklassehotels kann man allerdings an einer Hand abzählen. Dafür bietet die Innenstadt Dutzende Budgethotels und Hostels mit schlichten Zimmern mit Klimaanlage. Hotels der Spitzenklasse zielen auf Geschäftsreisende oder Touristen ab, die von einer Luxussafari zurückkommen. Für ein Zimmer dieser Art mit allen nur denkbaren Annehmlichkeiten zahlt man ab 200 US$ aufwärts. Die nächsten Campingplätze liegen in Mikadi und Mjimwema an der Südseite des Kurasini Creek.

Stadtzentrum

Die meisten verlässlichen Budget- und Mittelklassehotels liegen in Kisutu und Mchafukoge, zwei Vierteln mit unzähligen Imbissbuden und Restaurants, die man zu Fuß vom Fähranleger aus erreicht. Gemütliche hochklassige Unterkünfte und Flagship-Hotels wie das Hyatt und das Serena liegen in den nahe gelegenen Vierteln Uzunguni und Kivukoni.

Safari Inn HOTEL $
(Karte S. 58; ☎ 0754 485013, 022-213 8101; www.safariinn.co.tz; Band St.; EZ/DZ mit Ventilator 28 000/35 000 TSh, klimatisiert 35 000/45 000 TSh; ❄@) Ein bei Travellern beliebtes Quartier in Kisutu mit Englisch sprechendem Personal. Zehn der insgesamt 42 Zimmer sind klimatisiert und alle mit Moskitonetzen ausgestattet. Morgens gibt es ein einfaches kontinentales Frühstück.

Econolodge HOTEL $
(Karte S. 58; ☎ 022-211 6048, 022-211 6049; econolodge@raha.com; Band St.; EZ/DZ mit Ventilator 25 000/35 000 TSh, klimatisiert 35 000/45 000 TSh; ❄) Saubere, langweilige Zimmer mit gutem Preis-Leistungs-Verhältnis in einem ästhetisch wenig ansprechenden Hochhaus. Moskitonetze gibt es keine, dafür sorgen Ventilatoren für frische Luft. Bezahlung nur in bar möglich.

YWCA HOSTEL $
(Karte S. 58; ☎ 0713 622707; Maktaba St.; B/EZ ohne Bad 10 000/15 000 TSh, DZ 30 000 TSh) Auf einer kleinen Seitenstraße zwischen der Post und der Anglikanischen Kirche gelegen. Die äußerst schlichten Zimmer mit Betonböden sind mit Ventilatoren und Waschbecken ausgestattet und haben Gemeinschaftsbäder. Die Zimmer um den Innenhof sind ruhiger. Auch Paare dürfen hier übernachten; das Restaurant serviert preiswerte lokale Gerichte.

YMCA HOSTEL $
(Karte S. 58; ☎ 0755 066643, 022-213 5457; Upanga Rd.; B/EZ/DZ 12 000/25 000/28 000 TSh) Schnörkellose Zimmer in einem kleinen Bau um die Ecke vom YWCA; etwas ruhiger, was den Preisaufschlag gegenüber dem YWCA aber nicht rechtfertigt. Auch hier dürfen Paare übernachten und es gibt eine Kantine mit preiswertem Essen.

Luther House Centre Hostel HOSTEL $
(Karte S. 58; ☎ 022-212 6247, 022-212 0734; luthercentre@yahoo.com; Sokoine Dr.; EZ/DZ 50 000/65 000 TSh; ❄) Die Zimmer sind mit Ventilatoren und Klimaanlage ausgestattet und im Restaurant im Untergeschoss wird Frühstück serviert. Aufgrund des ziemlich desolaten Zustands des Hostels wirken die Preise überzogen, doch dafür punktet es mit seiner tollen zentralen Lage unmittelbar am Wasser.

★ **Holiday Inn** HOTEL $$
(Karte S. 58; ☎ 0684 885250, 022-213 9250; www.holidayinn.co.tz; India & Maktaba Sts; Zi. ohne Frühstück 189–229 US$, Suite ohne Frühstück 269 US$; P❄@) Das Holiday Inn ist das unangefochtene Lieblingshotel in der Innenstadt. Es bietet makellos saubere, moderne Zimmer, einen zuvorkommenden Service, ein tolles Frühstücksbüfett (13,50 US$) und ein Dachrestaurant. Dazu kommen noch ein täglich verkehrender kostenloser Shuttleservice zur Jangwani Sea Breeze Lodge für Gäste, die baden möchten, sowie ein freundlicher Reiseservice, der Charterflüge nach Sansibar und Pemba bucht und sogar für Geschäftsreisende mit ganz großem Zeitdruck einen Hubschrauberservice zum Flughafen anbietet.

An Wochenenden sind Zimmer zu ermäßigten Preisen erhältlich.

Heritage Motel HOTEL $$
(Karte S. 58; ☎ 022-211 7471; www.heritagemotel.co.tz; Ecke Kaluta St. & Bridge St.; EZ/DZ/3BZ 60/80/85 US$; ❄📶) Die Zimmer mit gutem Preis-Leistungs-Verhältnis liegen zentral und

Stadtspaziergang
Historisches Daressalam

START SAMORA AVE & AZIKIWE ST.
ZIEL SAMORA AVE & AZIKIWE ST.
LÄNGE/DAUER 4,5 KM; 2 STD.

Vom 1 **Askari-Denkmal** (Samora Ave. & Azikiwe St.) – die Bronzestatue erinnert an im 1. Weltkrieg gefallenen Afrikaner – geht's in nordöstlicher Richtung über die Samora Avenue bis zur Shaaban Robert Street und dem 2 **Nationalmuseum** (S. 54). Der Straße einen halben Häuserblock weiter folgen bis zur 3 **Karimjee Hall**, wo Julius Nyerere seinen Präsidenteneid leistete, und dann weiter Richtung Osten bis zur Luthuli Street. Nordöstlich steht das 1897 erbaute 4 **Ocean Road Hospital**. In dem Kuppelbau davor betrieb Robert Koch an der Wende zum 20. Jh. seine bahnbrechenden Malaria- und Tuberkulose-Forschungen.

Gen Süden über die Luthuli Street folgt links das 5 **State House**, das von den Deutschen errichtet und nach dem 1. Weltkrieg von den Briten wieder aufgebaut wurde. Am Ufer findet der 6 **Fischmarkt** (S. 55) statt.

Von dort geht's nach Westen über die Kivukoni Front (Azania Front). Rechts stehen 7 **Regierungsgebäude** wie das Außen- und Justizministerium sowie das Amt für Statistik, die aus der deutschen Kolonialzeit stammen. Linkerhand liegt das Meer. Es geht geradeaus weiter zum alten 8 **Kilimanjaro Hotel** (heute das Hyatt Regency Daressalam).

Dahinter steht die 9 **Lutheranische Kirche Azania Front** (S. 54); der Glockenturm mit dem roten Dach ist ein Wahrzeichen der Stadt. Die Kirche wurde an der Wende zum 20. Jh. von deutschen Missionaren gebaut. Auf dem weiteren Weg am Ufer entlang folgen die 10 **Alte Post** (S. 70) und dann das 11 **Missionshaus der White Fathers**, eines der ältesten Gebäude der Stadt. Ein Häuserblock weiter steht mit der 12 **St. Joseph-Kathedrale** (S. 54) ein weiteres Wahrzeichen. Die Kirche wurde auch von deutschen Missionaren errichtet. Im Innern sind zahlreiche originale deutsche Inschriften und einige Kunstwerke zu sehen, wie das Relief über dem Hauptaltar. Von der Kathedrale der Bridge Street einen Häuserblock Richtung Norden folgen bis zu Samora Ave.; in östlicher Richtung geht's wieder zum Askari-Denkmal.

nur 15 Gehminuten vom Fähranleger entfernt. Sie sind geräumig, sauber und gemütlich und mit Minikühlschränken, Fernsehern und Fliegengittern an den Fenstern ausgestattet. Das benachbarte Restaurant Al Basha serviert das Hotelfrühstück und gute libanesische Küche.

Rainbow Hotel HOTEL **$$**
(Karte S. 58; ☎ 0754 261314, 022-212 0024; www.rainbow-hoteltz.com; Morogoro Rd.; EZ 45–55 US$, DZ 65–90 US$; ❄ ☰) Das gut gelegene Rainbow Hotel an der Morogoro Road sticht mit seinem freundlichen Personal, einem guten Restaurant und einer tollen Lage heraus. Die Zimmer haben feste Matratzen, Fernseher und eine gute Klimaanlage. Das Hotel liegt nur fünf Gehminuten vom Anleger der Fähre nach Sansibar entfernt und ein Taxistand liegt günstig direkt vor der Tür. Für Familien stehen Apartments mit zwei Zimmern bereit (150 US$).

Harbour View Suites BUSINESSHOTEL **$$**
(Karte S. 58; ☎ 0784 564848; www.harbourview-suites.com; Samora Ave.; Studio/1-Zi.-Suite/2-Zi.-Suite 160/190/250 US$; ❄ @ ☰ ≋) Die gut ausgestatteten, zentral gelegenen Apartments für Geschäftsreisende haben Blick auf die Stadt oder den Hafen. Einige Zimmer haben Moskitonetze, alle sind modern möbliert und mit einer Küchenzeile ausgestattet. Zum Hotel gehören ein Geschäftszentrum, ein Fitnessstudio, ein Restaurant und eine Blues-Bar. Da es sehr beliebt ist, ist es oft voll. Darunter liegt das Einkaufszentrum JM Mall mit einem Geldautomaten und einem Supermarkt.

★ **Southern Sun** HOTEL **$$$**
(Karte S. 58; ☎ 022-213 7575; www.tsogosunhotels.com; Garden Ave.; Zi. ab 211 US$; P ❄ ☰ ≋) Mit seinem afro-islamischen Dekor, einem beliebten Restaurant und professionellem Service bietet das Southern Sun deutlich mehr, als man erwartet. Die Zimmer haben üppige, gemütliche Betten sowie alle Annehmlichkeiten und das riesige Frühstücksbüfett kann man auf einer Terrasse mit Blick auf den Botanischen Garten genießen. Abends füllen sich die Bar und das Restaurant Bazara mit Geschäftsleuten, Auswanderern und Einheimischen, die die erstklassigen Speisen und die schöne Gartenterrasse genießen.

Die örtliche Filiale von Kearsley Travel hilft bei der Organisation der Weiterreise.

Hyatt Regency Daressalam LUXUSHOTEL **$$$**
(Karte S. 58; The Kilimanjaro; ☎ 0764 704704; www.daressalaam.kilimanjaro.hyatt.com; 24 Kivukoni Front; Zi. ab 375 US$; P ❄ ☰ ≋) „Das Kilimandscharo" ist seit seiner Eröffnung Mitte der 1960er-Jahre ein Wahrzeichen und hat seitdem unzählige Popstars (u. a. Michael Jackson) und Würdenträger (wie Nelson Mandela) beherbergt. Im Zuge massiver Renovierungsarbeiten wurde 2006 die sehr verlebte Inneneinrichtung in einen schicke, marmorverkleidete Luxusoase mit ultramodernen Zimmern, zwei stylishen Restaurants, einer Bar mit Blick auf den Hafen und einem Infinity-Pool auf dem Dach verwandelt.

Selbst wenn man nicht hier übernachtet, lohnt ein Abstecher auf ein Getränk in der Dachbar oder für eine Wellness-Behandlung im Anatra-Spa.

MAL WAS ANDERES: DAS FRIENDLY GECKO GUESTHOUSE

Wer ein paar Tage in Daressalam bleiben und ein spannendes Projekt sowie interessante Leute kennenlernen möchte, kann sich im **Friendly Gecko Guesthouse** (☎ 0759 941848; www.friendlygecko.com; Africana area; B 20 US$, EZ/DZ 45/60 US$; P ❄ @) 20 km nördlich des Stadtzentrums neben der New Bagamoyo Road einquartieren.

Das Gästehaus selbst besteht aus ein paar schlichten Zimmern in einem großen Privathaus mit Garten und Küchen. Was es besonders macht, ist der Anschluss an den NGO **help2kids** (www.help2kids.org) – zum einen, weil es immer voll mit interessanten Freiwilligen ist, und zum anderen, da die Erlöse zu 100 % den Sozial- und Bildungsprogrammen von help2kids in Kindergärten und Grundschulen vor Ort zugutekommen.

Durch das Gästehaus können zahlreiche Möglichkeiten zur Freiwilligenarbeit organisiert werden, ebenso werden Aktivitäten wie Marktbesuche in Mwenge und Kariakoo, Bootsfahrten zur Insel Mbudya, PADI-Tauchkurse und Tagesausflüge (mit dem Bus) nach Bagamoyo angeboten. Wer es ruhiger angehen möchte, kann sich gemütlich an den Pool des nahe gelegenen White Sands Resort (S. 74) legen. Am Abend kommen alle zurück „nach Hause", um Juliets tansanisches Abendessen (5 US$ pro Pers.) zu genießen und das Erlebte auszutauschen.

Daressalam Serena Hotel HOTEL $$$
(Karte S. 58; ☎0732 123 333, 022-211 2416; www.serenahotels.com/serenadaressalaam; Ohio St.; Zi. ab 240 US$; P❄📶🏊) Das Hyatt ist zwar noch luxuriöser, dafür wartet das Serena mit einer unschlagbaren Lage in einem riesigen Garten mit Blick auf den Golfplatz des Gymkana Club auf. Der Sonntagsbrunch mit Champagner auf der Terrasse ist ein Ritual für viele Einheimische, und obwohl die Zimmer ein wenig altmodisch wirken, bieten sie alles, was man von einem Fünf-Sterne-Hotel erwartet.

Upanga

Zwischen der Morogoro Road und der Selander Bridge liegt das Wohnviertel Upanga mit einer Mischung aus Villen, Hochhäusern und Unternehmen. Läden und Restaurants findet man hier kaum, dafür liegt Upanga günstig zwischen dem Stadtzentrum und Msasani. Die Nähe zur Selander Bridge macht es zum Verkehrsknotenpunkt.

Protea Courtyard HOTEL $$$
(Karte S. 56; ☎022-213 0130; www.proteahotels.com/courtyard; Barack Obama Dr.; EZ/DZ 180/210 US$; P❄@📶🏊) 1948 von der Begum Om Habibeh Aga Khan eröffnet, hat das Jugendstilhotel ein wenig von Daressalams Geschichte bewahrt. Zu den berühmten Gästen, die hier schon abgestiegen sind, zählen die afrikanischen Unabhängigkeitskämpfer Jomo Kenyatta und Kenneth Kaunda. Im Innenhof voller Blumen liegen ein kleiner Pool und eine holzvertäfelte Bar, Geschäftsräume und ein Terrassenrestaurant mit guter indischer Küche.

Msasani & Kawe-Strand

Wer etwas Zeit übrig hat, kann sich die Kosten für ein Taxi oder die Reise vom Flughafen (ca. 20 km) sparen: die Hotels auf der Msasani-Halbinsel und am Kawe-Strand sind eine tolle Alternative zum hektischen Stadtleben. Wer hier Quartier bezieht, sollte nicht vergessen, dass die Selander Bridge ein Nadelöhr ist, das vor allem in der Rush Hour gemieden werden sollte.

CEFA Hostel HOSTEL $
(☎022-278 0425, 022-278 0685; cefahostel@gmail.com; abseits der Old Bagamoyo Rd., Mikocheni B; EZ/DZ/3BZ/4BZ 40 000/60 000/80 000/100 000 TSh; P@📶) Einfache, saubere Zimmer in einem privaten Gästehaus, wo man gut essen kann (Mahlzeit 10 000 TSh); es ist sehr beliebt bei Entwicklungshelfern und häufig ausgebucht. Ein Häuserblock abseits der Old Bagamoyo Road (die Straße biegt drei Häuserblocks nördlich der Bima Road, etwa 2 km nördlich vom Mikocheni B ab); das CEFA ist ausgeschildert.

★ **Alexander's Hotel** BOUTIQUEHOTEL $$
(Karte S. 56; ☎0754 343834; www.alexanders-tz.com; Mary Knoll Lane; Zi. 185 US$; ❄📶🏊) Das familienbetriebene Alexander's mit seinen an Le Corbusier erinnernden Elementen aus der Moderne und einer großen Dachterrasse auf einem schattigen Gelände ist ein wahrhaftes Boutiquehotel. Anstelle von nüchternen Business-Zimmern warten 17 stylishe Zimmer mit Blick auf den nierenförmigen Pool, gemütlichen Betten, weichen Kissen und bunten *kikoi*-Überwürfen und -Polstern. Das Frühstück wird im Speiseraum voller Kunst und Bücher serviert, einen Drink zu Sonnenuntergang und Hummer zum Abendessen genießt man am besten auf der Dachterrasse.

Mediterraneo Hotel HOTEL $$
(☎0754 812567, 0777 812567; www.mediterraneotanzania.com; Tuari Rd., Kawe; EZ 105–115 US$, DZ 135–145 US$; P❄@📶🏊) Eine tolle familienfreundliche Unterkunft mit Club-Atmosphäre an Wochenenden. Die geräumigen Zimmer zum Garten hinaus sind mit schmiedeeisernen Betten und mit Schwammtechnik gestalteten Wänden versehen. Das beliebte an einer Seite offene Restaurant mit Blick auf den Kawe-Strand serviert gute italienische Küche. Die Strandparty, die jeden dritten Samstag im Monat die ganze Nacht durch gefeiert wird, mag man je nach Verfassung lieben oder hassen.

Das Mediterraneo liegt ca. 10 km nördlich des Stadtzentrums in Kawe und ist von der Old Bagamoyo Road aus ausgeschildert. Ein Taxi ins Stadtzentrum kostet 20 000 TSh, die Fahrt nach Msasani 15 000 TSh.

Hotel Slipway HOTEL $$
(Karte S. 56; ☎0713 888301, 022-260 0893; www.hotelslipway.com; Msasani Slipway; EZ 120–140 US$, DZ 130–150 US$; P❄📶) Das Apart-Hotel mit gutem Preis-Leistungs-Verhältnis ist ins Einkaufszentrum Slipway am Meer integriert. Die Zimmer und Apartments sind hell und luftig und mit handgeschnitzten Möbeln, bunten indischen Bettüberwürfen, Balkonen mit Meerblick und gut ausgestatteten Küchenzeilen in den Apartments eingerichtet. Direkt vor der Tür liegen drei Spitzenrestaurants, u. a. das äußerst beliebte Waterfront (S. 67).

Auf Wochen- und Monatspreise gibt's Rabatte. Die Rezeption befindet sich neben der Barclays Bank.

Q Bar & Guest House PENSION $$
(Karte S. 56; ☎0754 282474; www.qbardar.com; Ecke Haile Selassie Rd. & Msasani Rd.; B 12 US$, EZ 50 US$, DZ 50–80 US$; P ❄ 📶) Die Q Bar ist eine feste Institution in Daressalam. Die Pension bietet saubere Zimmer mit gutem Preis-Leistungs-Verhältnis (viele Zimmer auf den oberen Etagen sind riesig), die Bar gehört zu den besten Adressen des Nachtlebens in Dar. Alle Zimmer sind mit Fernsehern, Minikühlschränken und Fliegengittern vor den Fenstern ausgestattet. Außerdem gibt es einen Schlafsaal mit acht Betten. Essen wird im Untergeschoss serviert und in der Bar wird freitagabends Livemusik gespielt. Donnerstag- und samstagabends legen DJs auf.

Triniti Guesthouse PENSION $$
(Karte S. 56; ☎0755 963686, 0769 628328; www.triniti.co.tz; 26 Msasani Rd.; Zi. 65–85 US$; ❄ 📶) Das einzigartige Triniti bietet eine legere lodgeähnliche Unterbringung in 12 freistehenden Holzbungalows in einem üppigen Garten. Die Zimmer sind zwar klein, aber makellos weiß gestrichen und mit Kunst aus der Gegend und bunten weichen Möbeln eingerichtet. Das Frühstück mit selbstgebackenen Donuts, Obst und Eiern wird im Gemeinschaftsraum eingenommen. Freitagabends spielt in der Bar eine Liveband und legt ein DJ auf.

Sea Cliff Hotel HOTEL $$$
(Karte S. 56; ☎022-552 9900, 0764 700600; www.hotelseacliff.com; Toure Dr.; Zi. im Dorf 180–240 US$, Zi. im Hauptgebäude 320–470 US$; P ❄ @ 📶 🏊) Das Sea Cliff hat eine exzellente Lage mit Blick auf den Ozean an der Nordspitze der Msasani-Halbinsel. Die 93 Zimmer des weitläufigen Komplexes verteilen sich auf das Hauptgebäude und das weniger reizvolle angrenzende "Village" ohne Blick. Gästen stehen zahlreiche Annehmlichkeiten wie Fitnessstudio, Schönheitssalon, Casino und Restaurants zur Verfügung; am schönsten allerdings sind der große Garten und der Pool auf einem Felsvorsprung.

Coral Beach Hotel HOTEL $$$
(Karte S. 56; ☎0784 260192, 022-260 1928; www.coralbeach-tz.com; Coral Lane, Masaki; Zi. 150–220 US$; P ❄ @ 📶 🏊) Von dem ruhigen Hotel (das zur Best-Western-Kette gehört) hat man einen erstklassigen Blick auf den Sonnenuntergang über der Oyster Bay. Die großen, gemütlichen Zimmer liegen in alten und neuen Flügeln. Sie sind im New-England-Stil mit blau-weiß gestreiften Teppichen, Fensterläden mit Luftschlitzen und Bettüberwürfen mit Korallenprint eingerichtet. Viele Zimmer im alten Flügel haben keinen Meerblick – bei der Buchung darauf achten.

Protea Hotel Oyster Bay HOTEL $$$
(Karte S. 56; ☎0784 666665, 022-266 6665; www.proteahotels.com; Ecke Haile Selassie Rd. & Ali Hassan Mwinyi Rd.; EZ 200 US$, DZ 230–260 US$, 2-Zi.-Apt. 315 US$; P ❄ @ 📶 🏊) Das zur Kette South African Protea gehörende Hotel ist wie ein Motel mit niedrigen Einheiten (mit Küchenzeilen) rund um einen innenliegenden Garten und Pool angelegt. Die Zimmer sind recht ausdruckslos, aber modern eingerichtet und gut möbliert. Der Service ist freundlich und professionell. Dank eines dazugehörigen Fitnessstudios und Konferenzräumen ist es auch bei Geschäftsreisenden beliebt.

Ubungo

Reisenden, die am Busbahnhof in Ubungo umsteigen, bieten sich eine Handvoll günstiger Unterkünfte (ca. 25 000–35 000 TSh) unmittelbar westlich des Terminals oder weiter südlich in Ubungo. Taxis vom direkt vor dem Gebäude gelegenen Taxistand sollten nicht mehr als 5000 TSh kosten.

Rombo Green View Hotel HOTEL $
(☎022-461042; www.rombogreenviewhotel.com; Shekilango Rd.; Zi. ohne Bad 20 US$, EZ 25 US$, DZ 30–40 US$; P ❄ @) Das große, rechteckige Hotel bietet günstige Zimmer rund 500 m östlich des Busbahnhofs neben der Morogoro Road. Sie sind einfach eingerichtet mit Fliesenböden, Kiefernbetten und zerknitterten Kissen, dafür ist die Bettwäsche sauber, das Wasser heiß und das Restaurant und die Bar sind anständig und belebt.

Moveck Hotel HOTEL $
(☎0768 688343, 0713 984411; moveckhotel@gmail.com; Maziwa Rd.; EZ mit Ventilator 30 000 TSh, DZ/3BZ 40 000/50 000 TSh; ❄) Das dreistöckige Hotel hat einfache, aber brauchbare Zimmer mit Moskitonetzen, Ventilatoren sowie heißen Duschen und liegt 400 m südlich des Busbahnhofs in Ubungo. Die Doppel- und Dreibettzimmer sind klimatisiert. Im benachbarten Restaurant wird *nyama choma* serviert.

Andere Stadtteile

TEC Kurasini Training & Conference Centre HOSTEL $
(☎ 0753 776525, 022-285 1075; www.tec.or.tz; Nelson Mandela Rd.; EZ/DZ 25 000/50 000 TSh, klimatisiert 50 000/60 000 TSh; P @) Das Zentrum wird von der Kirche betrieben und bietet einfache, ruhige Zimmer mit Ventilator; gegessen wird in einer Kantine (Gerichte 7000 TSh). Es befindet sich südöstlich des Stadtzentrums und 3,5 km östlich der Bushaltestelle Temeke Sudan. Die Kosten für eine Taxifahrt vom Stadtzentrum belaufen sich auf etwa 5000 TSh; einige Taxifahrer kennen das Hostel als „Barazani ya Maaskofu".

Essen

In Daressalam gibt es zahlreiche internationale Restaurants, die so bunt gemischt sind wie die Bewohner der Stadt: Unter anderem warten indische, chinesische, äthiopische und japanische Lokale sowie solche mit Mittelmeer- und Suaheli-Küche. Die meisten günstigeren tansanischen und indischen Restaurants liegen im Stadtzentrum, Restaurants mit europäischer Küche und Meeresfrüchten sind vor allem in Msasani angesiedelt. Viele der Spitzenklassehotels bieten sonntags Mittagsbüfetts und Brunch an; besonders angesagt sind das Bazara Restaurant im Southern Sun (S. 62) und die Kibo Bar im Serena Hotel (S. 63). Am Wochenende sind das italienische Restaurant am Strand und die Sushi-Bar im Mediterraneo Hotel (S. 63) sehr beliebt.

Die meisten Restaurants der Stadt haben sonntags geschlossen.

Stadtzentrum

In der Gegend um die Zanaki, Kisutu und Jamhuri Street gibt es eine große Auswahl kleiner Lokale mit leckerer, preiswerter indischer Küche, auch zum Mitnehmen. In den meisten wird kein Alkohol ausgeschenkt.

★ **Chapan Bhog** INDISCH $
(Karte S. 58; ☎ 0685 401417; Kisutu St.; Mahlzeiten 2000–10 000 TSh; ⏲ 7–22 Uhr; ✍) *Dhoklas* (herzhafte gedünstete Kichererbsenkuchen) aus Gujurat, südindische Dosas (fermentierte Crêpes) und Thalis sind eine willkommene vegetarische Abwechslung zu dem vielen *nyama choma* (gebratenem Fleisch). Die rein vegetarische Speisekarte des Restaurants in Top-Lage an der von Tempeln gesäumten Kisutu Street ist sehr umfangreich.

Chef's Pride TANSANISCH $
(Karte S. 58; Chagga St.; Mahlzeiten 1500–6000 TSh; ⏲ Mittag- & Abendessen, während Ramadan geschl.) Das alteingesessene und beliebte Lokal bereitet Brathähnchen, Biriyani und Fisch im Kokosmantel zu. Dazu stehen auf der Speisekarte Fast-Food-Klassiker wie Pizza sowie indische und vegetarische Gerichte. Sehr beliebt bei hungrigen Büroangestellten.

Patel Brotherhood INDISCH $
(Karte S. 58; Patel Samaj, neben der Maktaba St.; Mahlzeiten 5000–7000 TSh; ⏲ Mittag- & Abendessen; ✍) Dieses große Restaurant ist der abendliche Treffpunkt für die indischen Familien in der Nachbarschaft. Es gibt indische Gerichte zu angemessenen Preisen, vegetarisch und mit Fleisch (*thali,* Hähnchen-Biryani und mehr). Beim Warten auf den etwas langsamen Service bleibt Zeit, die Atmosphäre zu genießen. Da es sich um einen „Social Club" handelt, wird von Nicht-Mitgliedern Eintritt (2000 TSh pro Person) verlangt.

Von der Maktaba Street gegenüber dem Holiday Inn geht's über den großen Parkplatz auf das Haus mit dem blauen Dach zu; es steht eine Spielecke für Kinder zur Verfügung.

ex-Holiday Out TANSANISCH $
(Karte S. 58; Garden Ave.; Mahlzeiten 2500 TSh; ⏲ Mo–Fr 7.30–16 Uhr) Eigentlich ist das Restaurant namenlos, aber die Einheimischen nennen es „Holiday Out", weil es schräg gegenüber dem ehemaligen Holiday Inn Hotel (jetzt Southern Sun) steht. In der Tat sind es sogar drei Lokale nebeneinander – das rechte ist das beste. Alle drei servieren an Plastiktischen *nyama pilau* (Fleisch mit würzigem Reis), *wali na kuku* (Reis mit Hähnchen) und andere Klassiker.

City Garden TANSANISCH $$
(Karte S. 58; Yami Yami; Ecke Pamba Rd. & Garden Ave.; Gerichte 9000–15 000 TSh; ⏲ Mittag- & Abendessen) Von Montag bis Freitag wird ein Lunch-Büfett angeboten, dazu Abendessen à la carte. Auf der Karte stehen Standardgerichte wie gegrillter Fisch oder Hähnchen mit Reis. Draußen kann man im Schatten sitzen. Es ist eines der wenigen Restaurants der Innenstadt, die am Sonntag geöffnet sind.

Al Basha LIBANESISCH $$
(Karte S. 58; ☎ 022-212 6888; Bridge St.; Mahlzeiten 8000–9500 TSh; ⏲ Frühstück, Mittag- & Abendessen) In Daressalams bestem libanesischen

Restaurant wird eine gute Auswahl an warmen und kalten Meze serviert, dazu Dönerspieße und Salate. Alkohol wird nicht ausgeschenkt, dafür gibt es viele frische Säfte.

★ Oriental ASIATISCH $$$
(Karte S. 58; ☎0764 701234; Hyatt Regency, Kivukoni Front; Mahlzeiten 30–50 US$; ⏱Mittag- & Abendessen) Das asiatische Gourmet-Restaurant mit glänzenden Marmorböden, Möbeln im asiatischen Stil, Handschuhetragenden Kellnern sowie einer makellosen Sushi-Bar ist verführerisch und beeindruckend. Hinter den Kulissen bereitet ein thailändischer Küchenchef meisterliches Sushi, bunten Papayasalat und intensiv gewürzte Currys und Meeresfrüchte zu, die nicht minder beeindruckend sind als das Umfeld. Es empfiehlt sich, im Voraus zu reservieren.

Upanga

Barbecue House GRILL $
(Karte S. 56; Nkomo St.; Mahlzeiten 1500–10 000 TSh; ⏱Abendessen) Das gute Grillrestaurant neben der Ali Hassan Mwinyi Street lässt die Konkurrenz dank seiner selbstgemachten Beilagen und Saucen alt aussehen. Hähnchen und Fisch werden mariniert oder gegrillt mit vier köstlichen Soßen serviert, darunter Grüne Chili, Rote Chili und Tamarinde sowie ein Kokos-Chutney. Aufgenommen wird die Soße mit klein geschnittenem rohem Kohl oder Beilagen wie Pommes und *ajam*, einem Fladenbrot, das an Chapati oder Naan erinnert.

Delhi Darbar INDISCH $$
(Karte S. 56; ☎0784-202111; Magore St.; Gerichte 15 000–20 000 TSh; ⏱Mittag- & Abendessen) In dem gehobenen indischen Restaurant kommen herausragende nordindische Gerichte wie köstliche cremige Currys mit Chili, Safran, Joghurt und Nüssen sowie gute Tandoori-Gerichte und Kebabs auf den Tisch.

Le Bistrot EUROPÄISCH $$
(☎0688 687973; Alliance Française, Ali Hassan Mwinyi Rd.; Mahlzeiten 8–20 US$; ⏱Mo–Fr 12–23, Sa 9–23 Uhr) Im künstlerischen Dachrestaurant der Alliance Française isst man mit schönem Blick auf den Golfplatz Gymkana. Auf der Speisekarte steht eine gute Mischung aus französischen, kreolischen und europäischen Gerichten wie Meeresfrüchte-Risotto und *rougaille de saucisses* (Würstchen in Tomaten-Knoblauchsoße mit hartgekochten Eiern), dazu gibt es eine umfangreiche Auswahl französischer Weine.

Gelegentlich bietet der mauritische Küchenchef Kochkurse (145 000 TSh) an.

Msasani & Kawe-Strand

Village Supermarket SUPERMARKT $
(Karte S. 56; Seacliff Village, Toure Dr.) Teuer, bietet dafür aber eine große Auswahl westlicher Lebensmittel und Importprodukte.

Black Tomato DELIKATESSEN $
(Karte S. 56; ☎0787 866286; Oyster Bay Shopping Center, Toure Dr.; ⏱8–18 Uhr; 🌿) Im Hof des

STRASSENKÜCHE À LA DARESSALAM

Wer in Daressalam zu Abend isst, sollte das lecker-würzige Street Food probieren. Während den ganzen Tag über Saft aus Zuckerrohr, Kaffee und gegrillter Mais an der Straße serviert werden, tauchen die meisten Imbisswagen zu Büroschluss gegen 17 Uhr auf. Die folgenden gehören zu den besten:

Ali's (Karte S. 58; Mwisho St.; Mahlzeiten 8 000–12 000 TSh; ⏱abends) Riesige Rindfleisch-, Hähnchen- und Fisch-*mishkaki* (marinierte Grillspieße), Grillhähnchen und frisch gebackenes Knoblauch-*naan*.

Mamboz Corner BBQ (Karte S. 58; ☎0784 243734; Ecke Morogoro Rd. & Libya St.; Mahlzeiten 4 000–10 000; ⏱abends) Eine der besten Adressen für gegrilltes Hähnchen in Daressalam, in Varianten wie scharfes Gujarr-Hähnchen, Zitronenhähnchen und Hähnchen *sekela* (mit Tamarindensoße). Außerdem gibt's getrockneten Fisch und Schalen mit Zanzibar Mix.

Grace Shop (Karte S. 56; Bongoyo Rd.; Mahlzeiten 3 000–5 000 TSh; ⏱mittags) Das legere Restaurant – zu erkennen an dem Pepsi-Cola-Werbeschild an der Tür – fungiert gleichzeitig auch als Brautmodenverleih. Eine Speisekarte gibt es nicht, aber zur Mittagszeit (gegen 12 Uhr sind die Gerichte zubereitet) werden tansanische Spezialitäten wie *ugali*, würziges *pilau*, Bohnen, *mchicha* (dunkelgrünes Blattgemüse; ähnlich wie Spinat), Kohl, gegrilltes Hähnchen, Fisch und Ziege serviert.

Oyster Bay Shopping Centre liegt dieser angesagte Delikatessenladen, der Salate, Sandwiches, Smoothies, Burger und Brunch serviert. Da hier auch der Bauernmarkt stattfindet, sind alle Speisen garantiert frisch. Wer zum Wochenend-Brunch nicht früh genug da ist, verpasst die Maispuffer mit knusprigem Speck. Infos zu Livemusik und Kunstausstellungen findet man auf der Facebook-Seite.

Jackie's TANSANISCH **$**
(Karte S. 56; Haile Selassie Rd.; Snacks ab 1500 TSh; ⌚Mittag- & Abendessen) *Mishkaki* (marinierter, gegrillter Kebab), *chipsi mayai* (Omelette mit Pommes Frites) und andere einheimische Gerichte. Hier treffen sich abends nach der Arbeit Einheimische und Traveller.

★ **Addis in Dar** ÄTHIOPISCH **$$**
(Karte S. 56; ☎0713 266299; www.addisindar.com; 35 Ursino St.; Mahlzeiten 10 000–20 000 TSh; ⌚Mo–Sa Abendessen; ✎) Die Einrichtung des Addis besteht aus bestickten Lampenschirmen, handgeschnitzten Sitzmöbeln und Korbtischen, an denen man zusammen mit anderen Gästen isst. Wer verschiedene Spezialitäten probieren möchte, kann eins der Kombigerichte bestellen. Alle Spezialitäten werden auf einem großen Teller mit einem *ingera* (Sauerteigfladen aus fermentiertem Teffmehl) serviert, den man in Stücke reißt und in die würzigen Currys tunkt.

Épi d'Or CAFÉ **$$**
(Karte S. 56; ☎0786 669889, 022-260 1663; Ecke Chole Rd. & Haile Selassie Rd.; Mahlzeiten 8 000–12 000 TSh; ⌚Mo–Sa 8–19 Uhr) Ein von Franzosen geführtes Café mit Bäckerei, das eine leckere Auswahl an frisch gebackenen Broten, Kuchen, leichten Mittagsgerichten, Paninis, Bananen-Crêpes und Speisen aus dem Nahen Osten bietet – und dazu guten Kaffee.

Rohobot ÄTHIOPISCH **$$**
(Karte S. 56; ☎0774 265126, 0713 764908; Tunisia Rd.; Mahlzeiten 12 000–20 000 TSh; ⌚Mo–Sa Mittag- & Abendessen, So Abendessen) Das kleine legere Lokal besteht aus ein paar Plastikstühlen unter einer Markise neben dem Haus des Besitzers und Küchenchefs. Optisch ist es nicht ansprechend, aber das Essen ist lecker und günstig, außerdem sind die Besitzer sehr kinderfreundlich.

Zuane Trattoria & Pizzeria ITALIENISCH **$$**
(Karte S. 56; ☎0766 679600, 022-260 0118; www.zuanetrattoriapizzeria.com; Mzingaway Rd.; Mahlzeiten 20 000–50 000 TSh; ⌚Mo–Sa Mittag- & Abendessen) Die italienische Trattoria liegt luxuriös in einer alten Kolonialvilla mit einem Garten und ist eins der atmosphärischsten Restaurants Daressalams. Auf der Speisekarte stehen Klassiker wie Pizza aus dem Holzofen, *melanzana parmigiana* (mit Parmesankäse überbackene Aubergine), Nudelgerichte, Meeresfrüchte und das beliebte Filetsteak vom Grill. Im Garten gibt es einen Spielplatz. Rechtzeitig reservieren, es ist sehr beliebt.

Das Zuane liegt einen Häuserblock westlich der Haile Selassie Road zwischen Shrijee Supermarket und Jackie's.

Waterfront EUROPÄISCH **$$$**
(Karte S. 56; ☎0762 883321; the Slipway, Yacht Club Rd.; Mahlzeiten 15 000–35 000 TSh; ⌚12–24 Uhr) Dars beliebtester Treffpunkt für einen Drink zu Sonnenuntergang liegt im Slipway-Komplex und bietet Richtung Westen einen Blick über die Msasani-Bucht. Strohschirme sorgen für Schatten an den Tischen vor der Tür und die Happy Hour geht nahtlos in Abendessen mit Meeresfrüchten, Steaks und Pizza aus dem Holzofen über.

Terrace INTERNATIONAL, MEERESFRÜCHTE **$$$**
(Karte S. 56; ☎0755 706838; Slipway, Yacht Club Rd.; Mahlzeiten 30 000–50 000 TSh) Unter dem Sternenhimmel speist man kreative moderne Gerichte wie Zackenbarsch in Kräuterkruste, in Gewürzen mariniertes und über dem Holzfeuer gegrilltes Hähnchen und Thunfisch-Carpaccio. Die Tische auf der Freiluftterrasse sind mit Kerzen dekoriert und stehen rund um einen leuchtenden Pool.

Ausgehen & Nachtleben

Am meisten gefeiert wird in Daressalam freitags, samstags und sonntags. Viele Bars haben dann geöffnet, bis die letzten Gäste nach Hause gehen. Samstags und sonntags ist das Coco Beach (S. 57) eine beliebte Partyadresse und Verkäufer aus der Gegend versorgen Gäste mit günstigem Bier und Snacks. Wer hier feiert, sollte sich dort aufhalten, wo etwas los ist, und unbeleuchtete Strandabschnitte meiden.

Immer am dritten Samstag des Monats findet eine Vollmondparty im Mediterraneo Hotel (S. 63) statt.

Akberali Tea Room TEEHAUS
(Karte S. 58; Ecke Morogoro Rd. & Jamhuri St.; Snacks ab 200 TSh; ⌚Mittagessen) Tee, den die Deutschen 1902 eingeführt haben, ist noch immer eins der wichtigsten Exportgüter Tansanias. In diesem Teehaus in der Jamhuri Street kann man seinen Chai-Tee zusammen mit Einheimischen genießen. Am be-

NICHT VERSÄUMEN

DARESSALAM BEI NACHT

Daressalam hat eine vielseitige Musikszene, die Travellern aber in der Regel verborgen bleibt, da es kaum Informationen zu angesagten Bands und Locations gibt. Das Problem kann man umgehen, indem man an einer der neuen Führungen Dar by Night (50 US$ pro Pers.) von Afriroots (S. 55) teilnimmt, die einen tollen Einblick in die heißesten, angesagtesten Clubs, Begegnungsstätten und Bars liefert. Im Preis ist der Transfer vom und zum Hotel enthalten, ebenso der Eintritt in Clubs und ein authentisches Grill-Abendessen.

liebtesten ist der *chai ya masala,* ein starker Tee mit Kardamom, Zucker und Ingwer, der mit Milch getrunken wird. Dazu isst man eine Samosa oder Chapati.

Level 8 Bar BAR
(Karte S. 58; ☎ 0764 701234; 8. Stock, Hyatt Regency, Kivukoni Front; ⊙ So–Do 17–23, Fr & Sa 17–1 Uhr) Die sexy Bar auf dem Dach hat den schönsten Blick über den Hafen, Sessel und manchmal abends Livemusik.

Waterfront BAR
(Karte S. 56; ☎ 0762 883321; The Slipway, Msasani; ⊙ 12–24 Uhr) Sundowners zu prachtvollen Sonnenuntergängen.

George & Dragon KNEIPE
(Karte S. 56; ☎ 0717 800002; Haile Selassie Rd, Msasani; ⊙ Di–Fr 16–24, Sa 14–24, So 13–23 Uhr) Ein authentischer englischer Pub, in dem Getränke in Pints serviert und Premier-League-Spiele im Fernsehen übertragen werden und Kneipenessen wie Fish & Chips auf den Tisch kommt. Zweimal pro Woche legt im Garten ein DJ auf.

Triniti Bar & Restaurant BAR, RESTAURANT
(Karte S. 56; ☎ 0784 632967, 0756 181656; www.triniti.co.tz; Msasani Rd.; ⊙ 18 Uhr–open end) Mittwoch gibt's Happy Hour, Steak & Wein, Freitag Livemusik und am Wochende Sport auf Großbildschirmen. Einige Veranstaltungen kosten 10 000 TSh Eintritt.

Q Bar KNEIPE
(Karte S. 56; ☎ 0754 282474, 022-260 2150; www.qbardar.com; Ecke Haile Selassie Rd. & Msasani Rd.) Jeden Montag bis Freitag Happy Hour von 17 bis 19 Uhr, freitags Livemusik und Sport auf Großbildschirmen.

☆ Unterhaltung

Alliance Française TANZ, MUSIK
(Karte S. 56; ☎ 022-213 1406; www.afdar.com; off Ali Hassan Mwinyi Rd.) Bei den multikulturellen Barazani-Nights, die jeweils am zweiten oder dritten Mittwoch eines Monats stattfinden, gibt's traditionelle und moderne Tänze, Livemusik und vieles mehr; das Programm steht auf der Website.

Village Museum TANZ
(☎ 022-270 0437; Ecke New Bagamoyo Rd. & Makaburi St.) *Ngoma*(Trommel- & Tanz-)-Vorstellungen finden samstags und sonntags von 16 bis 18 Uhr statt. Gelegentlich wird eine spezielle Nachmittagsvorstellung den charakteristischen Tänzen eines bestimmten Stammes gewidmet.

Kigamboni Community Centre TANZ
(☎ 0788-482684, 0753-758173; Kigamboni) An den meisten Samstagen stehen ab 17.30 Uhr traditionelle und moderne Tänze, Akrobatik sowie andere Darbietungen auf dem Programm. Genauere Informationen erhält man telefonisch.

Shoppen

Die meisten Geschäfte im Stadtzentrum haben sonntags geschlossen.

★ **Wonder Workshop** KUNST & KUNSTHANDWERK
(Karte S. 56; ☎ 0754 051417; www.wonderwelders.org; 1372 Karume Rd, Msasani; ⊙ Mo–Fr 8–18, Sa 10–18 Uhr) In dieser ausgezeichneten Werkstatt werden von Behinderten aus altem Glas, Metall, Autoteilen und anderem recycelten Material Schmuck von Weltklasse, Skulpturen, Kerzenhalter und Kunstgegenstände hergestellt. Dem Betrieb ist ein kleiner Laden angeschlossen und man kann den Künstlern bei der Arbeit zusehen. Sie fertigen auch bestimmte Objekte auf Bestellung an und versenden sie ins Ausland.

Mwenge Carvers' Market KUNST & KUNSTHANDWERK
(Sam Nujoma Rd.; ⊙ 8–18 Uhr) Auf diesem Markt gegenüber dem Village Museum und in einer Seitenstraße der New Bagamoyo Road drängeln sich die Verkäufer, und die Holzschnitzer lassen sich gern bei der Arbeit zusehen. Mit dem Mwenge-*dalla-dalla* von der Haltestelle New Posta bis zur Endstation fahren; von hier geht's fünf Minuten zu Fuß die kleine Straße links hinunter. Eine geführte Tour mit Investours (S. 55) bietet den besten Einblick in das Markttreiben.

Tingatinga-Zentrum KUNST & KUNSTHANDWERK
(Karte S. 56; www.tingatinga.org; Morogoro Stores, Haile Selassie Rd.; ⌚8.30–17 Uhr) An dieser Stelle verkaufte schon Edward Saidi Tingatinga seine Bilder; das Zentrum ist noch heute eine der besten Adressen, um solche Bilder zu kaufen und den Künstlern zuzusehen.

Mnazi Moja Textile Vendors TEXTILES
(Uhuru St.) Kangas (bedruckte Baumwollwickelkleider, von vielen Tansanierinnen getragen) und andere farbenfrohe Textilien verkaufen die Straßenhändler und Großhändler in Mnazi Moja.

Slipway KUNST & KUNSTHANDWERK
(Karte S. 56; www.slipway.net; Yacht Club Rd, Msasani; ⌚9.30–18 Uhr) In diesem Einkaufszentrum am Wasser findet man gehobene Boutiquen wie **One Way** für Freizeitbekleidung oder **Sandstrom** für Safariausrüstung, daneben einen traditionellen **Kunsthandwerksmarkt**, eine Eisdiele und einen Spielbereich für Kinder. Tolle ungewöhnliche Souvenirs gibt's im **Green Room** (www.thegreenroomtz.com), wo aus recycleten Materialien hochwertige Geschenkartikel, Möbel und Kunstwerke hergestellt werden. Coastal Travels (S. 70) ist mit einer Filiale vertreten.

Oyster Bay Shopping Centre EINKAUFSZENTRUM
(Karte S. 56; Toure Dr.; ⌚10–18 Uhr) Das kleine Einkaufszentrum liegt rund um einen begrünten Innenhof und ist das Herz der schicken Oyster Bay. Hier findet man einen Bioladen, tolle Kunsthandwerksläden wie **kanga-crazy home**, den Geschenkeladen **Moyo Designs** und das Lederwarengeschäft **Ngozee** sowie die hervorragende **La Petite Galerie** mit einmaliger moderner Kunst und Bildhauerei.

Sea Cliff Village EINKAUFSZENTRUM
(Karte S. 56; Toure Dr.; ⌚9.30–17.30 Uhr) Das hochkarätige Einkaufszentrum mit einem kleinen begrünten Innenhof beherbergt fünf Restaurants, einen Supermarkt, einen Spielbereich für Kinder und eine Reihe hochwertiger Geschäfte, darunter Juwelierläden, in denen Tansanite verkauft werden. Kearsley Travel (S. 70) ist mit einer Filiale vertreten.

A Novel Idea Slipway BÜCHER
(Karte S. 56; ☎022-260 1088; www.anovelidea.co.tz; the Slipway, Msasani; ⌚9–19 Uhr) Der beste Buchladen in Daressalam mit Klassikern, moderner Literatur, Reiseführern, Karten und einer Kinderecke.

ℹ Praktische Informationen

EINWANDERUNGSBEHÖRDE

Ministry of Home Affairs (☎022-285 0575/6; www.moha.go.tz; Uhamiaji House, Loliondo St.; ⌚ Visumanträge Mo-Fr 8–12 Uhr, Abholung bis 14 Uhr) Nebenstraße der Kilwa Rd., etwa 3,5 km vom Stadtzentrum entfernt.

GEFAHREN & ÄRGERNISSE

Daressalam ist sicherer als viele andere große Städte der Region, vor allem Nairobi. Natürlich kommt es aber auch hier zu Diebstählen und gelegentlichen Überfällen, sodass die in städtischem Umfeld üblichen Vorsichtsmaßnahmen getroffen werden müssen. Vor allem auf belebten Märkten, an Busstationen und auf Bahnhöfen kann es zu Taschendiebstählen kommen, und durch Autofenster werden Taschen geklaut. Also immer die Umgebung im Auge behalten, möglichst keine auffälligen Taschen oder Kameras mit sich herumtragen, und wenn möglich, Wertsachen in einem sicheren Hotelsafe lassen. Nachts sollte man besser ein Taxi nehmen, anstatt in ein *dalla-dalla* (Minibus) zu steigen oder zu Fuß zu gehen. Und niemals allein auf dem parallel zum Barack Obama Drive (vormals Ocean Road) verlaufenden Fußgängerweg oder am Coco Beach (der nur an Wochenenden sicher ist, wenn es hier von Spaziergängern wimmelt) spazieren gehen.

Nur die Taxis, die vor renommierten Hotels oder an den offiziellen Taxiständen warten, sind vertrauenswürdig; möglichst kein Taxi auf der Straße anhalten und nie einsteigen, wenn ein „Freund" oder anderer Fahrgast schon im Taxi sitzt.

GELD

Die Forex-Büros bieten einen schnelleren Service und geringfügig bessere Wechselkurse als Banken. Viele befinden sich in der Stadtmitte, vor allem an oder in der Nähe der Samora Avenue, wo man mühelos Wechselkurse vergleichen kann. Alle sind zu den üblichen Geschäftszeiten geöffnet.

Alle großen Hotels bieten Geldwechsel an, allerdings sind ihre Wechselkurse ungünstig. Die schlechtesten Kurse hat das Forex Bureau in der Ankunftshalle des Flughafens.

Geldautomaten gibt es überall in der Stadt sowie in allen großen Einkaufszentren.

INTERNETZUGANG

Die meisten Hotels – sogar Budgethotels – bieten einen lokalen Internetanschluss oder WLAN. In der Innenstadt gibt es unzählige Internetcafés, die professionelleren findet man in Einkaufszentren wie Harbour View Towers und Osman Towers. In der Regel verlangen sie zwischen 1000 und 2000 TSh pro Stunde.

Internetcafé in der Postfiliale (Maktaba St.; 1500 TSh pro Std.; ⌚Mo–Fr 8–19, Sa 9–15 Uhr) Terminals in der Post.

MEDIZINISCHE VERSORGUNG

Gute Apotheken findet man in allen großen Einkaufszentren, u. a. im Slipway, Oyster Bay und Sea Cliff Village.

IST Clinic (Karte S. 56; ☎ 022-260 1308, 022-260 1307, Notfall rund um die Uhr 0754 783393; www.istclinic.com; Ruvu Rd, Msasani; ⌚ Mo–Do 8–18, Fr 8–17, Sa 9–12 Uhr) Die voll ausgestattete Klinik unter westlicher Leitung hat rund um die Uhr Bereitschaftsdienst.

Premier Care Clinic (Karte S. 56; ☎ 0784 254642, 022-266 8385, 022-266 4240; www.premiercareclinic.com; 259 Ali Hassan Mwinyi Rd) Westliche Ausrüstung und Standard; neben dem Big Bite Restaurant.

NOTFÄLLE

Aga Khan Hospital (Karte S. 56; ☎ 022-211 5151, A&E 022-212 4111, Bereitschaftsarzt 0782 004499; www. agakhanhospitals.org/dar; Barack Obama Dr.) Das Krankenhaus mit international ausgebildeten Ärzten bietet allgemeine medizinische Dienstleistungen, Spezialkliniken und eine Notfallambulanz.

Central Police Station (Sokoine Dr.) Am Bahnhof der Central Line.

Flying Doctors & Amref (Karte S. 56; ☎ 022-211 6610, flying doctor 0784-240500; www. amref.org; Ali Hassan Mwinyi Rd.) Für Notfallevakuierungen.

Polizeistation Oyster Bay (☎ 022-266 7332; Old Bagamoyo Rd.) Gegenüber der US-Amerikanischen Botschaft.

Verkehrspolizei, Hauptquartier (☎ 022-211 1747; Sokoine Dr.) Am Bahnhof der Central Line.

POST

Hauptpost (Maktaba St.; ⌚ Mo–Fr 8–16.30, Sa 9–12 Uhr)

REISEBÜROS

Flüge und Hotels kann man an folgenden Adressen buchen:

Coastal Travels (Karte S. 58; ☎ 022-211 7959, 022-211 7960; www.coastal.co.tz; 107 Upanga Rd.) Besonders gut für Reisen nach Sansibar und für Flüge, die Ziele der nördlichen und südlichen Nationalparks verbinden (betreibt eine eigene Fluglinie). Bietet auch recht günstige Stadtbesichtigungen, Tagestouren nach Sansibar und Ausflüge in den Nationalpark Mikumi an. Eine weitere Filiale liegt am Slipway.

Kearsley Travel (Karte S. 58; ☎ 022-213 7713, 022-213 7718; www.kearsleys.com; 16 Zanaki St.) Eins der ältesten Reisebüros in Daressalam. Neben Flug-, Mietwagen- und Hotelbuchung kann man hier auch günstige Safaris auf dem Southern Circuit organisieren. Kearsley Travel betreibt Filialen im Southern Sun (S. 62) und im Sea Cliff Village (S. 69).

Rickshaw Travels (Karte S. 56; ☎ 0685 082501, 022-260 2303; www.rickshawtravels.com; Buzwagi Rd.) Das übliche Angebot sowie Touren in Wildtier-Nationalparks und Wanderungen auf den Kilimandscharo. Ist mit einem Büro im Serena Hotel (S. 63) vertreten.

TELEFON

In vielen Geschäften in der Stadt werden Prepaid-Karten (und Guthaben) für Handys verkauft.

Das **Telecom-Büro** (Bridge St. & Samora Ave.; ⌚ Mo–Fr 7.30–18, Sa 9–15 Uhr) hinter dem Extelecoms House verkauft Telefonkarten für Anrufe ins In- und Ausland, die an allen Festnetzapparaten gelten.

TOURISTENINFORMATION

Die **Dar Tourism Airport Information Booth** in der Ankunftshalle des Internationalen Flughafens Julius Nyerere hat Infos zur Stadt und Karten.

Tanzania Tourist Board Information Centre (Karte S. 58; ☎ 022-212 8472; www.tanzaniatouristboard.com; Samora Ave.; ⌚ Mo–Fr 8–16, Sa 8.30–12.30 Uhr) Kostenlose Touristenkarten, Broschüren und begrenzte Infos zur Stadt.

ℹ An- & Weiterreise

FLUGZEUG

Der **Julius Nyerere International Airport** (DAR; ☎ 022-284 2402; www.taa.go.tz) ist Tansanias größter Flughafen. Derzeit hat er zwei Terminals: In- und Auslandsflüge starten an Terminal Two, Charterflüge und Leichtflugzeuge an Terminal One. Das Abflugterminal beim Ticketkauf überprüfen.

Derzeit wird ein drittes Terminal gebaut, so dass in Zukunft sechs Millionen anreisende Besucher pro Jahr am Flughafen abgefertigt werden können. Phase eins des Projekts, der Bau eines neuen Terminal-Gebäudes, soll im Oktober 2015 abgeschlossen werden. Alle internationalen Flüge werden dann in Terminal Three starten und landen, während in Terminal Two Inlandsflüge abgefertigt werden.

Coastal Aviation (Karte S. 58; ☎ Reservierung 022-284 2700; www.coastal.co.tz; Upanga Rd.) Gehört zu Coastal Travels (S. 70). Costal bietet mehr Inlandflüge an als alle anderen Fluglinien. Ebenfalls in Terminal One.

Fastjet (Karte S. 58; ☎ 022-286 6130, 0767-007903, 0685-680533; www.fastjet.com; Samora Ave.) Afrikas neue Billigfluglinie. Derzeit werden Verbindungen nach Johannesburg, Harare, Lusaka, zum Kilimanjaro International Airport, nach Mbeya und Mwanza angeboten, weitere Verbindungen sollen folgen. Die günstigsten Preise findet man online. Der Schalter am Flughafen ist nicht immer besetzt.

Kenya Airways (Karte S. 58; ☎ 0786-390004, 0786-390005; www.kenya-airways.com; Upanga Rd.) Linienflüge nach Nairobi und Sansibar, einige über Mombasa. Wird am Flughafen durch Swissport vertreten.

Precision Air (Karte S. 58; ☎ 0787 888417, 022-216 8000; www.precisionairtz.com; Ecke Samora Ave. & Pamba Rd.) Gehört zu Kenya Airways, Precision hat die größte Flugzeugflotte und fliegt regelmäßig nach Sansibar, zum Kilimanjaro International Airport und nach Mwanza sowie nach Nairobi und Entebbe in Kenia. Ebenfalls in Terminal Two ansässig.

Tropical Air (☎ 0687 527511, Callcenter 024-223 2511; www.tropicalair.co.tz; Terminal One) Tropical Air ist eine sansibarische Fluglinie, die regelmäßig nach Sansibar, Pemba und Mafia fliegt und vereinzelt auch nach Tanga und Arusha.

ZanAir (Karte S. 58; ☎ 022-33768, 024-223 3670; www.zanair.com; Haidery Plaza, Kisutu St.) Sansibarische Fluglinie mit Flügen nach Sansibar, Pemba, Arusha und Mombasa (Kenia). Ebenfalls an Terminal One.

SCHIFF/FÄHRE

Der Personenschiffsverkehr besteht vor allem zwischen Daressalam und Sansibar, einige Schiffe fahren weiter bis Pemba.

Nach/von Sansibar

Der einzige Ort im Fährhafen, an dem gültige Tickets verkauft werden, ist das hohe Gebäude mit der blauen Glasfassade am Ende der Fährterminals an der Kivukoni Front. Es trägt die Aufschrift „Azam Marine – Coastal Fast Ferries". Dort sind die Ticketbüros und eine große Wartehalle untergebracht. Die kleinen Büros nördlich davon unbedingt meiden. Die Schlepper im Hafen versuchen, die Touristen um Gebühren für angebliche „Gesundheitsbescheinigungen", Abfahrtssteuern und Ähnliches abzuzocken. Es ist immer nur der Fährpreis zu bezahlen – die 5 US$ Hafengebühr sind schon eingerechnet. Dieselbe Vorsicht gilt bei Schleppern, die potenzielle Fahrgäste in die Stadt locken, weil es dort „billigere" Tickets gäbe (für Einheimische). Je nach Jahreszeit kann die Überfahrt ziemlich rau werden, daher verteilen die meisten Fährlinien bei Beginn der Fahrt Tüten für Seekranke. Vor allem bei Nachtfahrten lohnt sich eine VIP-Kabine, andererseits ist frische Meeresluft immer noch besser als die Luft der Klimaanlage in der Kabine.

Neben Katamaranen von Azam fahren mehrere langsame Fähren. Die wichtigste ist die *Flying Horse*, die täglich um 12.30 Uhr ablegt (einfache Fahrt 25 US$) und vier Stunden braucht.

Azam Marine (☎ 022-212 3324; www.azammarine.com; Kivukoni Front; Standard/VIP 35/40 $) Azam betreibt täglich vier schnelle Katamarane zwischen Daressalam und Sansibar, die um 7, 9.30, 12.30 und 15.45 Uhr starten. Die Fahrt dauert zwei Stunden, pro Person dürfen 25 Kilo Gepäck mit an Bord genommen werden. Mit einem VIP-Ticket bekommt man einen klimatisierten Sitzplatz, muss jedoch früh an Bord gehen, wenn man als Paar oder Gruppe zusammensitzen möchte.

Mittwochs und samstags fahren die beiden Katamarane, die morgens starten, nach einem 30-minütigen Stopp in Sansibar weiter nach Pemba (Standard/VIP 70/80 $).

BUS

Wenn nicht anders angegeben, fahren derzeit alle Busse vom Hauptbusbahnhof in Ubungo ca. 8 km westlich vom Stadtzentrum an der Morogoro Road ab und kommen auch dort an. Mit dem neuen DART (S. 72)-Busnetzwerk wird sich jedoch vieles ändern. Alle Busse landeinwärts werden in Mbezi (hinter Ubungo an der Morogoro Road) starten. Ubungo selbst wird ebenfalls vom neuen Terminal profitieren, das anstelle des derzeitigen weitläufigen Parkplatzes entstehen wird – notorische Schlepper und Abzocker werden in Zukunft hoffentlich weniger werden.

Wie immer auf Wertsachen achten und möglichst nicht nachts anreisen. Wer mit dem Taxi ankommt, sollte sich vor dem Schalter der gewünschten Busgesellschaft absetzen lassen. Auf keinen Fall mit Schleppern verhandeln! *Dalla-dallas* nach Ubungo (500 TSh) fahren von den Haltestellen New Posta und Old Posta sowie von verschiedenen anderen Haltestellen in der Stadt ab. Taxis vom Stadtzentrum kosten ab ca. 30 000 TSh. Wer mit den Buslinien Dar Express oder Kilimanjaro Express nach Daressalam hineinfährt, kann meist sitzen bleiben, da die Busse bis zu den Ticketbüros in der Stadt auf der Libya Street fahren. Busse aus der Stadt heraus starten in der Regel in Ubungo. Dort bekommt man auch Tickets, außer für den Dar Express und zum Kilimandscharo, die im Ticketbüro in der Libya St. verkauft werden. Tickets nur im Büro der Busgesellschaft kaufen.

Im Folgenden einige Preise ab Daressalam. Alle Strecken werden mindestens einmal täglich bedient.

REISEZIEL	PREIS (TSH)	DAUER (STD.)
Arusha	30 000–35 000	9
Dodoma	25 000	7
Iringa	20 000–25 000	8
Kampala	90 000–100 000	24–29
Mbeya	40 000	12
Mwanza	45 000	15
Nairobi	65 000–70 000	14–18
Songea	45 000	12

Die Busse nach Kilwa Masoko, Lindi und Mtwara fahren im Süden der Stadt ab.

Dar Express (Karte S. 58; ☎ 0754 049395; Libya St., Kisutu; ⏲ 6–18 Uhr) Betreibt täglich Busse nach Moshi (30 000 TSh, 8½ Std.) und Arusha (30 000 TSh, 10 Std.), die zwischen 6 und 10 Uhr alle 30 bis 60 Minuten am Busbahnhof Ubungo abfahren. Außerdem startet täglich um 6 Uhr ein Bus nach Nairobi (65 000 TSh, 13 Std.).

Kilimanjaro Express (Karte S. 58; ☎0755 233077; Libya St., Kisutu; ⊙4.30–19 Uhr) Fährt stündlich nach Moshi (33 000 TSh, 8½ Std.) und Arusha (33 000 TSh, 9 Std.). Die ersten beiden Busse morgens früh starten vor dem Büro in der Libya Street, alle anderen in Ubungo. Eine Verbindung nach Nairobi ist in Planung.

ZUG

Der Bahnhof **Tazara** (Tanzanian Zambia Railway Authority; ☎0713 225292, 022-286 5187; www.tazara.co.tz; Ecke Nyerere Rd. & Nelson Mandela Rd.; ⊙Ticketbüro Mo–Fr 7.30–12.30 & 14–16.30, Sa 9–12.30 Uhr) liegt 6 km südwestlich des Stadtzentrums (10 000–12 000 TSh mit dem Taxi). *Dalla-dallas* zum Bahnhof fahren entweder von der Haltestelle New oder Old Posta ab; auf den Schildern steht Vigunguti, U/Ndege oder Buguruni. Busse verkehren zwischen Daressalam, Mbeya und Kapiri Mposhi (Zambia); siehe S. 407.

Der **Bahnhof der Tanzanian Railways Corporation** (Karte S. 58; ☎022-211 7833; Ecke Railway Dr. & St. Sokoine Dr.) liegt unmittelbar südwestlich des Fährterminals. Central Line betreibt Züge zwischen Daressalam und Kigoma (S. 407). Pendlerzüge nach Ubungo (400 TSh) fahren in der Rush Hour ebenfalls hier ab. Sie sind aber überfüllt und bleiben häufig liegen.

Unterwegs vor Ort

AUTO & MOTORRAD

Die meisten Autovermietungen bieten zwar Wagen für Selbstfahrer in der Stadt an, allerdings keine ohne Kilometerlimit.

Avis (Karte S. 58; ☎0754 451111, 022-211 5381; www.avistanzania.com; Amani Place, Ohio St.) Nicht die günstigsten Preise, dafür professioneller Service. Ist mit einem Schalter im Hyatt Regency und am Flughafen vertreten und betreibt Filialen in Arusha und Stone Town.

Green Car Rentals (Karte S. 58; ☎0713 227788, 022-218 3718; www.greencarstz.com; Nyerere Rd.) Namhafter Anbieter mit über 20 Jahren Erfahrung. Hat auch Filialen in Arusha und Sansibar. Neben Daressalam Glassworks.

ÖFFENTLICHE VERKEHRSMITTEL

Dalla-dallas (Minibusse) fahren für 300 bis 600 TSh in der Stadt fast überallhin. Sie sind stets bis obenhin vollgepackt, und das Einsteigen mit Gepäck ist schwierig. Der erste und der letzte Halt wird auf einem Schild an der Frontscheibe angezeigt, aber die Routen ändern sich; also vor dem Einsteigen den Fahrer fragen, ob er das gewünschte Ziel anfährt.

Wenn die erste Phase des DART abgeschlossen ist, werden 2000 *dalla-dallas* auf neuen Routen eingesetzt, da Hybridbusse die alten Routen bedienen werden. Die Busse werden an den Terminals in Ubungo und Kivukoni sowie an den neuen Haltestellen Nyerere Square, Kisutu und Jangwani im Zentrum halten. Die Preise werden in etwa denen der *dalla-dallas* entsprechen.

Es gibt u. a. folgende Busbahnhöfe im Stadtzentrum:

New Posta (Karte S. 58; Maktaba St.) Bei der Hauptpost.

Old Posta (Karte S. 58; Sokoine Dr.) Von der Lutheranischen Kirche die Azania Front runterlaufen.

DER DAR RAPID TRANSIT

Dank einem Bevölkerungswachstum von 8 %, jeder Menge Investitionen und Hochhäusern, die wie Pilze aus dem Boden schießen, dürfte Daressalam bis 2030 zur Megastadt geworden sein. Das Problem an der Sache: Die Menschen und Unternehmen benötigen schnelle Verkehrswege, doch jeden Morgen und jeden Abend herrscht stundenlang Verkehrsstillstand, der die Wirtschaft nach Schätzungen der Stadt pro Tag rund 2,5 Mio. US$ kostet.

Ein so großes Problem braucht eine radikale Lösung und **DART** (www.dart.go.tz), der Dar Rapid Transit (bzw. BRT/Bus Rapid Transit) soll diese Lösung sein: Ein neues 137 km langes Netzwerk aus Fern- und Zubringerstraßen, 18 Terminals, 288 Busbahnhöfen und Bürgersteigen, soll die angespannte Verkehrssituation entspannen, die Abgasmenge verringern und Daressalam in eine fußgängerfreundliche Stadt verwandeln.

Hunderte neuer Hybrid-Großraumbusse (für bis zu 145 Fahrgäste) werden Passagiere auf gesonderten Spuren auf den sieben Hauptstraßen durch die Stadt transportieren, die erste davon wird das 20 km lange Teilstück vom Kimara Terminal durch Ubungo zur Kivukoni Front sein. Außerdem sollen die 9000 *dalla-dallas*, die in Daressalam unterwegs sind, auf lange Sicht aus dem Stadtzentrum herausverlegt werden. Auf den Hauptstraßen wird ein Tempolimit von 50 km/h streng durchgesetzt und das Parken und Verkaufen auf Fußgängerwegen wird untersagt werden.

Die letzte Phase des Projekts wird nicht vor 2034 abgeschlossen sein, wenn Daressalam Schätzungen zufolge die 7-Millionen-Einwohnermarke geknackt haben wird.

Stesheni (Karte S. 58; Algeria St.) In der Nähe des Bahnhofs der Central Line; *dalla-dallas* zur Haltestelle Temeke fahren ebenfalls hier ab; nach „Temeke *mwisho*" fragen.

TAXI

Taxis haben keine Taxameter. Kurze Fahrten innerhalb des Stadtzentrums kosten ab 4000 TSh. Die Preise vom Stadtzentrum zur Halbinsel Msasani beginnen bei 12 000 TSh.

Taxi-Stände befinden sich gegenüber dem Dar es Salaam Serena Hotel, an der Ecke von Azikiwe Street und Sokoine Drive und auf der Halbinsel Msasani an der Ecke Msasani und Haile Selassie Street.

Ein zuverlässiger, auch für Flughafen-Fahrten empfohlener Taxifahrer ist **Jumanne Mastoka** (☎ 0784 339735; mjumanne@yahoo.com). Reisende sollten niemals in ein Taxi steigen, in dem bereits ein Fahrgast sitzt; immer nur Taxis rufen, die für ein Hotel arbeiten oder am Taxistand stehen (der Fahrer sollte den anderen bekannt sein).

ZUM/VOM FLUGHAFEN

Dalla-dallas (beschildert U/Ndege) zum Flughafen Julius Nyerere fahren von der Haltestelle New Posta ab. Bei starkem Verkehr kann die Fahrt leicht ein bis zwei Stunden dauern, und es gibt kein Gepäckfach. Taxis bis ins Stadtzentrum von Daressalam kosten 30 000 bis 35 000 TSh (zur Halbinsel Msasani 35 000 bis 40 000 TSH).

RUND UM DARESSALAM

Strände im Norden

Die Strände, Ferienorte und Wasserparks 25 km nördlich von Daressalam sind am Wochenende sehr beliebt bei Familien. Sie liegen so nah an Daressalam, dass ein Tagesausflug hierher lohnt – früh losfahren, um den dichten Verkehr zu meiden). Der südliche Abschnitt der Küste – Jangwani Beach – ist häufig von Steinmolen unterbrochen.

Sehenswertes & Aktivitäten

Kunduchi-Ruinen RUINEN

Zu den überwucherten Ruinen gehören Reste einer Moschee aus dem späten 15. Jahrhundert sowie von arabischen Gräbern aus dem 18. oder 19. Jahrhundert mit einigen gut erhaltenen Säulengräbern. Fragmente chinesischer Töpferwaren, die hier gefunden wurden, belegen die alten Handelsverbindungen zwischen diesem Teil Afrikas und dem Fernen Osten. Über das Hotel einen Guide besorgen – aus Sicherheitsgründen die Ruinen nicht allein besichtigen, da es bereits Überfälle gegeben hat.

Sea Breeze Marine TAUCHEN, SCHNORCHELN

(☎ 0754 783241; www.seabreezemarine.org) Tauchgänge zu den Korallengärten nahe den Inseln Bongoyo, Pangavini und Mbudya und Tauchscheinkurse (PADI-Kurs) werden das ganze Jahr über vom traditionsreichen Veranstalter angeboten. Die Option "Discover Scuba" beinhaltet einen Tauchgang im Pool und einen im flachen offenen Wasser.

Taucher müssen bei der Reservierung ein Tauchzertifikat vorlegen; wer zuvor sechs Monate nicht getaucht ist, muss an einem Auffrischungsprogramm teilnehmen.

Kunduchi Kite School KITESURFEN

(☎ 0787 802472, 0719 713620; www.kunduchi-kite-school.com; Kunduchi; 2-Pers.-Schnupperstunde 210 US$) Diese Kitesurf-Schule ist die erste auf dem Festland, die sich die Winde aus nordöstlicher und südöstlicher Richtung zunutze macht, die zwischen Mitte Dezember und Februar sowie zwischen April und Oktober wehen. Neben Kursen bietet die Schule erfahrenen Kitesurfern auch Folgendes: Hilfe bei Start und Landung, Schließfächer, Verzurren des Kites, Luftpumpen, eine Reparaturwerkstatt und Duschen.

Den Schildern zum Kunduchi Beach Hotel neben der New Bagamoyo Road folgen.

Kunduchi Wet 'n' Wild WASSERPARK

(☎ 0688 058365, 022-265 0050; www.wetnwild.co.tz; Kunduchi; werktags/am Wochenende Erw. 12 000/14 000 TSh, Kind 2–8 J. 10 000/12 000 TSh; ⏲ 9–18 Uhr) Dieser große Komplex neben dem Kunduchi Beach Hotel hat mehrere Wasser-

DIE FÜNF BESTEN AKTIVITÄTEN MIT KINDERN

- Bootsausflüge (S. 57) nach Bongoyo, wo es gegrillten Fisch und Schnorchelmöglichkeiten gibt
- Trommel- oder Akrobatikkurse im Kigamboni Community Centre (S. 55)
- Der Wasserpark Kunduchi Wet n'Wild (S. 73)
- Radtouren zu lokalen Gemeinden und Märkten mit Afriroots (S. 55)
- Kajaktouren bei Sonnenuntergang den Siwatibe Creek hinauf mit Dekeza Dhows (S. 76)

becken, 30 Wasserrutschen, Videospiele, ein Jungle Gym und eine angrenzende Go-Kart-Bahn.

Schlafen & Essen

Bei all diesen Unterkünften lohnt es sich, nach Wochenend-Rabatten zu fragen. Alle Hotels erheben an Wochenenden und Feiertagen Eintrittsgebühren für Tagesgäste, die durchschnittlich 5000 TSh pro Person beträgt.

Jangwani Sea Breeze Lodge HOTEL $$

(☎ 0786 800960, 022-264 7215; www.jangwaniseabreezeresort.com; Jangwani Beach; EZ/DZ 70/100 US$; P ❄ @ ≈) Diese ordentliche Lodge hat 34 gemütliche Zimmer, allerdings meist auf der landseitigen Straßenseite ohne Blick aufs Meer. Gegenüber gibt es einen mit Bougainvillea bewachsenen Hof zum Strand und ein Restaurant mit Barbecues und Büfetts am Wochendende.

Beachcomber HOTEL $$

(☎ 022-264 7772, 022-264 7773; www.beachcomber.co.tz; Jangwani Beach; EZ/DZ ab 104/122 US$; P ❄ @ ᯤ ≈) Das legere Hotel liegt auf einem kleinen Grundstück mit Blick auf einen zerklüfteten Strand, der sich nicht zum Schwimmen eignet. Die Zimmer sind für ihren Preis etwas schlecht erhalten, aber ausreichend. Alle haben kleine Balkone mit Blick auf den Pool, einige blicken sogar auf den Strand. Im Meer baden kann man beim 500 m weiter südlich gelegenen Hotel White Sands.

Kunduchi Beach Hotel & Resort HOTEL $$$

(☎ 0688 915345, 022-265 0050; www.kunduchi.com; Kunduchi Beach; EZ/DZ ab 165/190 US$; P ❄ @ ≈) Das ehemalige Regierungshotel befindet sich am besten Strandabschnitt – so weit das Auge reicht, gibt es hier nur weißen, sauberen Sand ohne Steinmolen. Es verfügt über eine lange Reihe attraktiver, zum Strand weisender Zimmer auf ausgedehnten angelegten Grünflächen. Alle Zimmer haben Fenster, die vom Boden bis zur Decke reichen, und Balkone. Sonntags wird im Restaurant ein beliebtes Büfett aufgetischt (Erw./Kind 25 000/18 000 TSh).

Bootsfahrten nach Mbudya (pro Pers./Boot 18/72 $) können organisiert werden.

White Sands Hotel RESORT $$$

(☎ 0784 467150, 022-264 7620; www.hotelwhitesands.com; Jangwani Beach; EZ/DZ 165/180 US$, 1-/2-Zi.-Apt. 225/335 US$; P ❄ @ ᯤ ≈) Das große Hotel bietet 88 Zimmer in zweistöckigen „Rundhütten" zum Wasser hin. Alle sind mit Fernsehern und Minikühlschränken ausgestattet und haben Blick aufs Meer. Dazu gibt es 28 Apartments für Selbstversorger – einige blicken direkt zum Strand, die anderen dahinter auf einen gepflegten Rasen. Es gibt einen Fitnessraum sowie ein Business-Center, und das Restaurant hat Wochenend-Büfetts (pro Person etwa 25 000 TSh). Wasserski, Segeln (Laser-Boote) und Windsurfen werden auf Wunsch arrangiert. Es gibt einen Nachtclub an den meisten Freitag- und Samstagabenden.

Rund um Daressalam

Sehenswertes

1 Kunduchi-Ruinen B2
2 Nafasi Art Space B2
3 Dorf-Museum B2

Aktivitäten, Kurse & Touren

Kunduchi Wet 'n' Wild .... (siehe 8)
Sea Breeze Marine .... (siehe 11)

Schlafen

4 Amani Beach D4
5 Beachcomber B2
6 Jangwani Sea Breeze Lodge B2
7 Kipepeo Beach Village C3
8 Kunduchi Beach Hotel & Resort B2
9 Mikadi Beach C3
10 Ras Kutani D4
Sunrise Beach Resort .... (siehe 7)
11 White Sands Hotel B2

Unterhaltung

Dorf-Museum .... (siehe 3)

Shoppen

12 Mwenge Holzschnitzermarkt B3

An- & Weiterreise

Alle Hotels am Jangwani-Strand sind über die gleiche ausgeschilderte Abzweigung von der New Bagamoyo Road zu erreichen. Etwa 3 km weiter nördlich auf der New Bagamoyo Road ist die Abzweigung zu den Hotels am Kunduchi Beach und Silver Sands Beach ausgeschildert.

Wer mit öffentlichen Verkehrsmitteln kommt, nimmt an der Haltestelle New Posta in Daressalam ein *dalla-dalla* nach Mwenge (400 TSh), wo man für die Weiterfahrt zum Jangwani Beach in ein weiteres mit der Aufschrift „Tegeta" zur Africana Junction (200 TSh) umsteigt. Von dort geht's mit einem *bajaji* (Tuk-tuk; 2000 TSh) oder Taxi (3000–4000 TSh) die letzten paar Kilometer zu den Hotels weiter. Außerdem fährt ein *dalla-dalla* direkt von Kariakoo nach Tegeta. Zum Kunduchi Beach und Silver Sands Beach in Mwenge ein „Bahari Beach"-*dalla-dalla* bis „Njia Panda ya Silver Sands" nehmen. Auf der verbleibenden Strecke fahren Motorräder oder *bajaji*. Nicht zu

Rund um Daressalam

Fuß gehen, weil es auf diesem Straßenabschnitt schon mehrfach zu Überfällen gekommen ist.

Taxis von Daressalam verlangen für die einfache Fahrt 60 000 TSh. Alle Hotels holen auf Wunsch ihre Gäste vom Flughafen ab.

Die schnellste Strecke für Selbstfahrer ist die Old Bagamoyo Road über Kawe.

Inseln vor der Küste

Die unbewohnten Inseln Bongoyo, Mbudya, Pangavini und Fungu Yasini, die dicht vor der Küste Daressalams liegen, wurden 1975 in das **Meeresschutzgebiet von Daressalam** (www.marineparks.go.tz) integriert. Bongoyo und Mbudya – die beiden am meisten besuchten Inseln und die einzigen mit touristischen Einrichtungen – haben attraktive Strände mit dichter Vegetation dahinter. Schwimmen ist jederzeit möglich, anders als an den Stränden des Festlands, wo das Schwimmen gezeitenabhängig ist. Die Inseln sind die Heimat von Populationen des Kokoskrebses (auch Palmendieb genannt) und manchmal lassen sich Delfine im Wasser blicken. Es gibt mehrere nahe Tauchreviere, von denen sich die meisten an der Ostseite der Inseln befinden. Fungu Yasini ist eine große Sandbank ohne Vegetation, während Pangavini nur über einen kleinen Strandabschnitt verfügt. Das Ufer ist weitgehend von Korallenbänken gesäumt, die das Anlegen schwierig machen; die Insel wird selten besucht.

Die Eintrittsgebühr in das Meeresschutzgebiet beträgt 10/5 US$ pro Erw./Kind zwischen 5 und 15 J. Sie gilt für alle Inseln, ist im Preis für Ausflüge enthalten und wird vor der Abfahrt kassiert.

Bongoyo

Bongoyo, ungefähr 7 km nördlich von Daressalam gelegen, ist die beliebteste der Inseln, mit einem kleinen, relativ ruhigen Strand zum Schnorcheln und Schwimmen sowie kurzen Wanderwegen. Für einfache Gerichte mit gegrilltem Fisch und alkoholfreie Getränke ist gesorgt, und es gibt die Möglichkeit, Schnorchelausrüstungen zu mieten.

Eine **Fähre** (0713-328126, 022-260 0893; www.slipway.net; Slipway, Msasani; Erw./Kind 36 000/28 000 TSh) fährt mehrmals täglich (9.30, 11.30, 13.30 und 15.30 Uhr außer in der langen Regenzeit) vom Msasani Slipway. Ablegestelle und Fahrkartenausgabe befinden sich an der Mashua Waterfront Beach Bar.

Mbudya

Die Insel Mbudya, nördlich von Bongoyo und direkt vor dem Kunduchi Beach Hotel & Resort, hat mehrere Strände – der beste und längste erstreckt sich an der Westküste –, kurze Wanderwege und Schnorchelreviere. Am Nordende der Insel liegt ein alter Friedhof. Es gibt gegrillten Fisch und Pommes frites sowie Getränke; eine Schnorchelausrüstung kann gemietet werden. Strohgedeckte *bandas* spenden Schatten, und es darf **gezeltet** (pro Person mit eigenem Zelt oder unter seitlich offenen *bandas* 20 000 TSh) werden. Die Insel ist am besten von den Nordstränden Daressalams zu erreichen, und alle dortigen Hotels arrangieren Exkursionen. Eine **Fähre** (18 US$ pro Pers.) fährt vor dem White Sands Hotel ab.

Strände im Süden

Von Daressalam aus Richtung Süden wird die Küste immer attraktiver, tropischer und ländlicher, je weiter man fährt. Sie ist ein leicht erreichbares Erholungsziel, weit weg – im Ambiente, nicht in Kilometern – von der Stadt. Der Strand beginnt gleich südlich von Kigamboni gegenüber der Kivukoni Front und ist in wenigen Minuten mit der Fähre zu erreichen. Etwa 25 km weiter südlich gibt's mehrere exklusive Ferienanlagen.

Kigamboni

Der lange, weiße Sandstrand südlich von Kigamboni, um das Dorf Mjimwema herum, ist der Daressalam nächste Ort zum Campen und Chillen. Außerdem ist es ein angenehmer und leichter Tagesausflug für alle, die in der Stadt wohnen und mal Sand und Wellen sehen wollen.

Aktivitäten

Dekeza Dhows SCHNORCHELN, KAJAK AHREN
(0787 217040, 0754 276178; www.dekezadhows.com; Kipepeo Beach) Die täglichen Dau-Fahrten (35 US$ pro Pers.) zur Insel Sinda starten vom Kipepeo Beach um 10 Uhr. Dann folgt rund eine Stunde Schnorcheln an den nahe gelegenen Korallenriffen, bevor an einem einsamen Strand das Mittagessen zubereitet wird. Auch Angelausflüge auf einer Dau (220 US$ für 4 Pers.) sowie Fahrten bei Sonnenuntergang (18 US$ pro Pers.) können organisiert werden.

Derselbe Veranstalter bietet auch Kajaktouren (15 US$ pro Pers.) den **Siwatibe Creek** hinauf an. Teilnehmer können auf der Tour den unberührten Mangrovenwald hinter dem Kipepeo Beach Village erkunden. Die 2½-stündige Tour startet kurz vor Sonnenuntergang, wenn die Bäume voller Vögel sind, die hier ihren Schlafplatz haben.

Schlafen & Essen

Mikadi Beach BACKPACKER $
(0758 782330; www.mikadibeach.com; Zeltplatz pro Pers. 8 US$, DZ mit/ohne Bad 46/30 US$;) Ein sehr entspannter Ort mit backpackerfreundlicher Atmosphäre, einer fröhlichen Bar mit Billardtisch und 16 strohgedeckten Strand-*bandas* auf Stelzen. Zwei davon haben eigene Bäder (mit Frischwasser aus einem Fass), die übrigen teilen sich vier Duschen und Toiletten. Zwischen Mitte Juli und September steigen viele Überlandreisende hier ab.

Wer nach Sansibar übersetzen möchte, kann für 5 US$ pro Tag sein Auto hierlassen. Ein *bajaji* nach Kigamboni kostet 2000 TSh.

Sunrise Beach Resort HOTEL $$
(0755 400900, 022-282 0222; www.sunrisebeachresort.co.tz; Mjimwema; Zelten mit/ohne eigenem Zelt 10/20 US$, DZ Standard 33 US$, mit Meerblick 60–80 US$, Executive 100 US$;) Das Sunrise bietet schlichte, eng stehende Zimmer am Sandstrand, dazu „Executive"-Zimmer mit Klimaanlage in zweistöckigen Ziegelstein-Rundbauten noch weiter landeinwärts. Auf dem Sand steht eine Reihe von Segeltuchzelten – alle mit einer Doppelmatratze, winzigen Fenstern und Heißwasserduschen in einem Gemeinschaftsbad. Pro Person wird an Wochenenden eine Benutzungsgebühr von 5000 TSh pro Tag erhoben.

Außerdem gibt es ein breites Angebot an Aktivitäten von Mountainbikefahren bis hin zu Banana-Boot-Fahrten. Ausflüge zur Insel Sinda kosten für vier Personen 160 US$.

Kipepeo Beach Village LODGE $$
(0754 276178; www.kipepeovillage.com; Kipepeo Village; Zeltplatz pro Pers. 9,50 US$, Chalet EZ/

DZ/3BZ 65/85/115 US$; P) Das entspannte Kipepeo 8 km südlich des Fähranlegers bietet 20 erhöhte Chalets mit Balkonen unmittelbar hinter dem Strand. Dichter am Wasser, aber von einem Zaun eingeschlossen und weit weg vom nächsten Badezimmer stehen 15 strohgedeckte Strandhütten ohne Fenster, dort gibt es auch einen Campingplatz. Zur Lodge gehört ein sehr beliebtes Strandrestaurant mit Bar. Vor Ort starten Dau-Touren nach Dekeza (S. 76).

Am Wochenende werden 5000 TSh Tagesgebühr für die Benutzung des Strandes erhoben. Die Gebühr kann in der Bar oder im Restaurant eingelöst werden.

An- & Weiterreise

Am anderen Ufer ein *dalla-dalla* Richtung Süden nehmen und sich vom Fahrer im Dorf Mjimwema (400 TSh) absetzen lassen; von dort sind es noch 1 km zu Fuß bis Sunrise oder Kipepeo. Vor dem Mikadi Beach ist eine Haltestelle. *Bajajis* von Kigamboni verlangen ungefähr 4000 TSh für die Fahrt zum Kipepeo Beach & Village und zum Sunrise Beach Resort, bis zum Mikadi etwas weniger.

Mit einem eigenen Fahrzeug bietet sich als Alternative die 27 km lange Route über Kongowe an, etwa 5 km hinter Mbagala an der Kilwa Road. Sie trifft in Mjimwema wieder auf die Straße nach Kigamboni, gleich südlich hinter der Abzweigung zum Sunset/Kipepeo. Dank der neuen Brücke bei Kigamboni beträgt die Fahrtstrecke noch 20 km.

Ras Kutani

Das abgelegene Kap, rund 30 km südlich von Daressalam, bietet viel Ruhe, Wassersport (nur Schnorcheln, kein Tauchen), Angeln, Strandspaziergänge und die Chance, eine tropische Inselidylle zu erleben, ohne das Festland zu verlassen. Meeresschildkröten kommen zum Nisten an diesen Küstenabschnitt, und beide Hotelanlagen sind im lokalen Umweltschutz engagiert.

Schlafen

Ras Kutani HOTEL $$$
(www.selous.com; Ras Kutani; All-inclusive pro Pers. ab 250 US$; ⊙ Juni–Mitte März; ≋) Das Hotel schiebt sich zwischen das Meer und eine kleine Lagune. Es hat neun geräumige Holzbungalows mit zum Strand ausgerichteten Veranden. Auf einer Erhebung in einiger Entfernung von der Hauptlodge stehen weitere Suiten mit eigenem Pool. Vogelbeobachtung, Waldspaziergänge, Ausritte, Kanu fahren in der Lagune und Schnorcheltouren können auf Wunsch vom Hotel organisiert werden.

Amani Beach HÜTTEN $$$
(☎0782-410033; www.amanibeach.com; Ras Kutani; EZ alltags/am Wochenende 140/175 US$, DZ werktags/am Wochenende 165/230 US$; P ❄ @ ≋) Das herrlich ruhige Amani Beach hat 10 geräumige Hütten auf einem niedrigen Kliff direkt oberhalb des Strandes vor weitläufigen blühenden Gärten. Es ist mit einem Swimmingpool am Meer ausgestattet, das Essen ist köstlich, und die Gäste haben die Möglichkeit, Vögel zu beobachten, Wald- und Strandspaziergänge zu machen sowie zu reiten und zu surfen.

DIE FÄHRE NACH KIGAMBONI

Die Fähre nach Kigamboni (Magogoni) an sich ist schon einen Ausflug wert. Den ganzen Tag über legt sie regelmäßig an der Kivukoni Front ab. Die Fahrt dauert zwar nur 10 Minuten, bietet aber einen tollen Blick übers Wasser auf eine wachsende moderne Metropole, während Verkäufer den Pendlern Snacks und Schmuck anbieten.

In der Rush Hour kann es bis zu einer Stunde dauern, um an Bord zu kommen. Um die Verkehrssituation zu erleichtern, wird weiter südlich eine neue sechsspurige Schrägseilbrücke über den Kurasini Creek gebaut, die die Nelson Mandela Road in Daressalam mit der Kibada Road in Kigamboni verbindet und im Juli 2015 fertiggestellt sein soll. Eine Fährfahrt macht aber deutlich mehr Spaß.

Sansibar-Archipel

Inhalt ➡

Die schönste Natur

- ➡ Wald von Jozani (S. 113)
- ➡ Chumbe-Island-Korallenpark (S. 106)
- ➡ Pemba-Flughunde (S. 130)
- ➡ Insel Misali (S. 127)

Die beste Kultur

- ➡ Dhow Countries Music Academy (S. 99)
- ➡ Mrembo Spa (S. 85)
- ➡ Sauti za Busara (S. 91)
- ➡ Seaweed Center (S. 116)

Auf nach Sansibar

Die Anreise mit dem Flugzeug oder der Fähre gleicht einer Zeitreise ins alte Königreich von Persien, zu den Kaufleuten von Shiraz, die zum Märchen *Sindbad der Seefahrer* inspirierten, zu den Höfen der Suaheli-Prinzen und omanischen Sultane sowie nach Indien mit seinen himmlischen Düften.

Seit über 2000 Jahren prägen Monsunwinde die Landschaft und Kultur der Inseln. Die indo-arabische Architektur von Stone Town bietet eine exotische Kulisse, vor der ältere Männer *bao* (ein traditionelles Brettspiel) spielen, während in *buibui* (islamische Ganzkörperverschleierung) gehüllte Frauen sich unterhalten. Auf Pemba ziehen sich viele Gewürznelkenfarmen die Hügel empor, und Bauern laden riesige Mango-Kisten auf auslaufende Boote. Entlang der Küste bestimmen immer noch alte Traditionen das Dorfleben – Frauen pflücken Tang vom pudrig weißen Korallensand und bei Flut setzen die Fischerboote (Daus) ihre Segel. Das tropische Erscheinungsbild und die einzigartige Kultur Sansibars bieten einen wundervollen Einblick in das Leben am Indischen Ozean.

Reisezeit

Zanzibar Town

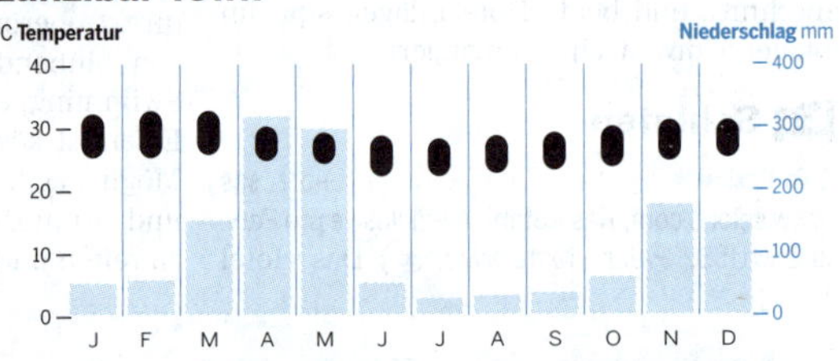

März–Mai *Masika*, der lange Regen; einige Hotels schließen, dafür ist Sansibar angenehm leer.

Juli Ein Monat mit vielen kulturellen Events, z. B. dem International Film Festival und Mwaka Kogwa.

Juli–Aug. In den Sommerferien und der Kitesurfsaison kommen viele Besucher und die Preise steigen.

Geschichte

Sansibars Geschichte reicht bis zum Beginn des ersten Jahrtausends zurück, als Bantus vom Festland nach Sansibar und Pemba übersetzten – vielleicht suchten sie nach neuen Fischgründen oder Siedlungsplätzen. Das Periplus Maris Erythraei (60 n. Chr.) eines unbekannten griechischen Kaufmanns erwähnt die Insel „Menouthias", die viele Historiker für Sansibar halten. Ab dem 8. Jh. segelten persische Händler aus Shiraz (Schiras) nach Ostafrika und gründeten Siedlungen auf den Inseln Pemba und Unguja Ukuu (Sansibar).

Zwischen dem 12. und 15. Jh. blühten die Handelsbeziehungen mit Arabien und dem Persischen Golf. Sansibar entwickelte sich zu einem mächtigen Staat: Es lieferte Sklaven, Gold, Elfenbein und Holz bis nach Indien und Asien. Importiert wurden Gewürze, Glas und Stoffe. Der Handel mit dem Osten brachte den Islam und auch die arabische Architektur ins Land, die heute noch die Insel prägen.

Als die Portugiesen im 16. Jh. zuerst Sansibar und anschließend Pemba besetzten, war die goldene Zeit zunächst vorbei. Als Nächste kamen die Briten, und auf sie folgten Mitte des 16. Jhs. die Omanis. Mit Beginn des 19. Jhs. waren die Omanis alleinige Herrscher über Sansibar. Der Handel mit Sklaven, Elfenbein und Gewürznelken florierte erneut und entwickelte sich derart positiv, dass der Sultan von Oman um 1840 sogar seinen Hof vom Persischen Golf nach Sansibar verlegte.

Als seit Mitte des 19. Jhs. das europäische Interesse an Ostafrika zunahm und der Sklavenhandel endete, zogen sich die Omanis nach und nach aus Sansibar zurück; 1856 wurde das Sultanat offiziell geteilt. Sansibar wurde britisches Protektorat und von einem omanischen Sultan regiert. Erst am 10. Dezember 1963 wurde Sansibar unabhängig. Nur einen Monat später, im Januar 1964, stürzte die blutige Revolution der Afro-Shirazi-Partei (ASP) den Sultan und übernahm die Macht. Am 12. April 1964 unterschrieb Abeid Karume, der Präsident der ASP, einen Vereinigungsvertrag mit dem Festlandsstaat Tanganjika. Der zunächst umstrittene Unionsstaat nannte sich Vereinte Republik Tansania.

Als Karume 1972 ermordet wurde, übernahm Aboud Jumbe das Präsidentenamt, bis er 1984 zurücktrat. Auf ihn folgten mehrere Regierungschefs, bis im Jahr 2000 der Sohn des ersten Präsidenten, Aman Abeid

Highlights

1. Bei einer Kulturtour durch **Stone Town** (S. 80) Geister sehen und Freunde finden.
2. Auf der **Gizenga Street** (S. 100) bedruckte afrikanische Taschen, edle Ledersandalen und Muschelschmuck kaufen.
3. Die Unterwassergebirge, Schwammschichten und herrlichen Korallengärten vor **Pemba** erkunden (S. 122).
4. Zu den **Gewürzplantagen** radeln und sehen, wie Kurkuma und Zimt in natura wachsen (S. 86).
5. Rote Stummelaffen im **Wald von Jozani** beobachten (S. 113).
6. Dau-Bauer in **Nungwi** (S. 105) treffen und bei Sonnenuntergang zu Rundfahrten aufbrechen.
7. In **Jambiani** (S. 118) *pweza* (Oktopus), *mhogo* (gebratene Cassava) und Langusten schmausen.
8. Nach **Chumbe Island** (S. 106) segeln und Naturschutzprojekte zum Erhalt der Korallengärten kennenlernen.
9. In den Luxus-Lodges von **Matemwe** (S. 110) entspannen und im kristallklaren Wasser von **Mnemba** tauchen (S. 104).

Karume, in einer sehr umstrittenen Wahl zum Sieger ernannt wurde.

Heute wird Sansibar von zwei Parteien beherrscht, der Chama Cha Mapinduzi (CCM) und der Opposition Civic United Front (CUF), die ihre meisten Anhänger auf Pemba hat. Die Spannungen zwischen den beiden Parteien erreichten ihren Höhepunkt bei den Wahlen von 1995, 2000 und 2005, die mit Gewaltausbrüchen und Betrugsvorwürfen einhergingen. 2010 akzeptierten die Wähler nach langem Hin und Her schließlich die Pläne der amtierenden CCM-Regierung und der CUF, gemeinsam eine neue Einheitsregierung (Government of National Unity, GNU) zu bilden, was eine langsame Annäherung ermöglichte.

An den grundlegenden Spannungen zwischen den Parteien hat sich jedoch bis heute nur wenig geändert. Seit 2014 eine neue Verfassung niedergeschrieben wurde, kommt es immer wieder zu politischen Intrigen bezüglich der zukünftigen Struktur der Union zwischen Sansibar und dem Festland, und das Überleben der GNU ist fraglich. Aufgrund ihrer prosezessionistischen und proislamischen Haltung findet die CUF zunehmend Unterstützung, was sie für die Wahlen 2015 in eine starke Position rückt.

SANSIBAR

900 000 EW.

Sansibar (Unguja), die Hauptinsel des Archipels, ist mit einem der schönsten Namen der Welt gesegnet und von den besten Korallenstränden Afrikas umgeben. Im Zentrum liegt Stone Town mit seiner quasi-mittelalterlichen Medina, balkongeschmückten Kaufmannshäusern und dem prachtvollen House of Wonders.

Über eine breite, von Mangobäumen gesäumte Allee verlässt man die Stadt – die Bäume wurden angeblich im 19. Jh. über den toten Körpern der ehemaligen Liebhaber einer Sultanstochter gepflanzt. Auch außerhalb Stone Towns gibt's viel Interessantes zu erkunden. In Richtung Süden führt die Straße ein Stück durch den urtümlichen Wald von Jozani, in dem seltene rote Stummelaffen und winzige Sansibar-Ducker leben. Bei Kizimkazi spielen Delfine im Meer, und durch die unberührten Korallengärten von Chumbe Island streifen Schwärme von Leuchtfischen. Im Osten Sansibars schlängeln sich ländliche Dörfer die Küste hinauf – darunter das gemeindeorientierte Jambiani, das Surf- und Partyparadies Paje oder das traditionelle Matemwe, wo die Einheimischen Algen ernten (Hauptsaison von Dezember bis Februar) und Daus ihre Segel setzen, um Taucher zum Korallenriff von Mnemba zu bringen.

An der Nordspitze von Unguja befinden sich die größten Tourismuszentren der Insel: Nungwi und Kendwa. Die von langen Sandstränden flankierten Urlaubsorte bieten zahlreiche schöne Budget- und Luxusunterkünfte sowie Restaurants, Bars und Vollmondpartys, bei denen bis zum Morgen durchgetanzt wird. Obwohl Nungwi und Kendwa zweifellos sehr malerische und quirlige Orte sind, sollte man sein Reiseziel sorgfältig auswählen, denn die zunehmende Erschließung droht die Magie der Region zu zerstören und die fragilen Gemeinde-Ressourcen zu überlasten.

Stone Town & Ng'ambo (Zanzibar Town)

Auf der Westseite der Insel liegt Zanzibar Town, das Herz des Archipels und erste Anlaufstelle für viele Traveller. Die Stadt wird durch die Creek Road in zwei Hälften geteilt – diese Straße war einst ein Flussarm, der Stone Town (Mji Mkongwe) von „der anderen Seite" trennte, wie Ng'ambo übersetzt heißt und wo früher eine kleine Gemeinde von Sklaven lebte. Heute breitet sich dort die ständig wachsende Neustadt mit Büros, Apartmentblocks und Slums aus.

Wenn Zanzibar Town das Herz des Inselreiches ist, dann ist Stone Town seine Seele. Beim Spaziergang durch seine Gassen, zwischen mit Holzbalkonen geschmückten Häusern, mit Fassaden von jeder Küste des Indischen Ozeans, fühlt man sich in frühere Jahrhunderte zurückversetzt. Hinter jeder Ecke und nach jeder Biegung warten neue Überraschungen: Schulkinder, die Koranverse singen, ein prächtiges persisches Badehaus oder ein Kaffeeverkäufer, der seine Kanne über glühender Kohle warmhält. Und dann sind da noch die Geister. In Stone Town befand sich einer der letzten öffentlichen Sklavenmärkte der Welt, und die grausamen Geschehnisse jener Zeit nagen bis heute am Gewissen der Stadt.

Am besten lässt man Stone Town einfach auf sich wirken – allerdings gibt es auch lohnenswerte Stadtführungen, bei denen man Sansibars Einwohner und die vielseitige Geschichte der Insel kennenlernt.

Sehenswertes

Stone Town liegt auf dem Kap Ras Shangani und hat die Form eines Dreiecks. An zwei Seiten wird es vom Meer, an der dritten von der Creek Road begrenzt. Der Hafen liegt im Norden der Stadt, die meisten Sehenswürdigkeiten am gegenüberliegenden Meeresufer. Die moderne Neustadt erstreckt sich im Osten und wird vollständig durch die Creek Road begrenzt, wo jeden Tag der chaotische Darajani-Markt stattfindet.

Südlich und nördlich von Zanzibar Town, jenseits der Hitze und des Trubels, befinden sich das wohlhabende Wohngebiet Mbweni und die nördlichen Strände Mtoni und Bububu, wo die omanischen Herrscher sich einst an den Wochenenden erholten.

Altes Fort HISTORISCHES GEBÄUDE

(Karte S. 88 f.; 9–22 Uhr) GRATIS Das Wahrzeichen am Meeresufer sind die Überreste der *Ngome Kongwe,* des Alten Forts. Es war der erste Verteidigungsbau der Stadt und wurde von den Busaidi-Omanis erbaut, als sie die Insel 1698 von den Portugiesen eroberten. Das Gebäude diente als Gefängnis und Hinrichtungsort, bis die Briten es 1949 in einen Tennisclub für Damen umwandelten. Heute bietet das Open-Air-Amphitheater eine wunderschöne Kulisse für Filmvorführungen beim International Film Festival, während in den restaurierten Räumen die Büros des Zanzibar Cultural Centre untergebracht sind.

Im Innenhof verkaufen lokale Künstler ihre Werke, und es gibt eine hilfreiche Touristeninformation, die geführte Touren arrangiert und Programmpläne für Aufführungen bereithält.

Forodhani-Gärten GÄRTEN

(Jamituri-Gärten; Karte S. 88 f.) Eine der besten Möglichkeiten, in das Leben auf der Insel einzutauchen, bietet der Besuch in diesen formellen Gärten. Sie wurden ursprünglich 1936 zum 25-jährigen Regierungsjubiläum von Sultan Khalifa (reg. 1911–60) angelegt. Im Zentrum der begrünten Plaza steht ein überkuppeltes Podium, in dem eine Blaskapelle spielte, und der freistehende Zeremonienbogen unweit vom Ufer wurde 1956 für den Staatsbesuch von Prinzessin Margaret erbaut. 2010 vom Aga Khan Trust for Culture renoviert, dienen die Gärten heute als sozialer Treffpunkt mit drei Ufercafés, schattigen Bänken und einem abendlichen Essensmarkt.

Beit el-Ajaib (House of Wonders) MUSEUM

(Karte S. 88 f.; Mizingani Rd.; Erw./Kind 4/1 US$; 9–18 Uhr) Sultan Barghash ließ das „Haus der Wunder" 1883 für zeremonielle Zwecke erbauen. Das stufenförmige Gebäude ist mit Stahlsäulen und Balkonen geschmückt, die auf die Forodhani-Gärten hinausblicken. Es ist das größte Bauwerk auf Sansibar; zu seiner Blütezeit verfügte es über edle Marmorböden, getäfelte Wände und – damals eine absolute Neuheit - fließendes Wasser und Strom. Heute beherbergt es das **National Museum of History & Culture** (Nationalmuseum für Geschichte und Kultur) mit Exponaten zur Dau-Kultur im Indischen Ozean und zur Suaheli-Zivilisation.

Abgesehen von den Exponaten ist auch das Haus selbst ein wundervoller Ort. Seine riesigen Tore sollen die größten geschnitzten Türen in ganz Afrika sein, und draußen befinden sich zwei Kanonen aus Bronze, deren portugiesische Inschriften sie in das 16. Jh. datieren. Die jahrelange Vernachlässigung des Palastes rächte sich 2012, ein Balkonabschnitt an der Südostecke stürzte in sich zusammen und das Museum musste geschlossen werden. Seither gibt es viele Streitigkeiten um die Restaurierung, und die schönen Türen des Gebäudes bleiben verschlossen – ein Wiedereröffnungstermin steht noch nicht fest.

Beit el-Sahel MUSEUM

(Palastmuseum; Karte S. 88 f.; Mizingani Rd.; Erw./Kind 4/1 US$; 9–18 Uhr) Das imposante Palastmuseum erstreckt sich am Hafen über mehrere Blocks und widmet sich dem Sultanat von 1828 bis 1896. Das Gebäude ist eine Rekonstruktion des Palastes, den Sultan Seyyid Said im 19. Jh. erbauen ließ und der 1896 durch britische Bombardierung zerstört wurde. 1964, als Jamshid, der letzte Sultan, gestürzt wurde, erhielt das Gebäude den Namen „Volkspalast". Erstaunlicherweise sind viele der königlichen Requisiten – Bankettische, Porträts, Throne und Wasserklosetts – erhalten geblieben und dienen dem Museum nun als interessante historische Exponate.

Zu seiner Zeit waren der Palast und der benachbarte Harem – das **Beit el-Hukm** – ein geschlossenes Ökosystem mit erhöhten privaten Gehwegen, die die Straßen der Stadt querten, ohne dass jemand das Gelände verlassen musste. Einblicke in das Palastleben gibt Prinzessin Salmes faszinierendes Buch *Memoirs of an Arabian Princess* (1886), das im Museum verkauft wird. Salme war das jüngste von 36 Kindern und Tochter einer tscherkessischen Konkubine. Sie verursachte einen gesellschaftlichen Skandal,

Sansibar

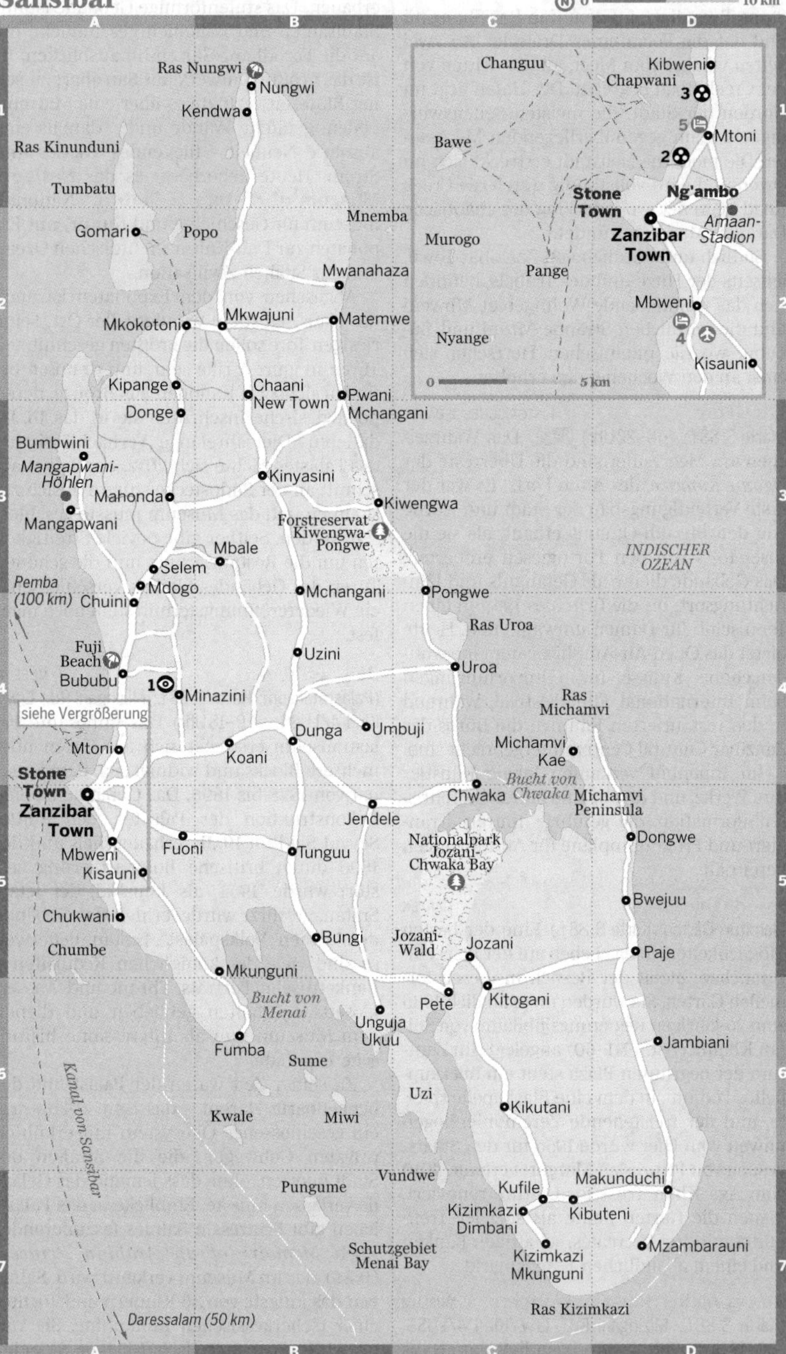
0
10 km
A
B
C
D
1
2
3
4
5
6
7
Ras Nungwi
Nungwi
Kendwa
Ras Kinunduni
Tumbatu
Mnemba
Gomari
Popo
Mwanahaza
Mkokotoni
Mkwajuni
Matemwe
Kipange
Chaani
New Town
Pwani
Mchangani
Donge
Bumbwini
Mangapwani-
Höhlen
Mahonda
Kinyasini
Kiwengwa
Mangapwani
Forstreservat
Kiwengwa-
Pongwe
Mbale
Selem
Mdogo
Pemba
(100 km)
Chuini
Mchangani
Pongwe
Ras Uroa
Fuji
Beach
Bububu
Uzini
Uroa
1
Minazini
Ras
Michamvi
siehe Vergrößerung
Umbuji
Dunga
Michamvi
Kae
Mtoni
Koani
Stone
Town
Zanzibar
Town
Bucht von
Chwaka
Chwaka
Michamvi
Peninsula
Jendele
Mbweni
Fuoni
Tunguu
Nationalpark
Jozani-
Chwaka Bay
Dongwe
Kisauni
Bwejuu
Chukwani
Bungi
Jozani-
Wald
Jozani
Paje
Chumbe
Mkunguni
Kitogani
Bucht von
Menai
Pete
Unguja
Ukuu
Jambiani
Fumba
Sume
Kamal von Sansibar
Uzi
Kwale
Miwi
Kikutani
Vundwe
Pungume
Kufile
Makunduchi
Kizimkazi
Dimbani
Kibuteni
Schutzgebiet
Menai Bay
Kizimkazi
Mkunguni
Mzambarauni
Ras Kizimkazi
Daressalam (50 km)
INDISCHER
OZEAN
Changuu
Kibweni
Chapwani
3
5
Mtoni
Bawe
2
Stone
Town
Ng'ambo
Amaan-
Stadion
Zanzibar
Town
Murogo
Pange
Mbweni
Nyange
4
Kisauni
0
5 km

Sansibar

Sehenswertes

1 Persisches Bad Kidichi A4
2 Maruhubi-Palast D1
Mbweni-Ruinen ....(siehe 4)
3 Mtoni-Palast D1

Aktivitäten, Kurse & Touren

Yoga with Jo ....(siehe 4)

Schlafen

4 Mbweni Ruins Hotel.............................D2
5 Mtoni Marine Centre D1

Essen

Mtoni Marine .... (siehe 5)
Raintree Restaurant .... (siehe 4)

Ausgehen & Nachtleben

Mcheza Bar............................... (siehe 5)

als sie 1866 mit einem deutschen Kaufmann nach Hamburg durchbrannte. Die Infos über die Schlüsselfiguren, wie etwa ihre Brüder Barghash und Majid, hauchen den staubigen Ausstellungsstücken Leben ein. Barghash und Majid liegen draußen auf dem **Makusurani-Friedhof** neben vier weiteren Sultanen begraben.

Alte Apotheke HISTORISCHES GEBÄUDE

(Karte S. 88 f.; Mizingani Rd.) Mit ihren mintgrünen Gitterbalkonen und dem Uhrenturm gilt die gemeinnützige Apotheke aus dem späten 19. Jh. als schönstes Wahrzeichen im Hafengebiet. Sie wurde von dem berühmten ismailisch-indischen Kaufmann Tharia Topan erbaut, der auch als finanzieller Berater des Sultans und als Bankier von Tippu Tip arbeitete, dem übelsten Sklavenhändler von Sansibar. Man kann das Gebäude, in dem heute Büros untergebracht sind, problemlos auf eigene Faust erkunden.

Kathedrale St. Joseph KIRCHE

(Karte S. 88 f.; Cathedral St.) Bei Anreise mit der Fähre sehen Traveller schon vom Meer aus die Turmspitzen der römisch-katholischen Kathedrale. Sie wurde von dem französischen Architekten Berange entworfen, der auch die Kathedrale in Marseille erbaute. Errichtet wurde sie zwischen 1893 und 1897 von lokalen französischen Missionaren und ist auch heute noch das Gotteshaus der örtlichen katholischen Gemeinde – die aus Sansibaris, Goanesen und Europäern besteht.

Um zur Kirche zu gelangen, folgt man der Kenyatta Road bis zur Gizenga Street und biegt dann in die erste rechts ein; hier geht's zum Hintereingang der Kirche. Er ist meist sogar dann geöffnet, wenn der Haupteingang geschlossen ist.

Anglikanische Kathedrale KIRCHE

(Karte S. 88 f.; abseits der New Mkunazini Road; Eintritt inkl. Sklavenzellen 5000 TSh; ⏲ Mo–Sa 8–18, So 12–18 Uhr) Die Kathedrale wurde in den 1870er-Jahren von der Universities' Mission to Central Africa (UMCA) erbaut und war die erste anglikanische Kirche in Ostafrika. Sie befindet sich am Ort des alten **Sklavenmarktes**; der Altar soll angeblich den Standort des Baumes markieren, an dem die Sklaven mit stachligen Zweigen ausgepeitscht wurden. Ein sehr ergreifender Ort! Der Sklaven wird mit einem weißen Marmorkreis gedacht, der von roter Farbe umgeben ist – als Symbol für das Blut der Geschändeten.

Die treibende Kraft hinter dem Bau der Kathedrale war Bischof Edward Steere (1874–82) – die Inspiration dazu kam jedoch von David Livingstone, dessen Aufruf die Missionare 1864 folgten, als sie sich auf der Insel niederließen. Eines der Buntglasfenster ist ihm gewidmet, und das Kruzifix ist aus dem Baum gefertigt ist, unter dem im Dorf Chitambo in Sambia sein Herz begraben wurde.

Sehenswert ist auch das bewegende **Sklaven-Mahnmal** im Garten. Die Skulptur der schwedischen Künstlerin Clara Sornas zeigt fünf Sklaven, die in einer unterirdischen Grube stehen. Die erschütternden Figuren, die sich aus dem grob behauenen Stein schälen, wirken hoffnungslos in die Enge getrieben und verzweifelt. Um den Nacken tragen sie Metallbänder, über die sie durch Ketten miteinander verbunden sind – ein wirklich aufwühlender und tief bewegender Anblick.

Sonntagmorgens finden in der Kathedrale immer noch Gottesdienste statt.

Sklavenzellen HISTORISCHE STÄTTE

(Karte S. 88 f.; abseits der New Mkunazini Road; Eintritt inkl. Anglikanische Kirche 6000 TSh; ⏲ Mo–Sa 8–18, So 12–18 Uhr) Vom alten Sklavenmarkt ist nichts mehr übrig, doch unter der Anglikanischen Kirche und dem St Monica's Hostel sind noch um die 15 Sklavenzellen erhalten geblieben. Zwei davon– unter dem St Monica's – sind öffentlich zugänglich und geben einen ernüchternden Einblick in die schreckliche Realität des Sklavenhandels. In den nasskalten, dunklen und engen Zellen harrten jeweils etwa 65 Sklaven aus bis zu ihrem Verkauf. Durch winzige Fenster dringt schwaches Sonnenlicht in die Dun-

ETIKETTE AUF DEM ARCHIPEL

Sansibar und Pemba sind traditionelle ländliche, muslimische Gesellschaften – dementsprechend konservativ ist auch die Einstellung ihrer Einwohner. Um einen schlechten Start zu vermeiden, sollte man die folgenden Hinweise beachten:

- Man sollte sich in der Öffentlichkeit angemessen kleiden: Viele Einheimische nehmen Anstoß an knapper Kleidung. Badekleidung also nur am Strand tragen; in den Städten und Dörfern sollten Frauen ärmellose Oberteile, tiefe Ausschnitte und kurze Hosen vermeiden. Männer sollten in den Städten immer ihren Oberkörper bedecken und lange oder knielange Hosen tragen. Für unvorhergesehene Situationen sollte man immer einen Kanga (wird von den Suaheli-Frauen um den Körper gewickelt getragen) in der Tasche dabeihaben.
- Wer Einheimische fotografieren will, sollte vorher immer um Erlaubnis bitten.
- Nichtmuslime sollten ohne Erlaubnis keine Moscheen betreten, und wenn, dann nur ohne Schuhe.
- Insbesondere während des Ramadans sollte man die Kleiderordnung sehr ernst nehmen und seinen Respekt dadurch beweisen, dass man tagsüber auf öffentlichen Plätzen weder isst noch trinkt.

kelheit, und selbst wenn die Zellen leer sind, kann man darin kaum atmen.

Man sollte sie mit einem qualifizierten Führer besichtigen, der die geschichtlichen Hintergründe richtig beleuchten kann.

Darajani-Markt MARKT

(Karte S. 88 f.; Creek Rd.; ⊙ vor Morgengrauen–nachmittags) Eine der verlockendsten Sehenswürdigkeiten der Stadt ist der Hauptmarkt. Hier warten in mehreren überdachten Hallen und verschlungenen Gassen Berge von Gewürzen, Sneakers und Sandalen, Fleisch, Fisch, lebende Hühner und Handys auf ihren Verkauf. In der Haupthalle, dem **Estella-Markt**, findet man jede Menge Vögel in Käfigen, während sich auf der Kanga Street bedruckte Stoffe bauschen; in den jeweiligen Bereichen werden mit lauter Stimme Holz und Fisch angepriesen. Der Markt ist heiß, trubelig und sehr unterhaltsam.

Am besten kommt man morgens vor der Tageshitze und vor den Menschenmassen her. Man sollte sich angemessen kleiden – die Einheimischen, die hier einkaufen, betrachten die knappe Kleidung vieler Touristen als Beleidigung.

Persisches Bad Hamamni HISTORISCHES GEBÄUDE

(Karte S. 88 f.; Hamamni St.; Eintritt 1500 TSh) Sultan Barghash ließ Ende des 19. Jh. das erste öffentliche Bad auf Sansibar errichten. Es wird nicht mehr genutzt, und es gibt keine Wasserversorgung. Um sich den Badebetrieb vorzustellen, braucht es dennoch nicht viel Fantasie. Der Hausmeister auf der gegenüberliegenden Straßenseite öffnet Besuchern das Tor.

Beit el-Amani HISTORISCHES GEBÄUDE

(Karte S. 88 f.; Ecke Kaunda & Creek Rd.) Das Haus mit der Dachkuppel war einst das Museum „Haus des Friedens" und dient jetzt als Archiv. Es wurde 1925 zur Erinnerung an das Ende des 1. Weltkriegs eingerichtet. Der Entwurf stammt von dem englischen Architekten J.H. Sinclair, der auch das Oberste Gericht etwas weiter die Kaunda Road hinauf geplant hat.

Maruhubi-Palast RUINEN

(Karte S. 82) Früher muss der Maruhubi-Palast, 4 km nördlich von Zanzibar Town, sehr eindrucksvoll gewesen sein. Er wurde 1882 von Sultan Barghash für seinen großen Harem erbaut und 1899 bei einem Brand fast völlig zerstört. Lediglich die Säulen, die einst die obere Terrasse stützten, ein Aquädukt und einige kleine Wasserbecken mit Seerosen lassen noch erahnen, wie groß das Anwesen war. Die Ruinen stehen westlich der Straße nach Bububu (ausgeschildert).

Mtoni-Palast RUINEN

(Karte S. 82) Der 1828 für Sultan Seyyid Said erbaute Mtoni ist der älteste Palast auf Sansibar. Hier lebten die einzige legitime Ehefrau des Sultans sowie viele Zweitfrauen und Hunderte Kinder. Der Palast hat wunderschönen Meerblick und war zu seinen Glanzzeiten ein herrliches Gebäude mit vielen Balkonen. Im großen Garten grasten zwischen einem Aussichtsturm und einer Moschee Pfauen und Gazellen. Heute sind nur noch einige kunstvolle Ruinen mit großen, dachlosen Hallen und Arabeskenbögen erhalten, die Blick auf tropisches Laub und türkisfarbenes Meer gewähren.

Dienstags und freitags findet unweit der Mtoni Marine (S. 96) ein magisches Candlelight-Büfettdinner in den dachlosen Hallen statt, zu dem eindringliche traditionelle Musik gespielt wird (45 000 TSh pro P.).

Um ihn zu erreichen, der Bububu Road in nördlicher Richtung folgen; die Ruinen sind dann in westlicher Richtung ausgeschildert.

Persisches Bad Kidichi HISTORISCHE STÄTTE

(Karte S. 82) Das Persische Bad Kidichi 11 km nordöstlich von Zanzibar Town am höchsten Punkt der Insel wurde 1850 ebenfalls von Sultan Seyyid für seine persische Frau Scheherezade erbaut. Es liegt inmitten der Gewürzplantagen der Insel, und das königliche Paar kam nach der Jagd hierher, um sich zu erfrischen. Die stilisierten Räume haben schönes Stuckdekor mit typisch persischen Vogel- und Blumenmotiven. Obwohl das Bad kaum instandgehalten wird, kann man immer noch viele Schnitzarbeiten erkennen sowie das Badebecken und die Massagetische besichtigen.

Man nimmt *dalla-dalla* 502 zur Bububu-Hauptkreuzung; von hier aus sind es noch 3 km zu Fuß in östlicher Richtung eine unbefestigte Straße hinunter. Das Badehaus befindet sich auf der rechten Seite.

Mbweni-Ruinen HISTORISCHE STÄTTE

(Karte S. 82) Mbweni liegt 5 km südlich von Zanzibar Town. Hier stand im 19. Jh. eine Missionsstation der UMCA, in der sich befreite Sklaven ansiedelten. Neben der kleinen noch genutzten anglikanischen Kirche St. Johns (1880er-Jahre) stehen mitten im üppigen Garten des Mbweni Ruins Hotel die atmosphärischen Ruinen der UMCA's St. Mary's Mädchenschule.

Aktivitäten

Rund um Stone Town liegen viele Inseln. Zu den beliebtesten Aktivitäten zählen daher Schnorcheltrips und Inselhopping auf traditionellen Daus. Auch Tauchen ist möglich.

Es ist nicht wirklich ratsam, vor den Stadtstränden im Meer zu schwimmen, aber wer sich gerne im Wasser tummeln will, ist im Tembo House Hotel (S. 93) gut aufgehoben. Ein Besuch im Pool kostet 10 000/5000 TSh pro Erw./Kind.

One Ocean TAUCHEN

(Karte S. 88 f.; ☎ 024-223 8374; www.zanzibaroneocean.com; abseits der Shangani St.) Ein Fünfsterne-PADI-Zentrum mit mehr als zehnjähriger Erfahrung auf Sansibar. Neben der Zentrale in Stone Town unterhält es auch Filialen in anderen Orten der Ostküste. Das Tauchzentrum organisiert Touren zu allen Inseln und in allen Schwierigkeitsgraden.

Mrembo Spa SPA

(Karte S. 88 f.; ☎ 0777 430117, 024-223 0004; www.mrembospa.com; Cathedral St.; ⏲ 10–18 Uhr) Das fantasievolle Mrembo ist ein authentisches Suaheli-Spa in einem alten Antiquitätenladen. Sterile Suiten findet man hier nicht. Stattdessen führen die umsichtigen Sansibari-Therapeuten ihre Gäste zu kangabedeckten Massagetischen in bunt gestrichenen Räumen. Dort wird man mit handgemachten Peelings und Ölen aus biologisch angebautem Ylang Ylang, Sandelholz und Basilikum geschrubbt, massiert und manikürt.

Auch weitere Behandlungen sind zu bekommen, wie etwa Naturhenna-Tattoos – und dazu werden Gewürztee und *kachata* (eine regionale Süßigkeit) gereicht. Alle Produkte sind im exzellenten Ladengeschäft

DER SKLAVENHANDEL

Seit in Afrika Geschichte geschrieben wird, gibt es Sklavenhandel. Als sich der Islam ausbreitete – er verbot die Versklavung von Muslimen – nahm der Sklavenhandel in Ostafrika enorm zu. Als die europäischen Plantagenbesitzer auf Réunion und Mauritius ab der zweiten Hälfte des 18. Jhs. nach Sklaven verlangten, heizten sie den Handel damit weiter an.

Die ersten Sklaven kamen aus den Küstenregionen und wurden nach Arabien, Persien und auf die Inseln des Indischen Ozeans verkauft. Eine Drehscheibe des Sklavenhandels war Kilwa Kisiwani. Mit der steigenden Nachfrage zogen die Händler weiter ins Landesinnere. Im 18. und 19. Jh. kamen Sklaven sogar aus Malawi und dem Kongo. Als im 19. Jh. die Araber aus dem Oman an Bedeutung gewannen, löste Sansibar Kilwa Kisiwani als Zentrum des ostafrikanischen Sklavenhandels ab. Nach Schätzungen wurden auf dem Sklavenmarkt von Sansibar seit den 1860er-Jahren jährlich von 10 000 bis zu 50 000 Sklaven verkauft. Zwischen 1830 und 1873, als ein Vertrag mit England den lokalen Sklavenhandel beendete, wechselten fast 600 000 Sklaven auf Sansibar den Besitzer.

erhältlich, wo man auch seltene handgemachte *udi* (Räucherstäbchen) und interessante CDs mit lokaler *taarab*-Musik findet.

Ayda Yoga Zanzibar YOGA

(Karte S. 88 f.; ☎ 0773 132100; Old Customs House, Mizingani Rd.; 5000 TSh pro P.; ⏲ Mo & Mi 17.15 Uhr) Einmal die Hitze und den Staub von Stone Town hinter sich lassen! Hier kann man in die luftigen Kursräume im oberen Stock der Musikakademie fliehen, um entspannendes Vinyasa-Yoga zu praktizieren. Während man seine *asanas* absolviert und Atmung und Bewegung in Harmonie bringt, badet man in der leichten Meeresbrise, die durch die Balkontüren hereinweht. Das Yogastudio bietet schönen Blick auf das im Sonnenuntergang glitzernde Meer. Die Kurse werden nur für Frauen angeboten.

Mnazi Mmoja FUSSBALL

(Karte S. 88 f.; Creek Rd.) Das einstige Sumpfgebiet Mnazi Mmoja am Ende der Bucht wurde zusammen mit der Creek Road von den Briten zurückerobert und in einen Sportplatz umgewandelt. In den 1920er Jahren befand sich hier der English Club mit Tennisplätzen, Crocketrasen und Golfplatz. Heute wird die begrünte Fläche an Nachmittagen für spontane Fußballspiele genutzt.

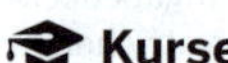

Kurse

Cultural Arts Centre Zanzibar KUNSTHANDWERK

(Karte S. 88 f.; ☎ 0773 612551; Hamamni St.; Kurse 15 000–25 000 TSh) In diesem freundlichen Kunst- und Kulturzentrum kann man lokale Künstler kennenlernen und selbst Seife, recyceltes Papier, Kerzen oder bedruckte T-Shirts herstellen. Die drei- bis vierstündigen Kurse machen sehr viel Spaß und sind eine tolle Möglichkeit, interessante Einheimische kennenzulernen – wobei es noch viel verlockender ist, etwas zu kaufen, was sie angefertigt haben! Die Kurse müssen im Voraus reserviert werden.

Institute of Swahili & Foreign Languages SPRACHKURS

(Karte S. 88 f.; ☎ 024-223 0724, 024-223 3337; www.suza.ac.tz; Vuga Rd.; 10/200 US$ pro Std./Woche) Sansibar gilt als Heimat des Kiswahili und ist daher ein guter Ort, um einen Sprachkurs zu belegen. Das Institut bietet erfahrene Lehrer und gut strukturierte Kurse sowie Gastfamilienaufenthalte (Vollverpflegung 20 US$ pro Nacht/Person) und kulturelle Exkursionen in Begleitung eines Lehrers. Für Gruppenkurse gibt's Rabatte.

☞ Geführte Touren

Zahlreiche Reiseagenturen und Touranbieter organisieren Exkursionen zu Gewürzplantagen und Ruinen nördlich von Zanzibar Town sowie Trips zu den Inseln vor der Küste. Die meisten Gewürztouren werden in Gruppen durchgeführt. Wer eine Privattour wünscht, sollte dies bei der Buchung angeben. Viele Mittelklasse- und Luxushotels bieten auch Dau-Rundfahrten bei Sonnenuntergang an.

Zanzibar Different KULTURELLE TOUR

(☎ 024-223 0004, 0777 430117; www.zanzibardifferent.com) Gut durchdachte, kulturell engagierte Touren, die die faszinierende Geschichte und reiche Kultur der Insel beleuchten. Bei den einzigartigen Führungen durch Stone Town erfährt man vieles über die Rolle von Mann und Frau, Kindererziehung, Hochzeitsrituale sowie Handwerkstraditionen. Es gibt auch Exkursionen ins Umland wie die Prinzessin-Salme-Tour, bei der die Teilnehmer mit Dau und blumengeschmücktem Eselswagen das faszinierende Leben dieser sansibarischen Prinzessin nachvollziehen.

Es werden auch kreative Workshops im Batiken, Gewürzmischen und Trommeln angeboten, die sich für Erwachsene und Kinder gleichermaßen eignen. Alle Kurse werden in Partnerschaft mit lokalen Experten durchgeführt, darunter auch die Dhow Countries Music Academy (S. 99).

Kawa Tours KULTURELLE TOUR

(☎ 0777 488311, 0779 065511; www.zanzibarkawatours.com; geführte Touren 15–60 US$) Diese kreativen Touren, die Stone Towns Einwohner unterstützen und mit einbeziehen, decken ungewöhnliche historische und kulturelle Themengebiete ab. Die Ghost Tour zum Beispiel beleuchtet den Sklavenhandel und die Revolution – u. a. werden dabei Häuser und Orte besucht, wo es spuken soll; die Kids Tour ermutigt Kinder zum Forschen und bringt ihnen lokale Spiele näher; und beim Kochkurs besucht man einen Markt und lernt im Haus eines Kochs die regionale Küche und lokale Gewürze kennen.

Wer noch mehr in die Welt der Gewürze hineinschnuppern möchte, kann mit Kawa eine Radtour zu den Gewürzplantagen unternehmen und lernen, wie man eine Brotfrucht von einer Jackfrucht unterscheidet. Oder man befasst sich etwas näher mit Recycling und sieht sich Basisprojekte aus erster Hand an. Eine großartige zeitliche Investition mit hervorragendem Preis-Leistungs-Verhältnis.

INSIDERWISSEN

DIE BEAUTY-GEHEIMNISSE DER SUAHELI

2006 eröffnete Stefanie Schoetz Mrembo, das erste Suaheli-Spa der Insel. Wir haben mit ihr gesprochen, um einige Beauty-Geheimnisse der Suaheli zu erfahren.

Was hat Sie zu Mrembo inspiriert?

Die Idee für das Spa entstand, als ich einigen lokalen Frauen beim Ausführen ihrer Beauty-Rituale zusah. Je mehr Suaheli ich lernte, umso tiefere Einblicke erhielt ich, und ich kombinierte mein Wissen mit meiner eigenen Leidenschaft für Pflanzen und Gewürze. Eine meiner guten Freundinnen hier, Damwaju, ist eine sehr gebildete sansibarische Frau, die das Suaheli-Wort *mrembo* (selbstbewusste Schönheit) geradezu verkörpert. Sie inspirierte mich zum Namen des Spas.

Woher haben Sie ihre traditionellen Schönheitsgeheimnisse?

Damwaju und Bi Kidude (die vor Kurzem verstorbene legendäre *taarab*-Sängerin) trugen einen großen Teil zu meinen Kenntnissen bei, ebenso wie andere sansibarische Frauen im Spa. Es ist nicht immer einfach, die Quellen zu finden, die eigentlich geheim bleiben sollen, aber wir arbeiten zusammen und kreieren Peelings und Öle, die auf traditionellen Rezepten basieren.

Was sind ihre Lieblingsbehandlungen?

Das *singo*-Peeling, das die sansibarischen Frauen vor ihrer Hochzeit benutzen, ist eine wertvolle Mischung aus Gewürzen und Blüten, wie z. B. Ylang-Ylang, Jasminen, Rosen und Mpatchori. Auf dieses Peeling sind wir sehr stolz, denn in seine Herstellung ist sehr viel Arbeit eingeflossen. Das *kidonge*-Peeling aus Nelken und Gewürzen ist ebenfalls sehr interessant – es wird über offenem Feuer aus den frischesten Gewürznelken hergestellt, die dann zerstoßen und mit Kokoscreme vermischt werden. Es wirkt sehr belebend.

Verwenden Sie lokale Produkte?

Wir bauen unsere Kräuter und Gewürze selbst an; andere Kräuter und Blumen stammen aus den nahe gelegenen Gärten. Unsere essenziellen Öle (Zimt, Eukalyptus, Roter Eukalyptus, Zitronengras und Gewürznelke) kommen aus einer lokalen Destillerie. Das Einzige, was wir importieren, sind einige Parfüme, Oud und Weihrauch aus dem Oman.

Was ist Ihr bester Beauty-Tipp?

Die sansibarischen Frauen parfümieren ihre Kleidung jeden Morgen über einem *mbao ya chetezo* (Holzofen) mit *udi* (parfümiertes Räucherwerk). Das Parfüm ist sehr sanft und verführerisch. Ich kann nur empfehlen, es einmal auszuprobieren.

Eco + Culture Tours KULTURELLE TOUR
(Karte S. 88 f.; ☎ 024-223 3731, 0755 873066, www.ecoculture-zanzibar.org; Hurumzi St.) Exkursionen nach Unguja Ukuu, ins Dorf Jambiani und innerhalb Stone Towns, plus Gewürztouren. Alle Trips legen den Fokus auf den Schutz von Umwelt und Kultur. Die Guides sprechen Englisch, Französisch, Spanisch, Italienisch und Deutsch. Eines der besten Angebote ist der Unguja-Ukuu-Bootstrip (80 US$ pro Person bei 2 Teilnehmern, 45 US$ pro Person bei 5 Teilnehmern). In kleinen Gruppen geht's von dem ursprünglichen Dorf in einer traditionellen Dau zu den unbewohnten Inseln Miwi, Nianembe oder Kwale.

Mr Mitu's Office KULTURELLE TOUR
(☎ 024-223 4636; abseits der Malawi Road; 12 US$ pro Person) Die Gruppenexkursionen mit 15 Personen sind die billigsten Gewürztouren in der Region. Abfahrt ist um 9.30 Uhr, Rückkehr um 14.30 Uhr. In der Hauptsaison einen Tag im Voraus buchen. Das Büro ist ab dem Ciné Afrique ausgeschildert.

Gallery Tours & Safaris GEFÜHRTE TOUR
(☎ 024-223 2088; www.gallerytours.net) Anspruchsvolle Touren und Exkursionen; organisiert auch Hochzeiten auf Sansibar, Hochzeitsreisen und Dau-Rundfahrten.

Grassroots Traveller KULTURELLE TOUR
(☎ 0772 821725; www.grassroots-traveller.com) Dieses fortschrittlich denkende Unternehmen arbeitet eng mit gemeindebasierten Projekten, NGOs und Organisationen zusammen, die sich für nachhaltige Entwicklung einsetzen. Es offeriert interessante Touren, die

Stone Town

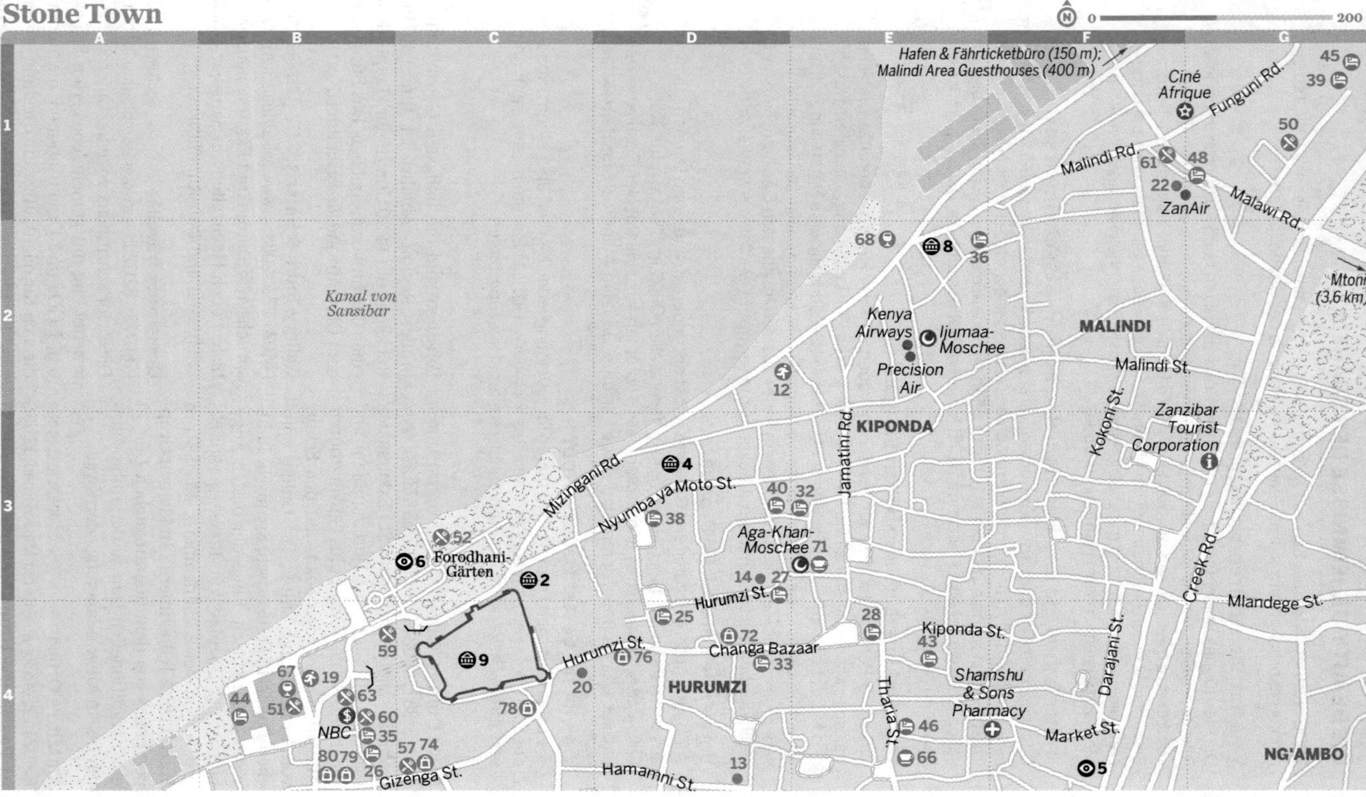
0
200 m
Hafen & Fährticketbüro (150 m);
Malindi Area Guesthouses (400 m)
Mtoni
(3,6 km)
Kanal von
Sansibar
Ciné
Afrique
Funguni Rd.
Malindi Rd.
Malawi Rd.
ZanAir
MALINDI
Malindi St.
Kenya
Airways
Ijumaa-
Moschee
Precision
Air
KIPONDA
Kokoni St.
Zanzibar
Tourist
Corporation
Jamatini Rd.
Mizingani Rd.
Nyumba ya Moto St.
Aga-Khan-
Moschee
Forodhani-
Gärten
Hurumzi St.
Changa Bazaar
Creek Rd.
Mlandege St.
Kiponda St.
HURUMZI
Shamshu
& Sons
Pharmacy
Darajani St.
Tharia St.
Market St.
NG'AMBO
NBC
Gizenga St.
Hamamni St.

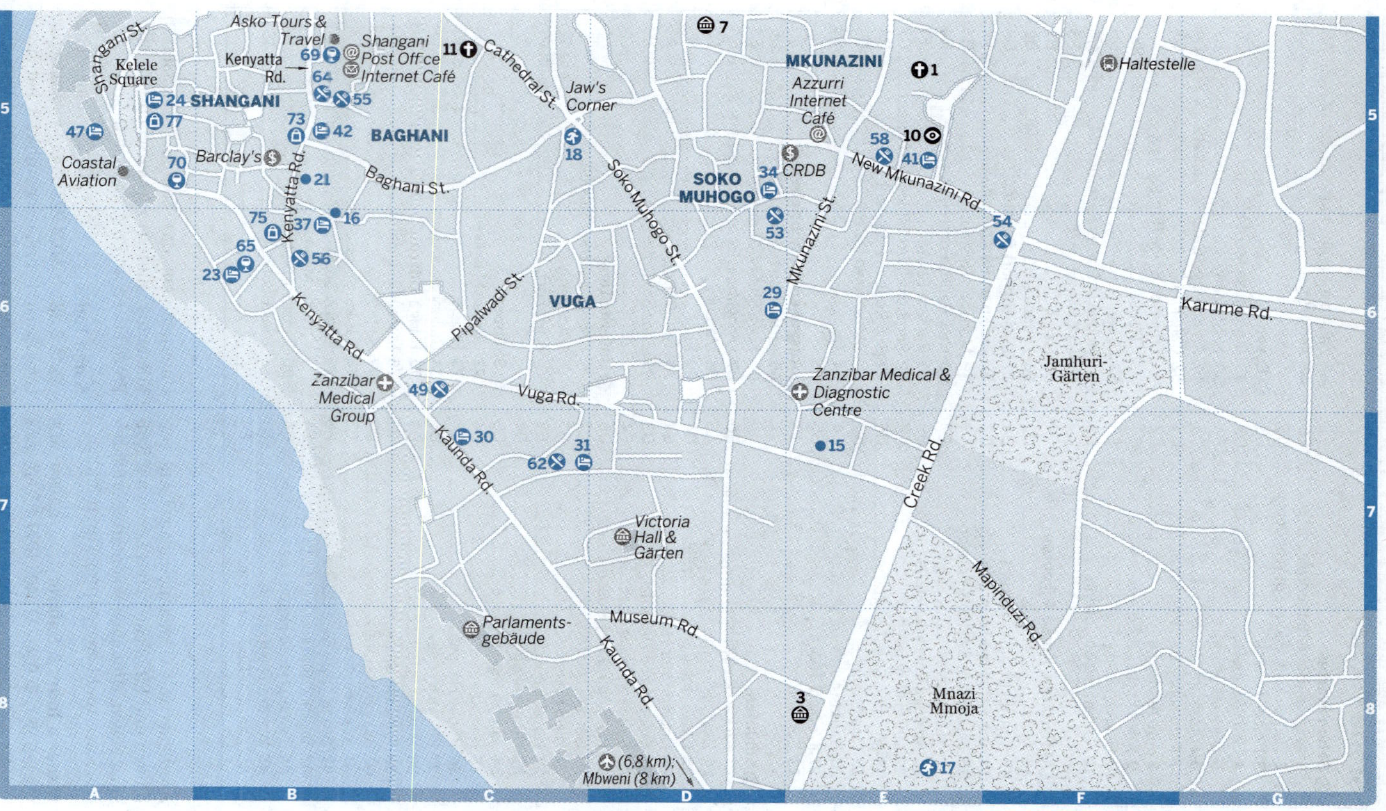
Shangani St.
Kelele Square
Asko Tours & Travel
Kenyatta Rd.
Shangani Post Office
Internet Café
SHANGANI
BAGHANI
Coastal Aviation
Barclay's
Kenyatta Rd.
Baghani St.
Cathedral St.
Jaw's Corner
Soko Muhogo St.
SOKO MUHOGO
MKUNAZINI
Azzurri Internet Café
CRDB
New Mkunazini Rd.
Mkunazini St.
Haltestelle
Karume Rd.
Jamhuri-Gärten
VUGA
Pipalwadi St.
Kenyatta Rd.
Zanzibar Medical Group
Vuga Rd.
Zanzibar Medical & Diagnostic Centre
Creek Rd.
Kaunda Rd.
Victoria Hall & Gärten
Parlaments-gebäude
Museum Rd.
Kaunda Rd.
Mapinduzi Rd.
Mnazi Mmoja
(6,8 km); Mbweni (8 km)
1
3
7
10
11
15
16
17
18
21
23
24
29
30
31
34
37
41
42
47
49
53
54
55
56
58
62
64
65
69
70
73
75
77
A
B
C
D
E
F
G
5
6
7
8

Stone Town

Sehenswertes
1 Anglikanische Kathedrale E5
2 Beit el-Ajaib (House of Wonders) C3
3 Beit el-Amani E8
4 Beit el-Sahel D3
5 Darajani-Markt F4
6 Forodhani-Gärten C3
7 Persisches Bad Hamamni D5
8 Alte Apotheke E2
9 Altes Fort C4
10 Sklavenzellen E5
11 Kathedrale St. Joseph C5

Aktivitäten, Kurse & Touren
12 Ayda Yoga Zanzibar D2
13 Sansibar Kulturzentrum D4
14 Eco + Culture Tours D3
15 Institute of Swahili & Foreign Languages E7
16 Madeira Tours & Safaris B6
17 Mnazi Mmoja E8
18 Mrembo Spa C5
19 One Ocean B4
20 Sama Tours C4
21 Tropical Tours B5
22 Zan Tours F1

Schlafen
23 Africa House Hotel B6
24 Beyt al-Salame A5
25 Clove Hotel D4
26 Coco de Mer Hotel B4
27 Emerson on Hurumzi D3
28 Emerson Spice E4
29 Flamingo Guest House D6
30 Garden Lodge C7
31 Hiliki House C7
32 Hotel Kiponda E3
33 House of Spices D4
34 Jambo Guest House D5
35 Karibu Inn B4
36 Kholle House E2
37 Kisiwa House B6
38 Mashariki Palace Hotel D3
39 Princess Salme Inn G1
40 Seyyidda Hotel & Spa D3
41 St Monica's Hostel E5
42 Stone Town Café B&B B5
43 Swahili House E4
44 Tembo House Hotel B4
45 Warere Town House G1
46 Zanzibar Coffee House E4
47 Zanzibar Serena Inn A5
48 Zenji Hotel G1

Essen
49 Abyssinian Maritim C6
50 Al-Shabany G1
51 Archipelago Café-Restaurant B4
52 Café Foro C3
Emerson Spice Rooftop Tea House (siehe 28)
53 Green Garden Restaurant D6
House of Spices Restaurant (siehe 33)
54 La Taverna F6
55 Lazuli B5
56 LouLou's B6
57 Luis Yoghurt Parlour C4
58 Luukman Restaurant E5
59 Monsoon Restaurant B4
60 New Radha Food House B4
61 Passing Show F1
62 Sambusa Two Tables Restaurant C7
63 Silk Route Restaurant B4
Stone Town Café (siehe 42)
64 Tamu B5

Ausgehen & Nachtleben
65 Africa House Hotel B6
66 Kaya Shop & Tearoom E4
67 Livingstone Beach Restaurant B4
68 Mercury's E2
69 Post B5
70 Tatu Pub A5
71 Zanzibar Coffee House E3

Unterhaltung
Dhow Countries Music Academy (siehe 12)
Altes Fort (siehe 9)

Shoppen
72 Doreen Mashika D4
73 Fahari B5
74 Gallery Bookshop C4
75 Kanga Kabisa B6
76 Moto Handicrafts D4
77 Saifa A5
78 Sasik C4
79 Surti & Sons B4
Upendo Means Love (siehe 26)
80 Zanzibar Gallery B4
Zenji Boutique (siehe 48)

Abenteuer mit Gemeinde-Engagement verbinden und Einblicke in das Leben auf Sansibar geben. Hilft auch Volontären, erfolgreiche Kurz- und Langzeitprojekte zu finden.

Madeira Tours & Safaris GEFÜHRTE TOUR
(Karte S. 88 f.; ☎ 024-223 0406, 0777 415997; www.zanzibarmadeira.com; Baghani St.) Ein großes Unternehmen, das Touren, Kreuzfahrten, Mietautos und Hochseefischen in allen Preisklassen im Programm hat.

Sama Tours GEFÜHRTE TOUR
(Karte S. 88 f.; ☎ 024-223 3543; www.samatours.com; Hurumzi St.) Dieser Anbieter hat zuverlässige und preislich vernünftige Bootstrips

und Gewürztouren im Programm und beschäftigt zudem mehrsprachige Mitarbeiter, die extrem hilfsbereit sind.

Tropical Tours GEFÜHRTE TOUR
(Karte S. 88 f.; ☎ 0777 413454; Kenyatta Rd.) Ein verlässlicher Anbieter für Budgettouren. Aktuelle Angebote auf der Facebook-Seite (www.facebook.com/TropicalToursZanzibar).

Zan Tours GEFÜHRTE TOUR
(Karte S. 88 f.; ☎ 024-223 3042, 024-223 3116; www.zantours.com; Migombani St.) Sansibars größter Touranbieter ist ein professionelles Unternehmen mit exklusiven Touren auf Sansibar, nach Pemba und noch weiter. Es arbeitet zusammen mit ZanAir, das problemlose Transfers ermöglicht.

Feste & Events

An **Eid al-Fitr**, dem Ende des Ramadan, tauchen endlose Laternenreihen die schmalen Gassen von Stone Town in helles Licht, Familien ziehen ihre besten Kleider an, und überall herrscht Feststimmung. Während des Ramadan sind viele Restaurants geschlossen.

Das Festival **Mwaka Kogwa** anlässlich des Shirazi-Neujahrs (meist im Juni) wird in mehreren Dörfern gefeiert; am berühmtesten ist aber das Fest in Makunduchi.

Sauti za Busara KULTURELL
(Stimmen der Weisheit; www.busaramusic.com; Festivalpass Nichteinwohner 80–120 US$; ⏲ Feb.) Bei dem dreitägigen Festival treten einige der angesagtesten Musiktalente Afrikas auf. Es findet im Alten Fort und an Standorten überall auf der Insel statt – mit feinstem *taarab*, Jazz, Afro-Pop und Bongo Flava.

Zanzibar International Film Festival KULTURELL
(Festival der Dau-Länder; www.ziff.or.tz; ⏲ Jul) Sansibars Filmfestival feiert und würdigt Kunstwerke aus Ländern des Indischen Ozeans, darunter so vielfältige Regionen wie Indien, Iran, Madagaskar und das Horn von Afrika. Im Juli werden in ganz Stone Town Filme gezeigt; außerdem kann man Performance-Gruppen erleben und medienbezogene Workshops und musikalische Meisterkurse besuchen.

Jahazi Literary & Jazz Festival KULTURELL
(www.jahazifestival.com; Wochenendpass 50 000 TSh; ⏲ Aug.) Der August endet mit einem langen Wochenende voller Jazz, Blues, Poesie und Geschichtenerzählungen.

Schlafen

Stone Town bietet einfach alles: Von hippen, einfachen Hostels bis hin zu prachtvollen Kaufmannshäusern in der Medina mit luftigem Ausblick auf den Hafen kann man hier in allen möglichen Unterkünften übernachten. Die fortschreitende Erschließung – vor allem der umstrittene Bau eines riesigen Park Hyatt mit 67 Zimmern??? auf einem Gelände in erstklassiger Uferlage – droht den Charakter der Altstadt zu trüben.

In der Regenzeit von April bis Mai und Oktober bis November bieten einige Budgetunterkünfte Rabatte an. Um der Feuchtigkeit zu entgehen, sollte man sich ein Zimmer in den oberen Etagen geben lassen.

Stone Town

★ **Jambo Guest House** GÄSTEHAUS $
(Karte S. 88 f.; ☎ 024-223 3779; info@jamboguest.com; abseits der Mkunazini Street; EZ/DZ/3BZ ohne Bad 25/40/60 US$; ❄@) Die wahrscheinlich beste Budgetunterkunft der Stadt ist extrem beliebt bei Backpackern und schnurrt wie ein Uhrwerk. Die neun blitzblanken Zimmer mit sansibarischen Betten (geschnitzte Holzbetten) teilen sich vier Bäder, es gibt kostenlos Tee und Kaffee, und das stimmungsvolle Green Garden Restaurant gegenüber serviert leckere Mahlzeiten.

Garden Lodge GÄSTEHAUS $
(Karte S. 88 f.; ☎ 024-223 3298; gardenlodge@zanlink.com; Kaunda Rd., Vuga; EZ/DZ/3BZ 40/60/70 US$) Eine effiziente und freundliche familiengeführte Lodge mit 18 Zimmern (zwei davon mit Klimaanlage) in einem stimmungsvollen Suaheli-Haus, das mit Balkonen und Buntglasfenstern geschmückt ist. Die Zimmer bieten ein gutes Preis-Leistungs-Verhältnis, besonders die hellen und geräumigen im oberen Stock. Alle Räume haben heißes Wasser, Deckenventilatoren und sansibarische Betten. Es gibt eine Frühstücksterrasse auf dem Dach, aber ansonsten keine Verpflegung.

Coco de Mer Hotel HOTEL $
(Karte S. 88 f.; ☎ 0785 099123, 024-223 0852; cocodemer_znz@yahoo.com; Shangani; EZ/DZ/3BZ 35/55/65 US$) Coco de Mer liegt sehr praktisch gleich abseits der Kenyatta Road und erinnert mit seinen weißen Wänden, grünen Fußböden und dem Fliesendekor entfernt an die Algarve. Die Räume unten sollte man meiden (sie haben nur Innenfenster); ansonsten sind die Zimmer ihr Geld wert.

DIE ARCHITEKTUR IN STONE TOWN

In der Architektur von Stone Town verschmelzen arabische, indische, europäische und afrikanische Einflüsse: Viele arabische Häuser gleichen zwei- bis dreistöckigen Kuben. Die Räume grenzen an die Außenmauern und umgeben einen Innenhof mit Veranden, der für gute Durchlüftung sorgt. Auch die indischen Bauten sind mehrere Stockwerke hoch. Häufig wird das Erdgeschoss von einem Laden eingenommen; darüber liegt die Wohnung mit verzierten Fassaden und Balkonen. Viele Häuser haben eine *baraza*, eine zur Straße gerichtete Steinbank, wo sich die Menschen treffen und ein Schwätzchen halten.

Sansibar ist berühmt für die geschnitzten Holztüren seiner Häuser. In der Altstadt sind nicht einmal mehr 250 solcher Türen erhalten, viele davon älter als die Häuser selbst. Tatsächlich wurde die Tür oft als erster Teil des Hauses vollendet – als Zeichen des Reichtums und als Statussymbol des Besitzers. Die älteren (arabischen) Türen haben geometrische Formen in rechteckigen Rahmen. Die neueren Türen – viele wurden gegen Ende des 19. Jhs. eingebaut – weisen mit halbrunden Abschlüssen und komplexen Blumenmotiven auf indische Einflüsse hin.

Viele Schnitzereien auf den älteren Türen stellen Passagen des Korans dar oder drücken symbolhaft bestimmte Wünsche aus: Fische stehen für Kinderreichtum und der Dattelbaum für Wohlstand. Die großen Messingspitzen sind eine indische Tradition. Sie verhinderten, dass sich Elefanten an die Tür lehnten und sie zerbrachen.

Hotel Kiponda HOTEL $
(Karte S. 88 f.; ☎ 024-223 3052; www.kiponda.com; Nyumba ya Moto St., Kiponda; EZ/DZ/3BZ ab 30/50/65 US$; 🛜) Eine beliebte, ruhige Budgetunterkunft. In den weiß gestrichenen Zimmern mit blauem Dekor herrscht wunderbares Strandflair. Die Zimmer mit Bad verteilen sich auf mehrere Etagen; die neu renovierten liegen in den oberen Stockwerken. Auf der Frühstücksterrasse mit offenen Rundbögen weht eine frische Brise und sie ist ein toller Ort zum Abhängen und E-Mails-Lesen. Das Hotel arbeitet eng mit Sama Tours zusammen, das gute Exkursionen im Angebot hat.

St Monica's Hostel HOSTEL $
(Karte S. 88 f.; ☎ 024-223 0773; www.stmonicahostelzanzibar.s5.com; New Mkunazini Rd.; EZ/DZ 40/50 US$, EZ/DZ/3BZ ohne Bad 25/35/50 US$) Das weitläufige Gebäude neben der Anglikanischen Kirche wurde im späten 19. Jh. erbaut, um Nonnen und Lehrer der UMCA-Mission zu beherbergen. Es hat freundliche Mitarbeiter und kleine Zimmer, die mit Betten vollgestellt sind. Alle Zimmer haben Ventilatoren und Moskitonetze. Das Restaurant wird von der Mother's Union geführt und serviert Suaheli-Küche (aber keinen Alkohol).

Flamingo Guest House GÄSTEHAUS $
(Karte S. 88 f.; ☎ 024-223 2850; http://flamingoguesthouseznz.com; Mkunazini St.; EZ/DZ 17/34 US$, ohne Bad 14/28 US$) Der totale Mangel an Dekor und das Betonatrium schrecken manche Leute ab, aber das Flamingo wartet mit tollen, schnörkellosen Unterkünften zu superbilligen Preisen auf. Alle Zimmer sind mit Ventilatoren und Moskitonetzen ausgestattet, und auf dem Dach gibt's einen Sitz-/Frühstücksbereich.

Princess Salme Inn HOTEL $
(Karte S. 88 f.; ☎ 0777-435303; www.princesssalmeinn.com; abseits der Funguni Rd., Malindi; DZ ohne Bad 39 US$, EZ/DZ 35/50 US$, DZ mit Klimaanlage 60 US$; ❄ @) Ein freundliches Hotel mit gelben Wänden, weißer Bettwäsche und Moskitonetzen über den Betten und vor den Fenstern. Die Zimmer sind einfach, aber sauber und verfügen über sansibarische Betten und Ventilatoren. Die meisten teilen sich zwei Kaltwasser-Bäder. Es gibt einen kleinen Aufenthaltsbereich auf dem Dach.

Karibu Inn HOTEL $
(Karte S. 88 f.; ☎ 0777 417392, 024-223 3058; karibuinnhotel@yahoo.com; Shangani; B 20 US$, EZ/DZ/3BZ 35/50/75 US$; ❄) Seinen völligen Mangel an Atmosphäre und die aggressiven „Regeln", die überall aufgehängt sind, macht das Karibu mit seiner praktischen Lage im Herzen von Shangani wieder wett. Man übernachtet in Schlafsälen mit je fünf bis acht Betten oder in schlichten Zimmern mit weichen Betten und eigenem Bad (die Zimmer oben sind heller und besser durchlüftet). Handtücher, Bettwäsche und Warmwasser müssen an der Rezeption erfragt werden. Das minimale Frühstück wird in einer düsteren Halle im Erdgeschoss serviert.

★ **Hiliki House** GÄSTEHAUS $$
(Karte S. 88 f.; ☎ 0777 410131; www.hilikihouse-zanzibar.com; Victoria St., Vuga; DZ mit/ohne Bad 80/60 US$; ❄📶) Die sechs Zimmer des Hiliki haben wahrscheinlich das beste Preis-Leistungs-Verhältnis in der Stadt! Gleich nach dem Eintreten wird man vom sanften Aboud begrüßt und anschließend in die ruhigen, eleganten Zimmer mit authentischem sansibarischem Mobiliar geführt. Angesichts des herrlichen Frühstücks mit Obst, Eierkuchen, Eiern und Honig fühlt man sich sofort gut aufgehoben und umsorgt. Die weitläufige Lounge im ersten Stock blickt auf die Victoria-Gärten hinaus und verfügt über eine Bar und Bücher zum Lesen.

Als wäre das nicht schon genug, kann man auch ein Zimmer (oder das ganze Haus) im Strandhaus des Hiliki, dem **Pili Pili** (Zi./Haus pro Nacht 150/300 US$; 🅿), reservieren. Es hat drei Schlafzimmer und befindet sich an einem wunderschönen, unberührten Strand in Bumbwini.

Zanzibar Coffee House BOUTIQUEHOTEL $$
(Karte S. 88 f.; ☎ 024-223 9319; www.riftvalley-zanzibar.com; Tharia St.; EZ 60–130 US$, DZ 85–150 US$; @) In dem 1885 erbauten Gebäude lebte Tharia Topan, ein Minister unter Sultan Bargash und Initiator der wunderschönen Alten Apotheke. Wie erwartet, hat sein Haus sehr elegante Proportionen; heute werden über dem erstklassigen Coffee Shop acht individuell eingerichtete Zimmer vermietet. Vintagelampen, antike Möbel, alte Drucke und wirbelnde Ventilatoren beschwören die Atmosphäre längst vergangener Tage herauf. Das hervorragende Frühstück mit hausgemachtem Gebäck und handgemahlenem Kaffee wird auf der Dachterrasse serviert.

Emerson on Hurumzi BOUTIQUEHOTEL $$
(Karte S. 88 f.; ☎ 0779 854225, 024-223 2784; www.emersononhurumzi.com; Hurumzi St.; Zi/Ste. 150/175 US$; @📶) Das ehemalige 236 Hurumzi ist eine sansibarische Institution in zwei historischen Gebäuden, die nach dem Motto Arabische Nächte mit viel Charme vollständig renoviert wurden. Jedes der 15 Zimmer (die meisten sind über eine steile Treppe zugänglich) ist ein Unikat und so üppig dekoriert, dass man einen guten Eindruck davon bekommt, wie Sansibar in seiner Glanzzeit ausgesehen hat.

Das beliebte Dachrestaurant öffnet dienstags bis sonntags für leichte Mittagsgerichte und Drei-Gänge-Dinner (40 000 TSh) nach alten sansibarischen Rezepten.

Kholle House BOUTIQUEHOTEL $$
(Karte S. 88 f.; ☎ 0772 161033; www.khollehouse.com; abseits der Malindi Road; EZ 105–150 US$, DZ 130–170 US$; ❄📶🏊) Dieser Mini-Palast wurde 1860 erbaut, um die edlen Sammelobjekte von Prinzessin Kholle, Lieblingstochter von Sultan Said und gesellschaftliche Stilikone, zu präsentieren. Nach drei Jahren aufwendiger Renovierung bietet das Hotel heute zehn Zimmer mit hellen gelb gestrichenen Wänden, muskatfarben glänzenden Fußböden und einer Mischung aus sansibarischen und Art-déco-Möbeln. Der kleine Garten mit dem schönen Tauchbecken ist in Stone Town ein seltener Luxus, und vom Pavillon auf dem Dach hat man tollen Blick auf den Hafen.

Swahili House HOTEL $$
(Karte S. 88 f.; ☎ 0777 510209; www.moivaro.com; Mchambawima St., Kiponda; EZ/DZ 141/156 US$; ❄@🏊) Das prachtvolle Haus eines indischen Kaufmanns ist mehr als ein Jahrhundert alt und beherbergte einst Mitglieder der Sultansfamilie. Es wurde originalgetreu restauriert und präsentiert nun 22 riesige Zimmer (einige mit offenen Bädern) mit Möbeln im suahelischen Stil, sansibarischen Betten sowie bunten Kissen und Überwürfen. Die Terrasse im 5. Stock – eine der höchsten in Stone Town – bietet atemberaubenden Ausblick, einen Jacuzzi-Pool sowie ein exzellentes Bar-Restaurant.

Angesichts der sehr steilen Treppe eignet sich das Swahili House nicht für Leute mit Bewegungseinschränkungen. Es liegt gleich abseits der Kiponda Street.

Zenji Hotel HOTEL $$
(Karte S. 88 f.; ☎ 0776 705592, 0774 276468; www.zenjihotel.com; Malawi Rd.; EZ 35 US$, DZ mit/ohne Bad ab 70/50 US$; ❄@📶) Obwohl es an der belebten Malawi Road liegt, ist das Zenji ein Paradies der Ruhe mit einem relaxten Café im Erdgeschoss und hellen, einladenden Zimmern, die mit Batikkissen, traditionellen Möbeln und Grünpflanzen eingerichtet sind. Auf der Dachterrasse wird ein exzellentes Frühstücksbüfett mit hausgemachtem Gebäck und Eierkuchen serviert, und unten befindet sich ein Galerieshop mit interessantem, hochwertigem Kunsthandwerk von der ganzen Insel.

Tembo House Hotel HOTEL $$
(Karte S. 88 f.; ☎ 0779 413348, 024-223 3005; www.tembohotel.com; Shangani St.; EZ/DZ/3BZ ab 110/130/170 US$; ❄@📶🏊) Diese attraktiv renovierte Unterkunft in hervorragender Lage

am Meer mit kleinem Strand (kein Schwimmen) hat 44 bequeme Zimmer in einem neuen und einem alten Flügel, die ihren Preis absolut wert sind – einige mit Meerblick. Es gibt einen kleinen Pool, ein alkoholfreies Restaurant und ein tolles Frühstücksbüfett auf der Meerblickterrasse. Das Hotel ist extrem beliebt, vor allem bei Familien.

Beyt al-Salame BOUTIQUEHOTEL **$$**
(Karte S. 88 f.; ☎ 0774 444111; www.stonetowninn.com; Kelele Sq, Shangani; EZ ab 115 US$, DZ 130–190 US$; ❄ @ 📶) Das Hotel ist ein umgebautes Teehaus mit toller Atmosphäre. Es verfügt über nur fünf Zimmer, alle individuell in historischem Dekor gestaltet. Ein absolutes Highlight sind die Sultan-Suiten im obersten Geschoss mit Blick aufs Meer; sie sind mit Bad und Whirlpool ausgestattet. Im Untergeschoss wartet außerdem ein gutes Restaurant.

Stone Town Café B&B B&B **$$**
(Karte S. 88 f.; ☎ 0778 373737; www.stonetowncafe.com; Kenyatta Rd., Shangani; EZ 70 US$, DZ 80–90 US$; ❄ @) Schlicht, schnörkellos und ordentlich - das Stone Town Café hat vier Zimmer mit sansibarischen Betten und frischer weißer Bettwäsche. Schwarzweißfotos, dekorative Truhen und Teppiche verleihen der Einrichtung Atmosphäre, und unten im palmbeschatteten Hof werden Frühstücks-Smoothies, Kaffee und Avocadotoast serviert.

House of Spices B&B **$$**
(Karte S. 88 f.; ☎ 0773 573727, 024-223 1264; www.houseofspiceszanzibar.com; Kiponda St.; EZ/DZ 60/90 US$; ❄) Das Haus aus dem 18. Jh. trägt seinen Namen zu Recht – hier lebte einst ein Gewürzhändler. Unten ist ein Geschäft, im 1. Stock sind die Familienunterkünfte, und auf den zwei großen Terrassen wurden einst Gewürze getrocknet. Heute hat das House of Spices vier individuell in kräftigen Gewürztönen eingerichtete Zimmer mit sansibarischen Betten, Kupfertischen und Waschkommoden. Ein weiterer Bonus ist das exzellente Restaurant im Obergeschoss.

Familien oder Gruppen können alle Räume auch als Apartment mieten (250 US$ pro Nacht).

Africa House Hotel HOTEL **$$**
(Karte S. 88 f.; ☎ 0774 432340; www.africahousehotel.com; Shangani; EZ 90–125 US$, DZ 100–150 US$; ❄ @) Das Africa House ist ein Klassiker aus der Kolonialzeit – einst residierte hier der English Club. Heute bietet es 15 Zimmer mit rotgoldenen Shirazi-Sofas, goldumrahmten Spiegeln und schweren Vorhängen. Es gibt auch eine ganzjährig beliebte Bar und Shisha-Lounge mit Blick auf den Sonnenuntergang, wobei das Restaurant eher mittelmäßige Speisen serviert. Die Zimmer unten blicken auf die Straße hinaus.

Warere Town House HOTEL **$$**
(Karte S. 88 f.; ☎ 0782 234564; www.warere.com; abseits der Funguni Rd-, Malindi; EZ 35–55 US$, DZ 55–70 US$; ❄ 📶) Ein gut geführtes Hotel mit Vorderbalkonen über einem blühenden Garten. Die zehn Zimmer verfügen über sansibarische Betten mit Kanga-Moskitonetzen, blaue Stuckdekoration und Palmholzmöbel. Es gibt auch Waschmaschinen und gutes WLAN, und die Rezeption organisiert Taxis zum Strand sowie Exkursionen in die Regi-

PAPASI: SCHLEPPER AUF DEN STRASSEN

Jeder Tourist, der Zanzibar Town besucht, bekommt es früher oder später mit aufdringlichen Schleppern zu tun – den *papasi* („Zecken" auf Suaheli). Obwohl manche (gefälschte) Ausweise vorweisen, sind sie nicht bei der Zanzibar Tourist Corporation (ZTC) als Guides registriert. Die wenigsten sind wirklich hilfreich, viele aber aggressiv und nervend. Die meisten warten am Fähranleger von Zanzibar Town und im Stadtviertel Shangani beim Tembo House Hotel und an der Post.

Wer sich dennoch für einen unlizenzierten *papasi* entscheidet, muss deutlich machen, was er sucht und was er zu zahlen bereit ist. Da die Hotels den Schleppern Provision bezahlen, fallen für den Touristen keine zusätzlichen Gebühren an. Aussagen von Schleppern, die behaupten, das gewünschte Hotel existiere nicht mehr oder sei ausgebucht, sollte man mit Vorsicht behandeln. Die meisten *papasi* hoffen darauf, auch die nächsten Tage noch als Guide für einen arbeiten zu können. Wer nicht daran interessiert ist, sollte das dem Schlepper nach der Ankunft im Hotel freundlich mitteilen. Wer dennoch einen Führer für Stone Town sucht: Hotels oder Reisebüros vermitteln registrierte Guides. Im Umgang mit aufdringlichen *papasi* wirkt höfliches, aber bestimmtes Auftreten am besten.

on. Das Warere liegt nur einige Gehminuten vom Hafen entfernt (Mitarbeiter holen die Gäste ab).

Clove Hotel HOTEL $$
(Karte S. 88 f.; ☎0776 782001; www.clovehotel.com; Hurumzi St.; EZ ab 60 US$, DZ 65–85 US$, FZ 100–115 US$) Das zentral gelegene vierstöckige Clove Hotel bietet acht Zimmer im Safari-Stil mit festen Betten, Deckenventilatoren und kühlen polierten Betonfußböden. Die besseren Zimmer gehen nach vorne hinaus und verfügen über Balkone mit Blick auf einen kleinen Platz. Frühstück wird auf der Dachterrasse mit Meerblick serviert.

★ **Kisiwa House** BOUTIQUEHOTEL $$$
(Karte S. 88 f.; ☎024-223 5654; www.kisiwahouse.com; 572 Baghani St., Baghani; Zi. 180–240 US$; ❄📶) Kisiwa House ist ein zauberhaftes Hotel mit neun großen Zimmern und einem exzellenten Dachrestaurant, das mit herrlichem Meerblick aufwartet. Die Zimmer sind über eine prachtvolle, steile Treppe zu erreichen und mit sansibarischen Kingsize-Betten, persischen Teppichen und dunklen Balkendecken ausgestattet. Die Mischung aus minimaslistischer Folklore und europäischem Dekor verleiht dem Haus zurückhaltenden Glamour, was es zum idealen Ziel für Hochzeitsreisende macht. Es liegt nicht weit von der Kenyatta Road.

★ **Emerson Spice** BOUTIQUEHOTEL $$$
(Karte S. 88 f.; ☎0775 046395, 024-223 2776; www.emersonspice.com; Tharia St.; Zi. 175–250 US$; ❄📶) Mit Buntglasfenstern, Holzgitterbalustraden, Springbrunnen und sanftem Farbschema ist das Emerson Spice das stimmungsvollste Hotel in Stone Town. Die elf intimen Zimmer sind wie in einem Palast des 19. Jhs. gestaltet, voller Antiquitäten und edler Textilien. In dem Haus, das 2012 die Hitliste von Condé Nast anführte, residierten schon viele Stars. Unvergessliches ist das mehrgängige Dinner auf der Terrasse.

Mashariki Palace Hotel BOUTIQUEHOTEL $$$
(Karte S. 88 f.; ☎024-223 7232; www.masharikipalacehotel.com; Nyumba ya Moto St.; Zi. 320–475 US$) Das edle, königliche Mashariki erhebt sich auf den Ruinen eines omanischen Palastes, in dem einst der religiöse Berater des Sultans lebte. Dank der eleganten Architektur wirken die 18 Räume palastartig, während die Einrichtung aus natürlichen Materialien – Kupfer, Holz, Stuck und Kalkstein – die Atmosphäre cool und modern hält. Auch die geschnitzten Himmelbetten, teure Bettwäsche, stimmungsvolle Beleuchtung sowie die Ausstattung mit Woll- und Seidenstoffen sorgen für jede Menge Komfort und Flair. Der *Clou* ist die Dachterrasse mit atemberaubendem Ausblick auf die Küste.

Zanzibar Serena Inn HOTEL $$$
(Karte S. 88 f.; ☎024-223 2306, 024-223 3587; www.serenahotels.com; Kelele Sq, Shangani; Zi. 380–500 US$; ❄@📶🏊) Stone Towns bestes Hotel liegt wunderschön am Meer und bietet üppig ausgestattete Räume mit allen Annehmlichkeiten sowie ein Business Centre. Es ist ein traumhafter Ort mit Pool am Meer und englischer Bar, wo Kellner im weißen Frack den Nachmittagstee servieren. Allerdings bleibt abzuwarten, ob das Serena mit dem massiven Park Hyatt fast daneben noch mithalten kann.

Seyyidda Hotel & Spa BOUTIQUEHOTEL $$$
(Karte S. 88 f.; ☎024-223 8352; www.theseyyida-zanzibar.com; abseits der Nyumba Ya Moto Street; Zi. 170–290 US$; ❄@📶) Seyyida ist heller, fröhlicher und ungewöhnlicher als die meisten anderen Hotels der Stadt. Es reiht sich um einen begrünten Hof, den Kunst von der Insel schmückt. Die Zimmer sind modern und in neutralen Tönen gehalten; alle haben Satelliten-TV, Balkone und Meerblick. Es gibt auch ein Restaurant auf der Dachterrasse und ein Spa.

Rund um Stone Town

★ **Mbweni Ruins Hotel** LODGE $$
(Karte S. 82; ☎024-223 5478; www.proteahotels.com/mbweniruins; Mbweni; EZ/DZ 125/180 US$, Ste. 180–250 US$; P❄@📶🏊) Früher stand hier die Missionsschule der UMCA für die Kinder der befreiten Sklaven. Heute erhebt sich an diesem Standort ein ruhiges Hotel in zauberhaften und weitläufigen botanischen Gärten. Neben gepflegten Zimmern und Privatstrand verfügt das Mbweni auch über ein sehr gutes Restaurant und eine Bar mit tollem Blick auf die Mangroven – ideal um Vögel zu beobachten.

Es gibt auch einen privaten Anlegesteg, von dem Dau-Trips nach Stone Town starten (können im Hotel arrangiert werden); außerdem beginnen hier die Touren nach Chumbe Island (S. 106). In der Kapellenruine gibt Jo Fox **Yogakurse** (Karte S. 82; ☎0773-271942; www.zanzibaryogawithjo.com; ⏱Mo, Mi & Fr 17 Uhr).

Das Hotel liegt 5 km südlich von Zanzibar Town und einige Kilometer abseits der Straße zum Flughafen.

Mtoni Marine Centre LODGE $$

(Karte S. 82; 024-225 0140, 0774 486214; www.mtoni.com; Bububu Rd.; EZ 70–135 US$, DZ 85–180 US$, Apt. 175–240 US$;) Das alteingesessene familienfreundliche Haus bietet geräumige, gut ausgestattete „Club"-Zimmer, Familienapartments sowie luxuriöse „Palm Court"-Zimmer mit Meerblick und eigenem Balkon. Zum Hotel gehören neben einem kleinen Strand sowie einem großen Garten auch eine beliebte Bar am Meer und ein Restaurant. Es gibt auch eine Filiale des Mrembo Spa (S. 85), und die Lodge organisiert eine gute Auswahl an Aktivitäten. Eines der besten Events ist das Swahili-Candlelight-Dinner, das jeden Dienstag- und Freitagabend in den Ruinen des Mtoni Palace (S. 84) stattfindet.

Das Mtoni Marine Centre liegt etwa 3 km nördlich der Stadt an der Bububu Road.

Essen

Nirgends lässt sich die sansibarische Küche besser ausprobieren als in Stone Town. In der Nebensaison und während des Ramadan sind viele Restaurants geschlossen oder nur stundenweise geöffnet.

Stone Town

★ **Luukman Restaurant** SANSIBARISCH $

(Karte S. 88 f.; New Mkunazini Rd.; Gerichte 1500–5000 TSh; 7–21 Uhr) Das wahrscheinlich beste lokale Restaurant für hochwertige sansibarische Küche. Eine Speisekarte gibt es nicht – man geht einfach zu dem Tresen im Stil der 1950er-Jahre und sieht nach, was gerade angeboten wird. Die Portionen sind wirklich riesig und bestehen aus verschiedenen Biryanis, gebratenem Fisch, Kokosnuss-Currys und frisch gebackenem Nan. Gelegentlich werden auch regionale Süßigkeiten serviert, z. B. *maandazi* (ein frittierter goldbrauner Donut, leicht gesüßt und mit Kardamom gewürzt).

Luis Yoghurt Parlour INDISCH $

(Karte S. 88 f.; 0765 759579; 156 Gizenga St.; Gerichte 10 000–12 000 TSh; Mo–Sa 10–15 & 18–21 Uhr;) Unbedingt vorab reservieren! Das Lokal serviert köstliche Currys mit Kichererbsen oder Kokosnuss und Krabben. Madame Blanche Luis bereitet alle Goa-Spezialitäten selbst zu und serviert sie zusammen mit frisch gebackenem Nan und cremigen Lassis (Joghurtgetränk), Fruchtsmoothies oder Gewürztees. Das Restaurant liegt gegenüber der Freitagsmoschee.

Passing Show SANSIBARISCH $

(Karte S. 88 f.; Malawi Rd.; Gerichte 2500–5000 TSh; 7–21 Uhr) Hier genießt man zusammen mit den Einheimischen preiswerte Pilaws und Biryanis mit Ziegenfleisch oder Fisch, Gemüsegerichte und eine Auswahl frittierter Snacks. Dazu kann man ein Glas frischen, süßen Tamarindensaft bestellen. Wer sich ein Plätzchen auf dem kleinen, schattigen Hof sichern will, sollte vor oder nach dem Mittagsansturm herkommen.

New Radha Food House VEGETARISCH $

(Karte S. 88 f.; 024-223 4808; Thalis 10 000 TSh; 8–21.30 Uhr;) Ein großartiges kleines Restaurant, versteckt in einer Seitenstraße vor dem Shangani-Tunnel. Auf der streng vegetarischen Karte stehen Thalis, Lassis, selbst gemachter Joghurt und andere Gerichte des Subkontinents.

Al-Shabany SANSIBARISCH $

(Karte S. 88 f.; abseits der Malawi Rd.; Gerichte ab 3500 TSh; 10–14 Uhr) Auch dieses bei Einheimischen beliebte Lokal in einer engen Nebenstraße der Malawi Road serviert köstlichen Pilaw und Biriyani, dazu Hähnchen und Pommes frites.

Tamu EISCREME $

(Karte S. 88 f.; Kenyatta Rd.; 1/2 Kugeln 2000/3000 TSh, Becher 30 000 TSh; 10.30–22.30 Uhr) Serviert italienische Eiscreme in traditionellen lokalen Geschmacksrichtungen. Wir empfehlen Affenbrotbaum oder Tamarinde.

Stone Town Café CAFÉ $

(Karte S. 88 f.; Kenyatta Rd.; Gerichte 8000–15 000 TSh; Mo–Sa 8–18 Uhr) Hier gibt es den ganzen Tag Frühstück sowie Milchshakes, frisch gebackene Kuchen, vegetarische Wraps und guten Kaffee.

Archipelago Café-Restaurant CAFÉ $$

(Karte S. 88 f.; 024-223 5668; Shangani St.; Gerichte 12 000–18 000 TSh; 8–22 Uhr) Das exzellente Restaurant liegt sehr luftig auf einer Terrasse über dem Wasser, oberhalb einer Dau-Reparaturwerkstatt. Auf der preiswerten Speisekarte finden sich Köstlichkeiten wie Kokosnusscurry, Snapper mit Orangen und Ingwer oder Hähnchen-Pilaw; dazu gibt's jede Menge selbst gemachte Kuchen und Süßigkeiten. Es gibt keine Bar, aber die Smoothies sind gut und Alkohol darf mitgebracht werden.

Abyssinian Maritim ÄTHIOPISCH $$

(Karte S. 88 f.; 0772 940556; Vuga Rd.; Gerichte 5000–18 000 TSh; 12–14 & 18–23 Uhr) In die-

NICHT VERSÄUMEN

DAS SCHLEMMERFEST IN DEN FORODHANI-GÄRTEN

Jeden Abend ab 17 Uhr verwandeln sich die Forodhani-Gärten (S. 81) in ein riesiges Freiluft-Restaurant. Straßenhändler bauen unter den Banyanbäumen Essensstände auf, und die Einheimischen kommen her, um den Sonnenuntergang zu sehen und ein paar Inseldelikatessen zu genießen. Mishkaki-Spieße brutzeln auf dem Grill (8000 bis 10 000 TSh), sansibarische Pizzen (2000 bis 4000 TSh) und Roti mit Hackfleisch gehen weg wie warme Semmeln, und die Einheimischen trinken Unmengen supersüßen frisch gepressten Zuckerrohrsaft (1000 TSh). Die Gärten sind auch einer der wenigen Orte, wo man köstliche *urojo* (frittierte Bhajjis und Fritten in Kokos-Curry-Soße) probieren und sich mit Maniokchips und indischen Snackmischungen eindecken kann.

Einheimische raten davon ab, die Meeresfrüchte zu essen (man kann – besonders in der dämmrigen Beleuchtung – nicht sicher sehen, ob sie frisch sind). Obwohl die meisten Preise günstig sind, muss man mit einigen Händlern feilschen. Das Essensfest neigt sich gewöhnlich um 21 oder 22 Uhr dem Ende zu.

sem großartigen kleinen Lokal genießt man gegrillte *tibs* (eine Mischung aus Fleisch und Gemüse) und würzige Currys mit *injera* (ein weiches Sauerteig-Fladenbrot aus Hirsemehl). Es gibt auch Sitzplätze draußen unter einer üppigen Bougainvillea. Die Portionen sind riesig und werden auf *mesob* (Tischen aus Flechtwerk) serviert. Abgerundet werden die Mahlzeiten mit bunten Fruchtsmoothies, *tej* (Honigbier) und frisch gemahlenem aromatischem Kaffee.

House of Spices Restaurant ITALIENISCH $$
(Karte S. 88 f.; ☎ 024-223 1264; www.houseofspiceszanzibar.com; Hurumzi St.; Gerichte 12 000–15 000 TSh; ⌚ Mo–Sa Mittag- & Abendessen) Das mediterrane Restaurant auf einer laternenbeleuchteten Terrasse ist für köstliche Meeresfrüchte und Holzofenpizzas bekannt. Zur Meeresfrüchte-Platte mit gegrilltem Hummer, Garnelen und Calamari gibt's fünf würzige Soßen zur Auswahl, und es gibt eine gute Weinliste.

Monsoon Restaurant SANSIBARISCH $$
(Karte S. 88 f.; ☎ 0777 410410; www.monsoon-zanzibar.com; Shangani St.; Gerichte 12 000–18 000 TSh; ⌚ Mittag- & Abendessen) Im stimmungsvollen Monsoon speist man traditionell auf Bodenkissen und genießt gut zubereitete Suaheli-Küche mit mediterranem Einschlag. Mittwoch- und samstagabends gibt es dazu live *taarab*-Musik.

Silk Route Restaurant INDISCH $$
(Karte S. 88 f.; ☎ 024-223 2624; Shangani St.; Gerichte 11 000–16 000 TSh; ⌚ Di–So 11–15 & 18–23, Mo 18–23 Uhr; ✎) Ein klassisches indisches Restaurant, das scharfes Curry und Gewürzreis auftischt. Die Gerichte werden brutzelnd in Kupferschalen und auf Warmhalteplatten serviert. Das Restaurant verteilt sich über ganze drei Etagen; wer einen Sitzplatz im begehrten Obergeschoss ergattern will, muss entweder früh herkommen oder vorab reservieren.

Green Garden Restaurant EUROPÄISCH $$
(Karte S. 88 f.; abseits der Mkunazini Street; Gerichte 9000–10 000 TSh; ⌚ 11–22 Uhr; 📶) Ein großartiges Gartenrestaurant mit Sitzplätzen auf zwei Ebenen: im schattigen Garten oder oben auf einer offenen Terrasse mit *makuti*-Dach. Chillige Entspannungsmusik gibt den Ton an zu leichten Gerichten wie Salat, Hummus und Pitabrot oder Curry mit Gambas. Außerdem gibt es einen Holzofen für Pizzas, kostenloses WLAN, Smoothies und noch einiges mehr.

Lazuli BIO $$
(Karte S. 88 f.; ☎ 0776 266670; abseits der Kenyatta Road; Gerichte 8000–10 000; ⌚ Mo–Sa 12–16 & 18–22 Uhr) Das sansibarisch-südafrikanische Lokal ist in einem winzigen Hof neben der Kenyatta Road untergebracht und wartet mit frisch zubereiteten Currys, frischen Säften, Burgern, gefüllten Chapatis, Salaten, Smoothies, Pfannkuchen und mehr auf. Der Service kann extrem langsam sein, aber das Essen ist gesund und köstlich und die Besitzer Bonita und Fahmi sind äußerst freundlich.

Café Foro CAFÉ $$
(Karte S. 88 f.; Forodhani-Gärten; Gerichte 10 000–15 000 TSh; ⌚ 8–22 Uhr) Ein hübscher Uferpavillon in den Forodhani-Gärten, der eine einfache Auswahl an Burgern, Wraps, Salaten und Grillfisch serviert. Die Lage neben dem Kinderspielplatz macht das Café zum idealen Ziel für Familien.

Sambusa Two Tables Restaurant SANSIBARISCH $$
(Karte S. 88 f.; ☎ 024-223 1979; Gerichte 15 US$; ⊙ nach Voranmeldung) Wenn es um authentische Gerichte aus Sansibar geht, ist dieses kleine Restaurant in einem Familienhaus an der Kaunda Road kaum zu schlagen. Die Besitzer bringen köstliche lokale Spezialitäten auf den Tisch. Vorbestellung ist notwendig (möglichst schon am Vortag), denn es gibt nur Platz für 15 Gäste.

★ **Emerson Spice Rooftop Tea House** FUSIONSKÜCHE $$$
(Karte S. 88 f.; ☎ 024-223 2776; www.emersonspice.com; Tharia St.; Festpreisdinner 30 US$; ⊙ Fr–Mi 19–23 Uhr) Emerson's Tea House liegt auf dem Dach eines Suaheli-Hauses in einem kunstvoll geschnitzten Holzpavillon und eignet sich herrlich für ein romantisches Rendezvous. Zum Rundumblick über Stone Town gibt's professionell zubereitete Cocktails. Nach den Mojitos werden mehrgängige Abendmenüs serviert – der Akzent liegt vor allem auf Meeresfrüchten, Gewürzen und Inselfrüchten. Wir empfehlen das köstliche Passionsfrucht-Ceviche oder die Garnelen mit gegrillter Mango und zum Nachtisch das erfrischende Sorbet mit Zimtapfel und einem Hauch Safran.

La Taverna ITALIENISCH $$$
(Karte S. 88 f.; ☎ 0776 650301; http://latavernazanzibar.com; New Mkunazini Rd.; Gerichte 15 000–30 000 TSh; ⊙ 11–23 Uhr) La Taverna bringt eine Prise italienischen Schwung nach Stone Town! Es hat eine romantische Terrasse, eine Inneneinrichtung in warmen Terrakottatönen und die obligatorischen karierten Tischdecken. Serviert wird vor allem Fisch & Co., z. B. leicht gebackene Calamari-*fritti*, gegrillter Hummer und Pasta mit Meeresfrüchten; es gibt aber auch klassische italienische Gerichte wie Mailänder Koteletts oder mariniertes Rinderfilet. Der aus Italien importierte Pizza-Holzofen macht das Restaurant zum beliebtesten Pizzalokal der Stadt.

LouLou's EUROPÄISCH $$$
(Karte S. 88 f.; ☎ 024-224 0170; www.loulouzanzibar.com; Kenyatta Rd.; Gerichte 12–16 US$; ⊙ Mo–Sa 11–22 Uhr) Der belgische Chefkoch des LouLou serviert europäische Küche in stilvoller, moderner Umgebung. Die Karotten und Zucchinis werden gewürfelt, die Krabben in Pancakes mit Béchamelsoße serviert, und die Desserts bestehen aus viel belgischer Schokolade. Kreditkarten werden nicht akzeptiert.

Rund um Stone Town

Mtoni Marine EUROPÄISCH $$$
(Karte S. 82; ☎ 024-225 0117; Gerichte 15 000–38 000 TSh; ⊙ Mittag- & Abendessen) Das Uferrestaurant Mtoni Marine serviert Meeresfrüchte und Fleisch vom Grill, mehrmals pro Woche gibt's bei traditioneller Musik ein Barbecue am Meer.

Raintree Restaurant EUROPÄISCH $$$
(Karte S. 82; ☎ 024-223 5478; Mbweni Ruins Hotel; Gerichte 15 000-30 000 TSh) Dieses elegante Speiserestaurant in herrlicher Umgebung lockt mit dem Blick auf Garten und Meer sowie mit köstlichen gegrillten Meeresfrüchten und verschiedenen Salaten. Für die Gäste gibt's eine kostenlose Shuttleverbindung ab Stone Town.

Ausgehen & Nachtleben

Stone Town ist nicht gerade bekannt für sein Nachtleben, aber ein paar beliebte Ausgehlocations gibt es doch.

Zanzibar Coffee House CAFÉ
(Karte S. 88 f.; ☎ 024-223 9319; Snacks 5000–12 000 TSh) Ostafrikanischer Kaffee zählt zu den besten der Welt, und Sansibars Top-Ziel für eine gute Tasse ist dieses charmante Café. Es gehört zum Utengule Coffee Estate in Mbeya, das auch größtenteils den Kaffee liefert. Obendrein gibt's Kaffeebohnen zu kaufen. Im Angebot sind auch Smoothies, Milchshakes, süße und herzhafte Crêpes sowie Salate, Sandwichs und getoastete Bruschetta mit Garnelen, Gemüse und Meeresfrüchten.

Kaya Shop & Tearoom CAFÉ
(Karte S. 88 f.; ☎ 0748 901937; Mkunazini St.) Kaya liegt etwas versteckt hinter einer lebhaften Einkaufsstraße des quirligen Viertels und ist ein guter Platz für eine entspannte Tasse Gewürztee und ein Stück Kuchen. Das Café stellt auch panafrikanisches Kunsthandwerk aus.

Livingstone Beach Restaurant BAR
(Karte S. 88 f.; ☎ 0779 701472; abseits der Shangani Street; Gerichte 17 000–32 000 TSh; ⊙ 10–2 Uhr) Das etwas verblichene, aber beliebte Restaurant im Haus des ehemaligen britischen Konsulats steht direkt am Meer – herrlich bei abendlichem Kerzenlicht. Obwohl das Livingstone ziemlich chaotisch ist und nur mittelmäßige Küche serviert, ist es ein wundervoller Ort für einen Drink und gelegentliche Livemusik.

TAARAB-MUSIK

Was wäre Sansibar ohne einen Abend mit dem berühmten *taarab*. In dieser rhythmischen trommelbetonten Musik – der Name geht vermutlich auf das arabische *tariba* (etwa „bewegt sein") zurück – verschmelzen afrikanische, arabische und indische Einflüsse. Für viele Einwohner Sansibars ist der *taarab* das einigende Element aller Inselkulturen. Ein traditionelles *taarab*-Orchester besteht aus mehreren Dutzend Musikern mit westlichen und traditionellen Instrumenten: Violine, *ganun* (ähnlich einer Zither), Akkordeon, *nay* (arabische Flöte), Trommeln und ein Sänger. Gewöhnlich spielen die Musiker ohne Noten, und die Texte der Lieder – meist drehen sie sich um Liebe – sind voller Andeutungen und Zweideutigkeiten.

Die Musik im *taarab*-Stil wurde aus Arabien eingeführt und schon in den 1820er-Jahren im Sultanspalast von Sansibar gespielt. Es dauerte aber bis ins 20. Jh., bis Sultan Seyyid Hamoud bin Muhammed die ersten Clubs mit *taarab*-Musik erlaubte; seither bildeten sich feste Formen heraus.

Einer der ersten Clubs war der im Jahr 1905 in Zanzibar Town gegründete Akhwan Safaa. Seither haben zahlreiche weitere Clubs eröffnet, darunter auch der bekannte Culture Musical Club im gleichnamigen Gebäude. In den traditionellen Clubs sitzen Männer und Frauen getrennt. Die Frauen tragen ihre beste Kleidung und kunstvolle Frisuren. Die Zuhörer wirken an der Vorstellung mit, und gelegentlich steigt jemand auf die Bühne und steckt dem Sänger Geld zu.

Post BAR, TAPAS

(Karte S. 88 f.; ☎ 0778 933144, 0778 809009; Shangani St.; ⏰ 10–22 Uhr; 📶) Die moderne Weinbar liegt über dem historischen Postamt und serviert eine große Palette Weine und Biere. Dazu gibt's Tapasteller mit Garnelen, *patatas bravas* (gewürzte Kartoffeln) und Käsekroketten. Freundliche Mitarbeiter, Sitzplätze drinnen und draußen und die Partyatmosphäre – besonders während großer Fußballspiele – machen es zu einem beliebten Ziel der Einheimischen.

Mercury's PUB

(Karte S. 88 f.; ☎ 024-223 3076; Mizingani Rd.; ⏰ 9.30–24 Uhr) Das Pub ist sehr gefragt, um am Strand bei ein paar Cocktails lokale Fußballspiele zu schauen. Auch internationale Fußballspiele werden übertragen, und samstags gibt's bis 1 Uhr nachts Livemusik. Dazu werden allseits beliebte Speisen wie Pizza, Pasta und Grillfisch serviert. Während des Ramadan ist nur von 18 bis 24 Uhr geöffnet.

Africa House Hotel BAR

(Karte S. 88 f.; www.theafricahouse-zanzibar.com; Shangani St.) Mit ihrem beneidenswerten Blick auf den Sonnenuntergang ist die Terrassenbar des Africa House Hotel – einst der British Club – ganzjährig eine geschätzte Adresse für abendliche Cocktails.

Tatu Pub BAR

(Karte S. 88 f.; ☎ 0778 672772; Shangani St.; ⏰ 10–1 Uhr) Ein gut ausgestattetes Pub in der ersten Etage, ein pubartiges Restaurant im zweiten Geschoss (Gerichte 8 000 bis 20 000 TSh) und eine Cocktaillounge mit tollem Meerblick auf der Dachterrasse ganz oben im dritten Stock.

Mcheza Bar BAR

(Karte S. 82; ☎ 024-225 0117; www.mtonirestaurant.com; Mtoni Marine, Bububu Rd.) Die Sportbar am Strand des Mtoni Marine ist hauptsächlich ein Treffpunkt für Zugezogene. Die sechs Satelliten-Fernseher – zwei davon mit wirklich riesigen Bildschirmen – übertragen unvorstellbar viele Fußballspiele. Dazu gibt's kühles Bier, Burger und südafrikanische Steaks.

☆ Unterhaltung

Unterhaltung besteht auf Sansibar im Wesentlichen aus traditioneller Musik und Tanzvorführungen.

Dhow Countries Music Academy TAARAB

(Karte S. 88 f.; ☎ 0777 416529; www.zanzibarmusic.org; Old Customs House, Mizingani Rd.; Konzerte 10 000 TSh; ⏰ 9–18 Uhr) Sansibars gefeiertes Musikgenre *taarab* ist eine Art lieblich wohlklingend gesungene Poesie. Diese dynamische Musikakademie erhält die Tradition am Leben, sie bildet die Meister der kommenden Generation aus, veranstaltet jede Woche *taarab*-Konzerte und stellt auch ein flottes Programm mit Afro-Jazz- und Fusionbands auf. Wer die Musik mag, kann jederzeit einen Kurs belegen. Die Konzerte beginnen um 19 Uhr, und es werden auch CDs verkauft.

Altes Fort TANZ

(Karte S. 88 f.; Eintritt 6000 TSh) Dienstag-, donnerstag- und samstagabends finden am Alten Fort von 19 bis 22 Uhr traditionelle *ngoma* (Tanzen & Trommeln) statt.

Shoppen

Shoppen in Einkaufszentren kann man nicht annähernd vergleichen mit der spannenden Jagd nach Schätzen in der Medina von Stone Town. All die Läden, die kenianische Skulpturen verhökern, sind nur dazu da, um weniger passionierte Shopper zwischen all den besseren Treffern wie kunstvoll gewebten Taschen aus *ukili* (geflochtene Dattelpalmblätter), tollem modernem Schmuck und afrikanischer Designermode auf falsche Fährten zu locken. Hier einzukaufen ist auch eine großartige Möglichkeit, die lokale Wirtschaft und das traditionelle Handwerk zu unterstützen.

Was das Feilschen anbelangt, so gibt es keine festen Regeln. Je nachdem, wie das Geschäft gerade läuft, gewähren die Verkäufer im Markt und in den kleineren Touristenshops größere oder kleinere Rabatte. Als Faustregel gilt: Man sollte die Verhandlungen mit der Hälfte des angebotenen Preises beginnen und sich hocharbeiten. In westlich orientierten Läden oder Shops, die lokale Kooperativen unterstützen, gelten Festpreise.

Ein gutes Ziel ist die Gizenga Street, wo kleine Läden und Handwerker ihre Produkte feilbieten.

Doreen Mashika DESIGNERMODE

(Karte S. 88 f.; ☎ 0767 369777; www.doreenmashika.com; 267 Hurumzi St.) Das Geschäft in der Hurumzi Street verkauft sansibarische Designermode. Der charakteristische Stil von Doreen, die ihre Ausbildung in der Schweiz absolvierte, kombiniert spielerisch und anmutig afrikanische Drucke und Materialien (Horn, Perlen, Leder, Seide und Silber) mit europäischem Design. Ihre Perlencolliers und -manschetten, bedruckten Bleistiftröcke, Ketten aus Horn und Silber sowie Taschen im Chanel-Stil mit bunten afrikanischen Mustern werden zu Hause garantiert Aufsehen erregen.

Alle Kleidungsstücke können auch nach Maß angefertigt werden (dauert zwei bis drei Tage), und ein Onlineshop ist in Vorbereitung.

Upendo Means Love KLEIDUNG

(Karte S. 88 f.; ☎ 0772 744086; www.upendomeanslove.com; abseits der Kenyatta Road) Dieses einzigartige religionsübergreifende Frauenprojekt schlägt mit seiner Nähschule und der schicken Boutique eine Brücke zwischen der christlichen Minderheit und der hauptsächlich muslimischen Bevölkerung Sansibars. Das Resultat: stylishe Sommermode für Damen und Kinder aus flippigen Kanga- und *kikoi*-Stoffen sowie interkulturelle Freundschaft und wirtschaftliche Unabhängigkeit. Dänische Modestudenten helfen mit, die Linie mit trendigen Ideen frisch zu halten.

Fahari ACCESSOIRES

(Karte S. 88 f.; ☎ 0714 541537; www.fahari-zanzibar.com; 62 Kenyatta Rd.) Das schicke Fahari kombiniert die innovative Expertise von Accessoire-Designerin Julie Lawrence mit traditionellen sansibarischen Web-, Näh- und Lederbearbeitungskünsten. Das Ergebnis sind auffallende Taschen aus Leder und *ukili,* kunstvoller Schmuck aus Austernmuscheln (von der Menai-Bucht) und fließende Kaftane, die sich perfekt für einen Honeymoon-Urlaub auf der Gewürzinsel eignen. Designt und hergestellt werden die Produkte alle in der Werkstatt, die auch besichtigt werden kann. Je mehr man kauft, umso besser wird man sich fühlen, denn die Mitarbeiter sind am Gewinn beteiligt.

Sasik HANDWERK

(Karte S. 88 f.; ☎ 0773 132100; Gizenga St.) Die auffallenden Applikationskissen, -decken und Überwürfe im Sasik sind Arbeiten der Autodidaktin Saada Abdullah Suleiman und ihres Teams aus über 45 sansibarischen Frauen. Ihre kunstvollen Designs in hellen Primärfarben sind von Suaheli- und arabischen Mustern beeinflusst, die häufig von den geschnitzten Türen in und um Stone Town stammen. Man kann sie im Laden fertig kaufen oder maßgeschneiderte Designs und Farbkombinationen bestellen.

Surti & Sons ACCESSOIRES

(Karte S. 88 f.; ☎ 0777 472742; http://surtiandsons.wordpress.com; Gizenga St.) Seit mehr als 30 Jahren versorgen Parvin Surti und seine Familie die Sansibarer mit wunderschönen langlebigen Ledersandalen (25 bis 35 US$) in dezenten Designs und sanften, natürlichen Farbtönen. Alle Sandalen sind aus hochwertigem Leder handgenäht. Auf Komfort und Kundenzufriedenheit wird viel Wert gelegt. Im Geschäft sind auch Gürtel und Taschen erhältlich.

Zenji Boutique KUNST & HANDWERK
(Karte S. 88 f.; ☎0777 247243; www.zenjizanzibar.com; Malawi Rd.; ⏲8–20 Uhr) In der Boutique gibt's ein schön präsentiertes Sortiment an Kunsthandwerk aus Sansibar und Tansania, jeweils versehen mit Beschreibungen zu Herkunft und Produktionsmethoden. Hier kann man sich mit Strandtaschen aus recycelten Reissäcken oder Dausegeln, Metallskulpturen, schönem „Perlen"-Schmuck aus recyceltem Plastik oder Papier und vielem mehr eindecken. Alle Produkte sind in einer zugehörigen Galerie neben dem Zenji Café ausgestellt.

Moto Handicrafts KUNSTHANDWERK
(Karte S. 88 f.; www.motozanzibar.worldpress.com; Hurumzi St.) Diese inselweite Handwerkskooperative unterstützt Sansibars ländliche Wirtschaft, indem sie eine Plattform bereitstellt, über die handgefertigte *ukili*-Taschen, Sonnenhüte, Körbe, Matten und andere geflochtene Produkte verkauft werden. Der Sitz der Kooperative ist Pete, wo sich auch ein kleiner Laden mit bunten pflanzlich gefärbten Batikstolen befindet.

Wer einen tieferen Einblick in die Kunst des *ukili* und des Batikdrucks erhalten will, kann die hauseigene Craft & Culture Tour mitmachen (25 US$ pro Pers. für Zweiergruppen, 15 US$ pro Pers. für Vierergruppen).

Saifa KLEIDUNG
(Karte S. 88 f.; http://sites.google.com/site/saifashop; Kelele Sq) Saifa, geleitet von dem Schneider Omar Mrisho, verkauft T-Shirts, Stofftaschen, Geldbörsen und Accessoires, alle aus afrikanischen Materialien hergestellt wie Kanga, *kitenge* oder Batik.

Zanzibar Gallery SOUVENIRS
(Karte S. 88 f.; ☎024-223 2721; http://zanzibargallery.net; Ecke Kenyatta Rd. & Gizenga St.; ⏲Mo–Sa 9–18.30, So 9–13 Uhr) Die alteingesessene Galerie hat unter anderem eine ansprechende Auswahl an Souvenirs, Textilien, Holzschnitzereien sowie Antiquitäten im Angebot.

Kanga Kabisa KLEIDUNG
(Karte S. 88 f.; www.kangakabisa.com; abseits der Kenyatta Road) Wer verrückt nach den fröhlichen, bunten Kanga-Stolen ist, wie sie die sansibarischen Frauen tragen, sollte in diese Boutique gehen: Hier gibt's jede Menge Kanga-Mode für Erwachsene und Kinder. Die Designs sind schlicht und leicht retro, aber bestens als Strandkleidung geeignet. Das Geschäft liegt schräg gegenüber dem Africa House Hotel.

Gallery Bookshop BÜCHER
(Karte S. 88 f.; 48 Gizenga St.; ⏲Mo–Sa 9–18, So bis 14 Uhr) Große Auswahl an Büchern und Karten, auch Reiseführer, Titel über Afrika und Reprints historischer Bücher.

ℹ Praktische Informationen

GEFAHREN & ÄRGERNISSE

Sansibar ist zwar ein relativ sicherer Ort, doch insbesondere in Zanzibar Town kommt es immer wieder zu Diebstählen und Überfällen. Der bekannteste Vorfall, der auch in die internationalen Schlagzeilen kam, war eine Säureattacke auf zwei ehrenamtliche Lehrerinnen im August 2013. Bisher wurde noch niemand inhaftiert, und die Motive des Angriffs sind unklar, denn beide Frauen trugen lange Kleidung und keinen Schmuck.

Also unbedingt die üblichen Vorsichtsmaßregeln beachten: Keine einsamen Plätze aufsuchen (auch keine unbelebten Strände) und Wertsachen im Hotelsafe lassen. Für das Nachtleben in Zanzibar Town am besten ein Taxi nehmen oder mit einer Gruppe ausgehen. Wem der Pass gestohlen wird, der sollte sich den Vorfall von der Polizei schriftlich bestätigen lassen. Mit diesem Dokument gibt's dann die erforderlichen Papiere, um zurück zum Festland reisen zu können.

Bei Touren mit dem gemieteten Fahrrad oder Motorrad wird man manchmal von der Verkehrspolizei angehalten, die ein Schmiergeld erwartet. Wenn die Papiere in Ordnung sind, am besten mit respektvoller Freundlichkeit reagieren.

GELD

In Stone Town gibt's mehrere Geldautomaten (allerdings nur dort). Sie befinden sich hauptsächlich auf der Kenyatta Road, der New Mkunazini Road und der Shangani Street; alle akzeptieren Visa und Mastercard. Außerdem gibt es viele Forex-Büros (die meisten sind bis 20 Uhr geöffnet), die relativ problemlos Bargeld wechseln. Der Kurs für US$ ist besser als für Euro oder andere harte Währungen. Die Unterkunft auf Sansibar muss offiziell in US$ bezahlt werden, die Preise sind auch in US$ angegeben. Budgetunterkünfte nehmen aber meistens Tansanische Schillinge an.

INTERNETZUGANG

Die meisten Hotels sowie einige Cafés und Restaurants bieten inzwischen kostenloses WLAN. In historischen Gebäuden funktioniert das wegen der dicken Mauern und des schwachen Signals aber nicht immer gut.

Azzurri Internet Café (Karte S. 88 f.; New Mkunazini Rd.; pro Std. 1000 TSh; ⏲8.30–20.30 Uhr) Bei der Anglikanischen Kirche um die Ecke.

Shangani Post Office Internet Café (Karte S. 88 f.; Kenyatta Rd.; pro Std. 1000 TSh; ⌚Mo–Fr 8–16.30, Sa 8–12.30 Uhr) Auch internationale Telefonanrufe.

MEDIZINISCHE VERSORGUNG

Es gibt mehrere private Ärztezentren in Zanzibar Town (Beratung 30 bis 50 US$), und in den Luxushotels steht gegen eine Gebühr in der Regel immer ein international ausgebildeter Arzt auf Abruf bereit. Ernste Erkrankungen sollten aber in Daressalam behandelt werden.

Shamshu & Sons Pharmacy (Karte S. 88 f.; ☎0715 411480, 024-223 2199; Market St.; ⌚Mo–Do & Sa 9–20.30, Fr 9–12 & 16–20.30, So 9–13.30 Uhr) Günstig gelegene, recht gut ausgestattete Apotheke gleich hinter dem Darajani-Markt.

Zanzibar Medical & Diagnostic Centre (Karte S. 88 f.; ☎0777 750040, 024-223 1071; abseits der Vuga Rd.; ⌚Notfallversorgung rund um die Uhr) Die beste Privatklinik auf der Insel.

Zanzibar Medical Group (Karte S. 88 f.; ☎024-223 3134; Kenyatta Rd.) Privatklinik im Stadtzentrum; etwas billiger als das Zanzibar Medical & Diagnostic Centre.

POST & TELEFON

Shangani Post (Karte S. 88 f.; Kenyatta Rd.; ⌚Mo–Fr 8–12.30 & 14–16.30, Sa bis 12.30 Uhr) Handvermittelte Anrufe ab 1500 TSh pro Minute; Skype kostet 2000 TSh pro Stunde.

TOURISTENINFORMATION

Das Mambo Magazine (www.mambomagazine.com) bietet jede Menge Hintergrundinfos und Programme für Events auf dem Sansibar-Archipel.

Zanzibar Tourist Corporation (ZTC; Karte S. 88 f.; Creek Rd.; ⌚8–17 Uhr) Etwa 200 m nördlich vom Darajani-Markt gelegen (auf derselben Straßenseite); Touristeninformation und Standardausflüge.

TOURVERANSTALTER & REISEBÜROS

Tourveranstalter und Reisebüros vermitteln Inselausflüge, Flug- und Fährreisen. Buchung und Bezahlung sollten innerhalb der Agenturräume erfolgen, niemals auf der Straße, auch nicht von angeblichen Angestellten.

ℹ An- & Weiterreise

FLUGZEUG

Coastal Aviation und Zan Air fliegen täglich von Sansibar nach Daressalam (70 US$), Arusha (265 US$), Pemba (95 US$), zum Wildreservat Selous und zu den Nationalparks im Norden. Coastal Aviation fliegt außerdem täglich nach/von Tanga über Pemba (120 US$) und bietet pauschale Tagestouren von Daressalam nach Stone Town an. Tropical Air fliegt täglich zwischen Sansibar und Daressalam und Precision Air bietet Verbindungen nach Nairobi (Kenia) an.

Coastal Aviation (Karte S. 88 f.; ☎024-223 3489, Flughafen 024-223 3112; www.coastal.cc) Am Flughafen, hat eine Buchungsagentur neben dem Zanzibar Serena Inn.

Kenya Airways (Karte S. 88 f.; ☎024-223 4520/1; www.kenya-airways.com; Bububu Rd., Mlandege) Nördlich der Stadt im Muzamil Centre.

Precision Air (Karte S. 88 f.; ☎0786 300418, 024-223 5126; www.precisionairtz.com; Bububu Rd., Mlandege) Im Muzamil Centre, nördlich von Zanzibar Town.

ZanAir (Karte S. 88 f.; ☎024-223 3678, 024-223 3670; www.zanair.com; Migombani St.) Gleicher Standort wie das angeschlossene Unternehmen ZanTours.

SCHIFF/FÄHRE

Die Tickets werden am Hafen (das Ticketbüro ist gleich rechts nach dem Haupttor zum Hafen) oder in Reisebüros verkauft. Wer von Sansibar die Nachtfähre nimmt, sollte seine Wertsachen im Auge behalten, vor allem, wenn die Fähre in Daressalam anlegt.

Auf der Strecke zwischen Sansibar und Daressalam, Tanga, Bagamoyo und Mombasa (Kenia) verkehren Daus. Auf den Daus zwischen Daressalam und Sansibar ist Ausländern das Mitfahren nicht gestattet.

Azam Marine (☎Daressalam 022-212 3324, Sansibar 024-223 1655; www.azammarine.com) Bietet den zuverlässigsten regelmäßigen Service zwischen Daressalam, Sansibar und Pemba mit einer Flotte schneller, moderner Katamarane. Täglich starten vier Fähren von Dar nach Sansibar (VIP/Erw./Kind 40/35/25 US$) und zweimal wöchentlich Fähren von Sansibar nach Pemba (VIP/Erw./Kind 40/35/25 US$).

Die Fahrpläne unterliegen auf allen Routen den Wetterbedingungen und können sich ohne vorherige Benachrichtigung ändern.

ℹ Unterwegs vor Ort

AUTO & MOTORRAD

Autos, Mopeds oder Motorräder sind überall zu günstigen Preisen zu mieten. Allerdings sind die Fahrzeuge oft in keiner guten Verfassung und bleiben häufig liegen, auch Mopedunfälle sind nicht selten. Da die Insel recht klein ist, kostet ein guter Deal mit einem Taxifahrer meist nicht viel mehr.

Wer selbst fahren möchte, braucht entweder einen Internationalen Führerschein (IDP; zusammen mit dem deutschen Führerschein), einen Führerschein für Kenia (Nairobi), Uganda oder Südafrika oder eine Fahrerlaubnis für Sansibar. An den Straßen stehen zahlreiche Polizeikontrollen, die den Führerschein sehen wollen. Die Fahrerlaubnis für Sansibar gibt es bei der Verkehrspolizei (Ecke Malawi & Creek Rd.). Wer seinen Wagen über ein Reisebüro mietet, spart sich den Papierkrieg.

Die Mietkosten betragen pro Tag 25 US$ für Moped oder Motorrad und 40 bis 55 US$ für einen geländegängigen Suzuki (4WD) – Benzin extra. In der Regel wird der Mietpreis erst fällig, wenn das Fahrzeug bereitgestellt wird; keine Kaution im Voraus bezahlen!

Asko Tours & Travel (Karte S. 88 f.; ☎ 024-223 4715, 0777 411854; www.askotours.com; Kenyatta Rd.) Gute Preise für Mietautos.

DALLA-DALLAS

Die mit Passagieren vollgestopften, auf einer Seite offenen *dalla-dallas* sind wichtigste Transportmittel zwischen den Städten der Insel. Wichtige Ziele, wie die großen Strände, werden mehrmals täglich angefahren. Der letzte Bus nach Stone Town fährt gewöhnlich zwischen 15 und 16 Uhr ab. Keine Strecke ist teurer als 2000 TSh, die Minibusse brauchen allerdings sehr lange (1½ Stunden von Zanzibar Town nach Jambiani). Auf jedem Wagen stehen Zielort und Liniennummer. Das sind die wichtigsten Linien:

BUSLINIE	REISEZIEL
116	Nungwi
117	Kiwengwa
118	Matemwe
206	Chwaka
214	Uroa
308	Unguja Ukuu
309	Jambiani
310	Makunduchi
324	Bwejuu
326	Kizimkazi
501	Amani
502	Bububu
505	Flughafen ('U/Ndege')

ZUM/VOM FLUGHAFEN

Der Flughafen liegt 7 km südöstlich von Zanzibar Town. Die Taxifahrt vom/zum Flughafen kostet 15 000 TSh. Auf derselben Route fährt der *dalla-dalla* 505 (500 TSh, 30 Min.), der an der Ecke gegenüber dem Mnazi Mmoja-Krankenhaus hält. Viele Hotels in Stone Town holen gegen eine Gebühr Gäste ab, die reserviert haben. Der Transfer zu anderen Hotels auf der Insel kostet – je nach Lage – gewöhnlich zwischen 25 und 50 US$.

PRIVATE MINIBUSSE

Die Strände im Norden und Osten werden von privaten Minibussen angefahren. Sie sind billiger als Hoteltransfers und Taxis, die in der Regel 50 US$ kosten. Wer am Tag vorher bei einem Reisebüro bucht, wird vom Minibus im Hotel in Stone Town gegen 8 Uhr abgeholt. Kaum ein Ziel ist weiter als 1½ Stunden entfernt und kostet pro Person 10 000 TSh.

Die Rückfahrt erfolgt um 9.30 Uhr ab Nungwi sowie um 10 Uhr ab Paje, Bwejuu und Jambiani.

TAXI

Da die Taxis ohne Taxameter fahren, muss der Preis ausgehandelt werden, ehe man einsteigt. Fahrten innerhalb der Stadt kosten 3000 TSh, nachts etwas mehr.

Inseln vor der Küste

Tagesausflüge und Schnorcheltrips zu den Inseln vor Stone Town sind sehr gefragt. Eine halbtägige Exkursion inklusive Mittagessen kostet bei einem lizenzierten Tourveranstalter etwa 25 bis 30 US$ pro Person. Die Boote starten jeden Morgen (je nach Wetterlage) vom Strand am Big Tree an der Mizingani Road und vor dem Tembo House Hotel. Wer sich für eine Inseltour mit einem der unlizenzierten Anbieter entscheidet, die am Ufer ihre Dienste anpreisen, sollte wissen, dass die Sicherheitsausrüstung wahrscheinlich ungenügend ist und die Boote überfüllt sind. Und wenn etwas schiefgeht, bekommt man sein Geld nie zurück.

Auf allen Inseln in Reichweite von Stone Town gibt's exklusive Insellodges – wer hier übernachtet, sollte aber bedenken, dass nach Einbruch der Dunkelheit keine Verbindung mehr zwischen Stone Town und den Inseln existiert, und auch die Kosten für die Hin- und Rückfahrten sind nicht zu unterschätzen.

Die weiter entfernt gelegenen Inseln wie Chumbe, Tumbatu und Mnemba sind jeweils von Mbweni, Mkokotoni und Matemwe aus zu erreichen.

Changuu

Changuu bzw. Prison Island liegt 5 km nordwestlich von Zanzibar Town. Ursprünglich wurden „widerspenstige" Sklaven hierher verbannt, später diente die Insel als Quarantänestation. Changuu ist bekannt für die große Anzahl **Riesenschildkröten**, die angeblich um die Wende zum 20. Jh. vom Seychellen-Atoll Aldabra hierhergebracht wurden. Es gibt einen kleinen Strand und ein nahes Riff zum **Schnorcheln**. Historisch interessant ist das Haus des englischen Gouverneurs General Lloyd Matthews. Tagesbesucher können nur die Ruinen und das Schildkröten-Schutzgebiet besuchen; wer in der Insellodge übernachtet, hat auch Zugang zu den Naturpfaden, die sich durch den Wald bis zu einem kleinen Strand schlängeln.

Tagestrips zu den Schildkröten kosten rund 30 US$ pro Person inklusive Mittagessen und Zutrittsgebühr zur Insel – die Kosten für den Bootstransfer von Stone Town muss man extra bezahlen (meist rund 60 bis 70 US$ für ein Boot).

Schlafen

Changuu Private Island Paradise LODGE **$$$**
(☎ 0773 333241; www.privateislands-zanzibar.com; Changuu Island; Vollpension 350 US$ pro Person;) Die Insellodge besteht aus 15 rustikal-luxuriösen Cottages mit Strohdächern. Alle sind hell eingerichtet und verfügen über kleine Veranden und Freiluftduschen. Das Restaurant befindet sich im restaurierten Kolonialhaus von General Matthews und serviert raffinierte Vier-Gänge-Menüs; es gibt auch einen Pool und einen mit Flutlicht angestrahlten Tennisplatz im Wald.

Der Flughafentransfer ist im Preis bereits enthalten.

Chapwani

Die winzige Insel 4 km nördlich von Zanzibar Town ist in Privatbesitz. Ihren zweiten Namen „Grave Island" verdankt sie einem kleinen Friedhof aus kolonialer Zeit mit den Gräbern britischer Seeleute. Ihre perfekten weißen Postkartensandstrände dehnen sich vor dem Hintergrund tropischer Urwälder aus, in denen Flughunde und Ducker leben. Nur Gäste, die in der Lodge wohnen oder essen, dürfen die Insel betreten. Unterkunft und Restaurantbesuch müssen vorbestellt werden. Da Chapwani keine eigenen Wasserressourcen hat, muss das Trinkwasser von Sansibar hierhergepumpt werden.

Schlafen

Chapwani Island Lodge LODGE **$$$**
(www.chapwaniisland-zanzibar.com; HP 176–198 US$ p. P.; Juni–März;) Die elf einfachen weißen Cottages liegen etwas versetzt vorm Strand und verkörpern eine friedliche Zufluchtsstätte von Stone Town. Die Gäste verbringen ihre Zeit träumend auf Tagesbetten oder erkunden das von Krebsen bewohnte Riff und den vogelreichen Wald. Um die paradiesische Monotonie zu unterbrechen, fährt täglich ein kostenloser Shuttle nach Zanzibar Town.

Bawi

Die winzige Insel liegt etwa 7 km westlich von Zanzibar Town und mehrere Kilometer südwestlich von Changuu. Sie hat einen herrlichen Strand und eignet sich zum **Schnorcheln**. Nachdem sie jahrelang Tagesausflugsziel von Stone Town war, ist sie inzwischen in Privatbesitz. Schnorcheln vor der Küste ist erlaubt, doch die Insel betreten dürfen nur Gäste der **Bawe Tropical Island Lodge** (☎ 0773 333241; www.privateislands-zanzibar.com; Bawe Island; VP 400 US$ p. P.;).

Tumbatu

Die große, selten besuchte Insel Tumbatu vor Sansibars Nordwestküste wird von den Tumbatu bewohnt, einem der drei indigenen Stämme des Archipels. Tumbatus Frühgeschichte verschwimmt zwar im Dunkeln, immerhin wurden aber an der Südspitze der Insel die Überreste einer Moschee aus dem 11. Jh. entdeckt. Bis zum letzten Jahrhundert gab es kein Trinkwasser, die Einwohner mussten ihr Wasser von der Hauptinsel holen.

Auf Tumbatu werden keine Unterkünfte angeboten; die Insel wird als Tagestour von Kendwa oder Nungwi besucht. Außerdem segeln zwischen Tumbatu und dem für seinen Fischmarkt berühmten Dorf **Mkokotoni** auf der anderen Seite der Meerenge den ganzen Tag über Boote hin und her. Eine Tour dauert je nach Windlage zwischen 30 Minuten und 3 Stunden und kostet rund 200 TSh. Die Bewohner von Tumbatu sind nicht an Touristen gewöhnt – tatsächlich sind sie sogar für mangelnde Gastfreundschaft bekannt. Wer auf eigene Faust übersetzen möchte, fragt am besten bei der Polizeiwache von Mkokotoni oder beim *shehe* (Dorfchef) in Nungwi um Erlaubnis; er verlangt für seine Auskünfte eine geringe Gebühr. Zwischen Mkokotoni und Stone Town verkehrt täglich mindestens ein Bus. Auf Tumbatu geht's dann mit dem Fahrrad (nachfragen am Dock) oder zu Fuß weiter.

Mnemba

Das winzige Mnemba im Nordosten von Matemwe ist das wahre Tropenparadies für Menschen, die es sich leisten können: weißer Sand, Palmen und türkisblaues Wasser. Die Insel ist in Privatbesitz und nur Gäste der Mnemba Island Lodge haben Zugang. Für jeden zugänglich ist aber das beeindruckende Korallenriff um die Insel – eines der besten **Tauch- und Schnorchelreviere** Sansibars. Hier leben zahllose Fische, darunter Thunfische, Barrakudas, Muränen, Riffhaie und viele andere bunte Korallenbewohner.

Schlafen

Mnemba Island Lodge LODGE $$$
(☎ 027-252 4199; www.andbeyond.com/mnemba-island/; Mnemba Island; VP 1200–1600 US$ p. P.; ⌚ Mitte Mai–März) Die exklusive Lodge ist ein Tummelplatz der Reichen und Schönen und oft ausgebucht.

Weitere Inseln

Direkt vor der Küste von Zanzibar Town liegen mehrere kleine Inseln, viele davon mit einem Korallenriff. **Nyange**, **Pange** und **Murogo** sind Sandbänke, die teilweise von der Flut überspült werden. Tauchveranstalter in Stone Town bieten Tauch- und Schnorchelausflüge an.

Bububu (Fuji Beach)

Der nächstgelegene Strand von Zanzibar Town ist dieser bescheidene Sandstreifen 10 km nördlich der Stadt in Bububu. Für richtigen Badeurlaub sind der Norden und der Osten der Insel aber weitaus besser geeignet. Nördlich der Polizeistation von Bububu führt eine kleine Straße zum Strand.

Schlafen

★ **Mangrove Lodge** LODGE $$
(☎ 0777 436954, 0777 691790; www.mangrovelodge.com; Chiuni; EZ 40–50 US$, DZ 80–100 US$; 📶) Mangrove ist eine von nur vier offiziell zugelassenen Öko-Lodges auf der Insel. Sie gehört dem früheren Guide Haji und seiner italienischen Lebenspartnerin Paola. Der idyllische Ort am Rand der Chuini-Bucht, wo Sultan Barghash einst seine Wochenenden verbrachte, ist ganz von der sanften Lebensphilosophie der beiden durchdrungen. Sandige Pfade führen durch tropische Gärten zu zehn geräumigen Bungalowzimmern mit Fenstern auf zwei Seiten, komfortablen Betten und großen gefliesten Bädern. Mittelpunkt des Lodge-Lebens ist die Lounge mit *makuti*-Dach und Blick über die Bucht – und natürlich der unberührte Mwawimbini-Strand für faule Sonnentage.

Haji und Paola legen Wert auf die Beschäftigung von Mitarbeitern aus der Region – ihre Angestellten kommen aus Chuini, wo die zwei auch eine Apotheke finanziert haben. Sie ermutigen ihre Gäste zu freundlicher Interaktion, z. B. durch Fahrradtouren zu nahe gelegenen Gewürzplantagen und Bootsausflüge mit örtlichen Fischern. Sie regen ihre Gäste auch dazu an, bei „Pack for a Purpose" (www.packforapurpose.org) mitzumachen.

Die Lodge liegt 14,5 km nördlich von Stone Town, einige Kilometer westlich der Hauptstraße und gleich nördlich von Bububu. Abholung kann arrangiert werden.

Mangapwani

Der kleine Strand von Mangapwani wäre kaum bemerkenswert, gäbe es nicht die nahen Höhlen; bei den Spice Tours gehört oft ein Halt dort mit dazu.

Die Höhlen liegen 20 km nördlich von Zanzibar Town an der Küste, einen kurzen Fußweg vom Mangapwani-Strand entfernt. Eigentlich sind es zwei Höhlen: Die große **Naturhöhle** mit Süßwassersee wurde angeblich in Zusammenhang mit dem Sklavenhandel genutzt. Nördlich davon liegt die ernüchternd düstere und feuchte **Sklavenhöhle.** Hier wurden die Sklaven versteckt, nachdem der legale Handel Ende des 19. Jhs. verboten worden war.

Der Weg zur Bucht führt über die Hauptstraße von Zanzibar Town nach Norden, an Bububu vorbei bis Chuini, von dort geht's nach links auf einen unbefestigten Weg, der nach 8 km das Dorf Mangapwani und den Strand erreicht. Zwischen Stone Town und dem Dorf Mangapwani verkehren *dalla-dallas*. Von dort ist es nur ein kurzer Weg zum Strand. Kurz vor dem Serena Club weist ein kleines Schild auf die Höhlen hin; jeder Einheimische kennt den Weg.

Essen

Mangapwani Serena Beach Club MEERESFRÜCHTE
(☎ 024-223 3051, Mittagsmenü inkl. Hin- & Rücktransport 50 US$; ⌚ Mittagessen) Es gibt keine Einrichtungen für Gäste auf Mangapwani – nur den Serena Beach Club mit einer Bar und einem Mittagsmenü aus gegrillten Meeresfrüchten. Unter den Palmen stehen Liegestühle für ein Schläfchen nach dem Essen.

Nungwi

Das große Dorf an der Nordspitze von Sansibar ist ein Zentrum der Dau-Bauer und eines der touristischen Hauptziele auf der Insel.

ABSTECHER

DER CHUMBE-ISLAND-KORALLENPARK

Die unbewohnte Insel Chumbe liegt etwa 12 km südlich von Zanzibar Town. Vor der Westküste erstreckt sich ein außergewöhnlich flaches und beinahe ungestörtes Korallenriff, in dem es von Fischen nur so wimmelt. Seit 1994 ist das Riff als erster Meeresnationalpark Sansibars geschützt. Inzwischen wurde die Insel mehrfach für ihren eindrucksvollen Ökotourismus gelobt, unter anderem durch die UN. Die Touristen wohnen in einer „Öko-Lodge", und die Einwohner werden in ökologischen Programmen geschult. Der **Chumbe-Island-Korallenpark** (www.chumbeilsand.com) ist ein privates, nicht profitorientiertes Naturschutzgebiet.

Das Riff von Chumbe blieb intakt erhalten, weil es seit den 1960er-Jahren militärisches Schutzgebiet war. Der Zutritt war sowohl für Touristen als auch für Einheimische verboten. Hier leben nicht nur fast 200 Korallenarten, sondern die Gewässer um die Insel sind die Heimat von etwa 370 Fischarten und von Delfinen, die sich regelmäßig am Angebot der Fische bedienen. Außerdem ist die Insel Rückzugsgebiet für Echte Karettschildkröten und über 50 Vogelarten, darunter die bedrohte Rosenseeschwalbe.

Chumbe kann im Rahmen einer Tagestour besichtigt werden, doch wer sich ernsthaft für Naturschutz interessiert, sollte unbedingt in einem der sieben **Öko-Bungalows** (☎ 024-223 1040; www.chumbeisland.com; Chumbe Island; VP 280 $ pro Person; @) übernachten. Jedes Haus hat einen eigenen Regenwasserbrunnen, Sonnenkollektoren und eine gemütliche Schlafstelle direkt unter den Sternen. Reservierung ist unbedingt erforderlich. Die Tagestouren (auch nur nach Vorbestellung) kosten pro Person 90 US$. Um 10 Uhr legen Boote vom Mbweni Ruins Hotel (S. 95) hierher ab.

In Nungwi treffen Tradition und Moderne unvermittelt aufeinander: Die Einwohner leben seit Jahrhunderten vom Fischfang und vom Dau-Bau; aber nur ein paar Schritte weiter findet sich der Tourist in einer vollkommen anderen Welt wieder: bei laut dröhnender Musik und in einer kunterbunten Mischung aus dicht an dicht stehenden Gästehäusern und Fünf-Sterne-Hotels. Manche Reisende kommen gerade deswegen auf die Insel (und tatsächlich kann man hier auch den ganzen Tag über im Meer schwimmen); andere meiden den Ort um jeden Preis.

Sehenswertes & Aktivitäten

Neben Tauchen, Schnorcheln, Angeln und weiteren Wasseraktivitäten kann man beim Bau der Daus zuschauen, an Führungen durch das Dorf teilnehmen, seine Yogakenntnisse erweitern oder das Aquarium besuchen. Der Leuchtturm stammt von 1886, ist immer noch in Gebrauch, aber für Besucher gesperrt.

Mnarani Aquarium AQUARIUM
(☎ 0777 496569; Eintritt 5 US$; ⏲ 9–18 Uhr) Traditionell wurden Schildkröten auf Sansibar wegen ihres Fleisches gejagt, aber 1993 eröffneten Nungwis Einwohner auf Anraten von Naturschützern in einem natürlichen Tidenbecken unweit des Leuchtturms dieses Schutzgebiet. Heute erhalten Fischer, die eine Schildkröte im Netz haben, ein kleines Entgelt, wenn sie diese ins Aquarium bringen. Außerdem werden die Strände von Nungwi überwacht und geschützt. Ein Logbuch wird geführt, und jedes Jahr im Februar wird der Schildkrötennachwuchs ins Meer entlassen.

Die Einnahmen aus den Eintrittsgebühren fließen wieder an das Projekt und in das Dorf, was hoffentlich die Vorteile des Schildkrötenschutzes demonstriert. An den Wochenenden besuchen Kinder von den Schulen in Matemwe, Kiwengwa und Uroa (wo die Tiere immer noch gejagt werden) das Aquarium im Rahmen eines öffentlichkeitswirksamen Projekts.

Cultural Village Tour KULTURELLE TOUR
(15 US$ p. P.) Neben dem Aquarium kann man sich für zweistündige Dorftouren einschreiben, die eine großartige Möglichkeit bieten, das Dorf, seine Dau-Bauer und den quirligen Fischmarkt zu sehen. Das Beste dabei: Der Volontär, der einen begleitet, vermittelt interessante Einblicke in das lokale Leben und beantwortet Fragen über Kenntnisse und Techniken, die beim Dau-Bau eingesetzt werden. Die meisten Dau-Bauer möchten nicht fotografiert werden, daher sollte man vorher immer um Erlaubnis bitten.

Nungwi Cycling Adventures KULTURELLE TOUR (☎ 0778 677662; www.zanzibarcyclingadventures.com; 25–40 US$ p. P.) Diese Offroadtouren zu Dörfern, portugiesischen Ruinen und Korallenhöhlen voller Stalaktiten lotsen die Teilnehmer weg vom Strand. Eine Tour führt zu den Schmieden von Kilimani, eine andere zu Reisplantagen mit Mittagessen an Stränden, die nur die Einheimischen kennen. Mindestteilnehmer: drei Personen.

ZanziYoga YOGA (☎ 0776 310227; www.yogazanzibar.com; 20 US$ p. P.) Yoga am Morgen (8 Uhr) und Abend (17.15 Uhr) mit Marisa van Vuuren in den Flame Tree Cottages. Das Hatha Yoga eignet sich für alle Schwierigkeitsgrade und fokussiert auf Atemtechniken, Haltung und Reiki. Vor Kurzem hat sich Marisa mit **Divine Diving** (www.scubazanzibar.com) von den Amaan Bungalows zusammengeschlossen und kombiniert nun effiziente Yoga-Atemtechniken mit Tauchen.

Spanish Dancer Dive Centre TAUCHEN (☎ 0777 417717; www.spanishdancerdivers.com; 2/6 Tauchgänge 132/320 US$) Spanish Divers mit Sitz in einem luftigen Rondavel am Südende des Strandes ist ein großes, freundliches Fünf-Sterne-PADI-Unternehmen. In einem zweckmäßigen Kursraum unterrichten fünf Tauchlehrer in sieben Sprachen. Schnellboote bringen die Taucher nach Mnemba, Tumbatu und – je nach Wetterlage – zu den Gewässern südlich von Pemba. Es gibt auch einen Live-Trip auf der *Julia*, einem schönen 15 m langen Katamaran (mind. 6–8 Teilnehmer).

East Africa Diving & Water Sport Centre TAUCHEN (☎ 0777 420588; www.diving-zanzibar.com; 2/4 Tauchgänge 110/190 US$) Nungwis ältestes Tauchunternehmen liegt direkt am Strand vor den Jambo Brothers Bungalows. Es hat eine Fünf-Sterne-PADI-Zertifizierung und verfügt über zwei schnelle aufblasbare Boote, die maximal 14 Taucher zusammen mit zwei Lehrern aufnehmen können. Die Tauchlocations sind meist Mnemba, Tumbatu und Hunga. Die Tanks sind hier kleiner und eignen sich daher auch sehr gut für Frauen.

Zanzibar Watersports TAUCHEN (☎ 0773 235030; www.zanzibarwatersports.com; 2/6 Tauchgänge 100/295 US$) Das langjährige PADI-Unternehmen in Nungwi liegt bei den Paradise Beach Bungalows. Die Tauchstätten befinden sich vorwiegend auf der Westseite der Insel, in die Boote passen bis zu 20 Personen. Es werden auch Schnorchel- und Kajaktouren, Dau-Rundfahrten und Wakeboarding angeboten.

Kiteboarding Zanzibar KITEBOARDEN (☎ 0779 720259; www.kiteboardingzanzibar.com) Nungwis einziges Kiteboarding-Zentrum ist IKO-zertifiziert und mit Cabrinha-, Dakine- und NPX-Ausrüstung ausgestattet. Es hat auch ein Kite-Mobil, das die Surfer nach Matemwe bringt. Die besten Windbedingungen sind zwischen Januar und Februar bzw. von Juni bis Juli. Man muss seine Zertifizierung nachweisen.

Zanzibar Parasailing WASSERSPORT (www.zanzibarparasailing.com; Solo/Tandem 80/120 US$) Bietet Solo- und Tandemflüge sowie andere aufregende Wassersportaktivitäten wie Wasserski, Wakeboarding und Bananenboot-Touren.

Schlafen & Essen

Die meisten Hotels und den größte Trubel gibt's gleich nördlich und westlich des Dorfes Nungwi – hier ist immer viel los und es werden jede Menge Aktivitäten angeboten. Wer nicht gerne Party macht, kann die ruhigen Strände auf Nungwis Ostseite besuchen, wo Schwimmen eher den Gezeiten unterliegt. Die meisten Hotels haben Restaurants, und im kleinen Dorfladen kann der Grundbedarf eingekauft werden.

West-Nungwi

Safina Bungalows GÄSTEHAUS $ (☎ 0777 415726; www.newsafina.com; EZ/DZ/3BZ ab 30/50/70 US$) Safina ist als Budgethaus ganz in Ordnung; die schlichten Bungalows stehen in einem kleinen Garten mitten in Nungwi, etwas zurückgesetzt vom Strand. In einem zweistöckigen Pavillon wird Essen serviert. Sieben der 25 Zimmer sind klimatisiert.

Baraka Beach Bungalows BUNGALOWS $ (☎ 0777 422910, 0777 415569; http://barakabungalow.atspace.com; EZ/DZ 35/50 US$) Klein und freundlich. Neun strohgedeckte Steinhütten (mit Privatbädern) reihen sich rund um einen gepflegten Garten. Es gibt ein Restaurant, das Pizza und Currys serviert und wo man seine Zehen im Sand vergraben kann.

Nungwi Guest House GÄSTEHAUS $ (☎ 0772 263322; http://nungwiGästehaus.tripod.com; Nungwi; DZ/3BZ 35/40 US$) Eine gute

Budgetoption im Dorfzentrum mit schlichten, sauberen Zimmern (mit Privatbädern) rund um einen kleinen Gartenhof. Alle Zimmer verfügen über Ventilatoren. Verpflegung gibt es nicht. Man erkennt das Gästehaus an den mit hellblauen Fischen bemalten Mauern.

Union Beach Bungalows BUNGALOWS **$**
(☎0776 583412; http://unionbungalow.atspace.com; EZ/DZ ab 40/50 US$; ❄📶🏊) Sehr einfache, schnörkellose Bungalows sowie Zimmer in einem zweistöckigen Block. Einige Räume sind klimatisiert und mit Kühlschrank ausgestattet. Im Blue Wimbi Restaurant wird Essen serviert.

Paradise Beach Bungalows HOTEL **$$**
(☎0773 203786, 0778 677691; www.nungwiparadisebungalows.com; B 20 US$, EZ/DZ/3BZ 35/60/75 US$) Das große zweistöckige Haus bietet 19 schlichte Zimmer; dazu einige Schlafsaalbetten. Alle Zimmer haben Ventilator und heißes Wasser, und es gibt ein Restaurant. Das Paradise lohnt nur für Gäste, die mittendrin sein wollen – ruhiges Chillen ist nicht angesagt, denn gleich nebenan liegt ein lärmendes Restaurant.

Langi-Langi Beach Bungalows HOTEL **$$**
(☎0733 911000, 024-224 0470; www.langilangizanzibar.com; EZ 90 US$, DZ 100–180 US$; ❄@🏊) Eine etwas schickere Unterkunft mit 32 komfortabel eingerichteten Zimmern in einem hübschen mehrstöckigen Komplex mit Strandblick. Es gibt einen kleinen Pool im blühenden Hof, eine Massageterrasse, ein Internetcafé und ein angesehenes Restaurant, das Suaheli-Gerichte und exzellente Currys auftischt. Wer das Essen mag, kann sogar einen Kochkurs belegen.

Flame Tree Cottages B&B **$$**
(☎0777 479429, 024-224 0100; www.flametreecottages.com; EZ/DZ 120/170 US$; ❄📶🏊) Das gemütliche Flame Tree hat einfache, aber geschickt möblierte Cottages in einem blühenden Garten mit kleinem Pool. Es liegt geschützt an einer ruhigen Stelle im Nordosten von Nungwi und eignet sich daher perfekt für Familien oder Paare, die sich etwas Romantik wünschen. Alle Zimmer haben Ventilator und Klimaanlage, einige auch Minikühlschrank und eine kleine Kitchenette. Frühstück wird auf der eigenen Veranda serviert, nach Vorbestellung auch Abendessen. Abends veranstaltet ZanziYoga (S. 107) auf einem der Flachdächer Kurse mit Strandblick.

Smiles Beach Hotel HOTEL **$$**
(☎0774 444334, 0773 444105; www.smilesbeachhotel.com; EZ/DZ/3BZ 110/140/180 US$; ❄📶) Das Smiles am ruhigeren Ostrand des Dorfes hat gepflegte und gut ausgestattete Zimmer in zweistöckigen Cottages mit Blick auf einen kleinen Strand. Die Zimmer sind ihren Preis wert: Alle haben einen kleinen Balkon zum Meer und sind geräumiger und ruhiger als in vielen anderen Hotels der Dorfmitte.

Amaan Bungalows HOTEL **$$**
(☎0775 044719, 024-550 1152; www.amaanbungalows.com; EZ 70–150 US$, DZ 80–160 US$; ❄@) Eine große und effizient geführte Anlage im Herzen des Trubels. Es stehen 86 unterschiedliche Zimmer zur Wahl, von kleinen Räumen mit Ventilator und Blick zum Garten bis zu großflächigeren Zimmern mit Meerblick, Klimaanlage und kleinem Balkon; alle Zimmer haben heißes Wasser. Zum Komplex gehören ein Bar-Restaurant am Meer, Internetzugang, Mopedvermietung, Tauch- und Angelgeräte und ein Reisebüro.

Z Hotel BOUTIQUEHOTEL **$$$**
(☎0774 266266; www.thezhotel.com; EZ/DZ ab 170/220 US$; ⏲Mitte Juni–Mitte März; ❄@📶🏊) Dieses Boutiquehotel ist das vornehmste in diesem Teil von Nungwi (das Hilton Doubletree macht ihm zwar Konkurrenz, hat aber weniger Flair). Alle Zimmer in dem dreistöckigen Hotel sind wunderbar ausgestattet; mit Blick auf einen kleinen Infinity-Pool und zum Meer. Es gibt ein Spa, eine Boutique und eine Filiale von East Africa Diving, außerdem ein beliebtes Strandrestaurant.

Obwohl alles sehr komfortabel ist, fehlt dem Hotel eine gewisse Weite, und umgeben von lauter Budgethotels lassen sich die Vorzüge eines Fünf-Sterne-Hauses auch nur schwer genießen.

Ost-Nungwi

Mnarani Beach Cottages LODGE **$$**
(☎0777 415551, 024-224 0494; www.lighthousezanzibar.com; Ost-Nungwi; HP EZ 80–107 US$, DZ 130–200 US$; ❄@📶🏊) Wer von der ruhigen Ostseite Nungwis kommt, stößt als Erstes auf diese Unterkunft gleich hinter dem Leuchtturm (der Name bedeutet „Leuchtturm“ auf Suaheli). Die Lodge liegt auf einer kleinen Anhöhe über dem Meer mit Zugang zum schmalen Strand. Die Gäste wohnen in hübschen Cottages, größeren Familienzimmern oder im zweistöckigen Zanzibar House.

Die Lodge ist bei Paaren wie auch bei Familien beliebt und vermittelt ein Gefühl von Weite. Allerdings ist sie häufig ausgebucht.

Sazani Beach Hotel BUNGALOWS **$$**
(0776 668681, 0774 271033; www.sazanibeach.com; EZ/DZ/3BZ 80/130/160 US$;) Auf der Ostseite von Nungwi, gleich hinter den Mnarani Beach Cottages, ist das Sazani ein ruhiges, etwas skurriles Hotel mit zehn ordentlichen rustikalen Hütten, die auf einem zugewachsenen Hang aufs Meer blicken. Das Meer davor zieht Kitesurfer an.

★ **Ras Nungwi Beach Hotel** HOTEL **$$$**
(024-223 3767; www.rasnungwi.com; Ost-Nungwi; Zi. mit Gartenblick 125–210 US$/mit Meerblick 175–305 US$; Juni–März;) Das wunderschön gelegene Hotel ist seit Langem eines der besten in Nungwi. In dezent-eleganter Atmosphäre bietet es luxuriöse Meerblick-Chalets in üppigen tropischen Gärten sowie weniger teure Zimmer in der Hauptlodge. Die Angestellten können Angelausflüge und Wassersportaktivitäten organisieren, außerdem gibt's ein Tauchzentrum und ein Spa. Es ist das (bisher) letzte Hotel auf Nungwis Ostseite und hat sich ein ruhiges, charmantes Ambiente bewahrt.

Praktische Informationen

Bei den Amaan Bungalows gibt's ein Internetcafé und ein Forex-Büro.

Wegen der zahlreichen Touristen vergisst man leicht, dass hier eine sehr traditionell geprägte, konservative Dorfgemeinschaft lebt. Die Einheimischen erwarten und verdienen respektvolles Verhalten sowie angemessene Kleidung und möchten gefragt werden, bevor man sie fotografiert. Außerdem sollte man, insbesondere nachts, nicht alleine oder mit Wertsachen am Strand spazieren gehen.

An- & Weiterreise

Bus 116 fährt täglich auf der Asphaltstraße zwischen Nungwi und Zanzibar Town (2000 TSh).

Kendwa

3 km südwestlich von Nungwi folgt der lange, breite und wunderschöne Sandstrand von Kendwa. Aufgrund der schnell fortschreitenden Resort-Bebauung und einer fast pausenlosen Partystimmung ist die einst ruhige Atmosphäre von Kendwa inzwischen dahin. Dennoch hat man mehr Freiraum als in Nungwi und kann wegen der günstigen Gezeiten jederzeit im Meer schwimmen.

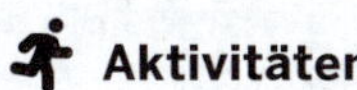

Aktivitäten

In Kendwa dreht sich einfach alles ums Strandleben – überall am Ufer gibt's Volleyballnetze sowie Schnorchel- und Tauchanbieter. Die meisten Hotelrezeptionen vermitteln Bootsausflüge nach Tumbatu und Nungwi sowie Tauchtouren.

★ **Scuba Do** TAUCHEN
(0777 417157; www.scuba-do-zanzibar.com; 2/6 Tauchgänge 120/330 US$) Das Fünf-Sterne-Goldpalmen-Tauchzentrum ist nun schon seit über 12 Jahren auf dem Markt und zählt zu einem der fortschrittlichsten und ökologisch verantwortungsvollsten Unternehmen der Insel. Die Besitzer Tammy und Christian sind beide zertifizierte Dive Master (zertifizierte Tauchlehrer), Christian ist auch der einzige Emergency First Response Instructor in Tansania, und Tammy leitet Projekte zur Säuberung von Strand und Unterwasserwelt. Sie engagieren sich für die örtliche Gemeinde und beschäftigen eine gut ausgebildete, professionelle Crew aus zehn Dive Masters.

Ihre exzellenten Kurse und Exkursionen werden in Gruppen mit maximal zwölf Personen durchgeführt. Getaucht wird an mindestens 20 Locations, darunter Mnemba, das mit dem Hochleistungsschlauchboot in 30 Minuten zu erreichen ist. Die Schnorcheltrips führen nach Tumbatu und Mnemba (45 bis 85 US$); Scuba Do bietet auch Budgetkreuzfahrten und mehrtägige Touren mit dem Katamaran (der über vier Kabinen verfügt) an.

Das Unternehmen befindet sich am Strand bei Sunset Kendwa.

TOLLE STRÄNDE

In anderen Ländern wären fast alle Strände Sansibars echte Superlative; doch selbst hier zeichnen sich einige ganz besonders aus:

Matemwe Wegen des pulverfeinen weißen Sandes und des bunten Treibens im Dorf

Kendwa Breit und weiß und rund um die Uhr zum Schwimmen geeignet

Pongwe Nicht überlaufen und kristallklares Wasser

Jambiani Die türkisblaue Farbe des Wassers ist einfach nicht von dieser Welt.

Schlafen

Kendwa Rocks BUNGALOWS **$$**
(☎0777 415475; www.kendwarocks.com; B 17 US$, Bandas ohne Bad EZ 30–40 US$, DZ 40–70 US$, Bungalows EZ 55–70 US$, DZ 65–115 US$; ❄) Ein Klassiker in Kendwa, der nach bescheidenen Anfängen stark expandiert hat. Die Gäste schlafen in schlichten *bandas* (mit Gemeinschaftstoiletten) oder hübscheren Holzbungalows (mit Bad) auf dem Sand, in kühleren Steinhütten im Garten oder in Suiten und Zimmern auf dem Kliff. Es ist bekannt für die größten Vollmondpartys.

Sunset Kendwa BUNGALOWS **$$**
(☎0777 414647; www.sunsetkendwa.com; EZ 65–85 US$, DZ 85–98 US$; ❄) Die alteingesessene Anlage hat Zimmer am Strand und auf dem Kliff; alle mit Bad und heißem Wasser, einige mit Klimaanlage. Weitere Zimmer sind in zweistöckigen Häusern auf dem Kliff untergebracht. Zum Haus gehören ein Tauchlehrer und eine große, beliebte Restaurant-Bar am Strand, wo jeden Abend ein Lagerfeuer leuchtet.

Les Toits du Palme BUNGALOWS **$$**
(☎0777 851474; www.lestoitsdepalme.com; DZ 50–80 US$, DZ mit Klimaanlage & heißem Wasser 100 US$; ❄) Drei einfache Holzbungalows auf dem Sand und sechs weitere Zimmer auf einer kleinen Klippe. Alles ist sehr schlicht, aber immerhin einer der wenigen ruhigeren Backpacker-Orte in Kendwa – wie lange noch, ist unklar, denn zur Zeit der Recherchen wurde ein möglicher Verkauf diskutiert.

La Gemma del'Est RESORT **$$$**
(☎024-224 0087; www.diamonds-resorts.com; VP ab 265 US$ p. P.; P ❄ @ 📶 ≋) Das angenehmste der größeren Resorts und das ruhigste in Kendwa; sehr familienfreundlich mit viel Platz, gutem Strand, mehreren Bar-Restaurants (eines auf einem Bootssteg über dem Wasser), Fitnessraum, Spa und einem riesigen Pool.

An- & Weiterreise

Der Fußweg von Nungwi bis Kendwa dauert bei Ebbe 25 bis 30 Minuten. Vorsicht! In letzter Zeit gab es mehrere Raubüberfälle. Als Alternative organisieren die Hotels in Nungwi und Kendwa preiswerte Boote für den Transfer.

Von Stone Town fahren *dalla-dalla* 116 oder Bus 14 bis zur Abzweigung nach Kendwa; von da sind es noch 2 km zu Fuß bis zum Strand. Für Leihwagenfahrer: Die Straße ist ausgebessert worden und mit normalen Autos passierbar (auf den felsigen Abschnitten vorsichtiger fahren!).

Matemwe

Der lange, idyllische Strand von Matemwe kann mit dem feinsten Sand von ganz Sansibar punkten. Im nahen Dorf geht das Leben seinen ruhigen Gang: Frauen ernten während der Ebbe Algen, Fische trocknen in der Sonne, und Hühner laufen über die Straße – ohne nervende Handys und Verkehrsstaus fühlt man sich wie in einer anderen Welt.

Aktivitäten

Matemwe ist ein friedliches traditionelles Dorf und bietet außer Relaxen am Strand und Fischern, die ihren Fang ausladen, keine weiteren Sehenswürdigkeiten oder Aktivitäten. Hier kann man wirklich mal vollkommen abschalten. Der Ort ist der ideale Ausgangspunkt für Tauch- und Schnorcheltrips zu den spektakulären Korallengärten des **Mnemba Island Conservation Area** (S. 104) 2,5 km vor der Küste. Neben Pemba ist es der beste Tauchspot im Archipel, und man wird hier eine wunderbare Vielfalt an Meerestieren sehen, z. B. Suppenschildkröten, Große Tümmler sowie Schwärme von Fledermausfischen, Drückerfischen und Buckelschnappern. In der Wanderungszeit kommen sogar Buckelwale vorbei.

One Ocean TAUCHEN
(www.zanzibaroneocean.com; Matemwe Beach Village; 2/6 Tauchgänge 120/325 US$; ⏲ Juni–Mitte April) Das erfahrene Fünf-Sterne-PADI-Unternehmen befindet sich im Matemwe Beach Village. Neben etlichen Kursen bietet es auch exzellente Tauchtouren nach Mnemba mit maximal neun Tauchern oder 16 Tauchern/Schnorchlern pro Gruppe. Schnorcheltrips kosten 45 US$ pro Person.

DADA KOCHKURS
(☎0777 466304; http://dadazanzibar.wordpress.com; Gruppen von 2/4 Personen 25/15 US$ p. P.) Wer sich von der Sonnenliege losreißen kann, sollte ins Dorf fahren und einen Kochkurs bei den *dadas* von Matemwe belegen. Die Teilnehmer lernen die perfekte Tomatensoße zu kochen, abgeschmeckt mit Kokosnuss und Maniokblättern, oder Dattelbällchen und Affenbrotbaum-Marmelade herzustellen. Die Kurse (max. 4 Pers.) dauern von 10 bis 13 Uhr.

Schlafen

Key's Bungalows BUNGALOWS **$**
(☎0777 411797; www.allykeys.com; EZ/DZ 40/50 US$) Die skurrile Backpacker-Herberge

am Nordende von Matemwe hat eine relaxte Strandbar mit Dau-Theke und Dartboard. Im zweistöckigen Gebäude befinden sich neun einfache Zimmer. Es werden auch Mahlzeiten serviert.

Mohammed's Restaurant & Bungalows BUNGALOWS $

(☎ 0777 431881; http://mohammedsbungalows.wordpress.com; EZ/DZ/3BZ 35/50/60 US$) Vier sehr einfache Bungalows mit Privatbädern in einem kleinen Garten direkt hinterm Strand, jeder mit zwei großen Betten. Auf Wunsch werden gegrillter Fisch und andere lokale Speisen zubereitet.

Matemwe Beach Village LODGE $$

(☎ 0777 437200, 0777 417250; www.matemwebeach.net; HP Zi. 90–110 US$ p. P., Suite 130–150 US$; P ❄ @ ≋ 🏊) Das empfehlenswerte Village liegt an einem wunderschönen Strandabschnitt. Das Ambiente ist unaufdringlich und die Bungalows mit kleinen Veranden sind ihren Preis wert. Die meisten liegen am Strand, einige andere etwa 100 m zurück auf einer niedrigen Anhöhe. Es gibt eine sehr private Hochzeitssuite mit eigenem Pool und einer riesigen offenen Lounge im Freien mit Sitzkissen.

Das One Ocean Dive Centre unterhält hier eine Filiale (neben dem Pool).

Panga Chumvi LODGE $$

(☎ 0777 862899; www.pangachumvi.com; Garten-/Meerblick EZ 110/140 US$, DZ 150/180 US$; ⏲ Juni–April; @) 🍃 Panga Chumvi war lange Zeit das Familienhaus von Rebecca, Abdulla und Othman, bevor sie beschlossen, es in eine Lodge umzuwandeln. Heute präsentiert sich hier ein echtes Strandparadies an einem großen, von hohen Palmen beschatteten Uferstreifen. Die fünfzehn Zimmer verteilen sich über das gesamte Anwesen in separaten Bungalows, die mit *makuti*-Dächern, muskatfarbenen Betonfußböden und eleganten Möbeln aus Kokosnussholz ausgestattet sind. Zwei Monate im Jahr arbeitet hier ein Künstler mit Dorfbewohnern und Gästen zusammen an inspirierenden kreativen Projekten.

Zanzibar Retreat Hotel BOUTIQUEHOTEL $$

(☎ 0776 108379; www.zanzibarretreat.com; Garten-/Meerblick EZ DZ 135/240 US$; ⏲ Juni–April; ❄ @ ≋ 🏊) Ein kleines Hotel in guter Lage am Strand. Die sieben eher kleinen Zimmer sind schön eingerichtet mit Betten im Sansibarstil. Die Highlights des Hotels sind, neben der herrlichen Lage am Strand, die Gemeinschaftsräume, alle mit polierten Hartholzfußböden, und die Bar im Obergeschoss mit Blick über den Strand.

Sele's Bungalows BUNGALOWS $$

(☎ 0776 931690; http://selesbungalows.wix.com/zanzibar; DZ mit/ohne Bad ab 70/45 US$, FZ 120 US$; ⏲ Mai–Feb.) Die freundliche und schnörkellose Unterkunft am Strand bietet sechs einfache Zimmer im Cottage-Stil in einem Garten mit Dau-Dekoration. Die beiden Familienzimmer (jeweils mit zwei Doppelbetten) im Obergeschoss sind auf einer Seite offen und nutzen eine Gemeinschaftstoilette. Die anderen (alles Doppelzimmer) haben eigene Bäder und Ventilatoren. Es gibt auch ein kleines Restaurant und eine Bar.

Green & Blue BOUTIQUEHOTEL $$$

(☎ 0774 411025; www.greenandblue-zanzibar.com; DZ Gartenblick 300–306 US$, mit Meerblick 490–600 US$; ⏲ Juni–April; @ ≋ 🏊) Eine wunderschön designte Lodge, versteckt in üppig grünen Gärten auf einer felsigen Klippe gegenüber von Mnemba. Sie hat 14 freistehende Cottages in türkis-gelben Farbtönen, ausgestattet mit Innen- und Außenduschen sowie Privatveranda mit Hängematten und eigenem Pool. Die Gemeinschaftsbereiche sind ebenso attraktiv – sie umfassen eine zweistöckige Bar, ein Restaurant und einen Poolbereich oberhalb des Strandes. Ein Abendessen hier ist ein stilvolles Erlebnis.

In einer eigenen ruhigen Ecke befindet sich das Tulia Spa mit separatem Pool und mit professionell ausgebildeten Massagetherapeuten und Kosmetikern.

Sunshine Hotel HOTEL $$$

(☎ 0774 388662; www.sunshinezanzibar.com; EZ 130–150 US$, DZ 170–230 US$; @ ≋ 🏊) Das makellose Hotel mit zwölf Zimmern in zweistöckigen Häusern befindet sich an einem wunderschönen weißen Strandbogen. Die Räume sind mit Jalousientüren, sonnengelben weichen Möbeln und geschickt gestalteten versteckten Bädern ausgestattet. Alle blicken auf den üppigen Garten mit verlockendem Infinity-Pool unweit vom Strand. Es gibt auch zwei Suiten, ein Gartenapartment und ein hervorragendes Restaurant.

Matemwe Lodge LODGE $$$

(www.asiliaafrica.com/matemwe; Suite mit VP 680–1340 US$; ⏲ Juni–Ostern; @ 🏊) Die Matemwe Lodge am Nordrand des Dorfes ist ein Luxushotel mit zwölf geräumigen und hervorragend dekorierten Bungalowsuiten am Meer. Die Atmosphäre ist relaxt und elegant, die Kritiken sind durchgehend positiv. Jeder Bungalow hat eine eigene Veranda mit Hängematte. Auf Anfrage können Schnorcheltrips, Dau-Kreuzfahrten, Tauchen, Angeln, Massagen im Zimmer und Riffwanderungen arrangiert werden.

Praktische Informationen

Überdruckkammer (☎0777 788500; www.sssnetwork.com) Die einzige Überdruckkammer auf der Insel. Zuständiger Amtsarzt ist Dr. Henrik Friis-Juhl.

An- & Weiterreise

Das Dorf Matemwe liegt 25 km südöstlich von Nungwi. Hierher führt eine Asphaltstraße, die bei Mkwajuni in östlicher Richtung von der Hauptstraße abzweigt. Von Stone Town verkehren täglich *dalla-dallas* (1500 TSh). Am Morgen fahren sie weiter bis zum Fischmarkt am Nordende des Strandes (dort kann man auch einsteigen). Die wichtigste End-/Starthaltestelle ist an der Hauptkreuzung vor dem Matemwe Beach Village Hotel.

Kiwengwa

Das Dorf Kiwengwa erstreckt sich an einem feinen, breiten Sandstrand und ist das Zentrum von Sansibars Pauschaltourismus. Die meist italienisch geführten Resorts verstecken sich hinter hohen Mauern in üppig bepflanzten Gärten. Sie bieten All-Inklusive-Service, und ihre Gäste verlassen nur selten den Hotelbereich. Im Gegensatz dazu ist das Dorf arm und staubig – sodass der Mangel an Sozial- und Umweltbewusstsein besonders unangenehm wirkt. Nur wenige Resorts lassen Besucher auf ihr Gelände, wer also nicht vorher gebucht hat, hat kaum einen Grund, hierherzukommen.

Aktivitäten

★ **Maisha Mazuri Horse Riding Club** REITEN
(45 US$ pro Std.) Das gut betreute Gestüt mit 13 anmutigen Pferden bietet eine einzigartige Möglichkeit, die natürliche Idylle und Schönheit von Sansibars Inland zu erleben. Ein fünfstündiger Ausritt durch grüne Reisfelder, feuchte Korallenhöhlen und tropisches Buschland kostet 200 US$. Auch kürzere Ausflüge zum Strand von Kiwengwa sind möglich.

Schlafen & Essen

Kiwengwa ist das Zentrum von Sansibars All-Inklusive-Pauschaltourismus. Der makellose Strand ist von einer Fülle bewachter italienischer Resorts gesäumt, die sich hinter dicken Mauern verstecken. Ohne vorherige Buchung oder Restaurantreservierung hat man hier keinen Zutritt.

Waikiki RESORT $$
(☎0779 401603; www.waikikiafrica.com; Zi. 70–90 US$; ⏲Mitte Juni–April; ❄📶) Waikiki, geführt vom leidenschaftlichen Flavio und seiner Frau Sarah, ist ein fröhliches und freundliches 15-Zimmer-Resort. Flavios italienische Herkunft ist Garant für guten Kaffee, großartiges Essen (auch Pizza und Eiscreme) und legendäre Freitagspartys (bis 3 Uhr) in den Sommermonaten. Es gibt Dutzende Erholungsbereiche, eine Kite-Schule und eine beliebte Strandbar. Am wunderschönen Strand kann man sich selbst bei Ebbe im tiefen Wasser aalen. Die billigsten Zimmer sind nicht klimatisiert.

Shooting Star Lodge BOUTIQUEHOTEL $$$
(☎0777 414166; www.shootingstarlodge.com; EZ/DZ mit Gartenblick 130/200 US$, Cottage mit Meerblick 170/300 US$; ❄@🏊) Sowohl wegen der Lage auf einem kleinen Kliff mit Blick über einen exzellenten ruhigen Strand als auch wegen der Küche und des Service ist diese intime Lodge empfehlenswert. Die eng zusammengerückten Zimmer sind einwandfrei ausgestattet – neben den drei „Lodge-Rooms" mit Gartenblick gibt es elf geräumige Cottages mit Meerblick und zwei Hochzeitssuiten, dazu einen Salzwasser-Infinity-Pool und eine erhöht gelegene Strandbar.

Bluebay Beach Resort RESORT $$$
(☎024-224 0240/1; www.bluebayzanzibar.com; EZ/DZ mit Halbpension ab 190/300 US$; P❄@📶🏊) Die Atmosphäre im Bluebay ist ruhiger als in den benachbarten Anlagen. Das riesige Resort verfügt über eine große Auswahl an Zimmern und einen riesigen Süßwasser-Pool auf einem weitläufigen und ruhigen grünen Gelände; im Angebot sind Aktivitäten wie Segeln, Tennis, Windsurfen und vieles mehr. Es gibt auch ein Spa und ein Fitnesszentrum, außerdem unterhält das One Ocean Dive Centre hier eine Filiale.

An- & Weiterreise

Dalla-dalla 117 verkehrt täglich auf der Asphaltstraße zwischen dem Dorf Kiwengwa und Stone Town (1500 TSh).

Pongwe

Pongwes ruhige bogenförmige Bucht ist gespickt mit Palmen, dahinter wächst dichte Vegetation – damit kommt sie einem wahren Tropenparadies recht nahe. Die Bucht liegt geschützt und ist weniger von Tang überwuchert als andere Abschnitte der Ostküste. Landeinwärts dehnt sich das **Kiwengwa-Pongwe Forest Reserve** (⏲8–17 Uhr) aus, ein geschütztes Waldgebiet aus Korallenblöcken, mit Sansibar-Stummelaffen und andere Affenarten, einer großartigen Vogelwelt, Pflanzen, tiefen Korallenhöhlen und Wasserreservoirs. Es gibt ein paar kurze Naturpfade und einige der Höhlen sind zugänglich. Die Reiseveranstalter in Stone Town und die Hotels in Pongwe und Kiwengwa arrangieren Touren.

Weiter südöstlich, an der Landspitze von Ras Uroa, liegen das kleine Fischerdorf **Uroa** und ein weiterer Abschnitt mit italienisch geführten Resorts. Diese zielen wie die Hotels von Kiwengwa auf Pauschaltouristen ab und gestatten keinen Zutritt ohne vorherige Buchung.

Schlafen & Essen

Seasons Lodge LODGE $$

(☎0776 107225; www.seasonszanzibar.com; Zi. 165–195 US$; @ ≋) Seasons verzichtet auf Strohdächer aus Palmwedeln und wartet stattdessen mit Bungalows aus Korallen und *chokaa*-Kalkstein auf. An den hier gebotenen Komfort reichen nur wenige andere Strandhotels heran. Jeder der sieben Bungalows hat Fenster mit Blick zum Strand und blitzende moderne Bäder mit Wannen. Weitere gut durchdachte Elemente sind Taschenlampen, *kikoi,* Moskitospray sowie kostenlose Mountainbikes und Kajaks. Essen wird mit Gemüse und Früchten aus dem hauseigenen Garten zubereitet.

★ **Pongwe Beach Hotel** HOTEL $$$

(☎0784 336181, 0773 000556; www.pongwe.com; Zi. 176–250 US$, Suite 230–300 US$; ⏲Juni–April; P @ ≋) Das intime, anspruchslose Pongwe Beach Hotel hat 20 Bungalows zwischen den Palmen eines herrlichen gebogenen Strandabschnitts mit weißem Sand. Die meisten haben Meerblick (drei blicken auf den Garten), sind geräumig und luftig, das Restaurant ist hervorragend, und wer das türkisblaue Panorama satt hat, kann angeln gehen, im Infinity-Pool baden oder einen Ausflug nach Stone Town machen. Das Hotel ist zu Recht beliebt und häufig ausgebucht.

An- & Weiterreise

Die *dalla-dallas* nach Pongwe fahren in Zanzibar Town an der Kreuzung Mwembeladu ab; das *dalla-dalla* 501 von Darajani zum Amani Stadion nehmen und den Fahrer bitten, in Mwembeladu (300 TSh, 10 Min.) zu halten. Ab dort geht's weiter mit *dalla-dalla* 233 nach Pongwe-Pwani (1500 TSh, 1 Std.), dann folgt noch ein Stück Fußweg. Auch *dalla-dalla* 214 verkehrt mehrmals täglich zwischen Mwembeladu und Uroa. Ein Taxi- oder Hoteltransfer kostet 50 US$.

Nationalpark Jozani-Chwaka Bay

Diese kühle, schattige und grüne Oase ist der größte noch erhaltene Urwald auf Sansibar. Er befindet sich von der **Chwaka-Bucht** landeinwärts auf tiefliegendem Gelände und ist somit sehr anfällig für Überflutungen. Dadurch konnte sich ein einzigartiges Sumpfgebiet mit feuchtigkeitsliebenden Bäumen und üppigen Federfarnen entwickeln. Der Wald liegt 35 km südöstlich von Zanzibar Town abseits der Straße nach Paje und ist am besten mit den Bussen 309 oder 310 bzw. per Chartertaxi oder mit organisierten Touren zu erreichen.

Entlang der Hauptstraße befindet sich auch der Eingang zum Schmetterlingszentrum, und beim Dorf Pete liegt die Werkstatt von Moto Handicrafts (S. 101), wo regelmäßig Workshops zu Handwerk und Kultur stattfinden.

Sehenswertes

Wald von Jozani PARK

(☎0777 488350; Erw./Kind mit Führer 10/5 US$; ⏲7.30–17 Uhr) Zwischen den dichten Ästen und Lianen des Waldes leben neben anderen Tieren die gefährdeten Roten Stummelaffen, Weißkehlmeerkatzen, Buschbabys, Aders Waldducker und über 40 Vogelarten. Durch den Wald führt ein **Naturlehrpfad** (man bekommt ein Infoblatt mit Wegbeschreibungen), der in 45 Minuten zu bewältigen ist. Weiter südlich führt ein **Holzsteg** tief in eine Bucht hinein zu einer Wanderung durch wilde Mangroven.

Wenn man Affen beobachtet, sollte man zur eigenen Sicherheit und zum Schutz der Tiere ihnen nicht zu nahe kommen – die Parkranger empfehlen einen Mindestabstand von drei Metern. Die Affen könnten beißen oder durch eine menschliche Krankheit infiziert werden. Sollte sich eine solche Krankheit ausbreiten, wäre die ohnehin schon bedrohte Population zum Aussterben verurteilt.

Die Tourgruppen kommen gegen 9.30, 15 oder 16 Uhr her. Wer sie umgehen möchte, sollte frühmorgens oder abends herkommen – gute Zeiten, um die Affen zu sehen, wenn sie aktiv sind. Getränke und einfache Gerichte gibt's im Café-Restaurant vor Ort.

Zanzibar Butterfly Centre TIERSCHUTZGEBIET
(☎0774 224472; www.zanzibarbutterflies.com; Pete; 6/3 US$ pro Erw./Kind; ⏲10–17 Uhr) An der Hauptstraße, 1 km vor dem Eingang zum Wald von Jozani, wurde das Zanzibar Butterfly Centre eingerichtet, eines der größten Schmetterlings-Gehege in Ostafrika. Auf der Führung werden neben den Schmetterlingen auch ihre Entwicklungsstadien gezeigt, darunter einige wunderschöne Kokons. Die Erlöse fließen in die Gemeinde und in den lokalen Naturschutz.

Halbinsel Michamvi

Der 10 km lange postkartengleiche Strand an der Ostseite der Halbinsel Michamvi biegt sich wie ein knochiger Finger um die Chwaka-Bucht. Der feine weiße Korallensand geht in ein außergewöhnlich funkelndes Meer über, das farblich von Blau über Grün zu tiefstem Saphir wechselt. Bisher liegen die Hotels auf der Halbinsel weit verstreut und sind durch viel dichte Vegetation voneinander getrennt, aber auch hier schreitet die Bebauung immer schneller voran. Die Luxushotels liegen gleich nördlich von Bwejuu, während an der Spitze der Landzunge ein paar spektakuläre Mittelklassehotels stehen.

Schlafen & Essen

Sagando Hostel HOSTEL $
(☎0773 193236; http://sagandohostel.com; EZ/DZ/3BZ 25/45/60 US$) Etwas vom Strand abgerückt stehen auf dem Sand in einem kleinen umzäunten Garten die Handvoll ein- und zweistöckiger Bungalows dieser ansprechenden Budget-Lodge. Essen gibt's auf Bestellung.

Hotel Ras Michamvi HOTEL $$
(☎0777 413434; www.rasmichamvi.com; EZ 105–145 US$, DZ 130–180 US$; P @ ≋) Von einem der malerischsten Standorte der ganzen Insel bietet das Ras Michamvi auf einer Klippe an der Spitze der Halbinsel einen herrlich weiten Ausblick. Zu beiden Seiten des Hotels erstrecken sich idyllische, menschenleere Strände, die über steile Treppen zu erreichen sind; dabei ist auch schon der Infinity-Pool einfach faszinierend. Nach einem Candlelight-Dinner mit gebratenem Perlhuhn oder Grillfisch kann man sich in seinen strohgedeckten Bungalow zurückziehen und vom tiefblauen Meer und den Korallengärten träumen.

Kae Funk BUNGALOWS $$
(☎0777 222346, 0777 439059; www.kaefunk.com; EZ 50–100 US$, DZ 70–120 US$; @) Das relaxte Hotel hat eine große Reggae-Bar, die mit Strandgut und luftigen Schaukeln dekoriert ist. Die acht Doppelzimmer direkt auf der Klippe sind hübsch mit einfachen Möbeln und bedruckten afrikanischen Stoffen eingerichtet. Hinter der hohen Mauer, die ein Bauunternehmer vor dem Anwesen errichten ließ, erhascht man gerade noch einen Blick aufs Meer. In der Hauptsaison ist die Bar ein cooler Ort zum Abhängen – den ganzen Tag gibt's hier Musik, Cocktails und scharfe Curry-Gerichte (vorherige Buchung erforderlich).

Breezes Beach Club & Spa RESORT $$$
(☎0774 440883; www.breezes-zanzibar.com; HP 130–228 US$ pro Person; ❄ @ ᯤ ≋) Auf der Ostseite der Halbinsel, nahe Bwejuu, erhält dieses Resort immer wieder gute Bewertungen. Die Gäste wohnen in gepflegten Zimmern und Suiten, die von schönen Gärten umgeben sind. Tauchen und viele andere Aktivitäten sind im Angebot, außerdem gibt's ein Fitnesszentrum. Man muss unbedingt vorab reservieren – ohne Buchungsnachweis kommt man nicht durch das Sicherheitstor.

Michamvi Sunset Bay RESORT $$$
(☎0777 878136; www.michamvi.com; HP 170–210 US$ p. P.) Das große Resort (früher Michamvi Watersports) unter südafrikanischer Leitung liegt nördlich des Dorfes Kae mit Blick über die Bucht von Chwaka. Es hat mehrere bequeme Zimmer mit den üblichen Annehmlichkeiten, ein Restaurant und – einzigartig an Sansibars Ostküste – Meerblick in den Sonnenuntergang.

Rock MEERESFRÜCHTE $$
(☎0777 835515; www.therockrestaurantzanzibar.com; 15 000–25 000 TSh; ⏲10–22 Uhr) Sansibars schönstes Restaurant liegt auf einem Korallenvorsprung direkt im Meer vor dem Kijiweni Beach. Bei Ebbe kann man hierher wandern, ansonsten hinschwimmen oder mit dem Boot fahren. Auf der Speisekarte stehen wie erwartet frische Garnelen, Hummer, Krabben und Fisch. In der Hauptsaison unbedingt im Voraus buchen. Das Rock befindet sich gegenüber der Upendo Beach Villa, die an der Straße ausgeschildert ist.

Upendo Beach Villa INTERNATIONAL **$$$**
(☎ 0777 244492, 0777 770667; www.upendozanzibar.com; Gerichte 8–25 US$) Die charmante Strandbar mit Restaurant ist das Projekt von Trish Dhanak und steht an einem wunderschönen Sandstreifen gegenüber dem Rock. Hinter der Bar mixt Zaru, der beste Bartender der Insel, köstliche Daiquiris und alkoholfreie Cocktails, während die sonnenverwöhnten Gäste auf türkisfarbenen *barazas (Steinbänken)* und Sitzsäcken am Pool abhängen. Auf der Speisekarte steht ein Mix aus Komfortkost (wie Burger oder Rindfleischtacos) und würzigen Currys, indischen Snacks sowie riesigen Platten mit Meeresfrüchten.

Etwas versetzt hinter dem Restaurant kann man eine wunderbare Privatvilla mieten – entweder das ganze Haus oder einzelne Zimmer (Zi. 200 bis 370 US$).

ℹ An- & Weiterreise

Regelmäßig kommen *dalla-dallas* aus Stone Town (2000 TSh). Mindestens ein *dalla-dalla* verkehrt zwischen dem Dorf Michamvi (an der Nordwestküste der Insel) und Makunduchi (1500 TSh). Zwischen Michamvi und Chwaka fahren einheimische Boote. Ein Charterboot zur eigenen Verfügung kostet 30 000/50 000 TSh (Segel-/Motorboot).

Bwejuu

Das große, staubige Dorf Bwejuu liegt 4 km nördlich der Hauptkreuzung nach Zanzibar Town etwas zurückgesetzt vom Strand. Es ist ruhiger als das Partyzentrum Paje, der Strand ist schön von Palmen beschattet, und die einheimischen Frauen sammeln in strahlend weißem Sand die Algen auf.

Schlafen & Essen

Mustapha's Place BUNGALOWS **$**
(☎ 0776 718808, 024-224 0069; www.mustaphasplace.com; B 15 US$, Zi. 20–25 US$ p. P.) Von einem Rastafari betriebene, stimmungsvolle Unterkunft mit mehreren fröhlichen und sehr kreativ dekorierten Zimmern; einige mit Bad und jedes mit eigenem Thema. Das Essen wird in familiärer Atmosphäre serviert. Das Personal vermittelt Fahrradverleih, Trommelkurse und andere Aktivitäten. Das Hotel liegt südlich von Bwejuu an der Straße gegenüber dem Strand.

★ **Bellevue Bungalows** BUNGALOWS **$$**
(☎ 0777 209576; www.bellevuezanzibar.com; EZ 50–90 US$, DZ 60–100 US$; @ 📶) Das zauberhafte Bellevue ist zu Recht beliebt – nicht nur wegen seiner kreativ dekorierten Zimmer, herrlichen Terrassen mit Blick auf den Sonnenaufgang und der üppigen Frühstücksgerichte mit lokalem Honig, Eierkuchen und gewürzten Säften, sondern auch aufgrund der relaxten Atmosphäre und der engagierten Gastgeber Melanie und Dim. Dim führt auch das Kite Centre Zanzibar (S. 116) in Paje (wer im Bellevue wohnt, bekommt kostenlose Transfers und 10 % Rabatt); Melanie ist die treibende Kraft hinter Jenga (S. 115), einem sozialen Unternehmen, das Künstler und Hersteller beim Verkauf ihrer Werke und Produkte unterstützt.

Das exzellente Essen (z. B. Barbecue, Sushi- und Suaheli-Abendessen) und die gute Auswahl ungewöhnlicher Touren (z. B. Krabbenfangen mit dem Koch Chulla) machen das Bellevue zu einer echten Spitzenunterkunft.

Upepo Boutique Beach Bungalows BUNGALOWS **$$**
(☎ 0784 619579; www.zanzibarhotelbeach.com; EZ/DZ/3BZ 45/70/90 US$) Die hübsche, freundliche Unterkunft wird von einem sansibarisch-kanadischen Paar geführt, das hart arbeitet, um die gemütliche Atmosphäre aufrechtzuerhalten. Zwei einfache Bungalows beherbergen geräumige Zimmer mit komfortablen Betten, Balkendecken und trägen Deckenventilatoren. Alle haben kleine Terrassen und Ausblick über den Garten zum wunderschönen Strand. Das strohgedeckte Restaurant ist das beliebteste am ganzen Strand – es serviert Pasta, Currys und Fisch sowie Sangria.

JENGA

Jenga (http://jengazanzibar.com) Jenga ist ein soziales Projekt, das sansibarischen Unternehmern eine Plattform (sowohl online als auch vor Ort in Geschäften) bietet, über die sie ihre handgemachten Produkte verkaufen können. Und was für Produkte! Edle Handtaschen aus bunten, mit Grafikmustern bedruckten Stoffen, Laptoptaschen aus Kite-Segeln, Perlenarmbänder, natürliche Beauty-Produkte und vieles mehr. Jenga führt ein Geschäft gegenüber dem Rock (neben der Upendo Beach Villa) auf der Halbinsel Michamvi und hofft, bald auch eine Filiale in Paje eröffnen zu können.

Robinson's Place GÄSTEHAUS $$
(☎0777 413479; www.robinsonsplace.net; EZ 30 US$, DZ 60–80 US$) Dieses Paradies im Robinson-Crusoe-Stil direkt am Strand ist eine Erweiterung des Familienhauses von Ann und Ahmed mit ein paar fröhlich eingerichteten skurrilen Zimmern. Oben hat es eine Art Baumhaus, das zum Meer und zu den Palmen hin offen ist. Einige Räume haben Privatbäder, aber auch das Gemeinschaftsbad mit *makuti*-Dach ist makellos.

Twisted Palms Lodge BUNGALOWS $$
(☎0776 130275; www.twistedpalms.zanzibarone.com; DZ auf dem Hügel 35–55 US$, am Strand 60–70 US$) Das Twisted Palms hat fünf saubere, helle Hütten auf einem Hügel hinter der Straße, jede mit einem Doppel- und einem Twinbett. Fünf weitere Hütten stehen direkt am Strand (zwei mit 4 Betten, zwei mit 3 Betten, eine mit 2 Betten). Für Ausflüge steht eine Dau zur Verfügung; im Restaurant, das auf Stelzen über dem Wasser steht, gibt's Meeresfrüchte.

Kilimani Kwetu BUNGALOWS $$
(☎024-224 0235; www.kilimani.de; EZ/DZ 45/65 US$) Kilimani Kwetu wird als Gemeindeentwicklungsprojekt von fünf Deutschen und den Dorfbewohnern von Bwejuu betrieben. Es ist ein entspannter Ort mit vier einfachen Zimmern, die sich auf einer etwa 2000 m² großen Fläche mit Sanddünen und Gärten verteilen. Wadi und sein freundliches Team leiten die Anlage und bereiten auch gute Suaheli-Küche zu (Kochkurse gibt's auch). Nicht alles dreht sich hier nur um Sonne und Spaß – frühere Finanzierungsprojekte haben mitgeholfen, eine Bibliothek und ein Bildungszentrum für Erwachsene aufzubauen.

An- & Weiterreise

Bus 324 verkehrt täglich zwischen Stone Town und Bwejuu. Von der Haltestelle an der Hauptstraße sind es noch 500 m bis zum Strand.

Paje

In Paje trifft die Küstenstraße zwischen Bwejuu im Norden und Jambiani im Süden auf die Straße nach Zanzibar Town. Der Ort hat einen breiten weißen Sandstrand, dicht an dicht stehende kleine Unterkünfte und Partystimmung ist garantiert. Der Ort ist Sansibars Zentrum für Kitesurfer. In der Hauptsaison – zwischen Dezember und Juni – sind so viele Kitesurfer unterwegs, dass man kaum Platz zum Schwimmen findet.

Aktivitäten

★ Seaweed Center KULTURELLE TOUR
(☎0777 107248; www.seaweedcenter.com; Tour 10 US$) Dieses soziale Unternehmen ermöglicht den Frauen von Paje nicht nur, ihre Algen zu sammeln – das zweitgrößte Exportprodukt der Insel –, sondern verhilft ihnen auch zu einem Lebensunterhalt, indem sie aus den Algen Bioseifen, Peelings und essenzielle Öle herstellen. Das Seaweed Center im Dorf veranstaltet faszinierende Führungen zu den Farmen und durch das Verarbeitungszentrum, wo die Algen trocknen und die Seifen hergestellt werden. Man kann auch selbst Seife herstellen und sich dabei mit einem erstaunlich süßen Algen-Smoothie erfrischen.

Verkaufsbestseller sind Pemba-Honig, Zitrus-Peeling, Gewürznelkenseife und reines Kokosnussöl.

Kite Centre Zanzibar KITESURFEN
(www.kitecentrezanzibar.com; Verleih von Boards & Kites 100/370 US$ pro Tag/Woche; ⏲Mitte Dez.–Mitte März & Mitte Juni–Mitte Okt.) Das IKO-zertifizierte Unternehmen gehört zu den Bellevue Bungalows und bietet Marken-Kites, erfahrene Lehrer und exzellente Kurse in allen Schwierigkeitsgraden.

Airborne Kite Centre KITESURFEN
(☎0715 548464; www.airbornekitecentre.com; Verleih von Boards & Kites 115 US$ pro Tag) Bietet IKO-zertifizierte Kurse und Privatunterricht für Anfänger bis hin zu zukünftigen Kitesurf-Lehrern. Vollmondausflüge und Kitesurfen in Mnemba sind ebenfalls im Angebot.

Harakakite KITESURFEN
(☎0777 244416; www.zanzibarkiteschool.com; ⏲Dez.–März & Mitte Mai–Okt.) IKO-zertifizierte Kurse für Erwachsene und Kinder ab neun Jahren, darunter auch ein Entdeckungskurs für Anfänger (100 US$).

Buccaneer Diving TAUCHEN, SCHNORCHELN
(www.buccaneerdiving.com; ein Tauchgang 50 US$) Das größte Fünf-Sterne-PADI-Tauchzentrum mit Sitz im Arabian Nights Hotel bietet gut strukturierte Kurse im Unterrrichtsraum bzw. im Pool. Die drei erfahrenen Lehrer und der Dive Master sprechen insgesamt sechs Sprachen. Sie unternehmen auch Schnorcheltrips nach Mnemba (90 US$).

Schlafen

Demani Lodge LODGE $
(☎0777 460079, 0772 263115; www.demanilodge.com; B/EZ/DZ/3BZ 17/20/39/67 US$; @≋) Die-

se Lodge richtet sich an Backpacker und Strandliebhaber aller Kategorien. Mit hübsch konstruierten *bandas* und *makuti*-Hütten setzt sie neue Standards für die Budgetunterkünfte in Paje. Drei der 17 Zimmer haben Privatbäder, der Rest teilt sich einen makellosen Duschblock mit superschicken Mosaikfliesen (für Handtücher muss man eine Kaution von 10 US$ pro Tag zahlen). Die weiß bezogenen Betten, Kanga-Vorhänge, ein kleiner Pool und die gesellige Bar mit cooler Musik sorgen für dauerhaften Erfolg.

Einziger Nachteil: Demani liegt nicht am Strand. Um hinzukommen, nimmt man die Straße südlich nach Jambiani, dort ist die Lodge dann nach rechts ausgeschildert.

Jambo Beach Bungalows BUNGALOWS **$**
(☎0774 529960, 0772 271401; jambo.booking@hotmail.com; B/EZ/DZ/3BZ 20/25/45/65 US$) Jambo liegt gleich nördlich vom Dorf und wird von dem freundlichen Saidi Simba geführt. Die acht strohgedeckten Bungalows und zwei Schlafsäle (für je acht Personen) sind mit Sand- und Betonfußböden, rustikalen Holzmöbeln, Ventilatoren und Moskitonetzen ausgestattet. Es gibt auch eine Strandbar und ein einfaches Restaurant. Noch besser: Das Jambo liegt direkt vor dem Dhow Inn; wenn es also hart auf hart kommt, kann man dort die (öffentlich zugängliche) Wäscherei nutzen oder eines der hervorragenden Gerichte genießen und ein wenig schwimmen.

Kilimani Kidogo GÄSTEHAUS **$$**
(☎0777 201088; www.kilimakidogo.com; EZ/DZ/FZ 70/180/270 US$; ❄📶🏊) Die mit gutem Personal ausgestattete Villa kann entweder ganz gemietet werden oder man bucht nur einzelne Zimmer. Echte Highlight sind die freundliche Hausparty-Atmosphäre, die prima ausgerüsteten Gemeinschaftsräume (Spiele, Puzzles, Bücher, Poolbillard), die bunten Privatbäder und der hübsche blühende Garten- und Poolbereich. Das Haus liegt etwas außerhalb von Paje an der Straße nach Jambiani.

Kitete Beach Bungalows HOTEL **$$**
(☎0772 361010; www.kitetebeach.com; EZ/DZ/3BZ 60/90/110 US$) Das Strandhotel mit gutem Preis-Leistungs-Verhältnis verfügt über 17 geräumige weiß gestrichene Zimmer in zweistöckigen Bungalows mit Deckenventilatoren und Meerblick. Das Kitete zielt hauptsächlich auf Kitesurfer ab – es hat Schließfächer für Surfausrüstung, einen Poolbillard-Tisch und ein Terrassenrestaurant mit Strandblick. Und es arrangiert auch Touren zum Tauchen, Schnorcheln, Segeln und Tiefseeangeln.

Paje by Night LODGE **$$**
(☎0777 880925; www.pajebynight.net; EZ/DZ ab 70/85 US$; ⏲Juni–Mitte April; ❄@📶🏊) Die mitten im Trubel von Paje gelegene lärmende Lodge ist bekannt für ihre Partyatmosphäre. Sie bietet eine Mischung aus schnörkellosen Standardzimmern und größeren Räumen sowie mehrere rustikale „Dschungelbungalows" für vier Personen. Klimatisiert sind nur die größeren Zimmer und die Dschungelbungalows. Vor Ort findet man auch ein Restaurant mit Pizzaofen und das Kitesurf-Zentrum Paje by Kite.

Dhow Inn BOUTIQUEHOTEL **$$$**
(☎0777 525828; www.dhowinn.com; DZ 150–250 US$; P❄📶🏊) Das Dhow Inn ist ein paradiesischer Stiltempel inmitten der unkultivierten Hotelszene von Paje. Seine 28 von Architekten designten Bungalows rei-

ALGENHANDEL AUF SANSIBAR

Man möchte meinen, der Algenhandel sei ein traditionelles Inselgewerbe, so viele Farmen reihen sich an Sansibars östlichen Stränden aneinander. Die Praxis wurde aber erst Ende der 1980er Jahre eingeführt, als kommerzielle Unternehmen gemeinsam mit der Universität von Daressalam die Algenindustrie auf der Insel vorantrieben, um den Einheimischen Beschäftigung zu bieten und ein nachhaltiges Ressourcenmanagement zu schaffen.

Es war kein rein wohltätiges Unterfangen: Algen sind ein wertvolles Naturprodukt, das Carrageenan enthält; dieser Stoff dient als natürliches Geliermittel in zahlreichen Produkten, angefangen bei Zahnpasta und Parfüm über Shampoo bis hin zu Joghurt, Milchshakes und sogar Medikamenten. Algen aus Sansibar – im Jahr 2013 waren es geschätzte 12 000 Tonnen – werden nach China, Korea, Vietnam, Dänemark, Spanien, Frankreich und in die USA importiert und bringen (nach dem Tourismus) die meisten Deviseneinnahmen ins Land.

hen sich um drei Pools in kunstvoll gestalteten Gärten mit roten Achira-Blumen und Palmen. In der beige-weißen Inneneinrichtung kommen von der Hitze erschöpfte Traveller schnell zur Ruhe, und das Clubhaus verfügt über einen Spieleraum, eine Wäscherei (10 000 TSh pro Ladung), ein Spa und ein Fernsehzimmer. Es gibt auch eine exzellente Boutique, die lokales Kunsthandwerk und Kleidung der hauseigenen Marke verkauft.

Außerdem gibt's einen separaten Waschraum für die Kites und Einrichtungen zur sicheren Aufbewahrung. Die Strandbar und das Grillrestaurant sind auch bei Einheimischen beliebt.

An- & Weiterreise

Dalla-dalla 324 verkehrt mehmals täglich zwischen Paje und Stone Town (1200 TSh) auf der Strecke von/nach Bwejuu. Der *dalla-dalla* Makunduchi–Michamvi hält ebenfalls in Paje.

Jambiani

Jambiani erstreckt sich gleich südlich von Paje mehr als einen Kilometer entlang einer prachtvollen Küste. Das eigentliche Dorf besteht aus sonnenverbrannten Häusern aus Korallenschutt mit Strohdächern. Die Farbe des Meeres ist ein ätherisches Türkisblau, vor der Küste ankern *ngalawa* (Auslegerkanus), und am Strand arbeiten Frauen auf Algen-Farmen. Jambiani ist ruhiger als Paje und Nungwi, und das Dorf profitiert von guten Service-Dienstleistungen – mit Post, Bäckerei, Kindergarten sowie Grund- und Mittelschule, außerdem gibt's ein Tourismus-Ausbildungsinstitut, das den Zusammenhalt in der Gemeinde verbessert. Eco + Culture (S. 87) unterhalten hier eine Filiale und bieten Touren durchs Dorf an. Jambiani ist damit wahrscheinlich der beste Ort auf Sansibar, um ein bisschen ins ländliche Dorfleben hineinzuschnuppern.

Aufgrund der Küstenerosion und des sinkenden Fischbestandes haben JAMABECO (Jambiani Marine & Beach Conservation) und Marine Cultures (www.marinecultures.org) eine Kooperationsinitiative ins Leben gerufen, um den Naturschutz zu fördern, ein künstliches Riff zu errichten und neue Aquakultur-Projekte wie Schwamm- und Seegurkenfarmen voranzutreiben. Diese Unterstützung und kontinuierliche Ausbildung wird Jambiani hoffentlich helfen, Fischerei und Tourismus nachhaltiger zu gestalten, wovon letztendlich die ganze Insel profitieren könnte.

Viele Hotels in Jambiani tragen zur Lebensqualität im Dorf bei, indem sie Events mit Einheimischen veranstalten, z. B. kostenlose Übertragungen von Fußballspielen während wichtiger Meisterschaften oder Feste wie das **Wassersportfestival** (19.–21. September), dessen Einnahmen in Dorfprojekte fließen.

Schlafen

Jambiani hat zum Glück keine großen Resorts, dafür eine gute Auswahl an kleinen Budgetunterkünften und Mittelklasse-Gästehäusern.

★ Mango Beach House GÄSTEHAUS **$**
(☎ 0773 498949, 0784 405391; www.mango-beachhouse.com; EZ 25–45 US$, DZ 35–60 US$, Haus 60–100 US$) Mit nur drei Schlafzimmern und einem Gemeinschaftsesstisch in Kiddo's Café ist das Mango Beach House eine sehr gesellige Unterkunft. Die einfachen Zimmer verfügen über Kingsize-Betten, kunstvolles Dekor und farbenprächtige Stoffe, die Lisa von ihren Reisen auf der Insel mitgebracht hat. Das wahre Leben spielt sich im offenen Wohnbereich ab: einer Strand-Lounge mit Tagesbetten und Möbeln aus Treibholz.

Wer das ganze Haus mietet, muss sich selbst versorgen. Mittag- und Abendessen in Kiddo's Café sind vorab zu reservieren.

Garden Bungalows BUNGALOWS **$**
(☎ 0773 551613; www.gardenbungalows-zanzibar.com; B 20 US$, EZ/DZ 35/45 U$) Die wundervoll konstruierten Bungalows mit Terrassen und *makuti*-Strohdächern an einem ruhigen Fleckchen direkt am Strand sind zu diesem Preis ein echtes Schnäppchen. Geleitet werden sie von dem kreativen Besitzer Dula. Die beliebte Bar serviert Pina Coladas, *dafu* (junge Kokosnüsse), frische Säfte und Shakes; außerdem wundervolle Suaheli-Küche, z. B. Fisch mit Kokoskruste oder *pili-pili*-Garnelen (scharf). Es gibt auch einen Fahrradverleih (10 US$ pro Tag).

Jambiani Guesthouse GÄSTEHAUS **$**
(☎ 0774 532424; www.zanzibar-guesthouse.com; DZ 50 US$, Haus 150–200 US$) Achtung: Dieses winzige Gästehaus ist leicht zu übersehen! Es verfügt über einen umzäunten sandigen Vorhof und fünf einfache Doppelzimmer (eines mit eigenem Bad). Im Bungalow können sieben bis zehn Personen übernachten – daher eignet er sich perfekt für Gruppen, die das ganze Gebäude buchen; doch die Zimmer werden auch einzeln vermietet. Er ist eingerichtet wie ein Haus, mit Gemein-

schaftsküche und kleinem Aufenthaltsraum. Rama, der Besitzer, hilft bei der Organisation von Aktivitäten, und Mohammed tischt auf Anfrage echte sansibarische Festmahle auf.

Al Hapa Hotel HOTEL $

(☎ 0773 048894, 0777 485842; www.alhapazanzibar.n.nu; EZ/DZ/3BZ 50/65/85 US$) Eine einfache Unterkunft mit fünf Strandbungalows, einem zweistöckigen Haus und einer großen Beachbar. Die Zimmer sind mit Bodenfliesen aus den 1950er Jahren, hellen gelben Wänden, stabilen Betten und Kanga-Gardinen ausgestattet. Außerdem verfügen sie über Moskitonetze, Ventilatoren und Warmwasser. Draußen baumeln zwischen den Palmen Hängematten, und die Einheimischen relaxen an der lässigen Strandbar.

★ **Red Monkey Lodge** BUNGALOWS $$

(☎ 0777 713366; www.redmonkeylodge.com; EZ/DZ 72/104 US$; 📶) 🌿 Ein inspirierender Ort, geführt vom charmanten Angelo. Red Monkey bietet am südlichen Ende des Dorfes neun minimalistische Zimmer mit Strandblick. Die Lodge ist folkloristisch und umweltfreundlich aufgemacht mit Möbeln aus alten Dau-Teilen, Seifen vom Seaweed Centre in Paje und einem kostenlosen Wasserspender im Restaurant. Sie ist von einem Waldschutzgebiet umgeben, und wer Glück hat, kann beim Frühstücken beobachten, wie die Affen am Strand umherlaufen.

Red Monkey bietet auch jede Menge Aktivitäten. So gibt es vor Ort z. B. eine Kitesurf-Schule, und Touren zum Tauchen, Schnorcheln oder zur Dorfbesichtigung können problemlos arrangiert werden.

Coral Rock HOTEL $$

(☎ 024-224 0154; www.coralrockzanzibar.com; Zi. 110–160 US$; ❄@📶🏊) Das Hotel am südlichen Ende Jambianis hat einen treffenden Namen: Es steht auf einem großen Korallenfelsen, der ins Meer hineinragt. Die strohgedeckten Bungalows sind klimatisiert und mit schicken Folkloremöbeln eingerichtet. Die geschwungene Strandlinie ist voller Terrassen und Entspannungsbereiche; außerdem gibt's einen herrlichen Infinity-Pool. Man kann kostenlos Kajaks, Paddelski und Windsurfbretter ausleihen; wer Lust auf Kitesurfen hat, geht einfach ins Red Monkey nebenan.

Blue Oyster Hotel HOTEL $$

(☎ 0787 233610, 024-224 0163; www.blueoysterhotel.com; EZ 60–110 US$, DZ 70–120 US$; P📶) Das sympathische, professionelle Hotel in Jambiani bietet dauerhaft gute Unterkünfte mit ausgezeichnetem Preis-Leistungs-Verhältnis. Es verfügt über mehrere zweistöckige Villen mit traditionellen Möbeln und Meerblick. Der Strand ist gespickt mit Liegestühlen, und ein Freiluft-Terrassenrestaurant serviert Kokoscurry und Königsmakrelen mit Mango. Vor Ort kann man auch Tauchexkursionen und geführte Touren bei dem Blue Oyster angeschlossenen Veranstaltern buchen.

Casa Del Mar Hotel HOTEL $$

(☎ 024-224 0400; www.casa-delmar-zanzibar.com; DZ unten/oben 96/118 US$; 🏊) Die farbenfrohe Casa del Mar bringt einen Hauch von Design nach Jambiani. Das Hotel verfügt über wunderschöne tropische Gärten, in denen Papayas, Guaven und duftende Frangipani blühen. Mittendrin stehen die beiden zweistöckigen Häuser mit insgesamt 14 Zimmern. Alle Möbel und Kunstwerke wurden in Jambiani angefertigt, und viele der Angestellten stammen aus dem Dorf. Im Strandrestaurant kann man gut essen und quatschen; auch findet man hier detaillierte Informationen zu lokalen Aktivitäten.

Essen

Aufgrund seines starken Gemeinschaftsgefühls und beeindruckenden Unternehmergeistes hat Jambiani eine lebendige und vielfältige lokale Restaurantszene.

Kim's Restaurant SANSIBARISCH $

(☎ 0777 457733; Gerichte 2000–14 000 TSh; ⏰ Mittag- & Abendessen) In diesem Restaurant mit Palmblattdach kann man die Füße in den Sand stecken und scharfe Fischsamosas, ganze gegrillte Fische und Oktopuscurry genießen. Am besten bestellt man im Voraus und stellt sich auf eine Wartezeit ein – hier zu essen ist eine gemächliche Angelegenheit. Ab dem Blue Oyster Hotel ist das Kim ausgeschildert.

Sea Horse Restaurant MEERESFRÜCHTE $

(Gerichte 5000–12 000 TSh; ⏰ Mittag- & Abendessen) Das fröhliche Strandlokal mit Muschelgirlanden-Deko und blau-gelben Tischdecken serviert Grillfisch, Hummer, leckere Kokos-Currys und Calamari. Abends sorgen Laternen für romantische Stimmung.

Kiddo's Café SANSIBARISCH $

(⏰ 10–18 Uhr; 🍸) Hier sitzt man unter alten Dau-Segeln oder oben in der Baumhaus-Bar, die mit interessantem Strandgut und hellen weichen Möbeln ausgestattet ist. Ähnlich

DELFINE BEOBACHTEN

Wer Delfine in ihrem natürlichen Lebensraum beobachten möchte, sollte sich an die Regeln halten, die am Büro des Worldwide Fund for Nature (WWF) in Zanzibar Town angeschlagen sind:

- Delfine sind wilde Tiere. Wer sie in ihrer natürlichen Umgebung sehen will, braucht Zeit und Geduld.
- Lautes Rufen und Armwedeln wird die Delfine eher vertreiben, statt sie ans Boot zu locken.
- Man sollte sich mit der Beobachtung der Delfine begnügen. Die Bootsführer sollten weder Delfine jagen noch ihren Weg kreuzen oder zu nahe heranfahren.
- Wer unbedingt mit den Delfinen schwimmen möchte, sollte leise und ruhig ins Wasser gleiten und nicht laut plantschen.
- Es gibt keine Garantie, dass Delfine gesichtet werden. Gemeinsames Schwimmen mit den Delfinen gelingt nur sehr selten, man sollte es als wirklich außergewöhnliche Erfahrung genießen.

farbenprächtig sind die Gourmetsäfte – ein bunter Mix aus Ananas, Mango, Passionsfrüchten und Kokosmilch. Dazu gibt's leichte Snacks wie Eierkuchen, Omeletts, Salate und Grillfisch. Das Restaurant gehört zum Mango Beachhouse; Abendessen muss vorab reserviert werden.

Alibi's Well INTERNATIONAL $
(☎ 0786 231988; www.handsacrossborderssociety.org; Gerichte 3000–14 000 TSh; ⏲ tgl. 11.30–18, Fr 18–21 Uhr) Im Restaurant des Jambiani Tourism Training Institute erproben Jambianis Tourismusstudenten ihre Kenntnisse. Kein beschwerliches Leben, wenn man dabei von der erhöhten Terrasse den Strand überblickt und Pizza mit dünner Kruste, Grillfisch oder Brathühnchen genießt.

An- & Weiterreise

Dalla-dalla 309 fährt mehrmals täglich vom Darajani Markt in Stone Town nach Jambiani. Auch die *dalla-dallas* Makunduchi–Michamvi halten in Jambiani. Südlich von Jambiani verwandelt sich die Küstenstraße in eine Sandpiste, die auch felsige Abschnitte aufweist. Es gibt keine öffentlichen Verkehrsmittel, da alle Fahrzeuge die neue Asphaltstraße nach Makunduchi benutzen.

Makunduchi

Der wichtigste Grund, nach Makunduchi zu fahren, ist das bunte Dorffest **Mwaka Kogwa**, ein viertägiges Festival Ende Juli. Während der Festlichkeiten schlagen sich Dorfbewohner aus dem Norden und aus dem Süden symbolisch mit Bananenblättern, um alte Rechnungen zu begleichen und reinen Tisch für das neue Jahr zu machen. Außerdem wird in der Regel auch ein Haus niedergebrannt, eine Praxis, die angeblich aus dem Zoroastrianismus stammt. Ansonsten zeichnet sich die Kleinstadt eher durch Plattenbauten à la DDR in den 1950er-Jahren und Algen an leeren Stränden aus.

Die einzige Unterkunft ist das große geschlossene Resort La Madrugada, das zur Zeit der Recherchen gerade wegen Renovierungsarbeiten geschlossen war. Während des Mwaka Kogwa nehmen aber viele Einheimische Fremde auf; es gilt sogar als schlechtes Omen, nicht mindestens einen Gast zu beherbergen.

Buslinie 310 fährt ohne festen Fahrplan nach Makunduchi, außerdem stehen während des Mwaka Kogwa zahlreiche Transportmöglichkeiten von Zanzibar Town und Kizimkazi zur Auswahl. Eine Asphaltstraße verbindet Makunduchi mit Jambiani und Paje, aber es gibt keine regulären öffentlichen Verkehrsmittel.

Kizimkazi

Das kleine Dorf wirkt am schönsten, wenn eine leichte Brise weht und die Nachmittagssonne den Sand aufleuchten lässt. Es besteht aus zwei benachbarten Siedlungen: im Norden Kizimkazi Dimbani und Kizimkazi Mkunguni im Süden. Der Strand ist klein, luftig und teilweise auch sehr attraktiv, doch die meisten Touristen kommen wegen der **Delfine** her, die in der nahe gelegenen Bucht von Menai schwimmen.

In Kizimkazi befindet sich die berühmte Shiraz-**Moschee** aus dem frühen 12. Jh. (2 km nördlich des Dorfes). Sie gilt als eines der ältesten islamischen Bauwerke an der ostafrikanischen Küste; was heute zu sehen ist, stammt allerdings fast durchweg aus jüngerer Zeit. Im Innern haben sich an der Mihrab Koranverse aus dem Jahr 1107 erhalten – sie gehören zu den ältesten Zeugnissen suahelischer Schrift. Von Besuchern wird erwartet, dass sie die Schuhe ausziehen und Schultern und Beine verhüllen. Die Moschee befindet sich in Kizimkazi Dimbani, direkt nördlich vom Hauptstrand. Um sie zu besichtigen, muss man nach dem Schlüssel fragen.

Aktivitäten

Die meisten Hotels vor Ort veranstalten Touren zur Delfinbeobachtung, z. B. das Cabs Restaurant in Kizimkazi Dimbani (50 US$ pro Boot inklusive Schnorchelausrüstung). Auch die Touranbieter in Stone Town organisieren solche Trips, außerdem Safari Blue in Fumba oder einige der Hotels in Paje und Jambiani (ab 20 000 TSh pro Person).

Natürlich sind die Delfine großartig, doch leider haben viele Touren, insbesondere die, die in Stone Town organisiert werden, wenig mit Tierschutz zu tun und sind nicht empfehlenswert, denn die Boote jagen und treiben die Tiere. Wer dennoch ausfahren möchte, um Delfine zu sehen, sollte morgens starten. Dann ist das Wasser ruhiger, und die Sonne brennt nicht so heiß. Auch der späte Nachmittag ist geeignet, allerdings kann dann der Wind auffrischen.

Schlafen & Essen

Karamba LODGE **$$**
(☎0777 418452, 0773 166406; www.karambaresort.com; Kizimkazi Dimbani; EZ 60–95 US$, DZ 70–120 US$; @) Das Karamba liegt am Nordende des Strandes in Kizimkazi Dimbani. Die Gäste wohnen in 23 frei stehenden, weiß getünchten makellosen Cottages auf einem kleinen Kliff über dem Meer. Die Zimmer sind sehr einfach und bräuchten etwas mehr Pflege. Es gibt ein Restaurant und einen kleinen Pool; zum Chillout geht's in die Strandbar mit bequemen Sitzkissen.

Swahili Beach Resort LODGE **$$**
(☎0777 416614, 0777 844442; www.swahilibeachresort.com; Kizimkazi Mkunguni; EZ/DZ/3BZ ab 100/120/140 US$; Juni–März; @) Die Steinhütten auf einem ausgesprochen gut gepflegten Grundstück bieten zwar keinen Schatten und haben null Atmosphäre, aber die Zimmer sind sauber, bequem und ihren Preis wert. Die Lodge arbeitet mit einem Tauchzentrum in Paje zusammen.

★ **Unguja Lodge** LODGE **$$$**
(☎0774 477477; www.ungujalodge.com; Kizimkazi Mkunguni; HP 210–262 US$ pro Person; P @) Die abgeschiedene bescheidene Lodge verfügt über zwölf zweistöckige, von dichtem Urwald beschattete und organisch gestaltete Villen. Sie wurden von der Besitzerin Elies wunderschön dekoriert und mit hübschen Möbeln aus Kokosnussholz, Kunstobjekten und Webteppichen ausgestattet. Alle haben entweder Meerblick oder einen eigenen Pool. Dank Privatstrand, Infinity-Pool, eigenem Tauchzentrum (dem einzigen in der Region) und exzellentem Restaurant ist die Lodge regelmäßig ausgebucht.

An- & Weiterreise

Bus 326 (Kizimkazi) fährt von Zanzibar Town direkt nach Kizimkazi (2000 TSh), Bus 310 (Makunduchi) bis zur Abzweigung nach Kufile. Dort aussteigen und warten, bis ein Fahrzeug nach Kizimkazi fährt, oder die 5 km zu Fuß gehen. Reisende von Stone Town halten sich an der Abzweigung nach Kufile rechts (Richtung Kizimkazi) und an der nächsten Gabelung wieder rechts nach Kizimkazi Dimbani. Kizimkazi Mkunguni liegt links am Weg.

Bucht von Menai

Mit einer Größe von 470 km² ist die Bucht von Menai Sansibars größtes Meeresschutzgebiet. Sie wird von den beiden verschlafenen Dörfern **Fumba** im Westen und **Unguja Ukuu** im Osten gesäumt. Die Bucht ist Heimat einer eindrucksvollen Fülle an Korallen und Fischen, es gibt Mangrovenwälder, idyllische Sandbänke und verlassene Inselchen, dazu ein Meeresschildkröten-Brutgebiet. Seit 1997 ist die Region als **Menai Bay Conservation Area** geschützt. Unter der Mentorenschaft des Institute of Marine Sciences und des Pwani Project (http://lulufumba.wix.com/thepwaniproject) wird hier daran gearbeitet, eine nachhaltige Aquakultur zu erschaffen und den Delfintourimus ethisch vertretbar zu gestalten. Besucher genießen die untouristische Atmosphäre, kommen in den Genuss guter Segeltörns und haben die Chance, Delfine zu sehen.

Der Bucht gegenüber in Unguja Ukuu ließen sich spätestens im 8. Jh. Sansibars erste Siedler nieder. Von dieser Siedlung blieb allerdings kaum etwas erhalten.

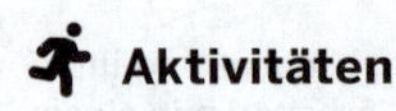

Aktivitäten

★ **Safari Blue** KREUZFAHRTEN
(☎ 0777 423162; www.safariblue.net; Fumba; Erw./Kind 6–14 J. 65/35 US$) Safari Blue organisiert gruppenbasierte (max. 20 Personen) Tagesausflüge auf gut ausgestatteten Daus in die Bucht von Menai. Sie starten um 9.30 Uhr in Fumba, beinhalten ein Meeresfrüchte-Lunch sowie einen Relax-Aufenthalt auf einer Sandbank; eine komplette Schnorchelausrüstung wird gestellt. Es ist sinnvoll, vorher den Wetterbericht zu erfragen, denn insbesondere im April/Mai und Juli/August kann das Wetter stürmisch oder regnerisch werden.

Ein Transfer von Stone Town nach Fumba kostet zusätzliche 60 US$ pro Fahrzeug.

Schlafen

Menai Beach Bungalows COTTAGES **$$**
(☎ 0777 772660, 0777 4068009; www.visitzanzibar.se; Unguja Ukuu; EZ/DZ/FZ 40/60/75 US$; P) Die fünf separaten Bungalows stehen abgeschieden an einem breiten Sandstrand unter den Palmen und Mangroven der Küste von Unguja Ukuu und bieten die einzigartige Chance, eine Ecke der Insel zu sehen, die vom Tourismus noch unberührt ist. Die komfortablen weiß gestrichenen Zimmer öffnen sich zu einem menschenleeren Strand, Hängematten baumeln in der Brise und jeden Abend gibt's Barbecue mit frischem Fisch von den örtlichen Fischern.

Die Besitzer Kina und Erik haben einen pädagogischen Hintergrund und sind in verschiedene Bildungsprojekte im Dorf involviert. Wer mehr darüber erfahren oder als Freiwilliger mithelfen will, kann sie jederzeit kontaktieren.

Fumba Beach Lodge LODGE **$$$**
(☎ 0777 860504; www.fumbabeachlodge.com; Fumba; EZ/DZ mit HP ab 217/366 US$; P 📶 🏊) Fumba Beach liegt auf einer abgeschiedenen Halbinsel in der Bucht von Menai und verfügt über 26 geräumige Cottages auf weitläufigem Gelände. Die Atmosphäre erinnert eher an ein Safaricamp als an ein Strandhotel – die Hütten stehen mitten in dichter Vegetation und haben Terrassen mit Blick aufs Meer. Es gibt auch einen kleinen Pool und einen Tauchveranstalter. Der Strand von Fumba fällt zwar gegen die Bilderbuchstrände im Osten und Norden etwas ab, dafür ist er nicht so voll und gewährt mit den Korallenfelsen ein tolles Ambiente.

Die Lodge liegt 18 km südlich von Zanzibar Town neben dem Dorf Fumba.

PEMBA

407 000 EW.

Obwohl Pemba und Sansibar nur durch 100 km Meer voneinander getrennt sind, sind sie sehr verschieden. Anders als auf Sansibar, das über gut entwickelte touristische Infrastruktur verfügt, ist Pemba noch größtenteils „unentdeckt". Weite Teile der Küste nehmen Mangroven und Lagunen ein. Es gibt ein paar schöne Sandstrände und einige idyllische, unbewohnte Inselchen vor der Küste. Die intakten Korallenriffe, der steil zum Pemba-Kanal hin abfallende Meeresboden und die zahlreichen Fische vermitteln ein erstklassiges Taucherlebnis – das beste in Ostafrika. Im Unterschied zum flachen, sandigen Sansibar ist Pemba hügelig, fruchtbar und üppig mit Obst- und Gewürzbäumen bepflanzt. Zur Zeit der arabischen Händler hieß die Insel *Jazirat al Khuthera*, die „Grüne Insel". Überraschenderweise überqueren nur wenige Touristen den Kanal zur Nachbarinsel. Die es dennoch tun, werden nur selten enttäuscht.

Als die Sultane von Sansibar über die ostafrikanische Küste herrschten, lieferte Pemba mit seinen üppigen Plantagen und landwirtschaftlichen Produkten die Grundlage für die Dominanz des Archipels. Überall auf der Insel wachsen Gewürznelken und 75 % der sansibarischen Nutzpflanzen stammen von hier. Damit sorgt Pemba für 30 % der Deviseneinnahmen des Archipels. Gerade deshalb sind die Armut und Marginalisierung, die die Insel seit der Unabhängigkeit erlebt – das Pro-Kopf-Einkommen hier ist das niedrigste von ganz Tansania, und die meisten Nelkenbauern sind Pächter der Regierung –, eine bittere Pille und führen dazu, dass die große Oppositionspartei Civic United Front (CUF) zunehmend Unterstützung erfährt.

An- & Weiterreise

FLUGZEUG

Der **Pemba-Karume Airport** liegt 6 km östlich von Chake Chake. ZanAir und Coastal Aviation bieten zweimal täglich Flüge von Daressalam nach Pemba via Sansibar. Beide berechnen etwa 95 US$ für den Flug von Pemba nach Sansibar (140 US$ nach Daressalam). Auric Air fliegt dreimal täglich von Pemba nach Sansibar (100 US$). Den billigsten Service bietet jedoch Flightlink, das die Strecken Pemba–Sansibar (60 US$) und Pemba–Daressalam (90 US$) fliegt. Coastal (100 US$) und Auric (65 US$) fliegen auch nach Tanga.

SCHIFF/FÄHRE

Die Fähren von/nach Sansibar und Daressalam legen in Mkoani an.

Das Unternehmen Azam Marine (S. 102) bietet den zuverlässigsten Service: Die Fähren starten zweimal wöchentlich von Daressalam (VIP/Erw./Kind 80/70/50 US$) – sie legen mittwochs und samstags um 7 Uhr ab – und halten unterwegs auf Sansibar (zw. 9.30 und 10 Uhr). Die Ankunft auf Pemba ist gegen 13 Uhr. Ein Ticket für die Strecke Sansibar–Pemba kostet 40/35/25 US$.

Auch *Royal* verkehrt zweimal wöchentlich von Daressalam via Sansibar nach Pemba (Erw./Kind 75/40 US$). Die Rückfahrt erfolgt donnerstag- und sonntagmorgens gegen 7.30 Uhr. Es fahren noch weitere Fähren wie die *Maendeleo* und die *Serengeti*, bei denen Seetüchtigkeit und Sicherheit allerdings fragwürdig sind. Von Wete nach Tanga und Mombasa in Kenia verkehren auch Daus, auf denen dürfen Ausländer jedoch nicht mitfahren.

Die Tickets für alle Fährlinien werden ohne Aufschlag bei den Reisebüros in Chake Chake, Wete und Mkoani verkauft. Wer sich einen Sitzplatz sichern will, sollte seine Fahrkarte im Voraus kaufen.

Bei der Ankunft taucht in der Regel ein Einreisebeamter auf, der die Reisepässe kontrolliert. Ist er am Hafen nicht zu sehen, muss man sich beim Einwanderungsbüro melden, sofern man nicht aus Sansibar eingereist ist.

Pemba

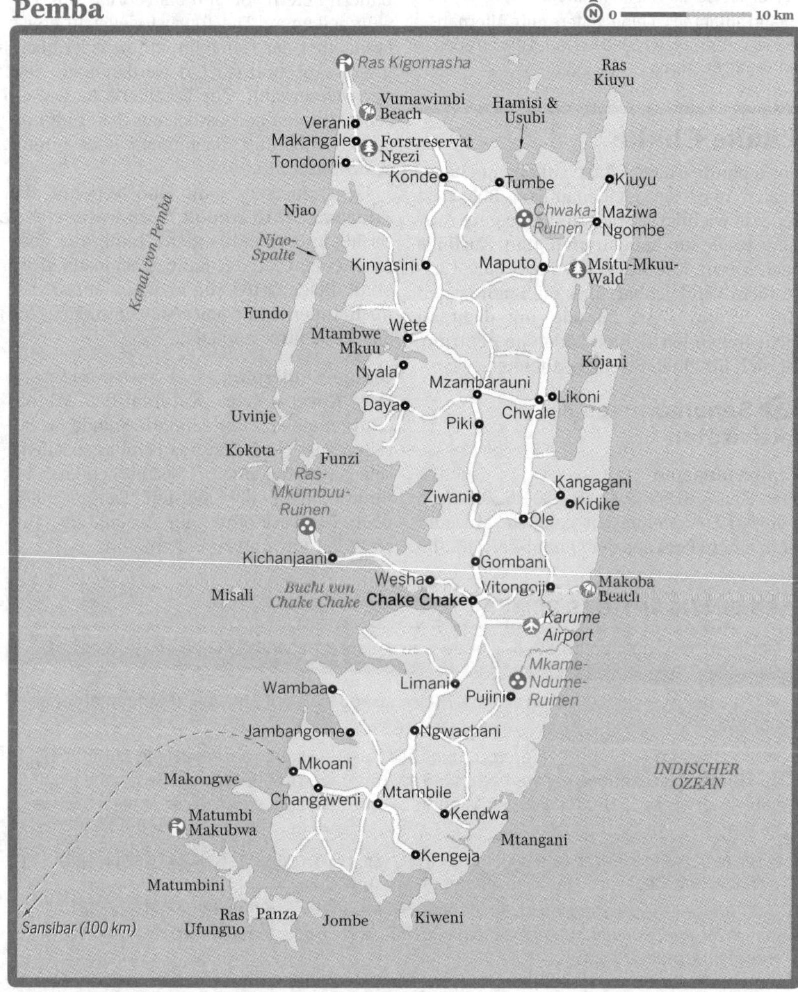

Unterwegs vor Ort

Auf den in der Regel asphaltierten Hauptstraßen sind überfüllte *dalla-dallas* unterwegs. Viele Ziele sind aber nur zu erreichen, indem man aus dem *dalla-dalla* an der nächsten Abzweigung aussteigt und den Rest zu Fuß zurücklegt. Man kann auch auf eine Mitfahrgelegenheit warten oder den Fahrer gegen ein Trinkgeld bitten, bis zum Ziel zu fahren. Taxis gibt es nur wenige.

Nur wenige Touristen mieten Autos auf Pemba, denn diese sind schwer im Voraus zu organisieren und die Straßen schlecht ausgeschildert. Für viele Leute ist es am einfachsten, ein Auto mit Fahrer zu mieten (rund 70 US$ pro Tag inkl. Benzin). In Chake Chake findet man Fahrzeuge und Fahrer am Uhrenturm; in Mkoani und Wete warten sie bei den Fischmärkten.

Fahrradfahren ist eine weitere gute Alternative; die Entfernungen sind kurz und die Straßen nur wenig befahren.

Chake Chake

Das lebhafte Chake Chake auf einem Hügelrücken über der gleichnamigen Bucht ist Pembas wichtigste Stadt und eine gute Ausgangsbasis für Tauchtouren und Ausflüge nach Misali. Mit Stone Town ist Chake Chake nicht vergleichbar, aber die Stadt ist auf eine attraktive Art marode, mit dicht an dicht stehenden kleinen Läden im Zentrum, die sich für einen Streifzug anbieten.

Sehenswertes & Aktivitäten

Pemba Museum MUSEUM
(Erw./Stud. 5/3 US$; ⌚ Mo–Fr 8.30–16.30, Sa & So 9–16 Uhr) Das kleine, gut geführte Museum ist in einem **Fort** aus der Omani-Zeit (18. Jh.) untergebracht, das auf den Resten der portugiesischen Garnison errichtet wurde. Es zeigt Exponate zur Inselgeschichte und zur Kultur der Suaheli. Wer erst hier haltmacht, hat später mehr vom Besuch von Kap Mkumbuu, Mkame Ndume und bei den Ruinen von Chwaka.

Pemba Essential Oil Distillery GEFÜHRTE TOUR
(Führung 3000 TSh; ⌚ Mo–Fr 8–15.30 Uhr) In dieser Destillerie außerhalb der Stadt bekommen Besucher Tanks mit Nelken, Zimt, Eukalyptusblättern, Zitronengras und Basilikum zu sehen, aus denen die ätherischen Öle destilliert werden. Auf Nachfrage im Büro wird eine Führung organisiert. Die Bauern liefern von Juli bis Februar ihre Gewürznelken an. Die Tour ist vielleicht etwas lasch, aber der Herstellungprozess ist hochinteressant, und vor Ort werden auch viele der Öle verkauft. Zur Destillerie läuft man zehn Minuten nordöstlich aus der Stadt hinaus in Richtung Machomani oder nimmt *dalla-dalla* 316.

Gewürznelken kauft und verkauft die **Zanzibar State Trading Corporation** (Mkoani Rd.) in der Stadt – gleich hinter der Post, nach einem kurzen Fußweg südöstlich der Stadt. Beide Orte kann man am einfachsten im Rahmen einer Spice-Tour besuchen, die alle Reisebüros anbieten.

Umoja-Kinderpark VERGNÜGUNGSPARK
Der Kiwanja cha Kufurahishia Watoto („Rummelplatz, um Kindern Freude zu bereiten") ist ein Relikt aus Pembas sozialistischer Vergangenheit. Überraschenderweise funktionieren die meisten Fahrgeschäfte noch. Der Park öffnet nur zweimal im Jahr: zu Eid al-Fitr und zu Eid al-Kebir.

EINZIGARTIGES PEMBA

Der Tourismus auf Pemba ist völlig anders als im übrigen Land, selbst anders als auf Sansibar:

- Trotz der wenigen Touristen sind die Preise so hoch wie auf Sansibar (manchmal sogar höher).
- Die meisten Geschäfte öffnen von 8 bis 15 Uhr und zwischen 17 und 21 Uhr. Außerhalb von Chake Chake haben nur wenige Läden an Sonntagen geöffnet. Viele Geschäfte schließen gegen 13 Uhr für ein paar Minuten, wenn die Männer zum Beten in die Moschee gehen.
- Bis auf lokales Gebräu (am beliebtesten ist *nazi*, ein vergorener Kokosnusswein) gibt es außerhalb der teuren Resorts auf der Insel kaum Alkohol.

Unverheiratete Paare dürfen in den meisten Hotels in der Stadt nicht gemeinsam in einem Zimmer schlafen (kein Problem in den Resorts); gelegentlich wird nach einer Heiratsurkunde gefragt.

Geführte Touren

Coral Tours GEFÜHRTE TOUR
(☎0777 437397; tours_travelpemba@yahoo.com; Main Rd.; ⏲8–17 Uhr) Coral Tours wird von dem charmanten, dynamischen Nassor Haji geführt und vermittelt zu günstigen Preisen kenntnisreiche Guides für Inseltouren (nach Misali, Ngezi, Kidike und zu den Gewürzplantagen). Eine halb-/ganztägige Tour mit Fahrer kostet in der Regel 70/120 US$; ein Auto allein kostet 50/70 US$. Das Büro verkauft auch Fähr- und Flugtickets, hilft beim Fahrradverleih und hält kleine touristische Landkarten bereit.

Schlafen

Le Tavern HOTEL $
(☎0777 429057; Main Rd.; EZ/DZ 20/30 US$) Die billigsten Zimmer der Stadt sind einfach und sauber, wenn auch ein wenig staubig – außerdem könnten sie etwas Farbe vertragen. Aber sie haben Moskitonetze und Ventilatoren, und es gibt Kaltwasserduschen.

Pemba Island Hotel HOTEL $
(☎0777 490041; pembaislandhotel@yahoo.com; Wesha Rd.; EZ/DZ/2BZ 40/60/80 US$; ❄📶) Saubere Zimmer mit Kabelfernsehen, Klimaanlage, Moskitonetzen und Warmwasser. Es gibt ein Dachrestaurant, das gute hausgemachte Gerichte serviert, z. B. *samaki na uali* (Fisch und Reis) mit würzigem Kachumbari-Salat. Nichts Besonderes, aber man kann auch nichts falsch machen.

Hifadhi Hotel HOTEL $$
(☎0777 245777, 024-2542775; http://hifadhihotel.com; Tibirinzi St.; EZ/DZ/Suite 90/110/150 US$; ❄@📶🏊) Ein Hotel mit gläserner Front, dessen modernes Erscheinungsbild in Chake Chake etwas schockiert. Es hat 14 türkisfarbene Zimmer mit coolen Vorhängen, sansibarischen Betten, Mini-Kühlschränken und Badeaccessoires, außerdem hat es den einzigen Pool der Stadt und zwei suahelische Restaurants.

Pemba Misali Sunset Beach RESORT $$
(☎0775 044713; www.pembamisalibeach.com; Wesha Rd.; EZ/DZ 90/120 US$; ❄@📶) 🍃 7 km von Chake Chake entfernt in den Mangroven vor Wesha. Das Resort hat für Pemba annehmbare Preise. Die teuersten Bungalows stehen direkt am weißen Sandstrand. Das Resort bietet Tauch-, Schnorchel- und Kanutrips durch den Mangrovenwald an. Das Restaurant befindet sich auf einer Terrasse mit Blick auf den Sonnenuntergang.

Chake Chake

Chake Chake

Sehenswertes
1 Pemba Museum ... A2

Aktivitäten, Kurse & Touren
2 Coral Tours ... B1

Schlafen
3 Hifadhi Hotel ... A1
4 Le Tavern ... B1
5 Pemba Island Hotel ... B1

Essen
Ahaabna ... (siehe 4)
6 Balloon Brothers ... B2
7 Chake-Chake Needs ... B1
8 Nabahani ... B2
9 Nachtmarkt ... B1
10 Samail Modern Hotel & Restaurant ... B1

Transport
dalla-dallas nach Mkoani ... (siehe 2)
11 *dalla dallas* nach Wesha ... B1
12 *dalla-dallas* nach Wete, Konde und Vitongoji ... B2
13 Haltestelle ... B1

Essen

In der Stadt findet ein kleiner **Nachtmarkt** statt, auf dem es gegrillten *pweza* und *maandazi* (Donuts) gibt, dazu eine Prise „Pemba-Leben".

Samail Modern Hotel & Restaurant SANSIBARISCH $
(☎0776 627619; Gerichte 4000–6000 TSh) Samail ist ein willkommener Neuzugang in der Restaurantsszene von Chake Chake. Es serviert mariniertes Hühnchenfleisch mit Reis

sowie Grillfisch und Biryanis. Die Eiscreme, Kuchen und frischen Fruchtsäfte sind ein weiterer Bonus.

Balloon Brothers SNACKS $
(Market St.; Snacks ab 100 TSh; ⌚ Mittagessen) Ein Lieblingslokal der Einheimischen, das Snacks wie Samosas, gezuckertes *ubuyu* (Baobab-Früchte) und *bungo*-Saft anbietet; Letzterer ist auf Pemba sehr beliebt. Wer etwas Reichhaltigeres essen will, sollte die *mishkaki* (marinierten Fleischspieße) probieren.

Ahaabna TANSANISCH $
(Le-Tavern; Main Rd.; Gerichte 5000–6000 TSh; ⌚ Abendessen) Das Restaurant in der obersten Etage von Le Tavern bietet jeden Tag nur ein Gericht an: entweder Pilaw oder Biryani mit einer Auswahl an grünen Bananen, Hühnchen oder Fisch.

Nabahani TANSANISCH $
(Misufuni St.; Gerichte 1500–3000 TSh) Typische lokale Gerichte wie Bohnen mit Reis, Hühnchen mit Klößen oder *ugali* (ein Gericht aus Mais- oder Maniokmehl).

Chake-Chake Needs SELBSTVERSORGER $
(Wete Rd.; ⌚ 8–16.30 & 17–21 Uhr) In diesem chaotischen kleinen Tante-Emma-Laden gibt's auch Erdnussbutter, Pasta und Cornflakes.

Pemba Misali Sunset Beach EUROPÄISCH, TANSANISCH $$
(Wesha Rd.; Gerichte 8000–16 000 TSh; ⌚ Mittag- & Abendessen) Essen am Meer mit verschiedenen einheimischen (Kokosnusscurry mit Garnelen) und internationalen Gerichten (Makkaroni mit Käse); 7 km westlich von Chake Chake in Wesha.

Praktische Informationen

Seit der Schließung der Barclays Bank gibt's keine Geldautomaten mehr auf Pemba. Einige wenige lokale Banken und Wechselstuben wechseln Geld (bevorzugt US-Dollar), aber alle haben schlechte Kurse. Zur Sicherheit sollte man genug Bargeld mitbringen.

Dira Hospital (☎ 0777 424418; Wete Rd., Machomane; ⌚ 7–21 Uhr) Privatklinik mit Apotheke.

Tawazul Internet (Main Rd.; 1000 TSh pro Std.; ⌚ 8–16 Uhr) Das günstig gelegene Internetcafé bietet den zuverlässigsten Service.

An- & Weiterreise

Die meisten Busse fahren an der Main Road ab, nur ein paar an der Bushaltestelle. Die *dalla-dallas* nach Mkoani (1500 TSh, 1½ Std.) parken bei den Coral Tours. *Dalla-dallas* nach Wete (1400 TSh, 1½ Std.), Konde (2000 TSh, 2 Std.) und Vitongoji (500 TSh, 30 bis 45 Min.) parken bei der PBZ Bank; die selteneren nach Wesha (500 TSh, 30 Min.) warten um die Ecke der Wesha Road. Nur die Fahrzeuge nach Pujini (1000 TSh, 1 Std.) stehen tatsächlich an der Bushaltestelle.

Unterwegs vor Ort

ZUM/VOM FLUGHAFEN

Die *dalla-dallas* aus Chake Chake nach Furaha lassen Fahrgäste am Flughafen (500 TSh, 20 Min.) aussteigen, nehmen dort aber keine mit. Da sie sehr unregelmäßig fahren, unbedingt rechtzeitig aufbrechen. Ein Taxi zur Stadt kostet 15 000 bis 20 000 TSh.

AUTO & MOTORRAD

In Chake Chake fahren ein paar Taxis, und die Reisebüros vermieten Autos und Motorräder. Die Preise liegen im Durchschnitt bei 40 US$ bis Mkoani und 70 US$ zum Kap Kigomasha.

Rund um Chake Chake

Wer in Chake Chake übernachtet, kann mit dem Fahrrad oder per Taxi in der Nähe etliche interessante Sehenswürdigkeiten besichtigen.

Sehenswertes

Ras Mkumbuu RUINEN
(Erw./Stud. 5/3 US$) Ras Mkumbuu ist eine lange, schmale Landzunge nordwestlich von Chake Chake. An ihrer Spitze stehen die **Ruinen** einer Siedlung, die früher als Qanbalu bekannt war, die älteste muslimische Stadt Afrikas. Sie wurde im 8. Jh. gegründet und gehörte im 10. Jh. zu den mächtigsten Städten an der ostafrikanischen Küste. Unter den Ruinen zeichnen sich die Mauern einer Moschee, mehrere Gräber und Häuser aus. Sie stammen aus dem 14. Jh. und sind inzwischen von Vegetation überwuchert.

In der Regenzeit geht's mit dem Auto nicht weiter als bis Kichanjaani (Depu), zur Siedlung sind es dann noch 3,5 km Fußweg. Eine Alternative wäre ein Boot ab Wesha.

Makoba Beach STRAND
Die Küste von Vitongoji besteht aus mehreren kleinen attraktiven, von Affenbrotbäumen gesäumten Buchten mit merkwürdig verwitterten Felsen und etwas Sand. Die meisten Strände sind zwar landschaftlich spektakulär, aber kaum zum Schwimmen geeignet (bei Flut kann man allerdings zwischen den Felsen tauchen). Der beste ist der

NICHT VERSÄUMEN

MISALI

Ein kleines Stückchen Paradies inmitten von kristallklarem Wasser und einigen der faszinierendsten Korallenriffe des Archipels – Misali wird niemanden enttäuschen. Es gibt Naturpfade über und unter Wasser – das Besucherzentrum vermittelt Guides. Der **Mbuyuni-Strand** im Nordwesten der Insel hat feinen, weißen Sand und ein Besucherzentrum. Etwa 10 Minuten Fußweg südlich vom Zentrum liegt die **Bendera-Höhle**. Angeblich leben hier die Geister der Ahnen, und einige Pembaner halten hier Rituale ab. Die größeren **Mpapaini-Höhlen** liegen weiter im Westen. Nistende Meeresschildkröten und brütende Seevögel bevorzugen die geschützten Strände auf der Westseite. Es gibt keine Dauersiedlungen auf Misali, die Insel wird jedoch von den einheimischen Fischern genutzt. Touristen dürfen hier nicht campen.

Die Insel gehört zum **Pemba Channel Conservation Area** (PECCA; Erw./Stud 5/3 US$), das die gesamte Westküste Pembas einschließt. Taucher, Schnorchler und Strandbenutzer, die Misali oder einen anderen Abschnitt des Schutzgebietes besuchen, müssen Eintritt bezahlen.

Man kann Misali von Wesha aus auf eigene Faust erkunden, aber es ist einfacher – und nicht viel teurer – Exkursionen in den Hotels oder Reisebüros zu buchen. Coral Tours in Chake Chake, das Ocean Panorama Hotel in Mkoani und das Sharook Guest House in Wete berechnen für eine Tour weniger als 110 US$ für zwei Personen (inklusive Mittagessen und Eintrittsgeldern).

Makoba Beach 7 km östlich von Chake Chake. Am Ende der Asphaltstraße hinter Vitongoji geht's nach links; die andere Straße führt zum kleineren **Liko La Ngezi-Strand**.

Die *dalla-dallas* fahren nur bis Vitongoji (500 TSh, 30 bis 45 Min.); von dort sind es noch 2 km bis zum Makoba-Beach. Manchmal lässt sich der Fahrer für 2000 TSh zur Weiterfahrt überreden. Die Strecke ist gut von Chake Chake aus mit dem Fahrrad zu schaffen.

Ruinen von Mkame Ndume (Pujini) RUINEN
Die stimmungsvollen Ruinen von Pujini (Ende 15. bis Anfang 16. Jh.) waren einst ein Fort oder ein Palast des grausamen Mohammed bin Abdul Rahman, der Pemba vor der Ankunft der Portugiesen beherrschte. Rahman wurde als Mkame Ndume („Menschenmelker") bekannt. Für die Bewohner von Pemba war sein Name ein Synonym für Grausamkeit. Die wichtigste Ruine ist eine große Steintreppe zu einem heute ausgetrockneten kilometerlangen Kanal, der bis zum Meer führt. Obwohl nur noch wenige Mauern aufrecht stehen, können sich Besucher mit Fantasie vielleicht Pujinis Macht zu seiner Glanzzeit vorstellen.

Die Ruinen liegen 10 km südöstlich von Chake Chake in der Nähe von Pujini. Die *dalla-dallas* von Chake Chake nach Pujini (1000 TSh, 1 Std.) fahren unregelmäßig, und die Ruinen sind nicht gut ausgeschildert. Ein Taxi von Chake Chake kostet etwa 30 000 TSh (hin & zurück).

Wambaa

Gleich südlich von Chake Chake erstreckt sich eine Landschaft voller Bananenstauden, Jackfrucht- und Papayabäume, wo in der Hochsaison überall an den Straßen auf Matten Gewürznelken zum Trocknen ausliegen. Hier mittendrin befindet sich das Dorf Wambaa mit dem palmengesäumten Wambaa-Strand in der Nähe und der Fundu Lagoon, dem exklusivsten Anwesen der Insel.

Schlafen

Fundu Lagoon LODGE **$$$**
(☎ 0774 438668; www.fundulagoon.com; Zi. mit Vollpension auf dem Hügel 750–880 US$, am Strand 830–980 US$; ⏰ Mitte Juni–Mitte April; @ ≋) Die luxuriösen Zelte, alle mit privatem Pool, liegen auf einem flachen Hang mit Blick über das Meer und verstecken sich zwischen der Vegetation. Neben der herrlichen Bar auf einem langen Steg über dem Wasser gibt's ein Spa und einen Fünf-Sterne-PADI-Tauchveranstalter, der Touren nach Misali und vor die Südspitze Pembas unternimmt. Hinzu kommen zahlreiche weitere Ausflüge zu Wasser – vom Paddeln durch die Mangroven bis zu Dau-Touren in den Sonnenuntergang.

Im Preis sind nichtmotorisierte Aktivitäten wie Kajaktouren oder Dau-Kreuzfahrten inklusive. Wer ein paar Tage länger in der Lodge übernachtet, bekommt Rabatt. Kinder unter 12 Jahren werden nicht aufgenommen.

Mkoani

Mkoani ist zwar der Haupthafen Pembas, hat aber bislang allen Entwicklungsprojekten widerstanden und blieb ein sehr kleiner und ruhiger Ort. Es gibt ein gutes Gästehaus, für Verpflegung sorgen Straßenstände am Hafen, die Tag und Nacht Gerichte servieren.

Das Einwanderungsbüro liegt vom Hafen 500 m die Hauptstraße hinauf. Das von Chinesen betriebene Abdalla Mzee Krankenhaus, das beste in Pemba, steht auf dem nächsten Hügel in Uweleni.

Am Hafeneingang fahren regelmäßig Busse nach Chake Chake (1500 TSh, 1½ Std.), Wete (3000 TSh, 2 Std.) und Konde (3500 TSh, 2½ Std.) ab.

Schlafen

Zanzibar Ocean Panorama HOTEL $

(☎ 0773 545418, 024-245 6166; www.zanzibaroceanpanorama.com; Mkoani; B/EZ/2BZ 20/35/50 US$; ❄ @) Das freundliche Hotel steht auf einem Hügel mit Blick aufs Meer. Die Zimmer sind hell und sauber mit Bodenbelägen und Betten im Sansibar-Stil. Der Manager Ali kennt sich bestens in Pemba aus und vermittelt Touren, die ihren Preis wert sind, beispielsweise Dau-Kreuzfahrten, Schnorcheln vor Misali oder Trips zum alten Wrack (zwischen Oktober und März, wenn es nicht so windig ist) am Ras Ufunguo. Am Hafenausgang nach links gehen und 700 m weit den Hügel hinauf. Mittag- und Abendessen (Gerichte 15 US$) müssen im Voraus gebucht werden.

Insel Kiweni

Die friedliche, abgelegene Insel – auf einigen Karten auch als Shamiani verzeichnet – liegt direkt vor Pembas Südostküste und ist umgeben von Mangroven und langen, unberührten Sandstränden, die Kolonien von Meeresschildkröten als Nistfläche dienen. Die Gewässer vor der Küste sind hervorragende Schnorchelreviere. Bis vor Kurzem war Kiweni vom Tourismus noch unberührt und die Dorfbewohner lebten von Fischerei und Landwirtschaft. Jetzt zieht die Pemba Lodge abenteuerfreudige Traveller an, die Erlebnisse abseits ausgetretener Pfade suchen.

Schlafen

Pemba Lodge LODGE $$

(☎ 0777 415551; www.pembalodge.com; VP 165 US$ p. P.) Die Pemba Lodge nimmt sich an der extrem erfolgreichen Chumbe Island ein Beispiel und präsentiert ihren Gästen ein Paradies im Robinson-Crusoe-Stil mit umweltfreundlicher Führung. Die fünf Stelzenbungalows bestehen aus Naturmaterialien und sind mit Möbeln aus recycelten Dau-Teilen, Solarstrom, Regenduschen und Komposttoiletten ausgestattet. Zum Abendessen gibt's Meeresfrüchte von den Fischern vor Ort, und Kajak- sowie Schnorcheltouren sind bereits im Zimmerpreis enthalten. Die Lodge engagiert sich auch für den Schildkröten-Schutz.

Ein Transfer von Mkoani kostet 30 US$, vom Flughafen 60 US$. Die Lodge bietet auch Segeltrips auf Katamaranen oder Dau-Kreuzfahrten, die im Partnerhotel Mnarani Beach Cottages (S. 108) in Nungwi gebucht werden können.

Wete

Das heruntergekommene Wete liegt an einem Meeresarm an der Nordwestküste der Insel. Es ist Pembas zweitgrößter Hafen und eine gute Basis für Ausflüge in den Norden. Hier bestehen auch die besten Voraussetzungen, die Pemba-Flughunde zu sehen: Vom Hafen hügelaufwärts hängen sie in großer Kolonie in ihren Schlafbäumen.

Schlafen & Essen

Pemba Crown Hotel HOTEL $

(☎ 0777 493667; www.pembacrown.com; Bomani Ave.; EZ/DZ 30/40 US$; ❄) Das große, weiß gestrichene und mit Balkonen geschmückte Hotel ist die beste Unterkunft in Wete. Die 15 Zimmer haben stabile Betten, Klimaanlage und einfache Möbel. Es gibt kein Restaurant, aber es wird ein schlichtes Frühstück serviert.

Sharook Guest House GÄSTEHAUS $

(☎ 0777 431012; www.pembaliving.com; Wete; EZ/DZ 35/50 US$) Das Gästehaus mit vier Schlafzimmern wird von den Brüdern Sharook geführt und ist die gemütlichste Unterkunft der Stadt. Die freundlichen englischsprachigen Besitzer halten jede Menge Reisetipps zur Insel bereit. Sie empfehlen auch gute und preiswerte Exkursionen zu den Ruinen von Mtambwe Mkuu (5 US$ p. P.), nach Fundo Island (30 US$ für das Boot) und zum Ngezi-Wald (35 US$ p. P.). Außerdem organisieren sie Mietautos, Fahrräder und Motorräder. Es gibt kein Restaurant; wer abends hier essen will, muss im Voraus bestellen – die Gerichte werden dann im Fernsehzimmer serviert.

Wete

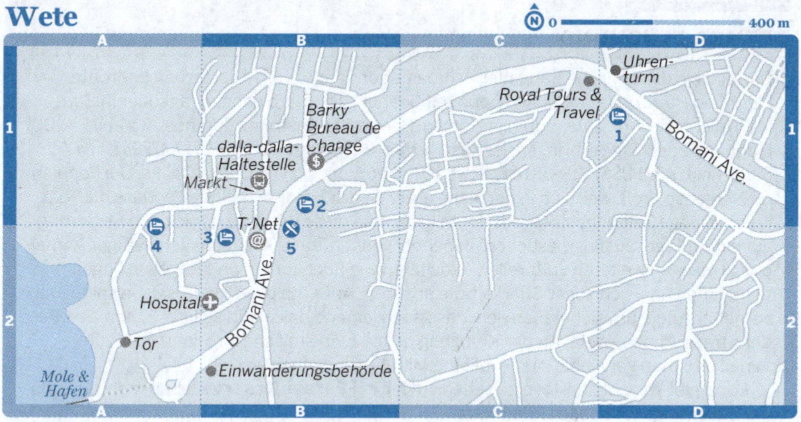

Sharook Riviera Grand Lodge GÄSTEHAUS $
(☎ 0777 431012; www.pembaliving.com; B 20 US$, EZ/DZ 30/50 US$; ❄) Größer und besser als das Stammhaus, aber weniger gemütlich. Die sogenannte „Grand Lodge" verfügt über acht einfache Zimmer mit Privatbädern, sansibarischen Betten, Moskitonetzen und Klimaanlage. Das Dachrestaurant bietet einen hübschen Ausblick über die Bucht.

Hill View Inn GÄSTEHAUS $
(☎ 0776 338366; EZ/DZ 20/30 US$, Zi. ohne Bad 15 US$) Das kleine Gästehaus hinter den hässlichen grauen Appartments hat schnörkellose, saubere Zimmer, die oberen sind besser, weil dort gelegentlich eine frische Brise weht. In der Lounge steht ein Satelliten-TV; auf Bestellung gibt es Essen und heißes Wasser.

Times Restaurant TANSANISCH, EUROPÄISCH $
(Bomani Ave.; Gerichte 6000 TSh; ⏲ Frühstück, Mittag- & Abendessen) Das Times bemüht sich, mit weißen Tischdecken etwas mehr Klasse in Wetes Alltag zu bringen. Auf der Karte stehen Garnelen-Curry, Tandoori-Hähnchen und Pizza. Allerdings sollte man den Koch ein paar Stunden vorher informieren, damit die Gerichte auch wirklich zubereitet werden.

Praktische Informationen

Barky Bureau de Change (Bomani Ave.; ⏲ Mo–Sa 8.30–15.45, So 8.45–12.30 Uhr) Der beste Ort in der Stadt, um Geld zu wechseln.

T-Net (Bomani Ave.; pro Std. 1500 TSh; ⏲ 8.30–15 & 19–21 Uhr) Pembas bestes Internetcafé.

Royal Tours & Travel (☎ 0777 429244; royaltours@live.com; Bomani Ave.; ⏲ Mo–Sa 8–15, So 8–12 Uhr) Flug- und Fährtickets, Fahrzeugverleih und geführte Touren.

Wete

Schlafen

1 Hill View Inn D1
2 Pemba Crown Hotel B1
3 Sharook Guest House B2
4 Sharook Riviera Grand Lodge A2

Essen

5 Times Restaurant B2

An- & Weiterreise

Zwei *dalla-dalla*-Linien (beide 606) verbinden Wete mit Chake Chake (1400 TSh, 1½ Std.). Die meisten Wagen benutzen östlich die schnellere „neue" Straße (grün markiert), andere (rot markiert) fahren auf der „alten" Straße über Ziwani, die mehr durch Wald führt und ein paar Mal einen Blick zum Meer erlaubt. Nach Konde (1500 TSh, 1 Std.) fahren regelmäßige *dalla-dallas*.

Der Shuttlebus von Wete nach Mkoani (3000 TSh) ist auf die Abfahrts- und Ankunftszeiten der meisten Fähren abgestimmt. Die Fahrgäste werden an verschiedenen Stellen in der Stadt aufgenommen; Abfahrt in Wete: drei Stunden, bevor die Fähre ablegt.

Tumbe

Das große Dorf Tumbe liegt an einer sandigen Bucht an der Nordküste, die beiderseits von Mangroven gesäumt ist. Hier findet Pembas größter **Fischmarkt** statt. Wer sich in der Gegend aufhält, sollte ihn nicht verpassen. In Tumbe und in einigen anderen Orten (beispielsweise Chwale, Pujini und Kidike) werden noch immer die eher harmlosen **Stierkämpfe** veranstaltet, die angeblich auf die portugiesische Kolonialzeit zu-

ABSTECHER

PEMBA-FLUGHUND

Das einzige endemische Säugetier Pembas ist der große vom Aussterben bedrohte Flughund *Pteropus voeltzkowi* (*popo* auf Suaheli). Die Tiere hängen tagsüber in Bäumen, nicht wie ihre Verwandten in Höhlen. Der größte Rastplatz der Insel, wo etwa 4000 Flughunde den Tag verbringen, ist das **Kidike-Schutzgebiet** (☎0777 472941; Erw./Stud./Kind 5/3/1 US$; ⌚9–18 Uhr), etwa 10 km nordöstlich von Chake Chake. Die Population ist hier so groß, weil sich in der Nähe ein örtlicher Friedhof befindet, sodass die Kolonie lange Zeit ungestört war. Heute kann man diese Initiative der lokalen Regierung auf einem Tagesausflug besuchen; nebenbei können Traveller (nach rechtzeitiger Anmeldung) auch an weiteren kulturellen Aktivitäten wie Kochkursen und Angelausflügen teilnehmen und sich sogar Stierkämpfe ansehen. Außerhalb der Hauptsaison sollte man vorher anrufen, um sicherzustellen, dass auch jemand da ist. Kidike liegt 3,5km abseite der Straße Chake–Wete. An der Kreuzung bieten Einheimische ihre Fahrräder zum Verleih an; man kann aber auch auf eine Mitfahrgelegenheit warten.

Popo gibt es auch in **Wete** zu sehen. Im **Ngezi Forest Reserve** leben mehrere Kolonien, allerdings weit abseits der Wege.

rückgehen. Für gewöhnlich werden sie nach der Reisernte, zu Neujahr und manchmal auch am Tag des Tourismus (27. September) abgehalten.

In Tumbe oder im nahen Konde gibt es keine Unterkünfte. Die *dalla-dallas* von Chake Chake nach Konde fahren an Chwaka und Tumbe (2000 TSh, 2 Std.) vorbei. Ab Wete muss man in Konde für das letzte Stück das Fahrzeug wechseln

Sehenswertes

Ruinen von Chwaka RUINEN

(Erw./Kind 5/3 US$) Bei Chwaka, etwa 1,5 km südöstlich von Tumbe, liegen unter Palmen und in Cassava-Feldern die Ruinen von Chwaka, die aus dem 9. Jh. stammen. Der bekannteste der Ruinenstandorte heißt **Haruni**, mit den Resten einer Stadt, die vom 11. bis 15. Jh. möglicherweise 5000 Einwohner hatte. Der Ort wurde nach Harun benannt, dem Sohn von Mkame Ndume, der nach der Überlieferung ebenso grausam war wie sein Vater. Der Legende nach – in der Realität eher unwahrscheinlich – ist er in dem Säulenbau neben der halb zerstörten **Freitags-Moschee** begraben.

Ngezi Forest Reserve

Der dichte und in einigen Abschnitten üppig-feuchte Wald von Ngezi ist nur ein Teil des ausgedehnten Naturwaldes, der einst den Westen Pembas bedeckte. Er ähnelt in seiner Zusammensetzung eher den Gebirgsregenwäldern Ostafrikas als den Tieflandwäldern auf Sansibar. Das 1476 Hektar große **Reservat** (Eintritt/Transitgebühr 5/2 US$; ⌚7.30–15.30 Uhr) besteht aus Wäldern mit doppeltem Baumkronendach: Die obere Schicht bilden Mgulele-, Mwavi-, Mtondoo- und Mvul-Bäume. Sie erheben sich 40 m hoch über den Lianen, die sich dazwischen schlängeln und lärmenden Affen als Pendel dienen. Das **Besucherzentrum** liegt 4 km westlich von Konde an der Straße nach Ras Kigomasha.

Durch den Wald führen zwei Naturpfade; Abstecher abseits vom Weg sind erlaubt, doch bei den Wanderungen durch den Wald muss ein Naturführer dabei sein (einige sprechen Englisch). Die meisten Besucher folgen dem **Josh Trail** (pro Person 6000 TSh); er dauert eine Stunde und bietet gute Chancen (frühmorgens oder am Spätnachmittag), Vögel und Sansibar-Stummelaffen zu sehen. Ein Highlight des **Toofik Trail** (10 000 TSh), der fünf bis sieben Stunden dauert, ist der Schlangenteich mit Speikobras und anderen Schlangen. Die Ranger veranstalten zudem **Abendführungen** (10 000 TSh); die meisten Teilnehmer hoffen, eine Pemba-Zwergohreule zu entdecken, eine der vier endemischen Vogelarten der Insel.

Ein Taxi von Konde (man muss vor Ort etwas herumfragen) kostet 5000 TSh. Kervan Saray (S. 131) fährt seine Gäste kostenlos her.

Halbinsel Kigomasha

Nördlich des Waldes von Ngezi gehen die dichten Wälder in Buschland über, das sich bis zur abgelegenen Halbinsel Kigomasha hinaufzieht. Man kann bis zum **Leuchtturm** (Eintritt 5 US$) auf der Landspitze laufen, der herrlichen Ausblick auf das Umland gewährt.

Auf der Ostseite der Halbinsel befindet sich der traumhafte 4 km lange **Vumawimbi-Strand**. Der Ausblick auf die Fischer, die ihre Netze flicken, und die *ngalawas*, die auf den Wellen schaukeln, ist so idyllisch, dass man sich mehrmals die Augen reiben muss, um sicherzugehen, dass man nicht gestorben und im Paradies gelandet ist. Ein wirklich einsamer Ort, am besten kommt man in Begleitung her und bringt Picknick mit.

Der **Verani-Strand** auf der Westseite der Halbinsel schneidet im Vergleich schlechter ab, ist aber kaum weniger schön. An seinem Nordende liegt die **Pango Ya Watoro** (Höhle der Flüchtlinge). Bei Ebbe kann man den ganzen Strand entlang zum Leuchtturm laufen (auf eigene Faust nicht empfehlenswert) – aber unbedingt informieren, wann die Flut kommt, sonst sitzt man fest.

Vor der Küste locken spektakuläre **Tauchspots** wie das Swiss Reef-Meeresgebirge, das schwammbedeckte Edge, das in den Kanal von Pemba abfällt, und die Njao Gap mit ihren Felswänden, Gebirgen und Korallengärten. Delfine, große Mantarochen und Wale sind ebenfalls häufige Besucher.

Aktivitäten

Swahili Divers TAUCHEN
(www.swahilidivers.com) Das Fünf-Sterne-PADI-Tauchzentrum liegt bei Kervan Saray und ist seit 1999 auf der Insel tätig. Es bietet gute Tauchpakete mit hervorragendem Preis-Leistungs-Verhältnis; die Tour mit sieben Übernachtungen z. B. beinhaltet Unterkünfte, Verpflegung, Transfers, Tauchausrüstung und zehn Tauchgänge plus eine Kajak- und eine Wandertour (1865 US$ p. P.).

Schlafen & Essen

Am Verani-Strand – gegenüber den Tauchspots – gibt's einige Unterkünfte.

Matango Beach Resort RESORT **$$**
(☎0777 009315, 0777 481629; www.matangobeachresort.com; Makangale; DZ/FZ 100/160 US$; ❄ 🏊) Das preiswerte Resort ist ein willkommener Neuzugang in der Hotelszene am Verani-Strand. Es bietet hübsch konstruierte Strandhütten mit Strohdächern, kleinen Terrassen und privaten Barbecues. Die Zimmer sind riesig, klimatisiert und liegen fast direkt am Strand – von der eigenen Terrasse aus hat man einen schönen Blick auf den Sonnenuntergang.

Kervan Saray Beach Lodge LODGE **$$**
(☎0773 176737; www.kervansaraybeach.com; B mit Vollpension 55 US$, EZ/DZ 160/250 US$; P @ 📶 🏊) Die beinahe luxuriöse Lodge ist ein hübsches, sehr relaxtes Resort an der Küste (den Strand gibt's nur die Hälfte des Jahres) beim Dorf Makangale. Die Gäste sind in Bungalows mit hohem Dach untergebracht, die mit Anklängen an arabische Themen gestaltet sind, oder in einem Schlafsaal mit sechs Betten; das Restaurant serviert ein festes Tagesmenü (Nicht-Gäste 15 US$). Swahili Divers hat seinen Sitz hier – Tauchen ist natürlich die Hauptaktivität, aber Schnorcheln und Kajakfahren sind ebenfalls möglich. Selbst Fahrten über die Inseln oder auch Camping auf einsamen Inseln ist hier im Angebot.

Der Transfer vom Flughafen kostet pro Wagen 90 US$.

Manta Resort RESORT **$$$**
(☎0776 718853, 0776 718852; www.themantaresort.com; DZ im Garten Vollpension 495–595 US$, DZ am Strand 745 US$; ❄ @ 📶 🏊) Das Resort am Verani-Strand liegt wunderschön auf einem Hang mit frischer Brise und herrlichem Blick auf das Meer. Die Gäste wohnen in Hütten, die sich am Strand und im Garten verteilen. Alle verfügen über private Terrassen, polierte Betonfußböden und komfortable Kingsizebetten. Das Highlight ist jedoch die exzentrische, aber wundervolle schwimmende Suite (1500 US$ pro Nacht) mit Dachterrasse, Speiseterrasse und Unterwasser-Schlafraum, der atemberaubenden Ausblick auf umherschwimmende Mantarochen, Kraken und tropische Fische bietet.

Auch das restliche Resort versprüht luxuriöse Atmosphäre – mit Pool, Strandbar und einer Terrasse mit Blick auf unvergessliche Sonnenuntergänge. Behandlungen im Spa sind kostenlos; angeboten werden Tauchen (PADI Fünf-Sterne-Zentrum), Kajakfahren auf dem Meer, Dau-Kreuzfahrten und Angeltouren im Charterboot.

Der Transfer vom Flughafen kostet 90 US$ pro Person. Kinder unter sieben Jahren werden nicht mitgenommen.

An- & Weiterreise

Die einzigen *dalla-dallas* auf dieser Straße fahren von Makangale nach Konde (1000 TSh, 1 Std.) um 7 Uhr ab und kommen um 13 Uhr zurück. Manchmal fährt etwas später noch ein Laster.

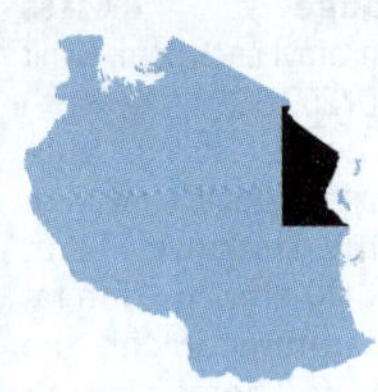

Nordöstliches Tansania

Inhalt ➡

Die schönste Natur

➡ Naturschutzgebiet Amani (S. 150)

➡ Nationalpark Saadani (S. 136)

➡ Maziwe-Meeresschutzgebiet (S. 141)

Die beste Kultur

➡ Usambara-Berge (S. 149)

➡ Pare-Berge (S. 157)

➡ Bagamoyo Arts Festival (S. 135)

Auf in den Nordosten

Der Nordosten Tansanias lockt mit Küste, Bergen und faszinierenden Kulturen. Zusammen mit der leichten Zugänglichkeit und dem fehlenden Touristenansturm machen sie ihn zu einem attraktiven Ziel für einen Aufenthalt in Tansania.

Entlang der Küste liegen die moosbedeckten Ruinen von Kaole und Tongoni, Bagamoyo versetzt einen in die Zeit von Livingstone, um Pangani locken palmengesäumte Sandstrände, in Saadani, einem ans Meer grenzenden Nationalpark, können Strand und Busch genossen werden. Das Hinterland lockt zum Wandern auf Waldwegen durch die Usambaras, und an den Markttagen sieht man dem Volk Sambaa zu. Man lernt die Traditionen der Pare kennen oder erlebt den Busch im nur selten besuchten Nationalpark Mkomazi.

Der größte Teil des Nordostens ist in einer halbtägigen Fahrt mit dem Auto oder Bus von Daressalam oder Arusha aus zu erreichen, und es bestehen gute Verbindungen nach Sansibar. Die Hauptstraßen sind in einem passablen Zustand, und es findet sich eine recht große Auswahl an Unterkünften.

Reisezeit

Lushoto

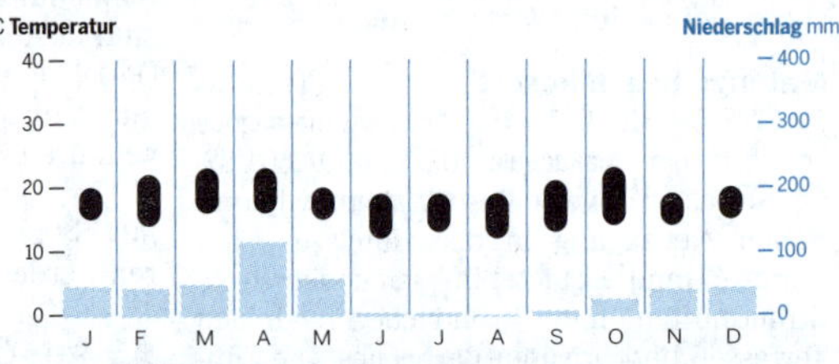

März–Mai In den Usambara- und Pare-Bergen ist es matschig und glatt, die Landschaft ist aber saftig grün.

Okt. Beim Bagamoyo Arts Festival, einem Kulturspektakel, wird getrommelt, getanzt und mehr.

Juni–Nov. An den Stränden faulenzen und in den Bergen Zuflucht vor der Hitze suchen.

Highlights

1. An den langen weißen Stränden um **Pangani** (S. 140) faulenzen und dabei ein Gefühl für die Suaheli-Geschichte und -Kultur bekommen.
2. Auf gewundenen Pfaden in den landschaftlich wunderschönen **Usambara-Bergen** (S. 149) wandern.
3. Schnorcheln im **Maziwe-Meeresschutzgebiet** (S. 141).
4. Durch die geschnitzten Türen und alten Gebäude der früheren kolonialen Hauptstadt **Bagamoyo** (S. 134) in die Vergangenheit blicken.
5. In und um den **Nationalpark Saadani** (S. 136) am Strand braten und wilde Tiere beobachten.
6. Kultur und Brauchtum in den **Pare-Bergen** (S. 157) kennenlernen.
7. Den Busch im wilden **Nationalpark Mkomazi** (S. 160) entdecken.

Geschichte

Seit mindestens 2000 Jahren zieht der Nordosten Tansanias Reisende an. Im 1. Jahrhundert erwähnte der Verfasser der Seefahrerchronik Periplus Maris Erythraei („Küstenfahrt des Roten Meeres") die Existenz des Handelshafens Rhapta, der vermutlich irgendwo in der Gegend des heutigen Pangani lag. Mehrere Jahrhunderte später entstand eine Kette von Siedlungen entlang der Küste mit Verbindungen zu Häfen in Arabien und im Orient. Heute sind Spuren dieser langen Geschichte am besten entlang der Küste in Kaole, Tongoni, Pangani und Bagamoyo zu sehen.

Bagamoyo

Wer durch Bagamoyos enge, ungepflasterte Straßen bummelt oder am Hafen den Daus (alte arabische Segelschiffe) beim Beladen zusieht, fühlt sich unweigerlich in die Zeit Mitte des 19. Jahrhunderts entführt. Damals war die Stadt eine der bedeutendsten Siedlungen an der Küste Ostafrikas und die Endstation der Handelskarawanen, die vom Tanganyika-See zum Indischen Ozean zogen. Sklaven, Elfenbein, Salz und Kopra wurden entladen, bevor sie mit dem Schiff nach Sansibar und anderswohin transportiert wurden. Viele europäische Entdecker, darunter Richard Burton, Henry Morton Stanley und David Livingstone, begannen und beendeten hier ihre Expeditionen. Im Jahr 1868 schufen französische Missionare das „christliche Freidorf" in Bagamoyo als Zufluchtsort für befreite Sklaven, und den Rest des Jahrhunderts diente die Stadt als Station für Missionare, die von Sansibar ins Landesinnere reisten.

Von 1887 bis 1891 war Bagamoyo die Hauptstadt von Deutsch-Ostafrika, und 1888 war sie das Zentrum der Abushiri-Revolte, der ersten größeren Erhebung gegen die deutsche Kolonialherrschaft. Doch die Verlegung der Hauptstadt nach Daressalam im Jahr 1891 führte zu einem allmählichen Verfall Bagamoyos und die Stadt hat sich bis heute nicht erholt. Trotzdem machen Bagamoyos Lethargie, seine lange Geschichte und der verschlafene Charme es zu einem lohnenden Ziel für einen Tages- oder Wochenendausflug von Daressalam. Am südöstlichen Ortsrand befinden sich Strände, an denen bei Flut gebadet werden kann. Die Stadt ist jedoch ein eher teures Pflaster, denn alle Sehenswürdigkeiten kosten Eintritt. Infos gibt's im Katholischen Museum (S. 134) und im Caravan-Serai-Museum (S. 135); dort können auch Guides angeheuert werden.

Sehenswertes & Aktivitäten

Bagamoyo-Stadt HISTORISCHE STÄTTE

(Erw./Kind 20 000/10 000 TSh) Mit seinen Toren voller Spinnenweben und verfallenen Kolonialbauten aus der deutschen Zeit ist das zentrale Bagamoyo oder *Mji Mkongwe* (Steinstadt), wie es von den Einheimischen auch genannt wird, einen ausgiebigen Spaziergang wert. Die interessanteste Gegend liegt an der Ocean Road, wo die Überreste der 1897 errichteten alten **deutschen boma** (ein befestigter Wohnblock) und das **Liku-Haus** – der Verwaltungshauptsitz der Deutschen – stehen. Die Schule stammt übrigens aus dem späten 19. Jh. und war die erste gemischtrassige Schule im Gebiet des heutigen Tansania.

Direkt am Strand liegt das **deutsche Zollhaus** (1895), Bagamoyos **Hafen**, wo man Bootsbauern bei der Arbeit zuschauen kann, und ein belebter **Fischmarkt** (an der Stelle des alten Sklavenmarktes), wo an den meisten Nachmittagen lautstarke Auktionen stattfinden. Nordwestlich von hier geht's zu mehreren kleinen Straßen mit geschnitzten Türen, wie man sie auch anderswo an der Küste findet. Weiter südlich liegt das **Alte Fort** aus der Mitte des 19. Jahrhunderts. Die unverhältnismäßig hohe Gebühr für die Besichtigung der Altstadt muss in der Zweigstelle des **Altertümer-Büros** im Alten Fort bezahlt werden; dort stehen auch Guides bereit.

Katholisches Museum MUSEUM

(☎023-244 0010; 10 000 TSh; ⌚10–17 Uhr) Ungefähr 2 km nördlich der Stadt, zu erreichen über eine lange, von Mangobäumen beschattete Allee, liegt eins der Highlights von Bagamoyo: eine Mission mit eigenem Museum. Auf demselben Gelände steht die Kapelle, in der Livingstones Leichnam aufgebahrt lag, bevor er nach Sansibar und weiter nach London in die Westminster Abbey gebracht wurde. Die Mission entstand im Jahr 1868 anlässlich der Gründung des „christlichen Freidorfs" und ist damit die älteste in Tansania.

Kaole-Ruinen RUINE

(Erw./Kind 20 000/10 000 TSh; ⌚Mo–Fr 8–16, Sa & So 9–17 Uhr) Gleich südlich von Bagamoyo stehen diese eindrucksvollen Ruinen. In ihrer Mitte befinden sich die Überreste einer Moschee aus dem 13. Jahrhundert, eine der ältesten Moscheen auf dem Festland Tansanias und auch eine der ältesten in Ostafrika. Sie wurde in der Zeit errichtet, als der Sultan von Kilwa den Küstenhandel beherrschte, und lange bevor Bagamoyo irgendwelche Bedeutung besaß. In der Nähe befinden sich eine zweite Moschee, die auf das 15. Jahrhundert zurückgeht, und rund 22 Gräber aus der gleichen Zeit.

Unter den Gräbern sind mehrere Shirazi-Säulengräber, die an jene in Tongoni erinnern, aber besser erhalten sind. Ein kleines Museum zeigt chinesische Porzellanscherben und andere Fundstücke aus der Gegend. Östlich der Ruinen befindet sind hinter einem dichten Mangrovenhain der alte, heute versandete Hafen, der während der Blütezeit von Kaole benutzt wurde.

Der direkteste Weg zu den Ruinen führt zu Fuß etwa 5 km die Straße entlang Richtung Süden, vorbei am Chuo cha Sanaa zu der (beschilderten) Abzweigung am südlichen Ortsausgang des Dorfs Kaole. In Begleitung eines Fremdenführers gehen und keine Wertsachen mitführen! Ein *bajaji* (Tuk-tuk) ab Bagamoyo kostet ca. 5000 TSh (10 000 TSh für ein Taxi).

College of Arts KUNSTZENTRUM
(Chuo cha Sanaa; www.tasuba.ac.tz) Etwa 500 m südlich von Bagamoyo liegt an der Straße nach Daressalam die berühmte Hochschule, an der traditionelle tansanische Kunst, Tanz, Schauspiel und Musik gelehrt werden; hier ist auch die nationale Tanzkompanie beheimatet. Während des Schulbetriebs finden oft Tanzveranstaltungen und Trommelvorführungen statt. Es wird meist auch Unterricht in Tanz und Trommeln angeboten.

TIERWELT IM NORDOSTEN

An der Küste liegt der **Nationalpark Saadani** (S. 136) mit einem herrlichen Strand sowie Flusspferden, Krokodilen, einer reichen Vogelwelt, Giraffen und Elefanten. Im Binnenland liegt an der kenianischen Grenze der **Nationalpark Mkomazi** (S. 160), der für sein Pionierprojekt zur Rettung des Spitzmaulnashorns berühmt ist. Das kleine **Naturschutzgebiet Amani** (S. 150) ist mit vielen endemischen Vogel- und Pflanzenarten ein hervorragendes Ziel für Ornithologen und Botaniker. Das **Maziwe Meeresschutzgebiet** (S. 141) bietet weiße Strände, klares Wasser und ideale Schnorchelbedingungen.

Der jährliche Höhepunkt ist das Bagamoyo Arts Festival, das gewöhnlich Ende September bzw. im Oktober steigt und auf dem man traditionelle Tänze und Trommelkonzerte, Akrobaten, Trommel-Workshops und mehr bewundern kann. Das Festival ist nicht unbedingt super organisiert – selten sind vorab genaue Zeitpläne verfügbar –, dafür hat man hier die Gelegenheit, Tansanias Stars und Künstler von morgen kennenzulernen und die Lokalkultur hautnah zu erleben.

Caravan-Serai-Museum MUSEUM
(20 000 TSh; ⌚9–18 Uhr) Ein 08/15-Museum mit einer kleinen Ausstellung zum Sklavenhandel. Es befindet sich am Ortseingang, diagonal gegenüber von der CRDB-Bank.

Geführte Touren

Die Küste um Bagamoyo ist voller Wasservögel und Mangroven-Ökosysteme, und es gibt ein paar nahezu menschenleere Sandstrände. In den meisten Hotels können Ausflüge zur **Mbegani-Lagune**, zum **Ruvu-Flussdelta** und zur **Mwambakuni-Sandbank** organisiert werden. Gängige Preise sind 25 bis 30 US$ pro Person bei einer Gruppe von vier Touristen.

Schlafen

Funky Squids B&B B&B $
(☎0755 047802, 0778 227276; the.funky.squids@gmail.com; EZ/DZ 50 000/65 000 TSh; P 📶) Eine relativ neue Unterkunft mit sieben sauberen, bescheidenen Zimmern und einem großen Bar-Restaurant zum Strand hin. Das B&B liegt am Südende der Stadt, direkt südlich des Bagamoyo College of Arts (Chuo cha Sanaa).

New Bagamoyo Beach Resort LODGE $$
(☎0783 261655; www.facebook/newbagamoyobeachresort.com; Campen 9 US$, Bandas ohne Bad 20 US$ pro Pers., EZ/DZ 75/88 US$; P ❄ 📶) Eine nette, feine, sehr entspannte Bleibe am Meer mit standesgemäßen Unterkünften in zwei Häuserkomplexen (der eine steht näher am Wasser). Wer mag, kann sich auch in einer der günstigen *bandas* (Hütten mit Strohdach) am Strand einnisten – dort findet man außer einem Bett nichts vor. Das französisch angehauchte Essen schmeckt super. Die Betreiber bieten Ausflüge auf dem hauseigenen Boot an.

Travellers Lodge LODGE $$
(☎0754 855485, 023-244 0077; www.travellers-lodge.com; Campen 12 US$, Hütten EZ/DZ ab

60/80 US$; ❄) Dank der zwanglosen Atmosphäre und der fairen Preise ist diese Unterkunft die beste Wahl in Strandnähe. Übernachtet wird in sauberen, hübschen Häusern, die sich in einer ausgedehnten grünen Anlage befinden, einige sind mit zwei großen Betten ausgestattet. Es gibt ein Restaurant und einen Kinderspielplatz. Die Lodge liegt gleich südlich des Eingangs zur Katholischen Mission.

Livingstone Beach Resort HOTEL **$$**
(☎0756 224539, 0712 198308; www.livingstonebeachresort.co; EZ/DZ/3BZ 80/150/225 US$;

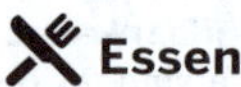

) Diese schöne Strandanlage auf einem großen, mit Palmen bestandenen Gelände verfügt über einfache Bungalows mit weiß getünchten Steinmauern und Strohdach – einige mit Doppelbetten, andere mit einem Doppel- und einem Einzelbett. Davor erstreckt sich ein kleiner mangrovengesäumter Strand, vor dem man auch Kajak fahren und schnorcheln kann. Ein Restaurant gibt's ebenfalls.

Essen

Poa TANSANISCH **$**
(leichte Mahlzeiten 7000–10 000 TSh; ⌚Mo–Sa 8–22 Uhr) Neben Kaffee, gewürztem Tee, Milchshakes, Chapati-Wraps und Pizza kann man in diesem kleinen Laden in der Altstadt auch einige lokaltypische Gerichte bestellen. Er liegt ein paar Querstraßen hinter dem Dau-Hafen und dem Zollhaus.

New Top Life Inn TANSANISCH **$**
(Mahlzeiten 5000 TSh) Gammelig, aber nichtsdestoweniger beliebt ist dieser Schuppen zwei Blocks nördlich des Caravan-Serai-Museums, der gefühlt schon seit einer Ewigkeit existiert. In der Küche werden Huhn und Rind, Fritten und *ugali* (ein Grundnahrungsmittel aus Mais- oder Maniok-Mehl bzw. beidem) zubereitet.

Funky Squids Beach Bar & Grill TANSANISCH, EUROPÄISCH **$$**
(☎0755 047802, 0778 227276; the.funky.squids@gmail.com; Mahlzeiten 7000–12 000 TSh; ⌚Mittag- & Abendessen; 📶) In dem großen Bar-Restaurant am Strand können Gäste aus einem großen Angebot an verschiedenen leckeren Grillgerichten (Fleisch, Fisch, Meeresfrüchte) wählen.

Praktische Informationen

GELD

CRDB Am Ortseingang; inkl. Geldautomat.

An- & Weiterreise

AUTO

Bagamoyo befindet sich rund 70 km nördlich von Daressalam und ist über eine Asphaltstraße gut zu erreichen. Die beste Strecke für Selbstfahrer führt entlang der Old Bagamoyo Road durch Mikocheni und Kawe. Man gelangt aber auch via Msata (65 km westlich am Daressalam-Arusha-Highway, nördlich von Chalinze) hierher; die Pflasterstraße ist gut in Schuss.

BOOT

Nichtmotorisierte Daus segeln für ca. 5000 TSh nach Sansibar (Motorboote 10 000–15 000 TSh). Bei gutem Wind benötigen sie vier Stunden. Zuerst muss man sich in der Einwanderungsbehörde im Alten Zollhaus registrieren (dort erfolgt auch die Abfahrt). Gesegelt wird zu unterschiedlichen Zeiten, meist gegen 1 Uhr. Wenn alles glatt läuft, ist man dann am folgenden Morgen sehr zeitig in Sansibar. Es bestehen keine planmäßigen direkten Dau-Verbindungen nach Saadani oder Pangani.

BUS

Dalla-dallas (Minibusse) von „Makumbusho" (nördlich von Daressalam an der New Bagamoyo Road und mit einem *dalla-dalla* von New Posta aus zu erreichen) machen sich den ganzen Tag über regelmäßig auf den Weg nach Bagamoyo (2200 TSh, 2 Std.). Das Busdepot von Bagamoyo ist ca. 700 m vom Stadtzentrum entfernt und liegt direkt neben der Straße nach Daressalam. Taxis ins Zentrum kosten ab 2000 TSh. Täglich fährt ein *dalla-dalla* via Msata an der Hauptschnellstraße nach Arusha bis Saadani. Abfahrt ist gegen 10 Uhr (10 000 TSh, 3 Std.).

Nationalpark Saadani

Ungefähr 70 km nördlich von Bagamoyo auf einem herrlichen Küstenstreifen und direkt gegenüber von Sansibar befindet sich der kleine **Nationalpark Saadani** (www.saadanipark.org; Erw./Kind 30/10 US$), ein 1000 km² großes Stück Wildnis an der Küste. Der einfache und erholsame Park gehört zu den wenigen Orten im Land, wo sich ein Strandurlaub mit einer Tierbeobachtungsfahrt kombinieren lässt. Von Daressalam und Sansibar aus eignet er sich gut für einen Tagesausflug mit Übernachtung oder einen Wochenendausflug und ist ein tolles Ziel für alle, die keine Zeit haben, noch weiter auf Entdeckungsreise zu gehen.

Mit den bekannteren Parks und Reservaten des Landes kann Saadani allerdings nicht mithalten. Etwa 25 km nördlich des Nordeingangs zum Nationalpark (Madete Gate) erstreckt sich ein nahezu menschenleerer und traumhaft schöner Strand, der

TIPPS FÜR DEN NATIONALPARK SAADANI

Auf nach Saadani Die lange, größtenteils menschenleere Küste genießen und ein paar wilde Tiere sehen. Unkomplizierte Anreise ab Daressalam; super, wenn man nur wenig Zeit hat.

Reisezeit Juni bis Februar; von März bis Mai, wenn viel Regen fällt, bleibt man gern mal in den matschigen Lehmböden stecken.

Praktisch & konkret Anreise ab Daressalam mit dem Pkw, Bus oder Flugzeug; ab Bagamoyo mit dem Bus, ab Pangani mit dem eigenen Wagen. Zugangspunkte sind das Mvave Gate (am Ende der Mandera Road, bei Anfahrt aus Daressalam), Madete Gate (bei Anfahrt aus Pangani entlang der Küstenstraße) und Wami Gate (Anreise aus Bagamoyo). Der Eintritt ist 24 Stunden gültig (verfällt nach Verlassen des Geländes). Parkeintritt und Gebühren für den Zeltplatz, Guide, die Wanderung und Boot-Safaris können am Mvave Gate mit Visa und Mastercard oder bar gezahlt werden, an den anderen beiden Toren nur bar. Alle Tore sind von 6 bis 18 Uhr geöffnet; man muss den Park bis 19 Uhr verlassen. Die **Hauptverwaltung des Parks** (☎0785 555135; www.tanzaniaparks.com; ⏰8–17 Uhr) befindet sich in Mkwaja, ganz im Norden von Saadani.

Für Sparfüchse Der Park vermietet keine Wagen. Am besten trommelt man ein paar Leute zusammen und bucht eine eintägige Safari in einer der Lodges vor den Toren von Saadani.

Sange Beach, mit verschiedenen Übernachtungsmöglichkeiten.

Im Süden des Reservats liegt der träge fließende **Fluss Wami**, an dem es Flusspferde, Krokodile und viele Vögel, wie Zwergflamingos (Juli–Okt. im Flussdelta), Fischadler, Hammerköpfe, Eisvögel und Bienenfresser zu sehen gibt. Wer sich die aus der Nähe ansehen möchte, sollte sich in den Lodges nach einer Bootssafari erkundigen.

Zwar ist ihre Beobachtung nicht ganz einfach, aber es gibt jede Menge Wildtiere. Neben Flusspferden und Krokodilen sind sehr wahrscheinlich Giraffen zu sehen und auch Elefanten werden immer häufiger gesichtet (wir sahen bei einem Besuch über 50 Tiere). Mit Glück gibt es auch Lichtenstein-Antilopen und sogar Löwen, obwohl diese schon schwieriger auszumachen sind. Vögel wiederum lassen sich in reicher Zahl blicken.

Aktivitäten

Die meisten Camps und Lodges organisieren Bootstouren auf dem Wami, motorisierte Tierbeobachtungen in Open-top-Fahrzeugen, Buschwanderungen und Dorfspaziergänge. Guides (bei Auto-Safaris empfehlenswert, bei Wanderungen ein Muss) nehmen pro Tag und Gruppe 20 US$.

Boot-Safaris

Boot-Safaris (50 US$ pro Pers.) sind sehr erholsam und einfach schön, außerdem können Teilnehmer mit etwas Glück ein paar Nilpferde, Krokodile und viele Vögel ablichten. Interessant zu beobachten ist auch, wie sich die Vegetation entlang des Wami verändert, je weiter flussaufwärts man gelangt – der Salzgehalt des Wassers nimmt nämlich ab. In manchen Abschnitten kann man deutliche Unterschiede zwischen den beiden Ufern erkennen: Auf einer Seite stehen Dattelpalmen und das Unterholz ist üppig grün, auf der anderen wachsen Akazien wie in den trockeneren Regionen des Landes.

Wildtierfahrten

Alle Lodges bieten Pkw-Safaris an. Wer Tiere vor die Linse bekommen will, muss wahrscheinlich die Hauptrouten verlassen. In der Regenzeit sollte man auf keinen Fall durch die berüchtigten Vertisole (stark lehmhaltiger Boden) von Saadani fahren. Für einen Führer zahlt man 20 US$ pro Gruppe.

Wander-Safaris

Wander-Safaris sind eine super Gelegenheit, den Busch und die weniger offensichtlichen Attraktionen von Saadani zu entdecken, werden aber nur in der Trockenzeit angeboten. Sie kosten 20 US$ pro Person plus einer Führergebühr von 20 US$ pro Gruppe.

Schlafen & Essen

Im Park

Saadani Park Resthouse & Bandas BANDA $$
(☎0689 062346, 0785 555135; saadani@tanzaniaparks.com; Banda/Rasthaus 40/50 US$ pro Pers.) Die netten neuen *bandas* und das Gästehaus liegen unweit vom Strand nahe dem Dorf Saadani auf einem Fleckchen, das auch

bei Elefanten beliebt ist. Das Haus beherbergt drei Einzelzimmer und eine Suite, die *bandas* geräumige Zimmer mit Doppel- und Einzelbetten. Kaltwasserduschen und Küchen für Selbstversorger sind Standard. Wasser kann man im Dorf kaufen (oder man bringt den kompletten Proviant selbst mit).

Saadani Park Campsites CAMPINGPLATZ **$$**
(Campen 30 US$) Die öffentlich zugänglichen Stellplätze liegen günstig direkt am Strand gleich nördlich des Dorfs Saadani und am Ufer des Wami in Kinyonga. Beide Campingplätze bieten einfache Waschräume, aber keinerlei Verpflegung.

Saadani Safari Lodge LODGE **$$$**
(☎0756 316815; www.sanctuaryretreats.com; All inclusive 356–508 US$ pro Pers.; ⏲Juni–März; P ☎ ≋) Hochpreisige Oase und einzige Lodge auf dem Parkgelände. Alles wirkt sehr naturbelassen, aber trotzdem luxuriös. Am Strand stehen ein paar komfortable Hütten, es gibt ein Restaurant, einen Pool am Strand und eine Terrasse für einen Drink bei Sonnenuntergang. Zudem werden verschiedene Exkursionen angeboten, von Boot-Safaris auf dem Wami River über Buschwanderungen hin zu Schnorchelausflügen vor einer nahen Sandbank. Keine Kinder unter 12 J.

Außerhalb des Parks

Gute Ausgangspunkte für Trips in den Nationalpark sind auch die Lodges und Camps in Sange an der Küste, ca. 25 km nördlich des Madete Gate.

Saadani River Park PENSION **$**
(☎0788 397780; Zi. 25 000–30 000 TSh) Das hoch aufragende *makuti* (Dach aus Palmblättern) der Pension im Dorf Saadani, einen Steinwurf von der Bushaltestelle entfernt, ist kaum zu übersehen. Im Hauptgebäude werden ein paar schlichte Zimmer vermietet, das separat stehende Häuschen beherbergt ein weiteres. Alle Unterkünfte haben ein eigenes Bad (teilweise mit Eimerdusche) und sind mit Moskitonetz und Ventilator ausgestattet. Mahlzeiten nach vorheriger Anmeldung.

Kisampa ZELTCAMP **$$**
(☎0769 204159; www.afrikaafrikasafaris.com; Vollpension 180 US$ pro Pers.) Es gibt kaum eine bessere Adresse für ein echtes Buschabenteuer als das einzigartige, familienfreundliche Kisampa. Obwohl sie ganz für sich allein in einem privaten Naturschutzgebiet, zwei Autostunden von Saadani entfernt, steht, ist die Unterkunft komplett in die hiesige Gemeinde integriert und Gäste können mit den Einheimischen auf Tuchfühlung gehen. Geschlafen wird in rustikalen Bungalows, tagsüber kann man an Safaris, Buschwanderungen im Nationalpark, Strandcamps und mehr teilnehmen.

Für Familien mit Kindern gibt es tolle Sonderangebote, deshalb ist dies die ideale Anlaufstelle für ein Buschabenteuer mit der gesamten „Bagage".

Tent With a View Safari Lodge LODGE **$$$**
(☎0713 323318, 022-211 0507; www.saadani.com; EZ/DZ (Vollpension) 355/550 US$, EZ/DZ All inclusive 655/750 US$; P) Dieses abgeschiedene Refugium bietet auf Stelzen gebaute, baumhausartige *bandas* an einem berauschend schönen, mit Treibholz übersäten einsamen Strand nördlich der Parkgrenze, alle mit Veranden und Hängematten ausgestattet. Als Ausflüge werden Safaris im Park und Bootsfahrten auf dem Fluss Wami angeboten. Das gleiche Management betreibt auch eine Lodge im Wildschutzgebiet Selous und bietet kombinierte Touren.

SAADANI-DORF

Der kleine, runtergewirtschaftete Ort gleich südlich vom Hauptgebiet des Parks macht heute kaum etwas her, war aber einst ein wichtiger Hafen der Region. Noch heute ist das verfallene Mauerwerk eines von den Arabern erbauten Forts zu sehen, das für die Unterbringung von Sklaven genutzt wurde, bevor diese nach Sansibar verschifft wurden. Während der deutschen Kolonialzeit diente das Fort als Zollhaus. In der Touristeninformation kann man kurze Wanderungen mit einheimischen Guides buchen.

Praktische Informationen

Touristeninformation Saadani (☎0689 062346, 0785 555135; infosaadani@tanzaniaparks.com) In dem Büro westlich des Dorfs Saadani können *bandas*, Gästehäuser und Campingplätze im Park gebucht werden. Außerdem arrangiert es Spaziergänge durch den Ort.

An- & Weiterreise

AUTO

Einige Lodges sorgen für den Transport nach/ab Daressalam ab rund 200 US$ pro Fahrzeug und Strecke. Die Fahrt dauert vier bis fünf Stunden.

Von Daressalam fährt man über Chalinze auf der Morogoro-Straße und dann nach Norden bis zum Dorf Mandera (ungefähr 50 km nördlich von Chalinze auf dem Arusha-Highway). In Mandera geht's Richtung Osten auf einer guten Schotterstraße, und nach rund 60 km ist Saadani erreicht. Eine alternative Strecke führt von Daressalam über Bagamoyo, von wo man einer größtenteils holperigen Straße 44 km gen Norden zum Wami-Eingangstor und dem namensgebenden Fluss folgt. Die Brücke ist bei starken Regenfällen unpassierbar, deshalb sollte man vor der Abfahrt bei der Parkaufsicht oder in den Unterkünften nachhören, wie der Status ist. Jenseits der Brücke sind es noch mal 21 km bis Saadani.

Aus dem Ort Pangani geht's mit der Fähre über den gleichnamigen Fluss, dann Richtung Süden auf einer einigermaßen vernünftigen Straße vorbei an Cashew-, Sisal- und Teakbäumen zum nördlichen Madete-Tor. (Bei dem großen Mkwaja-Schild geradeaus fahren und an der nächsten Gabelung rechts halten.) Das Übersetzen kann mit den Lodges in Saadani oder Pangani (Ushongo) für ungefähr 150 US$ pro Fahrzeug und Strecke arrangiert werden (1½–2 Std.).

Obwohl der Nationalpark Saadani offiziell das ganze Jahr hindurch geöffnet bleibt, werden die Straßen im Park in der Regenzeit sehr schlammig und schwer befahrbar, und man muss sich wahrscheinlich auf das Gebiet um den Strand und die Camps beschränken. Wer in der Regenzeit die Hauptparkrouten verlässt, muss aufpassen, dass sein Fahrzeug nicht im schweren Lehmboden („*black cotton soil*") der Gegend stecken bleibt.

BOOT

Die Fischerboote der Einheimischen verkehren regelmäßig zwischen Saadani und Sansibar, aber die Reise gilt als beschwerlich (wir raten davon ab). Besser ist es, ein Boot über eine der Lodges in Saadani oder nahe Pangani chartern zu lassen.

BUS

Täglich zwischen 11 und 13 Uhr verlässt ein Bus das Depot „Standi ya Shamba" (eventuell bald vom Mbezi-Busdepot westlich des Hauptbahnhofs an der Morogoro Road) in Daressalam, gleich hinter dem Hauptbahnhof Ubungo nahe

DIESE OFFENE WUNDE DER WELT

David Livingstone, der berühmte Entdecker und Missionar, wurde im Jahr 1813 in Schottland geboren. Nach einer Kindheit, in der er in einer örtlichen Baumwollspinnerei arbeitete, gefolgt von einem Medizinstudium und einer Ordination, reiste er mit dem Schiff nach Südafrika, wo er 1841 anlandete. In den zwei folgenden Jahrzehnten drang Livingstone auf mehreren Expeditionen in einige der unzugänglichsten Winkel des Kontinents vor – nach Norden in die Kalahari, nach Westen ins heutige Angola und an die atlantische Küste und im Osten den Sambesi hinauf bis zu den Victoria-Fällen. Im Jahr 1866 brach er im Gebiet von Mikindani (Südosttansania) zu einer Expedition auf, die seine letzte sein sollte. Er wollte endgültig das Rätsel der Nilquellen klären. Er gelangte bis nach Ujiji, wo er, wie alle Welt erfuhr, auf den amerikanischen Journalisten Henry Morton Stanley traf, der aufgebrochen war, Livingstone zu suchen.

Nachdem Livingstone Teile des Tanganyika-Sees mit Stanley erkundet und sich einige Zeit bei Tabora aufgehalten hatte, brach er auf dessen Drängen erneut auf. 1873 starb er in Chitambo im heutigen Sambia. Nachdem man ihm das Herz herausgeschnitten und begraben hatte, brachten seine Träger seinen einbalsamierten Leichnam auf einer mühseligen, 1500 km langen Reise nach Bagamoyo und ans Meer, von wo aus er dann nach England verschifft wurde.

Auf seinen Reisen quälten Livingstone die Ungeheuerlichkeiten des Sklavenhandels, der ihn umgab. Jedes Mal, wenn er nach Europa zurückkehrte, sprach und schrieb er unermüdlich, um der Welt die Schrecken und Ungerechtigkeiten vor Augen zu führen. Diese Bemühungen, zusammen mit der Aufmerksamkeit, die sein mit staatlichem Prunk begangenes Begräbnis weltweit erregte, der Einrichtung des „christlichen Freidorfes" in Bagamoyo und Berichten von anderen Missionaren, führten zu einer Wende. Britische Versuche, den Handel mit Sklaven zu beenden, erhielten Aufschwung und Anfang des 20. Jahrhunderts kam er schließlich zum Erliegen.

Livingstone wurde 1874 mit allen Ehren in Londons Westminster Abbey beigesetzt. Heute erinnert eine Tafel an seine Verdienste um die Abschaffung des Sklavenhandels. Auf ihr stehen seine, wie es heißt, letzten Worte: „Alles, was ich in meiner Einsamkeit sagen kann, ist, möge der reiche Segen des Himmels auf alle herabkommen – Amerikaner, Engländer, Türken –, um diese offene Wunde der Welt zu heilen."

Tanesco, die Rückfahrt in Saadani erfolgt gegen 5 Uhr (10 000 TSh, 5–6 Std.).

In Bagamoyo macht sich täglich gegen 10 Uhr ein Bus auf den Weg nach Saadani (via Msata auf der Hauptstraße Chalinze–Arusha). Abfahrt im Dorf Saadani ist um 6 Uhr (10 000 TSh, 3 Std.).

Wer mit öffentlichen Verkehrsmitteln anreist: Im Park gibt's keine Autovermietung für eine Safari, so etwas muss vorab mit einer der Lodges vereinbart werden. Die Angestellten der Touristeninformation Saadani sind behilflich bei der Organisiation einer Motorrad- oder (seltener) Pkw-Fahrt vom Dorf zum Campingplatz und den *bandas* im Park.

FLUGZEUG

Rollfelder befinden sich im Norden nahe der Mkwaja-Hauptverwaltung und im Süden nahe dem Dorf. Coastal Aviation (S. 70) bietet Flüge ab Daressalam (einfach 140 US$) und Sansibar (75 US$) an.

Pangani

Ungefähr 55 km südlich von Tanga liegt der kleine und verfallene Suaheli-Ort Pangani. Er stieg von dunklen Anfängen als einer von vielen Dau-Häfen an der Küste zum bedeutsamsten Endpunkt der Karawanenstraße vom Tanganjika-See auf und wurde zu einem wichtigen Exportstützpunkt für Sklaven und Elfenbein sowie einem der größten Häfen zwischen Bagamoyo und Mombasa. Sisal- und Kopra-Plantagen wurden in diesem Gebiet angelegt, und mehrere europäische Missionen und Entdeckungsreisen ins Innere Afrikas nahmen hier ihren Anfang. Gegen Ende des 19. Jahrhunderts wurde Pangani von Tanga und Daressalam überholt und versank wieder in Bedeutungslosigkeit.

Heute kann man in dem verschlafenen Ort einen faszinierenden Schritt zurück in die Geschichte machen, vor allem in dem ungefähr drei Häuserblocks vom Fluss entfernten Gebiet, wo geschnitzte Holztüren, Bauten aus der deutschen Kolonialzeit und alte Häuser indischer Kaufleute zu sehen sind. Größere Anziehungskraft besitzen für viele Reisende allerdings die herrlichen Strände im Norden und Süden der Stadt, wo Haine von Kokospalmen mit der dichten Küstenvegetation sowie den gelegentlichen Affenbrotbäumen abwechseln. An den Stränden sind auch die besten Quartiere angesiedelt.

Die Ortsmitte von Pangani mit dem Markt und dem Busbahnhof liegt am linken Ufer der Pangani-Mündung am Indischen Ozean. Ungefähr 2 km nördlich von hier befindet sich die Hauptabzweigung, wo die Straße von Muheza auf die Küstenstraße trifft. Hier muss man aus dem Bus steigen, wenn man von Muheza kommt und an den Stränden nördlich der Ortschaft übernachten will.

Geschichte

Verglichen mit Tongoni, Kaole und anderen Siedlungen an der Küste ist Pangani eine relativ moderne Ortschaft. Es erlangte Mitte des 19. Jahrhunderts als Verbindungsstück zwischen dem sansibarischen Sultanat und den binnenländischen Karawanenstraßen Bedeutung, zur gleichen Zeit entstand auch das Sklavenverlies am Flussufer. Panganis ältestes Gebäude ist die alte *boma*, die aus dem Jahr 1810 stammt und ursprünglich die Privatresidenz eines reichen omanischen Kaufmanns war; das Zollhaus kam ein Jahrzehnt später hinzu. Vermutlich mehrere Jahrhunderte älter ist die Siedlung in Bweni, schräg gegenüber von Pangani am Südufer des Flusses, wo ein Grab aus dem 15. Jahrhundert gefunden wurde.

Im September des Jahres 1888 erhob sich Pangani als erster Ort während der Abushiri-Revolte gegen die deutsche Kolonialverwaltung.

Sehenswertes & Aktivitäten

Das Personal im **Büro des Pangani Cultural Tourism Program** (8–17 Uhr) im gelben Gebäude an der Bushaltestelle (nicht mit dem Kulturtourismusbüro diagonal gegenüber vom Fähranleger verwechseln) organisiert Touren im Ort (10 US$ pro Pers.), Flussfahrten (70 US$ für bis zu 3 Pers.), ganztägige Radtouren nach Ushongo (40 000 TSh pro Pers.) und Ausflüge zum Maziwe-Meeresschutzgebiet (40 US$ pro Pers.). Maziwe-Trips und mehr Aktivitäten können aber auch in sämtlichen Hotels südlich von Pangani arrangiert werden. Der Vorteil: Diese Anbieter sind häufig verlässlicher und außerdem preiswerter.

Tanga Coelacanth Marine Park MEERESPARK
(Erw./Kind 20/10 US$) Das Ziel dieses neuen „Parks" ist der Schutz der dort vorkommenden prähistorischen Quastenflosser (Coelacanth). Ein provisorisches Hauptquartier befindet sich im Dorf Kigombe, rund 20 km nördlich von Pangani. Bei unserem Besuch bestand der Meerespark im Prinzip nur aus dem Namen; Eintrittsgebühren wurden (noch) nicht erhoben.

Maziwe-Meeresschutzgebiet SCHNORCHELN
(Erw./Kind 10/5 US$) Ungefähr 10 km vor der Küste liegt die kleine Sandinsel mit Schnorchelgründen im kristallklaren Wasser. Delfine kommen gern hierher. Maziwe kann nur bei Ebbe besucht werden. Es gibt weder zu essen noch zu trinken, aber ein Picknick ist bei den Ausflügen gewöhnlich inbegriffen. Viele Hotels stellen diese Schnorchelabenteuer für 35 bis 45 US$ auf die Beine.

Kasa Divers TAUCHEN
(☎0784 134056; kasadivers@gmail.com; Ushongo Beach) Guter Ansprechpartner für Schnorchelausflüge, Tauchen und andere Exkursionen, auch nach Maziwe Island. Man findet das Tauchzentrum am nördlichen Strandende von Ushongo, gleich neben der Emayani Beach Lodge (S. 142).

Bootsfahrten auf dem Pangani River
Der schlammige Pangani windet sich am Südrand der Ortschaft entlang. Er lässt sich am besten auf einer Bootsfahrt mit einer Dau erkunden, die von jedem der Hotels arrangiert werden kann (ca. 70 US$ für bis zu 3 Pers.). Der Fluss ist das Zuhause vieler Wasservögel, Krokodile und anderer Tiere.

Schlafen & Essen

Ortsmitte

Seaside Community Centre Hostel PENSION $$
(☎0755 276422; EZ/DZ/3BZ 20/30/60 US$, mit Klimaanlage 30/50/75 US$; P 📶) Das Motto dieser Pension 1 km vom Busbahnhof entfernt (2000 TSh mit dem Taxi) lautet: „Wunderbarer und liebevoller Service ist unsere Freude und Mission". Das von der Kirche geführte Haus bietet saubere, nette Zimmer mit Ventilator und Veranden sowie bei vorheriger Bestellung auch etwas zu essen.

Von Tanga nach Pangani kommend, zweigt, kurz nachdem die Asphaltstraße beginnt, eine kleine Straße rechts zur Bushaltestelle und links zur Jugendherberge ab (ein kleines Schild weist einem den Weg). Nach 300 m geradeaus muss man sich rechts halten. Das Hostel liegt ca. 50 m weiter linker Hand an einer schmalen Gasse.

Nördlich von Pangani

Peponi Holiday Resort CAMPINGPLATZ, BANDAS $$
(☎0784 202962; www.peponiresort.com; Campen 6,50 US$, EZ/DZ Halbpension 75/98 US$; P @ 📶 🏊) Das entspannte Peponi steht auf einem großen Grundstück voller Palmen, etwa 20 km nördlich von Pangani. Am Strand befinden sich ein schattiger Zeltplatz, einfache, brisengestreichelte Bungalows für zwei Personen oder Familien, ein Restaurant mit Bar, ein kleiner Pool sowie eine selbstgezimmerte Dau für Schnorchelausflüge. Es gibt kaum eine schönere Bleibe für Familien und Camper. Die Busse, die auf der Straße zwischen Pangani und Tanga verkehren, halten auf Wunsch am Tor.

Capricorn Beach Cottages BOUTIQUEHOTEL $$
(☎0784 632529; www.capricornbeachcottages.com; EZ/DZ 82/120 US$; P @ 📶) Diese klasse Unterkunft, 19 km nördlich von Pangani an einem Strand gelegen, bietet drei wunderbare geräumige Selbstversorger-Hütten, die auf grünem Gelände mit vereinzelten Affenbrotbäumen verteilt sind. Jedes Häuschen hat seine eigene Hängematte und eine Veranda. Zur Anlage gehören zudem eine Boutique, ein Pizzaofen und ein Laden mit selbstgebackenem Brot und Delikatessen für Leckermäuler. Und das Beste: Man kann auch unter den Sternen speisen (inkl. Bedienung) – Entspannung pur.

Mkoma Bay LODGE $$
(☎0786 434001, 0784 283565; www.mkomabay.com; EZ/DZ Luxuszelte ab 90/155 US$, 4- bis 8-Personen-Haus ab 320 US$; P @ 📶 🏊) Die Highlights dieser fantastischen Lodge sind der Blick auf die Mkoma-Bucht und das ruhige, erholsame Ambiente. Gäste wohnen in auf Stelzen gebauten, gut ausgestatteten Zelten, wie sie in Luxus-Safari-Camps zu finden sind, alle verteilt in einem ausgedehnten Gelände auf einem niedrigen Kliff über dem Wasser. Es gibt auch ein großes Selbstversorger-Haus mit vier Schlafzimmern und ein gutes Restaurant. Das Preis-Leistungs-Verhältnis ist top.

Die Bucht lädt zum Schwimmen ein, der Strand zu ausgedehnten Spaziergängen, und wer mag, kann sich ein Kajak schnappen und einfach lospaddeln. Die Lodge liegt 3 km nördlich der Pangani–Muheza-Straßenkreuzung.

Bahari Pori LODGE $$
(☎0754 073573, 0713 917754; www.baharipori.com; EZ/DZ/2BZ 50/88/88 US$, 6-Personen-Cottage 230 US$; P 📶 🏊) Das auf einer kleinen, ein Stückchen vom Meer entfernten Anhöhe gelegene Bahari Pori hat angenehme, bildschön ausstaffierte Zelte im Safaristil (eine Art Sansibar-Traum), die auf einem ordentlich gestutzten und getrimmten Gelände stehen, und auf Mangroven sowie das Meer

DIE ABUSHIRI-REVOLTE

Obwohl die Abushiri-Revolte, einer der großen anti-kolonialen Aufstände in Ostafrika, meist mit Bagamoyo in Verbindung gebracht wird, war Pangani ihre Geburtsstätte. Im Jahr 1884 gründete der junge Deutsche Carl Peters die Deutsch-Ostafrikanische Gesellschaft oder DOAG. In den folgenden Jahren versuchte Peters am lukrativen binnenländischen Karawanenhandel teilzuhaben und überzeugte den Sultan von Sansibar davon, der DOAG zu erlauben, die Erhebung der Zölle in den festländischen Besitzungen des Sultans zu übernehmen. Doch weder dem Repräsentanten des Sultans in Pangani noch der Mehrheit der Lokalgrößen gefiel diese Idee, und als die DOAG die deutsche Flagge neben der des Sultans hisste, explodierten die schwelenden Spannungen. Unter der Führung des afro-arabischen Kaufmanns Abushiri bin Salim al-Harth vertrieb eine locker organisierte Truppe, darunter viele der Leibwächter des Sultans, die Deutschen und es kam zu mehreren Auseinandersetzungen, die auch auf andere Hafenstädte an der Küste übergriffen. Erst mehr als ein Jahr später und nach Eintreffen weiterer Truppen konnten die Deutschen die Revolte niederschlagen. Sie verhängten eine Seeblockade und richteten Abushiri öffentlich hin. Als Folge der Revolte ging die DOAG in Konkurs, und die koloniale Hauptstadt wurde von Bagamoyo nach Daressalam verlegt.

in der Ferne blicken. Es gibt ein italienisches Restaurant und einen Pizzaofen. Ein Fußweg führt die Böschung hinab und durch die Mangroven in ungefähr 10 Minuten zu einem kleinen Badestrand.

Die Lodge befindet sich 7 km nördlich der Pangani–Muheza-Kreuzung.

Ushongo Beach

Je weiter man nach Süden gelangt, desto prächtiger die Strände: Der Strand von Ushongo ist ein bildschöner, langer Halbmond aus weißem Sand ca. 15 km südlich des Pangani River.

Beach Crab Resort CAMPINGPLATZ, COTTAGES **$**
(☎ 0784 543700, 0767 543700; www.thebeachcrab.com; Campen 6 US$, EZ/DZ/3BZ Strandhütten 23/36/54 US$, EZ/DZ/3BZ Bungalows 70/100/120 US$; P 📶) 🍃 Backpacker und Familien sind in diesem Resort am Südende des Strands willkommen. Es gibt Zelte, makellos gepflegte und preisgünstige Backpackerhütten (mit sauberen Gemeinschaftswaschräumen, die man sich mit den Campern teilt) sowie schlichte, aber komfortable Bungalows für zwei Personen oder Familien. Das Ferienresort umfasst ein großes Bar-Restaurant mit Strandblick, man kann windsurfen, Kajak fahren, Beachvolleyball spielen, Schnorchelausflüge mitmachen oder in der Baumhauslounge faulenzen.

Das Ambiente ist unverkrampft und natürlich, die Lage ein Traum. Ein weiteres Plus sind die hilfsbereiten Besitzer, die auch einen Abholservice von der Pangani-Fähre anbieten.

Emayani Beach Lodge LODGE **$$**
(☎ 0782 457668, 027-264 0755; www.emayanilodge.com; EZ/DZ (Halbpension) 115/180 US$) Emayani hat sich ein Plätzchen am besonders schönen nördlichen Ende des Strands gesichert – genau der richtige „Saum" für die netten, rustikalen Bungalows. Die Anlage fügt sich wunderbar in die Natur ringsum ein, mit Bungalows, die komplett aus Stroh bestehen (die Brise kann ungehindert hindurchwehen). Das Essen ist sehr lecker, außerdem gibt es Leihkajaks und Windsurf-Ausrüstungen.

Ganz in der Nähe organisiert ein Laden Schnorchel-, Tauch- und andere nette Exkursionen.

Tides LODGE **$$$**
(☎ 0784 225812; www.thetideslodge.com; EZ/DZ Halbpension ab 245/340 US$; P @ 🏊) Das traumhaft schöne Tides verfügt über eine erstklassige Lage am Ozean, direkt am tollen Strand. Es bietet große, edle Cottages mit elegantem Dekor, riesigen Betten mit Moskitonetzen sowie großen Badezimmern und hat auch eine hervorragende Küche. Es stehen außerdem mehrere Häuschen für Familien und eine luxuriöse „Honeymoon-Suite" für Frischvermählte, eine Strandbar und ein Restaurant zur Verfügung.

Übrigens: Für Flitternde organisiert die Lodge Schnorchelausflüge nach Maziwe, komplett mit Kellner, Kühlbox, Champagner und allem, was sonst noch dazugehört.

Sange Beach

Dieser lange, nahezu verlassene Strand liegt etwa auf halber Strecke zwischen Pangani-Ort und der Nordgrenze des Nationalparks Saadani. In dieser Gegend entstehen derzeit mehrere neue Lodges, bei unserem Besuch waren aber erst wenige geöffnet.

★ **Tembo Kijani** LODGE **$$**
(☎ 0687 027454, 0785 117098; www.pangani-ecolodge.com; DZ Baumhaus/Cottage (Vollpension) 160/215 US$; P) Eine kleine Öko-Lodge an einem hübschen Stück Strand. Die vier zu den Seiten hin offenen Baumhaus-*bandas* liegen versteckt im Busch, ein paar Schritte vom Meer entfernt, außerdem gibt es noch zwei komfortable ebenerdige Strand-Cottages. Die Küche ist hervorragend (und dabei gesund). Die Besitzer haben sich mächtig ins Zeug gelegt, um die Lodge möglichst nachhaltig und umweltfreundlich zu gestalten, und das Resultat ist beeindruckend: Ihre Unterkunft versorgt sich vollständig aus Sonnen- und Windkraft.

Zudem werden Saadani-Safaris, Buschwanderungen und kulturelle Touren angeboten, etwa zu den Maangati-Viehhirten, ebenso wie Verkostungen des lokalen Kokosbiers. Häufige Camp-Besucher sind Paviane, Dikdiks und andere kleine Buschbewohner.

Kijongo Bay Resort LODGE **$$$**
(☎ 0787 055572; www.kijongobayresort.com; EZ/DZ (Halbpension) ab 230/340 US$; P) Dieses Ferienresort wartet mit einem langen Strandabschnitt vor der Tür und sieben geräumigen, luftigen Villen (mit 2 Etagen) auf. Sie verteilen sich auf ein großes, sandiges Grundstück und bieten jeweils Platz für bis zu sechs Gäste, die auch auf den offenen Terrassen oben übernachten können. Ein motorisiertes Boot unternimmt Flussfahrten etc. Zur Anlage gehört ein Restaurant, ein Wellnesszentrum ist in Planung.

Praktische Informationen

Die nächsten Banken mit Geldautomaten findet man in Tanga.

An- & Weiterreise

AUTO & MOTORRAD

Für alle, die nach Ushongo und an die Strände südlich von Pangani fahren wollen: Alle Hotels in Ushongo bieten einen Abholservice; Gäste werden in Bweni (dem Dorf am Flussufer gegenüber von Pangani-Ort) und Tanga aufgesammelt.

Die Autofähre über den Fluss Pangani zum Dorf Bweni verkehrt täglich zwischen ungefähr 6 und 22 Uhr (regelmäßige Verbindungen; 200 TSh pro Pers., 5000 TSh pro Fahrzeug). In Bweni kann man vorab über die Hotels in Ushongo ein Taxi bestellen (ca. 30 000 TSh pro Taxi für bis zu 3 Passagiere). Eine Motorradfahrt kostet gut 10 000 TSh bis Ushongo.

BOOT

Daus verkehren regelmäßig zwischen Pangani und Mkokotoni an der Nordwestküste von Sansibar. Besser und sicherer ist aber die flotte MS *Ali Choba,* die dreimal wöchentlich die Strecke zwischen Ushongo (südlich von Pangani), Pangani und Sansibar bedient. Die Fahrt dauert rund 90 Minuten und kostet 290 US$ pro Boot für bis zu fünf Passagiere und 55 US$ pro Person für fünf und mehr Passagiere zwischen Ushongo und Sansibar (310 US$ pro Boot oder 60 US$ pro Pers. zwischen Pangani und Sansibar). Über das Hotel oder die Emayani Beach Lodge buchen. Eine weitere Option ist der verlässliche **Mr. Wahidi** (☎ 0784-489193). Er bewerkstelligt Transfers zwischen Pangani-Ort und Nungwi oder Kendwa auf Sansibar an Bord motorisierter Daus. Das kostet 150 US$ pro Boot für bis zu vier Personen (jede weitere Pers. 35 US$). Die Überfahrt dauert um die vier Stunden.

BUS

Die besten Verbindungen zwischen Pangani und Tanga führen über die wiederhergestellte Küstenstraße mit ungefähr fünf Bussen täglich (2500 TSh, 1½ Std.). Der erste Bus fährt von Pangani etwa um 6.30 Uhr ab, sodass man Anschluss an einen Bus von Tanga nach Arusha bekommt. Es gibt mindestens einen täglichen direkten Bus zwischen Pangani und Daressalam (13 000 TSh). Pangani ist auch von Muheza aus zu erreichen (2500 TSh), von wo Busse nach Tanga oder Korogwe fahren, aber die Straße ist schlechter und die Verbindungen sind nur sporadisch.

Täglich verkehrt ein Bus zwischen Tanga und Mkwaja (am Nordrand des Nationalparks Saadani), der um ungefähr 7 Uhr durch Mwera (6 km von Ushongo entfernt) in Richtung Norden und um 15.30 Uhr in Richtung Süden fährt. Es ist gewöhnlich kein Problem, zur Weiterfahrt von Mwera nach Ushongo ein Motorrad zu bekommen.

FLUGZEUG

Täglich starten auf dem Rollfeld von Mashado (direkt südlich von Pangani, am südlichen Flussufer) Maschinen von Coastal Aviation (S. 70) und Auric Air (S. 405) nach Daressalam (einfach 160 US$), Sansibar (110 US$), zum Kilimanjaro Airport (230 US$) und Arusha (250 US$).

Tanga

273 300 EW.

Tanga, bis zum Zusammenbruch des Sisal-Marktes ein bedeutendes industrielles Zentrum, ist Tansanias zweitgrößter Seehafen und nach Daressalam, Mwanza und Arusha die viertgrößte Stadt des Landes. Trotz seiner Größe ist Tanga ein netter Ort mit einer etwas schläfrigen, halbkolonialen Atmosphäre, breiten Straßen voller Rad- und Motorradfahrern, schönen Gebäuden und dem speziellen Charme des Vergangenen. Ganz davon abgesehen, bietet es sich an, auf dem Weg nach oder von Mombasa bzw. zu den Stränden um Pangani hier einen Stopp einzulegen.

Die Stadtmitte befindet sich am Ufer und kann leicht zu Fuß erkundet werden. Etwa 1,5 km südlich von hier (2000 TSh in einem Taxi) und südlich der Bahngleise im Ortsteil Ngamiani liegt der Busbahnhof. Rund 2 km östlich der Stadt und über die Hospital Road (die parallel zum Wasser verläuft) erreichbar, befindet sich der ruhige Villenvorort Ras Kazone mit ein paar Hotels und Lokalen.

Geschichte

Obwohl es wahrscheinlich schon seit der Shirazi-Zeit eine größere Siedlung in Tanga gab, gewann die Stadt erst Anfang bis Mitte des 19. Jahrhunderts als Ausgangspunkt für Handelskarawanen ins Landesinnere Bedeutung. Elfenbein war das wichtigste Handelsgut und Ende der 1850er-Jahre betrug der jährliche Umsatz rund 70 000 Pfund, wie der Entdeckungsreisende Richard Burton nach seinem Besuch berichtete. Der eigentliche Boom aber begann mit der Ankunft der Deutschen im späten 19. Jahrhundert. Sie bauten die Stadt und den Hafen aus und errichteten die Eisenbahnlinie, die Moshi und die Kilimandscharo-Region mit dem Indischen Ozean verband. Die deutschen Kolonialherren brachten auch den Sisal in die Region, und Tansania wurde bald der weltweit führende Produzent und Exporteur des kolonialen Rohstoffs. Sisal prägte fortan das Wirtschaftsleben der Gegend. Im Ersten Weltkrieg war Tanga Schauplatz eines Gefechts zwischen Deutschen und Briten. Die zahlenmäßig überlegenen, jedoch schlecht ausgerüsteten britischen Truppen wurden von den Deutschen vernichtend geschlagen (William Boyd schrieb 1986 darüber den Roman *Zum Nachtisch Krieg*).

Als in den 1970er-Jahren der Weltmarkt für Sisal einzubrechen begann, ging es mit Tangas Wirtschaft stetig bergab. Heute ist viel von der Infrastruktur der Stadt verfallen, und die Wirtschaft ist nur ein Schatten ihrer selbst, auch wenn sich im Westen immer noch große Plantagen über den Ebenen am Fuß der Usambara-Berge erstrecken.

ABSTECHER

RUINENSTÄTTE

Die **Tongoni-Ruinen** (Erw./Kind 10 000/5000 TSh; ⌚8–17 Uhr) liegen 20 km südlich von Tanga direkt neben der Uferstraße malerisch zwischen Affenbrotbäumen über der mangrovengesäumten Küste. Sie umfassen die bröckelnden Reste einer Moschee und etwa 20 überwachsene Shirazi-Säulengräber, die größte Ansammlung solcher Grabstätten an der ostafrikanischen Küste. Sowohl die Moschee als auch die Gräber werden auf das 14. oder 15. Jahrhundert datiert.

Tongonis Blütezeit war das 15. Jahrhundert, als der Ort einen eigenen Sultan hatte und ungewollt sogar von Vasco da Gama besucht wurde, dessen Schiffe hier strandeten. Im frühen 18. Jahrhundert versank Tongoni in Bedeutungslosigkeit, nachdem die Portugiesen die regionalen Handelsnetze zerstört hatten und Mombasa gefallen war. Im späten 18. Jahrhundert ließen sich aus Kilwa geflohene Shirazis in Tongoni nieder, die es in Sitahabu oder „Besser hier als dort" umbenannten. Tongoni erlebte eine kurze Blüte, bevor es erneut völlig verfiel.

Obwohl die meisten Säulen Tongonis längst nicht mehr stehen, sind noch die Vertiefungen zu erkennen, in die dekorative Porzellanvasen und Schalen mit Opfergaben gestellt wurden. Es gibt außerdem noch etwa zwei Dutzend neuere und nicht weiter erwähnenswerte Gräber aus dem 18. und 19. Jahrhundert.

Man kann jeden fahrbaren Untersatz auf der Küstenstraße Richtung Pangani nehmen und steigt dann an der Abzweigung aus (durch ein Schild gekennzeichnet). Nach einem Fußmarsch von etwa 1 km Richtung Osten bis zum anderen Ende des Dorfes (nach „*magofu*" fragen) hat man dann die Ruinen erreicht. Es lohnt sich, früh aufzubrechen, denn nachmittags findet man nur schwer eine Rückfahrgelegenheit. Taxis aus der Stadt verlangen mindestens 15 000 TSh für die Hin- und Rückfahrt.

Sehenswertes & Aktivitäten

Am besten ist ein Spaziergang durch den Jamhuri-Park, der die beste Aussicht über die Hafenbucht bietet. Hier findet man den alten, von den Deutschen erbauten **Uhrturm**, den Park und den Friedhof, die das **Askari-Denkmal** am Ende der Market Street umgeben.

Urithi Tanga Museum MUSEUM
(☎0784 440068; Independence Ave.; ⏰Mo–Sa 9–17, So 10–14 Uhr) GRATIS Tangas alte *boma* ist wiederhergestellt worden und beherbergt ein kleines, aber sehenswertes Museum mit historischen regionalen Fotos und Artefakten.

Toten Island HISTORISCHE STÄTTE
Direkt vor der Küste von Tanga liegt diese kleine, von Mangroven umringte Insel, die "Insel der Toten", mit den überwucherten Ruinen einer Moschee (mindestens aus dem 17. Jh.) und einigen Grabsteinen aus dem 18. und 19. Jh. Keramikscherben aus dem 15. Jh., die ebenfalls auf der Insel gefunden wurden, sind ein Hinweis darauf, dass sie schon in der Shirazi-Zeit besiedelt war. Ihre recht lange Geschichte endet im späten 19. Jh., als ihre Bewohner aufs Festland zogen.

Die Ruinen sind weniger leicht erreichbar und nicht so eindrucksvoll wie die beim nahen Tongoni, sind aber einen Besuch wert, wenn man viel Zeit hat. Ausflüge arrangiert das Touristeninformationszentrum Tatona (S. 147). Sie kosten ca. 65 US$ pro Person (inkl. Motorboottransfer und Führung).

Tanga Yacht Club SCHWIMMEN
(☎027-264 4246; www.tangayachtclub.com; Hospital Rd, Ras Kazone; Tageseintritt 3000 TSh) Dieser Club hat einen eigenen kleinen, sauberen Strand, Duschen und ein gutes Restaurant mit Bar und Meerblick. Hier kann man gut ausspannen, und vor allem an Wochenenden treffen sich hier gern Expats, um zu hören, was in der Stadt los ist.

Schlafen

Zentrum

ELCT Mbuyukenda Tumaini Hostel PENSION $
(☎0763 410059; mbuyukendahostel@elct-ned.org; Hospital Rd.; EZ 20 000 TSh, DZ im alten/neuen Flügel ab 25 000/30 000 TSh; P) Etwas verschlissen, aber die neueren Zimmer (alle mit 2 Betten) sind o.k. für den Preis. Die Pension befindet sich in ruhiger Lage gleich südwestlich des Bombo-Hospitals und schräg gegenüber dem Katani House. Für Mahlzeiten wird nach vorheriger Anmeldung gesorgt. Taxis berechnen 5000 TSh vom Busbahnhof.

Motel Sea View HOTEL $
(Bandarini Hotel; ☎0713 383868, 027-264 5581; motelseaviewtang@hotmail.com; Independence Ave.; Zi. 35 000 TSh; P) Der Kolonialbau gegenüber vom Jamhuri-Park hat seine besten Zeiten hinter sich, aber trotzdem viel Charme. Die Zwei-Bett-Zimmer haben Ventilatoren, aber keine Moskitonetze. Ein paar Unterkünfte trumpfen mit Veranda und Hafenblick auf. Im hauseigenen Restaurant gibt's nur Frühstück und Abendessen.

Central City Hotel HOTEL $
(☎0718 282272, 027-264 4476; centralcityhotelltd@yahoo.com; Street Nr. 8, Ngamiani; Zi. 45 000–60 000 TSh; P ❄) Die schmucklose, aber verlässliche Budgetunterkunft mit eigenem Restaurant ist das dem Busdepot am nächsten gelegene Hotel, das wir empfehlen können. Die Zimmer sind mit Ventilatoren, heißem Wasser, Minikühlschrank und einem Doppelbett ausgestattet. Vom Busbahnhof aus rechts in die Taifa Road („Double Rd.") abbiegen und am Kreisverkehr wieder rechts in die Street Nr. 8; das Central City befindet sich 600 m weiter auf der linken Seite.

Regal Naivera Hotel HOTEL $
(☎0765 641464, 027-264 5669; regalnaiverahotel@yahoo.com; Zi. 45 000–100 000 TSh; P ❄ WLAN) Das große pinkfarbene Hotel und Restaurant nimmt ein ruhiges Fleckchen zwei Blocks von der Hospital Road entfernt hinterm Katani House ein. Die sauberen, modernen Zimmer sind unterschiedlich groß und mit Doppelbett, Ventilator, Klimaanlage und Minikühlschrank eingerichtet.

CBA Hotel HOTEL $
(☎0689 444000; www.cbahotel.com; Ras Kazone Hotel; EZ/DZ 50 000/55 000 TSh; P ❄ WLAN) Auch das CBA hat ein eigenes Restaurant und ist eine Oase der Ruhe . Es steht direkt gegenüber vom Tanga Yacht Club in einem großen Garten und verfügt über saubere, bescheidene Zimmer mit Moskitonetzen. Das Preis-Leistungs-Verhältnis ist fair.

Nyumbani Hotel HOTEL $$
(☎027-264 5411; www.nyumbanihotels.com; Independence Ave.; EZ/DZ 70 000/95 000 TSh; P ❄ WLAN Pool) Moderne Zimmer, ein effizienter Service, das Restaurant, ein kleiner Pool und die zentrale Lage sind gute Argumente für dieses ansonsten nicht eben denkwürdige Hochhaus.

Tanga

Tanga

Sehenswertes
1 Urithi Tanga Museum A3

Schlafen
2 ELCT Mbuyukenda Tumaini Hostel C2
3 Majuba's B&B E1
4 Mkonge Hotel E1
5 Motel Sea View E2
6 Nyumbani Hotel F2
7 Regal Naivera Hotel D3

Essen
8 Food Palace C3
Pizzeria d'Amore (siehe 3)
9 SD Supermarkt F2
10 Tanga Fresh C3

Praktisches
11 Tatona Touristeninformationszentrum B3

Transport
12 Coastal Aviation C3

Mkonge Hotel HOTEL $$
(027-264 3440; mkongehotel@kaributanga.com; Hospital Rd.; EZ/DZ 80/90 US$, mit Meerblick 90/100 US$; P ❄ ≋ ≈) Das imposante Mkonge Hotel dominiert eine ausladende Rasenfläche mit Blick aufs Meer – ziemlich hübsch – und überzeugt mit recht komfortablen Zimmern (die mit Meerblick kosten mehr, aber lohnen sich), Restaurant und toller Aussicht. Leider ist der Service eher gleichgültig. Wer nicht hier übernachtet, muss 5000 TSh für die Poolnutzung zahlen.

Majuba's B&B B&B $$
(graberh1@gmail.com; Raskazone Rd.; DZ 100 US$; P ❄ ≋ ≈) Ein B&B mit zwei ruhigen, großzügigen, wunderhübsch eingerichteten Luxuszimmern, jeweils inkl. Minikühlschrank und Satelliten-TV.

Außerhalb von Tanga

Meeting Point Tanga LODGE $$
(0716 666617; www.meetingpointtanga.net; Tanga International Conference Centre; EZ/2BZ ab 55/75 US$, 4- oder 5-Personen-Bungalows 190–200 US$; @) Dieses große Gelände, in einer Mangrovenmündung südlich der Stadt gelegen, hat einfache Zimmer mit Doppelbetten, die sich Waschgelegenheiten mit geräumigen Selbstversorger-Bungalows am Wasser teilen. Es gibt einen kleinen Strand zum Baden an der Mündung, eine Dau für Exkursionen, Suaheli-Sprachkurse und Trommelunterricht.

Das Zentrum ist für mehrere Gemeindeprojekte zuständig und eine gute Basis für alle, die Tanga und Umgebung besser ken-

nenlernen wollen. Ungefähr 6 km auf der Straße nach Pangani bis zur ausgeschilderten Abzweigung (kurz nach dem Ende der Asphaltstraße) gehen; dann sind es noch ca. 4 km bis zur Lodge.

Fish Eagle Point LODGE $$
(☎ 0784 346006; www.fisheaglepoint.com; Vollpension 90–144 US$ pro Pers.; P) Das Fish Eagle Point steht an einer von Mangroven gesäumten Bucht, hat geräumige Strandhütten in verschiedenen Größen und ist stolzer Besitzer einer Dau. Den Gästen wird ein buntes Programm aus Schnorcheln, Kajak fahren, Angeln und Vögel beobachten geboten. Um die tolle Familienunterkunft zu erreichen fährt man gut 38 km auf der Straße nach Horohoro nördlich von Tanga bis zur ausgeschilderten Abzweigung (rechter Hand) und dann noch mal weitere 10 km.

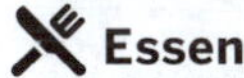

Essen

Tanga Fresh MOLKEREI $
(Joghurt & Milch ab 500 TSh; ⌚ 6.30–16 Uhr) Diese Firma produziert köstliche, frische Joghurts und Milch, die in der ganzen Region verkauft werden. Das Outlet liegt am Ende einer kleinen, unbefestigten Straße gegenüber dem Tanesco-Gebäude; auf das große Tor links achten.

SD Supermarket SUPERMARKT $
(Bank St.; ⌚ Mo–Fr 9–13.30 & 15–18, Sa 9–14 Uhr) Für Selbstversorger; liegt hinter dem Markt.

Food Palace INDISCH $
(☎ 027-264 6816; Market St.; Mahlzeiten 7000 TSh; ⌚ tgl. 7.30–16 & Fr–So 19–22 Uhr) Leckere indische Snacks und vollwertige (teils vegetarische) Mahlzeiten bei nettem Ambiente.

Pizzeria d'Amore ITALIENISCH $$
(☎ 0715 395391, 0683 171356; Hospital Rd.; Mahlzeiten 10 000–18 000 TSh; ⌚ Di–So 11.30–14 & 18.30–23 Uhr) Ein kleines Gartenrestaurant mit leckeren Pizzas, Pasta, kontinentaler Küche, einer Bar und einer Terrasse treppauf, auf der ein laues Lüftchen weht.

Tanga Yacht Club EUROPÄISCH $$
(☎ 027-264 4246; www.tangayachtclub.com; Hospital Rd, Ras Kazone; Eintritt 3000 TSh, Mahlzeiten ab 9000 TSh; ⌚ Mi–Mo Mittag- & Abendessen) Meeresfrüchte und verschiedene Grillgerichte. Den Blick aufs Wasser gibt's gratis dazu.

Praktische Informationen

GEFAHREN & ÄRGERNISSE

Das Hafengebiet ist ziemlich heruntergekommen und sollte gemieden werden. Am Abend um die Port Road und Independence Avenue beim Jamhuri-Park Vorsicht walten lassen.

GELD

Barclays (Independence Ave.) Geldautomat.
Exim (Independence Ave.) Neben Barclays; Geldautomat.
NBC (Ecke Bank St. & Market St.) Gleich westlich vom Markt. Geldwechsel und Geldautomat.

INTERNET

Click On Line (Custom St.; 2000 TSh pro Std.; ⌚ Mo–Sa 8.30–18 Uhr) Internetcafé.

MEDIZINISCHE VERSORGUNG

International Pharmacy (☎ 0713 237137; Street Nr. 7) Gut sortierte Apotheke.

TOURISTENINFORMATION

Touristeninformationszentrum Tatona (www.tangatourism.com; ⌚ Mo–Fr 8–16.30, Sa bis 13 Uhr) Das hilfsbereite Personal informiert über Attraktionen, Unterkünfte sowie Verkehrsmittel- und -wege. Darüber hinaus kennt es die verlässlichen Reiseveranstalter und Tourguides. Am besten macht man hier den ersten Stopp und lässt die anderen „Touristeninformationen" vor Ort erst mal links liegen.

Das Büro ist ein kleiner weißer Pavillon schräg gegenüber der Post.

An- & Weiterreise

BUS

Busse nach Daressalam fahren täglich von 6.30 Uhr bis 14 Uhr alle paar Stunden in beide Richtungen (12 000–18 000 TSh, 6 Std.).

Richtung Arusha kommt man mindestens drei mal täglich zwischen ungefähr 6 und 11 Uhr (12 000–17 000 TSh, 7–8 Std.). Lushoto (7000 TSh, 4 Std.) wird täglich ab 7 Uhr von mehreren Direktbussen angesteuert.

Einige größere Busse und viele *dalla-dallas* machen sich den ganzen Tag über auf den Weg nach Pangani (2500 TSh, 1½ Std.); sie folgen der Küstenstraße.

Sämtliche Busse nutzen das Hauptbusdepot auf der Taifa Road („Double Rd.") an der Kreuzung mit der Street Nr. 12.

FLUGZEUG

Täglich fliegen Maschinen von **Coastal Aviation** (☎ 0778-242966, 0658-777762; pembaaviationtanga@gmail.com; Independence Ave.) und Auric Air (S. 405) von Tanga nach Daressalam (einfach 190 US$), Sansibar (120 US$) und Pemba (95 US$). Tickets für Auric Air kann man in Tangas Touristeninformationszentrum Tatona (S. 147) buchen. Die Start-/Landebahn liegt 3 km westlich der Stadt an der Korogwe Road (Taxifahrt: 4000 TSh).

Unterwegs vor Ort

Taxistände gibt's an der Busstation und an der Kreuzung Usambara Street und India Street. Das Touristeninformationszentrum Tatona (S. 147) ist beim Mieten von Fahrrädern behilflich. Gelegentlich verbinden auch *dalla-dallas* auf der Ocean Road die Stadtmitte mit Ras Kazone.

Amboni-Höhlen

Die sagenumwobenen Kalkstein-Höhlen (pro Erw./Kind 20 000/10 000 TSh) sind eines der größten Höhlensysteme Ostafrikas und ein äußerst lohnender Abstecher für alle, die an Höhlenforschung interessiert sind. Heute hausen hier Tausende von Fledermäusen, aber früher glaubte man, sie seien von Geistern bewohnt, und noch heute werden hier deswegen Rituale durchgeführt.
Es hieß, die Höhlen seien über 200 km lang und von der kenianischen Mau-Mau-Bewegung in den 1950er-Jahren als Versteck vor den Briten genutzt worden. Obwohl eine 1994 durchgeführte Vermessung ergab, dass sie bei Weitem nicht so lang sind – die größte der erforschten Höhlen ist nur 900 m lang – hält sich immer noch hartnäckig das Gerücht, dass sie bis nach Mombasa reichen.

Ein kleiner Teil des Höhlenlabyrinths kann besichtigt werden – was auch ganz interessant ist, wenn man erst einmal den Müll am Eingang hinter sich gelassen hat. Wichtig sind eine starke Taschenlampe und geschlossene Schuhe, damit man später nicht den Fledermauskot von seinen Füßen kratzen muss.

Die Höhlen liegen etwa 8 km nordwestlich von Tanga abseits der Straße von Tanga nach Mombasa. Am besten radelt man dorthin (Tatona kontaktieren, S. 147; 45 US$ pro Pers. incl. Eintritt, Leihrad und Führer).

Alternativ nimmt man ein *dalla-dalla* zum Dorf Amboni und lässt sich am Abzweig für die Höhlen beim Forstamt absetzen. Von hier sind es noch 2,5 km zu Fuß zum Dorf Kiomoni; die Höhlen erstrecken sich westlich von Kiomoni am Fluss Mkulumuzi.

Galanos-Schwefelquellen

Wer vom Klettern und Knien in den Höhlen steife Glieder bekommen hat, kann den Tag mit einem Besuch in den grünen, stinkenden (ziemlich überwältigend stinkenden!) Schwefelquellen (5000 TSh pro Pers.) beenden, die oft auch Teil einer Tour zu den Amboni-Höhlen sind. Sie verdanken ihren Namen einem griechischen Sisalpflanzer, der als Erster ihre entspannende Wirkung nach einem langen, arbeitsreichen Tag auf den Feldern erkannte. Heute sind sie zwar noch in Betrieb, aber ziemlich wenig verlockend – trotz ihrer angeblich heilenden Eigenschaften.

Die nicht ausgeschilderte Abzweigung zu den Quellen befindet sich an der Straße von Tanga nach Mombasa ungefähr 2 km nördlich der Abzweigung zu den Höhlen und gleich nach der Überquerung des Flusses Sigi. Von hier geht's noch einmal 2 km weiter. *Dalla-dallas* von Tanga fahren bis zum Dorf Amboni, von wo aus man zu Fuß weitergehen muss.

Muheza

An der Stelle, wo die Straßen zum Amani-Naturschutzgebiet und nach Pangani vom Highway nach Tanga abzweigen, befindet sich das gesichtslose Muheza. Obwohl sie weiter landeinwärts liegt, gehört die Stadt kulturell zur Küstenregion von Tanga, mit einem feuchten Klima, starken Suaheli-Einflüssen und einer Umgebung, deren Landschaft von Sisalplantagen geprägt ist,

ABSTECHER

KULTURTOURISMUS IN LUTINDI

Ungefähr 20 km nordwestlich von Korogwe im Dorf Msimbazi findet sich die ausgeschilderte Abzweigung nach Lutindi und zum **Lutindi-Kulturtourismusprojekt** (☎ 0763 695541, 027-264 1040; lutindi-hospital@elct.org). In diesem Ort wurde die erste psychiatrische Klinik in Ostafrika gegründet. Besucher können das Gelände besichtigen, die Werkstätten besuchen, wo einige Patienten der Klinik beschäftigt sind, durch die nahen Teepflanzungen gehen und sich dabei ein Bild vom Leben in der vom allgemeinen Tourismus weit entfernten Einrichtung machen.

Es gibt eine einfache Pension (25 000 TSh pro Pers.), in der Frühstück, Mittag- und Abendessen zubereitet werden (3000–7000 TSh). In einem *dalla-dalla* geht's von Korogwe ungefähr 6 km zum Dorf Welei, von wo aus es noch 7 km zu Fuß sind. Taxis von Korogwe nach Lutindi nehmen rund 35 000 TSh.

die nur von Palmenhainen unterbrochen werden. Muhezas Markt- und Geschäftsviertel ist von Reihen wackliger Holzstände und kleinen, mit Wellblech gedeckten Häusern beherrscht und liegt rund 1 km abseits der großen Hauptstraße am Hang.

Schlafen & Essen

GK Lodge PENSION
(Zi. 13 000 TSh) Diese typisch tansanische Pension hat saubere, einfache Zimmer und kein hauseigenes Restaurant. Sie ist 1,2 km von der Bushaltestelle entfernt. Um sie zu erreichen, einfach den Schildern zum Naturschutzgebiet Amani folgen; nach Überquerung der Eisenbahnschienen geht's 500 m weiter auf der Straße nach Amani bis zur rechts ausgeschilderten Abzweigung.

An- & Weiterreise

Täglich gibt es zwei Busse nach und von Amani (3500 TSh, 2 Std.), die von Amani um 6 Uhr und von Muheza gegen 14 Uhr von der Haltestelle gleich neben der Straße Richtung Tanga abfahren. Direktbusse nach Lushoto (4000 TSh, 3 Std.) fahren jeden Morgen, Verbindungen nach Tanga (2000 TSh, 45 Min.) gibt es hingegen mehrmals am Tag.

Korogwe

Korogwe ist vor allem als Verkehrsknotenpunkt von Interesse. Im westlichen Teil der Stadt, „Neu"-Korogwe genannt, befinden sich der Busbahnhof und mehrere Unterkünfte. Im Osten liegt „Alt"-Korogwe mit dem heute stillgelegten Bahnhof. Südwestlich der Stadt zweigt eine holprige Straße nach **Handeni** ab, das für seine Bienenzucht und Honigproduktion sowie für das örtliche Krankenhaus bekannt ist.

Schlafen & Essen

Motel White Parrot MOTEL $
(☎ 0758 989243; motelwhiteparrot@gmail.com; Main Highway; Campen 15 000 TSh, EZ/DZ ab 40 000/50 000 TSh; P ❄) Ein „Rudel" Plastiktiere wacht über den Eingang dieser Herberge an der Hauptstraße. Drinnen verbergen sich saubere, ordentliche Zimmer und nebenan erstreckt sich ein grasbewachsener Campingplatz mit Warmwasserduschen und Kochbereich. Ein Restaurant gibt's auch. Wer also unterwegs urplötzlich müde wird, kann hier bedenkenlos eine Nacht verbringen.

USAMBARA-BERGE

Mit ihrem weiten Panorama, kühlem Klima, gewundenen Pfaden und malerischen Dörfern gehören die Usambaras zu den Höhepunkten von Tansanias Nordosten. Das ländliche Leben dreht sich hier um geschäftige, bunte Märkte, die von einem Dorf zum nächsten ziehen, und ist weitgehend unberührt von der boomenden Safari-Szene samt Ansturm von Geländewagen im nahen Arusha. Leicht kann man hier mindestens eine Woche damit verbringen, von Dorf zu Dorf zu wandern, oder auch einen Ort als Ausgangsbasis für Tagestouren wählen.

Die Usambara-Berge, ein Teil der Eastern Arc Mountains, sind in zwei durch ein 4 km breites Tal geteilte Bergketten getrennt. Die westlichen Usambara-Berge um Lushoto sind am einfachsten zu erreichen, allerdings sorgt das bessere Straßennetz auch für größeren Andrang. Die östlichen Usambaras um Amani sind weniger gut erschlossen, aber mit durchschnittlich über 300 Menschen pro km² ähnlich dicht besiedelt wie der Westen. Die Hauptstämme sind die Sambaa, Kilindi, Zigua und Mbugu.

Obwohl das Klima das ganze Jahr hindurch angenehm ist, werden die Wege in der Regenzeit zu matschig für Trekking. Die beste Reisezeit ist daher Juni bis November, wenn die Regenfälle aufhören und die Luft am klarsten ist.

Naturschutzgebiet Amani

Westlich von Tanga, im Herzen der östlichen Usambaras, erstreckt sich ein **Reservat** (Erw./Kind 10/5 US$ pro Besuch, nicht pro Tag), das Touristen leicht übersehen. Dabei ist es ein friedlicher, üppig bewachsener Flecken Bergwald, erfüllt vom Rauschen der Bäche, dem Zirpen der Insekten und dem Gesang der Vögel. Darüber hinaus ist es außergewöhnlich reich an einzigartigen Pflanzen- und Vogelarten und somit ein äußerst lohnender Abstecher für alle, die ornithologische oder botanische Interessen haben. Wer geduldig mit dem Feldstecher ausharrt, bekommt vielleicht einen Amani- oder Rotband-Nektarvogel bzw. einen Grünkopfpirol vor die Linse.

Geschichte

Obwohl Amani erst im Jahr 1997 zum Naturschutzgebiet ausgerufen wurde, begann seine Erforschung schon ein Jahrhundert früher, als die Deutschen hier eine Forschungsstation einrichteten und botanische Gärten anlegten. Große Waldgebiete wurden gerodet und zahlreiche neue Arten eingeführt. In nur wenigen Jahren waren die Gärten mit insgesamt 304 ha Fläche und 600 bis 1000 verschiedenen Pflanzenarten, darunter zahlreiche endemische Sorten, die größten in Afrika. Schon bald aber begann die Ausbeutung der Waldbestände, und die Gärten verfielen allmählich. Ein Sägewerk wurde errichtet und eine Eisenbahnlinie gebaut, die das etwa 12 km unterhalb von Amani gelegene Sigi mit der Hauptlinie von Tanga nach Moshi verband, um den Abtransport der Holzstämme zur Küste zu erleichtern.

In der britischen Kolonialzeit wurde das Forschungsinstitut nach Nairobi verlegt und die Eisenbahnschienen durch eine Straße ersetzt, die Amani mit Muheza verband. Viele der Anlagen in Amani übernahm das benachbarte, regierungsgeführte Malaria-Forschungszentrum. Die Gärten wurden vernachlässigt und verwahrlosten.

In den letzten Jahren haben die Regierungen Tansanias und Finnlands sowie die EU Fördermittel für Projekte zur nachhaltigen Ressourcennutzung durch die örtlichen Gemeinden bereitgestellt. Gleichzeitig wurden einheimische Guides geschult und das Wegenetz in den östlichen Usambaras ausgebaut, um Besuchern den Zugang zu dieser Region zu erleichtern.

Sehenswertes & Aktivitäten

Im alten Haus des Stationsvorstehers in Zigi ist ein Besucherzentrum mit Infos über die Geschichte der Region, die Tierwelt und Heilpflanzen eingerichtet worden.

Wanderwege

Das Gelände kann man sich bei mehreren kurzen Spaziergängen auf einem verzweigten Wegenetz ohne oder mit Führer (pro Pers. und Tag 15 US$) komplett ansehen; die Waldpfade sind angenehm schattig. Für die meisten Routen braucht man zwischen einer und drei Stunden. Sie sind detailliert beschrieben in *A Guide to Trails and Drive Routes in Amani Nature Reserve,* der im Informationszentrum in Zigi und im Reservatsbüro in Amani erhältlich ist.

Schlafen & Essen

Zigi Rest House CAMPINGPLATZ, PENSION **$**
(027-264 0313, 0784 587805; www.amaninature.org; Campen 30 US$; EZ/DZ 15 000/30 000 TSh; Frühstück/Mittag- & Abendessen 3000/6000/6000 TSh) Hier gibt's Zimmer mit Bädern und drei Doppelbetten sowie etwas mehr Ruhe und Komfort als im Amani Conservation Centre Resthouse. Die Gäste können heiß duschen und sich bekochen lassen, sollten aber vielleicht etwas Obst oder andere Snacks „zum Aufstocken" einpacken. Stellplätze stehen ebenfalls zur Verfügung (Verpflegung/Ausrüstung komplett selbst mitbringen). Die Unterkunft steht direkt am Haupteingang zum Reservat.

Amani Conservation Centre Rest House CAMPINGPLATZ, PENSION **$**
(027-264 0313, 0784 587805; www.amaninature.org; Campen 30 US$; EZ/DZ 15 000/30 000 TSh; Frühstück/Mittag- & Abendessen 3000/6000/6000 TSh; P) Diese Pension mit kleinem Zeltplatz hat eine nettere Lage und eine rustikalere Atmosphäre als das Zigi Rest House, dafür sind die Zimmer nicht ganz so gemütlich und bieten weniger Ruhe. Für die Gäste steht ein Heißwasservorrat bereit, zudem werden einfache Mahlzeiten gekocht. Zur Anreise: An der Hauptgabelung in Amani geradeaus vorbei zum Büro des Reservats, das Gebäude daneben ist das Rest House.

HÄUPTLING KIMWERI

Kimweri, in der ersten Hälfte des 19. Jhs. König im mächtigen Reich Kilindi (Sambaa), war eine der legendärsten Gestalten in der Usambara-Region. Von seiner Hauptstadt Vuga (an der Hauptstraße zwischen Mombo und Lushoto) aus herrschte er in einem Gebiet, das sich vom Kilimandscharo im Norden bis zum Indischen Ozean im Osten erstreckte. Er erhob Tribute von so weit entfernten Städten wie Pangani. Die Ausdehnung seines Herrschaftsgebietes in der Küstenregion führte bald zu Konflikten mit dem Sultan Seyyid Said von Sansibar, der diese Gebiete für sich beanspruchte. Schließlich einigten sich die beiden Regenten auf die gemeinsame Herrschaft über die nordöstliche Küste. Diese Vereinbarung hatte bis zu Kimweris Tod im Jahr 1869 Bestand. Danach übernahm der Sultan die volle Autorität.

Der Überlieferung nach besaß Kimweri Zauberkräfte. Er hatte Macht über Regen und konnte auf seine Feinde Hungersnöte herabflehen. Sein gut organisiertes Königreich war in von seinen Söhnen regierte Unterreiche, und in von Gouverneuren, Premierministern und regionalen Armeebefehlshabern regierte Distrikte aufgeteilt. Es war Kimweri, zu dem der Missionar Johann Ludwig Krapf ging, um Land für den Bau seiner ersten Kirche für die Anglikanische Kirche zu erbitten.

Nach Kimweris Tod führten Stammesfehden zum Zusammenbruch des Königreichs. Kämpfe um die Nachfolge Kimweris dauerten an, bis die Deutschen in die Region kamen.

Amani Forest Camp CAMPINGPLATZ, COTTAGES **$** (Emau Hill; ☎0782 656526; www.amaniforestcamp.com; Campen 7 US$, EZ/DZ/3BZ Zelt-Bandas 74/98/132 US$, Cottage EZ/DZ/3BZ 94/128/177 US$; ⌚Mitte Juni–März; Ⓟ) Rustikale Adresse auf einem Waldgrundstück mit interessanter Vogelwelt und Spazierwegen. Die gute Campinganlage, komfortablen Dauerzelte mit Gemeinschaftswaschräumen und einem Turaco-Cottage für vier Personen mit Badezimmer kann man alle auf Wunsch mit Halb- oder Vollpension buchen. An Amani vorbei geht's 1,5 km auf der Straße nach Kwamkoro zu der ausgeschilderten Abzweigung, von wo aus es noch 3 km auf einem schmalen Buschpfad weitergeht.

Praktische Informationen

Die Park- und Guidegebühren zahlt man am Eingang zum Schutzgebiet in Zigi.

An- & Weiterreise

Amani liegt 32 km nordwestlich von Muheza. Die Piste dorthin ist in ziemlich gutem Zustand, bis auf die letzten 7 km, wo sie steinig und schlecht befahrbar wird (nur Geländewagen). Mindestens ein Lkw verkehrt täglich zwischen Muheza und Amani (3500 TSh, 2 Std.) und fährt bis zum 9 km hinter Amani liegenden Dorf Kwamkoro weiter. Abfahrt von Muheza zwischen ca. 13 Uhr und 14 Uhr. In der Gegenrichtung kommt der Laster etwa ab 6 Uhr früh durch Amani. Er hält in der Nähe des Reservatsbüros.

In der Trockenzeit schafft es ein normales Auto bis Zigi (25 km von Muheza entfernt). Danach aber ist ein Geländewagen erforderlich. Für die Strecke von Muheza bis Amani braucht man 1½ bis 2 Std., weniger in einem guten Auto mit hohem Fahrgestell. Wer möchte, kann auch von Zigi auf einem Wandertrail zu Fuß nach Amani gehen (2½–3 Std.). Wer von Muheza kommt, fährt auf der Straße (ausgeschildert) geradeaus bis zur letzten Abzweigung, wo Bulwa rechts ausgeschildert ist; Amani liegt 2 km weiter auf der linken Seite.

Mombo

Mombo ist der heruntergekommene Ort am Fuß der Usambara-Berge, wo die Straße nach Lushoto vom Highway Daressalam–Arusha abzweigt. Empfehlenswerte Unterkünfte gibt es nicht, aber da die meisten Busse aus Arusha oder Daressalam zu einer annehmbaren Zeit hier vorbeikommen, kann man leicht ein *dalla-dalla* hinauf nach Soni oder Lushoto finden, um dort zu übernachten.

Soni

Die touristische Infrastruktur in diesem winzigen Ort ist gleich null und dennoch bietet sich Soni für einen Zwischenstopp an, sofern man längere Zeit in den Usambara-Bergen verweilt. Führer für alle Wanderungen ab Soni sollten allerdings besser im nahen Lushoto oder auf der Maweni Farm angeheuert werden. Zu den regionalen Attraktionen gehören der Berg **Kwa Mungu** (ca. 30 Min. Fußmarsch ab Soni) und die kleinen **Soni-Wasserfälle**, die links der Straße von Mombo liegen. Soni ist auch der Ausgangspunkt für mehrere sehr schöne Wanderungen, darunter eine zwei- bis dreistündige Tour zum Waldschutzgebiet Mazumbai und zum Ort sowie eine drei- bis fünfstündige Wanderung zur von Pinien umgebenen Benediktiner-Mission **Sakharani**, wo regional produzierter Wein verkauft wird. Es gibt noch einen herrlichen, längeren Marsch von der Maweni Farm (rechts) zur Gare-Mission und dann nach Lushoto. Die Gegend um Gare (eine der ersten Missionsstationen in dem Gebiet) wurde als Maßnahme zur Erosionsbekämpfung wieder aufgeforstet, und der Gegensatz zu den baumlosen, stärker erodierten Flächen ist ein sehr interessanter Anblick. Nach Gare, und als ein Abstecher auf dem Weg nach Lushoto, bietet sich ein Halt im Dorf **Kwai** an, wo es ein Töpfereiprojekt für Frauen gibt. Kwai war auch ein früher Forschungsposten für Bodenwissenschaft und Erosionskontrolle.

Schlafen & Essen

Maweni Farm LODGE **$$**
(☎0784 279371, 0784 307841; www.maweni.com/lodge; DZ 60–80 US$, ohne Bad 50 US$; P 📶) Das hübsche, alte Bauernhaus liegt auf einem dicht bewachsenen Grundstück vor einer Kulisse mit zwitschernden Vögeln, blühenden Gärten und einem mit Seerosen bedeckten Teich, hinter dem sich der Berg Kwa Mungu erhebt. Die Zimmer (einige im Haupthaus und andere in einem separaten Bau) sind schnörkellos und geräumig. Außerdem kann man sich nach vorheriger Anmeldung bekochen lassen und Führer für Wanderungen anheuern.

Die Farm liegt 2,9 km von der Hauptkreuzung in Soni entfernt an der Sandpiste, die am Wochenmarkt vorbeiführt.

MARKTTAGE

Tansanische Dörfer sind an Markttagen besonders bunt und farbenprächtig. Dann kommen Händler zu Fuß aus kilometerweitem Umkreis hierher, um ihre Waren zu verkaufen:

Bumbuli Samstag, ein kleinerer Markt findet dienstags statt.

Lushoto Sonntag, ein kleinerer Markt findet donnerstags statt.

Mlalo Mittwoch

Soni Dienstag, ein kleinerer Markt findet freitags statt.

Sunga Mittwoch, eine sehr bunte Angelegenheit.

An- & Weiterreise

Soni liegt ca. 20 km oberhalb von Mombo an der Straße nach Lushoto (bis dort sind es von Soni aus noch mal 12 km). Ab Mombo und Lushoto fahren *dalla-dallas* nach Soni (1500 TSh ab Lushoto, 1500 TSh ab Mombo).

Lushoto

Lushoto ist eine grüne Hochlandstadt, die in einem fruchtbaren Tal in ungefähr 1200 km Höhe liegt und von Pinien und Eukalyptusbäumen, gemischt mit Bananenstauden und anderen tropischen Pflanzen, umgeben ist. Es ist das Zentrum der westlichen Usambaras und ein idealer Ausgangsort für Wanderungen in die umgebende Hügellandschaft.

Lushoto ist auch das Kernland des Volkes der WaSambaa (der Name „Usambara" geht auf WaSambaa oder WaShambala zurück, was so viel wie „verstreut" bedeutet), und die lokale Kultur ist sehr präsent. Anders als in Muheza und anderen küstennahen Teilen der Tanga-Region, wo nahezu ausschließlich Suaheli gesprochen wird, dominiert hier die die Lokalsprache Sambaa.

Geschichte

In der deutschen Kolonialzeit war Lushoto (damals Wilhelmstal) ein beliebter Erholungsort für Kolonialbeamte, ein Verwaltungszentrum und eine Missionsstation. Es wurde sogar überlegt, den Ort zur Hauptstadt von Deutsch-Ostafrika zu ernennen. Heute ist Lushoto dank seines gemäßigten Klimas vor allem für seinen lebendigen Markt bekannt – auf dem es an Sonntagen am lebhaftesten zugeht – und seine herrlichen Wandermöglichkeiten. Neben einer Handvoll kolonialer Gebäude – insbesondere den von Deutschen erbauten Kirchen, dem Gefängnis und mehreren alten Bauernhöfen – und der gepflasterten Straße von Mombo haben die Deutschen eine Tradition von selbstgebackenem Brot und selbstgemachten Käsesorten hinterlassen, die heute von mehreren Missionen in dieser Gegend produziert werden.

Teilweise wegen der hohen Bevölkerungsdichte in der Umgebung und den damit verbundenen flächendeckenden Abholzungen ist die Erosion seit Langem ein großes Problem in dieser Region. Bemühungen, sie unter Kontrolle zu bringen, wurden schon in der britischen Kolonialzeit in die Wege geleitet, und heute laufen mehrere Projekte.

Aktivitäten

Wandern & Trekking

Die westlichen Usambara-Berge um Lushoto sind ein Wanderparadies, mit Routen, die sich auf gut ausgeschilderten Fußwegen durch Dörfer, Getreidefelder und Bananenpflanzungen winden und von wenigen Stunden bis zu mehreren Tagen dauern. Man kann auch auf eigene Faust wandern gehen – allerdings sollte man dafür ein paar Wörter Suaheli beherrschen, ein GPS mitnehmen, sich eine Karte der Gegend besorgen und die Route so planen, dass sie an den wenigen Dörfern mit Pensionen vorbeiführt. Aufgrund gelegentlicher Raubüberfälle auf Einzelwanderer empfiehlt es sich jedoch, in Begleitung eines Führers loszumarschieren.

Die Angestellten der Hotels in Lushoto können meistens Führer und Routen empfehlen, die Touristeninformationszentren organisieren Wanderungen. Nie unabhängige Guides buchen, die nicht mit einem Büro oder einem verlässlichen Hotel zusammenarbeiten. Die Preise hängen von der Wanderstrecke ab und sind in den letzten Jahren deutlich gestiegen. Sie reichen von etwa 30 000 TSh pro Person für eine halbtägige Wanderung zum Irente-Aussichtspunkt bis zu 125 000 TSh pro Person und Tag für mehrtägige Wanderungen. Hier sind Camping oder Unterkunft in sehr einfachen Pensionen, Führerentgelt, Waldgebühren für alle Wanderungen, die in Waldreservate führen (wozu die meisten Wanderungen von Lushoto gehören), und Essen eingeschlossen. Für Wanderer mit guter Konstitution und entsprechender Ambition sind die üblichen vorgegebenen Wanderstrecken meist ein wenig kurz, sie können wahrscheinlich problemlos zwei oder auch drei an einem Tag schaffen. In solchen Fällen verlangen die meisten Guides allerdings den vollen Preis für die zusätzlichen Tage, sodass eine gütliche Lösung ausgehandelt werden muss. Entlang der meisten Routen gibt's Gemüse und Obst und in mehreren der größeren Dörfer auch Flaschenwasser zu kaufen. Wer allein wandert, muss aber unbedingt einen Wasserfilter bei sich haben.

In Lushoto kann es zu jeder Jahreszeit kühl und nass werden, also eine regenfeste Jacke mitbringen.

Schlafen & Essen

In & ums Stadtzentrum

Tumaini Hostel HOSTEL $
(☎ 027-264 0094; tumaini@elct-ned.org; Main Rd.; DZ/Suite/Fam.-Zi. 30 000/40 000/50 000 TSh, EZ ohne Bad 17 000 TSh; P) Die lutherische Kirche ist Betreiber des preiswerten Hostels, in dem saubere Zimmer mit zwei Einzelbetten und Warmwasserduschen bereitstehen. Der zweigeschossige Komplex mit angeschlossenem Restaurant und kleinen Gärtchen liegt im Herzen der Stadt, nahe dem Telecom-Gebäude. Von den Einnahmen werden kirchliche Gemeindeprojekte in der Gegend finanziert.

St. Eugene's Lodge PENSION $
(☎ 0784 523710, 027-264 0055; www.usambara-st-eugene.com; EZ/2BZ/3BZ/Suite 25/45/54/60 US$) Diese unprätentiöse Adresse bietet nette Zimmer mit Balkon und Blick auf den Garten ringsum und wird von einem Schwesternorden geführt. Die Mahlzeiten sind sehr lecker und es werden hausgemachter Käse und Marmelade verkauft. Die Unterkunft liegt an der Hauptstraße, ca. 3,5 km vor Lushoto (linker Hand, wenn man aus Richtung Soni anreist). Den Fahrer bitten, zum Montessori Centre zu fahren.

Rosminian Hostel PENSION $
(☎ 0785 776348, 0684 116688; DZ 30 000 TSh; P) Eine kleine, von der Kirche geführte Herberge mit schlichten Doppelzimmern, von denen man das winzige Grundstück im Blick hat. Warmwasserduschen, Moskitonetze und TVs sind Standard, für die Mahlzeiten muss man sich vorab anmelden. Das Hostel liegt 1,8 km vor der Stadt und ist ca. 300 m von der Hauptstraße entfernt (aus Soni kommend linker Hand). Auf Wunsch setzt einen der Busfahrer an der Abzweigung ab.

Lushoto Highland Park HOTEL $
(☎ 0789 428911, 0716 112132; lushotohighlandparkhotel@yahoo.com; EZ/DZ/Suite 35/40/50 US$; P) Diese modern aufgemachte Bleibe inkl. Restaurant liegt von der Post ein Stück bergauf und gleich unterhalb der alten Residenz des Distriktkommissars. Die Zimmer sind vernünftig, wenn auch vielleicht etwas zugestellt und eng. Manche warten mit einem Balkon auf, aber alle haben Moskitonetze.

St. Benedict's Hostel PENSION $
(☎ 0712 369174; Campen 7000 TSh, EZ/DZ/3BZ 20 000/30 000/45 000 TSh) Die Gäste haben die Wahl zwischen einem größeren Doppel-

Lushoto

Schlafen
1 Lushoto Highland Park A1
2 St. Benedict's Hostel A2
3 Tumaini Hostel B3

Essen
Tumaini Café & Makuti African Restaurant .... (siehe 3)

Praktisches
4 Afro-Medics Duka la Dawa A3
5 Friends of Usambara Society B3
6 SED Tours A2

Transport
7 Bushaltestelle A3

und mehreren kleineren Zimmern. Sie kommen komplett ohne Schnickschnack aus, sind eher dunkel und ein wenig trist, aber das macht die praktische Lage wieder wett. Nach vorheriger Mitteilung wird man auch verköstigt. Der Betreiber ist die katholische Kirche gleich nebenan.

Lawn's Hotel LODGE $$
(☎0784 420252, 0754 464526; www.lawnshotel.com; Campen 12 US$, EZ/DZ/3BZ 45/55/70 US$; P) Diese Institution in Lushoto hat ihre besten Zeiten hinter sich, die weinumrankten Gebäude und weitläufigen Gärten haben aber durchaus etwas für sich. Auch die geräumigen Zimmer mit Holzboden und Kamin zeigen deutliche Gebrauchsspuren, es gibt aber auch neuere Bungalows mit Doppel- bzw. zwei Einzelbetten. Zur Anlage gehören auch eine Bar und ein Restaurant. Den Kreisverkehr am Ortseingang nach links verlassen, dem Verlauf der unbefestigten Straßen hoch und dann nach rechts durch den Kiefernwald folgen.

Tumaini Cafe & Makuti African Restaurant TANSANISCH, EUROPÄISCH $
(☎027-264 0027; Main Rd.; Mahlzeiten ab 6000 TSh; ⏱7–22 Uhr) Das Tumaini Cafe steht an der Hauptstraße, gleich neben dem Telecom-Gebäude. Dort kann man sich über günstige Imbisse, Frühstück und Mahlzeiten hermachen (wie wär's beispielsweise mit einem Bananenmilchshake, frischen Brötchen oder leckerer kontinental-europäischer Küche?). In demselben Komplex ist auch das Makuti African Restaurant zu Hause, das dieselben Betreiber hat. Es ist nur mittags und abends geöffnet, aber das lokaltypische Essen schmeckt wunderbar.

Außerhalb der Stadt

Irente Biodiversity Reserve PENSION $
(Irente Farm; ☎0784 502935, 0788 503002; www.irentebiodiversityreserve.org; Campen 8000 TSh, EZ/DZ/3BZ ab 30 000/50 000/95 000 TSh, 4-/6-Personen-Haus 200 000/175 000 TSh; P) Diese ländliche, kirchengeführte Pension in ruhiger Umgebung 4,5 km außerhalb der Stadt bietet Camping, zwei kleine Doppelzimmer (eines mit Gemeinschaftsbadnutzung) und Unterbringung in umgebauten Farmgebäuden, darunter eine Lodge für sechs Personen und Selbstversorger. Die Preise beinhalten ein Farmfrühstück. Bei Vorbestellung bekommt man für 8000 TSh pro Person Picknickpakete und selbstgemachten Käse, Marmelade und Brot.

Swiss Farm Cottage LODGE $$
(☎0714 970271, 0784 700813; www.swiss-farm-cottage.co.tz; Halbpension im Standard-/Luxus-Bungalow 50/65 US$ pro Pers.; P) Ein ruhiges Fleckchen Erde, komplett mit Kühen, die an den Hängen weiden – eine gelungene Mischung aus Tansania und der Schweiz. Es gibt Standard-Familienzimmer sowie einen Bungalow mit zwei Doppelzimmern, die sich einen Wohnbereich mit Kamin teilen. Alle Räumlichkeiten sind behaglich, und die Wanderwege beginnen direkt vor der Tür.

VON LUSHOTO AUS LOSWANDERN

Um auf den Geschmack zu kommen, eignet sich am besten der Weg zum **Irente-Aussichtspunkt** (6 km, ungefähr 2–3 Std. hin & zurück): Er beginnt auf der von der Anglikanischen Kirche südwestlich verlaufenden Straße und führt allmählich bergauf bis zum Aussichtspunkt, von dem sich an klaren Tagen ein weiter Ausblick bietet. Es ist beeindruckend zu sehen, wie steil sich die Usambara-Berge aus den Ebenen erheben. Auf dem Weg dorthin liegt das Irente Biodiversity Reserve (S. 154), in dem es frischen Käse, Joghurt und Müsli gibt. Nahe dem Aussichtspunkt verlaufen zwei Pfade; der bessere führt an der Irente Cliff View Lodge vorbei; die Nutzung kostet 2000 TSh (inkl. Getränk), die benachbarte „Containerroute" ist günstiger (1000 TSh).

Eine andere leichte Wanderung: Lushoto Richtung Norden auf der Straße verlassen, die zwischen der Katholischen und der Anglikanischen Kirche verläuft. Nach ungefähr fünf Minuten geht's links ab und bergauf, vorbei an verstreuten Häusern und kleinen Bauernhöfen. Nach rund 35 Minuten erreicht man das königliche Dorf **Kwembago**, den traditionellen Sitz des örtlichen Sambaa-Häuptlings; es ist bekannt für einige historische doppelstöckige Häuser mit Balkon. Dann geht's bergauf, anschließend an der Abzweigung rechts, auf dem Pfad um das Lushoto-Tal und dann auf der anderen Seite wieder runter, wo er auf die nach Migambo führende Asphaltstraße trifft. Für eine längere Variante geht's an der großen Kreuzung hinter Kwembago nach links und über steile Fußwege hinab zum früheren Missionshospital von **Bumbuli**, wo sich meist eine Transportmöglichkeit zurück nach Lushoto über Soni finden lässt. Von Bumbuli führt ein landschaftlich schöner, sanfter Aufstieg in das kühle **Waldschutzgebiet Mazumbai**, das in seinen höheren Lagen noch Flecken mit dichtem Hochwald hat.

Eine herrliche drei- bis viertägige Wandertour geht von Lushoto nach **Mtae** oder **Mambo**. Man passiert Pinienhaine und Getreidefelder, Dörfer und Wildastern – genau richtig, wenn es etwas fürs Auge und den Kopf (Stichwort: Kultur) sein soll.

Eine anspruchsvolle Alternative für Ambitioniertere ist die sechstägige Wanderung ins Naturschutzgebiet Amani. In den Touristeninformationen hängen Wandkarten, auf denen einige Routen detailliert dargestellt sind. Zu den nahen Dörfern, in denen eine Unterkunft zu finden ist, gehören Bumbuli (mit Zimmern im alten Gasthaus des Lutherischen Missionshospitals), Lukozi (Pensionszimmer), Rangwi (einfache Zimmer in schöner Umgebung in einem örtlichen Konvent), Mtae (Pensionen) sowie die Mambo View Point Lodge und der Mambo Cliff Inn. In Mazumbai stehen von der Universität betriebene Pensionen mitten im Wald – auch nicht schlecht.

Die Lodge liegt 15 km von Lushoto entfernt, am Dorf Migambo vorbei, und ist eine gute Option für Reisende mit eigenem Fahrzeug.

Mullers Mountain Lodge LODGE $$
(☎ 0784 500999, 0782 315666; www.mullersmountainlodge.co.tz; Campen 10 US$, EZ/DZ 45/60 US$, 4BZ ohne Bad 90 US$, Cottage 120 US$; Ⓟ) Ein alter deutscher Bauernhof in parkähnlichem Garten, mit Zimmern im Hauptgebäude oder, etwas privater, in nahe gelegenen Cottages (mit zwei Zimmern, die sich ein Wohnzimmer teilen). Es gibt auch einige weniger nette Betonhütten mit Gemeinschaftsbad, einen großen Zeltplatz und ein Restaurant. Der Hof ist etwa 17 km von Lushoto entfernt (hinter dem Dorf Migambo); er ist ausgeschildert.

Irente Cliff View Lodge LODGE $$
(☎ 027-264 0026; www.irenteview.com; EZ/DZ/Suite ab 50/65/120 US$; Ⓟ) Die spektakuläre Aussicht, die sich an klaren Tagen von allen Zimmern auf die Ebenen bietet, entschädigt für das ziemlich überladene Interieur dieser Lodge, die auf einer Klippe ungefähr 1,5 km hinter der Irente Farm am Irente-Aussichtspunkt thront. Unmittelbar darunter befindet sich ein Rasenzeltplatz (Camping 6 US$) mit Heißwasserduschen.

ℹ Praktische Informationen

GELD

CRDB (Main Rd.) Geldautomat; Western-Union-Gebäude, diagonal gegenüber vom Gefängnis.

National Microfinance Bank (Main Rd.; ⏲ Mo–Fr 8–15 Uhr) Tauscht ausschließlich Bargeld.

INTERNET

Bosnia Internet Café (Main Rd.; 2000 TSh pro Std.; ⏲ Mo–Fr 8.30–18, Sa 9–14 Uhr) Am südlichen Ende der Stadt.

Mt Usambara Communications Centre (2000 TSh pro Std.; ⌚7.30–17.30 Uhr) In der Nähe des Markts.

MEDIZINISCHE VERSORGUNG

Afro-Medics Duka la Dawa (Main Rd.; ⌚Mo–Sa 8–13 & 14–20, So 11–13 Uhr) Beim Markt.

TOURISTENINFORMATION

Friends of Usambara Society (www.usambaratravels.com) Wanderungen und Radtouren (eigenes Fahrrad mitbringen). Der kleinen Straße neben der NMB-Bank folgen.

SED Tours (☎0784 689848; www.sedadventures.com; Main Rd.) Gute Wanderungen und kulturelle Touren; an der Hauptstraße gegenüber dem Park.

WERKSTATT

Rosmini Garage (St. Patrick's VTC) Ca. 1,5 km vorm Ortseingang an der Straße nach Mombo.

An- & Weiterreise

Den ganzen Tag über verkehren *dalla-dallas* zwischen Lushoto und Mombo (3000 TSh, 1 Std.), dem Verkehrsknotenpunkt an der Hauptverkehrsstraße.

Tägliche Direktbusse bedienen die Strecke von Lushoto nach Tanga (6000 TSh, 4 Std.), Daressalam (12 000–15 000 TSh, 6–7 Std.) und Arusha (12 000–13 000 TSh, 6 Std.), die meisten fahren um 7 Uhr los. Zu den Lodges in der Nähe von Migambo führt die bergauf und nordöstlich der Ortschaft Magamba verlaufende Straße; dann an der ausgeschilderten Kreuzung nach rechts und noch einmal 7 km bis zur Migambo-Kreuzung, wo die Lodges ausgeschildert sind.

Mlalo

In einem vom Fluss Umba durchströmten Tal liegt wie eine Insel Mlalo, ein Ort mit Wildwest-Flair, einem bescheidenen Angebot an Grundnahrungsmitteln und Übernachtungsmöglichkeit. In der Nähe liegt **Kitala Hill**, das Dorf eines der Usambara-Unterhäuptlinge. Der Weg zwischen Mlalo und Mtae (5–6 Std., 21 km) ist landschaftlich sehr schön, vorbei an terrassierten Hängen, malerischen Dörfern und Waldstücken. Leider können wir weder Unterkünfte noch Restaurants empfehlen.

Busse verkehren täglich zwischen Daressalam und Mlalo über Lushoto, Abfahrt in Lushoto ist gegen 13 Uhr und in Mlalo gegen 5 Uhr (4000 TSh zwischen Mlalo und Lushoto). Sporadisch fahren auch *dalla-dallas* zwischen den beiden Orten.

GRÜSSEN AUF KISAMBAA

In den Usambaras ist die Sprache der Sambaa geläufiger als Suaheli. Folgende Phrasen auf KiSambaa werden sich vielleicht als hilfreich erweisen:

- *Onga maundo* Guten Morgen
- *Onga mshee* Guten Tag
- *Niwedi* Mir geht's gut (als Antwort auf *Onga maundo* oder *Onga mshee*)
- *Hongea (sana)* (Vielen) Dank

Mtae & Mambo

Das kleine Mtae ist ein etwa 55 km nordwestlich von Lushoto gelegenes Bergdorf mit einem fantastischen 270-Grad-Rundblick über die Tsavo-Ebenen bis hinunter zum Nationalpark Mkomazi. Ein Ort mit Aussicht ist auch Mambo, nur wenige Kilometer weiter südwestlich. Die dortigen Pensionen und Restaurants sind besser. Die Mtae-Mambo-Region ist ein nettes Reiseziel, wenn einem nur Zeit für eine Wanderung ab Lushoto bleibt. Unterwegs passiert man das Dorf Sunga, in dem mittwochs ein bunter Wochenmarkt stattfindet. Südöstlich erhebt sich der **Shagayu** (2220 m), einer der höchsten Gipfel in den Usambara-Bergen. Außer für ihre vielen Wanderwege ist die Gegend auch für ihre traditionellen Heiler bekannt.

Schlafen & Essen

Mambo Viewpoint Eco Lodge & Mambo Cliff Inn LODGE, CAMPINGPLATZ $
(☎0785 272150, 0769 522420; www.mamboviewpoint.org; Campen 8–10 US$, EZ/DZ im Cliff Inn 20/35 US$, EZ/DZ im Viewpoint ab 60/85 US$; P 📶) Die Markenzeichen der Öko-Lodge sind die bombastische Aussicht, die komfortablen Cottages und die fest installierten Zelte. Das Mambo Cliff Inn liegt nur einen kurzen Fußmarsch bergab und verfügt über saubere Backpackerunterkünfte in Rondavels (Hütten im afrikanischen Stil) aus Stein und Stroh. Die Besitzer kennen die Gegend in- und auswendig und stellen Wanderungen, Übernachtungen bei Einheimischen und mehr auf die Beine – insgesamt eine tolle Basis für Ausflüge in die Usambaras.

Mahlzeiten gibt's in beiden Unterkünften (europäische Küche im Mambo Viewpoint, Lokaltypisches im Mambo Cliff Inn). An der Kreuzung 3 km vor Mtae die (beschilderte) Abzweigung links nehmen.

An- & Weiterreise

Die Straße zwischen Lushoto und Mtae ist voller Serpentinen und Steigungen – und ganz besonders schön, wo sie sich auf den letzten 7 km nach Mtae hochwindet. Wer mit öffentlichen Verkehrsmitteln reist, muss mindestens eine Nacht in Mtae verbringen, weil Busse von Lushoto (7000 TSh, 4 Std.) erst gegen 13 Uhr abfahren. Auf der Rückfahrt von Mtae Richtung Daressalam halten sie zwischen 4 und 5 Uhr hier. Ein Taxi ab Lushoto kostet ca. 70 000 TSh. Wer nach Mambo reisen will, sollte mit dem Fahrer aushandeln, die komplette Strecke zurückzulegen, oder sich an der Kreuzung Mtae–Mambo absetzen lassen, denn von dort ist es nur noch ein kurzer Fußmarsch ins Dorf und zum Mambo Cliff Inn.

PARE-BERGE

Die sehr schönen und selten besuchten Pare-Berge, unterteilt in nördliche und südliche Gebirgszüge, liegen südöstlich des Kilimandscharo und nordwestlich der Usambara-Berge. Wie die Usambara-Berge sind sie Teil der Eastern Arc Mountains. Ihre steilen Klippen und bewaldeten Hänge sind die Heimat einer beeindruckenden Vielfalt von endemischen Vögeln und Pflanzen. Wie auch die Usambaras sind die Pare-Berge dicht besiedelt und die vielen kleinen Dörfer sind durch ein Netz von Pfaden und Wegen verbunden. Die wichtigste ethnische Gruppe hier sind die Pare (auch Asu genannt), die trotz einiger historischer und sprachlicher Unterschiede zwischen den unterschiedlichen Pare-Gruppen als eine ethnische Einheit betrachtet werden.

Die Pare-Berge sind touristisch nicht so erschlossen wie die Usambara-Berge und bei Entdeckungstouren ist man weitgehend auf sich allein gestellt. Dank der relativen Isolation sind die Traditionen und Bräuche der Pare fast unangetastet geblieben. Ein weiterer Unterschied zu den Usambaras ist, dass es in den Pare-Bergen keine größere Basis mit entwickelter Infrastruktur gibt, von der aus Wanderungen unternommen werden könnten. Der beste Einstieg ist eine Wanderung nach Same und dann nach Mbaga (wenn man den Süden der Bergkette erkunden will) oder aber nach Usangi (wenn einen der Norden interessiert). Sowohl von Usangi als auch von Mbaga aus gibt's mehrere Wandermöglichkeiten, die von einem halben bis zu drei Tagen und mehr dauern können. Für Englisch sprechende Guides kann gesorgt werden.

Same

Dieses lebendige Marktstädtchen ist die größte Ortschaft in den südlichen Pare-Bergen. Der Weg zum Nationalpark Mkomazi und nach Mbaga, einem Zentrum für Wanderungen in dieser Gegend, führt unweigerlich hierdurch. Der Ort hat so gut wie keine touristische Infrastruktur und eignet sich deshalb eher als Startpunkt für Ausflüge in die Pare-Berge denn als Basis. Wer unbedingt ein paar Tage bleiben will, bevor es weiter zu den Dörfern geht, kann mehrere Wanderungen in den Hügeln hinter dem Ort unternehmen. Allerdings muss man für die meisten besseren Ziele zumindest teilweise den örtlichen Verkehr in Anspruch nehmen. Sonntags ist Markt, dann kommen Händler aus dem ganzen Pare-Gebiet hierher.

Das Büro, in dem man die Gebühren für das Waldschutzgebiet bezahlt (**Catchment Office**), liegt am Ortsende an der Hauptstraße hinter dem Markt.

Die National Microfinance Bank (von der Busstation links einen Block hoch, dann wieder links) tauscht Bargeld. Es gibt keinen Geldautomaten.

Schlafen & Essen

Elephant Motel MOTEL $

(☎ 0754 839545, 027-275 8193; www.elephantmotel.com; Campen 10 US$, EZ/2BZ/3BZ 35/40/50 US$; P) Das Elephant Motel vermietet einfache, nette Zimmer mit TV, im Restaurant werden ordentliche Mahlzeiten zubereitet und darüber hinaus gibt's Spielplätze und einen Campingplatz. Die Unterkunft am Haupt-Highway 1,5 km südöstlich von Same wird gern von Selbstfahrern auf dem Weg zur Küste angesteuert. Die Angestellten helfen beim Buchen eines Wagens für Mkomazi-Safaris.

Amani Lutheran Centre PENSION $

(☎ 0784 894140, 027-275 8107; 2BZ/DZ 25 000/30 000 TSh; P) Bescheidene Adresse an der Hauptstraße, ca. 500 m nördlich des Highway, mit einer Handvoll sauberer, angenehmer, frisch renovierter Räumlichkeiten auf einem ruhigen Gelände. Essen gibt es auf Wunsch und die Angestellten des nahen Diözesen-Büros helfen beim Mieten eines Wagens für eine Mkomazi-Safari. Bis zur Bushaltestelle sind es ca. fünf Gehminuten.

An- & Weiterreise

Die auf dem Daressalam-Arusha-Highway fahrenden Busse halten auf Wunsch in Same. Es

PARE-BERGE

Unterkunft und Verpflegung kann man in den Pare-Bergen generell sehr leicht organisieren. Wer nicht die Hill-Top Tona Lodge in Mbaga oder das Mhako Hostel (S. 160) in Usangi wählt, übernachtet meist bei Dorfbewohnern oder zeltet. Die Preise für beides liegen bei 5000 bis 15 000 TSh pro Person und Nacht. Für alle Ziele außer Mbaga und Usangi sollte man auch einen tragbaren Gaskocher mitbringen.

Führer werden am besten in der Lomwe Secondary School (S. 160) in Usangi und der Hill-Top Tona Lodge in Mbaga gebucht. Organisierte Wanderungen kosten rund 20 000 TSh pro Person und Tag (für den Guide). Die Dorfgebühren liegen bei 3000 TSh pro Tag und Mahlzeiten bei 5000 TSh. Eine Forstgebühr von 30 US$ pro Person und pro Besuch wird für alle Wanderungen, die durch Waldschutzgebiete führen, erhoben, darunter auch Touren zum Shengena. Die Gebühren sind im Catchment Office in Same oder über den Guide zu zahlen. Bei allen geführten Wanderungen sind die Strecken meist kurz (fitte Wanderer könnten also zwei oder drei kombinieren), allerdings erwartet der Guide dann, dass für jede einzelne ein Tagessatz bezahlt wird.

Die Pare-Berge können mit Ausnahme der langen Regenzeit von März bis Mai, wenn die Wege zu aufgeweicht sind, in jeder Jahreszeit bequem besucht werden.

gibt auch einen direkten Bus zwischen Arusha und Same, der in Arusha gegen 8 Uhr abfährt (6000 TSh, 2½ Std.). Nach Mbaga fahren täglich ein oder zwei Fahrzeuge, die in Same zwischen 11 und 14 Uhr abfahren (5000 TSh bis 5000 TSh, 2–3 Std.).

Mbaga

Das in den Bergen südöstlich von Same etwa 1350 m hoch gelegene Mbaga (auch Mbaga-Manka) ist eine gute Ausgangsbasis für Wanderungen, die tiefer in die südlichen Pare-Berge hineinführen. Von hier aus geht's auch in zwei bis drei Tagen zum Berg **Shengena** (2462 m), dem höchsten Gipfel der Pare-Berge. Mbaga, eine alte lutherische Missionsstation, war wegen seiner Nähe zum Zentrum der Pare-Berge lange ein bedeutsamer Ort und ist noch heute in mancher Hinsicht ein wichtigeres lokales Zentrum als Same.

Eine beliebte dreitägige Rundtour führt von Mbaga zum Dorf **Chome**, wo man eine Nacht verbringen kann, bevor man am zweiten Tag zum Shengena aufsteigt und dann nach Mbaga zurückkehrt.

Schlafen & Essen

Hill-Top Tona Lodge LODGE

(☎ 0754 852010; http://tonalodge.org; Campen 10 US$, Zi. ohne Bad 15 US$ pro Pers.; P) Die rustikale Hill-Top Tona Lodge diente Jakob Dannholz früher einmal als Mission und ist heute eine annehmbare Ausgangsbasis. Die Cottages sind einfach und schnörkellos, Gäste können sich auf Wunsch bekochen lassen und die Aussicht dazu ist gratis! Das Personal vermittelt Wanderführer und arrangiert auf Anfrage traditionelle Tanzvorführungen, zudem bietet der Besitzer einen Transportservice von Same zur Lodge an (100 000–150 000 TSh pro Fahrzeug; bei kleineren Gruppen kann man ruhig ein bisschen verhandeln!).

An- & Weiterreise

Ein oder zwei unbequeme Fahrzeuge fahren täglich gegen Mittag von Same nach Mbaga, Abfahrt in Same zwischen 12 und 14 Uhr (4000–5000 TSh, 2–3 Std., 40 km). Von Mbaga nach Same ist die Abfahrt um 16 Uhr. Wer in Moshi bis 8 Uhr mit dem Bus losfährt, kann Mbaga noch am gleichen Tag erreichen, aus Richtung Daressalam muss man wohl in Same übernachten. Es kostet ab etwa 40 000 TSh, ein Fahrzeug für eine Fahrt nach Mbaga hinauf zu mieten; behilflich ist das Elephant Motel. Es ist auch möglich, eines der vielen täglichen *dalla-dallas* von Same nach Kisiwani zu erwischen und ungefähr 5 km bergauf nach Mbaga zu laufen.

Nach Mbaga führt noch eine andere Route über Mwembe; hierzu den Highway Daressalam–Arusha 5 km südlich verlassen, links geht eine Sandpiste ab.

Mwanga & Umgebung

Diese Distrikthauptstadt liegt in der Ebene am Fuß der Pare-Berge ungefähr 50 km nördlich von Same am Highway Daressalam–Arusha. Abgesehen von der heruntergekommenen zentralen Kreuzung und dem alten Marktgebiet ist Mwanga ein netter, schattiger Ort mit breiten, ungepflasterten Straßen, grünen Schneisen und Palmenbestand. Die meisten Reisenden machen hier nur einen Fahrzeugwechsel auf dem Weg nach Usangi, dem Ausgangspunkt für Ausflüge in die nördlichen Pare-Berge.

Ungefähr 10 km südlich von Mwanga liegt der **Stausee Nyumba ya Mungu (Haus Gottes)**, wo Luo-Fischer leben, die ursprünglich aus dem Gebiet des Victoriasees eingewandert sind.

Schlafen & Essen

Anjela Inn PENSION
(DZ 15 000 TSh, im neueren Anbau 25 000 TSh; P ❄) Das Anjela Inn bietet saubere, etwas laute Doppelzimmer im Hauptgebäude sowie ähnliche Zimmer im Gebäude nebenan, die aber größer und auch etwas ruhiger sind. Mahlzeiten gibt's ebenfalls. Die Unterkunft liegt etwa zehn Gehminuten vom Highway und der Busstation entfernt; der Hauptstraße in den Ort zum „neuen" Markt folgen, bei ein paar Schildern in einen breiten, baumgesäumten Weg nach links gehen und dann geradeaus.

An- & Weiterreise

Die Busse zwischen Moshi und Mwanga (3000–4000 TSh, 1 Std.) verkehren täglich und fahren vormittags ab. In Mwanga machen sich morgens *dalla-dallas* auf den Weg nach Usangi.

Usangi

Usangi, das ungefähr 25 km östlich von Mwanga in einem vom Bergen umgebenen Tal liegt, ist das Zentrum der nördlichen Pare-Berge und die beste Basis für die Erkundung der Region.

Wanderungen und Guides bucht man am besten in der Lomwe Secondary School beim Schulleiter, aber selbst in den Ferien ist immer jemand vor Ort, der weiterhelfen kann.

Abgesehen von kurzen Ausflügen ist es auch möglich, einen ganzen langen Tag durch das **Kindoroko-Waldschutzgebiet** zu wandern, das rund 7 km südlich vom Dorf Usangi beginnt, auf den Kindoroko (2113 m), den höchsten Gipfel in den nördli-

DIE KULTUR DER PARE

Die Pare (lokal: Wapare) kommen aus dem Gebiet der Taita Hills im Süden Kenias, wo sie Hirten, Jäger und Bauern waren. Nach der mündlichen Überlieferung der Pare verfolgten die Massai sie bis in die Berge und stahlen ihnen ihr Vieh. Heute sind viele Pare Bauern, die Gemüse, Mais, Bananen, Cassava und Kardamom anbauen. Dank intensiver missionarischer Tätigkeit zeichnen sich die Pare dadurch aus, dass sie zu den am besten gebildeten Volksgruppen Tansanias gehören. In den 1940er-Jahren gründeten führende Pares die Wapare Union, die in der Unabhängigkeitsbewegung eine bedeutende Rolle spielte.

Die traditionelle Pare-Gesellschaft ist patrilineal. Väter besitzen zu Lebzeiten und auch noch nach dem Tod große Autorität, und alle, die von einem bestimmten Mann in männlicher Linie abstammen, fühlen sich schicksalhaft verbunden. Wenn ein Mann stirbt, beeinflusst sein Geist alle männlichen Abkömmlinge so lange, wie man sich an seinen Namen erinnert. Danach gesellt sich der Geist des Toten zu einer kollektiv einflussreichen Vorfahrengruppe. Töchter sind ebenfalls vom Wohlwollen ihres Vaters abhängig. Da aber Besitz und Stellung über die männliche Linie weitergegeben werden, hat der Geist eines Vaters auf die Nachkommen seiner Tochter nur bis zu ihrem Tod Einfluss.

Die Pare glauben, dass Verstorbene große Macht besitzen, und haben darum komplizierte Rituale erdacht, die sich um die Toten drehen. In der Nähe der meisten Dörfer gibt's heilige Haine, wo die Schädel der Stammeshäuptlinge aufbewahrt werden. Es ist unwahrscheinlich, dass man sie zu Gesicht bekommt, es sei denn, man hält sich lange Zeit in den Bergen auf. Wenn ein Mensch stirbt, geht er dem Glauben der Pare nach in eine jenseitige Welt zwischen dem Land der Lebenden und der Geisterwelt ein. Wird er in diesem Zustand belassen, werden seine Nachfahren vom Unglück verfolgt. Daher sind die vorgeschriebenen Rituale, die es dem Verstorbenen ermöglichen, in die Welt der Vorfahren einzugehen, von großer Bedeutung.

Wer mehr über die Pare-Kultur wissen will, sollte *Shambaa Kingdom* von Steven Feierman (1974) lesen sowie das faszinierende Buch *Lute: The Curse and the Blessing* von Jakob Janssen Dannholz (1989; beide nur antiquarisch), der die erste Missionsstation in Mbaga einrichtete.

TIPPS FÜR DEN NATIONALPARK MKOMAZI

Auf nach Mkomazi Hervorragende Möglichkeiten zur Vogelbeobachtung; trockene, savannenähnliche Landschaft; Elen-Antilopen, Oryx und Giraffengazellen

Reisezeit Juni bis Februar für die Wildtier- und ganzjährig für die Vogelbeobachtung. Mkomazis Nebenstraßennetz ist während der Regenzeit unpassierbar, die Hauptstraßen sind aber bei jedem Wetter befahrbar.

Praktisch & konkret Mit dem Auto von Same auf dem Highway Daressalam–Arusha zum Haupteingang Zange fahren (7–18 Uhr). Eintritt, Guide und Gebühren für die Wander-Safari können hier mit Visa, MasterCard oder bar gezahlt werden (sofern die Kreditkartenautomaten funktionieren!). Ein anderer Eingang/Ausgang befindet sich am Njiro Gate im Südosten, man muss also nicht zum Zange Gate zurückkehren.

Für Sparfüchse Ein *dalla-dalla* oder Taxi von Same zum Zange Gate nehmen; campen und eine Wander-Safari unternehmen.

chen Pare-Bergen. Von den höheren Hängen des Kindoroko blickt man bis zur Steppe der Massai im Westen und im Nordosten bis zum Jipe-See und nach Kenia.

Schlafen & Essen

Lomwe Secondary School CAMPINGPLATZ $
(lomwesec@googlemail.com; Campen 3000 TSh; Zi. 7000 TSh pro Pers.) Die weiterführende Schule am oberen Ende von Usangi umfasst eine einfache Pension und einen Zeltplatz. Selbstversorger brauchen einen eigenen Kocher, Utensilien und Proviant, alternativ kann man auch die vom Schulpersonal zubereiteten Mahlzeiten bestellen. Der Hauptstraße folgen und an der Gabelung rechts halten.

Mhako Hostel & Restaurant PENSION $
(☎027-275 7642; EZ/Suite mit Bad 25 000/35 000 TSh, EZ/DZ ohne Bad 13 000/25 000 TSh) Das Mhako hat eine fröhliche Atmosphäre und wartet zudem mit sauberen, netten Zimmern und guten, preiswerten Speisen auf. Einige der nicht abgeschlossenen Zimmer haben Fenster nach innen; es lohnt sich, etwas mehr für die netteren Zimmer mit Toiletten und Balkon zu zahlen. Das Mhako liegt an der Hauptstraße rechts, wenn man nach Usangi hineinkommt.

An- & Weiterreise

Dalla-dallas verkehren mehrmals täglich ab etwa 8 Uhr auf der ungepflasterten, aber guten Straße, die sich von Mwanga nach Usangi hochwindet (2000 TSh, 1½ Std.). Ein Taxi kostet 35 000 TSh. Von Arusha (6000 TSh, 4 Std.) und Moshi (4000–5000 TSh, 2 Std.) gibt's täglich mehrere direkte Busse nach Usangi, die morgens abfahren. Vom Busfahrer an der Lomwe-Schule absetzen lassen. Mindestens zwei bis drei Tage für einen Ausflug nach Usangi einplanen, einschließlich der Zeit, die man für die Anreise und Organisation des Trips braucht.

NATIONALPARK MKOMAZI

Der wilde und unerschlossene **Nationalpark Mkomazi** (☎027-275 8249; Erw./Kind 30/10 US$) erstreckt sich entlang der kenianischen Grenze im Schatten der Pare-Berge. Seine trockene Savanne bildet einen scharfen Kontrast zu den feuchten Wäldern der Pare-Berge. Das Schutzgebiet, das auf kenianischer Seite in den Nationalpark Tsavo West übergeht, ist für seine Spitzmaulnashörner bekannt, die zu Zuchtzwecken aus Südafrika hierher eingeflogen wurden. Die Tiere leben in einer intensiv geschützten, 45 km² großen Einfriedung um den Berg Hafino im nördlichen Teil des Reservats, die normalerweise für Touristen nicht zugänglich ist. Die treibende Kraft hinter der Artenschutzarbeit in Mkomazi ist ein Mann namens Tony Fitzjohn.

Außer den Nashörnern gibt's hier Wildhunde – auch eingeführt und als Teil eines besonderen Projekts zur Erhaltung gefährdeter Arten ebenfalls für Touristen nicht zu sehen. Zu den Tieren, denen man am wahrscheinlichsten begegnet, zählen Oryx, Elenantilopen, Dikdiks, die seltenen Giraffengazellen, Kudus und Kongoni-Kuhantilopen. Die riesigen Elefantenherden, die einst regelmäßig zwischen Tsavo und Mkomazi wanderten, kehren allmählich wieder zurück, nachdem ihre Zahl 1989 in diesem Gebiet auf einen Tiefstand von knapp einem Dutzend Elefanten gesunken war. Allerdings sind Elefanten in Mkomazi immer noch nicht häufig zu sichten.

Mit über 400 Vogelarten ist Mkomazi ein Paradies für Vogelliebhaber. Zu den Arten gehören verschiedene Webervögel, Sekretärvögel, Kronenadler und Gaukler, Helmperlhühner, verschiedene Nashornvögel, Störche und der Halsband-Zwergfalke.

Neben (Hobby-)Ornithologen ist der Park für alle interessant, die Babu's Camp (S. 161) und die aufregend schöne Wildnis genießen wollen: Affenbrotbäume und Dornakazien sprenkeln die von niedrigen Hügeln durchbrochene Nyika-Buschlandschaft. Obwohl Mkomazi relativ leicht zu erreichen ist, liegt es doch noch abseits des Touristenstroms. Wander-Safaris können am Zange-Haupteingang arrangiert werden (20 US$ für den Guide plus 20–25 US$ für die Tour).

Schlafen & Essen

Mkomazi Park Campsites CAMPINGPLATZ **$$**
(Campen auf dem öffentlichen Zeltplatz 30 US$, Spezial-Zeltplatz 50 US$) Zu den Campingplätzen im Park gehören eine landschaftliche schöne Anlage am Dindera Dam (besonderer Zeltplatz), etwa 45 km parkeinwärts vom Zange-Eingangstor (Zange Gate), sowie einfache öffentliche Zeltplätze am Zange Gate, in Ibaya (ca. 15 km vom Zange Gate entfernt) und Maore. Am praktischsten für Reisende ohne eigenen Wagen ist der Campingplatz am Zange Gate; er liegt gleich hinter der Parkverwaltung.

Babu's Camp ZELTCAMP **$$$**
(☎ 0784 402266, 027-254 8840; www.anasasafari.com; Vollpension ab 270 US$ pro Pers.) Das klassische Camp im Safari-Stil ist das einzige permanente Zeltlager im Park. Seine fünf Zelte sind zwischen Affenbrotbäumen und Dornakazien im nördlichen Teil des Wildschutzgebietes mit Blick auf die Gulela-Hügel aufgestellt. Die Küche ist schmackhaft, das Personal aufmerksam und die landschaftliche Umgebung weit und schön. Auf Wunsch werden motorisierte Safaris, Wanderungen und Nachtfahrten organisiert.

An- & Weiterreise

Zwischen Same und Mbaga verkehrende *dalla-dallas* können Besucher am Zange Gate, 5 km östlich von Same, absetzen. Dort gibt es die Möglichkeit, einen Führer für eine Wander-Safari anzuheuern. Fahrzeuge für Mkomazi-Safaris können in Same im Elephant Motel (S. 157) und über das lutherische Gemeindezentrum Amani (S. 157) gemietet werden (ca. 150 US$ pro Pkw und Tag).

Nördliches Tansania

Inhalt ➜

Die beste Kultur

- Kulturtourismus-programme (S. 170)
- Mit den Hadzabe am Eyasi-See jagen (S. 192)
- Eine Kaffeetour (S. 214)
- Ein Massai-Dorf besuchen (S. 170)

Die schönste Natur

- Nationalpark Serengeti (S. 201)
- Nationalpark Kilimand-scharo (S. 218)
- Ngorongoro-Krater (S. 192)
- Ol Doinyo Lengai (S. 198)
- Nationalpark Tarangire (S. 182)
- Natronsee (S. 199)

Auf ins nördliche Tansania

Wer noch nie im nördlichen Tansania war, kann sich glücklich schätzen, denn er kann sich auf so vieles freuen!

Das Land der Superlative wartet mit dem höchsten Berg Afrikas und der wohl spektakulärsten Tierwelt unseres Planeten auf. Dabei sind der Kilimandscharo und die Serengeti nur die ersten Stationen auf dem Weg zu so vielen unvergesslichen Zielen. Der Meru kann es in Sachen Schönheit und Herausforderungspotenzial für Bergsteiger mit dem Kilimandscharo aufnehmen, und das Krater-Hochland gehört zu den faszinierendsten Landschaften Afrikas. Was die Fauna betrifft, locken Tarangires Elefantenreich, die Baumlöwen vom Manyara-See und Flamingoschwärme am Natronsee. Ngorongoro wirkt wie die Wiege all dieser Pracht: Bei einem Ausflug in den Krater fühlt man sich zu den Anfängen der Welt zurückversetzt.

Eine Reise nach Tansania ist auch eine Reise zu den Massai und zu den Hadzabe. Sie machen das Land zu einem der bewegendsten und seelenvollsten Ziele Afrikas.

Reisezeit

Arusha

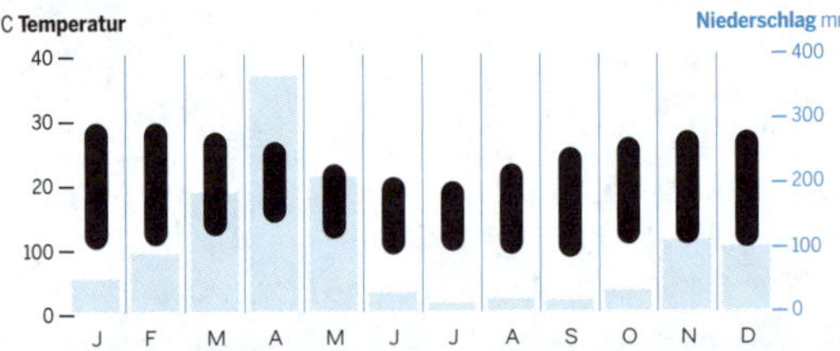

Jan.–März In der südlichen Serengeti findet die Gnuwanderung statt.

April–Mai Regen macht aus Straßen Schlammpisten und das Reisen wird zur Strapaze.

Sept.–Okt. Die beste Reisezeit. Tiere versammeln sich um die letzten Wasserlöcher.

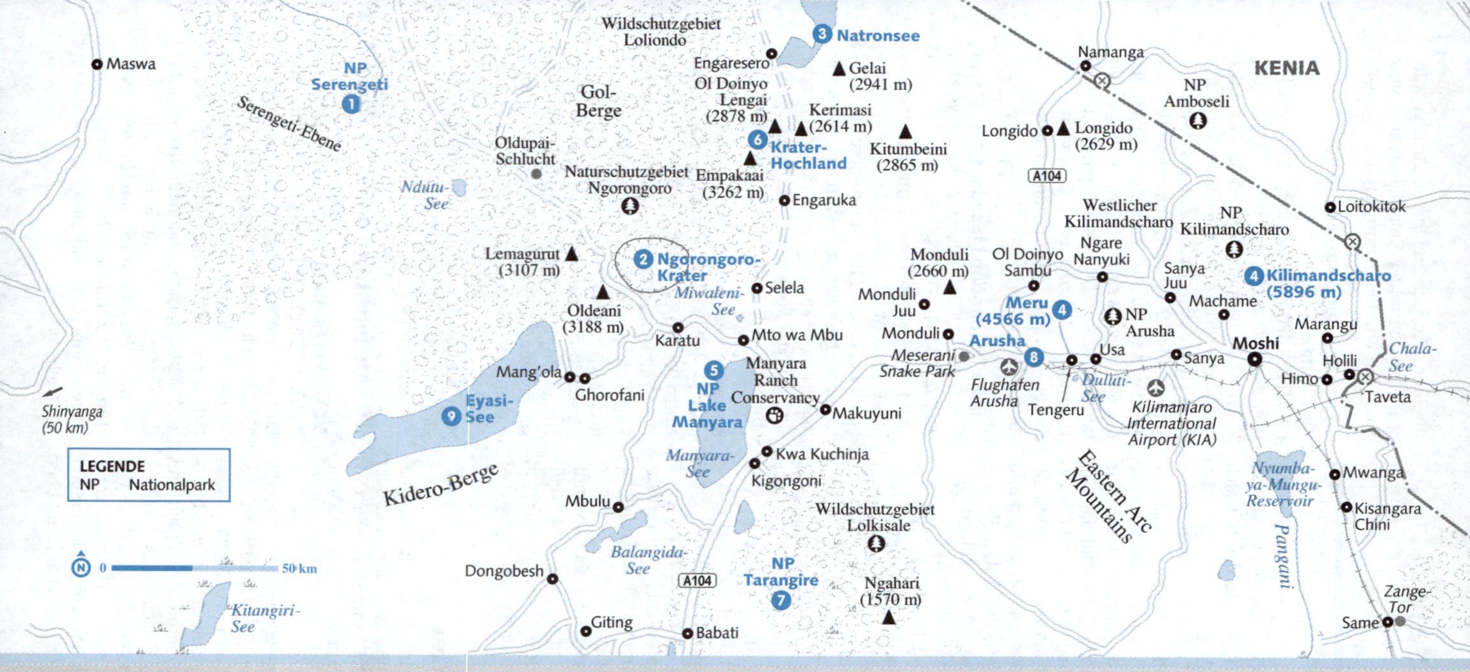

Highlights

1 Staunen über die Massen von Wildtieren, die durch die **Serengeti** (S. 201) ziehen.

2 In die zartblaugrünen Landschaften des **Ngorongoro-Kraters** (S. 192) hinabsteigen.

3 Das Grabenbruchtal auf dem Weg zum **Natronsee** (S. 199) durchqueren.

4 Auf dem höchsten Punkt Afrikas, dem Gipfel des **Kilimandscharo** (S. 218), oder dem fast höchsten Punkt, dem Berg **Meru** (S. 178), stehen.

5 Bei einer Wander-Safari im **Nationalpark Lake Manyara** (S. 187) nach Baumlöwen Ausschau halten.

6 Durch das dramatische **Krater-Hochland** (S. 195) wandern.

7 Zwischen Affenbrotbäumen die Elefanten im **Nationalpark Tarangire** (S. 187) beobachten.

8 Auf einer Kulturtourismus-Tour mehr über das Leben in **Arusha** (S. 170) erfahren.

9 Am **Eyasi-See** (S. 191) nomadische Buschmänner besuchen.

NORTHERN SAFARI CIRCUIT

Arusha

416 420 EW.

Arusha ist eine große, ausgedehnte Stadt, die all die Widersprüche, die das mit sich bringt, in sich vereint.

Bei einer Reise auf Afrikas anstrengenden Straßen bietet Arusha sich als erholsamer Zwischenstopp an. Vor Ort gibt es exzellente Unterkünfte und Restaurants, zudem ist die Stadt größtenteils üppig grün und das Klima dank der Höhe (ca. 1300 m) und der Lage nahe dem Fuß des Meru angenehm gemäßigt. Zudem dient sie als Ausgangspunkt für faszinierende Safaris und kulturelle Touren, die eine scheinbar endlose Zahl an Veranstaltern zu jeder Zeit anbietet.

Damit wären wir auch schon bei Arushas Alter Ego. In der Safarihauptstadt des nördlichen Tansanias wird besonders intensiv mit Safaris, Souvenirs und anderen Offerten um Urlauber geworben, wobei nicht alle Anbieter seriös sind. Ihre Hauptreviere sind die Busbahnhöfe und die Boma Road und ihre Hartnäckigkeit kann Besucher ohne Afrika-Erfahrung schnell überfordern. Das Zentrum und die Hauptstraße, die aus der Stadt nach Dodoma führt, sind zudem laut, verschmutzt und voller Menschen und Verkehr.

Ob man Arusha nun als lebendige afrikanische Stadt und Ausgangspunkt zu unvergesslichen Expeditionen oder als notwendiges Übel empfindet, hängt von der jeweiligen Perspektive ab und davon, an welchem Punkt der Reise man sie besucht. Für uns ist sie zweifellos Ersteres.

Sehenswertes

Das Beste, was man in Arusha tun kann, neben der Organisation der Safari und/oder Wanderung, ist die Teilnahme an einem Cultural Tourism Program (s. Kasten S. 170) im Umland.

Museum für Naturgeschichte MUSEUM

(027-250 7540; Boma Rd.; Erw./Student 5/2 US$; Mo–Fr 9–17.30, Sa & So 9.30–17.30 Uhr) Dieses Museum in der alten deutschen *boma* (befestigtes Wohngebäude), erbaut 1900, hat drei Teile. Der beste ist der Flügel, welcher der Evolution des Menschen gewidmet ist, denn viel von dem, was wir darüber wissen, stammt von Fossilien, die in Tansania ausgegraben wurden. Es gibt auch Ausstellungen über Insekten, die Geschichte von Arusha während der deutschen Kolonialzeit und viele Fotos von Wildtieren und Bergbesteigungen.

Internationaler Strafgerichtshof für Ruanda GERICHT

(027-250 4207; www.unictr.org; East Africa Rd.; in der Sitzungszeit Mo–Fr 9–12 & 14–17 Uhr) GRATIS Wenig Spannung und endlos viele Fragen, aber es ist immer noch interessant, den Versuch der UN zu beobachten, Anklage gegen die Planer und Organisatoren des Völkermords in Ruanda zu erheben. Während der Sitzungszeit sind Besucher willkommen, bei Redaktionsschluss stand jedoch nur eine Handvoll von Prozessen und Berufungsverfahren aus. Am Eingang muss ein Ausweis mit Bild vorgezeigt werden.

Arusha Declaration Museum MUSEUM

(027-250 7800; Makongoro Rd.; Erw./Kind 8000/4000 TSh; 9.30–17 Uhr) Trotz des an sich interessanten Themas muss man schon recht gelangweilt sein, um dieses unsystematische, kleine Museum zu besuchen. Die Exponate bestehen zur Hälfte aus Fotos von Regierungsbeamten, etwas ansprechender sind ein paar Fotos aus der Kolonialzeit und eine Handvoll ethnografische Artefakte.

Meserani Snake Park ZOO, MUSEUM

(0754 440800; www.meseranisnakepark.com; Arusha-Dodoma Rd.; Eintritt 10 US$; 7.30–18 Uhr) Die Sammlung von Schlangen und anderen Reptilien ist die Hauptattraktion, aber es gibt auch ein kleines, jedoch informatives Massai-Kultur-Museum mit Szenen aus dem Hütten- und Buschleben, durch das ein Massai-Krieger führt. Auch ein 30-minütiger Kamelritt (pro Person 15 000 TSh) in ein Massai-Dorf ist möglich. Der Park liegt 25 km westlich von Arusha an der Dodoma Road. *Dalla-dallas* nach Monduli setzen Gäste am Eingangstor ab (1500 TSh, 45 Min.).

Aktivitäten

★ **Via Via Cultural Tours** KULTURELLE TOUREN

(0754 038981; www.viaviacafe.com/en/arusha; Boma Rd.; 1-stündiger/1-tägiger Trommelkurs 20/50 US$, Stadt-/Marktführung 20/40 US$, Kochkurs 30 US$; 9–16 Uhr) Unter Leitung des Via Via Café direkt hinter dem Museum für Naturgeschichte werden Trommelunterricht (bei der eintägigen Variante lernen Teilnehmer, wie man eine eigene Trommel bastelt), zweistündige Stadtführungen, dreistündige Ausflüge zu einem Massai-Markt und Kochkurse angeboten.

Die Kurse dauern drei Stunden und umfassen einen Marktbesuch, bei dem die Zutaten besorgt werden. Danach werden Teilnehmer von einer „tansanischen Mama" in die Geheimnisse der Suaheli-Küche eingeführt.

Schlafen

Die beste Gegend für Budget-Unterkünfte in Arusha ist das Viertel Kaloleni, nördlich der Stadium Road und östlich der Colonel Middleton Road (10 Minuten zu Fuß von der Bushaltestelle), gefolgt von der geschäftigen, zentralen Marktgegend südlich vom Stadion. Rund um den Uhrturm geht es etwas ruhiger zu. Mittel- und Spitzenklasseoptionen gibt es im grünen Osten der Stadt.

Die Unterkünfte außerhalb der Stadt bieten eine ländlich anmutende Kulisse, gute Transportmittel in die Stadt und größtenteils kulturelle Ausflüge. Siehe auch Nationalpark Arusha, denn einige der dortigen Lodges sind von der Stadt aus leicht zu erreichen.

Stadtzentrum & Uhrturm

Kitundu Guesthouse PENSION $

(☎ 027-250 9065; Levolosi Rd.; EZ/DZ 25 000/30 000 TSh, mit Gemeinschaftsbad 15 000/20 000 TSh) Eine dezente, zuverlässige Pension. Der Aufpreis für ein Quartier mit angeschlossenem Bad lohnt sich, den winzigen Zimmern im Erdgeschoss sind allerdings die sehr viel besseren und helleren im ersten und zweiten Stock vorzuziehen. Sie bieten vom Flur aus Blicke auf den Meru. Alle Unterkünfte haben Moskitonetze.

Raha Leo PENSION $

(☎ 0753 600002; Stadium St.; EZ/DZ 25 000/30 000 TSh, mit Gemeinschaftsbad 20 000/25 000 TSh) Diese Unterkunft verfügt über mittelmäßige, aber ordentliche Doppel- und Zweibettzimmer, zum Teil den Flur entlang, zum Teil um eine Lounge unter freiem Himmel herum. Warmwasser und Kabelfernsehen sorgen für ein sehr gutes Preis-Leistungs-Verhältnis. Die Lage ist zentral, aber ruhiger als üblich.

Arusha Centre Tourist Inn HOTEL $

(☎ 0764 294384, 027-250 0421; atihotel@habari.co.tz; Livingstone Rd.; EZ/DZ 25/30 US$; @ WLAN) Unspektakuläre, aber saubere und ziemlich geräumige Zimmer zu fairen Preisen (es lohnt sich, nach Rabatten zu fragen). Wegen der benachbarten Moschee haben Langschläfer schlechte Karten. Die drei Stockwerke liegen um einen Innenhof herum und im vorderen Bereich gibt es ein Restaurant mit akzeptabler Küche und jeder Menge fernsehender Massai-Männer.

Arusha Backpackers BACKPACKER $

(☎ 0773 377795; www.arushabackpackers.co.tz; Sokoine Rd.; B/EZ/DZ mit Gemeinschaftsbad 10/12/20 US$; @) In der geselligen Unterkunft kommen Gäste schnell ins Gespräch mit anderen Reisenden, Moskitonetze sucht man allerdings vergeblich und die Gemeinschaftsbäder sind trist. Wer nicht nach Mitreisenden sucht, checkt lieber woanders ein.

New Safari Hotel HOTEL $$

(☎ 0787 326122, 027-254 5940; www.thenewsafarihotel.com; Boma Rd.; EZ/DZ/3BZ 100/125/180 US$; ❄ @) Die einstige Lieblingsadresse weißer Jäger mit ihren abenteuerlichen Geschichten vom afrikanischen Busch wurde 2004 neu eröffnet und ist das beste Mittelklassehotel im Zentrum. Die recht großen Zimmer haben geflieste Böden und einen edlen Touch. Die Innenstadt ist gut zu Fuß zu erreichen.

Arusha Naaz Hotel HOTEL $$

(☎ 0744 282799, 027-257 2087; www.arushanaaz.net; Sokoine Rd.; EZ/DZ/3BZ ab 45/60/75 US$; ❄ WLAN) Die Atmosphäre im Naaz ist nicht gerade prickelnd, aber das Preis-Leistungs-Verhältnis stimmt ansonsten. Es hat gemütliche Zimmer im ersten Stock und liegt günstig am Uhrturm. Hauptgrund für eine Übernachtung ist (im Gegensatz zum östlichen Arusha) die Fußnähe zum Zentrum. Die Zimmer sind nicht alle gleich, darum vorher ansehen; wir halten die am dreieckigen Innenhof gelegenen Zimmer für die besten.

Östliches Arusha

★ **Ujamaa Hostel** HOSTEL $

(☎ 0753 960570; www.ujamaahostel.com; Fire Rd.; B inkl. Halbpension & Wäsche 18 US$) Das Hostel richtet sich vor allem an Freiwilligenhelfer, die geselligste Unterkunft Arushas heißt jedoch auch andere Gäste willkommen. Außer den sauberen Schlafsälen mit Borden, abschließbaren Schränken und Bädern mit Heißwasser gibt's eine Lounge mit TV, einen Buchtauschtisch, viele gute Reiseratschläge und einen ruhigen Hof nach hinten. Das Ujamaa vermittelt verschiedene Möglichkeiten der ehrenamtlichen Arbeit (mindestens für 2 Wochen) in Arusha.

★ **Blues & Chutney** B&B $$

(☎ 0658 127380, 0732 971668; www.bluesandchutney.com; House No 2 Olorien, Lower Kijenge; EZ/DZ

Arusha

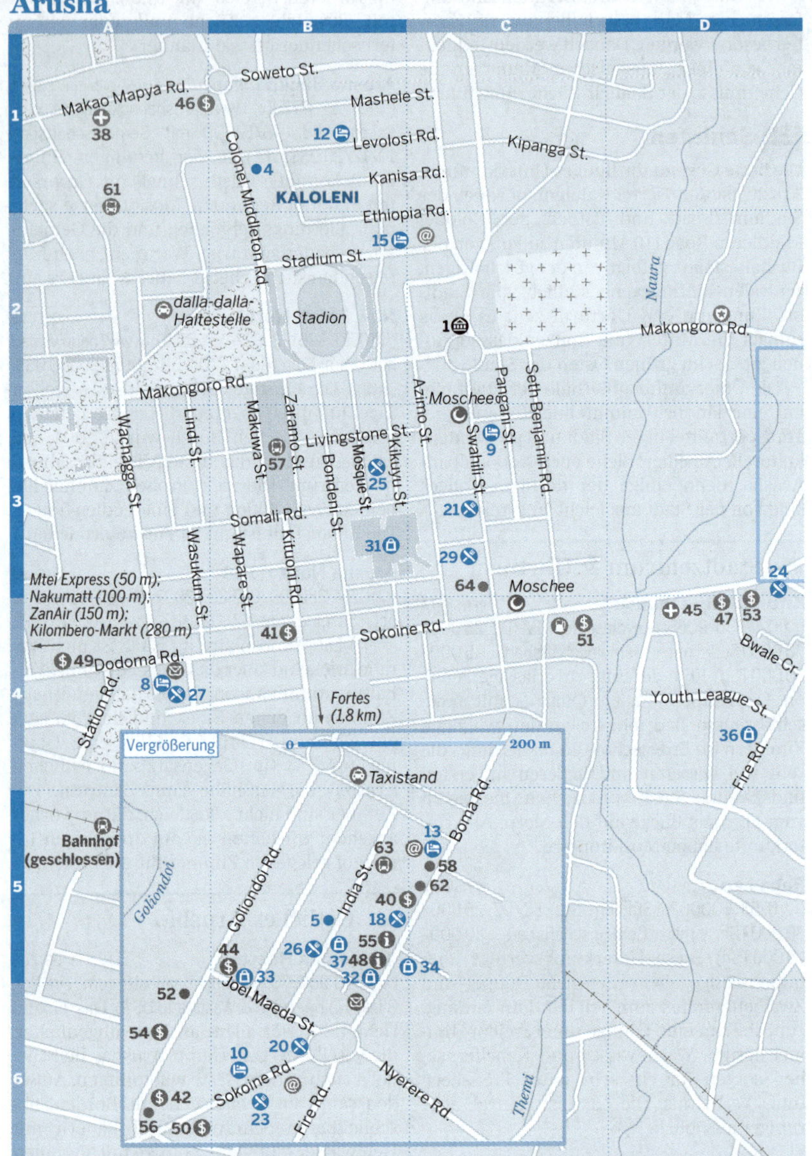

120/160 US$;) Ein gemütliches, gepflegtes Boutique-B&B an einer ruhigen Straße südöstlich des Zentrums mit dem Flair eines ruhigen Geheimtipps. Das edle Dekor ist geprägt von weißem Holz, die Atmosphäre ist kultiviert und vier der sechs hellen, luftigen Zimmer haben große Privatbalkone. Das Restaurant serviert Hausmannskost und es gibt eine kleine Bar.

Themi Suites Hotel APARTMENTS $$

(0732 979621, 0732 979617; www.themisuiteshotel.com; Njiro Hill Rd.; Apt. mit 2/3 Schlafzimmern

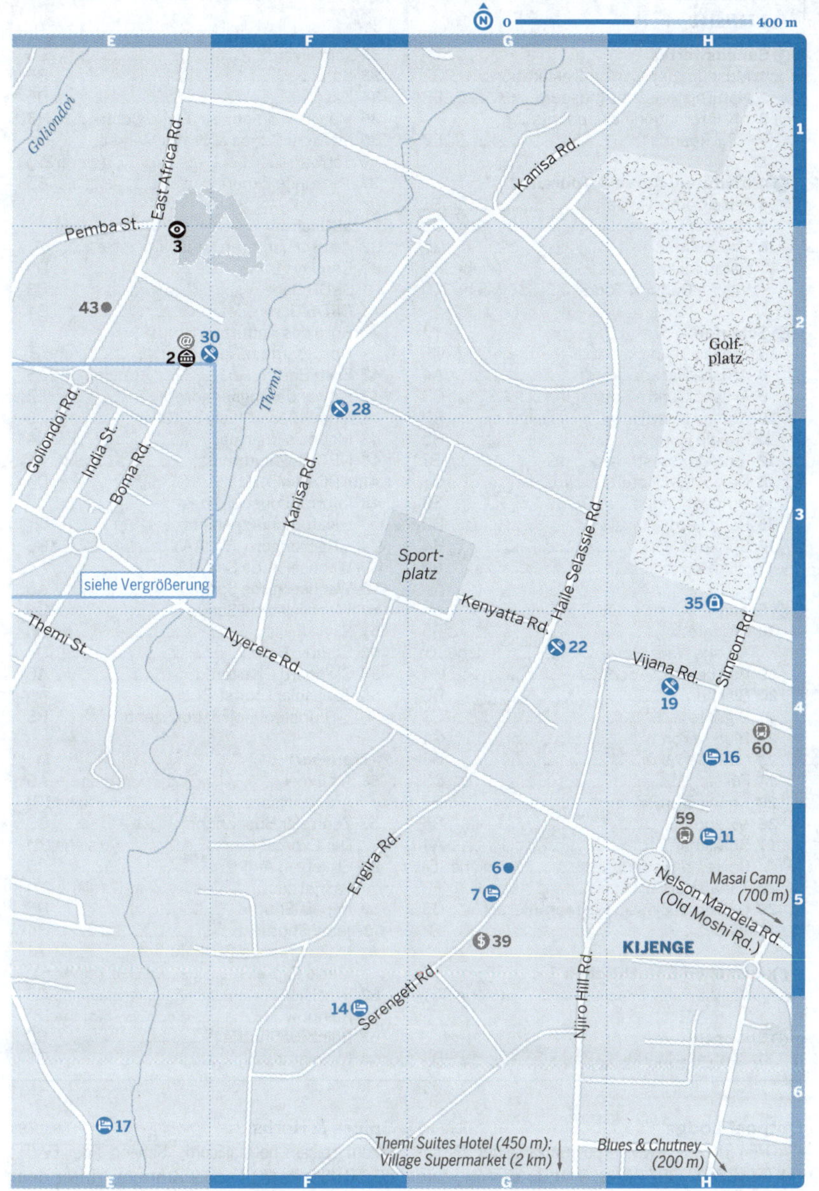

150/180 US$; ❄ 📶) Die exzellente Anlage eignet sich hervorragend für Familien und außerdem für alle, die nach einem geräumigen, voll ausgestatteten Apartment mit Küche, Esszimmer und Loungebereich suchen. Die Apartments verfügen über hübsche, schmiedeeiserne Möbel, Flachbildfernseher, Mikrowelle und Waschmaschine. In den Einheiten mit zwei Schlafzimmern haben vier Personen Platz, in denen mit drei Schlafzimmern sechs. Es gibt ein gutes hauseigenes Restaurant.

Arusha

Sehenswertes
1 Museum der Arusha-Deklaration C2
2 Naturhistorisches Museum E2
3 UN Internationaler Gerichtshof für Ruanda E2

Aktivitäten, Kurse & Touren
4 Base Camp Tanzania B1
5 Hoopoe Safaris B5
6 Roy Safaris G5
Safari Makers .... (siehe 26)
Via Via Cultural Tours .... (siehe 30)

Schlafen
7 African Tulip G5
8 Arusha Backpackers A4
9 Arusha Centre Tourist Inn C3
10 Arusha Naaz Hotel B6
11 Impala Hotel H5
12 Kitundu Guesthouse B1
13 New Safari Hotel C5
14 Outpost Lodge F6
15 Raha Leo B2
16 Spices & Herbs H4
17 Ujamaa Hostel E6

Essen
18 Africafé B5
Arusha Naaz Hotel .... (siehe 10)
19 Bay Leaf H4
20 Biashara B6
21 Big Bite C3
22 Blue Heron G4
23 Café Barrista B6
24 Fifi's D3
25 Khan's Barbecue B3
26 Mirapot B5
27 Shanghai A4
Spices & Herbs .... (siehe 16)
28 TapaSafari F2
29 Universal Classic Restaurant C3
30 Via Via E2

Ausgehen & Nachtleben
Via Via .... (siehe 30)

Shoppen
31 Zentraler Markt B3
32 Jamaliyah B5
33 Kase B5
34 Kase B5
35 Maasai Women Fair Trade Centre H3
36 Mt Meru Curios & Crafts Market D4
Schwari .... (siehe 22)
37 Tanzanite Experience B5

Praktisches
38 Arusha Lutheran Medical Centre A1
39 Barclays Bank G5
40 CRDB Bank B5
41 CRDB Bank B4
Büro des Kulturtourismusprogramms .... (siehe 2)
42 Exim Bank A6
43 Einwanderungsbehörde E2
44 Kibo-Palace-Wechselstube B5
45 Moona's Pharmacy D4
46 NBC-Geldautomat A1
47 NBC Bank D4
48 Informationsbüro des Naturschutzgebiets Ngorongoro (NCAA) B5
49 Wechselstube Sanya 1 .... A4
50 Wechselstube Sanya 2 .... A6
51 Wechselstube Sanya 3 .... C4
52 Skylink A6
53 Stanbic Bank D4
54 Standard Chartered A6
55 Tanzania-Tourist-Board-Touristeninformationszentrum B5

Transport
56 Air Excel A6
Arusha Naaz .... (siehe 10)
57 Zentraler Busbahnhof B3
Dar Express .... (siehe 61)
58 Ethiopian Airlines C5
Fastjet .... (siehe 37)
59 Impala Shuttle H5
60 Jamii Shuttle H4
61 Makao-Mapya-Busbahnhof A1
Metro Express .... (siehe 61)
62 Precision Air C5
Rainbow .... (siehe 13)
63 Rainbow Shuttle B5
64 RwandAir C3

Outpost Lodge LODGE $$
(☎ 0754 318523; www.outposttanzania.net; Serengeti Rd.; EZ/DZ/3BZ 62/81/94 US$; @ 🛜 🏊) Die Zimmer hier sind zwar nichts Besonderes, sie haben jedoch hübsche Steinböden. Darüber hinaus sorgen die grüne Anlage und die Restaurant-Lounge am Pool mit Liegen, Brettspielen und frisch gepressten Säften für ein anständiges Gesamtpaket. In einer ruhigen Wohngegend abseits der Nyerere Road gelegen.

Spices & Herbs PENSION $$
(axum_spices@hotmail.com; Simeon Rd.; EZ/DZ 40/50 US$; @ 🛜) Die 19 Zimmer hinter dem beliebten äthiopischen Restaurant sind einfach, aber warm, mit gewebten Grasmatten und hölzernen Schränken, die eine Atmosphäre schaffen, wie sie auf dieser Preisebene nicht oft zu finden ist. Zudem bietet die Pension einen Innenhof und ist günstiger, als es für das östliche Arusha üblich ist. Exzellentes Preis-Leistungs-Verhältnis.

Impala Hotel HOTEL $$

(☎ 0774 878679, 027-254 3082; www.impalahotel.com; Simeon Rd.; EZ/DZ/3BZ 100/130/175 US$;) Das Impala ist nichts Außergewöhnliches, füllt aber eine Lücke zwischen den kleinen, familiengeführten Pensionen und den großen Luxus-Hotels und bietet ordentliche Zimmer – man sollte allerdings nach einem der neueren mit Parkettboden und Einrichtung im Safaristil fragen. Zum Angebot gehören zahlreiche Dienstleistungen wie ein Forex-Büro und ein rund um die Uhr geöffnetes Restaurant. Es lohnt sich, nach Rabatten oder nach einem Zimmer-Upgrade zu fragen.

★ **African Tulip** BOUTIQUEHOTEL $$$

(☎ 0783 714104, 027-254 3004; www.theafricantulip.com; Serengeti Rd.; EZ/DZ/3BZ 190/230/300 US$, Suite 310–500 US$;) Das zu Recht beliebte African Tulip versteht sich als luxuriöses Boutiquehotel und kombiniert auf erfolgreiche Weise afrikanisches Safariflair mit elegantem Ambiente. Die großen Zimmer bieten komfortable Erholung vom Lärm Arushas. Im Restaurant ragt ein Affenbrotbaum durch die Decke, überall stehen geschnitzte Holzmöbel und hinter dem Haus umgibt ein hübscher kleiner Garten den Swimmingpool.

Es gibt zwei Bars und einen Souvenirladen, zudem geht ein Teil der Hoteleinnahmen an gemeinnützige Projekte.

Außerhalb des Stadtzentrums

Meserani Snake Park CAMPINGPLATZ $

(☎ 027-253 8282; www.meseranisnakepark.com; Camping inkl. Eintritt zum Schlangenpark 10 US$;) Dieser Platz ist auf Durchreisende eingestellt und hat gute Einrichtungen, wie z. B. heiße Duschen, ein Restaurant mit Bar mit billigen Gerichten und eine Autoreparaturwerkstatt. Der Platz liegt ca. 25 km westlich von Arusha an der Straße nach Dodoma.

★ **Karama Lodge** LODGE $$

(☎ 0754 475188; www.karamalodge.com; EZ/DZ/3BZ 104/138/199 US$;) Diese Unterkunft ist wirklich etwas ganz Besonderes. Das auf einem bewaldeten Hügel im Suye-Hill-Gebiet südöstlich der Stadt liegende Karama bietet 22 rustikale, ziemlich hübsche auf Stelzen gebaute Bungalows. Jeder ist mit einer Veranda ausgestattet, die an klaren Tagen den Blick auf den Kilimandscharo und den Meru bietet. Die Anlage ist an der Old Moshi Road ausgeschildert.

In der Nähe gibt's kurze Wanderpfade, im kreativen Restaurant vegetarische Kost. Auch Massagen und Yoga gehören zum Programm. Außerhalb der Hauptsaison sinken die Preise beträchtlich.

★ **Onsea House** B&B $$$

(☎ 0787 112498; www.onseahouse.com; EZ/DZ 250/300 US$;) Geführt von einem Belgier, dessen hervorragender Blick für die kleinen Dinge diese schöne Lodge zu etwas Besonderem macht. Die Zimmer sind individuell nach verschiedenen Themen gestaltet, zudem locken das Machweo Wellness Retreat und Fine Dining, ein wunderbares Spa- und Yogazentrum mit erstklassigem Restaurant. Sehr ruhig und sehr nobel. Es liegt etwa 1 km abseits der Straße nach Moshi am Stadtrand.

Kigongoni LODGE $$$

(☎ 0732 978876; www.kigongoni.net; EZ/DZ/3BZ inkl. geführte Wanderungen ab 170/198/315 US$;) Kigongonis ruhige Lage auf einem Hügel ungefähr 5 km hinter Arusha schafft fast eine Wildnisstimmung. Geräumige Cottages, alle mit Veranda, Kamin und weitem Blick, liegen im Wald verstreut, manche ein gutes Stück hügeligen Weges bis zu den gemütlichen Gemeinschaftsflächen. Die Lodge liegt rund 5 km hinter Arusha in Richtung Moshi.

Ein Teil des Gewinns der Lodge dient der Unterstützung der **Sibusiso Foundation** (www.sibusiso.com), die geistig behinderten Kindern aus der Gegend Hilfe leistet.

Arusha Coffee Lodge LODGE $$$

(☎ 027-250 0630; www.elewana.com; EZ 263–375 US$, DZ 350–500 US$;) Mitten in einer schattigen Kaffeeplantage gelegen und durch und durch elegant, ist dieses Anwesen eines, über das in Arusha am meisten gesprochen wird. Die wunderbaren Standardzimmer haben versetzte Ebenen und wirken wie Suiten, und das Restaurant gehört zu

GEFAHREN & ÄRGERNISSE

Nachts zum Ausgehen ist es immer angeraten, ein Taxi zu nehmen. Spaziergänge im Dunkeln sind hier ziemlich gefährlich, mit Ausnahme am Markt, wo die Straßen noch nach Einbruch der Dunkelheit ein paar Stunden belebt sind. Aber selbst hier aufpassen und keine Wertgegenstände bei sich tragen.

KULTURTOURISMUSPROGRAMME

Zahlreiche Dörfer rund um Arusha und in anderen Teilen des Landes bieten „Cultural Tourism Programs", die eine Alternative zur Safari-Szene bieten. Die meisten legen den Schwerpunkt auf leichte Wanderungen und dörfliche Aktivitäten.

Obwohl die Grenzen zwischen Gemeindeförderung und Eigennutz der Betreiber manchmal verschwimmen, schaffen die Programme Arbeitsplätze für Einheimische und bieten eine hervorragende Chance, Tansania auf lokaler Ebene kennenzulernen. Die meisten setzen sich aus verschiedenen „Modulen" zusammen, die von einem halben Tag bis zu mehreren Übernachtungen reichen. Der Transport, manchmal mit *dalla-dalla*, manchmal mit Privatauto, kostet extra. Bei Touren mit Übernachtungen wird häufig gezeltet oder bei Familien genächtigt; auf sehr einfache Verhältnisse einstellen. Die Bezahlung sollte vor Ort vorgenommen werden; immer eine Quittung verlangen.

Sämtliche Touren im Gebiet von Arusha und in anderen Gebieten können über das Tanzania Tourist Board (TTB) in Arusha (S. 175) gebucht werden, das Broschüren und einen dicken Ordner mit detaillierten Informationen (einschl. Preise) über die meisten anbietet. Hier gibt's außerdem Informationen zu den besten Verkehrsverbindungen. Die meisten Touren sollten einen Tag im Voraus gebucht werden, am TTB-Büro warten jedoch jeden Morgen Guides auf Kundschaft.

Bei weiteren Fragen kann evtl. das **Büro des Cultural Tourism Program** (☎0786 703010, 027-205 0025; www.tanzaniaculturaltourism.com; Museum für Naturgeschichte, Boma Rd.) hinter dem Naturgeschichtlichen Museum in Arusha helfen. Ein Blick auf die Website lohnt sich in jedem Fall. Alternativ setzt man sich mit den jeweiligen Projekten direkt in Verbindung.

Ilkiding'a (☎0732 978570, 0713 520264; www.ilkidinga.com) Wanderungen (die von Halbtages-Touren bis zu einer dreitägigen „Kulturwanderung" mit Übernachtungen in Häusern unterwegs reichen) und die Gelegenheit, die traditionelle Kultur des Volkes der Wa-arusha kennenzulernen, sind die Hauptattraktionen dieses gut organisierten Programmes um Ilkiding'a, das 7 km nördlich von Arusha liegt.

Ilkurot (☎0784 459296, 0713 332005; kinyorilomon@yahoo.com) Eine gute Wahl für alle, die an der Massai-Kultur interessiert sind. Zum Aufenthalt in ihrem Dorf und Trekking-Touren (auf Wunsch mit Eseln oder Kamelen) gehört der Besuch einer *boma*, ein Kräuterarzt, eine Hebamme und andere Mitglieder der Gemeinschaft. Wer übernachten möchte, kann zwischen Camping und der Unterbringung in einem Gästehaus oder *boma* wählen. Das Dorf liegt 25 km nördlich von Arusha abseits der Nairobi Road.

Longido (☎0787 855185, 0715 855185; touryman1@yahoo.com) Im Mittelpunkt dieses Programms stehen der 2637 m hohe Longido und das große Massai-Dorf gleichen Namens. Neben der Besteigung (hin & zurück 8–10 Std.) bietet der Longido eine gute Einführung in das Leben der Massai, einschließlich des Besuchs in einigen *bomas* und des Viehmarkts am Mittwoch.

Das Dorf ist problemlos per *dalla-dalla* zu erreichen. Berg und Ort liegen östlich der Hauptstraße zwischen Arusha und Namanga (an der tansanisch-kenianischen Grenze) und 80 km nördlich von Arusha.

den besten. Der einzige Nachteil ist der Verkehrslärm. Die Lodge liegt am Highway gleich im Westen der Stadt.

Essen

Die Arusha Coffee Lodge, das African Tulip, die Karama Lodge und das Onsea House haben anständige hauseigene Restaurants.

Stadtzentrum & Uhrturm

★**Khan's Barbecue** BARBECUE $
(Mosque St.; gemischter Grillteller ab 7500 TSh; ⏲Mo–Fr ab 18.30, Sa & So ab 16.30 Uhr) Diese Arusha-Institution ist tagsüber ein Autoersatzteillager und nachts das bekannteste Straßenbarbecue in der Marktgegend. Es bietet

Mkuru (☎ 0784 724498, 0784 472475; www.mkurucamelsafari.com) Das Massai-Dorf Mkuru, 14 km abseits der Straße nach Nairobi nördlich des Meru und 60 km von Arusha entfernt gelegen, ist das erste und größte Kamelcamp der Region. Es können ein kurzer Kamelritt ums Dorf oder eine mehrtägige Safari bis zum Kilimandscharo oder Natronsee unternommen werden. Im Dorf gibt's ein einfaches Zeltcamp oder Platz für ein eigenes Zelt. Die Ritte können mit verschiedenen kulturellen Aktivitäten, einer Pavianhöhlen-Safari oder einer zweistündigen Besteigung des Ol Doinyo Landaree (Berg der Ziegen) kombiniert werden.

Monduli Juu (☎ 0786 799688, 0787 756299; mpoyoni@yahoo.com) Monduli Juu (Ober-Monduli) umfasst vier kleinere Dörfer am Fuß der Monduli-Berge, nordwestlich von Arusha im Massailand. Möglich sind ein Besuch bei traditionellen Heilern, die Besichtigung einer Schule oder die Teilnahme bei einem Fleisch-*orpul* im Busch (Massai-Camp, wo Männer Fleisch essen). Viele Leute kommen, um vom Steilabfall den Blick auf den Ostafrikanischen Graben zu genießen.

Die meisten Aktivitäten beginnen im Dorf Emairete (9 km von Monduli-Stadt entfernt), wo es sieben einfache Plätze zum Zelten (alles aus Arusha mitbringen) und ein paar Massai-*bomas* gibt, die Übernachtungsgäste aufnehmen.

Mulala (☎ 0784 747433, 0784 499044; agapetourism@yahoo.com) An den südlichen Hängen des Meru etwa 30 km nordöstlich von Arusha gelegen, steht dieses Programm ausschließlich unter weiblicher Leitung. Die Touren konzentrieren sich auf die Landwirtschaft und den Alltag und umfassen Besuche bei einer örtlichen Frauen-Kooperative und bei Käseherstellern. Wer zelten möchte, muss die Ausrüstung mitbringen. Wer früh losgeht, schafft die Tour von Arusha aus auch in einem Tag.

Ng'iresi (☎ 0754 320966, 0754 476079; lotisareyo@yahoo.com) Die Touren zum Dorf Ng'iresi (rund 7 km nordöstlich von Arusha an den Hängen des Meru gelegen) gehören zu einem der beliebtesten Programme. Sie umfassen Ausflüge zu Farmen, Häusern und einer Schule der Wa-arusha. Es gibt auch eine traditionelle heilkundliche Wanderung, Touren zu mehreren Wasserfällen und die Besteigung eines kleinen Vulkans. Hier gibt's keine öffentlichen Verkehrsmittel, am besten kümmert man sich bei der Buchung um die Anfahrt.

Oldonyo Sambu (☎ 0784 694790, 0784 663381; masaiboma@yahoo.com) Die Trekking-/Camping-Touren nach Oldonyo Sambu bieten Ritte auf Eseln, Pferden oder Kamelen sowie kulturelle Aktivitäten im Dorf an. Das Dorf liegt 35 km nördlich von Arusha abseits der Straße nach Nairobi und ist leicht mit dem *dalla-dalla* erreichbar.

Peace Matunda (☎ 0787 482966; www.peacematunda.org) In der Nähe von Kimundo, rund 15 km nordöstlich von Arusha, bietet diese Programm halb- bis dreitägige Wander-, Camping- und Mountainbike-Touren, Besuche einheimischer Familien, Ausflüge zu Kaffee- und Bananenplantagen sowie ehrenamtliche Projekte mit dem Fokus auf benachteiligten Kindern.

Tengeru (☎ 0756 981602, 0754 960176; www.tengeruculturaltourism.org) Das etwa 10 km östlich von Arusha und abseits der Hauptstraße beschilderte Tengeru ist Schauplatz des zweimal wöchentlich stattfindenden Tengeru-Marktes. Das Programm sieht Besuche auf einer Kaffeefarm und in einer Schule sowie eine Einführung in das Leben des Volkes der Meru vor. Aufenthalte bei Familien können arrangiert werden.

reichlich gegrilltes Fleisch, Fleischspießchen und Salate an. Hier kann man sich bestens unter die Einheimischen mischen.

Big Bite INDISCH $
(Swahili St.; Hauptgerichte 5000–12 000 TSh; ⏲ Mi–Mo 12–14.30 & 18–21.30 Uhr; 🌶) Eines der ältesten und bewährtesten indischen Restaurants in Arusha. Von der bescheidenen Umgebung und dem verdächtig nach Fast Food klingenden Namen bloß nicht täuschen lassen.

Universal Classic Restaurant TANSANISCH $
(☎ 0753 830050; abseits der Swahili St.; Gerichte 2500–5500 TSh; ⏲ So–Fr 6–20 Uhr) Ordentliche Auswahl einfacher, herzhafter Gerichte wie Rindfleisch-Pilaw oder Ugali-Roastbeef.

Mirapot TANSANISCH $

(India St.; Gerichte 6000–15 000 TSh; Mo–Sa 6.30–20 Uhr) Mama Mrambo verleiht dem Mirapot seit Kurzem eine gewisse Raffinesse. Auf den Tisch kommen lokale Fischgerichte, traditioneller Rindereintopf, Hühnchen in Kokossoße, Burger, Sandwiches und anständiger Kaffee aus der Gegend.

Shanghai CHINESISCH $

(0756 659247; Sokoine Rd.; Gerichte 4000–14000 TSh; 12–15 & 18–22.30 Uhr;) Sehr gutes Restaurant unter chinesischer Leitung mit schnellem Service und einer Mischung aus Fernem Osten und Wildem Westen als Dekor – mal ehrlich, welches chinesische Restaurant in Afrika zeichnet sich schon durch seine Inneneinrichtung aus? Versteckt sich hinter dem Postamt.

Arusha Naaz Hotel TANSANISCH $

(027-257 2087; Sokoine Rd.; Büfett 10 000 TSh; Büfett 12–18 Uhr) Ein All-you-can-eat-Mittagsbüfett und ein langer Tresen mit Snacks.

Café Barrista CAFÉ $

(0754 288771; www.cafebarrista.com; Sokoine Rd.; Gerichte 4000–10 000 TSh; Mo–Sa 7.30–18.30, So 8–17 Uhr;) Die mittlerweile etwas gehobenere Ausrichtung konnte dem Charme dieses freundlichen Cafés nichts anhaben. Neben leckeren Schokocroissants gibt's sättigende Sandwiches, Salate und Wraps sowie tollen Kaffee. Auch ein Internetcafé und WLAN (beim Kauf einer Mahlzeit kostenlos) sind vorhanden.

★ **Fifi's** INTERNATIONAL, BÄCKEREI $$

(0786 487727, 027-254 4021; Themi St.; Frühstück 3000–17 000 TSh, Hauptgerichte 14 000–18 000 TSh; Mo–Fr 7.30–22, Sa & So 8.30–22 Uhr) Die elegante Bäckerei mit kostenlosem WLAN lädt zu einem Frühstück, einem ruhigen Nachmittagskaffee oder zu sättigenden Mahlzeiten ein. Zur Auswahl zählen Gerichte wie Rinderfilet mit Blauschimmelkäsesoße. Sehr cooles Ambiente.

Via Via CAFÉ $$

(0782 434845; www.viaviacafe.com/en/arusha; Boma Rd.; Hauptgerichte 10 000–16 000 TSh; Mo–Sa 9–22 Uhr) Dieses kultivierte und ruhige Lokal mit dem besten Soundtrack der Restaurants von Arusha liegt am Fluss hinter dem Museum für Naturgeschichte und ist ein beliebter Treffpunkt. Es gibt Kaffee, Salate und Sandwiches sowie ein paar gehaltvollere Gerichte wie Nudeln und gegrillter Fisch. Dazu eine anständige Bar und Livemusik.

Africafé CAFÉ $$

(Boma Rd.; Frühstück 5200–10 800 TSh, Hauptgerichte 9000–18 000 TSh; 7–21 Uhr) Der schicke Laden bietet angenehme Erholung vom Touristentrubel auf der Boma Road und wirkt wie ein europäisches Café (mit entsprechenden Preisen). Auf der Speisekarte stehen vor allem Sandwiches, außerdem Gerichte wie gegrilltes Fleisch, Burger und leckerer gegrillter Nilbarsch mit Knoblauch und Butter. Auch die Bäckerei ist gut.

DIE SCHULE DES HL. JUDAS

Der heilige Judas ist der Schutzpatron der Verzweifelten, aber er würde sicherlich lächeln über das, was in seinem Namen in einer Schule außerhalb Arushas erreicht wurde. Um einen Platz in der australischen Pioniereinrichtung von Gemma Sisia zu ergattern, sind zwei sehr unterschiedliche Auswahlkriterien zu erfüllen: Erstens muss man ausgesprochen intelligent sein, nur die klügsten Kinder werden überhaupt zur Prüfung zugelassen und nur die besten Ergebnisse sichern einen Platz, und zweitens muss man sehr arm sein – wer es schafft, bekommt eine kostenfreie Ausbildung bis zum Studium.

Die Schule des Hl. Judas (englisch: School of St. Jude) startete 2002 mit ein paar Kindern und einem Lehrer. Zehn Jahre später waren es bereits drei Schulen, 350 Lehrer und 1500 Studenten. Hat Gemmas Plan für die „Bekämpfung der Armut durch Bildung" funktioniert? Mit den Ergebnissen lässt sich nur schwer argumentieren: Das Prüfungsniveau der Schüler von St. Jude wird nur von den teuersten tansanischen Privatschulen übertroffen. Der gewaltige Stolz, der die Eltern dieser Schüler erfüllt, und der harte Konkurrenzkampf um die Plätze unterstreichen die Bedeutung der Schule noch.

Die Schule begrüßt Besucher während der Unterrichtszeit von Montag bis Freitag, aber zuvor muss ein Termin vereinbart werden: Auf der Website der Schule (www.schoolofstjude.co.tz) „Visit Us" anklicken. Es gibt Möglichkeiten für Langzeit-Freiwillige, und Spenden sind willkommen; Informationen auf der Website.

Tony Wheeler, Mitgründer von Lonely Planet

Selbstversorger

Village Supermarket SUPERMARKT $

(Njiro Hill Rd.; ⌚9–21 Uhr) Mit dem besten Sortiment der Stadt wartet dieser Supermarkt im Njiro Hill Shopping Complex südöstlich des Zentrums auf. Im selben Gebäude befindet sich ein Kino und vor der Tür liegt ein anständiger Food-Court unter freiem Himmel.

Nakumatt SUPERMARKT $

(Dodoma Rd.; ⌚Mo–Sa 8.30–22, So 10–21 Uhr) Der größte Supermarkt im Zentrum liegt am Rand der Innenstadt.

Biashara SUPERMARKT $

(Uhrturm-Kreisverkehr; ⌚Mo–Sa 8.30–21.30, So 10–14.30 Uhr) Dieses kleine Geschäft bietet eine tolle Auswahl an Weinen.

Östliches Arusha

★ **Blue Heron** INTERNATIONAL $$

(☎0785 555127; www.blue-heron-tanzania.com; Haile Selassie Rd.; Hauptgerichte 13 000–23 000 TSh; ⌚Mo–Do 9–16, Fr bis 22, Sa 10–22 Uhr) Das Blue Heron schafft die schwierige Balance zwischen Loungebar und Familienrestaurant und ist unser Favorit unter den Gartenrestaurants, die für den Osten der Stadt typisch sind. Unter dem Blätterdach der Veranda oder an den Tischen auf dem Rasen werden u. a. Panini, Suppen, Rinderfilet und kreative Spezialgerichte wie frittierte Reis-Brokkoli-Bällchen mit Curry-Ratatouille serviert.

Es gibt eine Kinderkarte und eine sorgfältig zusammengestellte Auswahl südafrikanischer Weine. Die Ausländergemeinde der Stadt verbringt hier gerne einen ruhigen Nachmittag.

Spices & Herbs ÄTHIOPISCH, EUROPÄISCH $$

(☎0685 313162, 0754 313162; Simeon Rd.; Hauptgerichte 8000–18 000 TSh; ⌚10.30–22.30 Uhr; 📶✍) Das unprätentiöse Freiluftlokal kredenzt äthiopische und europäische Küche. Zweitere ist wenig interessant, vielmehr lohnt es sich, in Rinder-, Hühnchen- oder Lammsoße getränktes *injera* (äthiopisches Brot) oder *yegbeg tibs* (frittiertes Lamm mit äthiopischer Butter, Zwiebeln, grüner Paprika und Rosmarin) zu probieren. Der Service ist gut und an den Wänden hängt eine Menge Kunst.

TapaSafari SPANISCH, INTERNATIONAL $$

(☎0757 009037; www.tapasafari.co.tz; Kanisa Rd.; kleine/große Tapasportion ab 3000/5000 TSh, Hauptgerichte 10 000–35 000 TSh; ⌚11–22 Uhr; 📶✍) Highlights dieses Restaurants mit Weinbar und Tischen im Freien sind spanische Tapas und jede Menge südafrikanische Weine. Zum breiten Angebot gehören außerdem Snacks, Pizza und Pasta. Das Vier-Gänge-Menü am Sonntag (22 000 TSh) ist besonders beliebt.

★ **Bay Leaf** EUROPÄISCH $$$

(☎027-254 3055; www.bayleaftz.com; Vijana Rd.; Hauptgerichte 11 000–37 000 TSh; ⌚8–23 Uhr; 📶) Arushas feinste Speisekarte führt Gerichte wie Feigen Primavera (mit Parmaschinken umwickelter Brie und gefüllte Feigen mit klebrigem Balsamicokonfekt), geschmorte West-Kili-Lammhüfte und Filet Wellington von Wildvögeln (in „ätherischem" Filoteigmantel). Daneben gibt es eine tolle Weinauswahl (glas- und flaschenweise) sowie separate Mittags- und Abendkarten und indische Küche. Am besten vorab reservieren.

Außerhalb von Arusha

★ **River House** INTERNATIONAL $$

(☎0689 759067; www.shanga.org; Dodoma Rd.; 4-Gänge-Mittagsmenü 18 US$; ⌚9.30–16.30 Uhr) 🍃 Gäste im River House, einer Dependance des interessanten Shanga-Projekts, werden mit Champagner begrüßt und bekommen dann im üppig grünen Garten ein köstliches Vier-Gänge-Menü serviert. Dabei handelt es sich teils um ein Büfett, wobei Suppe und Dessert an den Tisch gebracht werden. Es ist nicht nur ein Essen, sondern ein Event. Das Restaurant liegt im Burka Coffee Estate, 3 km westlich des Nakumatt-Supermarktes; Reservierungen erforderlich.

NICHT VERSÄUMEN

ARUSHAS MÄRKTE

Auf dem **Zentralmarkt** (Soko Kuu) im Herzen der Stadt und dem größeren **Kilombero-Markt** (Dodoma Rd.) westlich davon lohnt sich ein ein- bis zweistündiger Bummel. Es gibt viele bunte Märkte in der Gegend, wie z. B. den **Ngaramtoni-Markt**, 12 km nordwestlich der Stadt an der Straße nach Nairobi, der donnerstags und sonntags stattfindet und zu dem Massai aus kilometerweit entfernten Orten kommen, und den **Tengeru-Markt**, 10 km östlich in Richtung Moshi, am Mittwoch und Sonnabend. Auf allen Märkten auf Taschen und Portemonnaies achtgeben.

Ausgehen & Nachtleben

Via Via CAFÉ
(Boma Rd.; Mo–Sa 9–4 Uhr) Dieses Café ist gut für einen Drink und einer der besten Orte, um sich über die bevorstehenden kulturellen Events zu informieren, von denen auch viele hier stattfinden. Am Donnerstagabend gibt's Karaoke und eine Liveband tritt auf. Der Trubel beginnt gegen 21 Uhr, und der Eintritt kostet gepfefferte 7000 TSh.

Masai Camp CLUB
(Old Moshi Rd.; Eintritt 5000 TSh; Fr & Sa 21 Uhr–Sonnenaufgang) Arushas lautester und belebtester Club ist eine Institution in der Partyszene von Arusha. Zu hören ist eine Mischung aus afrikanischer und westlicher Musik.

Shoppen

★ **Shanga** KUNSTHANDWERK
(0689 759067; www.shanga.org; Dodoma Rd.; 9–16.30 Uhr) Was als kleines Unternehmen, das Perlenketten anfertigte, begann, ist heute auch in der Herstellung von Möbeln, Papier, Kleidung und zahlreichen anderen Produkten erfolgreich tätig. Dabei werden in der Regel recycelte Materialien verwendet, die von behinderten Arbeitern verarbeitet werden. Die Produkte werden in der ganzen Welt verkauft, und ein Besuch in der Werkstatt außerhalb des Stadtgebiets (3 km westlich von Nakumatt) lohnt sich allemal.

Die Werkstatt befindet sich auf dem Burka Coffee Estate, wo Plantagenbesichtigungen organisiert werden können.

★ **Schwari** KUNSTHANDWERK, HAUSHALTSWAREN
(Haile Selassie Rd.; Mo–Do & Sa 9–17, Fr bis 20 Uhr) Großartiges Kunsthandwerk, elegante Haushaltswaren, Kinderspielzeug und Karten der Nationalparks stehen hier zum Verkauf. Das Schwari zeigt eine der schönsten Kunsthandwerksammlungen Arushas mit den besten Stücken aus lokaler Produktion und ist an das ebenso attraktive Blue Heron (S. 173) angeschlossen.

Maasai Women Fair Trade Centre KUNSTHANDWERK
(0784 210839, 027-254 4290; www.maasaiwomentanzania.org; Simeon Rd.; Mo–Sa 9–16 Uhr) Dieser kleine Laden, ein Projekt der „Maasai Women Development Organisation" (MWEDO), steckt das verdiente Geld in Bildung und andere Projekte. Hat teuren, aber qualitativ sehr guten Perlenschmuck (und ein paar andere Stücke), darunter Waren, die anderswo selten im Verkauf sind, wie etwa Weihnachtsschmuck. Ein Café ist angeschlossen.

Jamaliyah BILDERRAHMEN
(0754 592721; Boma Rd.; Mo–Fr 9–17, Sa bis 13 Uhr) Der originelle kleine Laden fertigt und verkauft Bilderrahmen aus Dau-Holz.

Mt Meru Curios & Crafts Market MARKT
(Fire Rd.; 7–19 Uhr) Souvenirs und ein paar hochwertigere Stücke stehen auf dem Mt Meru Curios & Crafts Market – der oft fälschlicherweise als Massai-Markt bezeichnet wird – zur Auswahl. Hartes Feilschen ist hier überall erforderlich und lohnt sich angesichts der größten Auswahl im Zentrum.

Tanzanite Experience SCHMUCK
(0767 600990; www.tanzaniteexperience.com; 3. OG, Blue Plaza, India St.; Mo–Fr 8–17, Sa 9–13 Uhr) Einer von einer ganzen Reihe von Läden, die Tanzanite verkaufen; dieser hat ein kleines Museum für den seltenen Edelstein eingerichtet, der fast ausschließlich in der Gegend des Kilimandscharo gewonnen wird.

Cultural Heritage SOUVENIRS, KUNSTHANDWERK
(Dodoma Rd.; Mo–Sa 9–17, So bis 14 Uhr) Das große Einkaufszentrum für Kunsthandwerk ist nicht zu übersehen, liegt am westlichen Rand von Arusha und bietet die übliche Palette an Souvenirs sowie ein paar speziellere Stücke. Das Shoppen ist hier eher entspannt, aber die Preise sind auch deutlich höher. Es gibt ein DHL-Büro.

Kase BÜCHER
(027-250 2640; Boma Rd.; Mo–Fr 9–17.30, Sa bis 14 Uhr) Bester Laden für Bücher und Karten zu den Nationalparks. Wer in dem Geschäft an der Boma Road nicht fündig wird, kann es mit der zweiten **Filiale** (027-250 2441; Joel Maeda St.; Mo–Fr 9–14 & 17–20, Sa 9–14 Uhr) um die Ecke probieren.

Praktische Informationen

AUTOWERKSTÄTTEN

Fortes (027-250 6094; www.fortes-africa.com; abseits der Factory Rd.) Die wohl verlässlichste Autowerkstatt Arushas.

Meserani Snake Park (027-253 8282; www.meseranisnakepark.com) Die Werkstatt ist auf Trucks spezialisiert und liegt 25 km westlich der Stadt an der Dodoma Road.

EINWANDERUNG

Einwanderungsbüro (East Africa Rd.; Mo–Fr 7.30–15.30 Uhr) Nahe der Kreuzung der Makongoro Road.

GELD

Forex-Büros liegen dicht nebeneinander an der Joel Maeda Street, India Street und der Sokoine Road zwischen dem Nakumatt-Supermarkt und dem Uhrturm. Sanya Bureau de Change, mit mehreren Büros an der Sokoine Road, ist täglich von 7 bis 19 Uhr geöffnet, auch an Feiertagen.

INTERNETZUGANG

Es gibt viele Internetcafés um den Markt herum und in der Uhrturm-Gegend. Die normale Gebühr beträgt 1000 TSh pro Std.

Café Barrista (Sokoine Rd.; pro Std. 1000 TSh; ⏲ Mo–Sa 7.30–18.30, So 8–17 Uhr) Computer und WLAN, das für speisende Gäste umsonst ist.

Internet Cafe (Boma Rd.; pro Std. 1000 TSh; ⏲ Mo–Fr 9–18, Sa & So 9.30–18 Uhr) Auf dem Gelände des Museums für Naturgeschichte.

New Safari Hotel (Boma Rd.; pro Std. 1000 TSh; ⏲ 24 Std.) In der Hotellobby.

MEDIZINISCHE VERSORGUNG

Arusha Lutheran Medical Centre (☎ 027-254 8030; www.selianlh.habari.co.tz; Makao Mapya Rd.; ⏲ 24 Std.) Die beste medizinische Anlage in der Region, aber wenn es wirklich ernst ist, besser nach Nairobi fahren.

Moona's Pharmacy (☎ 0754 309052; Sokoine Rd.; ⏲ Mo–Fr 8.45–17.30, Sa bis 14 Uhr) Gut sortierte Apotheke westlich der NBC-Bank.

REISEBÜROS

Skylink (☎ 0755 351111, 027-250 9108; www.skylinktanzania.com; Goliondoi Rd.) Buchungen von Inlands- und internationalen Flügen.

TOURISTENINFORMATION

Über das schwarze Brett im Touristeninformationszentrum und im Café Barrista können Safari-Mitfahrer gesucht werden.

Büro des Ngorongoro Conservation Area Authority (NCAA) Information Office (☎ 027-254 4625; www.ngorongorocrater.org; Boma Rd.; ⏲ Mo–Fr 9–17, Sa bis 13 Uhr) Hier werden kostenlos Broschüren über den Ngorongoro und eine prima Reliefkarte vom Schutzgebiet ausgegeben.

Tanzania National Parks Headquarters (Tanapa; ☎ 027-250 3471; www.tanzaniaparks.com; Dodoma Rd.; ⏲ Mo–Fr 9–17, Sa bis 13 Uhr) Das Büro westlich der Stadt hat Informationen zu Tansanias Nationalparks.

Tanzania Tourist Board Tourist Information Centre (TTB; ☎ 027-250 3842, 027-250 3843; www.tanzaniatouristboard.com; Boma Rd.; ⏲ Mo–Fr 8–16, Sa 8.30–13 Uhr) Die gut informierten und hilfsbereiten Angestellten geben Auskunft über Arusha, die nahen Parks und andere Attraktionen in der Gegend. Sie können Touren des Cultural Tourism Program buchen und geben kostenlos eine Karte von Arusha und Moshi aus. Das Büro führt auch eine „Black List" von Tour-Veranstaltern und eine Liste mit registrierten Tour-Unternehmen.

NAIROBI-SHUTTLE

Die schnellste, komfortabelste und verlässlichste Verbindung zwischen Arusha und Nairobi ist der Kleinbus-Shuttle-Service. Zu den vertrauenswürdigsten Anbietern zählen Rainbow Shuttle, Impala Shuttle und Jamii Shuttle (S. 399).

An- & Weiterreise

BUS

Arusha hat zwei Busbahnhöfe. Wenn man sie meiden will, kann man sich von den meisten Bussen am Stadtrand absetzen lassen, bevor sie zu den Bahnhöfen weiterfahren. Taxis warten dort.

Wer aus Arusha abreist, kauft das Ticket am besten einen Tag vorher, sodass er direkt in den Bus einsteigen kann, wenn er morgens mit seinem Gepäck ankommt. Bei Bussen, die noch bei Dunkelheit losfahren, ein Taxi zum Bahnhof nehmen und sich direkt vor seinem Bus absetzen lassen.

Unabhängig davon, was erzählt wird: Es gibt keine Gepäckgebühren (es sei denn, das Gepäck hat enormes Übergewicht).

Zentraler Busbahnhof Arushas größter Busbahnhof ist am Morgen beängstigend chaotisch und bei Touristenjägern beliebt. Wem das zu viel wird, geht geradewegs zu einem Taxi, oder, wenn der Ankunftsort der zentrale Busbahnhof ist, schleunigst in die Lobbys der Hotels auf der anderen Straßenseite, um sich erst einmal zu orientieren.

Busbahnhof Makao Mapya (Wachagga St.) Der Makao Mapya alias Dar-Express-Busbahnhof etwas weiter nordwestlich wird von den meisten Luxusbussen nach Daressalam bedient.

Daressalam

Hier sind die besten Anbieter (mit Viererbänken und relativ neuen Klimaanlagen) für Verbindungen nach/ab Daressalam (8–10 Std.) aufgelistet. Wer eine frühe Abfahrt wählt, erreicht mit etwas Glück vielleicht noch die letzte Fähre nach Sansibar. Voll-Luxus heißt, dass es eine Toilette an Bord gibt.

Neben folgenden Optionen gibt es auch weniger verlässliche Verbindungen am frühen Morgen ab dem zentralen Busbahnhof. Teils sind sie günstiger, was sich allerdings auf den Komfort auswirkt. Normale Busse (18 000 TSh) verkehren von 5.30 bis 23 Uhr.

Dar Express (☎ 0784 946155, 0754 525361; Wachagga St.; Luxus/Voll-Luxus 25 000/

30 000 TSh) Dar Express ist im Großen und Ganzen der beste Anbieter. Die Busse starten zwischen 5.50 und 8 Uhr am Busbahnhof Makao Mapya.

Metro Express (Wachagga St.; Luxus/Voll-Luxus 33 000/36 000 TSh) Metro Express bietet zwei morgendliche Verbindungen nach Daressalam ab dem Busbahnhof Makao Mapya.

Weitere Ziele

Wenn nicht anders angegeben, fahren folgende Busse am zentralen Busbahnhof ab.

Babati, Kolo and Kondoa Die Busse von **Mtei Express** (☎0742 941707; Wachagga St.) starten am zentralen Busbahnhof, stoppen jedoch auch an ihrem Büro an der Kilobero Road, 300 m nördlich von Nakumatt, wo man zum Glück nichts mit Schleppern zu tun bekommt. Die Busse fahren stündlich zwischen 6 und 16 Uhr nach Babati (6000 TSh, 3 Std.). Der 6-Uhr-Bus fährt weiter nach Kondoa (15 000 TSh, 7 Std.) über Kolo (14 000 TSh, 6½ Std.).

Dodoma Frühmorgendliche Busse (25 000 TSh, 11 Std.) von Mtei Express und anderen Anbietern.

Lushoto Busse (12 000–13 000 TSh, 6 Std.) fahren täglich um 6 Uhr bzw. 6.45 Uhr ab. Es ist meist komfortabler (wenn auch teurer), einen nach Dar fahrenden Express-Bus bis nach Mombo zu nehmen und dann mit einem regionalen Verkehrsmittel nach Lushoto weiterzufahren.

NATIONALPARK ARUSHA

Auf in den Nationalpark Besteigung des Meru; Kanu- und Wander-Safaris; herrliche Vogelwelt; unkomplizierter Ausflug ab Arusha

Reisezeit Ganzjährig

Praktisch & Konkret Anfahrt von Arusha oder Moshi. Der Hauptparkeingang ist das Ngongongare-Tor, das nördliche Momella-Tor liegt 12 km weiter nördlich bei der Hauptverwaltung des Parks, der Anlaufstelle für Reservierungen von Zeltplätzen. Eintrittsgebühren können bar oder per Kreditkarte am Ngongongare-Haupttor entrichtet werden.

Spartipps Eine organisierte Safari buchen oder mit anderen Reisenden in Arusha für einen Tag ein *dalla-dalla* chartern; wer den Meru nicht besteigen möchte, kann auf eine Übernachtung verzichten und Campinggebühren sparen.

Moshi Bis 20 Uhr verkehren Busse und Kleinbusse (ca. 3000 TSh, 1½ Std.). Die Arusha-Nairobi-Shuttles sind teurer (10 US$), aber auch komfortabler.

Mwanza Die meisten Busse nach Mwanza (28 000–38 000 TSh, 12 Std.) fahren zwischen 6.30 und 7.30 Uhr vom zentralen Busbahnhof ab (einige auch vom Makao Mapya); alle verkehren über Singida.

Musoma Verschiedene Anbieter haben 6-Uhr-Busse (33000 TSh, 11–12 Std.), die durch den Nationalpark Serengeti und das Wildschutzgebiet Ngorongoro fahren. Ausländer müssen die Parkeintrittsgebühren zahlen (100 US$), wenn sie auf dieser Route fahren.

Tanga Die Busse (16 000 TSh, 7 Std.) starten zwischen 6 und 12 Uhr. Oder einen der Busse nach Daressalam nehmen und an der Segera-Kreuzung umsteigen, aber das kann eine ziemlich lange Wartezeit bedeuten.

FLUGZEUG

Die meisten Linien bedienen den **Kilimanjaro International Airport** (JRO; ☎027-255 4707, 027-255 4252; www.kilimanjaroairport.co.tz), der ungefähr auf halber Strecke zwischen Moshi und Arusha liegt. Kleine Flugzeuge, meist zu den Nationalparks, fliegen vom **Arusha Airport** (☎027-250 5920; www.taa.go.tz; Dodoma Rd.) ab, der 8 km westlich der Stadt an der Dodoma Road liegt. Bei Kauf des Tickets auf den Abflughafen achten.

Air Excel (☎027-254 8429; www.airexcelonline.com; 2. OG, Subzali (Exim Bank) Bldg, Goliondoi Rd.) Flüge von Arusha zu verschiedenen Landebahnen in der Serengeti und in den Nationalpark Lake Manyara.

Coastal Aviation (☎0752 059650, 027-250 0343; www.coastal.co.tz; Arusha Airport) Verbindungen von Arusha zu den Nationalparks Lake Manyara, Serengeti und Ruaha sowie zum westlichen Kilimandscharo und nach Sansibar.

Ethiopian Airlines (☎027-250 4231; www.ethiopianairlines.com; Boma Rd.; ⊙Mo–Fr 8.30–12.30 & 14–17, Sa 8.30–13 Uhr) Internationale Flüge zum Kilimanjaro International Airport ab Addis Abeba.

Fastjet (☎0783 540540; www.fastjet.com/tz; 2. OG, Blue Plaza, India St.; ⊙Mo–Sa 8–18 Uhr) Billigflüge im Inland und zu anderen Zielen in Afrika, darunter Direktflüge vom Kilimanjaro International Airport nach Daressalam mit verschiedenen Anschlussverbindungen.

Precision Air (☎0756 979490; www.precisionairtz.com; Boma Rd.) Fliegt von den Flughäfen Kili International und Arusha nach Dar, Mwanza und Sansibar. Führt auch Buchungen für Kenya Airways durch.

Regional Air (☎0784 285753; www.regionaltanzania.com; Great North Rd.) Flüge vom Arusha Airport in die Serengeti und zum Manyara-See sowie nach Sansibar.

Nationalpark Arusha

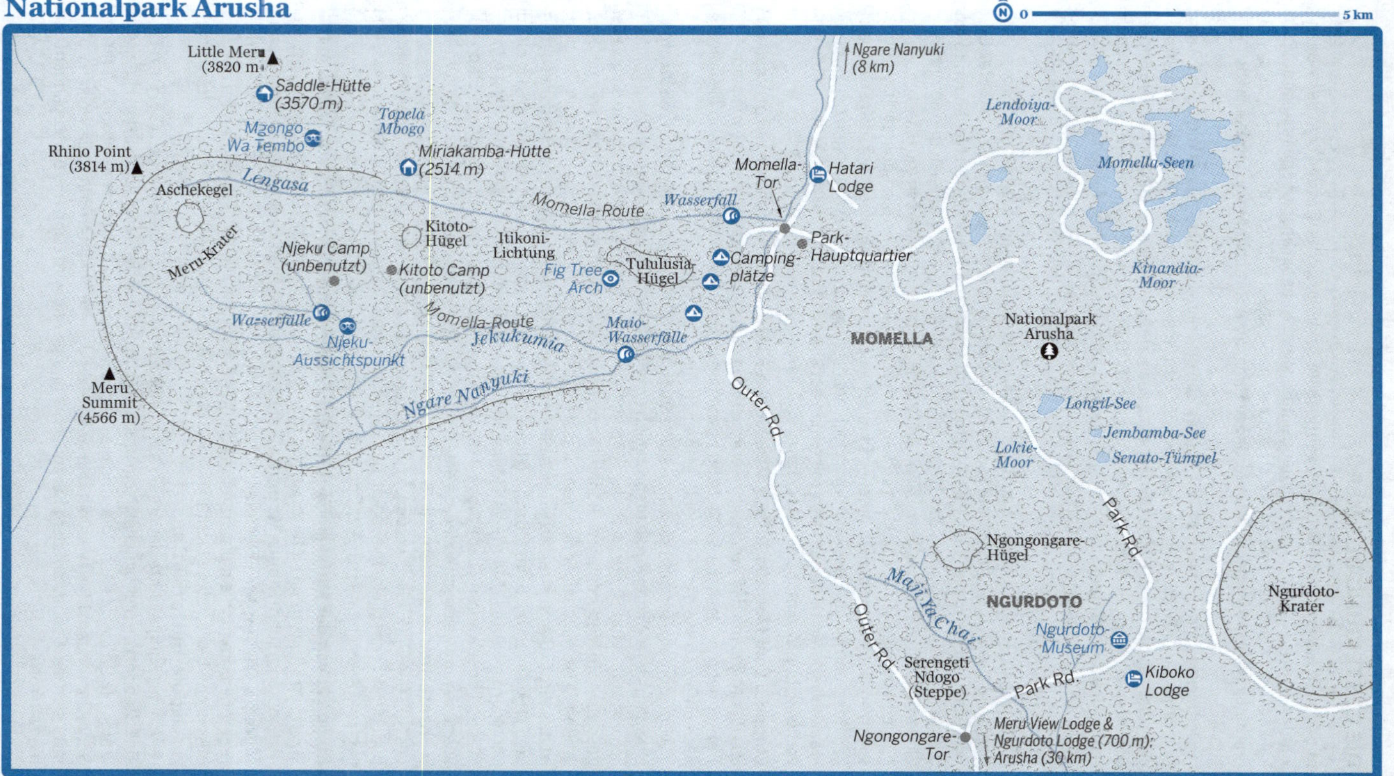

DIE BESTEIGUNG DES MERU

Mit 4566 m Höhe ist der Meru der zweithöchste Berg Tansanias. Obwohl er in den Augen von Trekkern im Schatten des Kilimandscharo steht, ist er ein absolut spektakulärer Vulkankegel mit einer der landschaftlich schönsten Bergbesteigungen in Ostafrika, zu der die dramatische und erhebende Wanderung entlang der Abbruchkante des Kraterrands gehört.

Der Meru beginnt seinen steilen Anstieg von einer kreisförmigen Basis mit etwa 20 km Durchmesser in 2000 m Höhe. Bei etwa 2500 m Höhe ist die Wand teilweise weggebrochen, sodass die obere Hälfte des Berges wie ein riesiges Hufeisen geformt ist. Die Klippen der inneren Wand unter dem Gipfel sind über 1500 m hoch und zählen damit zu den höchsten in Afrika. Im Krater selbst haben jüngere vulkanische Eruptionen einen zweiten, „Ash Cone" (Aschekegel) genannten Gipfel geschaffen, der zur landschaftlichen Pracht beiträgt.

Momella-Route

Die Momella-Route ist die einzige Route auf den Meru. Sie beginnt am Momella-Tor an der Ostflanke des Berges und verläuft auf dem Nordarm des Hufeisenkraters zum Gipfel. Die Route ist bequem in vier Tage (drei Nächten) zu schaffen. Trekker dürfen nicht nach 15 Uhr mit dem Aufstieg beginnen, was bedeutet, dass wer mit dem Bus anreist, mit ziemlicher Sicherheit zelten oder bis zum nächsten Tag mit dem Aufstieg warten muss.

Der Meru erscheint zwar klein im Vergleich zum Kilimandscharo, ist aber nicht zu unterschätzen: wegen des steilen Aufstiegs halten viele den Meru für einen fast ebenso schwierigen Berg, und er ist in der Tat immer noch hoch genug, um die Auswirkungen der Höhenkrankheit spüren zu lassen; also sollte man auf keinen Fall zu schnell aufsteigen, ohne sich vorher richtig akklimatisiert zu haben.

Etappe 1: Vom Momella-Tor zur Miriakamba-Hütte (10 km, 4–5 Std., 1000 m Aufstieg) Es gibt am Beginn des Aufstiegs zwei Routen, eine lange und eine kurze. Die meisten Trekker nehmen gern die weitgehend bewaldete längere Route nach oben und die kürzere nach unten, so wie der Trek hier beschrieben wird. Vorsicht vor Büffeln!

Vom Momella-Tor führt die Straße eine Stunde lang bergauf bis zum **Fig Tree Arch**, eine parasitäre Wildfeige, die ursprünglich um zwei andere Bäume wuchs und sie schließlich erwürgte. Nun ist nur noch der Feigenbaum übrig, dessen auffälliger Bogen so groß ist, dass ein Auto hindurchfahren könnte. Nach einer weiteren Stunde kreuzt der Weg einen großen Fluss, gleich über den Maio-Wasserfällen, und nach einer weiteren halben Stunde ist das Kitoto Camp erreicht, wo sich ein herrlicher Blick auf die Momella-Seen und den in der Ferne liegenden Kilimandscharo bietet. Dann geht's noch eine letzte Stunde hinauf zur Miriakamba-Hütte (2514 m). Von Miriakamba kann man entweder am Nachmittag von Etappe 1 oder während der Etappe 4 (es wäre auch Zeit dafür am Vormittag von Etappe 2, aber das wäre keine gute Idee, da dies die Zeit für die Akklimatisierung verkürzt) zum **Meru-Kraterboden** wandern (hin & zurück 2 bis 3 Std.), aber der Führer muss vor Beginn des Aufstiegs informiert werden, falls diese Tour gewünscht wird. Der Pfad über den Kraterboden führt zum Njeku Viewpoint, der auf einer hohen Klippe mit Blick auf einen Wasserfall liegt und Aussicht auf den Ash Cone und die gesamte Ausdehnung des Kraters bietet.

Etappe 2: Von der Miriakamba-Hütte zur Saddle-Hütte (4 km, 3–5 Std., 1250 m Aufstieg) Von Miriakamba klettert der Weg steil hoch und führt durch schöne Lichtungen nach 45 Minuten zu den **Topela Mbogo** („Büffelsümpfe") und nach weiteren 45 Minuten zum **Mgongo Wa Tembo** („Elefantenrücken"). Von dort bietet sich ein herrlicher Blick in den Krater hinunter und auf die Kraterwand unter dem Gipfel. Weiter geht's durch ein paar offene, grasbewachsene Lichtungen und über mehrere Flussbetten (meist ausgetrocknet) zur **Saddle-Hütte** (3570 m).

Von der Saddle-Hütte dauert ein Abstecher zum Gipfel des **Little Meru** (3820 m) etwa eine Stunde. Von hier bietet sich ein prachtvoller Blick auf den Meru-Gipfel, den Hufeisenkrater, die Spitze des Ash Cone und die schroffen Klippen der Kraterinnenwand. Wenn die Sonne hinter dem Meru versinkt und riesige, zerklüftete Schatten durch die Wolken wirft, färbt sich der Schnee auf dem Kili zunächst orange und wird dann mit zunehmender Dämmerung rosa.

Etappe 3: Von der Saddle-Hütte zum Gipfel des Meru & zurück (5 km, 4–5 Std., 816 m Aufstieg, plus 5 km, 2–3 Std., 816 m Abstieg) Diese Etappe, die auf einem sehr schmalen Rücken zwischen der Außenflanke des Berges und den schroffen Klippen der Kraterinnenwand entlangführt, ist eine der anstrengendsten, aber auch schönsten Trekking-Strecken Ostafrikas. In der Regenzeit kann es hier Eis und Schnee geben, also Vorsicht! Wenn kein Nebel herrscht, ist die Aussicht vom Gipfel atemberaubend.

Wer den Sonnenaufgang hinter dem Kilimandscharo sehen möchte, diesen Teil des Aufstiegs aber nicht im Dunkel der Nacht gehen will, kann den Blick im Morgengrauen auch vom etwa eine Stunde von der Saddle-Hütte entfernten **Rhino Point** (3814 m) aus genießen, wo er ebenso beeindruckend ist. Vielleicht sogar noch beeindruckender, weil dann die Hauptklippen der Kraterinnenwand vom Licht der aufgehenden Sonne erleuchtet sind.

Etappe 4: Von der Saddle-Hütte zum Momella-Tor (5 km, 3–5 Std., 2250 m Abstieg) Von der Saddle-Hütte führt die Route der Etappe 2 bis zur Miriakamba. Von Miriakamba führt der kurze Pfad allmählich zum Rücken bis zum Momella-Tor. Er verläuft ein gutes Stück durch Waldgebiet, dann durch offenes Grasland, wo oft Giraffen und Zebras zu sehen sind.

Praktisch & Konkret

Kosten Trekking-Unternehmen in Arusha und in Moshi organisieren Treks auf den Meru. Die meisten verlangen 450 bis 750 US$ für vier Tage. Wer sich selbst um die Organisation kümmert, zahlt für eine Dreitages-Tour mit vier Übernachtungen rund 380 US$. Außerdem kommen dazu die Kosten für das Essen (das in Arusha gekauft werden muss, weil es in Parknähe keine Einkaufsmöglichkeiten gibt) und für den Transport zum Park und zurück.

Pro Person werden mindestens folgende Gebühren fällig:

- Parkeintrittsgebühr: 45 US$ pro Tag
- Hüttengebühr: 30 US$ pro Tag
- Rettungsgebühr: 20 US$ pro Tour
- Guidegebühr: 15 US$ pro Tag.

Trinkgeld Parkranger erhalten ein festes Monatsgehalt für ihre Arbeit und werden vom Park nicht zusätzlich fürs Führen bezahlt, was bedeutet, dass Trinkgelder sehr willkommen sind. Es kann passieren, dass Ranger und Träger dieselben hohen Trinkgelder erwarten, wie sie die Kollegen am Kilimandscharo bekommen. Ist dies der Fall und ist man bereits unterwegs, sollte man eine Einigung erzielen, damit die Wanderung weitergeht; nach der Rückkehr vom Berg muss das Hauptquartier benachrichtigt werden.

Als Richtlinie wird einem guten Führer, der die ganze Bergwanderung durchgeführt hat, ein Trinkgeld von ungefähr 50 US$ pro Gruppe gezahlt. Koch und Träger bekommen rund 30 US$ bzw. 20 US$. Bei guten Unternehmen ein höheres Trinkgeld geben.

Führer und Träger Ein Ranger-Guide ist obligatorisch und kann am Momella-Tor arrangiert werden. Anders als am Kilimandscharo sind die Führer am Meru reguläre Park-Ranger, deren Aufgabe es ist, bei einem Zusammentreffen mit Büffeln und Elefanten zu helfen (oder zu schützen), und nicht, den Weg zu weisen, obwohl sie die Route kennen. Häufig sind zu wenige Ranger im Einsatz; dann sind die Gruppen oft größer als erwünscht.

Wahlweise sind Träger auch am Momella-Tor zu haben. Die Kosten betragen 10 US$ pro Träger und Tag; das Geld wird ihnen am Ende des Treks direkt ausgezahlt. Die Träger kommen aus einem der nahen Dörfer und sind keine Parkangestellten, deswegen müssen ihr Parkeintritt (1500 TSh pro Tag) und ihre Hüttengebühren (2000 TSh pro Nacht) am Momella-Tor vor Beginn des Treks bezahlt werden. Träger schleppen Rucksäcke bis zu einem Höchstgewicht von 20 kg (dazu kommt ihre eigene Verpflegung und Kleidung).

Unterkunft Es gibt zwei Blöcke mit Vierbett-Schlafbaracken („Hütten") im richtigen Abstand für viertägige Wanderungen. Vor allem während der Hochsaison von Juli bis August und von Dezember bis Januar sind sie oft belegt, man sollte deswegen im Voraus buchen. Zudem ist es ratsam, ein Zelt mitzubringen (obwohl die Hüttengebühren auch beim Zelten anfallen). Jede Schlafbaracke hat einen Koch- und Essplatz; Kocher und Brennstoff aber mitbringen.

VOLKSGRUPPEN NORD-TANSANIAS: DIE MASSAI

Die Massai sind nomadisierende Viehhirten, die sich dem Wandel aktiv entgegenstellen und von denen heute noch viele so wie seit Jahrhunderten leben. Im Mittelpunkt ihrer Kultur steht ihr Vieh, das ebenso wie ihr Land als heilig gilt. Kühe liefern viele ihrer Bedarfsgüter: Milch, Blut und Fleisch für ihre Ernährung sowie Häute und Felle für Kleidung, aber gegessen wird auch Schaf- und Ziegenfleisch, vor allem in der Trockenperiode.

Die Massai-Gesellschaft ist patriarchalisch und sehr dezentralisiert. Der Ältestenrat entscheidet über allgemeine Angelegenheiten, aber letztendlich ist es das Wohlergehen des Viehs, um das sich alles dreht. Massai-Männer sind in ein Altersklassensystem eingeordnet. Die erste Stufe ist die Initiation mit der Beschneidung. Die folgenden Stufen sind jüngerer Krieger, älterer Krieger, „*junior elder*" (jüngerer Älterer) und „*senior elder*" (älterer Älterer); jede Klasse hat eigene Rechte, eigene Verantwortlichkeiten und eine eigene Kleidung. Von „*junior elders*" beispielsweise wird erwartet, dass sie heiraten und sesshaft werden, irgendwann im Alter von 30 bis 40 Jahren. „*Senior elder*" übernehmen die Verantwortung, weise und gemäßigte Entscheidungen für die Gemeinschaft zu treffen. Die wichtigste Gruppe ist die der frisch beschnittenen Krieger, *moran*, die mit der Verteidigung der Viehherden betraut sind.

Massai-Frauen spielen eine deutlich untergeordnete Rolle und haben keine Erbrechte. Vielweiberei ist weit verbreitet, und Ehen werden von den „*elder*" arrangiert, ohne Befragung der Braut oder ihrer Mutter. Da die meisten Frauen zur Zeit der Eheschließung bedeutend jünger als die Männer sind, werden sie oft Witwen; eine Wiederverheiratung ist selten.

RwandAir (☎ 0732 978558; www.rwandair.com; Swahili St.) Zwei wöchentliche Verbindungen von Kigali zum Kili International.

ZanAir (☎ 027-254 8877; www.zanair.com; Summit Centre, Dodoma Rd.) Verbindet Arusha mit Daressalam, Pemba und Sansibar.

ℹ Unterwegs vor Ort

AUTO

Parkplätze in der Innenstadt kosten 1000 TSh pro Tag. Tickets gibt's meist bei einem Parkwächter ganz in der Nähe.

Für eine anständige Safari ist ein großer Geländewagen (z. B. ein Toyota Landcruiser) mit Klappdach zum Beobachten von Wildtieren vonnöten. Es lohnt sich nachzufragen, da die Preise zum Teil beträchtlich variieren. Uns wurde ein Angebot von 250 US$ pro Tag inklusive Fahrer, Benzin und 200 Freikilometern pro Tag gemacht, letztendlich zahlten wir jedoch nur 130 US$ pro Tag mit 120 Freikilometern, allerdings ohne Benzin. Es ist ratsam, möglichst genau zu kalkulieren, da ein Extrakilometer saftige 0,68 US$ kostet.

Kleinere, günstigere Standardwagen mit Allradantrieb sind nicht ideal, um Wildtiere zu beobachten, in der Trockenzeit jedoch eine akzeptable Alternative. Der Preis beträgt rund 600 US$ pro Woche mit etwa 100 Freikilometern pro Tag.

Fahrer sind im Preis inbegriffen. So früh wie möglich buchen, da die Nachfrage hoch ist.

Arusha Naaz (☎ 0786 239771, 027-250 2087; www.arushanaaz.net; Sokoine Rd.; ⏲ 9–17 Uhr)

Fortes (☎ 027-250-6094; www.fortescarhire.com; abseits der Factory Rd.) Bei dem exzellenten, erfahrenen Anbieter darf man auch selbst ans Steuer.

Rainbow (☎ 0765 046006; www.rainbowcarhire.com; New Safari Hotel, Boma Rd.)

VOM/ZUM KILIMANJARO INTERNATIONAL AIRPORT

Eine Taxifahrt von der Stadt zum KIA kostet ab 50 US$. Manche Fahrer bieten einen günstigeren Tarif, viele andere verlangen jedoch mehr.

VOM/ZUM ARUSHA AIRPORT

Taxis aus der Stadt verlangen 17 000 TSh. Jedes *dalla-dalla*, das auf der Dodoma Road stadtauswärts fährt, kann Fahrgäste an der Abzweigung absetzen, von wo aus es noch etwa 1,5 km Fußmarsch sind.

NAHVERKEHR

Dalla-dallas (400 TSh) verkehren von früh bis spät auf den Hauptstraßen. Überall in der Stadtmitte gibt's Taxistände, und vor den meisten Hotels parken einige Taxis, sogar vor vielen der billigen. Eine Fahrt durch die Stadt vom Uhrturm zum Busbahnhof Makao Mapya sollte zum Beispiel nicht mehr als 3500 TSh kosten. Motorrad-Taxifahrer werden immer 2000 TSh für eine Fahrt in die Stadtmitte verlangen, machen es aber auch für 1500 TSh – also unbedingt handeln.

Nationalpark Arusha

Der **Nationalpark Arusha** (☎0767 536136, 0689 062363; www.tanzaniaparks.com/arusha.html; Erw./Kind 45/15 US$; ⏲6.30–18.30 Uhr) ist mit 552 km² Tansanias kleinster Park, aber einer der schönsten und landschaftlich abwechslungsreichsten im Norden. Er wird vom Berg **Meru** überragt, einem fast perfekten Kegel mit spektakulärem Krater. Bemerkenswert ist der **Ngurdoto-Krater** (oft „kleiner Ngorongoro" betitelt) mit seinem morastigen Grund. Man kann auch Tiere beobachten, Highlights sind jedoch die Landschaft sowie die Trekking- und Klettermöglichkeiten.

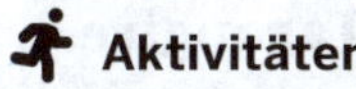

Aktivitäten

Wanderungen auf den Meru

Eine Wanderung entlang der Momella-Route zum Gipfel des Meru ist für Aktivurlauber einer der Geheimtipps Tansanias schlechthin. Weitere Infos siehe S. 178.

Wildtierfahrten

Nördlich des Ngongongare-Tores liegt die Serengeti Ndogo (Kleine Serengeti), ein kleiner Flecken offenen Graslands, auf dem fast immer Zebras und andere Tiere grasen. Hier teilt sich die Straße: Die Outer Road in Richtung Westen bietet eine herrliche Sicht auf den Meru, doch die östliche Park Road ist für Wildtierbeobachtung die bessere Route. Beide sind ganzjährig für Autos mit Zweiradantrieb gut passierbar, wie auch die meisten anderen Wege durch den Park. Die Park Road führt hinauf zum Ngurdoto-Krater und dann zu den Momella-Seen. Beide Gegenden bieten wunderschöne Attraktionen und eignen sich auch gut zur Wildtierbeobachtung.

Aufgrund der Höhe des Parks (von 1400 m bis über 4500 m) finden sich dort mehrere Vegetationszonen, zum größten Teil ist er aber bewaldet und die dichte Vegetation beeinträchtigt die Sicht. Zudem gibt es sehr viel weniger Tiere als in anderen Nationalparks im Norden Tansanias. Dennoch sieht man mit ziemlicher Sicherheit Zebras, Giraffen, Wasserböcke, Buschböcke, Klippspringer, Dikdiks, Büffel und Flusspferde. Außerdem gibt's Elefanten, Leoparden, Rotducker und Schwarzweiße Mantelelaffen (besonders in der Nähe des Ngurdoto-Museums) zu sehen. Aufgrund von Wilderei gibt es keine Löwen oder Nashörner.

Vögel beobachten

Die facettenreiche Vogelwelt des Parks umfasst rund 400 Arten. Raubvögel leben in größeren Höhen. Wie viele Seen in dem Afrikanischen Grabenbruch sind die sieben von Quellen gespeisten Momelle-Seen flach und ziehen eine Vielfalt von Watvögeln an, darunter das ganze Jahr hindurch Flamingos. Wegen ihres unterschiedlichen Mineralgehalts wachsen in jedem See andere Algenarten, die für die unterschiedliche Färbung verantwortlich sind. Auch die Vogelwelt ist von See zu See unterschiedlich, selbst wenn diese nur durch einen schmalen Landstreifen getrennt sind.

Kanufahren

Wayo Africa (S. 35) bietet an Vor- und Nachmittagen 2 ½-stündige Kanu-Safaris auf dem Momella-See (65 US$ pro Person plus eine Kanugebühr von 20 US$, die am Parkeingang zu zahlen ist).

Schlafen

Der Park hat drei **öffentliche Zeltplätze** (Camping 30 US$) in der Nähe des Momella-Tors (darunter einen mit Dusche). Außerhalb des Parks gibt es weitere Übernachtungsmöglichkeiten.

Kiboko Lodge LODGE **$$**
(☎0784 652260; www.wfkibokolodge.com; EZ/DZ inkl. Halbpension ab 75/130 US$) Die meisten Angestellten in dieser gemeinnützigen, für Wohltätigkeitszwecke geführten Lodge sind ehemalige Straßenkinder, die in der Berufsschule der Watoto Foundation ausgebildet wurden. Als wäre das nicht Grund genug für einen Besuch, bietet es auch einen wunderbaren Aufenthalt. Die geräumigen und schönen Steinhütten haben Kamin, Heißwasser und Safes, und die strohgedeckte Lounge ist richtig gemütlich. Die Lodge liegt 5 km weiter auf einer nur für Allradantrieb geeigneten Straße östlich vom Ngongongare-Tor.

Meru View Lodge LODGE **$$**
(☎0784 419232; www.meru-view-lodge.de; EZ/DZ 100/140 US$; @📶🏊) Diese bescheidene Unterkunft hat eine Mischung aus großen und kleinen Hütten (preislich alle gleich) auf einem ruhigen Gelände etwa 1 km südlich des Ngongongare-Tors. Die **Ngurdoto Lodge** in der Nähe unterliegt derselben Leitung und bietet identische Preise und ähnliche Einrichtungen.

★ **Hatari Lodge** LODGE **$$$**
(☎0752 553456, 027-255 3456/7; www.hatarilodge.com; EZ/DZ inkl. Vollpension 480/640 US$) Die stimmungsvollste und schickste Lodge im Park gehörte einst Hardy Krüger (bekannt

durch den Film *Hatari!*). Sie verfügt über Zimmer im modernen Retrostil und eine Toplage auf einer großen, mit Giraffen gespickten Grünanlage. An klaren Tagen bietet sich Ausblick auf den Meru und den Kilimandscharo. Die Lodge liegt am Rande des Parks, rund 2 km nördlich des Momella-Tors.

Die geräumigen Zimmer haben große Fenster, zudem gibt es einen Kamin und erstklassiges Essen.

Rivertrees Country Inn LODGE **$$$**
(☎0732 971667, 027-255 3894; www.rivertrees.com; EZ/DZ/3BZ ab 180/220/290 US$, River House mit 2 Zi. 1000 US$; P @ 📶 🏊) Mit einem angenehmen, traditionsreichen Ambiente und einer hervorragenden Küche, die in familiärer Atmosphäre an einem großen, hölzernen Esstisch serviert wird, ist das Rivertrees ideal für einen erholsamen Aufenthalt nach einer Tour durch den Nationalpark. Unterschiedliche Zimmer und Hütten, einige davon mit Rollstuhlzugang, sind in einem großen parkähnlichen Garten mit riesigen Bäumen am Fluss Usa verteilt. Die Lodge liegt östlich des Usa River Village; hierher geht's von der Straße nach Moshi ab.

Das Essen ist ebenso großartig wie die kulturellen Touren (zu in der Nähe liegenden Dörfern und Kaffeefarmen) und die Wellness-Behandlungen.

ℹ Praktische Informationen

Die beste Karte des Parks ist die Maco-Karte *Arusha National Park*, die in Arusha fast überall erhältlich ist. Recht gut ist auch *Arusha National Park – The Tourist Map* von Veronica-Roodt.

ℹ NATIONALPARK TARANGIRE

Auf in den Nationalpark Hervorragende Wildtierbeobachtung in der Trockenzeit, vor allem Elefanten und Löwen; beeindruckende Landschaft mit vereinzelten Affenbrotbäumen

Reisezeit Juni bis Oktober

Praktisch & Konkret Anfahrt mit dem Auto von Arusha; Eintrittsgebühren können bar oder per Kreditkarte am Haupttor oder am Boundary-Hill-Tor entrichtet werden.

Spartipps Organisierte Safaris buchen oder ein *dalla-dalla* mit anderen Reisenden teilen; wer außerhalb des Parks übernachtet, spart Campinggebühren.

ℹ An- & Weiterreise

Der Nationalpark Arusha liegt 25 km von Arusha entfernt, und das Ngongongare-Tor liegt 6,5 km nördlich der Straße Arusha–Moshi. Vom nördlichen Eingang, am Momella-Tor, kann man auf einer Piste weiterfahren, die bei Lariboro auf die Hauptstraße nach Nairobi trifft.

Es verkehren täglich vier Busse zwischen Arusha und dem Dorf Ngare Nanyuki (6 km nördlich des Momella-Tors), die in Arusha von 13.30 bis 16 Uhr und in Ngare Nanyuki zwischen 7 und 8 Uhr abfahren. Die Busse halten am Ngongongare-Tor (4000 TSh, 1½ Std.). Ein Taxi ab Arusha kostet rund 50 000 TSh.

Nationalpark Tarangire

Willkommen in einem der am meisten unterschätzten Nationalparks Afrikas! Aufgrund seiner Nähe zur Serengeti und zum Ngorongoro planen die meisten Reisenden für ihre Tour auf dem Northern Safari Circuit nur einen Tag für den **Nationalpark Tarangire** (☎0767 536139, 0689 062248, 025-31280/81; www.tanzaniaparks.com/tarangire.html; Erw./Kind 45/15 US$; ⏲6–18 Uhr) ein. Unserer Meinung nach verdient er einen sehr viel längeren Aufenthalt, zumindest in der Trockenzeit. Elefantenherden bevölkern die Ebenen, Löwengebrüll und Zebra-Gewieher dringt durch die Nacht – und all das vor der Kulisse einer sich ständig wandelnden Landschaft.

Tarangire hat die zweitgrößte Wildtierdichte aller tansanischen Nationalparks (nach der Serengeti) und die angeblich größte Elefantendichte der Welt. Das hiesige Ökosystem, dessen Herz der Park darstellt, dient außerdem über 700 Löwen als Lebensraum; Sichtungen sind also sehr wahrscheinlich. Auch Leoparden und Geparden sind hier zu Hause, sie zeigen sich allerdings seltener. Große Herden von Zebras, Gnus, Giraffen, Büffeln und anderen Pflanzenfressern dienen den Raubtieren als Nahrungsgrundlage. Mit über 450 Arten zählt Tarangire außerdem zu den besten Adressen für Vogelbeobachter in Tansania.

Die Tierwelt ist jedoch nicht das einzige Highlight des Parks. Prächtige Affenbrotbaum-Bestände, die für sich genommen einen Besuch lohnen, dominieren die 2850 km² große Fläche, dazu kommen vertrocknete Termitenhügel im Überfluss, grasbewachsene Savannen und weite Sümpfe. Durchteilt wird der Park vom Tarangire, der mit seinem schlängelnden Verlauf und seinem teils steilen Ufer in der Trockenzeit jede Menge Wildtiere anlockt.

In der Regenzeit verwandelt sich der Park komplett: Seine tierischen Bewohner verteilen sich über die Massai-Steppe, die zehnmal größer ist als das Parkareal. Dass man hier die saisonalen Unterschiede des wilden Afrikas erleben kann, ist eine weitere Besonderheit des Tarangire.

Sehenswertes & Aktivitäten

Wildtierfahrten

Das **nördliche Dreieck** – im Nordosten und Westen von den Parkgrenzen, im Süden vom Tarangire-Fluss und der Tarangire Safari Lodge begrenzt – ist eines der am besten zugänglichen und lohnenswertesten Wildtier-Beobachtungsgebiete des Parks. In der abwechslungsreichen Landschaft mit offenen Ebenen, lichtem Wald und einem großen Bestand an Affenbrotbäumen leben zahlreiche Elefanten, Zebras und Gnus. Auch Raubtiere, vor allem Löwen, kann man hier zu Gesicht bekommen.

Weiter südlich tummeln sich die Tiere am Wasserlauf des **Tarangire-Flusstals**, das den Park in zwei Hälften teilt, und in den Sümpfen von **Silale**, **Lormakau** und **Ngusero Oloirobi** lauern Raubtiere an den flachen Wasserstellen auf Pflanzenfresser. Die Feuchtgebiete ziehen sich unmittelbar westlich der Tarangire Sopa Lodge von Norden nach Süden durch den Park. Der **Gurusi-Sumpf** im Südwesten des Parks bietet ebenfalls eine reiche Fauna.

Manche Lodges im Park (sowie alle außerhalb davon) organisieren für Gäste **Nachtfahrten**.

Wander-Safaris

Am Parkeingang starten dreistündige Wander-Safaris (20 US$ pro Pers. plus 20 US$ pro Gruppe), die bewaffneten Ranger sind jedoch lediglich Sicherheitsbeamte und haben keine besondere Wildtierausbildung. Die meisten Lodges bieten Wanderungen mit eigenen ausgebildeten Guides, allerdings nur für Übernachtungsgäste.

Schlafen

Wer im Park übernachtet, ist direkt nach dem Aufwachen mitten im Geschehen. Wenn man außerhalb des Parks schläft, gilt: Je näher am Eingang, umso besser, damit man die ersten zwei Stunden im Park auf keinen Fall verpasst.

Eine weitere Option ist das Wildschutzgebiet Tarangire, eine abgeschiedene Region außerhalb des Parks im Nordosten. Von November bis März gibt es dort jede Menge Tiere zu sehen, in den anderen Monaten sind es weniger. Wer dort übernachtet, gelangt über das Boundary-Hill-Tor in den Park.

Nationalpark Tarangire

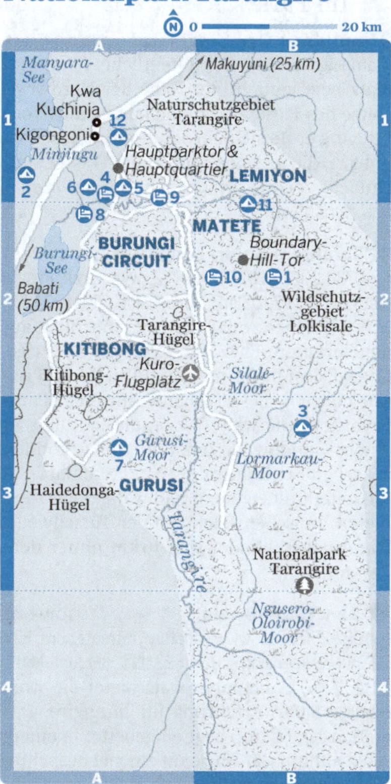

Nationalpark Tarangire

Schlafen

1 Boundary Hill Lodge B2
2 Maramboi Tented Lodge A1
3 Oliver's Camp & Little Oliver's Camp B3
4 Osupuko Lodge A1
5 Öffentlicher Campingplatz A1
6 Roika Tarangire Tented Lodge A1
7 Sanctuary Swala A3
8 Tarangire River Camp A2
9 Tarangire Safari Lodge A1
10 Tarangire Sopa Lodge..........................B2
11 Tarangire Treetops Lodge..................B2
12 Zion Campsite A1

Im Park

Öffentlicher Campingplatz CAMPINGPLATZ $
(Camping 30 US$) Der öffentliche Campingplatz liegt ganz in der Nähe der Nordwestspitze des Parks – nur eine kurze Fahrt vom Eingang entfernt. Sein Standort im Busch ist hübsch, die Anlagen mit kaltem Wasser sind einfach. Vorräte bringt man sich am besten aus Arusha mit.

★ **Tarangire Safari Lodge** LODGE, ZELTCAMP $$$
(☎ 0784 202777, 027-254 4752; www.tarangiresafarilodge.com; EZ/DZ inkl. Vollpension 250/400 US$; P 📶 🏊) Eine großartige Lage mit Blick auf den Tarangire-Fluss, ein exzellenter Service, gutes Essen und Unterkünfte zu fairen Preisen machen diese Lodge zu unserem Park-Favoriten. Die weite Panoramasicht lädt zu einem Sundowner ein und Gäste können zwischen Steinbungalows und Standard-Safarizelten mit eigenem Bad wählen. Letztere bieten hübschen Blick von der Türschwelle. Die Anlage befindet sich 10 km hinter dem Parktor.

★ **Sanctuary Swala** ZELTCAMP $$$
(☎ 027-250 9817; www.sanctuaryretreats.com; EZ/DZ inkl. Vollpension 1106/1622 US$; ⏲ Juni–März; P @ 📶 🏊) Sanctuary Swala bietet die wohl edelste Safari-Erfahrung im Tarangire: Das erstklassige Camp liegt eingebettet in einem Akazienhain mit Blick auf ein viel besuchtes Wasserloch im südwestlichen Teil des Parks nahe dem Gurusi-Sumpf. Jedes der zwölf schönen Zelte hat eine große Terrasse und einen eigenen Butler. Ein hervorragender Ort für Wildtierbeobachtungen mit vielen Löwen.

Oliver's Camp & Little Oliver's Camp ZELTCAMP $$$
(http://oliverscamp.asiliaafrica.com; EZ/DZ inkl. Vollpension 930/1330 US$; ⏲ Mitte Mai–März; P) Bemerkenswert wegen seiner schönen Lage nahe Silale tief im Herzen des Parks. Die zehn komfortablen, geräumigen Zelte sind in ansprechend rustikalem Stil gehalten und das gesamte Camp versprüht persönlichen Charme. Exzellente Guides veranstalten Wander-Safaris, Nachtfahrten (manchmal mit Nachtgläsern ausgestattet) und Fly-Camping, die vor allem abenteuerlustige Gäste ansprechen. Buchungen sind nur über eine Reiseagentur möglich.

Lediglich 1 km entfernt bietet das Schwesteranwesen Little Oliver fünf ähnlich luxuriöse Zelte zu denselben Preisen.

Tarangire Sopa Lodge LODGE $$$
(☎ 027-250 0630; www.sopalodges.com; EZ/DZ/3BZ inkl. Vollpension 370/650/829 US$; P 📶 🏊) Die Tarangire Sopa Lodge bietet das Standardprogramm der Sopa-Kette. Die Teppiche der großen Zimmer (Suite-Größe) wurden zum Glück entfernt. Dafür sind die Anlagen in die Jahre gekommen und die Quartiere dunkel. Das dichte Gestrüpp versperrt jeglichen Ausblick, auch wenn hin und wieder Elefanten vor dem Fenster auftauchen. Überzeugend ist die Lage mitten im Park.

Vor dem Parktor

Zion Campsite CAMPINGPLATZ $
(☎ 0754 460539; Camping 10 US$; P) Ein kahles und ungepflegtes Gelände 6 km vor dem Parkeingang, ist aber billiger als Zelten im Park, und die Duschen sind warm. Essen muss mitgebracht werden.

Maramboi Tented Lodge ZELTCAMP $$$
(☎ 0784 207727; www.tanganyikawildernesscamps.com; EZ/DZ/3BZ inkl. Vollpension 250/375/510 US$; P @ 📶 🏊) Anders als andere Lodges in Tarangire liegt Maramboi zwischen Palmen und Savanne am Südostufer des Manyara-Sees, 17 km von Tarangires Eingang entfernt. Die 20 großen, luftigen Zelte mit Holzfußböden verfügen alle über Veranden, von denen aus sich ein herrlicher Blick auf den See, den Grabenbruch und den Sonnenuntergang ergibt. Das Personal ist sehr freundlich. Die Abzweigung zur Lodge liegt 6 km südlich von Kigongoni.

Tarangire River Camp LODGE $$$
(☎ 0737 206420, 0732978879; www.mbalimbali.com; ⏲ April geschl.; P) Auf einem Hügel gelegen mit tollem Blick auf ein Flusstal, bietet die Tarangire River Lodge hübsche, offene Hütten mit Schilfdächern. Das Gelände nordwestlich des Parks ist privat und wird von Massai betrieben. Vom Haupttor des Parks aus führt eine etwa 30-minütige Fahrt hierher.

Roika Tarangire Tented Lodge ZELTCAMP $$$
(☎ 0754 001444, 027-250 9994; www.tarangireroikatentedlodge.com; Camping 30 US$, EZ/DZ 225/350 US$; P @ 📶 🏊) Obwohl außerhalb des Parks gelegen, 5 km südwestlich vom Tor, liegt Roika mitten im Busch und wird von zahlreichen Wildtieren, besonders Elefanten, besucht. Die 21 weit auseinanderliegenden Zelte stehen auf erhöhten Plattformen unter strohgedeckten Dächern und haben bizarre Betonbadewannen in Tierformen. Besichtigungen von Massai-Dörfern und Nacht-

fahrten können organisiert werden. Die Anlage hat Heißwasserduschen, und eine Küche ist in Planung.

Osupuko Lodge LODGE $$$
(☎ 0754 657737, 0787 925353; www.osupukolodges.com; EZ/DZ inkl. Vollpension 230/360 US$; P) In der Nähe des jahreszeitabhängig wasserführenden Flusses Minjingu gibt's hier zehn optisch wenig ansprechende Rundhütten mit großen Fenstern und Innen- und Außen Duschen. Die Aussicht, inklusive Elefanten und andere Wildtiere der Saison, ist beeindruckend, und das Camp ist insgesamt relativ preisgünstig. Kulturelle Wanderungen durch die umliegenden Massai-Gebiete und ein Kerzenlicht-Dinner für Zwei in einem Affenbrotbaum können arrangiert werden.

Im Wildschutzgebiet Tarangire

Boundary Hill Lodge LODGE $$$
(☎ 0787 293727; www.tarangireconservation.com; Zi. inkl. Vollpension 550 US$ pro Pers.; P @) Boundary Hill wird für sein Engagement für die Umwelt und die Massai-Gemeinde (es hat einen Anteil von 50 Prozent) gelobt. Es hat acht große, individuell gestaltete Zimmer mit Balkon, die über den Silale-Sumpf in den Park blicken.

Tarangire Treetops Lodge ZELTCAMP $$$
(☎ 027-250 0630; www.elewana.com; EZ/DZ inkl. Vollpension 1120/1690 US$; P @) Nicht das übliche Zeltcamp, aber sehr nobel mit zwanzig riesigen Suiten auf Stelzen oder im Baumhausstil um Affenbrotbäume gebaut. Die Fahrt vom oder zum Boundary-Hill-Tor dauert fast eine Stunde, wer jedoch nach Luxus in der Wildnis sucht, ist hier richtig.

Praktische Informationen

Maco bringt die beste Karte von Tarangire heraus; zu kaufen ist sie in Arusha und am Eingangstor. Die handgezeichnete, herausragende *New Map of Tarangire National Park* ist u. a. in Arusha erhältlich und berücksichtigt Regen- und Trockenzeit.

An- & Weiterreise

Tarangire ist 130 km von Arusha entfernt (über Makuyuni, der letzten Möglichkeit, zu tanken und Vorräte einzukaufen). Im Dorf Kigongoni führt eine ausgeschilderte Abzweigung zum Hauptparktor, das 7 km weiter über eine gute Piste zu erreichen ist. Der einzige andere Eingang ist das Boundary- Hill-Tor an der Nordostgrenze, das Zugang zu einigen Lodges des Gebiets gewährt. Im Park können keine Autos gemietet werden.

Coastal Aviation (S. 176) und Air Excel (S. 176) legen nach Bedarf auf dem Flug zwischen Arusha und Lake Manyara auf Tarangires Kuro-Landebahn einen Zwischenstopp ein.

Schutzgebiet Manyara-Ranch

Das privat geführte, 140 km² große **Schutzgebiet Manyara-Ranch** (www.manyararanch.com) nimmt ein wichtiges Wildtierareal nordwestlich des Nationalparks Tarangire ein und ist ein wichtiger Bestandteil des empfindlichen Ökosystems Massai-Steppe im nördlichen Tansania.

Zur Kolonialzeit war das Gebiet eine Viehranch, die später verlassen wurde. Heute verwaltet die **African Wildlife Foundation** (www.awf.org) das Reservat. Dank ihr erholt sich die Vegetation und Tiere kehren in das Areal zurück. Das ganze Jahr über gibt es bereits recht stabile Populationen von Elefanten, Löwen (zwei kleine Rudel), Leoparden, Streifen- und Tüpfelhyänen, Giraffen, Zebras und anderen Pflanzenfressern. Darüber hinaus wurden über 300 Vogelarten hier gesichtet.

Nach den Regeln der Stiftung steht neben dem Tierschutz auch die intensive Zusammenarbeit mit benachbarten Massai-Gemeinden im Mittelpunkt. Auch sie sollen von der Fauna ihrer Heimat profitieren.

Sehenswertes & Aktivitäten

Die angebotenen **Wander-Safaris** und **Wildtierfahrten** bei Tag und Nacht (im Dunkeln gibt's Streifenhyänen und Erdwölfe zu sehen) sind meist in Unterkunftspaketen inbegriffen. Darüber hinaus gibt es u. a. **kulturelle Besuche** nahe gelegener Massai-Dörfer und halbtägige **Reitsafaris** (pro Pers. 125 US$).

Schlafen

Manyara Ranch Tented Camp ZELTCAMP $$$
(☎ 0683 918888, 027-254 5284; www.manyararanch.com; EZ/DZ inkl. Vollpension 715/1160 US$; P) Das eindrucksvolle Zeltcamp im Herzen des Schutzgebiets verfügt über geräumige, wunderschön eingerichtete Zelte in eigenen Buschhainen mit Privatveranden und Ausziehsofas. Das Dekor ist eine klassisch-edle Kombination aus Leinen und Holz. Sundowner werden am Lagerfeuer mit Blick auf die umliegende Ebene serviert.

40 US$ des Übernachtungspreises gehen an Schutzprojekte der Ranch.

An- & Weiterreise

Öffentliche Verkehrsmittel verkehren nicht in das Schutzgebiet. Wer selbst fährt, folgt aus Makuyuni kommend der Straße nach Süden Richtung Tarangire. Nach 10 km steht – gegenüber einem rot-blauen Gebäude auf der rechten Straßenseite (Westen) – ein Steinschild mit der Aufschrift „Manyara Ranch Conservancy". Diesem nach rechts folgen, dann erreicht man über eine Schotterpiste mit weiteren Schildern nach 6,6 km das Camp.

Mto wa Mbu

Mto wa Mbu ist das viel benutzte Tor zum Lake Manyara, der vom namensgebenden Fluss der Stadt („Fluss der Mücken") gespeist wird. Über die Jahre hinweg hat sich die facettenreiche Stadt – Schätzungen nach sind hier alle 120 Stammesgruppen Tansanias vertreten – zu einer Art Touristenzentrum entwickelt: mit jeder Menge Lodges, Zeltplätzen, Imbissen, Tankstellen, Wechselstuben, Souvenirständen und anderen Angeboten, die Safariteilnehmer aus ihren Fahrzeugen locken könnten.

Aktivitäten

Mto wa Mbu Cultural Tourism Program KULTURELLE TOUREN

(☎ 0784 606654, 027-253 9303; http://mtoculturalprogramme.tripod.com; Tagesausflug ab 30 US$; ⌚ 8–18.30 Uhr) Das lokale Kulturtourismusprogramm hat Touren zu Dörfern in der Umgebung, zu Märkten und zu einem nahe gelegenen Wasserfall im Angebot – mit dem Schwerpunkt auf Landwirtschaft und Wanderungen am Steilhang. Statt zu Fuß zu gehen, bieten sich für die meisten Tagesausflüge Mountainbikes an. Auf Anfrage kann man bei hiesigen Familien übernachten und auch dort essen. Das Büro befindet sich im Red Banana Restaurant in der Nähe der zentralen Bushaltestelle.

Schlafen & Essen

Es gibt zahlreiche billige Pensionen in Mto wa Mbu. Am besten sieht man sich südlich der Hauptstraße hinter dem Markt um.

Maryland Resort PENSION $

(☎ 0754 299320; Camping 10 000 TSh, EZ/DZ ab 35 000/45 000 TSh, DZ mit Gemeinschaftsbad 25 000 TSh; P) Ein Schild führt von der Hauptstraße direkt vor dem Eingang zum Nationalpark Lake Manyara zu der pfirsichfarbenen, liebevoll geführten Unterkunft. Ihr freundlicher Besitzer wohnt selbst auch hier. Die meisten der neun Zimmer reihen sich an der Schmalseite auf, doch da sie alle über Heißwasser und TV verfügen, sind sie preislich ok. Mahlzeiten können bestellt werden, und es gibt eine Küche.

Njake Jambo Lodge & Campsite CAMPINGPLATZ $$

(☎ 027-250 5553; www.njake.com; Arusha-Karatu Rd.; Camping 10 US$, EZ/DZ 90/120 US$;) Eine Basis für unabhängige Reisende und für große Überlandlaster. Es gibt eine schattige und gepflegte Rasenfläche zum Campen plus 16 gute Zimmer in doppelstöckigen Chaletblocks.

Twiga Campsite & Lodge BACKPACKER $$

(☎ 0713 334287; www.twigacampsitelodge.com; Arusha-Karatu Rd.; Camping 10 US$, Zi. 40–140 US$; P @) Die Unterkunft mit ihren gepflegten Standardzimmern, Bungalows und einem anständigen Zeltplatz ist ein beliebter Backpacker-Treffpunkt, wo man auch schnell andere Safariteilnehmer kennenlernen kann. Darüber hinaus gibt's auch einen Fahrradverleih.

Blue Turaco Pizza Point PIZZERIA $

(Arusha-Karatu Rd.; Pasta 5000–7000 TSh, Pizzas 10 000–16 000 TSh; ⌚ 12–21 Uhr) Der Blue Turaco Pizza Point an der Hauptstraße ist nicht zu übersehen. Serviert werden gute Holzofenpizzas in einem lockeren Straßentisch-Ambiente.

Praktische Informationen

In der Stadt gibt es einen Geldautomaten (bei Twiga Campsite & Lodge, er funktioniert allerdings nicht immer) und eine Handvoll Internetcafés mit langsamen Verbindungen.

An- & Weiterreise

AUTO

Mietautos für Ausflüge in den Nationalpark Lake Manyara (inkl. Benzin und Fahrer 150 US$) vermitteln das Büro des Kulturtourismusprogramms in Mto wa Mbu sowie die Campingplätze Twiga und Njake Jambo.

Hier startet die holprige Straße nach Norden zum Natronsee.

BUS

Busse und *dalla-dallas* verkehren den ganzen Tag über von Arusha (5500–6500 TSh, 2 Std.) und Karatu (2500 TSh, 1 Std.) nach Mto wa Mbu. In Arusha starten auch Minibusse, die nach Karatu fahren. Sämtliche Verkehrsmittel halten an der Hauptstraße im Stadtzentrum.

Nationalpark Lake Manyara

Der **Nationalpark Lake Manyara** (☎0767 536137, 0689 062294, 025-39112; www.tanzaniaparks.com/manyara.html; Erw./Kind 45/15 US$; ⌚6–18 Uhr) zählt zu den kleinsten Parks des Landes. Obwohl viele Safarirouten ihn nicht auf dem Programm haben, möchten wir einen Umweg hierher dringend empfehlen. Der wilde westliche Steilhang des Ostafrikanischen Grabenbruchs bildet die westliche Grenze des Parks, und im Osten liegt der sodahaltige Manyara-See, der ein Drittel der 648 km² großen Parkfläche bedeckt, aber in der Trockenzeit erheblich kleiner wird. Während der Regenzeit ist der See Heimat für Millionen von Flamingos (am besten außerhalb des Parks am Ostufer des Sees zu sehen) und eine Vielfalt anderer Vögel.

Manyara hat zwar nicht die wilde Schönheit der anderen Parks der nördlichen Rundtour, aber seine Vegetation ist vielfältig und reicht von Savannen über Marschen zu immergrünem Wald (elf verschiedene Ökosysteme insgesamt) und ernährt eine der höchsten Biomassedichten der Welt an großen Säugern: Elefanten, Flusspferde, Zebras, Giraffen, Büffel und Gnus lassen sich häufig blicken und auch Leoparden und Hyänen kann man hier beobachten. Zudem dient der Nationalpark einer berühmten Population von baumkletternden Löwen als Lebensraum. Zwar steigen Löwen auch in anderen Parks auf Bäume, der Manyara ist dafür jedoch besonders bekannt. Forscher nehmen an, dass die Tiere diese Angewohnheit entwickelt haben, um sich vor einer fiesen Stechmückenplage zu schützen, der in den 1960er-Jahren die Löwenpopulationen im Ngorongoro-Krater zum Opfer fielen. Es ist nicht ganz einfach, die Löwen zu entdecken, die Mühe lohnt sich jedoch.

Vor Kurzem wurde der Nationalpark um das Waldschutzgebiet Marang erweitert – ein 250 km² großes Schutzgebiet mit Hochlandwäldern bei der Südwestgrenze des Parks. Wege für Wildtierfahrten hat man allerdings noch nicht angelegt.

ℹ NATIONALPARK LAKE MANYARA

Auf in den Nationalpark Hervorragende Vogelbeobachtung; baumkletternde Löwen; wilde Landschaft des Ostafrikanischen Grabens.

Reisezeit Ganzjährig. Juni bis Oktober ist am besten für die großen Säuger, November bis Juni ist am besten für Vögel.

Praktisch & Konkret In Mto wa Mbu, auf dem Steilhang oder im Park, übernachten und ein Fernglas für die optimale Beobachtung der Wildtiere am See mitbringen. Eintrittsgebühren werden bar oder per Kreditkarte am Haupttor entrichtet.

Spartipps In Mto wa Mbu übernachten, um Campinggebühren zu sparen; ein *dalla-dalla* für einen Tag mieten.

Sehenswertes & Aktivitäten

Wildtierfahrten

Gleich hinter dem Haupteingang zum Park erstreckt sich das dicht-grüne, bei Pavianen beliebte **nördliche Waldgebiet**, in dem man hin und wieder auch Diademmeerkatzen entdecken kann. An der Nordspitze des Sees gibt es zudem eine **Wasserstelle mit Flusspferden**. Die **Überschwemmungsebenen** zwischen dem Ufer und den steilen Wänden des Grabenbruchtals beherbergen Gnus, Büffel, Zebras und die gut erforschten Elefanten des Manyara-Sees. Baumkletternde Löwen haben im schmalen **Akaziengürtel** am Seeufer ihr Revier gefunden. Wer eine Wildtierfahrt unternehmen möchte, macht das in Eigenregie oder bucht eine organisierte Safari über die jeweilige Lodge oder einen Anbieter.

Nachtfahrten

Dies ist der einzige Park der nördlichen Rundtour, wo jeder an Nachtfahrten teilnehmen kann, anders als im Nationalpark Tarangire, wo man in einem der Camps übernachten muss, die sie anbieten. Wayo Africa (S. 35) veranstaltet zwischen 20 und etwa 23 Uhr Nachtfahrten zum Manyara-See (je nach Gruppengröße 55–77 US$ pro Pers. plus 50/25 US$ Parkgebühr pro Erw./Kind). Parkgebühren sind noch vor 17 Uhr direkt an den Park zu entrichten. Vorausbuchungen sind erforderlich, außerdem muss man meist im Voraus bezahlen.

Wander-Safaris

Der Park genehmigt auch zwei- bis dreistündige Wander-Safaris (pro Pers. 20 US$ plus 20 US$ pro Gruppe mit bis zu 8 Teilnehmern) mit einem bewaffneten Ranger auf drei Trails. Reservierungen sind erforderlich, und der

WOCHENMÄRKTE

In den Gebieten rund um das Krater-Hochland, den Natronsee und Mto wa Mbu lohnt es sich, seinen Besuch so zu legen, dass man einen der hiesigen Wochenmärkte erleben kann. Sie sind nicht nur Orte des Handels, sondern auch gesellschaftliche Treffpunkte, und mit Ausnahme von Mto wa Mbu durchweg von Einheimischen geprägt.

Montag Engaruka Juu

Mittwoch Selela

Donnerstag Engaresero, Engaruka Chini und Mto wa Mbu

Park hat keine Fahrzeuge, die Wanderer zu den Trails bringen könnten.

Der **Msara Trail**, der am nächsten zum Tor gelegene Pfad (11 km entfernt), folgt seinem namensgebenden Fluss am Steilhang des Afrikanischen Grabens entlang durch herrliches Vogelbeobachtungsgebiet bis hinauf zu einem Aussichtspunkt. Der **Lake Shore Trail** beginnt 38 km hinter dem Parkeingang in der Nähe der *maji moto* (heißen Quellen). Er durchquert Akazienwald und Savanne und ist der Pfad, auf dem Wanderer am wahrscheinlichsten auf große Säugetiere treffen und Flamingos sehen. Der **Iyambi River Trail**, 50 km vom Tor entfernt, ist bewaldet und felsig mit guten Vogelbeobachtungsmöglichkeiten und der Chance, auf Säuger zu treffen.

Wander-Safaris von Wayo Africa (S. 35) führen von der Serena-Lodge den Steilhang hinab. Wenn der See genug Wasser führt (was aber meist nicht der Fall ist), veranstaltet Wayo zudem Kanu-Safaris.

Schlafen

Innerhalb des Parks gibt es nur eine Handvoll Unterkünfte. Sie haben den Vorteil, dass man die Tierwelt ab Sonnenaufgang genießen kann und nicht erst anreisen muss. Wer auf dem Steilhang übernachtet, kann sich dafür über Panoramablicke freuen. Ebenfalls eine gute Ausgangsbasis für Parkbesuche, insbesondere für Budgetreisende, ist Mto wa Mbu.

Im Park

Public Campsite No. 1 CAMPINGPLATZ $
(☎ 025-39112; Camping 30 US$) Einer von zwei öffentlichen Campingplätzen im Park. Campsite No. 1 liegt in der Nähe des Parkeingangs und der Hauptverwaltung und verfügt über Toiletten und Duschen.

Public Campsite No. 2 CAMPINGPLATZ $
(☎ 025-39112; Camping pro Pers. 30 US$) Campsite No. 2 (auch „Riverside" oder „Endabash" genannt), inmitten von Leberwurstbäumen und anderer Vegetation nahe dem Endabash-Fluss, befindet sich etwa eine einstündige Fahrt vom Eingang entfernt. Der schattige Platz verfügt über recht neue Toiletten- und Duschanlagen sowie Wasser aus einem Tank zum Kochen; abgekocht ist es auch zum Trinken geeignet.

★ **Lake Manyara Tree Lodge** LODGE $$$
(☎ 028-262 1267; www.andbeyond.com; Suite all-inclusive 1205 US$ pro Pers.; ⏲ April geschl.; P) Diese schöne, luxuriöse Lodge gehört zu den exklusivsten in ganz Tansania und ist das einzige permanente Camp, das sich im Park selbst befindet. Die zehn wunderschönen, auf Stelzen stehenden Baumhaus-Suiten mit Privatveranda und Blick von der Badewanne auf die Landschaft sowie mit Außenduschen stehen in einem Mahagoniwald am südlichsten Ende des Parks. Das Essen ist wunderbar, und alle Zimmer haben einen Butlerservice.

Lemala Manyara ZELTCAMP $$$
(☎ 027-254 8966; www.lemalacamp.com; EZ/DZ all-inclusive 575/850 US$; ⏲ Juni–März; P) Das Lemala, weit im Parkinnern gelegen, in der Nähe des Flusses Endabash und heißer Quellen, hat neun Zelte (eines in Familiengröße) an einem Akazienhain mit Seeblick. Die Buschlandschaft wird toll in Szene gesetzt, allerdings sollte man sich nicht von den Preisen täuschen lassen – es ist kein Luxuscamp. Die Zelte haben Böden und Möbel aus Holz, sind jedoch trotz einer kürzlichen Preissenkung unserer Meinung nach etwas überteuert.

Gäste können Nachtfahrten in den Park unternehmen.

Auf dem Steilhang

★ **Panorama Safari Campsite** CAMPINGPLATZ $
(☎ 0784 118514; Camping 10 000 TSh; P) Die erste Unterkunft, die am Weg bergauf liegt, ist heiß und staubig mit heruntergekommenen Heißwasseranlagen. Der Preis ist aber einfach unschlagbar und die Aussicht von hier genauso schön wie von den anderen Luxuslodges weiter oben. *Dalla-dallas* von Mto wa Mbu nach Karatu passieren den Eingang (750 TSh).

Der Campingplatz verfügt über kleine, praktische Zelte und igluähnliche Hütten direkt vor dem Kliff. Nur einen kurzen Fußmarsch entfernt bietet sich toller Blick auf den Sonnenuntergang. Die Matratzen sind recht dünn und es gibt nur Getränke, kein Essen.

Escarpment Luxury Lodge LODGE **$$$**
(☎ 0767 804864; www.escarpmentlodge.co.tz; EZ/DZ all-inclusive 800/990 US$; P @ ≋) Eine recht neue Anlage und Chalets mit Holzdielen, die Luxus im Überfluss verheißen: jede Menge Platz, wunderbar tiefe Badewannen, Ledersofas, geschmackvoll restaurierte Möbel, breite Veranden, feinste Bettwäsche und große Fenster. Erwartungsgemäß bietet die Steilhanglage weiten Panoramablick auf den See.

Lake Manyara Serena Safari Lodge LODGE **$$$**
(☎ 027-254 5555; www.serenahotels.com; EZ/DZ inkl. Vollpension 308/519 US$; P @ ≋) Ein großer Komplex auf schattigem Gelände mit 67 ansprechend eingerichteten Zimmern in hübschen zweistöckigen Bungalows mit konischen Dächern. Naturwanderungen und Dorfbesichtigungen sind ebenso im Angebot wie Massagen. Die hübsche Aussicht gibt's ohne Aufpreis. Die Lodge ist nicht so intim und naturnah wie andere Anlagen auf dem Steilhang, aber dennoch ganz zu Recht eine beliebte Bleibe.

Unter dem Steilhang

Östlich von Mto wa Mbu befinden sich ein paar Camps.

Migunga Tented Camp ZELTCAMP **$$$**
(☎ 0754 324193; www.moivaro.com; Camping 10 US$, EZ/DZ/3BZ inkl. Vollpension 247/348/450 US$; P @) Die Hauptattraktion dieser Anlage (noch bekannt unter ihrem früheren Namen Lake Manyara Tented Camp) ist ihre wunderschöne Lage in einem Hain von Eukalyptusbäumen (*migunga* in Suaheli), der vom Gezwitscher der Vögel widerhallt. Die 21 Zelte auf großem, grasbewachsenem Gelände sind klein, aber absolut ausreichend und zu fairen Preisen zu haben. Zudem gibt es einen tollen, rustikalen Essraum. Das Camp liegt 2 km südlich der Hauptstraße.

Der Zeltplatz nebenan hat gute Heißwasseranlagen. Dorftouren und Mountainbikes sind im Angebot.

Ol Mesera Tented Camp ZELTCAMP **$$$**
(☎ 0784 428332; www.ol-mesera.com; EZ/DZ inkl. Vollpension 135/245 US$; P @) Diese von einem witzigen slowenischen Pensionär geführte und sehr persönlich geprägte Herberge in einer friedlichen Umgebung zwischen Baobabs und Euphorbien bietet vier richtige Safarizelte und eignet sich als idealer Ausgangsort für kulturelle Wanderungen, für Kochkurse oder einfach für ein paar Tage Erholung. Das Camp liegt 14 km die Straße zum Natronsee hinauf.

Öffentliche Verkehrsmittel nach Engaruka oder zum Natronsee können Fahrgäste an der Abzweigung absetzen, von wo aus es nur noch leicht zu bewältigende 1,5 km zu Fuß sind.

Manyara Wildlife Safari Camp LODGE **$$$**
(☎ 0712 332211; www.wildlifecamp.co.tz; EZ/DZ inkl. Vollpension 275/350 US$; P ≋) Geschmackvoll eingerichtete Safarizelte und Hütten auf Stelzen mit gefliesten Böden und Himmelbetten machen die Lodge in den Ebenen nahe dem Manyara-See zu einer guten Option in Seenähe. Sie liegt eine 15-minütige Fahrt vom Parkeingang entfernt und ist ab der Hauptstraße ausgeschildert.

ℹ Praktische Informationen

Die von Hand gezeichnete *New Map of Lake Manyara National Park* ist u. a. in Arusha erhältlich. Sie enthält verschiedene Darstellungen für Regen- und Trockenzeit, jedoch nicht das Waldschutzgebiet Marang, um das der Park kürzlich erweitert wurde.

ℹ An- & Weiterreise

Air Excel (S. 176), Coastal Aviation (S. 176) und Regional Air (S. 176) fliegen täglich zwischen Arusha und dem Nationalpark Lake Manyara. Die Landebahn befindet sich auf dem Grabenbruchrand in der Nähe von Serena.

Karatu

26 620 EW.

Die eher reizlose Stadt, etwa auf halbem Weg zwischen den Nationalparks Lake Manyara und Ngorongoro (14 km südöstlich des Lodoare-Tors), ist eine praktische Ausgangsbasis für Ausflüge zu beiden Reservaten. Viele Camping-Safaris von Arusha aus beinhalten eine Übernachtung vor Ort, um die Zeltgebühren im Ngorongoro zu sparen. Das Serviceangebot ist begrenzt, umfasst jedoch mehrere Banken mit Wechselschalter und Geldautomaten, ein paar Internetcafés, Tankstellen und mehrere Mini-Supermärkte. Es ist allerdings besser, Vorräte in Arusha einzukaufen.

Sehenswertes & Aktivitäten

Markt MARKT

Am siebten Tag jedes Monats ist in Karatu Markttag *(mnada)*. Wer zufällig durchkommt: Anhalten lohnt sich.

Ganako-Karatu Cultural Tourism Program KULTURELLE TOUREN

(☎0767 612980, 0787451162; www.kcecho.org) Das Kulturtourismus-Pogramm Ganako-Karatu betreibt ein Büro am Ostrand des Ortes. Die Haupttouren führen zu nahen Kaffeeplantagen und Dörfern der Iraqw (Mbulu). Viele der halb- und ganztägigen Trips werden mit dem Mountainbike unternommen.

Schlafen

In Karatu

Die Gegend um Bwani, südlich der Hai-Tankstelle und des Supermarkts, beherbergt viele gute Pensionen, deren Besitzer noch nicht den Begriff „Preise für Touristen" kennen, plus viele einheimische Restaurants und Bars. Hier schlafen auch die meisten Safari-Fahrer.

Vera Inn PENSION $

(☎0754 578145; Milano Rd, Bwani, Karatu; EZ/DZ 30 000/40 000 TSh) Eine der besten Pensionen in Karatu; die Zimmer sind klein, aber blitzblank und verfügen über Heißwasserduschen und Kabelfernsehen.

★ **Eileen's Trees Inn** LODGE $$

(☎0754 834725, 0783 379526; www.eileenstrees.com; EZ/DZ inkl. Vollpension 100/150 US$; P @ ᯤ ≋) Für die regelmäßig guten Bewertungen von Gästen sorgen große Zimmer mit Himmelbetten aus Holz samt Moskitonetzen sowie schmiedeeiserne Möbel in einigen Bädern. Was die Lodge jedoch vor allem von anderen Unterkünften dieser Preisklasse in Karatu unterscheidet, sind das Essen und der freundliche Service.

Country Lodge LODGE $$

(☎0789 582982, 027-253 4622; www.countrylodgekaratu.com; EZ/DZ/3BZ 100/160/200 US$, inkl. Halbpension 115/195/255 US$; P @ ᯤ) Schilder führen von der Hauptstraße unmittelbar nördlich von Karatu zu dieser exzellenten Lodge mit 22 einfachen, aber ruhigen und gepflegten Zimmern in elf Cottages mit Veranden auf einer 2 ha großen Grünanlage. Das hauseigene Restaurant serviert gutes Essen aus regionalen Zutaten.

Rund um Karatu

Octagon Safari Lodge & Irish Bar LODGE $$

(☎027-253 4525; www.octagonlodge.com; Camping mit eigenem/gemietetem Zelt 15/30 US$, EZ/DZ inkl. Halbpension 85/150 US$; @ ᯤ) Die unerwartet grüne und schöne Gartenanlage dieser Lodge unter irisch-tansanischer Leitung scheint Lichtjahre von Karatu entfernt. Die Cottages sind klein, aber gemütlich, und die Preise für Karatu exzellent. Ein Restaurant und eine irische Bar runden das entspannte Flair ab. Die Lodge liegt 1 km von der Hauptstraße ab an der Westseite der Stadt.

Kulturelle Spaziergänge können auf Wunsch arrangiert werden, ebenso wie Ngorongoro-Safaris.

★ **Gibb's Farm** LODGE $$$

(☎027-253 4397; www.gibbsfarm.net; EZ/DZ/3BZ inkl. Halbpension 562/850/1175 US$; P @ ᯤ) Die seit Langem bewährte Gibb's Farm in einem Farmhaus aus den 1920er-Jahren besticht durch ländliches Hochland-Ambiente, eine wunderschöne Lage mit Blick auf die Kaffeeplantagen in der Nähe, ein Spa und wunderschöne Cottages (sowie ein paar Standardzimmer) in einer Gartenanlage. Die Lodge bekommt ständig gute Kritiken, auch die Küche, die mit farmeigenen Produkten arbeitet. Sie befindet sich rund 5 km nördlich der Hauptstraße und ist ausgeschildert.

★ **Plantation Lodge** LODGE $$$

(☎0784 260799, 027-253 4405; www.plantation-lodge.com; EZ/DZ inkl. Halbpension 275/400 US$, Suite ab 600 US$; P @ ᯤ ≋) Diese Lodge, ein Ort, an dem man sich als etwas Besonderes fühlt, belebt eine renovierte Farm aus der Kolonialzeit. Bei dem wunderschönen Dekor wurde auf jedes Detail geachtet. Die Zimmer, jedes einzeln gestaltet, haben große Veranden und knisternde Kamine, die zur Hochlandstimmung passen. Die Küche verarbeitet selbstangebautes Gemüse. Die Lodge liegt westlich von Karatu ungefähr 2,5 km nördlich vom Highway.

Rhotia Valley Tented Lodge ZELTCAMP $$$

(☎0784 446579; www.rhotiavalley.com; EZ inkl. Halbpension 155–280 US$, DZ 250–390 US$; P @ ᯤ ≋) 🍃 Diese vor dem Wildschutzgebiet Ngorongoro gelegene, erfrischend unprätentiöse Lodge auf einem Hügel hat 15 große Zelte (zwei in Familiengröße) mit Wald- oder Talblick, wobei Letzterer den Manyara-See und an klaren Tagen sogar den Meru und Kilimandscharo umfasst. Unter dem großen Schilfdach werden leckere Mahlzeiten serviert. Das Camp liegt 10 km nordöstlich von Karatu und ist vom Highway gut ausgeschildert.

Es werden kulturelle Touren und Naturwanderungen angeboten. Im Preis inbegriffen ist eine 20-prozentige Spende für die in der Nähe gelegene Waisenschule der Besitzer (zwei holländische Ärzte, die vor Ort leben).

Ngorongoro Farm House LODGE **$$$**
(☎0736 502471, 0784 207727; www.tanganyikawildernesscamps.com; EZ/DZ/3BZ inkl. Vollpension 250/375/510 US$; P @) Dieses stimmungsvolle Haus, 4 km vom Lodoare-Tor entfernt, steht auf dem Grundstück einer 500 ha großen Farm, die Kaffee, Weizen und Gemüse für diese und die anderen Lodges der Gegend produziert. Die 50 bestens eingerichteten Zimmer, einige weit weg vom Restaurant und den anderen Anlagen, sind großartig. Farm-Spaziergänge sowie Kaffee-Vorführungen werden angeboten, ebenso wie Massagen.

Essen

Bump's Café TANSANISCH, EUROPÄISCH **$**
(☎0783 116694; Arusha Rd.; Gerichte 4500–8500 TSh; 7–19 Uhr;) Ein einfaches (aber für Karatu-Verhältnisse modernes) Restaurant im Besitz von Amerikanern und Massai am Westrand der Stadt mit einer Mischung aus einheimischer und westlicher Küche. Wer möchte, kann sich hier Lunchboxen richten lassen. Am besten kommt man bis zum Mittagessen hierher, denn danach ist die Speisenauswahl beschränkt. Es gibt auch ein Internetcafé, das 1000 TSh pro Std. kostet.

An- & Weiterreise

Morgens verkehren mehrere Busse zwischen Karatu und Arusha (6000 TSh, 3 Std.), einige fahren weiter nach Moshi (9000 TSh, 4½ Std.). Den ganzen Tag über pendeln zudem bequemere neunsitzige Minivans von/nach Arusha (8000 TSh, 3 Std.), die an verschiedenen Punkten entlang der Hauptstraße abfahren.

Eyasi-See

Der einzigartig schöne Eyasi-See liegt in 1030 m Höhe zwischen der Eyasi-Steilwand im Norden und den Kidero-Bergen im Süden. Wie der Natronsee hoch im Nordosten ist der Eyasi auf einer Tour zum Ngorongoro für alle lohnend, die etwas Abgelegenes und Außergewöhnliches suchen. Der See selbst ist je nach Niederschlägen unterschiedlich groß. Hier leben zahlreiche Wasservögel und in der Brutsaison (Juni–November) riesige Populationen von Flamingos und Pelikanen. In der Trockenzeit ist er oft kaum mehr als ein ausgetrockneter Tümpel, passend zur fremdartigen, urzeitlichen Landschaft.

VOLKSGRUPPEN NORD-TANSANIAS: DIE HADZABE

Das Gebiet beim Eyasi-See in Tansania ist Heimat für die Hadzabe, auch Hadzapi, Hadza oder Tindiga genannt, die vermutlich vor fast 10 000 Jahren hierherkamen. Sie gelten weithin als die letzten echten Jäger und Sammler Ostafrikas. Ein Viertel bis ein Drittel der rund 1000 verbliebenen Stammesmitglieder führt noch immer ein ursprüngliches Leben.

Traditionelle Lebensgrundlage der Hadzabe ist die Subsistenzwirtschaft. Sie leben in Gemeinschaften oder Camps mit 20 bis 30 Mitgliedern ohne hierarchische Stammesstrukturen. Familien ziehen Kinder gemeinsam auf, Essen und alle anderen Güter werden geteilt. Camps ändern oft ihren Standort, manchmal aufgrund von Krankheit, Tod oder um Konflikte zu lösen. Es kann auch sein, dass sie an den Ort ziehen, an dem ein großes Tier (z. B. eine Giraffe) erlegt wurde. Typisch für die Hadzabe sind wenige Besitztümer, sodass jedes Stammesmitglied seine Habseligkeiten beim Umherziehen auf dem Rücken tragen kann.

Die Sprache der Hadzabe ist durch Klicklaute charakterisiert und könnte entfernt mit der Sprache der San in Südafrika verwandt sein; sie weist nur wenige Verbindungen zu Sandawe auf, der anderen in Tansania gesprochenen Klicksprache. Genetische Untersuchungen haben keine engen Verbindungen zwischen den Hadzabe und anderen ostafrikanischen Volksgruppen ergeben.

Es gibt zahlreiche wissenschaftliche Abhandlungen über die Hadzabe, die empfehlenswerteste Literatur zum Thema ist jedoch das letzte Kapitel in Peter Matthiessens *The Tree Where Man Was Born*.

Die vor Ort lebenden, traditionellen Hadzabe machen die Region zu etwas Besonderem. Außerdem leben in dieser Gegend die Iraqw (Mbulu), ein Volk kuschitischer Herkunft, das vor rund 2000 Jahren hier einwanderte, sowie die Datoga, bekannt als Metallschmiede, deren Kleidung und Kultur denen der Massai ähnlich sind.

Sehenswertes & Aktivitäten

Markt von Ghorofani MARKT

Ghorofani, das Hauptdorf am Eyasi-See, liegt ein paar Kilometer vom Nordostende des Sees entfernt. Sein *mnada* (Markt) findet an jedem fünften Tag eines Monats statt und zieht Käufer und Händler aus der Seegegend an.

Lake Eyasi Cultural Tourism Program KULTURELLE TOUREN

(☎0764 295280; rangergotz@yahoo.co.uk; ⏲8–18 Uhr) Das Kulturtourismusprogramm mit Schwerpunkt auf dem Eyasi-See befindet sich am Ortseingang von Ghorofani. Hier können Englisch sprechende Guides (30 US$ pro Gruppe von bis zu zehn Leuten) für den Besuch von Hadzabe- (zusätzlich 20 US$ pro Gruppe) und Datoga-Gemeinden in der Nähe oder für einen Abstecher zum See gebucht werden. Ein Programm bietet die Begleitung von Hadzabe auf einem Jagdausflug mit traditionellen Waffen an, der vor Sonnenaufgang beginnt. Zudem gehören Kanufahrten und Angelausflüge zum Angebot.

Schlafen

In Ghorofani gibt es drei spartanische Pensionen. Güter des täglichen Bedarfs sind zwar im Dorf erhältlich, es ist aber besser, Vorräte in Karatu einzukaufen. Die Campingplätze sorgen bei Vorabbestellung für ein warmes Essen.

Eyasi-Nyika Campsite CAMPINGPLATZ $

(☎0762 766040; Camping 10 US$; P) Eyasi-Nyika zählt mit seinen sieben weitläufigen, grasbewachsenen Stellplätzen unter Akazienbäumen zu den besten Zeltplätzen der Gegend. Gäste dürfen selbst kochen. Er liegt im Busch, 3 km außerhalb von Ghorofani, und ist nur an der Hauptstraße ausgeschildert: Am besten auf den am meisten befahrenen Straßen bleiben.

Eyasi Datoga Campsite CAMPINGPLATZ $

(☎0762 921573, 0752 224128; www.eyasidatogacampsite.com; Camping mit eigenem/gemietetem Zelt 10/20 US$; P) Die einfachen Stellplätze, sind größtenteils durch provisorische Unterstände aus lokalen Wildpalmen geschützt. In der Nähe von Ghorofani.

Kisima Ngeda ZELTCAMP $$$

(☎027-254 8715; www.anasasafari.com/kisima-ngeda; Camping 10 US$, EZ/DZ inkl. Halbpension 335/445 US$; P 🅆) Kisima Ngeda lässt sich als „von Bäumen umgebene Quelle" übersetzen, und tatsächlich sprudelt eine natürliche Quelle auf dem Grundstück am See und schafft eine unerwartet saftig grüne Oase aus Fieberbäumen und Doum-Palmen. Die sieben Zelte sind sehr komfortabel und die Küche (es wird viel mit regionalen Produkten gekocht, einschließlich der Milchprodukte, die von eigenen Kühen stammen) ist hervorragend. Es ist 7,5 km hinter Ghorofani ausgeschildert.

2 km hinter der Hauptlodge gibt es einen einfachen Campingplatz – den einzigen am Seeufer – mit Toilette, Dusche und derselben eindrucksvollen Szenerie.

Tindiga Tented Camp ZELTCAMP $$$

(☎0754 324193, 027-250 6315; www.moivaro.com; EZ/DZ inkl. Vollpension 247/348 US$) Knappe 2 km vom Ufer entfernt stehen die rustikalen Zelte des Tindiga Tented Camp. Sie fügen sich harmonisch in die Seekulisse ein und verbinden Komfort mit Wildnisflair.

Praktische Informationen

Alle Ausländer müssen eine Dorftaxe von 10 US$ im Büro des Lake Eyasi Cultural Tourism Program an der Einfahrt nach Ghorofani zahlen.

An- & Weiterreise

Zwei Busse täglich verbinden Arusha mit Barazani und fahren über Ghorofani (11 500 TSh, 4½–5 Std.). Sie verlassen Arusha gegen 5 Uhr und kommen gegen 14 Uhr zurück; man kann in Karatu einsteigen (4500 TSh, 1½ Std. nach Ghorofani). Es gibt mehrere Geländewagen für Fahrgäste nach Karatu (5500 TSh; sie parken an der Mbulu-Kreuzung), die in Ghorofani und anderen Orten am See morgens abfahren und im Lauf des Nachmittags zurückkommen.

Ngorongoro-Krater

Hinreißend, unglaublich, atemberaubend – all diese Attribute passen zu dem wunderschönen, ätherisch blaugrünen Anblick des **Ngorongoro-Kraters** (Kratergebühr pro Fahrzeug und Zugang für 24 Std. 200 US$). Aber so schön der Blick von oben auch ist, der eigentliche Zauber geschieht, wenn man hineinfährt und eine unvergleichliche Konzentration von Wildtieren erlebt, einschließlich der höchsten Dichte an Löwen und generell an Raubtieren in Afrika. Einfach gesagt: Der Krater ist eine der Topattraktionen Afrikas und als weltberühmtes Naturwunder zu Recht ein Unesco-Welterbe.

Sehenswertes & Aktivitäten

Der Kraterboden

Mit 19 km Durchmesser und einer Oberfläche von 264 km² ist der Ngorongoro eine der größten ungebrochenen Calderas der Welt, die kein See ist. Seine steilen, glatten Wände ragen 400 bis 610 m hoch und bilden die Kulisse für ein unglaublich schönes, eindrucksvolles Naturschauspiel. Raubtiere und Pflanzenfresser pirschen durch das Grasland, die Sümpfe und die Wälder am Kraterboden. Hier unten fühlt man sich (von den anderen Fahrzeugen abgesehen) wie in einem Wildtierparadies.

Rund um die schöne **Picknickstelle Ngoitoktok Springs** sammeln sich zahlreiche Flusspferde und der **Magadi-See** lockt in der Regenzeit Scharen von Flamingos in sein seichtes Wasser. Der **Lerei-Wald**, auch Lereal-Wald genannt, wartet mit einem weniger attraktiven Picknickplatz auf und ist der Ausgangspunkt der Lerai Ascent Road. Hier entdeckt man oft Elefanten, von denen 200 bis 300 im Krater leben. Zu den Raubtieren zählen rund 600 Tüpfelhyänen, 55 Löwen (nach letzter Zählung) sowie Gold- und Schabrackenschakale. Ihr Überleben ist gesichert durch eine große Anzahl von Pflanzenfressern wie Gnus, Zebras, Büffel und Grant-Gazellen. Elenantilopen, Warzenschweine, Kuhantilopen, Buschböcke, Wasserböcke und Riedböcke hingegen sieht man seltener. Rund 20% der Gnus und Zebras begeben sich jährlich auf ihre Wanderung zwischen dem Krater und der Serengeti. Mit etwas Glück bekommt man außerdem einige der rund 30 am Kraterboden lebenden, stark bedrohten Spitzmaulnashörner zu Gesicht. Sie zeigen sich vor allem zwischen dem Lerei-Wald und der Lemala Ascent Road/Lemala Descent Road.

Grund für diese Vielfalt ist das Wasser: Ganzjährige Quellen speisen die Sümpfe und das abfließende Wasser der Wälder vom Kraterrand nährt die ebenfalls ganzjährigen Bäche und Flüsse.

NGORONGORO-KRATER

Auf zum Krater Eindrucksvolle Landschaft und großartige Möglichkeiten zur Tierbeobachtung

Reisezeit Ganzjährig

Praktisch & Konkret Wird meist auf dem Weg von Arusha über Karatu in die Serengeti besucht. Am Kraterrand kann es sehr kalt werden, also darauf vorbereitet sein. Alle Gebühren, einschließlich die für den Krater, sind am **Lodoare-Tor** (027-253 7031; 6–18 Uhr) südlich vom Ngorongoro-Krater an der Straße von Arusha oder alternativ am Naabi-Hill-Tor an der Grenze zum Nationalpark Serengeti zu zahlen. Wer zusätzliche Tage oder Aktivitäten buchen möchte, kann die Gebühren im Hauptquartier (S. 195) entrichten.

Spartipps Außerhalb des Parks übernachten, um Campinggebühren zu sparen, und sich einer größeren Gruppe anschließen, um die Kratergebühr zu verringern. Zwar gilt die Eintrittsgebühr von 200 US$ pro Fahrzeug, allerdings vergleichen die Parkwächter die Zahl der Autoinsassen mit der Zulassung, sodass es nicht möglich ist, sich mit Leuten, die man auf dem Campingplatz oder in der Lodge trifft, zusammenzutun, wenn man sich bereits im Naturschutzgebiet Ngorongoro (NCA) befindet.

Die Hauptstraße in den Krater hinein ist die Seneto Descent Road, die den Krater an dessen Westseite erreicht. Die Fahrt zurück führt über die Lerai Ascent Road, die im Süden des Magadi-Sees beginnt und zum Kraterrand in der Nähe des Hauptquartiers führt. Die Lemala Road liegt am nordöstlichen Ende des Kraters in der Nähe der Ngorongoro Sopa Lodge und kann für Auf- und Abfahrten benutzt werden.

Die Tore werden um 6 Uhr geöffnet und schließen um 16 Uhr für den Abstieg. Sämtliche Fahrzeuge müssen den Krater vor 18 Uhr verlassen. Offiziell ist der Aufenthalt im Krater auf maximal sechs Stunden begrenzt, überprüft wird dies allerdings kaum. Niemand kontrollierte die Fahrzeuge, als wir den Krater über die Lerai Ascent Road verließen. Selbstfahrer sollen für die Abfahrt in den Krater einen Park-Ranger (20 US$ pro Fahrzeug) mieten, werden aber manchmal auch ohne hineingelassen.

Kraterrand

Eine asphaltierte Straße umschließt – mit Ausnahme der Nordseite – den Kraterrand. Unterwegs bietet sich an mehreren Haltepunkten ein eindrucksvoller Blick durch die Bäume. Neben den Aussichtspunkten der verschiedenen Lodges ist der Ausblick an der Spitze der Seneto Descent Road über dem Westende des Kraters und dort, wo die Straße vom Lodoare-Tor zum Rand hoch führt, am schönsten.

Es gibt außerhalb des Kraters Wildtiere, aber deutlich weniger als in den meisten anderen Parks. An der Kraterrandstraße gibt es Elefanten und Leoparden zu sehen.

Anders als Nationalparks, aus denen menschliche Bewohner vertrieben wurden, ist das Naturschutzgebiet Ngorongoro (NCA) noch heute Heimatland der Massai, und über 40 000 leben hier mit Weiderechten. Man sieht die Massai Vieh und Ziegen weiden oder am Straßenrand Halsketten und Messer verkaufen. Viele Kinder warten an der Straße und wollen sich fotografieren lassen, aber die meisten von ihnen schwänzen die Schule oder erledigen ihre Aufgaben nicht, also besser nicht anhalten. Es gibt auch Kultur-*bomas*, die pro Fahrzeug 50 US$ verlangen.

Schlafen & Essen

Rund um den Kraterrand gibt es drei spezielle Campingplätze: **Simba B** (Camping 50 US$), von Simba A die Straße hinauf, **Tembo A** (Camping 50 US$) und **Tembo B** (Camping 50 US$) nördlich der Sopa Lodge. Keiner der Plätze hat Anlagen, und Reservierungen müssen möglichst frühzeitig vorgenommen werden.

Simba A Public Campsite CAMPINGPLATZ $

(Camping 30 US$) Der einzige öffentliche Campingplatz ist Simba A, oben auf dem Kraterrand und nicht weit vom Hauptquartier entfernt. Er hat einfache Anlagen und ist manchmal ziemlich überfüllt, was zu Warmwasserengpässen führt. Dennoch überzeugt der Platz mit seiner Lage und den günstigsten Preisen am Kraterrand.

Wer nicht selbst kochen möchte, kann seinen Hunger in der Mwahingo Canteen bei der Parkhauptverwaltung stillen. Zudem gibt es mehrere kleine Restaurants und Bars in dem Dorf Kimba.

Kitoi Guesthouse PENSION $

(☎ 0754 334834; Zi. ohne Bad 8000 TSh; P) Diese nicht ausgeschilderte Pension ist die neueste und beste von vier Pensionen im nahe am Kraterrand gelegenen Dorf Kimba. Die Waschräume liegen nach hinten; dort bietet sich auch ein atemberaubender Blick auf den Oldeani. Auf Wunsch wird gekocht oder Heißwasser für die Eimerduschen gebracht. Beamte am Eingangstor könnten darauf bestehen, dass bei der Einfahrt in den Park die Campinggebühr bezahlt wird, auch wenn man in diesem Dorf übernachten möchte.

★ **Ngorongoro Crater Lodge** LODGE $$$

(☎ 028-262 1267; www.andbeyond.com; Zi. pro Pers. all-inclusive 1550 US$; P @) In dieser

KURZINFOS ZUM NATURSCHUTZGEBIET NGORONGORO

Das 8292 km² große **Naturschutzgebiet Ngorongoro** (Karte S. 196 f.; NCA; ☎ 027-253 7006; www.ngorongorocrater.org; Erw./Kind 5–16 Jahre 50/10 US$, Kratergebühr pro Fahrzeug für 24 Std. 200 US$; ⏲ 6–18 Uhr) umfasst den Ngorongoro-Krater, die Oldupai-Schlucht und den Großteil des Krater-Hochlands (jedoch nicht den Ol Doinyo Lengai und den Natronsee).

Die Haupttore zum NCA sind **Lodoare** (der Haupteingang für Besucher aus Arusha) und **Naabi Hill** (ein gutes Stück von der Parkgrenze entfernt; dient auch als Zugang zum Nationalpark Serengeti).

Außerdem wichtig:

- Auch wer den Ngorongoro lediglich auf dem Weg in die Serengeti passiert, muss die NCA-Eintrittsgebühr bezahlen.
- Die Eintrittsgebühr gilt 24 Stunden. Wer das NCA z. B. um 10 Uhr betritt und dort übernachtet, muss bis 10 Uhr am nächsten Morgen abreisen, um nicht erneut zur Kasse gebeten zu werden.
- Theoretisch müssen alle Eintritts-, Camping- und Kratergebühren vorab bei einer Bank bezahlt werden, tatsächlich ist dies jedoch an jedem Zugang möglich. Kreditkarten werden akzeptiert, Barzahlung wird jedoch vorgezogen.

eklektischen Kraterrand-Lodge, die sich selbst als „Versailles trifft Massai" beschreibt, wird kaum an Luxus gespart. Auf der Anlage gibt es drei separate Lodges, Blicke auf den Krater bieten sich fast von überall (sogar von den Toiletten). In den schicken, gemütlichen Zimmern wurde nicht an Holz gespart. Hier wartet zweifellos ein Ngorongoro-Erlebnis der Superlative mit Traumblick und hemmungslosem Luxus.

Rhino Lodge LODGE $$$

(☎0768 578856, 0762 359055; www.ngorongoro.cc; EZ/DZ inkl. Vollpension 150/270 US$;) Die kleine, freundliche Lodge wird geführt von Italienern in Zusammenarbeit mit der Massai-Gemeinde. Die Zimmer dieser günstigsten Option im NCA sind einfach und gepflegt und die Balkone bieten tollen Blick auf den Wald – und auf die Buschböcke oder Elefanten, die ihn durchstreifen. Wer nicht unbedingt Kraterblick braucht, findet hier das wohl beste Preis-Leistungs-Verhältnis vor. Die Gemeinschaftsbereiche entsprechen dem Standard am Kraterrand.

Lemala Ngorongoro Tented Camp ZELTCAMP $$$

(☎027-254 8952, 027-254 8966; www.lemalacamp.com; EZ/DZ inkl. Vollpension 865/1270 US$) Wunderschöne Safarizelte mit Holzböden und eine attraktive Buschlandschaft nahe der Lemala Ascent-Descent Road machen das Camp zu einer exzellenten Wahl. Während andere mobile Camps mit den Jahreszeiten umherziehen, bleibt dieses verlässlich an einem Ort und bietet einen engeren Kontakt zur Natur als die aus Stein gemauerten Lodges.

Ngorongoro Serena Safari Lodge LODGE $$$

(☎027-254 5555; www.serenahotels.com; EZ/DZ inkl. Vollpension 625/805 US$; P@) Das bekannte Serena liegt unauffällig in schöner Lage am Südwestrand des Kraters in der Nähe der Hauptabfahrtsroute. Es ist komfortabel und attraktiv (obwohl die Höhlenmotive in den Zimmern etwas kitschig sind) mit gutem Service und großartiger Aussicht (von den Zimmern im oberen Stock), aber es ist riesig und sehr belebt.

Ngorongoro Wildlife Lodge LODGE $$$

(☎027-254 4595; www.hotelsandlodges-tanzania.com; Zi. pro Pers. inkl. Vollpension 220/440 US$; P@) Die verwohnten Zimmer haben dringend eine Renovierung nötig, der Service ist nicht verlässlich und WLAN kostet unglaubliche 10 US$ pro Stunde. Dafür ist der Kraterblick (von den Zimmern, von der Bar, etc.) der beste am Rand. Tatsächlich ist er so eindrucksvoll, dass er die Unzulänglichkeiten der Lodge fast vergessen lässt.

Ngorongoro Sopa Lodge LODGE $$$

(☎027-250 0630; www.sopalodges.com; EZ/DZ inkl. Vollpension 370/650 US$; P@) Die Lodge mit 98 Zimmern in guter Lage am östlichen Kraterrand (mit Blick auf den Sonnenuntergang) ist eine praktische Ausgangsbasis für Ausflüge zum Empakaai und ins Krater-Hochland, jedoch eher nicht für die Serengeti. Die Zimmer sind geräumig, aber einfach, und viele bieten keine oder nur begrenzte Aussicht: Im oberen Stockwerk buchen. Heißwasser fließt nur morgens und abends.

Mwahingo Canteen TANSANISCH $

(Gerichte ab 2000 TSh; ⏲11–21 Uhr) Fast alle Besucher essen in ihrer Lodge oder auf ihrem Zeltplatz. Für alle anderen serviert die Mwahingo Canteen bei der Hauptverwaltung Hühnchen, Pilaw sowie Bohnen und Reis.

ℹ Praktische Informationen

Der Krater untersteht der Verwaltung der Ngorongoro Conservation Area Authority (NCAA), die ihren **Hauptsitz** (☎027-253 7006; www.ngorongorocrater.org; ⏲8–16 Uhr) in Park Village im Ngorongoro-Krater und ein Informationszentrum (S. 175) in Arusha hat. Das ausgeschilderte Touristeninformationsbüro bei der Parkhauptverwaltung beachtet man am besten nicht weiter – nicht einmal die Mitarbeiter konnten uns den Sinn und Zweck ihrer Einrichtung erklären.

ℹ Anreise & Unterwegs vor Ort

Im Krater sind nur Geländewagen zugelassen. Wer nicht mit einer organisierten Safari reist und kein eigenes Fahrzeug hat, kann sich am leichtesten ein Auto in Karatu mieten, wo die meisten Lodges ungefähr 160 US$ pro Tag verlangen, einschließlich Benzin für Vierradantrieb mit Klappverdeck.

Autofahren ist weder vor 6 Uhr oder (offiziell jedenfalls) nach 19 Uhr erlaubt. Benzin wird am Hauptquartier verkauft, aber in Karatu ist es billiger.

Das Krater-Hochland

Im wirklich traumhaft schönen Krater-Hochland zeigt sich die Region von ihrer faszinierendsten Seite. Die Berglandschaft erstreckt sich über mehrere erloschene Vulkane, Calderas (kollabierte Vulkane) und den imposanten Afrikanischen Grabenbruch an der Ostseite des Parks. Zu den Gipfeln gehören der Oldeani (3216 m), der Makarot (Le-

Naturschutzgebiet Ngorongoro

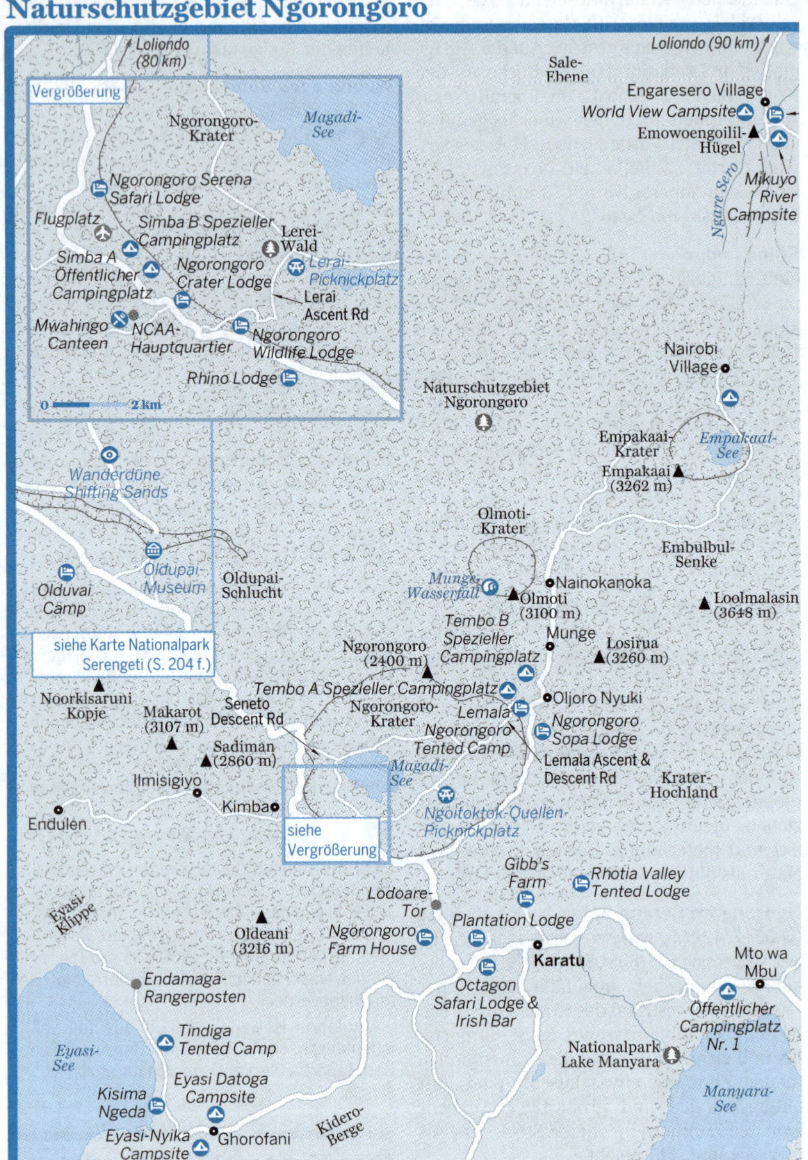

magurut; 3107 m), der Olmoti (3100 m), der Loolmalasin (3648 m), der Empakaai (auch Embagai; 3262 m), der Ngorongoro (2200 m) und der immer noch aktive Ol Doinyo Lengai (2878 m). Die Gipfel entstanden im Laufe vieler Millionen Jahre durch Eruptionen, die mit der Entstehung des Afrikanischen Grabens zusammenhängen. Die älteren Vulkane sind inzwischen eingestürzt und bilden die eindrucksvollen „Krater" (eigentlich sind es Calderas), die der Vulkankette ihren Namen geben.

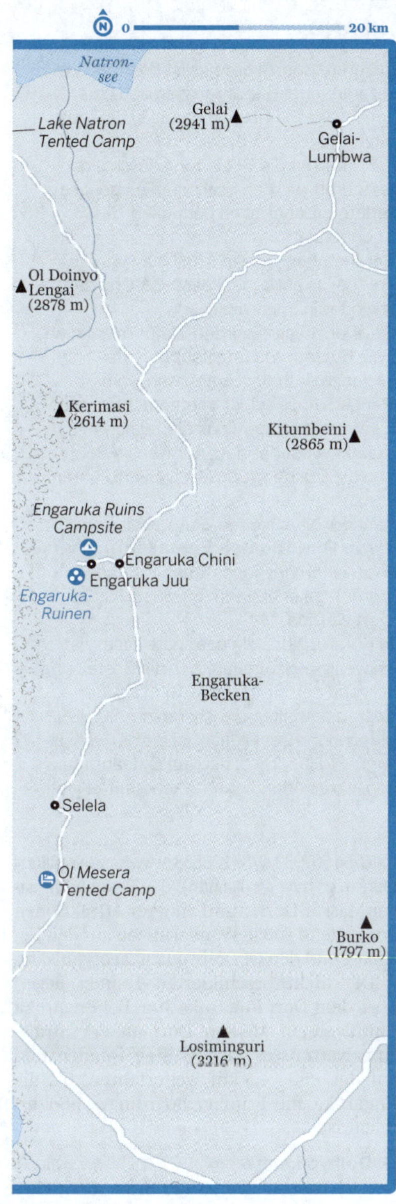

Sehenswertes

Olmoti-Krater VULKAN

13 km nördlich der Lemala Ascent-Descent Road, bei der Fahrt nordwärts ins Hochland, lohnt der Olmoti-Krater auf jeden Fall einen Abstecher, auch wenn er nicht ganz so eindrucksvoll sein mag wie Ngorongoro und Empakaai. Hier beginnt außerdem eine zweitägige Wanderroute zum Empakaai-Krater. Olmotis Kraterboden ist flach und grasbewachsen und wird vom Munge-Fluss durchzogen. Eine einstündige Rundwanderung führt zum Kraterrand; sie startet am Ende der Geländewagenstraße an der Ostseite des Kraters. Von dort aus führt außerdem ein kurzer Weg zum Munge-Wasserfall.

Empakaai-Krater VULKAN

Der mit Wasser gefüllte Empakaai-Krater, 23 km nordöstlich des Olmoti-Kraters, ist zwar nicht so berühmt wie Ngorongoro, kann jedoch nach Meinung vieler mit dessen Schönheit mithalten. Flamingos und andere Wasservögel tummeln sich am und im See, der fast den gesamten Kraterboden bedeckt. Steile, mindestends 300 m hohe, bewaldete Felsen umgeben ihn. Der Blick vom Kraterrand zählt für uns zu den schönsten im nördlichen Tansania, eine Wanderung hinab in den Krater ist aber ebenso eindrucksvoll.

Entlang eines Teilstücks des östlichen (zwischen 2700 und 3200 m hohen) Kraterrands verläuft die Straße vom Ol Doinyo Lengai. Von ihr aus führt ein steiler, gepflegter Pfad hinab durch eine Gebirgslandschaft mit reicher Vogelwelt. Manchmal lassen sich auch Hyänen, Büffel, Diademmeerkaten und sogar Elefanten blicken. Auf dem Weg zum Kraterboden bieten sich Blicke auf den türkisfarbenen See weiter unten und auf den perfekten Vulkankegel des Ol Doinyo Lengai weiter nordöstlich. Für den Abstieg zum Seeufer benötigt man rund 30 Minuten, für den Rückweg eine Stunde. Eine Rundwanderung um den See dauert mindestens vier Stunden.

Offiziell ist für Wanderungen die Begleitung durch bewaffnete Ranger (20 US$) vorgeschrieben. Man trifft sie an der Rangerstation in Nainokanoka (neben dem Olmoti-Krater) auf dem Weg nach Empakaai.

Von der Lemala Ascent-Descent Road fährt man in etwa 90 Minuten hierher.

Engaruka RUINEN

(Erw./Kind 10 000/5000 TSh) Auf halber Strecke zum Natronsee, am Ostrand des Naturschutzgebietes Ngorongoro, befinden sich 300 bis 500 Jahre alte Ruinen einer bäuerlichen Stadt, die ein komplexes Bewässerungssystem und terrassenförmig angelegte Wohnanlagen umfasst. Obwohl die Ruinen von historischer Bedeutung sind, lassen sich

TREKKINGTOUREN IM KRATER-HOCHLAND

Am besten lässt sich das Krater-Hochland zu Fuß erkunden. Allerdings ist das Trekking hier wegen der damit verbundenen Logistik und zahlreicher Gebühren ziemlich teuer: von 350 US$ aufwärts (weniger, wenn es sich um eine große Gruppe handelt) für Trips mit Übernachtung. Die Angebote reichen von kurzen Tagestrips bis hin zu Ausflügen, die zwei Wochen und länger dauern. Auf sämtlichen Routen ist die Begleitung durch einen Führer vorgeschrieben, und für alles, außer Tagestouren, werden Esel oder Fahrzeuge für den Transport von Wasser und Lebensmitteln benötigt. Dabei ist zu bedenken, dass Fahrzeuge nicht überall hinkommen, wo Esel es können.

Fast alle Besucher buchen Treks über einen Veranstalter. Viele in Arusha ansässige Firmen unternehmen Treks zum Ol Doinyo Lengai (etwas außerhalb der NCA-Grenzen), ebenso wie zahlreiche Unterkünfte am Natronsee oder in Engaruka.

Ansonsten können Treks auch direkt bei der NCA arrangiert werden. Dafür muss man sich dort aber einen Monat vorher melden, und die Kosten sind ungefähr genauso hoch, als wenn man über einen Veranstalter bucht. Die ganze Camping-Ausrüstung, einschließlich Wasser für die Teilnehmer und den Ranger, muss selbst mitgebracht werden. Für die meisten Touren muss auch ein Fahrzeug gemietet werden, das die Teilnehmer zum Anfangspunkt des Trips bringt und am Endpunkt wieder abholt; nur wenige Routen sind Rundtouren. Die NCA kümmert sich dann um die Buchung von Zeltplätzen, Führern und Eseln.

Es gibt keine festgelegten Routen, aber zahlreiche Möglichkeiten. Gute zweitägige Touren führen zum **Ngorongoro-Kraterrand**, **von Olmoti nach Empakaai** und **von Empakaai zum Natronsee**. Diese drei können zu einer Vier-Tages-Tour verbunden werden: Sie beginnt in Nainokanoka und dauert drei Tage oder kann um einen Tag für eine Besteigung des **Ol Doinyo Lengai** verlängert werden.

Liegt die Basis am Ngorongoro-Krater oder in Karatu, gibt's ein paar gute Tageswanderungen, um die Gegend zu erkunden und doch wenig auszugeben, z. B. die Besteigung des **Makarot** oder des **Oldeani** oder ein Spaziergang den **Empakaai-Krater** oder **Olmoti-Krater** entlang. Neben den Transportkosten enthalten die Kosten nur 50 US$ NCA-Eintrittsgebühr und 20 US$ pro Gruppe Guidegebühr. Der Oldeani ist die am wenigsten komplizierte Option, denn der Aufstieg beginnt am Hauptquartier. Am Oldeani kann man zelten und dann zum Eyasi-See hinabsteigen, wo es öffentliche Verkehrsmittel gibt.

die gelegentlichen Besucher oft mehr von dem herrlichen Blick auf den Grabenbruchrand beeindrucken als von den Steinhaufen, die kaum als Häuserreste zu erkennen sind.

Archäologen sind sich über den Ursprung Engarukas nicht einig, doch einige nehmen an, dass die Stadt von Vorfahren der Iraqw (Mbulu) erbaut wurde, die einst diese Gegend bevölkerten und heute am Eyasi-See leben, während andere davon ausgehen, dass die Bauten von den Sonjo, einem Bantu sprechenden Volk, stammen.

Gut informierte, Englisch sprechende Guides (keine festen Preise) für die Ruinen oder Wanderungen in der Gegend, darunter eine eintägige Besteigung des nahen Kerimasi, sind am Engaruka Ruins Campsite zu finden oder schon im Voraus vom Touristeninformationszentrm des Tanzania Tourist Board (TTB) in Arusha (S. 175) zu buchen. Ein lohnenswerter Ansprechpartner ist außerdem das **Kulturtourismusprogramm Engaruka** (☎ 0754 507939, 0787 228653; www.tanzaniaculturaltourism.go.tz/engaruka.htm), das Besuche hiesiger Massai-Dörfer und anderer Attraktionen der Gegend sowie Wanderungen auf den Kerimasi und den Ol Doinyo Lengai organisiert.

Die nicht beschilderten Ruinen liegen über dem Dorf Engaruka Juu. Bei Engaruka Chini, einem kleinen Dorf an der Straße zum Natronsee, nach Westen wenden und auf der Piste 4,5 km weiterfahren, bis die Engaruka Juu Primary Boarding School erreicht ist.

Ol Doinyo Lengai — VULKAN

Der Ol Doinyo Lengai (2878m), „Berg Gottes" in der Sprache der Massai, zählt zu den schönsten Erhebungen Afrikas. Der nördlichste Berg im Krater-Hochland ist ein fast vollkommener Vulkankegel mit steilen, zu einem kleinen, flachen Gipfel ansteigenden Flanken. Er ist der jüngste Vulkan im Krater-Hochland und mit Eruptionen im Jahr 2008 noch aktiv. Der Aufstieg zum Gipfel gehört zu den beliebtesten Trekkingtouren im Krater-Hochland.

Auf dem Gipfel sind deutlich dampfende Schlote und Aschekegel im Nordkrater zu erkennen. Mit einem Start um Mitternacht ist ein Trek vom Basisdorf Engaresero am Natronsee an einem langen Tag möglich. Obwohl die Zahl der Bergsteiger, die den Ol Doinyo Lengai angehen, in den letzten Jahren gestiegen ist, machen die lose Asche auf den meisten Pfadstrecken den Aufstieg schwierig und den Abstieg oft noch härter, manchmal sogar schmerzhaft. Wie die meisten aktiven Vulkane ändert auch der Ol Doinyo Lengai ständig seine Form. Bei unserem Besuch war der Krater, der während des Ausbruchs 2007–2008 entstanden war, mit Lava von 2013 gefüllt und der Blick in den Krater vom Rand oder Gipfel aus im Gegensatz zu den vorigen Jahren etwas eingeschränkt.

Schlafen

Abgesehen von ein paar einfachen Campingplätzen vor Ort und Optionen rund um den Ol Doinyo Lengai sowie den Natronsee, muss man sich selbst um die Versorgung kümmern. Zwei Campingplätze liegen am Rand des Empaakai-Kraters, weitere 15 in den westlichen Ebenen. Das Zelten kostet jeweils pro Person 50 US$, eine frühzeitige Reservierung über das NCA ist empfehlenswert.

Engaruka Chini hat eine namenlose Pension mit Eimerduschen (EZ/DZ ohne Bad 6000/12 000 TSh). Es ist das Gebäude mit grüner Front in der Nähe des Eingangstors zum Ort.

Engaruka Ruins Campsite CAMPINGPLATZ $

(Camping 10 US$; P) Der Campingplatz in Engaruka Juu ist staubig, aber schattig mit annehmbaren Waschräumen. Die Zelte können kostenlos genutzt und Mahlzeiten vorbestellt werden. Eine praktische Option für Busreisende und Teilnehmer des Kulturtourismusprogramms Engaruka.

Jerusalem's Campsite CAMPINGPLATZ $

(Preise nach Verhandlung) Direkt neben den Engaruka-Ruinen gelegen, beschränken sich die Einrichtungen dieses einfachen Platzes auf Toiletten.

Praktische Informationen

Bezirksgebühren (wie Touristensteuern) müssen unterwegs an drei Toren gezahlt werden: Engaruka Chini (10 US$), 7 km vor Engaresero (10 US$) und Engaresero (15 US$).

An- & Weiterreise

Täglich verkehrt ein Bus nach Arusha (8000 TSh, 4–5 Std.) über Mto wa Mbu (4500 TSh, 1½ Std.). Er fährt um 6 Uhr in Engaruka los und macht sich kurz nach der Ankunft wieder auf den Rückweg. Öffentliche Verkehrsmittel von hier zum Ngorongoro-Krater gibt es nicht.

Natronsee

Im von der Sonne ausgedörrten Grenzgebiet zu Kenia nordöstlich des Ngorongoro-Wildschutzgebietes schimmert der Natronsee. Der 58 km lange, aber nur 50 cm tiefe sodahaltige See sollte unbedingt auf der Route aller Abenteurer liegen. Die Fahrt von Mto wa Mbu ist lang und führt durch abgeschiedenes Land von einer unwirklichen Schönheit; hier stellt sich ein unvergleichliches Gefühl von Weite und Entrücktheit ein. Die Straße zieht sich am Ostafrikanischen Grabenbruch entlang durch freies Massai-Land mit kleinen *bomas* und den riesigen Bergen auf der fast baumlosen Ebene immer in Sicht. Große Mengen von Zebras, Giraffen, Gnus und Straußen grasen in nächster Nähe. Von Juni bis November versammeln sich über 3 Mio. Flamingos am See; das Spektakel gehört zu den eindrucksvollsten seiner Art in Ostafrika.

GEFAHR FÜR DEN NATRONSEE?

Schon seit Jahren setzt sich die tansanische Regierung vehement für den Bau einer Sodaasche-Mine am See ein. Durch solch ein Projekt würden 1,5 Mio. t Sodaasche pro Jahr produziert, Gewinne von 480 Mio. US$ erzielt und 1000 Arbeitsplätze in einer ansonsten armen Region geschaffen, so ihre Argumente. Umweltschützer und viele Einheimische widersprechen; sie stellen die prognostizierten Gewinne in Frage und warnen davor, dass eine Mine verheerende Auswirkungen auf die Flamingopopulation hätte. Laut Festo Semanini, dem Vorsitzenden von BirdLife International in Tansania, wäre der Bau der Fabrik der „größte ökologische Fehler, den Tansania je begangen hat". Die indische TATA-Gruppe zog sich aufgrund der negativen Berichterstattung aus dem Projekt zurück, 2014 suchte die tansanische Regierung jedoch noch immer aktiv nach ausländischen Investoren für die Mine.

Aktivitäten

Die Basis für Besuche ist die kleine Oase Engaresero (auch Ngare Sero; „unbeständiges Wasser" auf Massai) am südwestlichen Ufer.

Engaresero Cultural Tourism Program KULTURELLE TOUREN
(027-205 0025; www.tanzaniaculturaltourism.go.tz/engaresero) Das Kulturtourismusprogramm unter Massai-Leitung bietet eine Reihe von Aktivitäten rund um Engaresero und den Natronsee, darunter geführte Wanderungen zum See, zu Thermalquellen, zu einem nahen Wasserfall und zu mehreren erst kürzlich entdeckten, 120 000 Jahre alten, in der Vulkanasche erhaltenen Fußabdrücken. Daneben stehen Radtouren, Dorfbesuche, „ethno-botanische" Exkursionen und Besteigungen des Ol Doinyo Lengai auf der Aktivitätenliste.

Eine weitere Kontaktadresse ist die **Engaresero Association of Guides** (emolo88@yahoo.com; 8–18.30 Uhr) mit einem Büro beim Dorfrat im Norden der Stadt.

Schlafen & Essen

Mehrere günstige Zeltplätze sind um das Südwestende des Sees verteilt, und das Dorf Engaresero hat einige kleine Restaurants und Lebensmittelläden.

Mikuyo River Campsite CAMPINGPLATZ $
(Camping 10 US$) Der stadtnächste Zeltplatz hat einfache Anlagen, aber eine schöne, schattige Lage. Kochgelegenheiten gibt es leider nicht.

World View Campsite CAMPINGPLATZ $
(0786 566133; www.worldviewcampsite.com; Camping 10 US$, Vollpension im eigenen Zelt 25 US$; P) Nur wenige Kilometer südlich der Stadt am Steilhang und zwischen mehreren Massai-*bomas* bietet der Zeltplatz eine unschlagbare Aussicht auf den Ol Doinyo Lengai und auch eine gute auf den See. Es ist eine grasbewachsene Anlage mit wenig Schatten, viel Wind und sauberen Bädern mit Sitztoiletten. Eine Luxus-Lodge wird auf dem Gelände geplant, aber der Besitzer meint, das günstige Campen bleibt.

Lake Natron Tented Camp CAMPINGPLATZ, ZELTCAMP $$
(0754 324193; www.moivaro.com; Camping 10 US$, EZ inkl. Halbpension 157–242 US$, DZ 203–343 US$; P) In der Nähe des Dorfes mit Blick auf den See. Die Zelte, einige mit Innen- und Außenduschen, und die hübschen Cottages mit Grasdach („Massai-Zimmer", 20 % günstiger) stehen auf schattigem Grund in Flussnähe. Es gibt auch einen größeren und manchmal belebteren Zeltplatz mit guten sanitären Anlagen nebenan, und Camper können alle Anlagen der Lodge benutzen, beispielsweise das Restaurant und den Swimmingpool.

An- & Weiterreise

Die Straße von Mto wa Mbu ist zum Teil sandig, zum Teil felsig. In der Regensaison sind manchmal ein paar Stunden Wartezeit an einem der jahreszeitabhängig wasserführenden Flüsse unvermeidbar, bevor die Überquerung möglich wird. Die am See vorbeiführende Straße nach Loliondo und in die Serengeti ist in einem besseren Zustand als die Straße von Mto wa Mbu, weil sie weit weniger befahren ist. Wer auf dieser Route weiterfährt, sollte jedoch unbedingt Reservebenzin mitführen, da die letzte richtige Tankstelle in Mto wa Mbu ist; allerdings verkaufen manche Leute teures Benzin von ihren Häusern aus.

Zwischen Arusha und Loliondo mit Zwischenstopp in Engaresero verkehrt ein klappriger, überfüllter Bus (23 000 TSh, 9 Std.). Er fährt am Sonntag von Arusha um 6.30 Uhr ab und kommt am Donnerstag gegen 10 Uhr durch Engaresero. Lastwagen fahren so ziemlich jeden Tag durch Mto wa Mbu und Engaresero (darunter manchmal Geländewagen, die als öffentliche Verkehrsmittel benutzt werden); es soll aber vorkommen, dass Reisende bis zu zwei Tage warten müssen, um eine Mitfahrgelegenheit zu finden, vor allem in der Regenzeit.

Aus Ngorongoro kommend muss man früh aufbrechen und einen ganzen Tag für die Fahrt zum Natronsee einplanen. Über Straßenbedingungen informieren die NCA-Hauptverwaltung und die Rangerstation in Nainokanoka.

Oldupai-Schlucht & westlicher Ngorongoro

Nahe dem Westrand des Ngorongoro-Kraters bieten sich wahrhaft epische Ausblicke gen Westen. Ebenen erstrecken sich zur Serengeti und im Norden thronen die bedrohlichen Gol-Berge. Inmitten dieser staubigen Flachland-Szenerie führen die Massai ein karges Leben. Die hiesige Tierwelt ist scheu, zeigt sich jedoch gelegentlich: Von Januar bis März ziehen Herden von Gnus, Elenantilopen, Topis, Gazellen und Zebras auf dem südlichen Abschnitt ihrer unendlichen Wanderung vorbei.

Doch auch unter der Oberfläche weiß das Flachland zu beeindrucken. Die Oldupai-(Olduvai-)Schlucht in den Ebenen nordwestlich des Ngorongoro-Kraters, die sich ihren Weg durch fast 90 m tiefes Gestein und durch zwei Millionen Jahre Menschheitsgeschichte gräbt, ist ein staubiger, 48 km langer Canyon, der manchen als Wiege der Menschheit gilt. Dank seiner einzigartigen geologischen Geschichte, in der vulkanische Asche Schicht um Schicht in einer regelmäßigen Folge bis vor 15 000 Jahren abgelagert wurde, liefert Oldupai uns ungewöhnliche Belege der Evolution, die es uns erlauben, die Seiten der Geschichte bis zu den Tagen unserer frühesten Vorfahren zurückzublättern.

Sehenswertes & Aktivitäten

Ziele für gute, einfache Tageswanderungen im westlichen Teil des NCA sind z. B. Makarot, Little Oldupai und der Ndutu-See.

Oldupai-Museum MUSEUM
(Erw./Kind 27 000/13 000 TSh; 7.30–16.30 Uhr) Das kleine Oldupai-Museum am Rand der Oldupai-Schlucht befindet sich an einer der bedeutendsten archäologischen Stätten der Welt. Hier stieß Mary Leakey 1959 auf den 1,8 Millionen Jahre alten, affenähnlichen Schädel eines frühen Hominiden (Menschenaffen), der heute als *Australopithecus boisei* bezeichnet wird. Diese Entdeckung und weitere Fundstücke wie Fossilien von über 60 frühen Hominiden (darunter der *Homo habilis* und der *Homo erectus*) sollten unser Verständnis über die Anfänge der Menschheitsgeschichte für immer verändern.

Das Museum dokumentiert die Entstehung der Schlucht, Fossilfunde und das Vermächtnis von Mary Leakey und ihrem Mann Louis. Man darf es in Eigenregie besichtigen (mehrere Infotafeln führen durch die Ausstellung), dann hält ein Guide einen kurzen Vortrag und führt Besucher hinab in die Schlucht, wo internationale Archäologenteams arbeiten, oder hinaus zu den **Shifting Sands**, einer 9 m hohen, 100 m langen schwarzen Wanderdüne aus Vulkanasche, die vom Ol Doinyo Lengai über die Ebene hierher geweht wurde.

Für einen Besuch des Museums samt Vortrag sollte man sich mindestens 45 Minuten Zeit nehmen. Wer im Anschluss in die Schlucht hinabsteigen oder die Wanderdüne besichtigen möchte, muss mehr Zeit einplanen. Ach ja, die Eintrittsgebühr oben ist kein Druckfehler – 2012 wurde sie über Nacht kurzerhand verneunfacht. Ein Besuch lohnt sich dennoch.

Die Abzweigung zum Museum befindet sich 27 km nordwestlich der Seneto Descent Road; von dort aus führt eine 5,5 km lange zerfurchte Straße zum Ziel.

Schlafen

Ndutu Safari Lodge LODGE $$$
(027-253 7015; www.ndutu.com; EZ/DZ inkl. Vollpension 297/493 US$) Diese Lodge mit einem guten Preis-Leistungs-Verhältnis liegt wunderschön im äußersten Westteil des NCA, etwas außerhalb der Serengeti. Die Lage ist ideal für die Beobachtung der riesigen Gnu-Herden in der Regenzeit und der Ginsterkatzen, die faul auf den Essraumsparren liegen. Die 34 zum Ndutu-See blickenden Cottages haben nicht viel Atmosphäre, aber die Lounge ist ansprechend und die Atmosphäre entspannt und rustikal.

Olduvai Camp ZELTCAMP $$$
(0782 993854; www.olduvai-camp.com; P) Ein intimes, abseits gelegenes Camp in wunderbarem Gegensatz zu den großen Ketten-Lodges am Kraterrand. Es ist um ein *kopje* mit Postkartenblick auf den Makarot erbaut und ist in der Regenzeit ein guter Aussichtspunkt für die Beobachtung von Gnus. Die 17 Zelte sind hübsch, wenn auch einfach, und der Essraum und die Lounge können sich ebenfalls sehen lassen. Das Camp liegt 3,5 km abseits der unbeschilderten Straße in die Serengeti.

Von Massai geführte kulturelle Spaziergänge in der Savanne und in die nahe Schlucht sind zu empfehlen. Safariagenturen kümmern sich um die Reservierung der Unterkünfte. Von Direktbuchungen ist abzuraten – das Personal wollte uns nicht einmal die Preise für Individualreisende nennen.

Nationalpark Serengeti

Ein Besuch des **Nationalparks Serengeti** (0689 062243, 0767 536125, 028-262 1515; www.tanzaniaparks.com/serengeti.html; Erw./Kind 60/20 US$; 6–18 Uhr) ist ein wahrhaft unvergessliches Erlebnis. Vielleicht ist es der Ausblick vom Gipfel des Naabi Hill am Parkeingang, der sich über die Graslandschaft der Serengeti bis an den Horizont erstreckt. Vielleicht sind es auch die Löwenmännchen, die mit wehenden Mähnen durch die offenen Ebenen schleichen, oder die Millionen von Tieren auf ihrer epischen Wanderung im uralten Rhythmus der afrikanischen Jahreszeiten, die einen besonderen Eindruck hinterlassen. Was es auch sein mag: Willkommen in dieser einzigartigen Wildnis – einem der besten Orte der Welt, wenn man Tiere in freier Wildbahn erleben will.

In den weiten Ebenen der Serengeti spielt sich seit Äonen einer der eindrucksvollsten natürlichen Zyklen der Erde ab, wenn Zehntausende von Huftieren, getrieben vom urzeitlichen Überlebensdrang, auf der Suche nach frischem Weideland unablässig wandern. Am berühmtesten und auch am zahlreichsten sind die Gnus (von denen es über eine Million gibt). Ihre jährliche Migration ist der größte Trumpf der Serengeti. Dauerhafte Gnupopulationen gibt es ebenfalls im Park; diese kleineren, aber immer noch beeindruckenden Herden sind das ganze Jahr über zu sehen. Im Februar werden täglich mehr als 8000 Gnukälber geboren, von denen aber 40 Prozent sterben, bevor sie vier Monate alt sind. Ein paar Spitzmaulnashörner in der Region Moru Kopjes erhöhen die Chance, die „Big Five" zu sehen, obwohl sie sich nur selten blicken lassen.

Der 14 763 km² große Nationalpark Serengeti ist auch berühmt für seine Raubkatzen, vor allem seine Löwen. In ihrer Gesellschaft befinden sich Geparden, Leoparden, Hyänen, Schakale und andere Jäger. Sie ernähren sich von Zebras, Giraffen, Büffeln, Thomson- und Grantgazellen, Topi- und Elenantilopen, Kuhantilopen, Impalas, Klippspringern, Duckern und sehr vielen mehr. Mit über 500 Arten ist auch die hiesige Vogelwelt unglaublich eindrucksvoll.

Sehenswertes

Seronera & der Süden

Wer Seronera besucht oder dort übernachtet, muss kompromissbereit sein. Einerseits sind in diesem – von Arusha und Mwanza gut zugänglichen – Wildbeobachtungsgebiet mitten im Park Sichtungen von Löwen (rund 300 leben allein im Süden des Parks), Leoparden und Geparden fast garantiert. Andererseits hat dieses Versprechen seinen Preis: Manchmal „kämpfen" rund 20 Geländewagen um den besten Blick auf einen einzigen Löwen.

In der Regenzeit von Dezember bis April ist die Region südöstlich von Seronera eine hervorragende Basis für die Wildtierbeobachtung, denn dann wimmelt es hier von

INZESTPROBLEME BEI DEN NGORONGORO-LÖWEN

1962 führten ungewöhnlich starke Regenfälle zu einer Stechmückenplage, die fast die gesamte Löwenpopulation im Krater auslöschte; lediglich neun Weibchen und ein Männchen überlebten. Bis 1965 hatten sich sieben Männchen im Krater angesiedelt, in den nächsten drei Jahrzehnten taten es ihnen jedoch keine weiteren Artgenossen gleich. Bis 1975 war die Zahl der Löwen im Krater wieder auf 125 Tiere angestiegen, allerdings hat die Löwenpopulation des Ngorongoro bis heute mit einer starken genetischen Verarmung zu kämpfen.

Aktuell leben im Krater 55 Löwen. Studien haben ergeben, dass Sperma-Anomalien unter den Männchen stark verbreitet sind, zudem scheint die Fruchtbarkeit der Weibchen betroffen. Ein Forscher erzählte uns, dass der Genpool bis vor Kurzem noch so klein war, dass sich Löwenmännchen mit ihrem Nachwuchs und Geschwister untereinander paarten. Viele Tiere haben den Krater über die Jahre hinweg verlassen, doch nur sehr wenige kamen aus anderen Gebieten hierher. Die kürzliche Ankunft einer fremden Gruppe männlicher Löwen führte zu einer dringend notwendigen Auffrischung des Genpools, das Inzuchtniveau ist jedoch noch immer kritisch.

In dem Versuch, den Austausch zwischen Löwen aus dem Ngorongoro und der Serengeti zu fördern, startete das **Ngorongoro Lion Project** (www.lionresearch.org), ein Ableger des Serengeti Lion Project, ein Pilotprogramm. Dabei werden traditionelle Massai-Krieger in Gebieten eingesetzt, in denen die Konflikte zwischen Löwen und Massai-Hirten am größten sind. Ihre (schwierige) Aufgabe besteht darin, beide Seiten zu schützen. Das Programm unterscheidet sich von ähnlichen Projekten in Ostafrika dadurch, dass lokale Gemeinden außerdem für die Löwen, mit denen die Massai ihr Land teilen, bezahlt werden. Bei konventionelleren Programmen gibt's hingegen Geld für tote Rinder, nicht für lebende Löwen. Sollte das Projekt erfolgreich sein, könnten sich Löwen entlang eines von Menschen kontrollierten Korridors zwischen der Serengeti und dem Ngorongoro bewegen und gleichzeitig den Genpool im Krater auffrischen.

Gnus. Wasser gibt es in diesem Teil der Serengeti, der zudem verschiedene Lebensräume gut miteinander vereint, das ganze Jahr über. Die meisten Safaris ab Seronera führen zum **Seronera-Fluss**, schließlich versteckt sich in den Bäumen am Ufer eine der weltweit dichtesten Leopardenpopulationen und auch Löwen lassen sich des Öfteren blicken. Letztere zeigen sich außerdem rund um die **Maasai Kopjes**, **Simba Kopjes**, **Moru Kopjes**, **Gol Kopjes** und **Barafu Kopjes** sowie um den **Makoma Hill**. Geparden kann man am besten in den weiten Ebenen südlich des Seronera-Flusses, auch **Serengeti Plains** genannt, aufspüren. Das Flachland, das sich in Richtung der **Kamuyo Hills** westlich des Seronera-Flusses (westlich der Seronera Wildlife Lodge) erstreckt, ist ein beliebtes Terrain von Elefanten, Tüpfelhyänen und Geparden.

Grumeti & der westliche Korridor

Die wandernden Tiere passieren den westlichen Korridor der Serengeti und das angrenzende **Wildreservat Grumeti** meist zwischen Ende Mai und Anfang Juli. Die Überquerung des **Grumeti-Flusses** ist nicht ganz so eindrucksvoll wie die des Mara weiter nördlich, zählt aber dennoch zu den spektakulärsten Ereignissen der Wanderung.

Das restliche Jahr über halten sich Löwen und Leoparden vor allem am waldumsäumten Grumeti-Fluss auf, wo sich außerdem Flusspferde und Riesenkrokodile tummeln. Nördlich des Flusses sind Sichtungen in den **Kitunge Hills**, in der **Ruana Plain** und im Wildreservat Grumeti am wahrscheinlichsten, südlich des Flusses in den **Ndabaka Plains**, **Simiti Hills**, **Dutwa Plains**, **Varicho Hills** und unten am **Mbalageti -Fluss**.

Der westliche Teil der Serengeti ist am einfachsten ab Mwanza zu erreichen. Vom Ndabaka-Tor kommend muss man mindestens einen halben Tag für die Fahrt nach Seronera einplanen, mit Stopps dauert's länger.

Zentrale Serengeti

Von Wanderungszeiten abgesehen (meist Nov. & Dez.) herrscht in diesem Teil der Serengeti keine besonders hohe Wildtierdichte. Zudem kann das Nebeneinander von lichtem Wald, Schirmakazien und offenen Ebenen bei den hohen Temperaturen am Tag schnell ermüdend wirken. Es gibt kaum Lodges in der Gegend, weshalb man meist tagsüber – auf der Reise zwischen dem Norden und dem Süden der Serengeti – durch diese Region kommt. Die Gegend hat außerdem damit zu kämpfen, dass sich hiesige Gemeinden vermehrt ausbreiten und dass sich damit die Zahl der Wildtiere verringert. Anders gesagt: Man bekommt die zentrale Serengeti meist nur auf der Durchreise zu sehen, ein Reiseziel um ihrer selbst willen ist sie nur selten.

Hübsche Ausblicke bieten sich dennoch auf der Nord-Süd-Route durch den Park, nicht zu vergessen das eindringliche Gefühl der Abgeschiedenheit, das diese Landschaft hervorruft. Und nicht zuletzt vermittelt der zentrale Teil des Parks seinen Besuchern einen Eindruck davon, wie breit gefächert das Ökosystem der Serengeti tatsächlich ist.

NATIONALPARK SERENGETI

Auf in den Nationalpark Gnuwanderung; hervorragende Chance, Raubtiere zu sehen; überall hohe Wildtierdichte; gute Vogelbeobachtung; beeindruckende Savannenlandschaft.

Reisezeit Ganzjährig; Juli bis August zur Gnuwanderung über den Fluss Mara; im Februar zur Kalbungszeit der Gnus; Februar bis Mai zur Vogelbeobachtung.

Praktisch & Konkret Anfahrt von Arusha oder Mwanza oder mit dem Flugzeug. Um den Massenandrang zu meiden, einige Zeit außerhalb des zentralen Serengeti-/Seronera-Gebiets zubringen. Eintrittsgebühren können bar oder per Kreditkarte an den Toren Naabi Hill, Ndabaka, Klein's und Bologonya entrichtet werden.

Spartipps Den Bus zwischen Arusha und Musoma nehmen und auf der Fahrt auf Sehenswertes hoffen; auf öffentlichen Campingplätzen übernachten; in Arusha eine Budget-Safari buchen.

Nördliche Serengeti

Verglichen mit Seronera und dem Süden kommen relativ wenige Besucher in den Norden der Serengeti. Er beginnt mit Akazienwäldern, wo sich in der Trockenzeit Elefanten sammeln, und geht nördlich von Lobo in weite, offene Ebenen über. Die wandernden Herden kommen im August und September durch den westlichen Bereich und ziehen im November hinunter zur östlichen Flanke.

Nationalpark Serengeti

Die **Bologonya-Hügel,** der **Bologonya-Fluss** sowie die **Nyamalumbwa-Hügel** und der **Mara-Fluss** nördlich des Grumeti-Flusses sind allesamt eindrucksvoll. Für die Fahrt vom Mara-Fluss nach Seronera sollte man die beste Zeit des Tages wählen.

Außerhalb des Parks lohnt das wenig besuchte, ursprüngliche **Wildtierreservat Ikorongo** an der Nordwestgrenze des Parks einen Abstecher. Weiter östlich bietet das **Loliondo Wildkontrollgebiet** direkt vor der Nordostgrenze der Serengeti kulturelle Akti-

vitäten der Massai, Wander-Safaris, Nachtfahrten und Geländetouren. Eine wunderbar abgeschiedene Alternativroute für den Rückweg durch den Park führt östlich durch Loliondo und hinab durch das Krater-Hochland oder Ngorongoro.

Aktivitäten

Wildtierfahrten

Unabhängig davon, ob man selbst am Steuer sitzt oder sich der organisierten Safari eines Anbieters oder einer Lodge anschließt, zählt eine Wildtierfahrt zu den vergnüglichsten Aktivitäten in Afrika. Ausflüge in die vier Hauptgegenden der Serengeti – Seronera und der Süden, Grumeti und der westliche Korridor, die zentrale Serengeti und die nördliche Serengeti – erfordern sorgfältige Planung. Dazu sollte man sich über das jeweilige Angebot informieren und die Eigenheiten der jeweiligen Jahreszeit berücksichtigen.

Wander-Safaris

Eine neue Entwicklung in der Serengeti ist die Einführung von Wander-Safaris. Die von Wayo Africa (S. 35) organisierten mehrtägigen Camping-Touren gibt's in den Regionen Moro Kopjes und Kogatende (am Fluss Mara) und können so erholsam oder so abenteuerreich sein, wie es der Kunde wünscht.

Ballonfahrten

Serengeti Balloon Safaris SAFARIS
(☎ 0784 308494, 027-254 8077; www.balloonsafaris.com; pro Pers. 539 US$) Die wohl schönste Aussicht auf die Serengeti bietet sich bei einer einstündigen Ballonfahrt über den Ebenen in der Morgendämmerung, gefolgt von einem Sektfrühstück unter einer Akazie im Busch. Nachdem man den Panoramablick in 1000 m Höhe genossen hat, geht's runter auf Baumwipfelhöhe. Weit im Voraus reservieren!

Buchen kann man im Besucherzentrum der Serengeti (S. 209). Teilnehmer werden um 5.40 Uhr vom Camp oder von der Lodge abgeholt und sind bis 9.30 Uhr wieder zurück.

Schlafen & Essen

Es befinden sich neun **öffentliche Campingplätze** (Camping 30 US$) in der Serengeti: sechs um Seronera, einer in Lobo und je einer am Ndabaka- und am Ikoma-Tor. Alle verfügen über Toiletten mit Wasserspülung. Pimbi und Nyani (beide um Seronera) sind mit Küchen, Duschen und Solarbeleuchtung ausgestattet.

Daneben gibt es Dutzende **spezielle Campingplätze** (Camping 50 US$), wobei viele von ihnen mehr oder weniger dauerhaft von mobilen oder ortsgebundeneren Camps belegt sind. Alle anderen sollten weit im Voraus gebucht werden.

ABSEITS DER ÜBLICHEN PFADE

LAETOLI & GOL MOUNTAINS

Ungefähr 45 km südlich der Oldupai-Schlucht in **Laetoli** (Erw./Kind 10 000/5000 TSh; 7.30–16.30 Uhr) findet sich eine 27 m lange Spur von 3,7 Millionen Jahren alten Hominiden-Fußabdrücken, vermutlich vom *Australopithecus afarensis*. Mary Leakeys Team entdeckte die faszinierende, abgeschiedene Stätte im Jahr 1976; zwei Jahre später wurde sie freigelegt. Derzeit befindet sich ein lange geplantes, von der EU finanziertes Museum im Bau, vor Ort gibt es aber ein kleines temporäres Museum. Im Oldupai-Museum (S. 201) sind Gipsrepliken der Fußabdrücke ausgestellt.

Eine sehr holperige, nur für Geländewagen befahrbare Piste verbindet das Oldupai-Museum mit dem Laetoli und führt über Noorkisaruni Kopje und Endulen. Eine sehr viel bessere Straße verläuft von Kimba am Ngorongoro-Kraterrand entlang der Südseite von Makarot nach Endulen. Egal, welche Route man wählt: Laetoli liegt 9 km westlich von Endulen.

Es gibt Gegenden, die so abgeschieden liegen, dass nur von Wildtieren und traditionellen Hirten gestampfte Wege dorthin führen. Die abgelegenen, kaum besuchten **Gol Mountains** nordwestlich des Ngorongoro auf dem Gebiet des Naturschutzgebiets Ngorongoro sind ein solcher Ort – und eine der traditionellsten Ecken Tansanias. Hier leben die Massai abseits der modernen Konsumgesellschaft, und sie töten noch immer Löwen, um den Status eines Kriegers zu erlangen.

Eine Tour in die Berge ist ein größeres, mehrtägiges Unterfangen. Am besten wendet man sich an einen professionellen Safari-Anbieter in Arusha oder im NCA.

Für Camper, die nicht selbst kochen möchten, gibt es zwei hiesige **Restaurants** (Gerichte ca. 5000 TSh) und drei kleine Lebensmittelläden im Personalquartier nahe dem Twiga Resthouse. In Letzterem können auch Nicht-Gäste speisen.

Seronera & der Süden

Twiga Resthouse PENSION $$
(☎ 028-262 1510; serengeti@tanzaniaparks.com; Zi. pro Pers. 30 US$; P) Einfache, aber anständige Zimmer mit Strom, Heißwasserduschen und Sateliten-TV in der Lounge. Gäste können die Küche benutzen oder Mahlzeiten vorbestellen. Es gibt eine gut ausgestattete kleine Bar, und wie in allen Luxus-Lodges gibt's nachts ein Feuer im Freien. Wenn Twiga ausgebucht ist, findet man vielleicht Unterkunft im ähnlichen Taj Resthouse, das meist von Parkbeamten, die auf Besuch sind, genutzt wird.

Dunia Camp ZELTCAMP $$$
(http://dunia.asiliaafrica.com; EZ/DZ all-inclusive 1060/1590 US$; P) Anders als die großen, unpersönlichen Lodges, die in Seronera vorherrschen, ist dies ein intimes Camp mit acht Zelten in klassischem Safari-Ambiente. Komfortabel mit hervorragendem Service ist es eigentlich wie ein mobiles Camp, das nicht weiterzieht. Unter den Nyaraboro Hills am Ende eines langen Anstiegs gelegen, bietet das Dunia Fernblick ebenso wie Nahsicht auf Wildtiere. Bestens zu empfehlen, wenn Busch-Atmosphäre gewünscht wird. Keine direkte Buchung, Kontakt über eine Reiseagentur.

Serengeti Serena Safari Lodge LODGE $$$
(☎ 027-254 5555; www.serenahotels.com; EZ/DZ inkl. Vollpension 391/651 US$; P @ 📶 🏊) Die Bungalows im Massai-Stil verfügen über gut ausgestattete Zimmer mit hübschen Möbeln und herrlicher Aussicht. Die oberen Zimmer sind die besten. Guides unternehmen kurze Wanderungen um ihren Hügel herum, und die Massai führen abends ihre Tänze vor. Wer verschiedene Ecken des Parks erkunden möchte, ohne die Unterkunft zu wechseln, ist hier richtig. Zudem bietet der Hügel schönen Ausblick auf wandernde Tiere.

Serengeti Sopa Lodge LODGE $$$
(☎ 027-250 0630; www.sopalodges.com; EZ/DZ/3BZ inkl. Vollpension 370/650/829 US$; P @ 📶 🏊) Sie mag architektonisch wenig anziehend sein und Zimmer beherbergen, die gemessen am Preis recht langweilig wirken. Dafür liegt die Lodge aber weit vom Trubel Seroneras entfernt in einem Tal voller gelber Akazienbäume. Dem Sopa-Standard gemäß sind die 73 Zimmer geräumig und mit kleinen Wohnbereichen und zwei Doppelbetten ausgestattet, teils bieten sie auch Ausblick. Die Anlage liegt 45 Minuten südlich von Seronera.

Grumeti & der westliche Korridor

Serengeti Stop-Over CAMPINGPLATZ $
(☎028-262 2273; www.serengetistopover.com; Camping/banda pro Pers. 10/35 US$; P) Dieser gesellige Ort, nur 1 km vom Ndabaka-Tor an der Straße von Mwanza nach Musoma entfernt, bietet Camping mit Heißwasserduschen und einen Kochbereich plus 14 einfache (und überteuerte, ist aber die einzige Option in dieser Preisklasse in der Gegend) Rundhütten und ein Restaurant mit Bar. Safari-Autos können gemietet werden und Tagesausflüge in die Serengeti sind machbar. Ausflüge an den Victoriasee mit einheimischen Fischern, Besuche bei traditionellen Heilern und andere kulturelle Ausflüge zu den Sukuma können arrangiert werden.

Balili Mountain Resort ZELTLODGE $$
(☎0754 710113, 0764 824814; www.bmr.co.tz; Camping mit eigenem/gemietetem Zelt 15/20 US$, EZ/DZ/3BZ 50/70/90 US$, Tageseintritt 5 US$; P) Weder Berg noch Resort, aber „einfache Zeltlodge auf großem Felshügel" ist nun mal ein wenig klangvoller Name. Sie ist äußerst komfortabel, doch ihre Hauptattraktion ist die umwerfende Aussicht auf den Victoriasee und die Serengeti. Sie liegt oberhalb von Bunda, nördlich vom Ndabaka-Tor, das über eine achterbahnartige Straße erreichbar ist.

★Grumeti Serengeti Tented Camp ZELTLODGE $$$
(☎028-262 1267; www.andbeyond.com; Zelte pro Pers. all-inclusive 595–1245 US$; ⏲April geschl.; P) Grumeti zieht nicht wegen des schönen Panoramablicks in die Berge, sondern bleibt dort, wo am Fluss Kanyanja am meisten los ist; eine tolle Lage während der Wanderungen, wenn man Krokodilen zusehen kann, wie sie Gnus reißen, während man im Schwimmbecken faulenzt. Es mischt die Lage im Busch mit einer schicken pan-afrikanischen Ausstattung, und die zehn Zelte sind so luxuriös wie nur irgend denkbar – allerdings bieten nur drei einen ungehinderten Blick auf den Fluss.

Kirawira Camp ZELTLODGE $$$
(☎027-254 5555; www.serenahotels.com; EZ/DZ inkl. Vollpension 971/1534 US$; P@) Um einen niedrigen Hügel gelegene Lodge mit kolonialer Einrichtung und vielen Antiquitäten sowie polierten Holzfußböden. Die Zelte haben große Vordächer und ungewöhnlich gute Badezimmer. Gäste schwärmen vom Essen.

Sasakwa Lodge LODGE $$$
(www.singita.com; Zi. pro Pers. all-inclusive 1850 US$; P) Eine von drei exklusiven Lodges mit Privatkonzession im Wildreservat Grumeti. Neben der touristischen Ausrichtung spielt Umweltschutz hier eine große Rolle. So betreibt die Lodge eine Privateinheit zur Bekämpfung der Wilderei und fördert die Wiederansiedelung von Spitzmaulnashörnern im westlichen Korridor der Serengeti. Bietet Ausritte auf Pferden an.

Robanda Safari Camp ZELTCAMP $$$
(☎0754 324193; www.moivaro.com; EZ/DZ 247/373 US$; P) Das angenehm kleine Camp zu recht niedrigen Preisen (für Serengeti-Verhältnisse) liegt in den Ebenen nahe dem Dorf Robanda direkt vor dem Ikoma-Tor und verfügt über sieben einfache Zelte mit Schilfdach. Wer ein eigenes Fahrzeug hat, kann hier geführte Wanderungen und Nachtfahrten unternehmen.

Ikoma Tented Camp ZELTCAMP $$$
(☎0754 324193, 027-250 6315; www.moivaro.com; EZ/DZ inkl. Vollpension 287/433 US$; P) Eine praktische Ausgangsbasis für Ausflüge in den Park ist dieses recht einfache Zeltcamp vor dem Ikoma-Tor. Es kombiniert die Nähe zur hiesigen Gemeinde mit exzellenten Preisen und hohem Komfort.

Nördliche Serengeti

★Serengeti Bushtops Camp LODGE, ZELTCAMP $$$
(www.bushtopscamps.com; EZ/DZ all-inclusive 1300/1980 US$; P@) In einer abgeschiedenen Ecke der nördlichen Serengeti nahe der Grenze zum Wildtierreservat Ikorongo warten in diesem bemerkenswerten Camp große Zelte mit ausladenden Holzböden, Terrassen mit Whirlpool, perfekt platzierte Sofas und Traumblick auf die Reisenden. Luxuriöse Lodges gibt es viele in der Serengeti, diese Anlage jedoch ist schlicht paradiesisch. Für das Essen gilt Ähnliches.

★Serengeti Migration Camp ZELTCAMP $$$
(☎027-250 0630; www.elewanacollection.com; EZ/DZ inkl. Vollpension 1118/1490 US$; P) Eines der renommiertesten Camps in der Serengeti mit 20 großen, eindrucksvollen Zelten mit Veranden sowie einer schicken Lounge rund um ein *kopje* am Grumeti-Fluss. Die Kombination aus naturverwachsenem Camp und luxuriöser Bleibe ist hier perfekt geglückt. Zum Angebot gehören außerdem toller Blick, Wanderungen und –

in den wenigen Wochen, wenn die Gnuherden hier vorbeiziehen – Plätze in der vordersten Reihe.

Klein's Camp LODGE $$$
(☎028-262 1267; www.andbeyond.com; Zi. pro Pers. all-inclusive 995 US$; P) Exklusiv und herrlich (mit atemberaubender Aussicht) auf einer Privatkonzession etwas außerhalb der nordöstlichsten Parkgrenze gelegen, mit zehn luxuriösen strohgedeckten Steincottages. Zur Auswahl stehen Buschwanderungen, nächtliche Wildtierfahrten und Entspannungsmassagen.

Sayari Camp ZELTCAMP $$$
(http://sayaricamp.asiliaafrica.com; EZ/DZ all-inclusive 1260/1990 US$; ⏲Juni–März; P) Das im Norden nahe am Fluss Mara gelegene, wunderbar abseitige Camp besticht mit verhaltener Eleganz und überzeugendem Stil. Die großen, aber gemütlichen 15 Zelte verfügen über Holzböden und Terrassen, und der Pool ist in Felsen hineingebaut. Kurze Buschwanderungen und Wellness-Behandlungen werden angeboten, und, wenn es zeitlich hinkommt, ist dies ein idealer Beobachtungsort für die Flussüberquerung der Gnus.

Lamai Serengeti LODGE $$$
(☎0784 208343; www.nomad-tanzania.com; EZ/DZ all-inclusive 1570/2150 US$; ⏲Juni–Mitte März; P) Die auf einem *kopje* am Fluss Mara im äußeren Norden der Serengeti erbaute Lodge Lamai verbindet sich so gut mit ihrer Umgebung, dass sie nahezu unsichtbar ist. Es sind zwei Lodges, eine mit acht Zimmern und eine mit vier, jede mit eigenem Essbereich und Swimmingpool. Alle Zimmer sind im afrikanischen Stil in warmen Erdtönen gestaltet und haben eine offene Front mit tollen Ausblicken.

Mobile Camps

Mobile Camps sind eine großartige Idee, aber irgendwie stimmt der Name nicht. Sie ziehen zwar weiter (aber nie, wenn Gäste im Camp sind) und folgen den wandernden Gnus, um möglichst immer dort zu sein, wo

AUF DEN SPUREN DER GNUS

Wer nach Tansania reist, um die Gnuwanderung zu erleben, hätte wohl gern eine Garantie darauf. Doch die gibt es leider nicht. Die Entscheidung, wann man wo hingeht, ist immer mit einem gewissen Risiko verbunden. Folgender Überblick ist deswegen auch nur als allgemeine Darstellung des wahrscheinlichen Verlaufs zu verstehen:

Jan.–März Während der Regenzeit sind die Gnus über den südlichen und südwestlichen Teil der Serengeti sowie den westlichen Teil des Schutzgebietes Ngorongoro verstreut.

April Die meisten Flüsse trocknen sehr schnell aus, wenn der Regen aufhört. Die Gnus müssen sich nun auf den wenigen noch grünen Grasflächen sammeln und bilden Herden von Abertausenden von Tieren, die auf der Suche nach Nahrung umherziehen.

Mai–Anfang Juli Anfang Mai ziehen die Herden nach Nordwesten in Richtung des westlichen Korridors. Die Überquerung des Flusses Grumeti, der voller Krokodile ist, findet meist irgendwann zwischen Ende Mai und Anfang Juli statt und dauert nur etwa eine Woche.

Mitte Juli–Aug. In der zweiten Junihälfte ziehen die Tiere nach Norden und Nordwesten in die nördliche Serengeti und die Masai Mara in Kenia. Teil dieser Nordwanderung ist die spektakuläre Überquerung des Mara.

Sept.–Okt. Anfang September verlassen die letzten Nachzügler die Serengeti. Die meisten verbringen den Oktober in der Masai Mara.

Nov.–Dez. Normalerweise machen sich die Herden im November – in Erwartung des Regens – auf ihren Zug nach Süden. Im Dezember geht es durch das Herz der Serengeti und weiter nach Süden.

Ausnahmen von diesen Abläufen sind üblich. Im November 2013 beispielsweise waren die Herden bereits nach Tansania gezogen, als es in der Masai Mara zu regnen begann – woraufhin die Tiere massenhaft in die Mara zurückkehrten. Dort blieben sie drei Wochen lang, bevor sie ihre Wanderung gen Süden fortsetzten. Im Juni 2014 führten für die Jahreszeit unübliche Regenfälle in der südlichen Serengeti zur Teilung der Herde. Die meisten Tiere zogen wie üblich nach Norden weiter, eine beträchtliche Anzahl von Zebras und Gnus blieb hingegen bis Juli in den Ebenen südlich von Seronera.

EINE STRASSE DURCH DIE SERENGETI?

2010 verkündete Tansanias Präsident, dass der Bau einer Straße durch den Nationalpark Serengeti geplant sei, um eine Verbindung zwischen Mto wa Mbu und Musoma zu schaffen. Nach Ansicht der Regierung könnte die Straße dafür sorgen, die nötige wirtschaftliche Entwicklung in die abgeschiedene und vernachlässigte Region zu bringen. Umweltschützer reagierten entsetzt und prognostizierten aufgrund des erhöhten Verkehrsaufkommens (auch durch Frachtlaster) katastrophale Auswirkungen auf die Tierwelt und das Ökosystem. Zudem wiesen sie darauf hin, dass eine solche Straße den internationalen Verpflichtungen des Landes zuwiderlaufe, das Unesco-Weltkulturerbe zu schützen und zu bewahren.

Im Juni 2014 erklärte der Ostafrikanische Gerichtshof den Bau einer Asphaltstraße für gesetzeswidrig. Die Regierung ihrerseits wies das Urteil als bedeutungslos zurück, da „die Regierung sich schon vor Langem gegen den Bau einer Straße durch die Serengeti entschieden habe". Eine NGO, die Massai-Gemeinden in den Gebieten Ngorongoro und Loliondo repräsentiert, kritisierte die Entscheidung, da durch sie auch weiterhin viele Massai von den wirtschaftlichen Möglichkeiten im Rest des Landes abgeschnitten seien.

Trotz des Urteils befürchten Umweltschützer, dass die Regierung seitens der Behörden aus Arusha unter Druck steht und den Bau einer asphaltierten Straße bis zu den Grenzen der Serengeti sowie eine moderne, jedoch unbefestigte 50 km lange Schotterpiste durch den Park plant. Im Oktober 2014 gab die tansanische Regierung bekannt, dass sie Einspruch gegen das Urteil des regionalen Gerichtshofs einlegen wolle, da dieser keine rechtliche Handhabe für das Verbot der Straße habe.

man sie gut beobachten kann. Aber bei all den Annehmlichkeiten, die Gäste heute von Luxus-Safaris erwarten, ist der Umzug ein gewaltiges Unterfangen, sodass die meisten nur zwei-, dreimal im Jahr umziehen.

★ Wayo Green Camp ZELTCAMP **$$$**
(☎ 0784 203000; www.wayoafrica.com; pro Pers. all-inclusive ab 300 US$) Diese „privaten mobilen Camps" kombinieren die besten Aspekte von Zeltcamps und günstigem Safari-Camping und sind die beste Art, ein tiefes Buscherlebnis in der Serengeti zu erfahren. Sie benutzen 3 x 3 m große Kuppelzelte und richtige Matratzen (über dem Boden) und ziehen alle paar Tage weiter. Die Wander-Safaris sind exzellent.

Serengeti Safari Camp ZELTCAMP **$$$**
(☎ 0784 208343; www.nomad-tanzania.com; EZ/DZ all-inclusive 1120/1550 US$) Eines der ersten mobilen Camps und heute eines der exklusivsten mit sechs Zelten und einigen der besten Guides in der Serengeti.

Serengeti Savannah Camp ZELTCAMP **$$$**
(☎ 027-254 7066; www.serengetisavannahcamps.com; EZ/DZ/3BZ inkl. Vollpension 335/520/780 US$; ⏲ Juni–März) Dieses Camp ist zwar etwas weniger luxuriös als die anderen, dafür aber auch bei Weitem preisgünstiger. Es zieht nur zweimal im Jahr zwischen Ndutu und Seronera um.

Olakira Camp ZELTCAMP **$$$**
(☎ 0736 500156; www.asilaafrica.com; EZ/DZ 1060/1590 US$) Das Olakira kann sich mit den konventionelleren Camps der Serengeti messen und zieht zwischen dem äußersten Süden (ca. von Dezember bis März) und dem äußersten Norden des Parks umher.

ℹ Praktische Informationen

Serengeti Visitor Centre (☎ 0732 985761; serengeti_tourism@yahoo.com; ⏲ 8–17 Uhr) Das Besucherzentrum der Serengeti in Seronera hat eine hervorragende selbstgeführte Wanderung durch die Geschichte und das Ökosystem der Serengeti im Programm, und es lohnt sich, hier einige Zeit zu verbringen, bevor man den Park erkundet. Ein Café verkauft Snacks und Kaltgetränke.

ℹ Anreise & Unterwegs vor Ort

Im Park gibt es vier zentrale Ein- und Ausgänge sowie zwei weniger frequentierte Tore bei Handajega und Fort Ikoma.

Naabi-Hill-Tor (⏲ 6–18 Uhr) Der am meisten frequentierte Haupteingang für Besucher aus Arusha liegt 45 km von Seronera entfernt.

Ndabaka-Tor (⏲ 6–18 Uhr) Der Haupteingang für den westlichen Korridor ist eine 1½-stündige Fahrt von Mwanza und 145 km von Seronera entfernt. Letzter Einlass: 16 Uhr.

Klein's-Tor (⏲ 6–18 Uhr) Der Eingang im äußersten Nordosten ermöglicht eine Rundreise, welche Serengeti, Ngorongoro und Natronsee verbindet, wobei Letzterer nur zwei bis drei Stunden vom Park entfernt ist. Letzter Einlass: 16 Uhr.

Bologonya-Tor Das Tor liegt auf der Route vom/zum kenianischen Naturschutzgebiet Masai Mara, doch die Grenze ist geschlossen, und es ist unwahrscheinlich, dass sie in absehbarer Zeit geöffnet wird.

AUTO

Fahren im Park ist nach 19 Uhr nicht erlaubt, außer im Gebiet des Besucherzentrums, wo um 21 Uhr Schluss ist. Benzin wird in Seronera verkauft. Fast jeder fährt im Geländewagen mit Allradantrieb durch den Park, aber mit Ausnahme der Regenzeit kommen hier auch normale Autos mit Zweiradantrieb gut zurecht.

BUS

Es ist zwar nicht ideal, aber finanzschwache Traveller können Wildtiere auch durch die Fenster der Busse betrachten, die von Arusha nach Musoma durch den Park fahren. Allerdings müssen 110 US$ Eintrittsgebühren für Serengeti und Ngorongoro gezahlt werden. Die Busse halten im Personaldorf in Seronera, aber es ist nicht erlaubt, zu den Zeltplätzen oder Pensionen zu laufen oder als Anhalter zu fahren. Zudem gibt's im Park keine Mietautos, deshalb ist es eher sinnlos, hier auszusteigen, es sei denn, man hat vorher für den Transport gesorgt.

FLUGZEUG

Air Excel (S. 176), Coastal Aviation (S. 176) und Regional Air (S. 176) fliegen täglich von Arusha zu den sieben Landebahnen im Park, darunter Seronera und Grumeti.

KILIMANDSCHARO-REGION

Moshi

184 290 EW.

Die bemerkenswert saubere Hauptstadt der dicht besiedelten Kilimandscharo-Region befindet sich am Fuß des Kilimandscharo und ist ein guter Einstieg in die Pracht des Nordens. Moshi ist ein ruhiger Ort mit einer beeindruckenden Mischung aus afrikanischen und asiatischen Einflüsen und macht einen unabhängigen, wohlhabenden Eindruck, wohl weitgehend dank seiner Stellung als Zentrum einer der größten Kaffeeanbauregionen Tansanias. Eigentlich kommen alle Besucher hierher, um den Kilimandscharo zu besteigen oder um sich danach zu erholen.

Sehenswertes & Aktivitäten

Selbst in der Stadt ist der **Kilimandscharo** die Hauptattraktion und allgegenwärtig. Jeder Tourist blickt ständigin Richtung Norden, um einen Blick auf ihn zu erhaschen. Die meiste Zeit ist er zwar hinter einer Wolkendecke verborgen, doch fast jeden Abend taucht er nach 18 Uhr aus dem Nebel auf und macht Appetit auf seine Besteigung. Von Dezember bis Juni ist er meist auch an den Vormittagen zu sehen, dann ist er meist dick mit Schnee bedeckt. Wer eine noch bessere Aussicht haben will, kann sich in der Stadt nach Prospekten über **Rundflüge** umsehen.

Schlafen

Stadtzentrum

AA Hill Street Accommodation PENSION $

(☎0784 461469, 0754 461469; azim_omar@hotmail.com; Kilima St.; EZ/DZ/3BZ 20 000/30 000/40 000 TSh) An der Kilima Street, wo Schneiderinnen ihrer Arbeit nachgehen, führen Stufen zu dieser ruhigen, freundlichen Pension, einer perfekten Alternative zu der geschäftigen Backpackerszene. Wer sich an der Hausordnung stört (kein Alkohol, kein gemeinsames Zimmer für unverheiratete Paare), sollte sich eine andere Bleibe suchen.

Die Zimmer sind einfach und gepflegt. Unser Favorit ist die geräumige Nummer 202 mit Balkon, die allerdings recht laut sein kann.

Haria Hotel HOTEL $

(☎0752 328042; Mawenzi Rd.; DZ 27 US$, B/DZ mit Gemeinschaftsbad 12/24 US$; 📶) Das entspannte, gesellige Hotel hat eine treue Stammklientel und man merkt schnell, warum. Die Zimmer sind zwar nichts Besonderes, dafür jedoch groß und sie wirken – dank vorwiegend weiblichem Personal – einladend. Die Unterkunft ist um Welten besser als bekanntere, teurere Adressen in der Nähe und das Restaurant serviert eine kleine Auswahl an lokalen Gerichten zu fairen Preisen. Frühstück kostet 3000 TSh.

Kindoroko Hotel HOTEL $

(☎0757 369628; www.kindorokohotels.com; Mawenzi Rd.; EZ/DZ/FZ 25/35/50 US$; @📶) Die Zimmer sind klein und einfach, haben jedoch Kabelfernsehen und warmes Wasser. Highlight ist die Bar auf dem Dach, die ausschließlich Übernachtungsgästen vorbehal-

Kilimandscharo

ten ist; ein exzellenter Treffpunkt mit hübschem Blick auf den Kilimandscharo. Das Hotel „lässt keinen Zweifel daran, dass man sich in Afrika befindet", so die hauseigene Werbung, die viel Raum für Interpretationen lässt.

Buffalo Hotel HOTEL $

(☎0756 508501; New St.; EZ/DZ/3BZ/Suite 30/35/45/50 US$; ❄) Erst kürzlich wurden die einfachen Zimmer des alteingesessenen und beliebten Buffalo Hotel mit eigenen Bädern versehen. Die Zimmer im oberen Stock sind jenen im Erdgeschoss vorzuziehen, auch wenn es keinen Aufzug gibt. Ein kleines Manko ist das fehlende WLAN, nebenan gibt's jedoch ein Internetcafé. Ein gutes Gesamtpaket.

Lutheran Umoja Hostel PENSION $

(☎027-275 0902; Market St.; EZ/DZ 30 000/40 000 TSh, mit Gemeinschaftsbad 15 000/25 000 TSh; P @) Die günstigste Unterkunft im Zentrum hat saubere, einfache Zimmer um einen kleinen Innenhof. Bei freiwilligen Helfern beliebt.

Bristol Cottages HOTEL $$

(☎027-275 5083; www.bristolcottages.com; 98 Rindi Lane; EZ/DZ 60/70 US$, Cottage EZ/DZ/3BZ 70/

Moshi

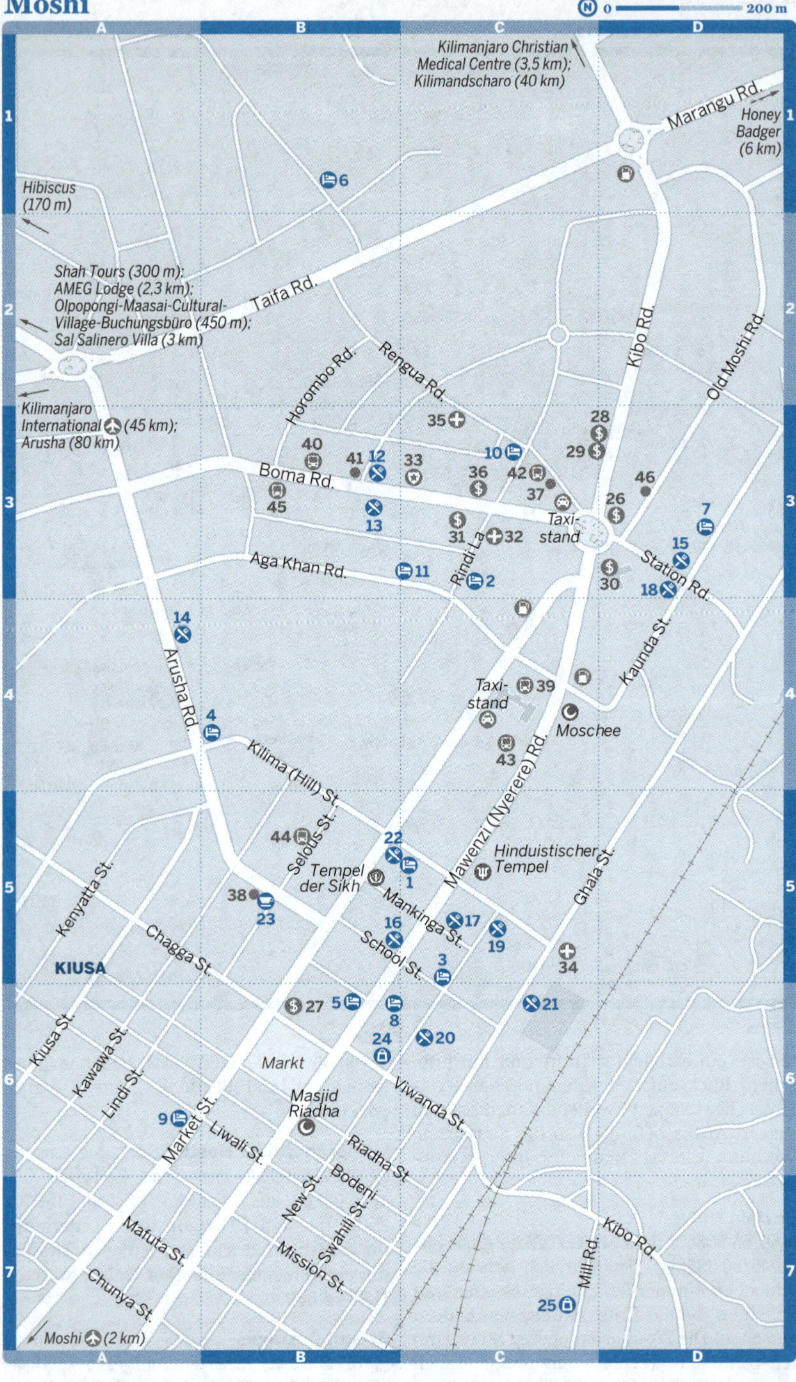
0 200 m
A
B
C
D
1
2
3
4
5
6
7
Kilimanjaro Christian Medical Centre (3,5 km); Kilimandscharo (40 km)
Marangu Rd.
Honey Badger (6 km)
Hibiscus (170 m)
Shah Tours (300 m); AMEG Lodge (2,3 km); Olpopongi-Maasai-Cultural-Village-Buchungsbüro (450 m); Sal Salinero Villa (3 km)
Taifa Rd.
Kilimanjaro International (45 km); Arusha (80 km)
Horombo Rd.
Rengua Rd.
Kibo Rd.
Old Moshi Rd.
Boma Rd.
Aga Khan Rd.
Rindi La
Taxi-stand
Station Rd.
Kaunda St.
Arusha Rd.
Taxi-stand
Moschee
Kilima (Hill) St.
Mawenzi (Nyerere) Rd.
Selous St.
Tempel der Sikh
Hinduistischer Tempel
Ghala St.
Mankinga St.
School St.
Kenyatta St.
Chagga St.
KIUSA
Kiusa St.
Kawawa St.
Lindi St.
Markt
Masjid Riadha
Viwanda St.
Market St.
Liwali St.
Riadha St
Bodeni
New St.
Swahili St.
Mafuta St.
Mission St.
Chunya St.
Kibo Rd.
Mill Rd.
Moshi (2 km)
1
2
3
4
5
6
7
8
9
10
11
12
13
14
15
16
17
18
19
20
21
22
23
24
25
26
27
28
29
30
31
32
33
34
35
36
37
38
39
40
41
42
43
44
45
46

Moshi

Schlafen
1 AA Hill Street Accommodation ... C5
2 Bristol Cottages ... C3
3 Buffalo Hotel ... C5
4 Foot2Afrika ... B4
5 Haria Hotel ... B6
6 Hostel Hoff ... B1
7 Kilimanjaro Crane Hotel ... D3
8 Kindoroko Hotel ... B6
9 Lutheran Umoja Hostel ... A6
10 Nyumbani Hotel ... C3
11 Parkview Inn ... C3

Essen
12 Abbas Ali's Hot Bread Shop ... B3
13 Aleem's ... B3
14 Kaliwa ... A4
15 Kilimanjaro Coffee Lounge ... D3
16 Kilimanjaro Star ... B5
17 Milan's ... C5
18 Nakumatt ... D3
19 Nile Springs ... C5
20 Pamoja Café ... C6
21 Sikh Club ... C6
22 The Coffee Shop ... B5

Ausgehen & Nachtleben
23 Union Café ... B5

Shoppen
24 I Curio ... B6
25 Shah Industries ... C7

Praktisches
26 Bank ... D3
27 Bank ... B6
28 Bank ... D3
29 Classic Bureau de Change ... C3
30 CRDB Bank ... D3
31 Exim Bank ... C3
32 First Health CRCT Hospital ... C3
33 Einwanderungsbehörde ... C3
34 Jaffery Charitable Medical Services ... C5
35 Kemi Pharmacy ... C3
36 Stanbic Bank ... C3
37 Zara Tours ... C3

Transport
38 Coastal Aviation ... B5
39 *dalla-dalla*-Haltestelle ... C4
40 Dar Express ... B3
41 Fastjet ... B3
42 Kilimanjaro Express ... C3
43 Hauptbusbahnhof ... C4
44 Metro Express ... B5
45 Mtei Express ... B3
46 Precision Air ... D3

80/100 US$, Suite EZ/DZ/3BZ 80/100/120 US$; P ❄ 📶) Die grüne Anlage bildet einen angenehmen Kontrast zu Moshis hektischen Straßen und versprüht angenehme Ruhe. Die Zimmer sind hübsch eingerichtet und die Suiten besonders geräumig. Trotz der Idylle kann Straßenlärm am frühen Morgen ein Problem sein, dennoch zählt das Bristol zu unseren Mittelklasse-Favoriten in der Innenstadt.

Parkview Inn HOTEL **$$**
(☎0754 052000, 027-2750711; www.pvim.com; Aga Khan Rd.; EZ/DZ/Suite 70/80/120 US$; P ❄ @ 📶 🏊) Niemand würde dieses zentral gelegene Hotel als wirklich attraktiv bezeichnen. Moderne (wenn auch verwohnte) Zimmer und ein Pool machen es jedoch zu einer guten Mittelklasseoption nach einer Trekkingtour. Die ruhigeren Zimmer auf der Rückseite sind in der Regel die beste Wahl.

Nyumbani Hotel HOTEL **$$**
(☎0767 123487, 027-275 4432; www.nyumbanihotels.com; Rengua Rd.; EZ/DZ ab 80/110 US$; ❄ @ 📶 🏊) Gutes Mittelklassehotel im Herzen der Stadt mit modernem Business-Flair. Die Zimmer sind groß und die günstigsten Standardvarianten haben Balkone. Trotz des fehlenden Charmes eine empfehlenswerte Adresse.

Kilimanjaro Crane Hotel HOTEL **$$**
(☎0763 399503, 027-275 1114; www.kilimanjarocranehotel.com; Kaunda St.; EZ/DZ mit Klimaanlage 50/60 US$, DZ/3BZ ohne Klimaanlage 50/60 US$, Suite 110 US$; ❄ @ 📶 🏊) Alteingesessene Mittelklasseunterkunft mit verwohnten, aber akzeptablen Zimmern in Safarifarben, die an sonnengebleichte Ausstellungsstücke eines Straßen-Möbelverkäufers erinnern. Preislich ist es etwas günstiger als die vergleichbare Konkurrenz und die Zimmer haben Kabelfernsehen und große Betten mit Blick auf einen kleinen Garten. Vom Dach aus bietet sich ein großartiger Blick auf den Kili.

Außerhalb des Stadtzentrums

★ **Hibiscus** B&B **$**
(☎0768 146589, 0766-312516; www.thehibiscusmoshi.com; abseits der Taifa Rd.; EZ/2BZ 25/40 US$; 📶) Das gemütliche B&B in einer ruhigen Wohngegend nordwestlich des Stadtzentrums bietet sechs makellos saubere, hübsch dekorierte Zimmer mit Ventilator und größtenteils mit eigenen Bädern sowie einen attraktiven Garten und Mahlzeiten auf Anfrage. Sehr empfehlenswert.

Honey Badger PENSION $

(☎ 0767 551190, 0787 730235; www.honeybadgerlodge.com; B ab 15 US$, EZ/DZ 50/70 US$; P @ WLAN Pool) Eine große, familiengeführte Pension mit schattigen Gärten und verschiedenen Zimmern. Schlafsaalbewohner müssen 3 US$ für die Benutzung des großen Pools zahlen. Geboten werden mehrere Ausflüge und Kurse (Trommeln, Kochen usw.), Freiwilligenprojekte können organisiert werden. Das Restaurant serviert von Donnerstag bis Sonntag Gourmet-Pizzas aus dem Steinofen. Das Honey Badger ist 7 km von der Stadt entfernt und geht von der Marangu Road ab.

★ **AMEG Lodge** LODGE $$

(☎ 0754 058268, 027-275 0175; www.ameglodge.com; abseits der Lema Rd.; EZ/DZ ab 70/94 US$, EZ/DZ Suite 127/149 US$) Die freundliche Unterkunft liegt 4 km nordwestlich des Stadtzentrums und begeistert ihre Gäste mit einer hübschen, knapp 2 ha großen, gepflegten Gartenanlage mit Palmen und Frangipanis. Die attraktiven Zimmer mit breiten Veranden und jeder Menge Platz verteilen sich auf den gesamten Komplex und der Service ist freundlich. Eine Oase mit ländlichem Flair am Stadtrand.

Man benötigt ein eigenes Transportmittel, dafür bietet die Lodge eine Bar und ein Restaurant.

Sal Salinero Villa HOTEL $$

(☎ 0784 683605, 027-275 2240; www.salsalinerohotel.com; abseits der Lema Rd, Shanty Town; EZ/DZ 100/150 US$; P ❄ WLAN Pool) Auf einem abgesicherten Grundstück in der Shanty Town nordwestlich des Zentrums bietet das Sal Salinero 27 große Zimmer in einer pseudo-italienischen Villa mit Hartholzfußboden und 20 modernere Hütten unter Palmen. Luxuriös sind die Zimmer nicht, aber komfortabel.

KAFFEETOUREN

Die beliebtesten der Stadt veranstaltet **Kahawa Shamba Coffee Tours** (☎ 0784 324121, 0754 461376; www.kilimanculturaltourism.com; pro Pers. 30 000 TSh, Transport ab Moshi 50 000 TSh), ein lobenswertes, von der Gemeinde geführtes Unternehmen, das Besuchern nicht nur zeigt, wie Kaffeebohnen angebaut, gepflückt und geröstet werden, sondern auch Einblick in das Leben der Chagga-Kaffeebauern gewährt, die an den unteren Hängen des Kilimandscharo leben. Mahlzeiten mit ortsansässigen Familien können arrangiert werden, ebenso wie Wanderungen zu anderen Dörfern und zu Wasserfällen. Am einfachsten ist die Buchung im Union Café.

Essen & Ausgehen

★ **Kaliwa** THAI $

(☎ 0762 620707; Arusha Rd.; Hauptgerichte 7000–9000 TSh; ⏲ 11–23 Uhr; WLAN) Dieser willkommene Neuzugang in Moshis recht übersichtlicher Restaurantszene am Südwestende des Uhuru-Parks serviert in einem stilvollen Essbereich unter freiem Himmel duftende Thai-Gerichte wie Rindfleisch mit Basilikum. Weine, guter Kaffee und kultiviertes Flair locken seit der Eröffnung wohlhabende Einheimische an, wobei die Beliebtheit von Dauer zu sein scheint.

Milan's INDISCH $

(Mankinga St.; Gerichte 5000–6500 TSh; ⏲ 11–21.30 Uhr; ✎) Dieses farbenfrohe vegetarische Lokal ist unser liebstes indisches Restaurant, und zwar nicht nur, weil die Preise so niedrig sind: Es ist wirklich köstlich.

Sikh Club INDISCH $

(☎ 027-275 2473; Ghala St.; Hauptgerichte 5000–9000 TSh; ⏲ Di–So 12–15 & 18–22 Uhr; ✎) Es gibt zweifellos schickere Lokale, aber wer Inder in der Stadt fragt, wo sie essen gehen, bekommt von den meisten dieses Lokal mit Plastikstühlen und Blick auf einen unbefestigten Bolzplatz genannt. Der Service ist langsam, weil alles auf Bestellung zubereitet wird. Die große Auswahl reicht von Tandoori bis hin zu leckerem *malai kofta*.

The Coffee Shop CAFÉ $

(☎ 027-275 2707; Kilima St.; Hauptgerichte 6500–9000 TSh; ⏲ Mo–Sa 7.30–21.30 Uhr; WLAN) Café mit Gartenkulisse, gutem Kaffee, hausgemachtem Brot, Kuchen, Joghurt, Frühstück, Suppen und leichten, günstigen Gerichten. Bei den Mahlzeiten sind die regionalen Varianten (lecker sind die Soßen mit *ugali* oder *chapati*) in der Regel den chinesisch angehauchten Speisen vorzuziehen. Die Erträge gehen an ein kirchliches Projekt.

Pamoja Cafe TANSANISCH, INTERNATIONAL $

(New St.; Hauptgerichte 3500–8000 TSh; ⏲ Mo–Sa 8–22, So 10–21 Uhr; WLAN) Das einfache Pamoja folgt der langen Tradition günstiger Backpacker-Cafés weltweit mit kostenlosem WLAN, flippiger Musik, westlichen Snacks (Burger und Sandwiches) und billiger lokaler Küche wie *nyami mchuzi* (Rindereintopf mit Reis, *ugali* oder *chapati*). Jeden Abend um 17.30 Uhr gibt's ein Barbecue.

Nile Springs TANSANISCH $
(New St.; Hauptgerichte ab 6000 TSh; 7–23 Uhr) Irrer Laden. Im dunklen Innenraum schauen Kellner fern, der Service rangiert zwischen unwillig und nicht funktionsfähig. Dafür kann man auf der Terrasse an der Straße lokale Gerichte probieren, ohne sich um die Hygiene zu sorgen. Zum Angebot gehören Hühnchen mit Kokosnuss und *samaki wa kuchemsa* (gekochter Fisch mit *ugali*).

★ **Kilimanjaro Coffee Lounge** CAFÉ $$
(0754 610892; Station Rd.; Gerichte 7000–13 000 TSh; Mo–Sa 8–21, So 10–20 Uhr;) Erst seit Kurzem ist das Café gegenüber dem Nakumatt-Supermarkt ansässig – der Umzug tat ihm mehr als gut. Abseits der Straße, in ruhigem, gartenähnlichem Ambiente kommen hier Pizza, mexikanische Küche, Salate, Sandwiches, Burger, Steaks, exzellente Milchshakes und Säfte auf den Tisch. Kostenloses WLAN machen das Backpacker-freundliche Paket perfekt.

★ **Union Café** CAFÉ $
(0784 590184, 027-275 2785; Arusha Rd.; 7.30–20.30 Uhr;) Die Kilimanjaro Native Cooperative Union vertritt Zehntausende kleiner Kaffeebauern – und betreibt diesen stilvollen Laden. Auch wenn gute Pizza, Pasta und Burger (Gerichte 7000–15 000 TSh) auf dem Speiseplan stehen, liegt der Schwerpunkt doch auf Kaffee; die Bohnen der Kooperative werden vor Ort geröstet. Daneben gibt es einen Generator, verlässliches WLAN und ein Ambiente, das trendiges Flair mit Elementen des kolonialen Afrikas mischt.

Selbstversorger

Abbas Ali's Hot Bread Shop BÄCKEREI $
(Boma Rd.; Mo–Fr 9–18, Sa bis 17 Uhr) Moshis beste Bäckerei.

Nakumatt SUPERMARKT $
(Station Rd.; Mo–Sa 8.30–22, So 10–21 Uhr) Der größte Supermarkt der Stadt.

Aleem's SUPERMARKT $
(Boma Rd.; Mo–Fr 8.45–13 & 14–17, Sa 8.45–13 & 14–16 Uhr) Kleiner Lebensmittelladen mit gutem Sortiment.

Kilimanjaro Star SUPERMARKT $
(Mawenzi Rd.; 8.30–22 Uhr) Der beste Lebensmittelladen im Zentrum.

Shoppen

I Curio KUNSTHANDWERK
(Viwanda St.; 9–18 Uhr) Besser als die üblichen Kunsthandwerksläden, mit Festpreisen. Führt auch eine kleine Auswahl von Karten und Büchern zum Thema Nationalparks.

Shah Industries LEDER
(0754 260348; www.kiliweb.com/shah; Mill Rd.; Mo–Fr 9–17, Sa bis 14 Uhr) Unmengen interessanter Lederarbeiten, zum Teil von Menschen mit Behinderungen hergestellt.

Praktische Informationen

EINWANDERUNG

Einwanderungsbüro (Boma Rd.; Mo–Fr 7.30–15.30 Uhr)

INFOS IM INTERNET

Kiliweb (www.kiliweb.com) Privat betriebene Tourismus-Website von Moshi.

MEDIZINISCHE VERSORGUNG

Jaffery Charitable Medical Services (027-275 1843; Ghala St.; Mo–Fr 8.30–17, Sa bis 13 Uhr) Das verlässlichste Labor der Stadt.

Kemi Pharmacy (027-275 1560; Rengua Rd.; Mo–Sa 7–19 Uhr) Eine von vielen Apotheken im Zentrum.

Kilimanjaro Christian Medical Centre (027-275 4377/80; www.kcmc.ac.tz; Sokoine Rd.; 24 Std.) Rund 4,5 km nördlich des Zentrums.

REISEBÜROS

Zara Tours (0754 451000, 027-275 4240; www.zaratours.com; Rindi Lane; Mo–Fr 8.30–13 & 14–17, Sa 8.30–13 Uhr) Flugbuchungen.

TOURISTENINFORMATION

Es gibt keine Touristeninformation in Moshi. Anschlagtafeln gibt es in The Coffee Shop, Kilimanjaro Coffee Lounge und im Union Café. Leute, die Kletterpartner suchen, machen hier manchmal einen Aushang.

An- & Weiterreise

BUS

Busse und Minibusse starten den ganzen Tag über nach Arusha (3000 TSh, 1½ Std.) und Marangu (2000 TSh, 1½ Std.).

Der chaotische Busbahnhof liegt verkehrsgünstig in der Mitte der Stadt. Es gibt viele Schlepper, und die Ankunft kann dort recht unangenehm sein, wenn man diese Verhältnisse nicht gewöhnt ist. Das ist einer der Gründe, die für das Reisen mit den Busunternehmen sprechen, die ihre Gäste vor ihren Büros absetzen. Tickets am besten am Tag vor der Abreise kaufen.

FREIWILLIGENARBEIT IN MOSHI

Die meisten Besucher kommen nach Moshi, um den Kilimandscharo zu besteigen, einige jedoch auch, um Freiwilligenarbeit bei Hilfsorganisationen zu leisten. Grundsätzlich gilt: Beide Seiten haben am meisten davon, wenn die ehrenamtliche Tätigkeit als ernsthaftes Engagement begriffen wird und nicht als unterhaltsame Erweiterung des Urlaubs. Zudem ist es von Vorteil, wenn man eine bestimmte Fähigkeit einbringen kann, über die Einheimische nicht verfügen.

Viele Gruppen, die Hilfe brauchen, bringen in Moshi und teils auch in Arusha Aushänge an Anschlagtafeln in der Stadt an. Alternativ vermitteln das Honey Badger (S. 214), das **Hostel Hoff** (☎ 0787 225908; www.hostelhoff.com; B 19 US$) und das weniger gemütliche **Foot2Afrika** (Hosetl Foot Prince; ☎ 0784 828835; www.foot2afrika.com; B 23 US$) Projekte, die den jeweiligen Fähigkeiten und Wünschen entsprechen (wenn man in deren Pensionen übernachtet). Meist müssen sich Interessierte für einen gewissen Zeitraum verpflichten (mindestens zwei Wochen, es gibt jedoch unterschiedliche Regelungen) und teils sind Frühstück, Abendessen und die Nutzung von Waschmaschinen inbegriffen. Das Ujamaa Hostel (S. 165) in Arusha vermittelt ähnliche Programme.

Für Freiwilligenarbeit in Tansania ist übrigens eine bestimmte Einwanderungserlaubnis vonnöten, die sogenannte Genehmigung „C" oder „CTA". Diese ist nicht immer einfach zu bekommen und die Einwanderungsbehörde in Moshi gilt in dieser Hinsicht als wenig kooperativ. Bei Problemen bittet man das Hostel und die Projektvermittlung um Hilfe.

Folgende Busunternehmen fahren an ihren eigenen Büros, nicht am Busbahnhof ab. Standardbusse (20 000 TSh) und einige weniger verlässliche Luxusanbieter nutzen den Busbahnhof.

Dar Express (☎ 0759 942550; Boma Rd.) Von 7 bis 12 Uhr acht tägliche Verbindungen nach Dar (36 000 TSh, 7–8 Std.) in Voll-Luxus-Bussen (mit Klimaanlage und Toiletten). Der 7-Uhr-Bus kommt manchmal so früh an, dass man noch die Nachmittagsfähre nach Sansibar erreicht, aber darauf kann man sich nicht verlassen.

Metro Express (☎ 0715 113344; Selous St.) Verkehrt zweimal täglich um 8 Uhr (Luxus/Voll-Luxus 32 000/36 000 TSh) nach Dar.

Kilimanjaro Express (☎ 0715 213231; Rengua Rd.) Vier Luxusbusse am Morgen nach Dar (33 000 TSh).

Mtei Express (☎ 0759 613563; Boma Rd.) Busse nach Dar (28 000 TSh) sowie nach Babati (9000 TSh, 4–5 Std.) und Dodoma (28 000 TSh, 12–14 Std.) über Arusha (3000 TSh, 1½ Std.).

FLUGZEUG

Der Kilimanjaro International Airport (KIA) liegt 50 km westlich der Stadt und auf halber Strecke nach Arusha. Es gibt auch den kleinen Flughafen von Moshi südwestlich der Stadt an der Verlängerung der Market Street, der gelegentlich Charterflüge organisiert.

Precision Air (☎ 0787 800820, 027-275 3495; www.precisionairtz.com; Old Moshi Rd.; ⏲ Mo–Fr 8–17, Sa & So 9–13 Uhr) Fliegt vom KIA nach Dar, Sansibar und Mwanza.

Coastal Aviation (☎ 0785 500445, 0785 500729; www.coastal.co.tz; Arusha Rd.) Tägliche Flüge von Moshi (wenn es genügend Passagiere gibt) zur Küste Arushas und teils in die nördlichen Nationalparks.

Fastjet (☎ 0685 680533; www.fastjet.com) Fliegt zwischen dem KIA und Daressalam mit Anschluss zu Zielen in Tansania und Ostafrika.

ℹ Unterwegs vor Ort

Parkplätze im Zentrum kosten 1000 TSh pro Tag. Meist verkaufen Parkwächter in der Nähe Tickets.

VOM/ZUM FLUGHAFEN

Taxifahrer verhandeln hart; versuchen kann man's mit 30 US$, man muss aber mit mehr rechnen.

TAXI & DALLA-DALLA

Taxistände befinden sich in der Nähe des Uhrturms und am Busbahnhof, und die meisten Hotels rufen Taxis. Die Fahrt vom Busbahnhof zu einem Hotel in der Stadtmitte würde 2500 TSh und nach Shanty Town 3500 TSh kosten. Motorrad-Taxifahrer erwarten 1000 TSh, auch für kurze Fahrten. *Dalla-dallas* fahren auf vielen Straßen in der Nähe des Busbahnhofs.

Machame

Das recht große Dorf befindet sich ungefähr 25 km nordwestlich von Moshi an den unteren Hängen des Kilimandscharo. Es ist umgeben von dichter Vegetation und Feldern mit Bananenstauden. Die meisten Besucher legen hier nur einen kurzen Zwischenstopp auf dem Weg zum Ausgangspunkt der beliebten Machame-Route ein.

Schlafen

★ Kaliwa Lodge LODGE $$

(☎ 0762 620707; www.kaliwalodge.com; EZ/DZ 80/160 US$; P) Die neue Lodge unter deutscher Leitung auf einer Höhe von 1300 m in der Nähe des Machame-Tors wurde 2012 eröffnet. Die würfelähnlichen Gebäude in ruhigen Grautönen sind in erfrischendem Bauhausstil gehalten, die Zimmer haben jede Menge Glas, die Farbgestaltung ist dezent und sehr modern und die grüne Gartenanlage mit Palmen so wunderschön wie der gesamte Komplex.

Makoa Farm FARM, PENSION $$$

(☎ 0754 312896; www.makoa-farm.com; Preise richten sich nach Programm; P) Das sorgfältig renovierte, bewirtschaftete Farmhaus aus den 1930er-Jahren ist in erster Linie eine Ausgangsbasis für Reit-Safaris im Norden Tansanias für erfahrene Reiter, aber seine Cottages sind auch für nichtreitende Partner, die lieber nur ausspannen wollen, ein sehr angenehmer Aufenthaltsort. Die Farm liegt rund 17 km von Moshi entfernt abseits der Straße nach Machame und ist nicht ausgeschildert; den Weg bei der Buchung beschreiben lassen.

Die Mahlzeiten werden mit eigenen Farmprodukten frisch zubereitet und zusammen mit den Inhabern und einer bunten Schar von Haustieren im Haupthaus der Farm eingenommen.

Marangu

An den unteren Hängen des Kilimandscharo liegt 40 km nordöstlich von Moshi inmitten Bananenstauden und Kaffeepflanzen die grüne Marktstadt Marangu. Die Stadt hat eine angenehme Hochland-Atmosphäre, ein kühles Klima und ein gutes Angebot an Hotels, die alle Wanderungen für ihre Gäste organisieren. Zwar gibt es in Moshi im Allgemeinen etwas bessere Budget-Angebote, aber Marangu ist eine ideale Ausgangsbasis für Kili-Besteigungen über die Marangu- oder die Rongai-Route und zudem selbst ein angenehmer Zwischenstopp.

Marangu ist auch das Herzland des Chagga-Volkes, und es gibt hier zahlreiche Möglichkeiten für herrliche Wanderungen und interessante kulturelle Aktivitäten. Marangu bedeutet „Ort des Wassers", und die Umgebung ist tatsächlich voller kleiner Flüsse und Wasserfälle, die besucht werden können (die meisten mit einer kleinen Eintrittsgebühr).

Sehenswertes & Aktivitäten

Sowohl die Banana Jungle Lodge als auch das Kilimanjaro Mountain Resort haben authentische Nachbauten traditioneller Chagga-Häuser. Im Kilimanjaro Mountain Resort liegt das **Chagga Live Museum** (Erw./Kind 3/2 US$; ⌚ 10–17 Uhr), ein kleines Freiluftmuseum, in dem das traditionelle Leben der Chagga dargestellt wird.

Die meisten Hotels können auch Englisch sprechende Führer (10–15 US$ pro Person pro Tag) zu anderen Attraktionen in der Gegend vermitteln, wie z. B. ziemlich klaustrophobische Höhlen (ausgehobene Löcher und Tunnel), in denen sich die Chagga während der Massai-Überfälle vor rund 200 Jahren versteckten, einen heiligen Baum, die Dorfschmiede und Wasserfälle. Ungefähr 6 km südwestlich von Marangu liegt der **Ngangu Hill** mit schöner Aussicht und nahebei die kleine, alte Kilema-Missionskirche.

Wer möchte, kann auch Tageswanderungen bis zur Mandara-Hütte (einfache Strecke 10 km; hin 3 Std, zurück 1½ Std.) im Nationalpark Kilimandscharo unternehmen.

Schlafen

Coffee Tree Campsite CAMPINGPLATZ $

(☎ 0754 691433; www.coffeetreecampsite.com; Camping pro Pers. 10 US$, Rundhütte/Chalet pro Pers. 15/18 US$; @) Mit großem Grundstück, Heißwasserduschen, Mietzelten, Doppel-Rundhütten und Chalets für vier bis fünf Personen. Ungefähr 700 m östlich der Hauptstraße gelegen und nahe am Nakara Hotel ausgeschildert. Es gibt keine Gastronomie, jedoch mehrere Lokale in der Nähe. Der Besitzer setzt sich für die Verlangsamung der Umweltzerstörung am Kilimandscharo ein und ist eine gute Informationsquelle, was die lokalen Naturschutzbemühungen angeht.

Bismarck Hut Lodge PENSION $

(☎ 0754 318338; Camping 5 US$, Zi. pro Pers. ohne Bad 10–15 US$; P) Das an der Straße zum Parkeingang, kurz vor dem Abzweig zum Capricorn Hotel, gelegene einfache Bismarck verfügt über ein paar saubere, schlichte Zimmer sowie einen kleinen Zeltplatz. Hier leben zwei große, seit Langem ansässige Schildkröten und es gibt Mahlzeiten auf Bestellung.

Babylon Lodge LODGE $$

(☎ 027-275 6355; www.babylonlodge.com; EZ/DZ/3BZ 40/60/80 US$; P @) Das freundliche Babylon hat einfache, saubere Doppel- und Zweibettzimmer, die um kleine, attraktive Gärten stehen. Die Lodge ist oft etwas flexibler als andere Häuser, wenn es um Kili-Trek-Pakete geht. Sie liegt rund 700 m östlich von der Hauptkreuzung.

Kibo Hotel LODGE $$
(☎ 0754 038747; kibohotel@myway.com; Camping 5 US$, EZ/DZ/3BZ 50/65/85 US$; P) Das Kibo ist das Hotel, in dem Hans Meyer im Jahr 1899 übernachtete, bevor er zu seiner berühmten Erstbesteigung des Kilimandscharo aufbrach. (Ein anderer prominenter Gast in neuerer Zeit war 1976 Jimmy Carter.) Heute hat das Hotel seine beste Zeit hinter sich, aber der Holzfußboden, die großen Fensterscheiben und der schöne Garten machen es immer noch zu einer guten Wahl. Das Hotel liegt 1,5 km westlich der Hauptabzweigung. Es gibt ein Restaurant.

Banana Jungle Lodge LODGE $$
(☎ 0754 270947, 027-275 6565; Camping Student/Nichtstudent 5/10 US$, EZ/DZ/3BZ 50/60/75 US$; P) Gäste werden in diesem Familienanwesen in Zimmern im Bungalowstil oder in modernisierten Chagga-Hütten untergebracht, alle umgeben von dichten Anpflanzungen mit Bananenstauden oder anderen Pflanzen. Die Lodge ist überhaupt nicht luxuriös, aber eine Bleibe, in der es einiges über das Leben der Chagga zu erfahren gibt. Es gibt einen Nachbau eines traditionellen Chagga-Hauses und einen kleinen Bauernhof. Die Lodge liegt ungefähr 5 km östlich von Marangu in Mamba (abseits der Straße, die zum Eingang der Rongai-Route führt).

Von Marangus Hauptabzweigung geht's nach Osten, dann 2 km bis zur Lutherischen Kirche in Mamba, dort beim Schild nach links und dann noch einmal 2,5 km den Schildern nach.

Kilimanjaro Mountain Resort LODGE $$$
(☎ 0754 693461; www.kilimountresort.com; Camping mit eigenem/gemietetem Zelt 17/30 US$, EZ/DZ/3BZ 133/200/293 US$; P @ ≋) Dieses stattliche, altmodische Gebäude ist von Gärten und Wald umgeben und liegt 3 km westlich der Hauptkreuzung. Es hat geräumige, gut ausgestattete Zimmer (einige mit enorm großen Betten), ein Restaurant (Gerichte 18 US$) und das angeschlossene Chagga Live Museum.

Marangu Hotel LODGE $$$
(☎ 0754 886092, 027-275 6594; www.marangu hotel.com; Camping pro Pers. 6,50 US$, EZ/DZ/3BZ inkl. Halbpension 105/160/215 US$; @ ᯤ ≋) Dieses seit Langem bestehende Hotel ist das erste, das man von Moshi kommend erreicht. Die Unterkunft hat ein ansprechend verblichenes britisches Flair, schöne Zimmer auf einem ausgedehnten Gelände, bildschöne Gartenanlagen und einen Zeltplatz mit Heißwasserduschen. Wer eine der All-Inclusive-Wanderungen des Hotels bucht, zahlt den Nebensaisontarif (DZ 110 US$).

ℹ An- & Weiterreise

Minibusse bedienen den ganzen Tag über die Strecke zwischen Marangus Hauptabzweigung („Marangu Mtoni") und Moshi (2000 TSh, 1½ Std.). In Marangu nehmen hin und wieder Kleinlaster Fahrgäste von der Hauptabzweigung zum 5 km entfernten Parkeingang mit (1500 TSh). Wer zum Grenzübergang Holili will, muss an der Abzweigung nach Himo umsteigen.

ABSTECHER

LAKE CHALA SAFARI CAMP

Wer nach Entspannung in Abgeschiedenheit sucht, ist im Ökocamp, **Lake Chala Safari Camp** (☎ 0753 641087, 0786 111177; www.lakechalasafaricamp.com; Camping mit eigenem/gemietetem Zelt 10/30 US$, EZ/DZ inkl. Halbpension 150/200 US$, Tagesbesuch 5 US$; P ᯤ) mit Blick auf den namensgebenden Calderasee an der kenianischen Grenze richtig. Es hat attraktive Anlagen (darunter ein Restaurant und eine Kochecke) und eine wunderschöne Lage, ideal für Wanderungen, Vogelbeobachtungen und einfach nur fürs Nichtstun. Kürzlich wurde ein luxuriöses Zeltcamp (die Preise sind fair) gebaut, sodass nun für jeden Geldbeutel etwas geboten ist.

Nationalpark Kilimandscharo

Seit seiner offiziellen Eröffnung im Jahr 1977 ist der **Nationalpark Kilimandscharo** (☎ 0767 536134, 0689 062309, 027-56605; www.tanzaniaparks.com/kili.html; Erw./Kind 70/20 US$; ⏲ 6.30–18.30 Uhr) einer der meistbesuchten Nationalparks Tansanias. Anders als bei den anderen nördlichen Parks liegt das nicht allein an seiner Tierwelt – obwohl es sie hier natürlich auch gibt. Es liegt vielmehr an dem berauschenden Blick auf den schneebedeckten Berg am Äquator und an der verlockenden Möglichkeit, auf das „Dach Afrikas" zu steigen.

Im Herzen des Parks liegt der 5896 m hohe Kilimandscharo, Afrikas höchster Gipfel und eine der prächtigsten Naturlandschaften des Kontinents. Er ist zugleich einer der höchsten Vulkane und gehört zu den höchsten freistehenden Bergen der Erde. Er erhebt sich aus Kulturland an seinem Fuß, an seinen Hängen gehen üppig grüne Regenwälder über in alpine Wiesen; diese werden schließlich zur kahlen Mondlandschaft der Zwillingsgipfel Kibo und Mawenzi. (Der dritte Vulkan des Kilimandscharo, Shira, liegt an der Westseite des Berges.) Der untere Regenwald ist die Heimat vieler Tiere, wie Büffel, Elefanten, Leoparden und Affen, und manchmal werden im Sattel zwischen dem Kibo und Mawenzi Elenantilopen gesichtet.

Eine Besteigung des Kili lockt Jahr für Jahr rund 25 000 Wanderer ins Land, zum Teil auch, weil es möglich ist, ohne Seile oder bergsteigerische Kenntnisse bis zum Gipfel zu gehen. Man sollte sich jedoch nicht von dem großen Ansturm täuschen lassen – die Besteigung des Bergs ist eine ernst zu nehmende Unternehmung. Zwar erreichen viele Tausende von Wanderern den Uhuru-Gipfel ohne größere Schwierigkeit, aber noch viel mehr schaffen es nicht, weil sie unter Höhenkrankheit leiden und schlicht nicht in guter Verfassung sind. Und: Jedes Jahr sterben einige Wanderer und Träger am Berg. Notwendig sind geeignete Schuhe und Kleidung und vor allem viel Zeit. Wer wirklich den Gipfel erreichen will, sollte ernsthaft daran denken, mindestens einen zusätzlichen Tag zu den „Standard"-Touren hinzuzufügen: Der ärztliche Rat lautet, die Schlafhöhe um nicht mehr als 300 m pro Tag zu überschreiten, sobald man über 3000 m ist; was etwa ein Drittel des täglichen Höhengewinns über 3000 m der von den meisten Veranstaltern angebotenen Standard-Kili-Besteigungen ausmacht.

NATIONALPARK KILIMANDSCHARO

Auf in den Nationalpark Afrikas höchsten Berg besteigen.

Reisezeit Ganzjährig, Ende Juni bis Oktober sowie Ende Dezember bis Februar sind jedoch ideal.

Praktisch & Konkret Zu den Parkzugängen gehören die Tore Machame, Marangu (bei der Hauptverwaltung) und Londorosi; bei einer Trekkingtour entlang der Rongai-Route werden die Gebühren am Marangu-Tor entrichtet. Zum Gipfel führen sechs Routen: Machame, Marangu, Umbwe, Rongai, Shira Plateau und Mweka. Vor Kurzem wurden die Bestimmungen geändert. Man muss nun für alle Routen außer Marangu (mind. 5 Tage) für mindestens sechs Tage Eintritt bezahlen.

Spartipps Die Marangu-Route nehmen, aber bloß nicht an Vorräten und anderen für die Sicherheit wichtigen Utensilien sparen.

Trekking am Kilimandscharo

Reisezeit

Der Kilimandscharo kann zu jeder Jahreszeit bestiegen werden, obwohl das Wetter notorisch unbeständig ist und sich nur schwer voraussagen lässt. Insgesamt ist die Trockenperiode von Ende Juni bis Oktober und von Ende Dezember bis Februar oder Anfang März, gleich nach den kurzen Regen und vor den langen Regen, die beste Zeit für eine Besteigung des Berges. Im November und im März/April ist damit zu rechnen, dass die Pfade durch den Wald ziemlich matschig sind, und dass die Aufstiegsrouten zum Gipfel, besonders über den Western Breach, schneebedeckt sind. Abgesehen davon ist es in dieser Zeit auch durchaus möglich, ein paar schöne, sonnige Tage zu erwischen.

Kletterbedingungen & Ausrüstung

Das Wetter am Kilimandscharo sollte nicht unterschätzt werden. Häufig ist es am Berg ausgesprochen kalt und feucht, daher ist eine vollständige Ausstattung an Kaltwetter-Kleidung und -Ausrüstung nötig, darunter ein Schlafsack guter Qualität. Es lohnt sich auch, ein paar zusätzliche robuste Wasserflaschen mitzunehmen. Egal welche Jahreszeit es ist, alles muss wasserdicht sein, vor allem der Schlafsack, denn auf dem Berg trocknet selten etwas. Meistens ist es möglich, Schlafsäcke und Ausrüstung bei den Trekking-Unternehmen auszuleihen. Für die Marangu-Route kann die Ausrüstung auch beim Stand der „Kilimanjaro Guides Cooperative Society" gleich hinter dem Marangu-Parkeingang oder in einem kleinen Laden kurz vor dem Eingang gemietet werden. Die Qualität und Verfügbarkeit sind vor allem auf dem Billigniveau nicht zuverlässig, sodass es besser ist, seine eigene Ausrüstung mitzubringen.

Außer einem kleinen Laden am Marangu-Parkeingang, der eine begrenzte Auswahl an Schokoriegeln und Dosen verkauft, befinden sich im Park keine Läden. Bier und Sodagetränke werden zu hohen Preisen auf den Hütten der Marangu-Route verkauft.

Kosten

Der Kilimandscharo kann nur mit einem ausgewiesenen Führer bestiegen werden. Am besten gleich eine Tour bei einem Anbieter buchen. Einfache fünftägige Wanderungen mit vier Übernachtungen entlang der Marangu-Route gibt's ab 1300 US$, Parkgebühren inklusive. Einfache preisgünstige Sechstages-Touren auf der Machame-Route starten bei etwa 1600 US$. Für die Rongai-Route werden ab 1300 US$ fällig, für eine siebentägige Exkursion auf der Shira-Plateau-Route rund 1700 US$. Ausgangspunkte anderer Routen sind weiter von Moshi entfernt; die Anfahrtskosten können beträchtlich sein. Deshalb sollte man vorher unbedingt klären, ob sie im Preis inbegriffen sind. Eine geplante Steuererhöhung könnte die Preise weiter steigen lassen.

Die meisten der besseren Veranstalter stellen Extrazelte, in denen gegessen wird, anständige bis gute Küche und verschiedene andere Extras, um das Erlebnis möglichst angenehm zu gestalten (und die Chance der Gäste, es bis zum Gipfel zu schaffen, zu verbessern). Wer einen zu billigen Trip wählt, riskiert unzulängliche Mahlzeiten, mittelmäßige Führer, schlechten Komfort und Probleme bei Hüttenbuchungen und Parkgebühren. Auch ist zu bedenken, dass eine umweltgerechte Wanderung immer mehr kostet.

Unabhängig vom Preis für die Tour sollten folgende (nicht verhandelbare) Parkgebühren im Angebot eines jeden Trekking-Anbieters inbegriffen sein:

- Eintrittsgebühr für den Nationalpark – 70 US$ pro Erw. und Tag
- Hütten-/Camping-Gebühr – 60/50 US$ pro Pers. und Nacht
- Rettungsgebühr – 20 US$ pro Pers. und Tour
- Weitere Kosten hängen vom jeweiligen Veranstalter ab, der sich in der Regel um Verpflegung, Zelte (wenn nötig), Guides, Träger und Transport zum Ausgangspunkt und zurück kümmert; Trinkgeld zahlen hingegen die Teilnehmer.

TRINKGELD

Die meisten Guides und Träger erhalten von den Trekking-Veranstaltern nur minimale Löhne und sind auf Trinkgelder als Haupteinnahmequelle angewiesen. Als Anhaltspunkt sollten ungefähr zehn Prozent des Gesamtbetrages, den man für den Trek bezahlt hat, aufgeteilt zwischen Führern und Trägern, gezahlt werden. Trinkgelder betragen gewöhnlich für zufriedenstellende Dienste zwischen 10 bis 15 US$ pro Gruppe pro Tag für den Guide, 8 bis 10 US$ pro Gruppe pro Tag für den Koch und 5 bis 10 US$ pro Gruppe pro Tag für jeden der Träger.

Guides & Träger

Guides und mindestens ein Träger (für den Guide) sind zwingend vorgeschrieben und werden vom Safari-Veranstalter gestellt. Auf

YOHANI KINYALA LAUWO

Der erste Tansanier, der den Kilimandscharo bestieg, war Yohani Kinyala Lauwo, dessen Andenken in seiner Heimatstadt Marangu noch immer in Ehren gehalten wird. Lauwo war erst 18 Jahre alt, als er 1889 vom Häuptling Marealle I. zum Führer für den Leipziger Bergsteiger und Geografen Hans Meyer (den ersten Europäer, der den Uhuru-Gipfel erreichte) bestimmt wurde. Damals gab es noch keine feste Aufstiegsroute, die Kletterausrüstung war höchst einfach und der Lohn viel niedriger. Auf seinem Trek verdiente Lauwo gerade mal 1 TSh pro Tag.

Nach dieser erfolgreich verlaufenen Besteigung blieb Lauwo in Marangu, wo er den Rest seines Lebens weitgehend damit verbrachte, ausländische Trekker auf den Berg zu führen und neue Bergführer auszubilden. Als 1989 der 100. Jahrestag der Erstbesteigung des Kilimandscharo begangen wurde, war Lauwo der einzige Anwesende, der schon ein Jahrhundert zuvor dabei gewesen war. Lauwo starb 1996 im angeblichen Alter von 125 Jahren. Seine Familie lebt heute noch in Marangu.

MÖGLICHE TOURISTENFALLEN AM KILIMANDSCHARO

Parkgebühren

Wer direkt am Eingangstor bezahlt, muss alle Gebühren für Eintritt, Hütte, Camping und andere Parkgebühren entweder mit Visa- oder Mastercard und PIN begleichen. Vorsicht vor Parkwächtern, die die Rechnung auf einen geringeren Betrag ausstellen (z. B. 100 TSh anstelle von 100 US$). Nach der Trekkingtour fordern sie beim Verlassen des Parks die Begleichung des Fehlbetrags in bar. Das Geld landet natürlich in der Tasche des jeweiligen Wächters. Bevor man die PIN eingibt, sollten Betrag (*und* Währung) sorgfältig überprüft werden, zudem sind alle Quittungen aufzubewahren, bis man den Park verlassen hat.

Unprofessionelle Guides

Während die meisten Guides, einschließlich derer, die für Budget-Unternehmen arbeiten, pflichtbewusst, professionell, gut ausgebildet und bemüht sind, den Trip sicher und erfolgreich zu gestalten, gibt es immer auch Ausnahmen. Es passiert zwar nicht oft, aber manche Guides verlassen die letzte Hütte absichtlich spät am Gipfeltag, damit sie nicht ganz bis nach oben gehen müssen. Derartiges lässt sich am besten vermeiden, wenn man mit einem angesehenen Unternehmen geht, das hauptberufliche Guides anstellt (was die meisten nicht tun). Man sollte auch darauf bestehen, den Guide vor der Vertragsunterzeichnung kennenzulernen, mit allen Aspekten der Route vertraut gemacht zu werden, und dann auf dem Berg morgens und abends darüber informiert zu werden, was der Tag bringen soll. Am Abend vor der Gipfelbesteigung sollte man von anderen Bergsteigern in Erfahrung bringen, ob die geplante Aufstiegszeit realistisch ist (allerdings gehen nicht alle zur gleichen Zeit los) und falls nicht, sich das vom Guide erklären lassen. Sollten Probleme auftauchen, höflich, aber entschlossen mit dem Guide sprechen.

der Marangu-Route kann jeder sein Gepäck selbst tragen; obwohl Träger allgemein eingesetzt werden, sind auf allen anderen Routen ein bis zwei Träger pro Bergsteiger unabdingbar.

Alle Guides müssen bei der Nationalpark-Behörde registriert sein. Wenn Zweifel bestehen, die Gültigkeit des Ausweises überprüfen. Auf dem Kili ist es der Job des Guides, den Bergsteigern den Weg zu zeigen, mehr nicht. Nur die besten Guides, die für angesehene Unternehmen arbeiten, sind in der Lage, etwas über die Tierwelt, die Pflanzen und anderes in der Bergwelt zu erzählen.

Die Höchstlast der Träger liegt bei 15 kg (dazu kommen die eigene Verpflegung und Kleidung, die an der Außenseite ihrer Taschen befestigt werden). Das Gepäck der Bergwanderer wird gewogen, bevor es losgeht.

Karten

Topografische Karten sind z. B. *Map & Guide to Kilimanjaro* von Andrew Wielochowski und *Kilimanjaro Map & Guide* von Mark Savage. Die von Hand gezeichnete *New Map of the Kilimanjaro National Park* bietet einen recht guten Überblick, ist für eine Trekkingtour jedoch zu ungenau.

Trekkingrouten

Es gibt sechs Haupt-Trekkingrouten zum Gipfel. Außer auf der Marangu-Route müssen Wanderer immer in Zelten übernachten.

Offiziell sind auf dem Kilimandscharo pro Route pro Tag 60 Bergsteiger zugelassen. Außer auf der Marangu-Route, die wegen der Hütten-Kapazitäten ohnehin nicht mehr aufnehmen kann, wird das nicht immer kontrolliert. Falls diese Begrenzung durchgesetzt wird, müssen Aufstiege früher im Voraus gebucht werden und die Flexibilität von Last-Minute-Arrangements nimmt ab.

➡ **Marangu-Route** Eine Bergwanderung auf dieser Route wird meist im Paket als eine Auf- und Abstiegstour in fünf Tagen und vier Nächten angeboten. Allerdings ist mindestens eine zusätzliche Nacht zwecks Höhenanpassung dringend zu empfehlen, besonders für diejenigen, die gerade nach Tansania eingeflogen oder aus dem Flachland angekommen sind.

➡ **Machame-Route** Die zunehmend beliebte Route steigt allmählich an und schließt einen wunderbaren Tag auf den südlichen Hängen ein, bevor der Gipfelanstieg über den letzten Teil der Mweka-Route erfolgt.

➡ **Umbwe-Route** Die sehr viel steilere Route mit direkterem Zugang zum Gipfel ist sehr schön, wenn man der Versuchung widerstehen kann, allzu schnell an Höhe zu gewinnen. Obwohl die Route direkt ist, ist der obere, sehr steile Teil bis zur Felswand des Western Breach oft mit Eis oder Schnee bedeckt, was ihn unpassierbar oder extrem gefährlich macht. Viele Bergwanderer, die sie ohne richtige Anpassung in Angriff nehmen, sind zur Umkehr gezwungen. Ein Hinweis auf den Schwierigkeitsgrad der Route ist die Tatsache, dass der Western Breach noch bis vor Kurzem als bergsteigerisch anspruchsvolle Route galt. Diese Route ist nur für erfahrene und gut ausgerüstete Bergsteiger ratsam, die zudem mit einem angesehenen Veranstalter reisen. Verantwortungsbewusste Veranstalter empfehlen eine zusätzliche Nacht für die Akklimatisierung.

➡ **Rongai-Route** Die immer populärere Route beginnt in der Nähe der kenianischen Grenze und geht an der Nordseite des Berges hoch.

➡ **Shira-Plateau-Route** Die attraktive Strecke wird auch Londorosi-Route genannt und ist etwas länger als die anderen, aber gut für die Höhenanpassung, wenn man mit dem Aufstieg am Londorosi-Eingang beginnt (statt die Piste bis zum Beginn der Shira-Route mit dem Auto zu fahren) oder wenn man in der Shira-Schutzhütte einen zusätzlichen Tag einlegt.

➡ **Mweka-Route** Nur für den Abstieg; wird oft mit den Routen Machame, Umbwe und (manchmal) Marangu kombiniert.

West-Kilimandscharo

West-Kilimandscharo wird von Besuchern des Kilimandscharo oder der nördlichen Safariparks oft übersehen. Das ist schade, denn die Region der Massai, die sich nördlich des Dorfes Sanya Juu bis zur kenianischen Grenze erstreckt, ist ein Gebiet mit Savannen-Buschlandschaft und beeindruckenden Tierpopulationen. Darüber hinaus ist sie ein wichtiger Lebensraum für Löwen aus Süd-Kenia und Teil des Elefantenkorridors, der Kenias Nationalpark Amboseli mit dem Nationalpark Kilimandscharo verbindet. Weitere Attraktionen sind Wanderungen, kulturelle Aktivitäten und Pferderitte.

Sehenswertes & Aktivitäten

Makoa Farm (S. 217) in Machame veranstaltet acht- bis zehntägige Reitsafaris im westlichen Kilimandscharo-Gebiet.

Schutzgebiet Kilimandscharo TIERSCHUTZGEBIET
(☎ 0754 333550, 027-250 2713; www.thekiliconservancy.org) Herzstück der 2001 zum privaten Schutzgebiet erklärten Gegend ist die 44 km² große Ndarakwai-Ranch. Das Schutzgebiet ist eines von wenigen seiner Art in Tansania. Wie bei ähnlichen Projekten in Kenia hat man auch hier eine ehemalige Rinderfarm aus der Kolonialzeit mit ihren Grasebenen und Wäldern in ein wunderschönes Reservat verwandelt, in dem Umweltschutz und kommunale Entwicklung Hand in Hand gehen.

Das Schutzgebiet verbindet die Ökosysteme des Amboseli in Süd-Kenia mit jenen der Nationalparks Kilimandscharo und Arusha (und anderen) und spielt eine bedeutende Rolle hinsichtlich der Erholung der Wildtierbestände. Zudem gehört der Aufbau einer privaten Einheit gegen Wilderer zu den Projekten. Heute gibt es hier über 70 Säugetier- und rund 350 Vogelarten. Elefanten, Zebras, Geparden, Warzenschweine und Kleine Kudus leben im Schutzgebiet oder ziehen regelmäßig vorbei. Löwen und Büffel kommen zwar selten, jedoch vermehrt vor. Das Reservat unterstützt überdies die hiesige Schule und hilft beim Bau von Zäunen, um Ernteschäden durch Elefanten vorzubeugen.

Olpopongi Maasai Cultural Village KULTURELLE TOUREN
(☎ 0756 718455; www.olpopongi-maasai.com; pro Pers. Tagestour/mit Übernachtung 59/95 US$, mit Abholservice & Transport ab Moshi 139/169 US$, ab Arusha 169/190 US$) Das Olpopongi Maasai Cultural Village ist eine gute Adresse für jeden, der eine Nacht in einem authentischen Massai-*boma* (einer befestigten Wohnanlage) verbringen oder Massai-Traditionen kennenlernen möchte. Es gibt ein kleines, informatives Museum, heilkundliche Wanderungen, Unterricht im Speerwerfen und mehr. Die Anlage ist ideal für Familien mit Kindern und hat ein Buchungsbüro in Moshi.

Schlafen

Zum Gesamtpaket der Overnight-Tour des Olpopongi Maasai Cultural Village gehört auch eine Übernachtung in einem Massai-*boma*.

(SCHMELZENDER) SCHNEE AUF DEM KILIMANDSCHARO

Seit ihrer ersten Vermessung 1912 haben die Gletscher des Kilimandscharo, die auf über 10 000 Jahre geschätzt werden, mehr als 85 Prozent ihres Eises verloren und sind im letzten Jahrzehnt noch schneller geschmolzen. Wenn sich nichts ändert, werden sie bis 2030 ganz verschwunden sein. Das nördliche Eisfeld des Kili, das größte des Bergs, zerbrach kürzlich in zwei Teile. Seit 2000 hat es 29 % seines Eisvolumens und 32 % seiner Oberfläche eingebüßt, das entspricht ganzen 4 Mio. m³ Eis.

Die Hauptfaktoren, so wird angenommen, sind eine Zunahme der Temperatur des Indischen Ozeans und der Verlust der Walddecke an den unteren Berghängen: Weniger Bäume bedeuten, dass weniger Feuchtigkeit in der Luft ist, was wiederum bedeutet, dass das Eis sublimiert (verdampft, ohne flüssig zu werden). Bis jetzt scheint jedoch vor allem eines sicher zu sein: Wer den Gipfel des Kilimandscharo noch in Schnee gehüllt sehen will, sollte sich beeilen.

★Ndarakwai Ranch ZELTCAMP **$$$**
(☎0784 550331, 0754 333550, 027-250 2713; www.ndarakwai.com; EZ/DZ inkl. Halbpension mit Wildtierfahrten 487/772 US$; P📶) 🍃 Die Ranch, ein hübsches Camp mit 15 Zelten unter Leitung des Schutzgebiets Kilimandscharo, ist eine komfortable Ausgangsbasis für Safaris und Wanderungen. Die schicken, geräumigen Dauerzelte befinden sich auf einem hübschen Waldstück in der Nähe des Ngare-Nairobi-River-Ufers inmitten von Gelbrinden-Akazien. Im Übernachtungspreis enthalten ist die Reservatsgebühr von 45 US$ pro Person und Nacht.

Shu'mata Camp ZELTCAMP **$$$**
(www.shumatacamp.de; EZ/DZ inkl. Vollpension 735/1270 US$) Ausladenden Panoramablick auf das Amboseli-Ökosystem Süd-Kenias bietet dieses Dauercamp vor der Kulisse des Kilimandscharo. Das Dekor kombiniert klassischen Safaristil à la Hemingway mit Massai-Farben. Ein Hauch von Luxus und die abgeschiedene Lage sorgen für einen unvergesslichen Aufenthalt.

Darüber hinaus gibt es auch Kombiangebote mit der Schwesteranlage im Nationalpark Arusha (die beiden Camps unterliegen derselben Leitung).

ℹ An- & Weiterreise

Öffentliche Verkehrsmittel nach Olpopongi und ins Schutzgebiet Kilimandscharo gibt es nicht, möglich ist jedoch ein kostenpflichtiger Abholservice ab Moshi oder von anderen Orten aus.

Autofahrer biegen vom Highway Arusha–Moshi bei Boma Ng'ombe (23 km westlich von Moshi) ab. Weiter geht's 27 km auf einer weitgehend befestigten Straße nach Sanya Juu, von wo eine kaum ausgeschilderte Piste 25 km weiter nach Olpopongi führt. Für das Schutzgebiet und die Ndarakwai-Ranch den Schildern nach Olpopongi folgen; der Ndarakwai-Abzweig ist ein paar Kilometer davor ausgeschildert.

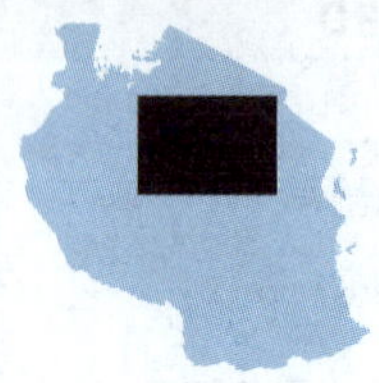

Zentral-Tansania

Inhalt ➡

Die beste Kultur

- ➡ Felsmalereien von Kondoa (S. 228)
- ➡ Touristische Kulturprogramme (S. 231)
- ➡ Der *mnada* (Markt) von Katesh (S. 232)

Die schönste Natur

- ➡ Felsmalereien von Kondoa (S. 228)
- ➡ Hanang (S. 231)
- ➡ Singidani-See (S. 232)

Auf nach Zentral-Tansania

Hierher verirren sich nur wenige Touristen – genau richtig also für Individualisten. Größte Sehenswürdigkeit der Gegend sind die außergewöhnlichen und rätselhaften Felsmalereien von Kondoa, die sich über Hügel im Randbereich des Großen Grabenbruchs verteilen und Teil des Unesco-Welterbes sind. Nicht weit entfernt erhebt sich der Hanang mit über 3000 m Höhe, dessen Gipfel man sogar auf eigene Faust erklimmen kann. Beide Attraktionen gelten als Tor zur Welt der farbenfrohen Barabaig und anderer Stämme, deren traditionelle Lebensweisen noch immer wenig von der modernen Welt beeinflusst sind.

Dann gibt es noch Dodoma, die Hauptstadt des Landes und Sitz des Parlaments. Es ist ein faszinierendes Relikt nationalistischer Ambitionen mit interessanter Architektur und der besten Infrastruktur der Region. Das Reisen ist im Zentrum nicht immer einfach, denn Verkehrsmittel und Unterkünfte sind durchaus noch verbesserungswürdig. Dafür bekommen nur wenige Besucher diesen Teil des Landes zu sehen.

Reisezeit

Dodoma

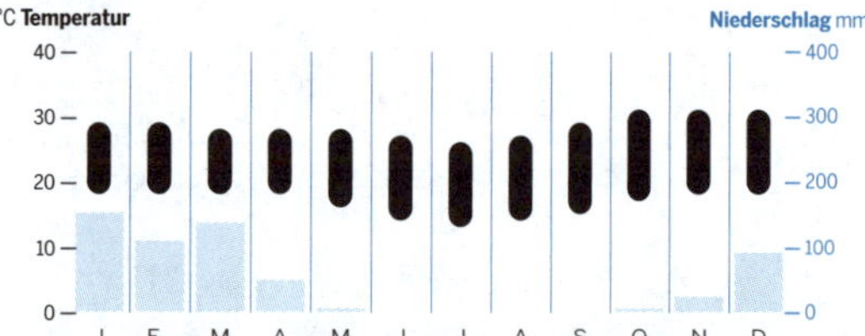

April–November In der Trockenzeit ist es oft staubig, dafür aber erfrischend kühl.

Dezember–März Während der Regenzeit sind manche Straßen kaum befahrbar.

April–August In einigen Seen brüten die Flamingos.

Dodoma

410 960 EW.

Dodoma entstand aus einer schönen Idee heraus. Doch wie bei allen Hauptstädten vom Reißbrett – man denke an Abuja und Yamoussoukro in Afrika oder Brasília und Canberra auf anderen Kontinenten – sprang der Funke nie wirklich über, und so fehlt Dodoma eine gewisse Authentizität und weltstädtische Atmosphäre. Obwohl es an der alten Karawanenroute von Zentralafrika und dem Tanganjikasee bis zur Küste liegt, blieb Dodoma völlig unbedeutend, bis es 1973 Landeshauptstadt wurde.

Bis in die Mitte der 1980er-Jahre sollte die gesamte Regierung in Dodoma angesiedelt werden und die Bevölkerung in kleineren, unabhängigen Gemeinden auf der Basis von *ujamaa* (Familienverbänden) leben. Doch

Highlights

❶ Die mysteriösen **Felsmalereien von Kondoa** (S. 228), die zum Unesco-Welterbe zählen, ganz für sich allein haben.

❷ Die Barabaig, Sandawe und andere traditionelle Stämme auf einer Kultur-Tour von Babati (S. 230) oder Kondoa (S. 228) kennenlernen.

❸ Auf den selten besuchten **Hanang** steigen, den vierthöchsten Berg Tansanias, und auf dem Gipfel übernachten (S. 231).

❹ Einen farbenprächtigen *mnada* (Markt) erleben, insbesondere den von **Katesh** (S. 232).

❺ Die sakrale und politische Architektur in **Dodoma** bestaunen (S. 2125).

❻ In **Singida** aufregende Touren abseits der üblichen Pfade unternehmen (S. 232).

Dodoma

Dodoma

Sehenswertes

1 Anglikanische Kirche ... B3
2 Katholische Kathedrale ... A4
3 Gaddafi-Moschee ... B1
4 Jamatkhana-(Ismaili-)Moschee ... C3
5 Lutheranische Kathedrale ... C3

Schlafen

6 Kidia Vision Hotel ... B2
7 Kilondoma Inn ... A3
8 New Dodoma Hotel ... C4

Essen

9 Aladdin's Cave ... C2
10 Dodoma Wimpy ... C3
New Dodoma Hotel ... (siehe 8)

Praktisches

11 Aga Khan Health Centre ... B3
12 Barclays Bank ... B3
13 CRDB ... C2
14 DTC-Wechselbüro ... C2
15 General Hospital ... B3

die Pläne erwiesen sich aus mehreren Gründen als unrealistisch. Obwohl sich die Abgeordneten regelmäßig in Dodoma versammeln, blieb Daressalam bis heute das unangefochtene wirtschaftliche und politische Zentrum des Landes.

Die Stadt ist in den letzten Jahren langsam gewachsen. Das Straßennetz ist grandios entworfen und die Architektur der Regierungsgebäude und Kirchen eindrucksvoll, was aber einen enormen Kontrast zum ruhigen täglichen Leben der Stadt darstellt. Dodoma ist eine Hauptstadt in viel zu großen Kleidern.

Wegen der Regierungsgebäude ist das Fotografieren in vielen Bereichen verboten.

Sehenswertes

Anglikanische Kirche KIRCHE
(Hospital Rd.) Die von einer Kuppel gekrönte Anglikanische Kirche im Zentrum scheint mit ihrem verblüffenden Stilmix direkt aus dem Nahen Osten zu stammen.

Jamatkhana-(Ismaili)-Moschee MOSCHEE
(Ecke Mahakama St. & Jamatin Ave) Die Moschee gegenüber der Anglikanischen Kirche wurde 1954 im englischen Neoklassizismus erbaut und wird ausschließlich von der indischen Gemeinschaft Dodomas genutzt.

Lutheranische Kathedrale KIRCHE
(Mahakama St.) Neben der Jamatkhana (Ismaili) Moschee steht die Lutheranische Kirche, Dodomas bestes Beispiel modernistischer Architektur.

Katholische Kathedrale KIRCHE
(Mirembe Rd.) Die riesige katholische Kathedrale westlich des Zentrums weist Mosaiken im romanischen Stil auf. Sie stellen Heilige und die ugandischen Märtyrer dar.

Gaddafi-Moschee MOSCHEE
(Jamhuri Rd.) Der gestürzte libysche Diktator Gaddafi hat die 2010 eröffnete Gaddafi-Moschee im Norden des Stadtzentrums gestiftet. Der rosafarbene Bau bietet Platz für 4500 Gläubige und gehört damit zu den größten Moscheen Ostafrikas.

Bunge SEHENSWERTES GEBÄUDE
(Dar es Salaam Rd.) Das tansanische Parlamentsgebäude ist von den afrikanischen Rundbauten inspiriert. Es darf nur während der Parlamentssitzungen besichtigt werden (einen Pass mitbringen). Ansonsten lohnt sich auch der Blick von außen. Fotografieren ist nicht gestattet.

Schlafen

Wegen der schlechten Wasserversorgung bestehen die Bäder in preiswerten Hotels lediglich aus Wassereimern. Wenn das Parlament tagt, sind die besseren Hotels ausgebucht. Dann kann es eine ganze Weile dauern, ein freies Hotelzimmer zu finden.

Kilondoma Inn GÄSTEHAUS $
(☎0745 477399; www.kilondoma.blogspot.com; nahe Ndovu Rd.; DZ 20 000 TSh; P ❄ 📶) Dieses Gästehaus bietet sehr viel (Zimmer mit Klimaanlage, Kabel-TV, Ventilator und heißes Wasser) für wirklich kleines Geld. Selbst wenn die Preise noch etwas steigen, bleibt es eines der besten Angebote in Dodoma. Die Doppelbetten reichen nur knapp für zwei.

Kidia Vision Hotel HOTEL $
(☎0784 210766; Ninth St.; DZ/Suite 30 000–45 000/70 000–80 000 TSh; P 📶) Gut geführt und im Unterschied zu gleichwertigen Hotels auch gut gepflegt; eine sehr solide Wahl in seiner Preisklasse. Die Zimmer sind bequem und sauber; teurere Räume bieten aber kaum mehr.

New Dodoma Hotel HOTEL $$
(☎026-232 1641; www.newdodomahotel.com; Railway Rd.; EZ/DZ mit Ventilator 50/70 US$, mit Klimaanlage ab 70/95 US$; P ❄ @ 📶 🏊) Der Blumenschmuck verwandelt den Innenhof des ehemaligen Railway Hotels in eine hübsche Oase; die Zimmer sind stilvoll eingerichtet. Die Suiten blicken auf die Hauptstraße und sind lauter als die normalen Zimmer. Es gibt einen Fitnessraum, ein gutes Restaurant und einen nicht besonders sauberen Swimmingpool.

Essen

Aladdin's Cave SÜSSES, EUROPÄISCH $
(CDA St.; Snacks/Gerichte ab 350/2500–8000 TSh; ⏲ tgl. 9.30–13 & Di–Sa 15.30–17.30 Uhr; 🖉) Die Dodoma-Version eines nostalgischen Süßwarenladens; man bekommt aber auch vegetarische Burger und Pizzas.

Dodoma Wimpy FAST FOOD $
(Jamatin Ave; Snacks/Gerichte ab 350/2000–5000 TSh; ⏲7–22 Uhr) Keine echte Wimpy-Filiale, aber es gibt fettige „Beef Burger" und die üblichen einheimischen Gerichte und Snacks; die meisten, etwa *bhaji* und Hähnchen-Biryani, sind indisch angehaucht.

★ **Leone l'Africano** ITALIENISCH $$
(☎0754 073573, 0788 629797; Mlimwa Rd.; Gerichte 8500–14 000 TSh; ⏲ Di–Fr 17–22, Sa & So 12–15 & 17–22 Uhr) Im Schatten des Lion Rock; serviert werden leckeres italienisches Essen, darunter auch eine der besten Pizzas des Landes, sowie tansanische und europäische Weine. Es verfügt über einen Spielplatz und einen Golfplatz mit zwölf Löchern.

New Dodoma Hotel INTERNATIONAL $$
(Railway Rd.; Gerichte 5000–16 000 TSh; ⏲7–22 Uhr) Auf der internationalen Speisekarte stehen Pizzas, Fish & Chips, *dhal tadka* und *fajitas*. Besonders lecker sind die indischen und einheimischen Gerichte sowie das Barbecue im Freien (Abendessen). Das China-Restaurant im Hotel ist reine Glückssache – das Essen kann lecker oder furchtbar schmecken.

TANSANIAS WEININDUSTRIE

Dodoma ist das Zentrum der tansanischen Weinindustrie. Dieser winzige Wirtschaftszweig geht auf italienische Missionare zurück, die zu Beginn des 20. Jhs. Reben gepflanzt haben. Der größte Teil des Weins dient kirchlichen Zwecken und der geringe Anteil, der in den Handel kommt, dürfte in absehbarer Zeit sicher keine Preise gewinnen, aber man kann den Wein in den Restaurants der Stadt probieren und einige kleine Lebensmittelläden verkaufen ihn. Im Rahmen eines Tagesausflugs kann man die Weinberge des italienisch geführten Weinguts **Cetawico** (Central Tansania Wine Company; ☎0786 799010; www.cetawico.com) besuchen, das seine ersten Flaschen 2005 abgefüllt hat und heute zu den erfolgreichsten Weingütern des Landes zählt. Es liegt 50 km nordöstlich von Dodoma in Hombolo.

Praktische Informationen

Aga Khan Health Centre (☎026-232 1789; Sixth St.; ⌚Mo–Sa 8–20 Uhr) Die erste Adresse bei Krankheiten; gute Apotheke.

Dodoma Guide (www.dodoma-guide.com) Einigermaßen hilfreiche privat betriebene Website.

General Hospital (Hospital Rd.; ⌚24 Std.)

An- & Weiterreise

BUS

Die folgenden Busse fahren am **Hauptbusbahnhof** ab, sofern es nicht anders angegeben ist. Lokale Buse starten an der **dalla-dallas-Haltestelle Jamatini** westlich des Busbahnhofs.

Arusha und Moshi Mtei Express bietet die besten Busse nach Arusha (25 000 TSh, 11 Std.) und Moshi (28 000 TSh, 12–14 Std.). Alle fahren um 6 Uhr.

Daressalaam Die „full luxury"-Busse von Shabiby mit gegenüberliegenden Doppelsitzen und Toilette (24 000 TSh, 6–7 Std.) fahren am eigenen Busbahnhof gegenüber dem Hauptbusbahnhof am Kreisverkehr ab. Die übrigen Busse (12 000–20 000 TSh) starten regelmäßig zwischen 6 und 13 Uhr in Dodoma. Busse, die in Mwanza Richtung Daressalam unterwegs sind, kommen nachmittags durch Dodoma und haben meist noch Sitzplätze frei.

Iringa Inzwischen ist die Straße nach Iringa (12 000 TSh, 4 Std.) zu Dreivierteln asphaltiert.

Kondoa Die Busse nach Kondoa (7000 TSh, 3 Std.) starten um 6, 6.30, 10.30 und 12 Uhr. Sie fahren eine Teilstrecke über die alte Great North Road, die Kapstadt mit Kairo verbindet. Mit dem Morgenbus kann man den Anschluss nach Babati am selben Tag erwischen.

Mwanza Die Busse nach Mwanza (36 000 TSh, 8 Std.) über Singida (16 000 TSh, 3 Std.) fahren um 6 und 7.30 Uhr in Dodoma ab. Die Busse aus Daressalam nach Mwanza kommen um die Mittagszeit durch.

FLUGZEUG

Der Flughafen liegt nördlich des Stadtzentrums (ein Taxi kostet 4000 TSh).

Flightlink (☎0787 845200, 0754 972173; www.flightlinkaircharters.com) Fliegt täglich zwischen Dodoma und Daressalaam; Weiterflüge nach Pemba, Sansibar und Arusha sind möglich.

Felsmalereien von Kondoa

In der Region von Kondoa, insbesondere um das winzige Dorf Kolo herum, finden sich die außergewöhnlichsten Felsmalereien, die Afrika zu bieten hat. Sie sind sehr wenig bekannt und eine der meistunterschätzten Attraktionen. Wer sich nicht vor holprigen Pisten fürchtet, sollte den Abstecher zu den faszinierenden Malereien wagen.

Für Besuche auf eigene Faust verkauft das Büro des **Ministeriums für Altertümer** (Antiquities Department, ☎0752 575096; ⌚7.30–18 Uhr) an der Hauptstraße in Kolo eine Erlaubnis (pro Erw./Kind 27 000/13 000 TSh) und stellt kostenlos einen obligatorischen Führer zur Verfügung (ein Trinkgeld wird erwartet); einige sprechen Englisch. Das kleine, aber gute Museum zeigt archäologische Funde und stellt die Kultur der Irangi vor.

Sehenswertes

Von den 186 bekannten Standorten (wahrscheinlich gibt's mehr) sind nur wenige gründlich dokumentiert. Mit einer Übernachtung in Kolo oder Kondoa können problemlos drei der besten Standorte an einem Tag besucht werden, und wer sich beeilt, schafft sogar vier.

Felsmalereien von Fenga FELSMALEREIEN

Zu den am meisten beeindruckenden Felsmalereien von Kondoa zählt der ausgezeichnete Komplex von Fenga. Die bekannteste Szene zeigt eine Jagdgesellschaft, die einen Elefanten in eine Falle zu locken scheint. Die Zeichnungen sind etwa 20 km nördlich von Kolo etwas seitlich der Straße Arusha–Dodoma mit einem 1 km langen Spaziergang durch hügeliges Gelände zu erreichen.

Felsmalereien von Thawi FELSMALEREIEN
Die abwechslungsreichste und damit beste Gesamtschau der Malereien in der Gegend von Kondoa bietet Thawi. Es liegt 15 km nordwestlich von Kolo, und man gelangt nur mit einem Geländewagen hin.

Felsmalereien von Kolo FELSMALEREIEN
Am meisten besucht, wenn auch nicht die besten, sind die Malereien bei Kolo (B1, B2 und B3), 9 km östlich vom Dorf Kolo. Sie sind nur mit einem geländegängigen Wagen zu erreichen, und am Ende der Straße muss noch ein steiler Hügel bis zu den Malereien erklettert werden. Die interessantesten Darstellungen zeigen Menschen mit Masken oder kunstvollen, wilden Frisuren.

Felsmalereien von Pahi FELSMALEREIEN
Östlich von Kolo auf der Rückseite desselben Berges im Osten Kolos, befinden sich die weißen und damit neueren Malereien von Pahi. Sie sind mit dem Auto zu erreichen. Busse von Arusha und Babati nach Busi fahren durch das nahe Dorf Pahi.

Geführte Touren

Während viele Veranstalter keinen Aufenthalt in Kondoa vorsehen, bauen andere die Felsmalereien für einen Tag in ihre Safaris ein. Das Kondoa Irangi Cultural Tourism Program (S. 231) in Kondoa fährt regelmäßig Besucher (60 US$ pro Pers., mindestens 2 Teilnehmer) her.

Schlafen & Essen

Einige Tea-Rooms in Kolo servieren *chapati*, Bohnen und Reis, manchmal auch Hähnchen.

Amarula Campsite CAMPINGPLATZ $
(☎ 0754 672256; www.racctz.org; Camping mit eigenem/gemietetem Zelt 10/20 US$) Der Campingplatz ist noch im Aufbau. Er liegt 6 km östlich von Kolo an der Straße nach Pahi in einer wunderschönen Landschaft und hat eine einfache Ausstattung.

Mary Leakey Campsite CAMPINGPLATZ $
(Camping 7500 TSh) Dieser vom Ministerium für Altertümer betriebene Campingplatz hat

FELSMALEREIEN VON KONDOA

Obwohl mehrere Archäologen die Felsmalereien untersucht haben – am bekanntesten dürfte Mary Leakey sein –, bleibt die Herkunft der meisten Darstellungen im Dunkeln. Niemand kennt die Künstler oder die Entstehungszeit. An manchen Stätten halten Regenmacher und Medizinmänner noch immer ihre Rituale ab.

Experten für Felsmalereien ordnen die Werke von Kondoa zwei verschiedenen Stilen bzw. Epochen zu. Die ältesten und aufwendigsten sind die sogenanten **roten Malereien**. Einige Forscher schätzen das Alter der ältesten Bilder auf mehr als 7000 Jahre, vielleicht sogar mehr. Die roten Malereien (oft ocker- oder orangefarben) stellen in der Regel stilisierte menschliche Figuren dar, die jagen, tanzen oder Musikinstrumente spielen. Häufig tragen sie Röcke, fremdartige Frisuren und Körperschmuck. Auf vielen Zeichnungen sind große Tiere, vor allem Giraffen und Antilopen, aber auch geometrische Formen zu sehen.

Die roten Felsmalereien sollen von den Sandawe stammen, die entfernt zur Sprachfamilie der San gehören. Auch dieser südafrikanische Stamm ist für seine Felsmalereien berühmt. Das Volk der Hadza, das heute in der Umgebung des Eyasi-Sees in Nordtansania lebt, kommt ebenfalls als Urheber infrage. Wer auch immer die Künstler waren, sie benutzten Hände und Finger, aber auch Pinsel aus Schilf oder Zweigen. Einige Farben bestehen aus einem Gemisch verschiedener Pigmente mit Tierfett, die zu einer Art Fettkreide geformt wurden.

Die zweite Kategorie ist als **späte weiße Malereien** bekannt. Im Vergleich zu den roten Malereien sind sie wesentlich einfacher – geradezu roh. Die meisten dieser späten Zeichnungen entstanden während der vergangenen 1500 Jahre und gehen auf Bantu-Stämme zurück, die in diese Gegend zuwanderten. Auf den besseren Malereien sind wilde oder mythische Tiere und Menschen erkennbar sowie Muster, die aus Punkten, Kreisen und Rechtecken bestehen. Oft lassen sich die Motive dieser jüngeren Werke nicht leicht identifizieren, denn sie wurden häufig nicht mit dem Pinsel, sondern mit den Fingern gemalt.

Für weitere Informationen kann man sich an den **Trust for African Rock Art** (www.africanrockart.org) wenden oder das hervorragende Buch *Afrikanische Felsenbilder* von David Coulson und Alec Campbell kaufen.

nicht viel zu bieten außer Ruhe und Einsamkeit – und das ganze Jahr Wasser. Er befindet sich am Fluss Kolo (Hembe) auf halber Strecke zu den Zeichnungen von Kolo.

New Planet GÄSTEHAUS $
(☎0787 907915; EZ/DZ 18 000/23 000 TSh; P) Das saubere, ruhige Gästehaus in Kondoa ist etwa 5 Minuten Fußweg in nördlicher Richtung von der Bushaltestelle entfernt. Es ist die beste Unterkunft, die der Ort aufzuweisen hat. Die Zimmer sind einigermaßen groß, haben Ventilator und TV; auf Nachfrage gibt es heißes Wasser in Eimern. Das Essen (2000–5000 TSh) im Restaurant, hinter dem Haus versteckt, ist gut.

Praktische Informationen

Kondoa hat Zugang zum Internet, allerdings keine Bankdienste für Touristen.

An- & Weiterreise

Kolo liegt 80 km südlich von Babati. In Babati fahren um 7 und 8.30 Uhr Busse nach Kolo (7500 TSh, 3½ Std.) ab. Von Arusha fahren um 6 Uhr Mtei-Express-Busse nach Kondoa ab und kommen durch Kolo (11 500 TSh, 6½ Std.). Der letzte Bus von Kondoa in nördliche Richtung startet um 9 Uhr. Nach Dodoma (8500 TSh, 3 Std.) verkehren nur Busse ab Kondoa, nicht ab Kolo. Sie fahren um 6, 10 und 12.30 Uhr. Wer in Kondoa einsteigt, kann mit einem Sitzplatz rechnen, ab Kolo sind nur noch Stehplätze frei.

Von Babati aus kann man die Stätten als Tagestour mit öffentlichen Verkehrsmitteln planen oder als Zwischenstop auf der Fahrt nach Dodoma. Nach der Besichtigung der Felsmalereien von Kolo geht's allerdings nur per Anhalter weiter; normalerweise fahren nachmittags ein paar Laster über diese Straße.

In Kolo kann man Motorräder mieten und damit alle vorgestellten Stätten früher erreichen. Bis zu den Felsmalereien muss man allerdings noch ein Stück laufen. Die Motorräder, die das Ministerium für Altertümer verleiht, sind sehr teuer (25 000 TSh nur für die Stätten in Kolo), man kann aber versuchen, in Kondoa (die nächstgelegene größere Stadt, 25 km südlich von Kolo) von privat einen preiswerteren Wagen zu mieten.

Babati

93 110 EW.

Das staubige Marktstädtchen Babati liegt inmitten einer fruchtbaren Landschaft am Rande des Grabenbruchs, 175 km südwestlich von Arusha. Der Ort mit dem Charakter eines Grenzstädtchens ist Ausgangspunkt für Trekkingtouren auf den Hanang (75 km südwestlich). Babati wird im Südwesten vom friedlichen **Babati-See** gesäumt. Der See mit dem hohen Schilfgürtel ist die Heimat von Flusspferden und Wasservögeln. Wer am 17. eines Monats ankommt, darf auf keinen Fall den monatlichen **mnada** (Markt) verpassen, der 5 km südlich der Stadt abgehalten wird.

Schlafen & Essen

Babati bietet Dutzende preiswerte und kaum zu unterscheidende Gästehäuser sowie mehrere in der Stadt verteilte kleine Lebensmittelläden.

Kahembe's Modern Guest House GÄSTEHAUS $
(☎0784 397477; www.kahembeculturalsafaris.com; Sokoine Rd.; EZ/DZ 25 000/30 000 TSh; WLAN) In dem freundlichen Haus nordwestlich der Bushaltestelle ist auch Kahembe's Culture & Wildlife Safaris untergebracht. Es bietet ordentliche Doppelzimmer mit Einzel- und Doppelbetten, TV und verlässliche heiße Duschen. Das Frühstück mit Würstchen, Cornflakes, Obst, Toast und Eiern ist im Preis enthalten – ein großartiger Start in den Tag.

White Rose Lodge GÄSTEHAUS $
(☎0784 392577; www.manyarawhiterose.blogspot.com; Ziwani Rd.; DZ 25 000 TSh; P WLAN) In Ordnung, aber ungünstig gelegen (außer für Selbstfahrer) in einer Nebenstraße der Singida Road im Süden der Stadt. Die Zimmer verfügen über die gleiche Standardausstattung wie andere Budgetherbergen in Babati, sind aber viel neuer.

Royal Beach Hotel CAMPINGPLATZ, BANDAS $
(☎0785 125070; Camping mit eigenem/gemietetem Zelt 15 000/18 000 TSh, *bandas* 35 000 TSh; P) Das Royal Beach auf einer Halbinsel im Babati-See hat ein attraktives Bar-Restaurant und eine Disco (Fr & Sa) mit Holz-Stein-Schilfdach-Ambiente – Robinson hätte sich zu Hause gefühlt. Auf Wunsch werden Bootsausflüge zu den Flusspferden organisiert. Die aus Stein gebauten *bandas* stehen weit entfernt vom See, ohne Ausblick und sind innen simpel eingerichtet; 3 km südlich von Babati gelegen.

Ango Bar & Restaurant TANSANISCH $
(Arusha–Dodoma Rd.; Frühstücksbüfett/Mittag- oder Abendessen 6000/8500 TSh; ⏲7–21.30 Uhr) Hinter der Tankstelle an der Bushaltestelle serviert das unerwartet farbenfrohe Lokal einheimische und immer ein paar vegetarische Gerichte.

KULTURTOURISMUS IN ZENTRAL-TANSANIA

Um Kondoa lebt eine bunte Mischung indigener Stämme, deren Lebensweise sich im letzten Jahrhundert kaum verändert hat. In vielen Dörfern sind Touristen zwar willkommen, die Bevölkerung ist aber, bis auf die engere Umgebung von Arusha, nicht auf Touristen eingestellt. Der berühmteste und meistbesuchte Stamm sind die Barabaig, die noch immer als Halbnomaden leben. Viele Frauen tragen regelmäßig ihre traditionelle Kleidung aus Ziegenfellen. Die Sandawe, die mit keinem Stamm der Region verwandt sind, gehören zu den ältesten Bewohnern Tansanias. Vielleicht stammen die Felsmalereien um Kondoa von ihren Vorfahren. Sie sprechen eine Sprache mit Klicklauten und jagen noch immer mit Pfeil und Bogen.

Kahembe's Culture & Wildlife Safaris (☎ 0784 397477; www.kahembeculturalsafaris.com; Sokoine Rd.) In Babati organisiert dieses zuverlässige und kenntnisreiche Unternehmen seit 1992 Kultursafaris in die Umgebung. Neben dem Besuch von Dörfern bietet es auch Klettertouren auf den Hanang an.

Kondoa Irangi Cultural Tourism Program (☎ 0784 948858; www.tanzaniaculturaltours.com) Dieser Anbieter in Kondoa lebt quasi von den dortigen Felsmalereien. Der Leiter Moshi Changai organisiert auch Besuche bei den Barabaig, Sandawe und Irangi mit dem Rad oder Auto. Übernachtungen in privaten Unterkünften sind ebenfalls möglich.

Praktische Informationen

An einigen gut ausgeschilderten Plätzen in der Stadt gibt's langsame Internetverbindungen.

NBC (Arusha–Dodoma Rd.) Hat einen Geldautomaten und wechselt Bargeld.

An- & Weiterreise

Die Babati–Dodoma Road ist teilweise noch holprig, aber recht gut befahrbar. Wer nach 16 Uhr reist, muss sich im letzten Abschnitt vor Dodoma einem Sicherheitskonvoi anschließen.

Verkehrsmittel zwischen Babati und Arusha (9000 TSh, 4–5 Std.) starten in beide Richtungen um 5.30 Uhr; die letzten fahren um 16 Uhr, aber bis 18 Uhr gibt es *dalla-dallas*. Zu den weiteren Zielen gehören Kondoa (8500 TSh, 3½ Std.), Mwanza (29 000–35 000 TSh, 10 Std.) und Singida (8500 TSh, 4 Std., letzte Fahrt von Babati um ca. 10 Uhr).

Nach Mto wa Mbu nimmt man einen Bus nach Arusha und steigt in Makuyuni um. Es gibt keinen direkten Bus nach Dodoma (17 000 TSh), obwohl Fahrkarten bis Dodoma verkauft werden. Man muss in Kondoa umsteigen, aber in der Regel ist es schneller, auf der asphaltierten Straße über Singida zu reisen.

Hanang

Eine der schönsten Bergwandertouren Tansanias ist zugleich auch eine der unbekanntesten. Der vulkanische Hanang (3417 m), Tansanias vierthöchster Berg, erhebt sich steil aus der Ebene zwischen Babati und Singida, und wahrscheinlich ist man auf dem hübschen Wanderweg zum Gipfel der einzige Tourist.

Die beliebte **Jorodom-Route** zum Gipfel beginnt im Ort Katesh an der Südflanke des Berges und ist innerhalb eines Tages (10 Std.) zu schaffen. Ein weiterer Tag sollte zur Vorbereitung eingeplant werden. Noch eindrucksvoller ist eine Übernachtung auf dem Gipfel. Eigentlich ist kein Führer erforderlich, aber gewöhnlich empfehlen die Veranstalter einen Guide, denn der Weg ist schwierig zu finden. Kahembe's Trekking & Cultural Safaris in Babati ist die beste Adresse für alles, was mit dem Hanang oder Babati zu tun hat. Die Tour kostet für die zwei 128 US$ pro Person, inklusive Verpflegung, Guide, Übernachtung vor und nach dem Treck in Katesh; dazu kommt eine Gebühr von 30 US$ pro Person für das Waldschutzgebiet und 2800 TSh pro Person für die Gemeinde. Die Transportkosten sind nicht enthalten.

Wer auf eigene Faust aufsteigen möchte, muss sich im **Forest Cachement Office** (☎ 0784-456590) in Raum 15 anmelden (Gemeindeverwaltung Katesh auf dem Hügel über dem Ort; Idara ya Mkuu wa Wilaya). Es empfiehlt sich, vorher anzurufen, da das Büro nicht immer besetzt ist. Ein persönlicher Guide kostet hier 12 000 TSh pro Tag; für Wasser und Verpflegung ist jeder selbst verantwortlich. Man sollte sich aber keinesfalls den nicht organisierten Führern anvertrauen, die in Katesh herumhängen und behaupten, sie gehörten zu Kahembe. Einige sind tatsächlich registrierte Fremdenführer, doch mehrere Reisende, die auf eigene Faust losgezogen sind, wurden unterwegs von den Guides ausgeraubt.

Ob mit Veranstalter oder allein, unbedingt viel Wasser mitnehmen, denn unterwegs gibt es keine Quelle.

Auch Katesh ist für seinen großen und sehr interessanten **mnada (Markt)** bekannt, der am 9., 10. und 28. jedes Monats stattfindet. Hier treffen sich Massai, Barabaig, Iraqw und andere Stämme aus der weiteren Umgebung, handeln mit Vieh und kaufen und verkaufen ihre Waren.

Schlafen

Summit Hotel GÄSTEHAUS $
(☎0787 242424; Zi. ab 20 000 TSh; P) Das leuchtend grüne Haus auf dem Hügel östlich der Gemeindeverwaltung ist die beste Unterkunft in Katesh und liegt besonders günstig für die Besteigung des Hanang.

Colt Guesthouse GÄSTEHAUS $
(☎027-253 0030; EZ/DZ 12 000/15 000 TSh, ohne Bad 6000/8000 TSh; P) Das ältere Haus nordwestlich der Bushaltestelle am Markt ist einfach, aber sauber; heißes Wasser in Eimern wird auf Nachfrage gebracht.

An- & Weiterreise

Die Busse zwischen Singida (6500 TSh, 1½ Std.) und Babati (7000 TSh, 2½ Std.), dazu gehören auch alle Arusha–Mwanza-Busse, fahren jeden Morgen durch Katesh. Nach Mittag geht's nur per Anhalter weiter.

Singida

150 380 EW.

Eigentlich hat man keinen Grund, auf der Strecke zwischen Mwanza und Dodoma in Singida länger zu bleiben als auf der Durchreise nötig. Es gibt einen schönen See und ein angestaubtes Museum, falls man sich ein bis zwei Stunden die Zeit vertreiben möchte.

Sehenswertes

Singidani-See SEE
Der Singidani-See ist einer der drei Salzseen im Westen der Stadt. Sein grünes Wasser und das felsige Ufer bieten einen sehr attraktiven Anblick; sogar dann noch, wenn der See völlig austrocknet, was manchmal während der Trockenzeit vorkommt. Der See lockt zahllose Wasservögel an wie Pelikane, manchmal auch Flamingos. Singidani fängt 600 m hinter der Post an.

Regionalmuseum MUSEUM
(Makumbusho ya Mkoa; ⏲9–17 Uhr) GRATIS Das Museum in der Open University of Tanzania zeigt eine gute Auswahl an Waffen, Schmuck und anderen Objekten der lokalen Stämme, allerdings meist ohne Beschriftung.

Schlafen & Essen

Lutheran Centre Lodging GÄSTEHAUS $
(☎026-250 2936; Boma Rd.; Zi. ab 15 000 TSh, mit Gemeinschaftsbad 10 000 TSh; @) Das ruhige, kleine Haus mit Kabel-TV und heißem Wasser gehört zu einem Komplex mit Restaurant und Internetcafé und hat eindeutig das beste Preis-Leistungs-Verhältnis in der Stadt.

Stanley Motel Annex HOTEL $$
(☎0754 476785; www.stanleygroupofhotels.com; Camping/EZ/DZ 5/15/20 US$) Das gut geführte Haus erstreckt sich über drei Grundstücke und strebt nach Grandezza, aber letztendlich ist es recht einfach und bietet ein gutes Preis-Leistungs-Verhältnis. Am besten ist der Stanley Annex, der 2013 errichtet wurde.

Das Restaurant im älteren Teil des Hotels, eine Straße unterhalb des felsigen Hügels, serviert eine einzigartige Mischung aus den Küchen der Welt, unter anderem *chow mein*, Moussaka, Fisch „Hawaii" (mit Erdnussbutter, Ananas und Curry) sowie Pizza.

Razaki Munch Corner TANSANISCH $
(Gerichte 2500–5500 TSh; ⏲Mo–Sa 7–21 Uhr, So bis 15 Uhr) Der Name trifft's genau: Es gibt eine große Karte mit lokalen Gerichten, vom Ziegen-Pilaw bis zu Hähnchen mit Pommes. Es befindet sich am Markt, direkt westlich vom Minarett-Uhrturm der Ismaili-Moschee.

Praktische Informationen

Als regionale Hauptstadt hat Singida eine verhältnismäßig gute Infrastruktur wie ein paar Internetcafés sowie Banken, die Bargeld zu schlechten Kursen wechseln, mit Geldautomaten an der Boma Road (auch bekannt als Sokoine Rd. und Arusha Rd.).

An- & Weiterreise

Singidas Bushaltestelle liegt 2,5 km außerhalb der Stadt (mit dem Taxi 3000 TSh). Zwischen 6 und 9 Uhr verkehren Busse nach Arusha (15 000 TSh, 7 Std.) und zwischen 6 und 8 Uhr Busse nach Mwanza (15 000 TSh, 5 Std.). Die beste Linie nach Arusha ist Mtei-Express. Die Busse zwischen Arusha und Mwanza fahren am späteren Vormittag durch Singida, doch dann sind meist alle Sitzplätze belegt. Die Arusha-Busse halten in Katesh (6500 TSh, 1½ Std.,) und Babati (8500 TSh, 4 Std.). Morgens fahren mehrere Busse Richtung Dodoma (16 000 TSh, 3 Std.) sowie zwei aus Arusha kommende Busse nach Tabora (21 000 TSh, 6 Std.).

Victoriasee

Inhalt ➡

Die beste Kultur

- Insel Ukerewe (S. 244)
- Kiroyera Tours (S. 238)
- Sukuma-Museum (S. 243)
- Insel Musira (S. 247)

Die schönste Natur

- Nationalpark Rubondo Island (S. 245)
- Jiwe Kuu (S. 237)
- Insel Lukuba (S. 235)

Auf an den Victoriasee

Der tansanische Teil von Afrikas größtem See wird nur von sehr wenigen Touristen besucht, dabei ist die Gegend um den Victoriasee genau richtig für jeden, der die ausgetretenen Pfade verlassen und in den Rhythmus afrikanischen Lebens eintauchen möchte. Musoma und Bukoba haben den schläfrigen Charme von Küstendörfern, während die Dorfbewohner auf der Insel Ukerewe als Subsistenzbauern in einer anderen Zeit zu leben scheinen als die Menschen jenseits des Seeufers.

Mwanza, die zweitgrößte Stadt Tansanias, ist ebenfalls reizvoll und zudem der ideale Startpunkt für die Rundtour Serengeti–Natronsee–Ngorongoro. Wer dann immer noch nicht genug Safari-Feeling geschnuppert hat, kann seine Erfahrungen im Wald des idyllischen Nationalparks Rubondo Island tief im Südwesten des Sees abrunden.

Etwas Zeit vorausgesetzt, bietet diese unbekannte Ecke Tansanias jede Menge neue Erfahrungen und wunderbare Erinnerungen.

Reisezeit

Mwanza

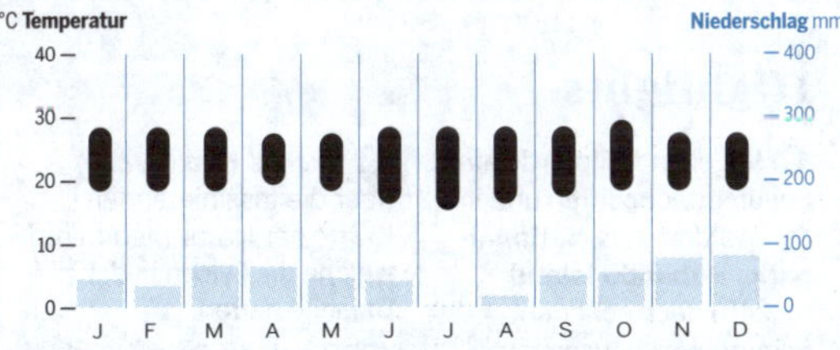

Juni Die Rhythmen beim Bulabo-Tanzfestival nahe Mwanza gehen in die Beine.

Juni bis September In der Trockenzeit ist der Himmel klar und es wird stetig wärmer.

Dezember Die beste Zeit, um *senene* (Grashüpfer) zu fangen – und anschließend zu verzehren.

Musoma

Das kleine Musoma, die Hauptstadt der Region Mara, befindet sich auf einer friedlichen Halbinsel – wunderschön gelegen am Ostufer des Victoriasees – von wo man die Sonnenauf- und -untergänge über dem Wasser bewundern kann. Obwohl das Städtchen wenig zu bieten hat, verzaubert der unvergleichliche afrikanische Charme einfach jeden Besucher.

Banken und Internetcafés findet man an der Mukendo Road sowie in vielen Nebenstraßen.

Highlights

1 Vögel und Nilpferde am Seeufer beobachten und in den Wäldern des **Nationalparks Rubondo Island** (S. 245) nach scheuen Schimpansen Ausschau halten.

2 Beim besinnlichen Schlendern auf der Temple und Makoroboi Street in **Mwanza** (S. 237) alles sehen, hören und riechen.

3 In **Jiwe Kuu** (S. 237) über die faszinierenden Kräfte der Natur meditieren, welche die Felsen in der Balance halten.

4 Durch die Dörfer und Farmen von **Ukerewe** (S. 244) radeln.

5 An Bord der historischen **MS Victoria** (S. 251) zwischen Mwanza und Bukoba über den See schippern.

6 Beim **Bulabo-Tanzfestival** (S. 244) am Sukuma-Museum einen Sprung zurück in der Zeit tun.

7 Auf einer Kulturtour von **Bukoba** (S. 247) aus ins Kernland der Haya in der wenig bereisten Region Kagera vorstoßen.

8 Im **Sukuma-Museum** (S. 243) die Kultur der Sukuma verstehen.

Sehenswertes

Matvilla Beach STRAND

Das Beste an Musoma ist der Strand an der Spitze der Halbinsel (die Hauptstraße, Mukendo Road, vom Zentrum aus 1,5 km entlang Richtung Norden) mit den rosa-grauen Granitfelsen als Markenzeichen. Ein wunderbares Fleckchen, um den Sonnenuntergang bei ein paar Bier von einer der Bars aus zu beobachten.

Mwigobero-Markt MARKT

Auch der Mwigobero-Markt am Ostufer der Stadt lohnt einen Besuch. Hier legen kleine Boote zu den nahen Inseln und Dörfern ab und es macht Spaß, beim Be- und Entladen (Waren und Passagiere) zuzusehen.

Deutsche boma BEMERKENSWERTES GEBÄUDE

Wer sich für Geschichte interessiert, wird vielleicht einen Blick auf den Turm der alten deutschen *boma* (befestigtes Gebäude; diente in der Kolonialzeit als Verwaltungsbüro) werfen wollen, die heute zum Büro des Bezirkshauptmanns von Musoma gehört (nach der Post hinter dem Mukendo Hill).

Schlafen

Die meisten Pensionen haben sich im Zentrum östlich der Mukendo Road angesiedelt.

★ **Tembo Beach Club** CAMPINGPLATZ, PENSION $

(☎028-262 2887; Zelten 15 000 TSh, Zi. 45 000 TSh; P 📶) Der Tembo Beach Club umfasst ein Bar-Restaurant mit geselliger Atmosphäre (Hauptgerichte 3000–5000 TSh) und einen annehmbaren Campingbereich, der häufig mit Teilnehmern der Überland-Truck-Touren besiedelt ist. Am nettesten sind sicher die „gepimpten" Zimmer mit afrikanischer Kunst an den Wänden, die weit genug von der Bar entfernt liegen, dass man sich vom Rauschen der Wellen in den Schlaf wiegen lassen kann, statt den Kopf entnervt unters Kissen zu stecken.

Mlima Mukendo Hotel HOTEL $

(☎0768 065003; Mukendo Rd.; EZ/DZ 20 000/30 000 TSh) Der knallgrüne Turm an der Hauptstraße ist die schönste Unterkunft im Stadtzentrum und hat smart aufgemachte, gepflegte Zimmer mit Kleiderschränken, Schreibtischen und großen Bädern. Die auf der Rückseite sind besser.

King's Sport Lodge PENSION $

(☎028-262 0531; Kusaga St.; Zi. ohne Frühstück 16 000 TSh) Eine schlichte Bleibe in der Nähe des Mwigobero-Markts ist gleichzeitig zentral und ruhig gelegen, mit makellos sauberen und preiswerten Zimmern – eine tolle Option für Backpacker. Statt normaler Tische hat man Pulte wie in der Schule hineingestellt.

ABSTECHER

LUKUBA ISLAND LODGE RESORT

Lukuba Island Lodge Resort

(☎Arusha 027-254 8840; www.anasasafari.com; EZ/DZ Vollpension inkl. Transfer ab Musoma 380/690 US$; 🏊) Das fantastische Inselversteck hat ein relaxtes Ambiente und ist unbedingt empfehlenswert. Die fünf gemütlichen Steinbungalows mit Strohdächern sowie drei Safarizelte mit Freiluftbädern stehen an einem hübschen Strand am Seeufer. Der riesige, flache Felsbrocken ganz in der Nähe bietet den schönsten Blick auf den Sonnenuntergang. Die Insel ist 17 km von Musoma entfernt (1 Std. mit dem Boot); unbedingt im Voraus buchen.

Afrilux Hotel HOTEL $

(☎028-262 0031; Mwigobero Rd.; EZ/DZ 35 000/45 000 TSh; P ❄ 📶) Schon so etwas wie eine Institution in Musoma. Das Afrilux punktet mit Warmwasserduschen, hilfsbereiten Angestellten, einer stabilen WLAN-Verbindung und einem entspannten Bar-Restaurant im Hof. Einziger (wichtiger) Nachteil: Die Zimmer sind sehr hellhörig.

Matvilla Beach & Lodge CAMPINGPLATZ, BUNGALOW $$

(http://matvillabeach.co.tz; Matvilla Beach; Zelten 10 000 TSh, Bungalows EZ/DZ 40/50 US$; P 📶) Die Lodge mit Zeltplatz liegt an der Spitze der Halbinsel, 1,5 km vom Zentrum entfernt, wo die schöne Mehrzweckanlage von Felsen umsäumt wird. Camper dürfen sich auf Heißwasser-Duschen freuen, und wer keine Lust aufs Zelten hat, kann sich in den neuen, ruhigen Steinbungalows einquartieren, die sich harmonisch zwischen die großen Granitfelsen einfügen.

Das beliebte Bar-Restaurant beschert den Campern eine beträchtliche Geräuschkulisse. Dafür gibt es hier gleich zwei Strände, einen mit Volleyballnetz und Sonnenliegen.

New Peninsula Hotel HOTEL $$

(☎0756 505081; Mwisenge Rd.; Zi. 45 000–75 000 TSh, Suite 100 000 TSh; P ❄ 📶 🏊) Das alteingesessene Peninsula steht 1,5 km außerhalb des Stadtzentrums. Die Zimmer

ABSEITS DER ÜBLICHEN PFADE

MWALIMU JULIUS K. NYERERE MUSEUM

Julius Nyerere, der erste Präsident Tansanias, wurde in der Kleinstadt Butiama geboren. Dieses kleine **Museum** (Butiama; Eintritt 8000 TSh; ⌚9–17 Uhr) auf dem Familiengrundstück widmet sich seinem Leben und Wirken. Es zeigt ein paar Stühle, Schilde und andere Geschenke, die er während und nach seiner Präsidentschaft erhalten hat. In Kisten lagern persönliche Erinnerungsstücke an Nyerere, beispielsweise seine Tagebücher, eine handgeschriebene Übersetzung von Platons *Republik* in Suaheli und eine Auswahl seiner Gedichte. Sie werden zwar nicht ausgestellt, doch die Angestellten holen sie auf Wunsch hervor.

Auf dem Gelände sind zudem seine beiden Wohnstätten (Eintritt 1000 TSh; ⌚8–18 Uhr) zu sehen, in denen seine Frau und sein Sohn wohnen, dazu das Haus seines Vaters und die Gräber von Nyerere und seiner Eltern. Das Haus seiner Mutter, in dem er geboren wurde, und die Häuser der anderen 21 Frauen seines Vaters bestehen nicht mehr.

Der Abstecher nach Butiama lohnt sich eigentlich nur für echte Nyerere-Fans, die Reise dorthin ist aber interessant – und man wird auf jeden Fall viel Aufmerksamkeit erregen!

Von Musoma aus fahren regelmäßig *dalla-dalla*s nach Butiama (3000 TSh, 1 Std.).

sind verblichen, aber in Ordnung und es liegt ruhiger als die übrigen Unterkünfte dieser Kategorie im Zentrum.

Zum Hotel gehören ein schmuddeliger Strand (wegen der Bilharziosegefahr nicht schwimmen!) und ein Pool etwas die Straße herauf, der aber während unseres Besuchs „out of order" (sprich: leer) war.

Essen & Ausgehen

Matvilla Beach & Lodge TANSANISCH $
(Mahlzeiten 5000–7000 TSh) Das gleich am See gelegene Matvilla Beach ist eine tolle Adresse für Fisch- und Hühnchengerichte mit einem gepflegten Bier. Die Angestellten kümmern sich auf Wunsch um ein Taxi für die Rückfahrt. Fixe Öffnungszeiten gibt's nicht; laut Personal ist der Laden immer auf!

Afrilux Hotel TANSANISCH, EUROPÄISCH $
(Mwigobero Rd.; Mahlzeiten 5000–10 000 TSh; ⌚7–23 Uhr) Das Restaurant in einem vierstöckigen Gebäude mit runden Fenstern serviert die üblichen Hotelgerichte, wie gebratenen Tilapia (Nilbarsch), Gemüsecurry und etwas, das wie Pizza aussieht. Nettes Lokal mit geselliger Atmosphäre.

Mara Dishes BÜFETT $
(Kivukani St.; Büfett 5000 TSh; ⌚9–22 Uhr) Dieser Laden östlich der CRDB-Bank bietet ein relativ umfangreiches Büfett. Hier drängen sich immer viele Einheimische.

Free Park Bar BAR
(Mukendo Rd.; Mahlzeiten 4000–5000 TSh; ⌚10–23 Uhr) Der bescheidene Biergarten ist eine der beliebtesten und geselligsten Adressen in der gesamten Stadt.

An- & Weiterreise

BUS

Der Busbahnhof liegt 6 km vor der Stadt in Bweri, doch die Tickets werden in den Büros in der Stadt verkauft. *Dalla-dallas* (Pickups oder Minibusse; 4000 TSh; 20 Min.) fahren regelmäßig zum/vom Stadtzentrum; ein Taxi kostet 10 000 TSh. Zwischen Musoma und Mwanza (8000 TSh, 4 Std.) gibt es ebenfalls regelmäßige Verbindungen. Der Anbieter Mohammed Trans (verkehrt zwischen 5 und 13 Uhr) ist für guten Service bekannt, seine Busse fahren vor dem Ticketbüro östlich der CRDB Bank ab. Um auf die Insel Ukerewe zu gelangen, nimmt man ein *dalla-dalla* nach Bunda (3000 TSh, 5.30–16 Uhr, 1 Std.) und dann für 6000 TSh einen Bus oder ein *dalla dalla* nach Naniso (die „Hauptstadt" der Insel). Coast Line, Kimotco und Manko teilen sich täglich eine direkte Verbindung nach Arusha (35 000 TSh, 11–12 Std.); die Busse starten um 6 Uhr und fahren durch den Nationalpark Serengeti (durch's Ikoma Tor) und das Schutzgebiet Ngorongoro. Auf dieser Strecke werden allerdings exorbitante 110 US$ für Parkgebühren fällig – da kommt man mit dem Flugzeug fast günstiger davon!

Mwanza

706 500 EW.

Die zweitgrößte Stadt Tansanias ist das wirtschaftliche Zentrum des Seengebietes. Sie liegt am Ufer des Victoriasees, umgeben von Hügeln mit enormen Felsbrocken. Die von indischen Einflüssen geprägte Stadt ist ein wichtiger Industriestandort und hat einen geschäftigen Hafen. Trotz seiner schnell wachsenden Skyline hat sich Mwanza seinen dörflichen Charme teilweise bewahrt und ist nicht nur eine Zwischenstation auf dem Weg zum Nationalpark Rubondo Island, sondern auch ideal als Start oder Ziel von Safaris durch Ngorongoro und die Serengeti – mit dem Natronsee eine ideale Rundtour.

Sehenswertes

Rock City

Seinen Beinamen „Felsenstadt" verdankt Mwanza den Hügeln und Felsbrocken in der Umgebung, die sie zu einer der schönsten Städte Afrikas machen.

Bismarck Rock LANDMARKE

Das wichtigste Wahrzeichen der Stadt ist der Bismarck Rock im See nahe der Kamanga-Pier, wo die Fähren landen. Es ist ein Felsbrocken, der in gefährlicher Balance auf einer pittoresken Anhäufung von Felsblöcken lagert. In dem kleinen Park kann man wunderbar auf den Sonnenuntergang warten.

Jiwe Kuu LANDMARKE

Eine weitere spannende Formation in Stadtnähe heißt Jiwe Kuu (Großer Fels), manchmal auch als „Tanzende Felsen" bezeichnet: Auf einem Felsen nördlich der Stadt liegen – gefühlt seit Äonen – mehrere runde Brocken ohne abzurollen. *Dalla-dallas* nach Bwiru fahren auf der Nyerere Road im Westen vorbei; von der Endhaltestelle läuft man noch 1,5 km.

Robert Koch Hill HÜGEL

Das Sahnehäubchen der Stadt ist der Robert Koch Hill, auf dem ein attraktives, aber altersschwaches deutsches Herrenhaus steht. Es wird von mehreren Massai bewohnt, die für eine Spende von etwa 5000 TSh mit sich reden lassen und eine Besichtigung erlauben. Der Weg führt über den quirligen Markt und durch den Biergarten, vorbei an Müllbergen. Besser nicht zu später Stunde losmarschieren – Frauen nur in Begleitung!

Nationalpark Saa Nane PARK

(☎ 028-254 1819; Büro am Capri Point; Erw./Kind 30/15 US$; ⌚ 6.30–18.30, letzter Eintritt um 17 Uhr) Die Felseninsel 500 m vor dem Capri Point ist gerade mal 0,76 km^2 groß und beherbergt nur ein paar Affen und Impalaantilopen – trotzdem ist der Eintritt teurer als in einigen der riesigen Nationalparks, in denen es von Tieren nur so wimmelt. Dafür bietet das Areal eine bunte Vogelwelt (um die 70 Arten), für Hobby-Ornithologen lohnt sich der Trip also.

Zum Eintritt kommen noch mal 35 US$ für die Bootsfahrt (hin & zurück) dazu. Ganz umsonst gibt's die alten Knochen und (traurig aussehenden) ausgestopften Tiere im Büro.

Märkte & Tempel

Das Stadtzentrum von Mwanza entlang der **Temple St.** und Richtung Westen (**Station Rd.**) erhält durch die zahlreichen Tempel (Hindu- und Sikh-Tempel), Moscheen und indischen Handelshäuser entlang den Straßen einen orientalischen Touch. Der Straßenmarkt und das exotische Ambiente bleiben auch weiter westlich bis nach **Makoroboi** erhalten, wo sich zwischen den Felsen Handwerker verstecken, die Metall aus Büchsen und weiteren Schrott zu Kerosinlampen (*makoroboi* auf Suaheli), Pfannen und anderen Haushaltsgegenständen verarbeiten.

Der chaotische **Zentralmarkt** im Osten der Temple Street ist einen Besuch wert.

Mwaloni-Markt MARKT

Auch der Mwaloni-Markt unter dem Dach mit der gewaltigen Balimi-Reklame ist ein quirliges Schauspiel. Auf dem Hauptfischmarkt der Stadt wird auch Obst und Gemüse verkauft, das mit Booten von den Dörfern aus der Umgebung herbeigeschafft wird; in dieser Gegend laufen beinahe mehr Marabus als Straßenhändler herum. Fotografieren ist verboten, denn hier entstanden einige Szenen des umstrittenen Dokumentarfilms *Darwin's Nightmare* (2004).

Massai-Markt MARKT

In Mwanza gibt es sogar einen Massai-Markt, auf dem ein paar Dutzend Massai Perlenschmuck und traditionelle Medizin verkaufen (beiderseits der Fußgängerbrücke).

DER VICTORIASEE ...

- ist 69 484 km^2 groß; die Hälfte davon liegt in Tansania.
- ist nach dem Lake Superior in Nordamerika der flächenmäßig zweitgrößte Süßwassersee der Welt.
- ist in vielen Küstenzonen mit Bilharziose verseucht (Schwimmen wäre absolut keine gute Idee!).
- war einst das Habitat von rund 500 Buntbarscharten. Die Populationen brachen in den 1960ern aufgrund von Wasserverschmutzung, Überfischung und der Einführung des gefräßigen Nilbarschs ein. Heute leben wieder mehr Arten im Victoriasee – neue Gattungen und robustere „Mischlinge", die besser mit den Herausforderungen der modernen Welt zurechtkommen.

Mwanza

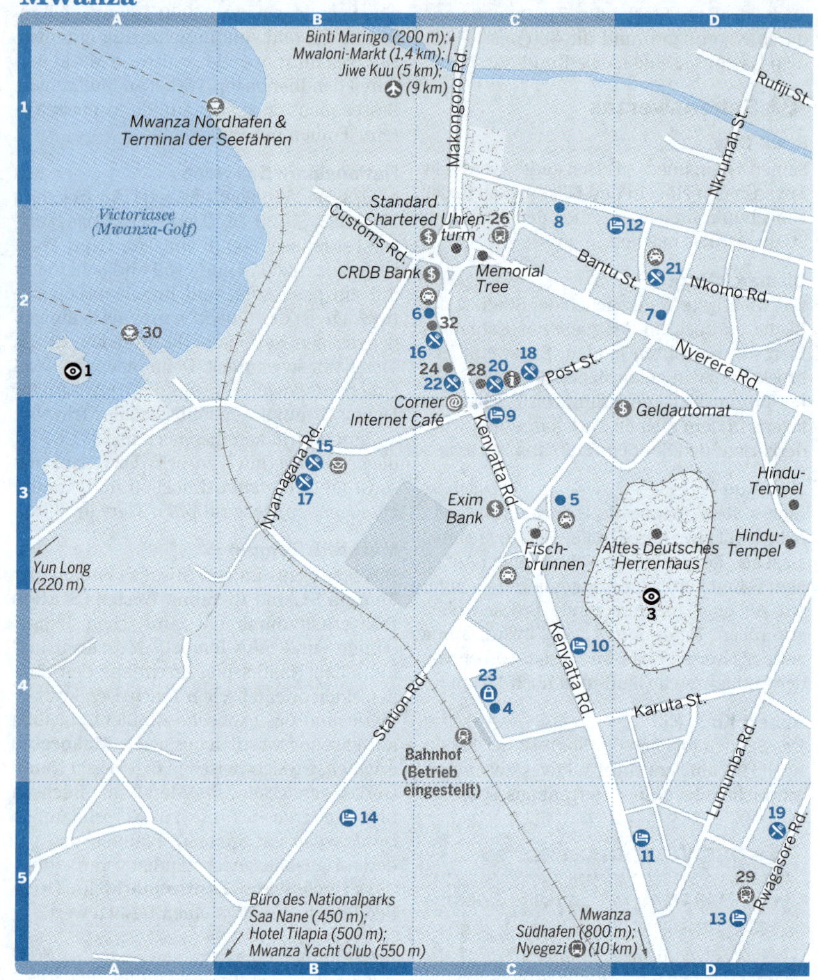

Geführte Touren

Einige Reiseveranstalter vor Ort vermieten Wagen mit Allradantrieb und stellen komplette Safaris in die Nationalparks Serengeti und Rubondo auf die Beine. Die Agenturen in Mwanza sind nicht so gut wie die in Arusha, von einer „totalen Abzocke" wurde uns aber bisher noch nicht berichtet. Andere Reisende findet man in Mwanza nur schwer, in den Reisebüros lohnt sich aber die Frage nach weiteren Interessenten, um durch eine größere Gruppe Geld zu sparen. Oder man hängt eine entsprechende Anzeige in der Kuleana Pizzeria aus (S. 241).

Fortes Africa SAFARIS
(☎ 028-250 0561; www.fortes-africa.com; Station Rd.) Der gediegenste, verlässlichste und professionellste Anbieter in Mwanza. Eine Filiale befindet sich im Hotel Ryan's Bay.

Fourways SAFARIS
(☎ 028-254 0653; www.fourwaystravel.net; Kenyatta Rd.) Die Angestellten buchen auch Flugtickets.

Kiroyera Tours SAFARIS
(☎ 0784 568276; www.kiroyeratours.com) Gewöhnlich der günstigste Anbieter von Leihwagen, doch die Fahrzeuge und Fahrer sind trotz-

dem wirklich empfehlenswert. Es gibt kein Büro.

Masumin Tours & Safaris SAFARIS
(☎ 028-250 0192; www.masuminsafaris.com; Kenyatta Rd.) Bucht auch Flüge.

Serengeti Expedition SAFARIS
(☎ 028-254 2222; www.serengetiexpedition.com; Nkrumah Rd.) Einer der preiswerteren Anbieter vor Ort. Auch hier kann man Flüge buchen.

Serengeti Passage SAFARIS
(☎ 028-250 0061; www.serengeti-passage.com; Uhuru St.) Spezialist für günstige Safaris.

Schlafen

Die meisten der sehr preiswerten Gästehäuser im Geschäftsviertel von Mwanza sind Stundenhotels.

★ **Midland Hotel** HOTEL $
(☎ 0718 431255; www.midlandhotel.com.tz; Rwagasore Rd.; EZ 50 000–60 000 TSh, DZ 60 000–90 000 TSh; ❄ 📶) Der auffällige blaue Turm beherbergt ein grundsolides Hotel mit vernünftig ausgestatteten Zimmern (die meisten mit kostenlosem WLAN), das zudem guten Service, eine Bar auf dem Dach und ein ordentliches Frühstücksbüfett bietet. Noch besser ist, dass man manchmal auch Rabatt bekommt. Moskitonetze gibt es nicht, aber die Zimmer werden täglich gesprüht.
Einziger Wermutstropfen: Der Straßenlärm dringt bis in die Zimmer, das ist allerdings ein typisches Problem im Stadtzentrum.

Isamo Hotel HOTEL $
(☎ 028-254 1616; Rwagasore St.; Zi. 25 000–50 000 TSh; ❄ 📶) Auf den gepflegten, gut geschnittenen Zimmern (einige mit Balkon und Blick auf das Chaos ringsum) hat man das Gefühl, die Autos führen mitten durch den Raum. Traveller mit guten Ohrstöpseln können hier aber eins der besten Schnäppchen der Stadt machen.

Die günstigeren Zimmer sind nur mit Ventilatoren ausgestattet.

Kantima Hotel HOTEL $
(☎ 0754 093048; Kenyatta Rd.; Zi. 18 000–25 000 TSh; P ❄) Eine nette Bleibe mit hellen, sauberen Zimmern; die Warmwasserbäder (winzig und wenig einladend) passen eigentlich gar nicht dazu. In manchen Räumen hängen Weltkarten an der Wand, sodass man schon mal anfangen kann, den nächsten Urlaub zu planen… vorzugsweise irgendwo, wo es nettere Badezimmer gibt.

Kishamapanda Guesthouse PENSION $
(☎ 0755 083218; Kishamapanda St.; DZ mit/ohne Bad 15 000/13 000 TSh, 2BZ 20 000 TSh) Die kleine, gepflegte Unterkunft liegt an einem Gässchen hinter der weniger ansprechenden New Geita Lodge. In den Gemeinschaftswaschräumen drehen sich Ventilatoren unter der Decke und die Toiletten sind so, wie man es von daheim kennt. Eine der nettesten Budgetadressen in Mwanza.

Mwanza Yacht Club CAMPINGPLATZ $
(☎ 0762 891280; Capri Point; Zelten 10 000 TSh) Hier übernachten die Teilnehmer der Über-

Mwanza

Sehenswertes
1 Bismarck Rock ... A2
2 Maasai-Markt ... E2
3 Robert Koch Hill ... D4

Aktivitäten, Kurse & Touren
4 Fortes Africa ... C4
5 Fourways ... C3
6 Masumin Tours & Safaris ... C2
7 Serengeti Expedition ... D2
8 Serengeti Passage ... C2

Schlafen
9 Gold Crest Hotel ... C3
10 JB Belmont Hotel ... C4
11 Kantima Hotel ... D5
12 Kishamapanda Guesthouse ... D2
13 Midland Hotel ... D5
14 Ryan's Bay ... B5

Essen
15 Burger Point & Café ... B3
16 Diners ... C2
17 DVN Restaurant ... B3
18 Kuleana Pizzeria ... C2
19 Mayi ... D5
20 New Mwanza Hotel ... C2
21 Salma Cone ... D2
22 Sizzlers Restaurant ... C2

Shoppen
23 Bookspot ... C4

Transport
24 Air Tanzania ... C2
25 Busgesellschaft Ticketbüro ... E4
26 *dalla-dallas* zum Busbahnhof Buzuruga ... C2
27 *dalla-dallas* nach Kisesa/Sukuma-Museum ... F2
28 Fastjet ... C2
29 Jordan Buses ... D5
30 Kamanga-Fährterminal ... A2
31 Mohammed Trans Office ... E4
32 Precision Air ... C2

land-Truck-Touren. Die Lage am See ist super. Außerdem ist der Yacht Club sehr sicher und es gibt fließend heißes Wasser.

Ryan's Bay RESORT **$$**
(☎ 028-254 1702; www.ryansbay.com; Capri Point; EZ/DZ ab 110/140 US$; P ❄ 📶 ≋) Das schickste Resort in Mwanza bietet einen Blick auf den See und große, schön aufgemachte Zimmer mit Malereien von Akazien an den Wänden. Das Ganze mutet an wie ein Resort. Der Pool-Bereich ist top (nur für Gäste) und das indische Restaurant ist eins der besten in der Stadt (Hauptgerichte 10 000–17 000 TSh).

Hotel Tilapia HOTEL **$$**
(☎ 0784 700500, 028-250 0517; www.hoteltilapia.com; Capri Point; EZ/DZ/Suite 100/120/150 US$; ❄ 📶 ≋) Das allseits beliebte Tilapia nahe dem Capri Point bietet unterschiedliche Zimmer, die meisten davon etwas in die Jahre gekommen, aber immer noch anständig und mit Blick auf den See. Man kann auch auf einem historischen Boot übernachten – die Zimmer dort sind kleiner und etwas windschief, haben aber ein besonderes Flair.

JB Belmont Hotel HOTEL **$$**
(☎ 028-250 5057; www.jbbelmonthotel.biz; Kenyatta Rd.; EZ/DZ ab 60/80 US$; ❄ 📶) Ein schickes, anheimelndes Hotel im Zentrum –fast schon ein Businesshotel. Die Standardzimmer sind sehr klein, aber man hat den begrenzten Platz so gut es geht genutzt, und die Betten sind die wahrscheinlich gemütlichsten im gesamten Westen von Tansania. Der kleine Eingang in einem großen, verspiegelten Turmblock ist leicht zu übersehen.

Mittwochs und samstags kann es abends laut werden; dann spielt in einem nahen Hotel eine Band.

Gold Crest Hotel HOTEL **$$**
(☎ 028-250 6058; Post St.; EZ 95–110 US$, DZ 125–140 US$; P ❄ 📶 ≋) Ein ordentliches Businesshotel im Stadtzentrum mit attraktiven, bequemen Zimmern, die alle Balkone haben. Die nordwärts gelegenen Zimmern in den oberen Stockwerken bieten Seeblick wie auf einer Postkarte, die Zimmer nach Süden gucken leider nur auf einen Parkplatz. Mittwoch- und samstagnachts wird es laut, wenn die bereits erwähnte Hotelband bis in die frühen Morgenstunden spielt.

Wag Hill Lodge LODGE **$$$**
(☎ 0754 917974; www.waghill.com; EZ/DZ All inclusive 236/413 US$; P ≋) Die intime und wunderschöne Lodge auf einer kleinen, bewaldeten Halbinsel außerhalb Mwanzas ist der ideale Rückzugsort, um nach einer Safari zu relaxen. Sie besteht aus nur drei Doppelbungalows mit tollen Holzmöbeln und Trennwänden. Zwei von ihnen stehen auf Felsen – zur besseren Sicht auf den See – und werden mit Sonnenenergie versorgt.

Man kann Kajakfahren, Angeln ausleihen oder einen geführten Spaziergang buchen, bei dem es zahlreiche Vögel, Affen und andere Wildtiere zu sehen gibt. Je nach Buchung werden die Gäste mit dem Boot oder einem Geländewagen abgeholt (30 Min. Anfahrt). Für Selbstversorger gelten günstigere Preise.

Zur Anreise: Auf der Straße zur St. Augustine University aus der Stadt hinausfahren und dann weiter auf unbefestigten Pfaden; unterwegs fleißig nach dem Weg fragen.

Essen & Ausgehen

Sizzlers Restaurant INDISCH $

(Kenyatta Rd.; Hauptgerichte 8000–12 000 TSh; 12–15 & 18–23 Uhr) Tagsüber ist wenig los, dafür wird es abends richtig voll. Dann schnappen sich die Gäste einen Straßentisch, machen sich über Hühnchen-Tikka her, das zuvor über den heißen Kohlen des Freiluftgrills gegart worden ist. Es gibt natürlich noch andere indische Mahlzeiten.

Mayi TANSANISCH $$

(Rwagasore St.; Mahlzeiten 7000-20 000 TSh; 7–21 Uhr) Seine kleinen Strohhütten und die Ruhe vom Verkehrslärm machen das Restaurant unterhalb des knallgrünen Mayi Hotel zu einem der nettesten im Stadtzentrum ist. Die lokalen Gerichte sind vergleichweise teuer, aber sehr lecker und die Portionen sind großzügig.

DVN Restaurant TANSANISCH $

(Nyamagana Rd.; Mahlzeiten 3000–4000 TSh; 7–17 Uhr) Das niedliche von der Kirche betriebene Restaurant hinter der Post mit dem Look und Flair eines altmodischen Cafés bietet günstige und exzellente lokaltypischen Gerichte, die fix auf dem Tisch landen. Es ist aber nicht ganz leicht zu finden, denn über der (versteckten) Eingangstür hängt nur ein kleines Schild – vielleicht muss man einen Einheimischen um Hilfe bitten.

Salma Cone SNACKS $

(Bantu St.; Snacks 500–1500 TSh; 9–22 Uhr) *Samosas* (indische Teigtaschen, gefüllt mit gewürztem Fleisch oder Gemüse), Eiscreme und Saft sorgen hier für glückliche Gesichter. Am meisten lockt aber der Duft des Grillfleisches, bei dem man Lust auf Kebab bekommt. An den Plastiktischen im Freien kann man sich einen gemütlichen Abend machen.

Burger Point & Cafe BURGER $

(Post St.; Hauptgerichte 4500–5000 TSh; 9–17.30 Uhr) Plastiktische und -stühle, die halboffenen Räumlichkeiten und massenweise Burger, Brathähnchen und Fritten machen diesen Laden zu einem beliebten Zwischenstopp am Mittag.

Binti Maringo INTERNATIONAL $

(Balewa Rd.; Mahlzeiten 7500 TSh, Pizzas 12 000 TSh; 8–20 Uhr) Einfaches Lokal unter freiem Himmel, das auf Sandwiches, Pizzas und den klassischen Fleischeintopf spezialisiert ist. Der Erlös kommt dem Kuleana Center zugute, das Straßenkinder aufnimmt und unterrichtet. Das Binti Maringo liegt 100 m außerhalb der Stadt. Nach dem schmuddeligen Fluss die Erste rechts und noch 30 m weiterlaufen. Es liegt auf der rechten Seite.

Hotel Tilapia INTERNATIONAL $$

(Capri Point; Mahlzeiten 12 000–19 000 TSh; 7–24 Uhr;) Ein Touristenmagnet und *der* Treffpunkt für Ausländer in Mwanza. Vom japanischen Teppanyaki über indisch bis europäisch gibt's hier alles und von der hübschen Terrasse hat man einen tollen Blick auf den See.

Diners INDISCH $$

(Kenyatta Rd.; Mahlzeiten 8000–12 000 TSh; 11–15 & 18–23 Uhr;) Dieses ungewöhnliche Lokal wirkt wie aus einer anderen Zeit, hat aber das beste indische Essen der Stadt. Die Deko und manche Gerichte auf der Karte sind Überbleibsel aus seinem früheren Dasein als chinesisches Restaurant.

New Mwanza Hotel INDISCH, INTERNATIONAL $$

(Post St.; Mahlzeiten 10 000–12 000 TSh; 12.30–15 & 19.30–23 Uhr;) Ein Open-air-Restaurant mit wenig Persönlichkeit, aber ordentlicher indischer Küche. Außerdem gibt es chinesische, europäische und Suaheli-Gerichte, darunter verschiedene Arten von Tilapia. Samstagsabends ab 22 Uhr sorgen die Jambo Stars für (laute) Beschallung.

Yun Long CHINESISCH $$

(Nasser Dr.; Hauptgerichte 15 000 TSh; 12–23 Uhr) Das Essen ist sehr gewöhnlich – außer man kann den chinesischen Koch zu einem authentischen Gericht überreden. Die Lage in einem grünen Garten am See mit Blick auf den Bismarck Rock ist aber in jedem Fall einen Besuch wert. Auch wer keinen Hunger hat, sollte doch zumindest auf einen Drink bei Sonnenuntergang vorbeischauen.

Kuleana Pizzeria INTERNATIONAL $$

(028-256 0566; Post St.; Pizzas 10 000–12 000 TSh; 7–21 Uhr;) Klassisch-italienische Küche darf man hier nicht erwarten, aber die Pizzas und andere kleine Gerichte (Omelettes, Sandwiches und Brote) sowie die richtige Mischung aus Einheimischen und Fremden machen das entspannte Kuleana zu einer beliebten Anlaufstelle. Der freundliche Besitzer kümmert sich um Straßenkinder.

Shoppen

Bookspot BÜCHER
(Kenyatta Rd.; ⌚9–13 & 14–17.30 Uhr) Neue und antiquarische englische Bücher sowie Karten der Nationalparks; dazu eine Ausstellung traditioneller Masken und Schnitzereien.

Praktische Informationen

GEFÄHREN & ÄRGERNISSE

Mwanza ist im Großen und Ganzen sicher; Schlepper sind kaum unterwegs und man kann problemlos umherspazieren. Allerdings sind wir mehrfach von angeblichen „Polizisten in Zivil" angesprochen worden (sie konnten sogar gefälschte Ausweise vorzeigen), die unsere Papiere sehen wollten. Am besten ignoriert man sie einfach und geht schnurstracks weiter. Auf keinen Fall den Reisepass oder Personalausweis zücken.

GELD

Alle großen Banken haben Geldautomaten und tauschen meist auch Bargeld.

INFOS IM INTERNET

Nützliche Infos für Touristen bietet die Website **Mwanza Guide** (www.mwanza-guide.com).

INTERNETZUGANG

Corner Internet Cafe (Kenyatta Rd.; 1500 TSh pro Std.; ⌚Mo–Sa 8–19, So 10–16 Uhr) Zentral gelegenes Internetcafé.

MEDIZINISCHE VERSORGUNG

Aga Khan Health Centre (☎028-250 2474; www.agakhanhospitals.org; Miti Mrefu St.; ⌚24 Std.) Bei kleineren Wehwehchen.

Bugando Hospital (☎028-250 0513; www.bugandomedicalcentre.go.tz; Wurzburg Rd.) Das Regierungskrankenhaus hat einen 24-Std.-Notdienst.

TOURISTENINFORMATION

Touristeninformation (www.tanzaniatourist.gov. tz; New Mwanza Hotel, Post St.; ⌚Mo–Sa 9–13 & 14–17.30 Uhr) In der Lobby des New Mwanza Hotel befindet sich eine kleine Touristeninformation, man sollte allerdings nicht zu viel von den Angestellten erwarten.

TOURVERANSTALTER

Verschiedene Anbieter vermieten Wagen mit Allradantrieb und organisieren Safaris im Serengeti- und Rubondo-Island-Nationalpark. Ein paar buchen auch Flüge.

 An- & Weiterreise

BUS

Vom **Busbahnhof Nyegezi**, etwa 10 km südlich der Stadt, fahren alle Busse in östlicher, südlicher und westlicher Richtung ab, auch nach Daressalam (45 000 TSh, 15 Std.). Einen guten Service bietet **Mohammed Trans** (neben der Miti Mrefu St), deren Busse um 6 Uhr nach Daressalam abfahren, praktischerweise erst am Ticketbüro in der Stadt und dann an den Busbahnhöfen. NBS und viele andere Gesellschaften fahren morgens nach Tabora (15 000 TSh, 6 Std.).

Jordan hat die besten Busse in Richtung Arusha (28 000 TSh, 12 Std.). Sie fahren um 5 Uhr im Stadtzentrum los und sind um 6 Uhr am Busbahnhof. Ihre Route – wie die aller Busse nach Arusha – führt über Singida. Die Busse nach Bukoba (20 000 TSh, 6–7 Std.), die zwischen 6 und 13 Uhr abfahren, benutzen meist die Fähre nach Busisi. Sollten sie zur Fähre nach Kamanga im Stadtzentrum von Mwanza umgeleitet werden, kann man auch dort einsteigen.

Adventure ist das beste der vier Unternehmen, die täglich um 5.30 Uhr Fahrten nach Kigoma starten (31 000 TSh, 10 Std.).

Busse nach Musoma (8000–10 000 TSh, 3–4 Std., letzter Bus 16 Uhr) und zu anderen Orten an dieser Straße fahren am **Busbahnhof Buzuruga** in Nyakato ab, 4 km östlich vom Stadtzentrum.

Man muss Tickets nicht an den Busbahnhöfen kaufen, denn viele Ticketbüros sind im **alten Busterminal im Stadtzentrum** (jetzt ein Parkplatz) untergebracht. Offiziell erheben sie keine Gebühr, versuchen aber, höhere Fahrpreise anzugeben.

FÄHRE

Mwanza ist über Fähren an Bukoba und die Insel Ukerewe angebunden.

FLUGZEUG

Precision Air (☎028-250 0819; www.precisionairtz.com; Kenyatta Rd.) fliegt nach Daressalam, zum Kilimandscharo, nach Bukoba und Nairobi. Auric Air (S. 405) bedient die Routen nach Bukoba, Kigoma und Mpanda. **Air Tanzania** (☎0782 737730; www.airtanzania.co.tz; Kenyatta Rd.) hat fünf Tage die Woche Flüge nach Daressalam. Auch **Fastjet** (☎0756 7540543; www.fastjet.com; Kenyatta Rd.) hat Dar im Streckennetz.

Mit **Coastal Aviation** (☎0752 627825; www.coastal.cc; airport) kann man täglich nach Arusha fliegen; die Maschine landet auf verschiedenen Rollfeldern im Nationalpark Serengeti. Darüber hinaus gibt es Verbindungen nach Daressalam, Sansibar und Kigali (Ruanda). Die Flugpläne und Reiseziele ändern sich ständig, man sollte deshalb immer auf der Website der Airline den neusten Stand in Erfahrung bringen.

Auric und Coastal können übrigens auch gechartert werden.

ZUG

Mwanza ist die Endhaltestelle einer Nebenstrecke der Central Line; donnerstags und sonntags um 16 Uhr geht's nach Tabora (1./2./3. Kl. 26 900/22 700/11 800 TSh).

Unterwegs vor Ort

BUS & TAXI

Dalla-dallas (beschriftet mit „Buhongwa") zum Busbahnhof Nyegezi fahren über die Kenyatta Road und die Pamba Road in südlicher Richtung. Am ehesten bekommt man ein *dalla-dalla* (beschriftet mit „Igoma") zum Busbahnhof Buzuruga nordöstlich des Uhrtums. Dort parken sie, bevor sie über die Uhuru Street fahren.

Taxis stehen überall in der Stadt. Innerhalb des Stadtzentrums kosten Taxifahrten 5000 TSh (außer auf extrem kurzen Strecken). Ein Taxi zu den Busbahnhöfen Buzuruga/Nyegezi kostet 7000/12 000 TSh. Motorradtaxis fahren überall herum; sie verlangen in der Innenstadt 1000 TSh.

VOM/ZUM FLUGHAFEN

Mwanzas Flughafen liegt 10 km nördlich der Stadt (Taxifahrt 10 000 TSh). Die *dalla-dallas* (400 TSh) zum Flughafen fahren über die Kenyatta Road und Makongoro Road.

Rund um Mwanza

Sukuma-Museum

Das **Sukuma Museum** (☎0765 667661; Eintritt 15 000 TSh, Video 200 000 TSh; ⏱Mo–Sa 9–18, So 10–18 Uhr) im Dorf Bujora, 18 km östlich von Mwanza, ist ein Freilichtmuseum, wo traditionelle Sukumahütten, das Haus eines traditionellen Heilers, ein Holztrog, in dem Zaubertränke zum Regenmachen hergestellt wurden, sowie Hütte und Werkzeuge eines Schmiedes zu sehen sind. Eine drehbare Säule stellt die verschiedenen Systeme vor, mit denen die Sukuma bis zehn zählten. Verschiedene Altersgruppen nutzten traditionell unterschiedliche Systeme, die als Geheimsprache galten und jeweils als Initiationssymbole weitergegeben wurden. Jede Gruppe kannte eigene Zählsysteme, die ausschließlich unter Gleichaltrigen verwendet und von anderen nicht verstanden wurden.

Der **Königliche Trommelpavillon** wurde in Form eines Throns der Sukumakönige erbaut. Darin sind mehrere königliche Trommeln ausgestellt, die noch immer zu kirchlichen Festen, bei Regierungsbesuchen und anderen Festlichkeiten gespielt werden.

Das Markenzeichen der **Rundkirche** sind die zahlreichen traditionellen Sukuma-Elemente. Das Gotteshaus wurde im Jahr 1958 von David Fumbuka Clement erbaut, einem Missionar aus Quebec, der auch das Museum gründete. Vor Ort stehen Englisch sprechende Guides bereit.

Auf Wunsch organisiert das Museum Impromptu-**Trommel- und Tanzvorstellungen** für bis zu neun Personen (80 000 TSh).

Sonntags öffnet das Museum nach dem Ende des Gottesdienstes.

Schlafen & Essen

Übernachten kann man in einfachen *bandas* (Hütten mit Strohdach; 30 000 TSh pro Pers. inkl. Mahlzeiten) im Stil traditioneller Sukuma-Hütten oder auf dem **Campingplatz** (Zelten 15 000 TSh). Die Unterkünfte werden selten genutzt; Gäste sollten sich deshalb vorher ankündigen. Es gibt eine kleine Bar und eine Küche.

An- & Weiterreise

Bujora liegt 18 km östlich von Mwanza an der Straße nach Musoma. Auf der Uhuru Road nördlich vom Markt in Mwanza fahren *dalla-dallas* (500 TSh, 30 Min.) bis nach Kisea. Von dort kostet ein Motorradtaxi 1000 TSh. Zu Fuß geht's in Kisesa ein kurzes Stück die Hauptstraße entlang bis zum Hinweisschild, dann der schmalen, unbefestigten Piste noch 1,7 km folgen. Ein Taxi von Mwanza kostet mit Wartezeit etwa 45 000 bis 50 000 TSh.

DER GOLF VON MWANZA

Wer von Mwanza in westlicher Richtung um den Südteil des Victoriasees fahren möchte, muss den Golf von Mwanza überqueren. Es gibt zwei Fähren, beide haben ihre Vorteile:

Die **Fähre nach Kamanga** (pro Pers./Wagen 1000/7200 TSh) legt in der Stadt stündlich zwischen 7.30 und 18.30 Uhr ab. Sonntags fährt sie nur alle zwei Stunden zwischen 8 und 18 Uhr. Wer nach Bukoba oder in einen anderen Ort an diesem Highway möchte, sollte sich erkundigen, welche Fähre der Bus benutzt. Statt erst zum Busbahnhof zu fahren, kann man direkt an der Fähre einsteigen und Geld sparen.

Die von der Regierung betriebene **Fähre nach Busisi** (auch Kigongo-Fähre genannt; pro Pers./Wagen 400/8000 TSh), 30 km südlich von Mwanza, fährt häufiger (7–22 Uhr alle 30 Min.), und die Straße nach Westen ist asphaltiert. Da jedoch viele Lastwagen diese Fähre benutzen, hat sie häufig Verspätung; wenn sich Regierungsbeamte telefonisch anmelden, wartet die Fähre auf sie.

SUKUMA-TÄNZE

Die Sukuma sind mit etwa 15 Prozent der Gesamtbevölkerung die bei Weitem größte Stammesgruppe in Tansania und im ganzen Land für ihre pulsierenden Tänze bekannt. Die in zwei konkurrierenden Gesellschaften organisierten Tänzer – Bagika und Bagulu – reisen durch das Land der Sukuma. Das Kernland des Stammes erstreckt sich um Mwanza und den Süden des Victoriasees. Beim jährlichen **Bulabo-Tanzfestival** im Sukuma-Museum im Juni kommt es zum „Showdown". Die berühmtesten der etwa ein Dutzend Tänze sind die Tiertänze: die Bagulu führen den *banungule* (Hyänen- und Stachelschweintanz) und die Bagika den *bazwilili bayeye* (Schlangentanz) auf. Vor den Auftritten werden die Tänzer zum Schutz vor Verletzungen mit traditionellen Heilmitteln behandelt. Wie man hört, werden auch die Tiere etwas ruhiger gestellt, um ihr Temperament zu dämpfen.

Der Friedhof auf der westlichen Seite der Straße von Mwanza, kurz hinter Igoma, erinnert an die Opfer, die im Jahr 1996 bei dem Untergang der Fähre MS Bukoba auf dem Victoriasee ums Leben kamen.

Ukerewe

Ukerewe liegt 50 km nördlich von Mwanza. Das einfache Leben auf dieser felsigen Insel mit winzigen Waldstücken und Ausblick auf den Victoriasee macht sie zu einem tollen Ort, um abzuschalten. Es gibt sogar ein paar echte Sehenswürdigkeiten: Die sogenannte **erste Fabrik zur Entkörnung von Baumwolle** (1904) südlich der Sahara ist längst verlassen und von Scharen Grüner Meerkatzen bewohnt. Sie liegt in Murutunguru (auf keinen Fall das kleine Waldschutzgebiet dahinter verpassen). **Ikulu** („Weißes Haus") ist der bescheidene Palast des ehemaligen Inselkönigs im europäischen Stil (1928). Er ist hinter dem Markt in Bukindo ausgeschildert. Den eigentlichen Charme der Insel macht jedoch das unverfälschte ländliche Leben aus. Die Äcker werden erfolgreich bestellt, die Insel ist seit Jahrhunderten kontinuierlich bewohnt und jedes Stück Land und jeder einzelne Baum hat einen Besitzer. Wie das funktioniert, beschreibt John Reader in seinem brillianten Buch *Africa: A Biography of the Continent*.

Der Hauptort Nansio hat Internet (wenn Strom da ist) aber keine internationalen Geldautomaten. Die Verbindung zwischen den wenigen Inselorten halten Gemeinschaftstaxis und *dalla-dallas* aufrecht. An der Bushaltestelle werden Fahrräder vermietet.

Geführte Touren

Ukerewe Tourist Information Centre FÜHRUNGEN
(☎ 0783 864006; guidemwala@gmail.com) Paulo Faustine betreibt das Infozentrum von seinem Computer- und Handyreparaturladen neben dem La Bima Hotel aus (nach dem grünen „i" suchen). Er ist ein freundlicher und verlässlicher Führer für Touren durch Ukerewe und über die benachbarten Inseln. Andere Guides – preiswerter, mit geringeren Englischkenntnissen – warten am Anleger.

Faustines halbtägige Inselwanderungen (25 000 TSh pro Pers.) und halbtägige Radtouren (40 000 TSh pro Pers.) sind interessant.

Schlafen & Essen

La Bima Hotel PENSION $
(☎ 0732 515044; EZ/2BZ 20 000/25 000 TSh; P) Trotz der beengten Zimmer (einige mit heißem Wasser) und der abblätternden Farbe ist das Hotel in Ordnung und die beste Unterkunft in Nansio. Das gilt auch für das angeschlossene Restaurant.

An- & Weiterreise

Die Passagierfähre MS *Clarius* verkehrt täglich zwischen dem Nordhafen in Mwanza und Nansio (Erw./Kind 5000/3050 TSh, 3½ Std.); sie legt an Wochentagen/sonntags um 9/10 Uhr in Mwanza ab und fährt um 14 Uhr zurück. Zwei weitere Fähren (3./1. Kl./Wagen 5000/6000/7000 TSh, 3 Std.) legen in Kirumba, nördlich vom Stadtzentrum Mwanza bei der riesigen Balimi-Reklame ab. Die MS *Nyehunge* verlässt Mwanza/Nansio um 9/14 Uhr und die MS *Samar* III legt um 14/8 Uhr in Mwanza/Nansio ab.

Von Bunda nach Nansio zu fahren, bietet gewisse Vorteile. Bunda liegt an der Straße Mwanza–Musoma, man kommt also (ohne Umwege) von Mwanza nach Ukerewe und von dort weiter nach Musoma oder zur Serengeti – oder umgekehrt. Jedes öffentliche Verkehrmittel, das zwischen Mwanza und Musoma unterwegs ist, hält in Bunda. Von hier fahren Busse und manchmal *dalla-dallas* nach Nansio (6000 TSh, 5–6 Std.). Sie starten täglich um 10 und 13 Uhr und nehmen die Kisorya-Fähre (Passagier/Wagen

300/5000 TSh, 40 Min.); die Fähre fährt viermal täglich in beide Richtungen. Für die Rückfahrt starten die Busse um 8 und 10 Uhr ab Nansio in Richtung Bunda. Danach gibt es keine direkte Verbindung mehr nach Nansio, aber man kann mit dem *dalla-dalla* bis Kisorya fahren und auf der Insel ein anderes *dalla-dalla* nehmen. Die letzte Fähre nach Ukerewe legt um 18.30 Uhr ab, die letzte Fähre ab Ukerewe um 17 Uhr. Sie macht allerdings nur Sinn für Reisende mit eigenem Auto, oder wenn man versucht, einen Teil des Weges zurück nach Bunda zu trampen.

Nationalpark Rubondo Island

Der **Nationalpark Rubondo Island** (Erw./Kind 30/10 US$) ist berühmt für seine herrliche Ruhe sowie die schöne Uferlandschaft am See und gehört zu den am besten gehüteten Geheimnissen Tansanias. Es gibt Tage, an denen man der einzige Besucher der 240 km² großen Insel ist. Die meisten Besucher kommen zur **Vögelbeobachtung** (im November und Dezember treffen viele Zugvögel ein), doch auch **Wander-Safaris** (Halbtagestouren 25 US$pro Pers.) und **Bootsausflüge** (25 US$ pro Pers.) lohnen sich. Offiziell müssen Kinder mindestens 12 Jahre alt sein, um an Wander-Safaris teilzunehmen, aber diese Regel wird nicht ganz so strikt eingehalten. Flusspferde, Buschböcke und die seltenen Sitatungas – Rubondo dürfte der beste Ort in Tansania sein, diese Wasserantilopen zu sehen, die sich im Schilf der sumpfigen Ufer verstecken – kommen natürlicherweise auf der Insel vor. Außerdem wurden vor langer Zeit auch Elefanten, Giraffen, Weißbart-Stummelaffen und Schimpansen ausgewildert.

Experten haben sich Ende 2014 daran gemacht, die Schimpansen an menschliche Gesellschaft zu gewöhnen – ein langwieriger Prozess, der gut und gern vier bis fünf Jahre in Anspruch nehmen kann. Wahrscheinlich wird man aber schrittweise mehr Tiere zu Gesicht bekommen, z. B. bei den „Schimpansenwanderungen" (aber wie gesagt: Es gibt keine Garantie).

Obwohl die Strände sehr verlockend aussehen, ist Schwimmen wegen der zahlreichen Krokodile und Flusspferde verboten.

Schlafen

Rubondo Park Bandas & Resthouse CAMPINGPLATZ, BANDA $
(Zelten 30 US$, Zi. 30 US$ pro Pers.) Die *bandas* mit Blick auf den Strand von Kageye an der Ostseite von Rubondo zählen zu den netteren Hütten in Nationalparkbesitz. Sie sind mit einem komfortablen Doppel- und einem Einzelbett sowie einem Bad mit warmem Wasser ausgestattet und die umgebende Dschungelvegetation sorgt für viel Privatsphäre. Vor Ort gibt es noch eine Herberge mit Zimmern von ähnlicher Qualität, die auch über Fernseher verfügt.

Alle Zimmer haben morgens und abends Strom. Es gibt vollständig ausgestattete Küchen und auf Anfrage übernehmen die Angestellten das Kochen (als Bezahlung reicht ein freies Essen). Nördlich der *bandas* (10 Min. zu Fuß) verkauft ein winziger Laden ein paar Grundnahrungsmittel, wie Reis, Eier und Kartoffeln. Am Ufer bei den *bandas* gibt es eine Bar.

★ **Rubondo Island Camp** ZELTCAMP $$$
(☎ 0736 500515; http://rubondo.asiliaafrica.com; EZ/DZ All inclusive 1090/1650 US$; ⏲ April & Mai geschl.;) Gehört jetzt zur sehr noblen Asilia-Gruppe. Die Safarizelte an einem zauberhaften Uferabschnitt sind denn auch standesgemäß umwerfend, obwohl Zelte ei-

NATIONALPARK RUBONDO ISLAND

Auf nach Rubondo Eine friedliche Lage, eine wunderbare Uferlandschaft; viele Vögel; die Möglichkeit, Sitatungas und vielleicht sogar scheue Schimpansen zu sehen.

Reisezeit Juni bis Anfang November.

Praktisch & konkret Ausgangspunkte sind Bukoba oder Mwanza; zum nächstgelegenen Hafen reisen und von dort aus mit dem Parkboot weiterfahren (wer es sich leisten kann, chartert ein Flugzeug). Unterkünfte und den Transport über die Parkverwaltung buchen. Wenn die Telefone nicht funktionieren, hilft das Personal im Saa Nane-/Tanapa-Büro in Mwanza (☎ 028-254 1819, am Capri Point) weiter.

Für Schnäppchenjäger Insgesamt ein portemonnaiefreundlicher Park. Mit dem Bus zur nächstgelegenen Stadt am Seeufer fahren und dort in ein Boot zur Insel umsteigen. Die Überfahrt ist günstig. Im Park angekommen eine *banda* sichern (preiswert und nett). Man kann sich selbst verpflegen. Safaris ausschließlich zu Fuß.

gentlich nicht das richtige Wort ist: Diese hier haben drei solide Wände und sind mit edlen Möbeln, tollen Bädern und herrlich Betten ausgestattet. Auch der Bar- und Restaurantbereich aus Holz, der sich an eine niedrige Klippe mit Seeblick klammert, ist ein Traum.

Das Management bietet Aktivitäten wie Schimpansentouren, Vogelbeobachtungen und Angelausflüge an. Es werden auch Fahrten organisiert, um wilde Tiere aufzuspüren, die aber weniger empfehlenswert sind.

An- & Weiterreise

FLUGZEUG

Auric Air (S. 405) legt auf seinen Flügen Mwanza–Bukoba eine Zwischenlandung in Rubondo (Hin- & Rückflug 325 US$) ein. Damit sind zwei Übernachtungen nötig, denn der Flug aus Mwanza kommt am späten Nachmittag an, und der Rückflug startet frühmorgens. Ein direkter Charterflug mit Auric kostet etwa 3000 US$.

Coastal Aviation (☎ 0752 627825; www.coastal.co.tz) fliegt auf Anfrage ebenfalls zum Park. Ein Charterflug mit Auric kostet ca. 3000 US$.

SCHIFF/FÄHRE

Es gibt zwei Möglichkeiten, mit dem Parkboot nach Rubondo zu fahren (bis zu 7 Passagiere); beide müssen im Voraus gebucht werden. Aufgrund von Beschwerden über Abzocke und Betrug in der Vergangenheit dürfen die hiesigen Fischer Touristen nicht mehr zur Insel transportieren.

Der Park empfiehlt die Anfahrt über den kleinen Hafen Kasenda, 5 km von Muganza entfernt (1500 TSh mit dem Motorradtaxi; 5000 TSh mit dem Taxi). Das Boot braucht 20 bis 30 Minuten für die Überfahrt, dann sind es noch 15 Minuten mit dem Park-Auto über die Insel nach Kageye. Der Fahrpreis je Boot beträgt 100 US$ (hin & zurück). Muganza liegt ganz in der Nähe der Straße von Mwanza nach Bukoba. Dort fahren viele öffentliche Verkehrsmittel, allerdings halten die Busse gewöhnlich an der Kreuzung auf der Hauptstraße (an der Abzweigung nach Muganza). Motorradfahrer nehmen Touristen bereitwillig in die Stadt bzw. nach Kasenda mit. Alle Busse zwischen Bukoba (12 000 TSh, 2 Std.) und Mwanza (12 000 TSh, 4 Std.) kommen hier vorbei; das gilt auch für die Busse zwischen Bukoba und Daressalam. Biharamulo (5000 TSh, 2 Std.) und andere Orte in der Nähe werden von *dalla-dallas* angefahren.

Die zweite Option wäre Nkome, das am Ende einer holprigen Straße nördlich von Geita liegt. Von hier kostet die Bootsfahrt nach Kageye 100 US$ (2 Std.). Gewöhnlich ist das Wasser etwas rau. Das Boot bekommt man in der Rangerstation außerhalb von Nkome; von der Endhaltestelle der *dalla-dallas* fahren *piki-piki* (Motorradtaxis)/Taxis (500/2000 TSh) bis zur Rangerstation. Von Mwanza bis Nkome (12 000, 4–5 Std.) verkehren auch zwei Direktbusse. Sie fahren um 10 Uhr in Mwanza ab, man kann aber auch an der Kamanga-Fähre zusteigen. Eine weitere Möglichkeit ist, bis Geita mit dem Bus und dann mit den häufig verkehrenden *dalla-dallas* weiter nach Nkome (5000 TSh, 2 Std.) zu fahren.

Biharamulo

Der alte deutsche Verwaltungsort Biharamulo liegt heute im Niemandsland, was manche Reisende unwiderstehlich finden. Ihm haftet ohne Zweifel ein gewisses „Lost in Africa"-Flair an.

Die nördlich verlaufende Straße aus Biharamulo passiert das 1300 km² große **Wildreservat Biharamulo** und das 2200 km² große **Wildreservat Burigi** (es ist schon seit Langem als Nationalpark im Gepräch, aber bislang wurde noch nichts unternommen). In keinem gibt es nennenswerte touristische Infrastruktur, doch die Tierpopulationen haben sich seit der Flüchtlingskatatstrophe in den 1990er-Jahren wieder erholt. Das gilt insbesondere für das sumpfige Burigi. Unter anderem gibt es Pferde-, Rappen- und Elenantilopen, Sitatungas, Elefanten, Giraffen, Zebras und Löwen zu sehen. Besuche können bereits in Daressalam, aber auch beim Büro des Schutzgebiets in Biharamulo gebucht werden.

Schlafen

Deutsche boma HISTORISCHES HOTEL $

(☎ 0766 477065; Zi. 10 000 TSh pro Pers.; P) Auf dem Hügel über der Stadt thront noch die zwischen 1902 und 1905 erbaute deutsche *boma*. Dazu gehört eine gute Pension mit gepflegten Zimmern in kleinen Rondavels (typisch afrikanische Rundbauten) im Hof. Sie verfügen über Warmwasser, Ventilatoren fehlen allerdings. Verpflegung gehört auch nicht zum Portfolio, man muss sich also nahe der Bushaltestelle etwas zu essen besorgen. In zwei Zimmern in der *boma* sind alte Fotos und Waffen zu sehen.

An- & Weiterreise

Frühmorgens verkehren zwei oder drei *dalla-dallas* und ein Bus (6 Uhr) direkt nach Mwanza (10 000 TSh, 6 Std.) und Bukoba (10 000 TSh, 2 Std.). Der Bus nach Bukoba macht sich um 8 Uhr auf den Weg und ein *dalla-dalla* bedient täglich die Strecke zur ruandischen Grenze

(8 Uhr; 11 000 TSh, 2 Std.). Später am Tag erreicht man Mwanza am besten mit einem der zahlreichen Gemeinschaftstaxis nach Nyankanazi (5000 TSh, 1 Std.); dort dann auf einen Bus warten. In Muleba (8000 TSh, 1½ Std.) hat man Anschluss nach Bukoba.

Bukoba

Bukoba ist eine geschäftige, grüne Stadt in attraktiver Lage am See mit einem ansprechenden Kleinstadt-Feeling. Und tatsächlich scheint jeder Besucher die Stadt zu mögen – ohne genau sagen zu können, warum. Gegründet wurde Bukoba im Jahr 1890, als die Deutschen in der Region Fuß zu fassen begannen. Damals traf Eduard Schnitzer (genannt Emin Pascha) – ein Arzt und leidenschaftlicher Reisender – am Westufer des Victoriasees ein. Seit damals lebt der zweitgrößte Hafen am tansanischen Ufer von der Kaffee- und Vanilleindustrie.

Die umgebende Landschaft Kagera ist die Heimat der Haya, die früher über mächtige Königreiche herrschten. Vor dem Aufstieg der Haya-Königreiche wurde Kagera von einer älteren Hochkultur bewohnt, die berühmt für ihre Eisenherstellung war.

Sehenswertes & Activities

Musira INSEL
In der Zeit der Könige war der große Felsklotz im See vor Bukoba eine Gefängnisinsel – heute ist sie ein reizvoller Ausflugsort. Nach der Ankunft muss man sich beim Inselhauptmann melden und 3000 TSh Inselgebühr bezahlen. Er kennt auch den Pfad auf den Gipfel, der an der Orthodoxen Kirche und einigen Hütten aus Elefantengras vorbeiführt.

Im Nyamukazi-Viertel, in der Nähe des Museums, legen stets voll besetzte Boote ab (2000 TSh), aber sie fahren nicht an der Rückseite mit den Klippen und Höhlen vorbei, wo die Medizinmänner beigesetzt wurden. Es lohnt sich daher durchaus, ein eigenes Boot zu buchen oder an einer Tour teilzunehmen. Der Campingplatz Kiroyera (S. 249) nimmt 60 US$ pro Boot mit einem Passagier und 100 US$ mit zwei Passagieren.

Kagera-Museum MUSEUM
(Eintritt 2000 TSh; ⏲9.30–18 Uhr) Das kleine, sehenswerte Museum zeigt eine Sammlung von Gegenständen der örtlichen Stämme, aber auch Fotos der Wildtiere in der Region Kagera. Die Museumsführer (mehr oder weniger Pflicht) nehmen 3000 TSh. An das Museum ist das **Bukoba Disabled Assistance Project** (BUDAP) angeschlossen, eine Werkstatt, in der Männer und Frauen mit Kinderlähmung *ngoma*-Trommeln, Handtaschen und Schmuck herstellen.

Das Museum liegt jenseits des Flughafens im Nyamukazi-Viertel. Fahrer von Taxis oder Motorradtaxis, die den Weg zum Museum nicht kennen, gibt man „Peter Mulim" als Ziel an, dann wissen sie, wo's hingehen soll. Alternativ folgt man dem Seeufer bis zum Museum.

Bemerkenswertes Gebäude
Die meisten Gebäude aus der Kolonialzeit stehen in der Nähe des Seeufers. Als Clark Gable, Grace Kelly, Ava Gardner und Frank Sinatra (spielte nicht mit, war aber damals mit Ava Gardner verheiratet) zum Dreh des Films *Mogambo* in der Kagera-Region waren, nahmen sie ihre Drinks im **Lake Hotel**, das im Jahr 1901 von Deutschen erbaut wurde.

Mater-Misericordiae-Kathedrale KATHEDRALE
(Jamhuri Rd.) Dank des gläsernen Turms, der an Science-Fiction-Streifen erinnert (aber eher B-Movies), zieht die Kathedrale im Stadt-

KIROYERA TOURS

Kiroyera Tours (☎028-222 0203; www.kiroyeratours.com; Shore Rd.) ist ein cleveres Reisebüro mit dem Schwerpunkt Kulturtourismus in Bukoba und der umgebenden Region Kagera – ein Muss für Reisende, die nach Bukoba kommen. Es bietet Halb- und Ganztagestouren, beispielsweise die Besichtigung alter Felszeichnungen und Wanderungen im Wald von Rubale. Ähnlich wie die Gewürztour auf Sansibar veranstaltet Kagera eine Vanille- und Kaffeetour (80 US$).

Kiroyera hat zudem halbtägige Radtouren (15 US$) im Programm, verkauft Bus-, Boots- sowie Flugzeugtickets und organisiert Boote nach Musira (1 Pers. 60 US$, 2 Pers. 100 US$) sowie Besuche in den tansanischen Nationalparks und Gorillawanderungen in Uganda. Kiroyera ermöglicht Reisenden nicht nur einen Einblick in die lokale Kultur, sondern hat auch mehrere Gemeinschaftsprojekte gegründet und Preise gewonnen, weil es die Entwicklung der Dorfgemeinschaften mit Hilfe des Tourismus fördert.

Bukoba

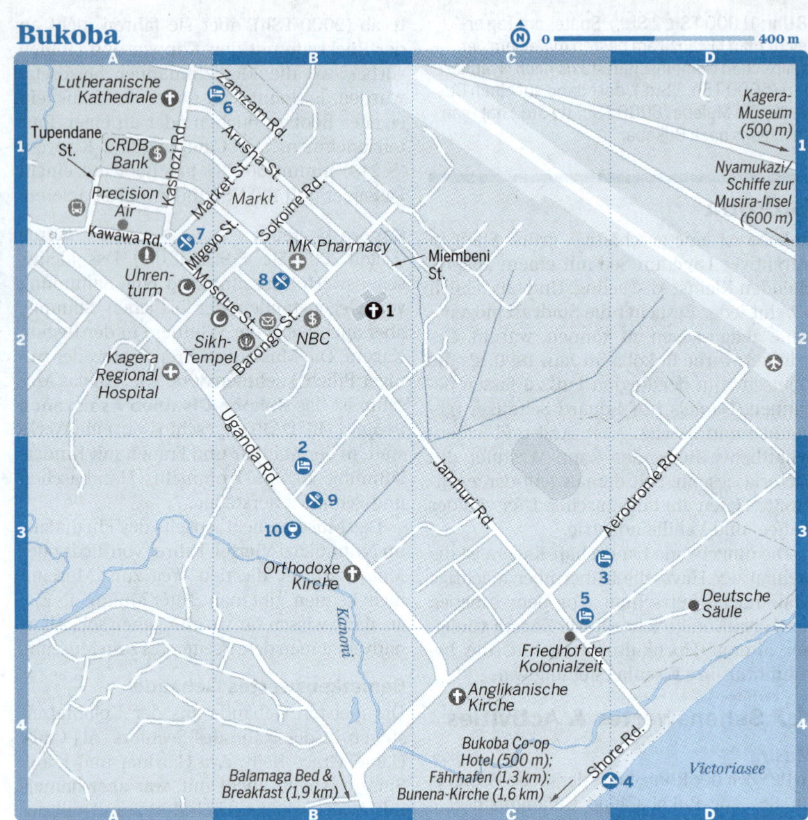

Bukoba

Sehenswertes
1 Mater-Misericordiae-Kathedrale B2

Aktivitäten, Kurse & Touren
Kiroyera Tours ....(siehe 4)

Schlafen
2 CMK Lodge B3
3 ELCT Bukoba Hotel C3
4 Kiroyera Campsite D4
5 Lake Hotel C3
6 New Banana Hotel B1

Essen
7 ELCT Tea Room A1
8 New Rose Café B2
9 Victorius Perch B3

Ausgehen & Nachtleben
10 Lina's Night Club B3

zentrum die Blicke auf sich. Leider ist das Gebäude außerhalb der Messe abgeschlossen. Am frühen Morgen hat man aber vielleicht Glück und kann einen Blick hineinwerfen.

Bunena-Kirche KIRCHE
Die ursprüngliche Kathedrale, die 1914 erbaute Bunena Kirche, ist die älteste Kirche Bukobas. Aus der Entfernung, etwa vom Strand aus, sieht sie ziemlich hübsch aus, aus der Nähe macht sie deutlich weniger her. Die Felsenklippe darunter ist dagegen sehr einladend.

Schlafen

★ **Balamaga Bed & Breakfast** B&B $
(☎0789 757289; www.balamagabb.com; EZ/DZ 55 000/85 000 TSh, EZ/DZ ohne Bad 50 000/70 000 TSh; Ⓟ) Das gemütliche B&B in den

Hügeln hoch über der Stadt ist um Klassen besser als das Gros der Budgethotels in Tansania und seinen Preis mehr als wert. Es bietet vier geräumige Zimmer (zwei mit eigenem, zwei mit gemeinsamem Bad) mit Fotokunst und einen bildschönen Garten mit derart vielen Vögeln, dass man vergisst, in Bukoba zu sein.

ELCT Bukoba Hotel HOTEL $

(☎0754 022682; www.elctbukobahotel.com; Aerodrome Rd.; EZ/2BZ/Suite 40/45/60 US$; Ⓟ@) Das Konferenzzentrum der Lutheranischen Kirche zwischen dem See und der Stadt ist eine sehr gute Option. Das Schild mit der Aufschrift „Tranquility" (Ruhe) hält, was es verspricht. Die Zimmer in dem weitläufigen Komplex lassen entfernt an ein Sanatorium denken, aber das Hotel ist insgesamt sehr gut in Schuss und alles läuft wie am Schnürchen. Die Gartenanlage ist eine echte Wohltat – ein Baum wird von einer Horde Pelikane bevölkert.

CMK Lodge HOTEL $

(☎0682 265028; abseits der Uganda Rd.; Zi. 25 000–35 000 TSh; Ⓟ) Einfache, aber blitzsaubere Zimmer und die ruhige Lage in einer Seitenstraße der Uganda Road machen die zentrumsnahe Unterkunft zu einem echten Volltreffer mit tollem Preis-Leistungs-Verhältnis. Das Sahnehäubchen ist der herzliche Empfang.

Kiroyera Campsite CAMPINGPLATZ $

(☎0784 568276; www.kiroyeratours.com; Shore Rd.; Zelten mit eigenem/Leihzelt 8000/11 500 TSh, banda mit/ohne Bad 30 000/25 000 TSh; Ⓟ) Das großartige Quartier für Backpacker am Seeufer (sehr voll an Wochenenden) bietet die authentischsten Unterkünfte in diesem Teil Tansanias: drei original *msonge* (Grashütten) der Haya mit Betten und elektrischem Strom. Eine hat sogar ein eigenes Bad (die anderen teilen sich eins).

Auch wer nicht hier übernachtet, sollte auf jeden Fall die chillige Strandhütte besuchen und einen Drink sowie eine Portion gebratenen Fisch mit Reis zu sich nehmen (ca. 8000 TSh).

New Banana Hotel HOTEL $

(☎028-222 0892; Zamzam Rd.; Zi. 20 000 TSh) Heruntergewirtschaftet, aber mit einer praktischen Lage und hellen, fröhlichen Unterkünften. Es gibt fließend heißes Wasser und die frischen Blumen deuten daraufhin, dass sich das Management wirklich kümmert. Draußen befindet sich ein nettes kleines Bar-Café.

DIE HAYA

Bukoba ist Kernland des Haya-Stammes, einer der großen Stämme Tansanias und von herausragender Bedeutung für die Geschichte des Landes. Ihre Kultur gehörte zu den höchstentwickelten frühen Kulturen des Kontinents. Im 18. oder 19. Jahrhundert war ihr Stammesgebiet in acht eigenen Staaten oder Königreichen organisiert. Jeder Staat wurde von einem mächtigen und oft despotischen *mukama* (König) regiert, der seine Macht auf göttliches Recht zurückführte. Dem *mukama* gehörte formell alles Land, und er kontrollierte den Handel. Die Nutzung des Landes wurde kleinen Familienclans mit männlicher Erbfolge übertragen, vom *mukama* ernannte Häuptlinge und Verwalter hielten mit Hilfe von Clan-Kriegern die Ordnung aufrecht. Unter dem Einfluss der europäischen Kolonialmächte geriet dieses System in Vergessenheit. Die einzelnen Haya-Gruppen brachen auseinander, und viele Häuptlinge wurden von den Kolonialmächten durch gefügige und mit ihnen sympathisierende Führer ersetzt.

Als in den 1920er-Jahren der Widerstand gegen die „kolonialen" Häuptlinge und die Kolonialmächte zunahm, gruppierten sich die Haya neu und gründeten 1924 die Bukoba Bahaya Union. Diese Partei versuchte zunächst, politische Reformen auf regionaler Ebene durchzusetzen, wurde aber zunehmend einflussreicher und ging in der breiter organisierten African Association auf. Zusammen mit ähnlichen Gruppen im Land – insbesondere in der Region des Kilimandscharo und in Daressalam – gründete sich daraus die älteste politische Partei Tansanias, die einer der Motoren der Unabhängigkeitsbewegung wurde.

Heute werden die Haya sowohl wegen ihrer Tänze – komplizierte rhythmische Fußbewegungen von Tänzern in traditionellen Baströcken mit Rasseln um die Knöchel – und ihres Gesangs als auch wegen ihrer Geschichte geachtet. Die in der ostafrikanischen Musikszene berühmte Sängerin Saida Karoli stammt aus Bukoba.

ABSTECHER

ALT-KATURUKA

Die **archäologische Stätte Katuruka** (Erw./Kind 10 000/3000 TSh; ⌚Di–So 9–17 Uhr) ist Standort des ältesten Eisenschmelzofens in Ost-, Zentral- und Südafrika (500 v. Chr.; lange bevor ähnliche Techniken in Europa entwickelt wurden). Tatsächlich zu sehen bekommt man ein paar alte Ziegelsteine und kleine Eisenklumpen. Interessanter sind die Schreine für König Rugomora (Regierungszeit 1650–75) und Mugasha, den Gott des Sturms und Wassers; die Führer erzählen ihre Legenden.

In dem nachgebauten Grabhaus des Königs ist ein kleines archäologisches Museum eingerichtet.

Die Anfahrt führt durch die tiefste tansanische Provinz. Man nimmt in Bukoba ein *dalla-dalla* in Richtung Maruka bis Katuruka (1500 TSh, 45 Min.); das Kartenhäuschen befindet sich 200 m neben der Straße.

Bukoba Co-op Hotel HOTEL $
(☎028-222 1251; Shore Rd.; EZ/DZ/2BZ 20 000/25 000/30 000 TSh; P) Etwas in die Jahre gekommen, aber die Zimmer mit TV, Deckenventilator und Minikühlschrank sind immer noch in Ordnung und haben ein gutes Preis-Leistungs-Verhältnis. Das Beste ist ohnehin die tolle Lage am Ende des Strandes von Bukoba Beach. Die Zimmer im 1. OG haben eingeschränkten Seeblick und das Restaurant gehört zu den besten der Stadt.

Lake Hotel HOTEL $
(☎0765 876240; Zi. 20 000–30 000 TSh, ohne Bad 10 000 TSh; P) Dieses alte Hotel in Seenähe hat die Eleganz vergangener Tage leider total eingebüßt: Einige Zimmer sind einfach nur schäbig. Der Hauch von historischem Charme lässt sich dennoch nicht leugnen

Essen & Ausgehen

Auf allen Speisekarten Bukobas stehen gegrillter Fisch und meist auch *ndizi* (Kochbananen; in der Sprache der Haya *matoke*).

Bukoba Co-op Hotel INTERNATIONAL $
(Shore Rd.; Mahlzeiten 8000 TSh; ⌚7–22 Uhr) Dank der Lage am Strand sehr beliebt; der gegrillte tilapia, Pizzas und Currys schmecken wirklich gut.

Victorius Perch INTERNATIONAL $
(Uganda Rd.; Mahlzeiten 10 000 TSh; ⌚6–24 Uhr) Die anspruchsvollste Speisekarte der Stadt mit chinesischer, indischer, europäischer und sogar Anklängen von mexikanischer Küche; allerdings gibt's nicht immer alle Gerichte.

New Rose Café TANSANISCH $
(Jamhuri Rd.; Mahlzeiten 2000–5000 TSh; ⌚Mo–Sa 8–19 Uhr) Die wunderbare, aber unauffällige Institution wirkt wie eine Kreuzung aus Lebensmittelladen und Café-Restaurant.

ELCT Tea Room TANSANISCH $
(Market St.; Frühstück 4000 TSh, Mittagessen 5000–7000 TSh; ⌚Mo–Sa 8–17 Uhr) Hier gibt's alle tansanischen Klassiker zum Schleuderpreis. Das All-you-can-eat-Büfett hat viele Fans.

Lina's Night Club CLUB
(Uganda Rd.; ⌚24 Std.) *Der* Club! Rund um die Uhr geöffnet, voll ist die Bar aber erst abends und der Club nur freitags und samstags.

Praktische Informationen

GELD

NBC (Jamhuri Rd.) Wechselt Bargeld, und der Geldautomat akzeptiert Visa und Mastercard.

MEDIZINISCHE VERSORGUNG

Kagera Regional Hospital (Uganda Rd.)

MK Pharmacy (Jamhuri Rd.; ⌚Mo–Sa 8.30–19, So 10–14 Uhr)

An- & Weiterreise

BUS

Alle Busunternehmen unterhalten Ticketbüros in der Nähe der Bushaltestelle. Gegen eine geringe Gebühr besorgen die Angestellten von Kiroyera Tours Bustickets.

Die Fahrtziele:

Mwanza (20 000 TSh, 6–7 Std.) via Muganza (12 000 TSh, 2 Std.). Häufige Verbindungen zwischen 6 und 13 Uhr; Mohammed Trans und Bunda gehören zu den besseren Anbietern.

Kigoma (27 000 TSh; 6 Uhr; 13–15 Std.) mit **Visram**.

Daressalam (52 000–60 000 TSh, 21 Std.) Alle Busse nach Daressalam fahren vor oder um 6 Uhr ab. Die Route führt über Muganza, Kahama, Singida und Dodoma; Mohammed Trans und Sumry, die beiden besten Busgesellschaften, sowie einige andere fahren durch, andere Unternehmen pausieren eine Nacht in Morogoro, um nicht in den frühen Morgenstunden in Dar anzukommen.

FLUGZEUG

Auric Air (www.auricair.com) fliegt täglich ab/nach Mwanza und **Precision Air** (☎ 0782-351136; www.precisionairtz.com; Kawawa Rd.) ab/nach Daressalam via Mwanza. Auric bedient auch die Strecke nach Kampala, Uganda.

SCHIFF/FÄHRE

Die historische MS *Victoria* transportiert Fahrgäste zwischen Bukoba und Mwanza. Beim „Booking Office 3rd Class" (Beschriftung über dem Fenster) am Hafen gibt es Tickets für alle Klassen. Die Boote (1./2./3. Kl. 36 000/24 000/17 500 TSh) legen montags, mittwochs und freitags um 9 Uhr ab. Die Fahrt dauert neun Stunden. Kiroyera Tours (S. 247) kann häufig sogar noch Tickets besorgen, wenn die Fähre angeblich ausgebucht ist; sollten alle Stricke reißen, arrangiert Kiroyera einen Schlafplatz in der Kabine des Ersten Offiziers.

Westliches Tansania

Inhalt ➜

Die beste Kultur

- MS *Liemba* (S. 263)
- Katonga (S. 256)
- Kipili (S. 264)
- Livingstones Tembe (S. 254)

Die schönste Natur

- Nationalpark Mahale Mountains (S. 261)
- Nationalpark Katavi (S. 267)
- Nationalpark Gombe Stream (S. 266)
- Tanganjikasee (S. 264)
- Kalambo-Fälle (S. 268)

Auf ins westliche Tansania

Tansanias Westen ist ein raues Grenzland mit wenigen Touristen, minimaler Infrastruktur und weiten, weglosen Landstrichen – seit Stanley auf Livingstone traf, hat sich hier kaum etwas verändert, während im Rest des Landes vieles längst weichen musste. Genau das macht die Region anziehend für Traveller, die ihre Routen an die Fahrpläne der MS *Liemba* und der Central-Line-Eisenbahn koppeln.

Die meisten Touristen kommen allerdings, weil sie wilde Tiere sehen möchten. Die Nationalparks Gombe Stream – hier gründete Jane Goodall ihre weltberühmte Forschungsstation für Schimpansen – und Mahale Mountains bieten die besten Voraussetzungen, um unseren Primaten-Vettern nahezukommen. Im Nationalpark Katavi verliert sich der Besucher in weiten Flussebenen, die immer noch ein nahezu unverfälschtes Safarierlebnis garantieren.

Wer nicht gerade per Charterflugzeug reist, braucht viel Zeit und Geduld. Doch für alle, die sich bewusst für diesen Landesteil entscheiden, ist der Westen Tansanias Highlight.

Reisezeit

Kigoma

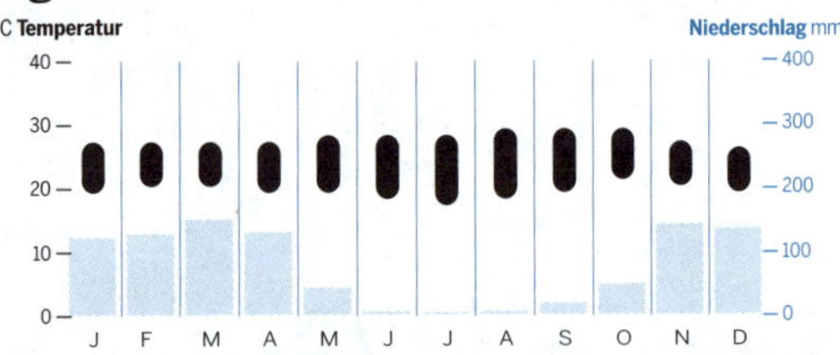

Dezember–April Mit dem Regen kommen ausgewaschene Straßen und leuchtende Blitze.

Mai–November Die Trockenzeit ist perfekt für Reisen, auch wenn Bäume jetzt die Blätter abwerfen.

Mai–Juni Schimpansen schließen sich zu großen Gruppen zusammen.

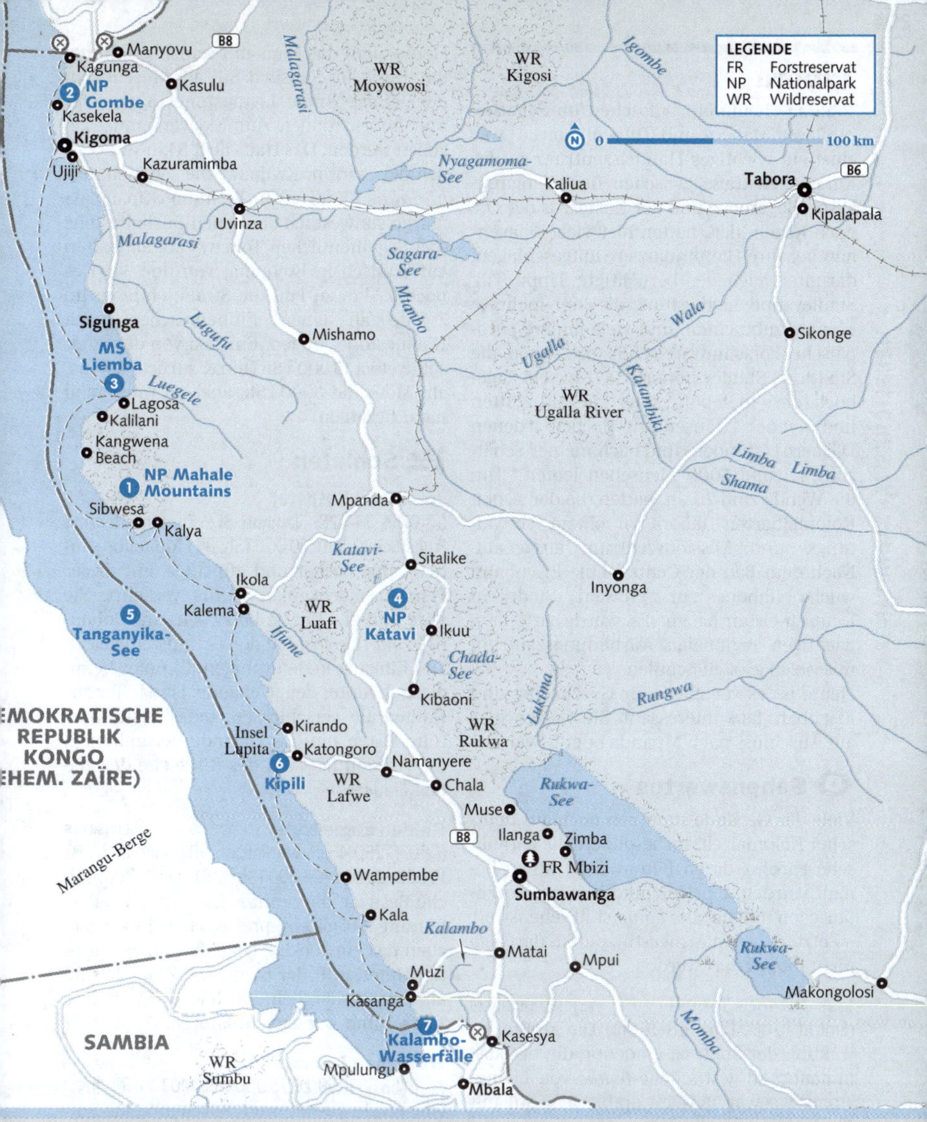

Highlights

1 Den **Nationalpark Mahale Mountains** (S. 261) als ultimatives „Versteck vor allem und jedem“ erleben.

2 Sich im **Nationalpark Gombe Stream** unter Schimpansen zu Hause fühlen (S. 260).

3 An Bord der **MS *Liemba*** (S. 263) über den Tanganjikasee schippern.

4 Im **Nationalpark Katavi** (S. 267) den ursprünglichen Rhythmus der Natur spüren.

5 Zusammen mit den regenbogenfarbenen Buntbarschen im **Tanganjikasee** (S. 264) tauchen und schnorcheln.

6 Sich in **Kipili** (S. 264) am Tanganjikasee zurücklehnen und relaxen.

7 In der Gischt der wenig besuchten **Kalambo-Fälle** (S. 268) stehen.

Tabora

Tabora – heute ein Städtchen im Schatten zahlloser Mango- und Tulpenbäume – war einst ein wichtiges Handelszentrum an der Karawanenstraße zwischen dem Tanganjikasee, Bagamoyo und der Küste. Als der Ort noch Kazeh hieß, hatten hier viele Sklavenhändler ihre Hauptquartiere aufgeschlagen, darunter auch der berüchtigte Tippu Tib. Stanley und Livingstone, die hier mehrere Monate zubrachten, und viele andere europäische Forschungsreisende passierten die Stadttore. Stanley notierte 1871 in sein Tagebuch, dass in Tabora „über tausend Hütten und *tembes* [Häuser mit flachen irdenen Dächern] (stünden) und nach meiner Schätzung ... rund 5000 Menschen lebten." Um die Wende zum 20. Jh. hatten die deutschen Kolonialherren Tabora zu einem Verwaltungs- und Missionszentrum ausgebaut. Nach dem Bau der Central-Line-Eisenbahn wuchs Tabora zur größten Stadt in Deutsch-Ostafrika an. Es wurde zu einem wichtigen regionalen Ausbildungszentrum mit vielen großen Schulen.

Heute ist es vor allem für Geschichts- und Eisenbahnfans interessant. Sie warten hier auf Anschluss nach Mpanda oder Mwanza.

Sehenswertes

Viele der Gebäude stammen noch aus deutscher Kolonialzeit. Insbesondere die katholische **Kirche**, deren Betonwände innen bemalt wurden, um Holz und Marmor vorzutäuschen und die alte *boma* sind sehenswert – Letztere ist ein Armeestützpunkt, darf also nicht fotografiert werden.

Livingstones Tembe HISTORISCHE STÄTTE
(Eintritt 10 000 TSh; ⌚8–16 Uhr) Die größte Attraktion der Stadt ist eindeutig die tief kastanienbraun gestrichene *tembe* von Livingstone. Sie war 1857 im arabischen Stil mit Flachdach erbaut worden. 1872 hat er eine Zeit lang darin gelebt. Später wartete Stanley hier drei Monate, weil er hoffte, die Araber würden Mirambo besiegen, den berühmten König der Nyamwezi (Mondleute). Als die Araber unterlagen und der Weg zum Tanganjikasee versperrt blieb, wählte er die Route über Mpanda nach Ujiji. Im folgenden Jahr kehrten Stanley und Livingstone zurück.

Bei der Recherche für dieses Buch wurde das große Gebäude gerade restauriert (es war aber gleichzeitig öffentlich zugänglich). Heute dient das Haus mit seinen geschnitzten Türen im Sansibar-Stil als Museum, in dem einige Briefe Livingstones ausgestellt und Informationen zum Sklavenhandel gegeben werden. Das Haus liegt 8 km südwestlich der Stadt in Kwihara. Die seltenen *dalla-dallas* (500 TSh) in Richtung Kipalapala fahren südwestlich der neuen Bushaltestelle (bei der öffentlichen Toilette) ab. Sie halten auf Wunsch in Etetemia; von dort sind es noch 2,5 km zu Fuß die Straße entlang. Im Zweifelsfall einen Einheimischen nach „Livingstone" fragen. Ein Taxi von der Stadt sollte etwa 15 000 TSh (hin & zurück) kosten, ein Motorrad 3000 TSh, aber oft muss man mehr bezahlen.

Schlafen

John Paul II Hostel PENSION $
(☎0755 344128; Jamhuri St.; Zi. ohne Bad/mit Frühstück 10 000/20 000 TSh; P) Makellos sauber, ruhig, sicher und günstig – mit dieser Pension macht man nichts verkehrt. Sie wird von der Kirche betrieben, und Johannes Paul II. selbst hat den Grundstein gelegt. Der Eingang in den ruhigen Komplex befindet sich hinter dem Gebäude. Ist das Tor zur Kathedrale verschlossen, muss man Richtung Osten um das Gelände herumlaufen; die Pension liegt auf der Rückseite des gelben Hauses.

Golden Eagle Hotel PENSION $
(☎026-260 4623; Market St.; 2BZ ohne Bad/2BZ 15 000/20 000–25 000 TSh; P) Der freundliche Besitzer, die zentrale Lage und das Restaurant mit gutem, preiswertem Essen machen das einstöckige Hotel zur angenehmsten Unterkunft der Stadt. Die Zimmer sind alt, aber ordentlich, sie haben TV, heißes Wasser und Deckenventilatoren.

Frankman Palace Hotel HOTEL $
(☎0768 683068; DZ 75 000–85 000 TSh; P ❄ 📶) Glitzernde Wände und Rüschenbesatz sorgen für einen Hingucker. Es liegt in einem der schickeren Quartiere der Stadt, und es gibt WLAN, das der Manager allerdings als „zu langsam" bezeichnet. Das Haus mit dem grünen Dach steht hinter dem Busbahnhof am Stadion.

Orion Tabora Hotel HISTORISCHES HOTEL $$
(☎026-260 4369; Station Rd.; EZ/DZ 65 000–90 000/85 000–105 000 TSh; P 📶) Das alte Eisenbahnhotel wurde 1914 von einem deutschen Baron als Jagdlodge erbaut. Das hübsch restaurierte Gebäude stellt eine in

Tabora

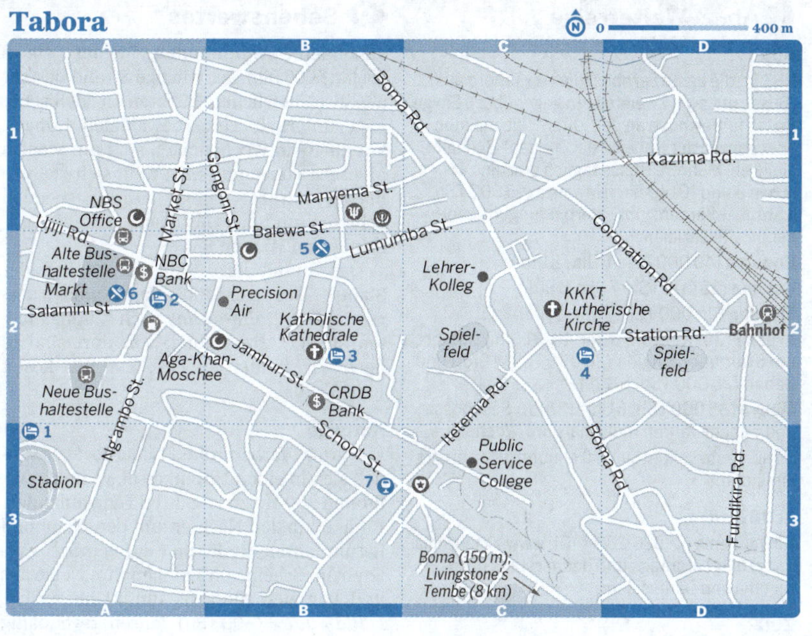

Tabora

Schlafen

1 Frankman Palace Hotel A3
2 Golden Eagle Hotel A2
3 John Paul II Hostel B2
4 Orion Tabora Hotel C2

Essen

Golden Eagle Hotel .... (siehe 2)
5 Mayor's Fast Food B2
6 Mayor's Hotel A2
Orion Tabora Hotel .... (siehe 4)

Ausgehen & Nachtleben

7 Mauwa Bar B3

diesem Landesteil unerwartet angenehme Unterkunft dar. Obwohl das Flair in den Zimmern langsam verblasst, ist das Orion eindeutig das beste Hotel der Stadt. Nach einem Zimmer im Kaiserflügel fragen, denn diese haben überdachte Veranden mit Blick auf den Garten.

Das Restaurant ist das beste der Stadt und die Bar gut bestückt. Von Freitag bis Sonntag, wenn in der Bar draußen Bands live auftreten, kann es allerdings ziemlich laut werden. Camping ist auf dem Gelände gestattet, man muss mit dem Manager einen Preis aushandeln.

Essen & Trinken

Mayor's Fast Food TANSANISCH $
(Snacks ab 300 TSh, Büfett pro Teller ab 2500 TSh; 7–23 Uhr) *Samosas* und andere lokale Snacks sowie ein gutes Büfett. Eine Filiale befindet sich an der Lumumba Street und die andere namens **Mayor's Hotel** am Markt.

Golden Eagle Hotel INDISCH, TANSANISCH $
(Market St.; Gerichte 3000–8500 TSh; 7–22 Uhr;) Gutes Essen zu niedrigen Preisen; ein vegetarisches *thali* (gemischte Currys und Reis) kostet nur 5000 TSh, gebratener *tilapia* (Viktoriabarsch) 8500 TSh.

Orion Tabora Hotel TANSANISCH, EUROPÄISCH $$
(Station Rd.; Gerichte 5000–15 000 TSh; Frühstück, Mittag- & Abendessen) Das beste Lokal in Tabora bietet eine Mischung aus lokalen und europäischen, abends auch italienischen und indischen Speisen an. Es gibt Tische drinnen und draußen an der Bar (mit Pool-Tisch); Freitag, Samstag und Sonntag gibt's Live-Musik.

Aber Vorsicht – vom Hähnchen *tikka masala* haben sich unsere Redakteure eine ernsthafte Lebensmittelvergiftung zugezogen!

Mauwa Bar BAR
(School St.; 15–1 Uhr) Lebendige, laute Bar gegenüber der Polizeiwache mit Tischen und einem Pool im Freien unter Bäumen.

An- & Weiterreise

BUS

NBS ist die beste Fernbuslinie von Tabora aus (Busse mit zwei Zweiersitzen gegenüber). Einige Busse fahren noch an der „alten", die meisten aber ganz in der Nähe an der „neuen" Bushaltestelle ab. Mehrere Busse täglich starten zwischen 6 und 10 Uhr nach Mwanza (15 000 TSh, 6 Std.). Außerdem gibt's Verbindungen zu folgenden Reisezielen:

Dodoma (40 000 TSh, 6 Uhr, 8 Std.)

Kigoma (25 000 TSh, 7 Uhr, 8 Std.)

Mpanda (20 000 TSh, 7 Uhr, 8 Std.)

Arusha (30 000 TSh, 6 Uhr, 10–11 Std.) Abfahrt um 6 Uhr über Singida (20 000 TSh, 4 Std.) und Babati (25 000 TSh, 6 Std.).

Mbeya (35 000 TSh, 6 Uhr, 12 Std.) Sasebossa und Sabena fahren mehrmals pro Woche.

Fahrgäste sollten sich 30 Minuten vor Abfahrt einfinden.

FLUGZEUG

Air Tanzania (☎ 026-260 4401; www.airtanzania.co.tz) fliegt montags und donnerstags nach Kigoma und Daressalam.

ZUG

Tabora ist ein wichtiger Eisenbahnknotenpunkt. Von hier aus fahren Züge zu folgenden Zielen:

Daressalaam (1./2./3. Kl. 54 900/40 600/20 400 TSh; Freitag & Montag 7 Uhr)

Kigoma (1./2./3. Kl. 31 700/24 900/12 500 TSh; Mittwoch & Samstag 21 Uhr)

Mpanda (1./2./3. Kl. 27 500/21 200/11 100 TSh; Montag, Mittwoch & Samstag 21 Uhr)

Mwanza (1./2./3. Kl. 29 600/22 700/11 800 TSh; Mittwoch & Samstag 22 Uhr)

Kigoma

Die freundliche kleine Distrikthauptstadt Kigoma liegt am Ufer des Tanganjikasees. Hier enden die Züge der Central-Line-Eisenbahn und die MS *Liemba* legt ab, um Besucher zum Nationalpark Gombe Stream zu bringen. Kigoma ist nicht gerade eine quirlige Metropole, aber wer sich über die Straßen des westlichen Tansania gequält hat, kommt sich vor wie in der Großstadt.

In der Stadt stehen immer noch ein paar Gebäude aus der deutschen Kolonialzeit, darunter etwa der **Bahnhof** sowie das sogenannte **Kaiserhaus** (hier residiert der Distrikthauptmann). Kigoma hat zwar keine echten Attraktionen zu bieten, aber in den Dörfern und an den Stränden der Umgebung kann man durchaus einige Tage zubringen.

Sehenswertes

Jakobsen-(Mwamahunga-)Strand — STRAND

(Eintritt 5000 TSh) Der winzige Strand besteht aus zwei herrlichen Buchten in idyllischer Lage unterhalb eines bewaldeten Hanges. Vor allem an Wochentagen sind nur wenige Menschen dort, und man fühlt sich fast wie in der Karibik. Einige *bandas* spenden Schatten, und das Gästehaus verkauft Softdrinks und Wasser.

Der Strand liegt 5 km südwestlich der Stadt; er ist an der Straße nach Katonga ausgeschildert. *Dalla-dallas* nach Katonga halten an der Abzweigung; von dort sind es noch 20 Minuten zu Fuß. Ein Taxi kostet 10 000 TSh.

Katonga — DORF

Das große, farbenfrohe Fischerdorf verwandelt sich in einen Hexenkessel, wenn die gefühlten 200 Holzboote ihren Fang anlanden. In den dunklen Nächten um den Neumond herum fahren die Fischer auf den See, werfen beim Schein von Lampen ihre Netze aus und kommen morgens um 8 Uhr zurück. *Dalla-dallas* (400 TSh) fahren regelmäßig nach Katonga.

Kibirizi — DORF

In Kibirizi, 2 km nördlich der Stadt bei den Öltanks gelegen, leben viele Fischer. Beeindruckend laut, bunt und recht chaotisch geht es zu, wenn die Wassertaxis am frühen Nachmittag beladen werden. Wer den Eisenbahnschienen dem Strand entlang folgt, erreicht das Dorf zu Fuß.

Geführte Touren

Mbali Mbali — SAFARIS

(☎ 028-280 4437; www.mbalimbali.com) Der auf das westliche Tansania spezialisierte Safari-Touranbieter ist im Kigoma Hilltop Hotel ansässig und bietet auch Charterboote und -flugzeuge an.

Schlafen

Jakobsen's Guesthouse — PENSION $

(☎ 0753 768434; www.kigomabeach.com; Camping mit eigenem/gemietetem Zelt 15 000/ 20 000 TSh, Zi. pro Pers. 40 000 TSh, Hütte 240 000 TSh; Ⓟ) Dieses gemütliche Gästehaus liegt außerhalb der Stadt auf einem Hügel oberhalb des Jakobsen-Strandes. Die beiden schattigen Zeltplätze mit Bädern, Lampen und Grill befinden sich weiter unten am See. Das Haus ist seinen Preis wert – herrlich, um sich zurückzuziehen. Essen bekommt gibt's hier al-

Kigoma

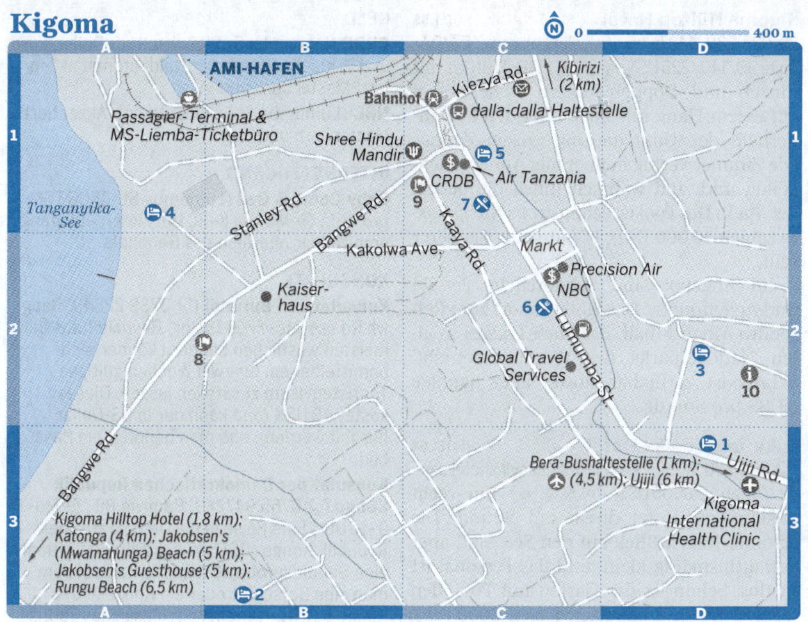

Kigoma

Schlafen

Essen

Praktisches

lerdings nicht, man muss sich also selbst versorgen.

Es können Kajaks (pro Tag 25 000 TSh), Segelboote (50 000 TSh) und Schnorchelausrüstung (10 000 TSh) gemietet sowie Wasser und Softdrinks gekauft werden.

Gombe Executive Lodge PENSION $

(☎ 0758 891740; Zi. 10 000–30 000 TSh; P ❄) Die mit Abstand günstigste Unterkunft der Stadt an einer ruhigen, staubigen Nebenstraße. Die Zimmer sind makellos sauber, haben angeschlossene Bäder mit heißem Wasser und sind klimatisiert und gemütlich. Frühstück gibt's für einen Aufpreis von 3000 TSh.

Coast View Resort HOTEL $

(☎ 0713 491570, 028-280 3434; Zi. 30 000–60 000 TSh; P ❄ @) Das höchste Hotel der Stadt hat keine Zimmer mit Aussicht, nur vom Turm des Restaurants aus kann man weit sehen. Bis auf den fehlenden Ausblick hat man jedoch nichts zu meckern; Zimmer und Service sind grundsolide.

Amini Lodge PENSION $

(☎ 0768 371213; Lumumba St.; Zi. ohne/mit Klimaanlage 17 000/20 000 TSh; P ❄) Ein halbes Dutzend kleine, saubere Zimmer liegen in einem ruhigen Hof unmittelbar neben der Hauptstraße, die in die Stadt hineinführt. Im kleinen Restaurant bekommt man auch Mahlzeiten serviert.

New Mapinduzi Guest House PENSION $

(☎ 0753 771680; Lumumba St.; EZ/DZ 12 000/14 000 TSh, EZ/DZ ohne Bad 6000/8000 TSh) Diese Pension in einer winzigen Gasse ist eine gute Wahl, wenn man direkt im Zentrum unterkommen möchte. Die schlichten, in sich geschlossenen Zimmer haben Fernseher und Ventilatoren. Speisen sind nicht erhältlich.

Kigoma Hilltop Hotel HOTEL $$
(☎ 028-280 4437; www.mbalimbali.com; EZ/DZ/Suite 90/140/225 US$;) Die Hütten mit Einzel- und Doppelzimmern stehen oben auf einem Hang mit Blick über den See. Innerhalb der Ummauerung grasen Zebras. Die Zimmer verfügen über alle Annehmlichkeiten und sind wahrscheinlich die besten der Stadt. Der Pool ist schön groß (Nicht-Gäste zahlen 10 000 TSh), könnte aber sauberer sein.

Im Angebot sind Schnorcheln, Jet-Ski und Angeltouren. Das Hotel gehört zum Reisebüro Mbali Mbali, das auch Lodges in allen Nationalparks des Westens betreibt. WLAN ist verfügbar, kostet aber happige 5 US$ pro Stunde.

Lake Tanganyika Hotel HOTEL $$
(☎ 028-280 3052; www.laketanganyikahotel.com; EZ/DZ ab 85/105 US$;) Ein recht anständiges Hotel direkt am Strand. Die Zimmer haben Blick auf den See, sind aber verhältnismäßig klein, und das Personal ist lustlos. Schön ist der Garten mit Pool, den auch Nicht-Gäste benutzen dürfen (5000 TSh).

Essen & Trinken

Sun City TANSANISCH $
(Lumumba St.; Gerichte 3000–5000 TSh; 7–20 Uhr) Sauber und die beste Adresse für *wali maharagwe* (Reis mit Bohnen) sowie andere lokale Gerichte; sonntags gibt's Hähnchen-Biryani.

Coast View Resort TANSANISCH, ITALIENISCH $$
(Hauptgerichte 10 000–12 000 TSh; 7–21 Uhr) Wer einen Tisch mit Aussicht erwischt, hat hier keine schlechte Wahl für das Abendessen oder einen abendlichen Absacker getroffen. Auf der Karte stehen vorwiegend einheimische sowie einige italienische Gerichte.

Kigoma Catering INTERNATIONAL $$
(Lumumba St.; Hauptgerichte 3000–13 000 TSh; 8–19 Uhr) Die größte und mit indischen, chinesischen, europäischen und einheimischen Gerichten auch die umfangreichste Speisekarte – keine Gourmet-Küche, aber solide und lecker.

Praktische Informationen

EINREISE

Die Formalitäten für Reisende auf der MS *Liemba* erledigt ein Beamter, der in Kasanga an Bord kommt. Wer nach Burundi oder in die Demokratische Republik Kongo reist, findet das Einreisebüro in den Häfen Ami und Kibirizi.

GELD

CRDB (Lumumba St.) Wechselt US-Dollar, Euro und Britische Pfund. Der Geldautomat akzeptiert MasterCard und Visa.

NBC (Lumumba St.) Geldautomat. Akzeptiert MasterCard und Visa.

INTERNETZUGANG

Baby Come & Call (Lumumba St.; 1500 TSh pro Std.; Mo–Sa 8–20 Uhr) Internetzugang unmittelbar oberhalb des Bahnhofs.

KONSULATE

Konsulat von Burundi (☎ 0739 22849; Bangwe Rd.; Mo–Fr 9–15 Uhr) Besucher aus den meisten westlichen Ländern können sich unmittelbar ein für zwei Wochen gültiges Touristenvisum ausstellen lassen. Dieses kostet 40 US$ (und kann nur in US-Dollar bezahlt werden), und man benötigt ein Passbild.

Konsulat der Demokratischen Republik Kongo (☎ 0765 947249; Bangwe Rd.; Mo–Fr 9–16 Uhr) Eine Reise in die Demokratische Republik Kongo (DRC; früher Zaire) ist oftmals eine Geduldsprobe ab dem Moment, in dem man eine Botschaft oder ein Konsulat des Kongo betritt. Wer ein kongolesisches Touristenvisum benötigt, muss dieses vor Abreise im Heimatland beantragen. Ein in Tansania ausgestelltes Visum wird an der Grenze oft nicht akzeptiert.

Die Botschaft vor Ort ist hilfreicher als die meisten anderen (vor allem, wenn man Französisch spricht). Wer nur vorhat, den Nationalpark Virunga und Goma zu besuchen, kann sich ohne Probleme auf der Website Visit Virunga (www.visitvirunga.org) ein sogenanntes Virunga-Visum ausstellen lassen.

MEDIZINISCHE VERSORGUNG

Kigoma International Health Clinic (☎ 0715 491995; Ujiji Rd.; rund um die Uhr) Für kleinere gesundheitliche Probleme; 1 km hinter der Bero-Tankstelle.

TOURISTENINFORMATION & REISEBÜROS

Gombe/Mahale Visitors Information Centre (☎ 028-280 4009; gonapachimps@yahoo.com; 9–16 Uhr) Das Information Centre ist an der Ujiji Road am Gipfel des Hügels ausgeschildert: an der T-Kreuzung nach links gehen. Die Angestellten kennen sich mit Gombe, scheinbar aber kaum mit Mahale aus.

An- & Weiterreise

BUS

Alle Busse fahren auf den staubigen Straßen hinter der Bero-Tankstelle (ohne Reklameschild) ab. Von Kigoma aus ist die Tankstelle das große weiße Gebäude mit dem Geldautomaten der NBC Bank. Der Busbahnhof ist ungewöhnlich gut organisiert: Alle Busgesellschaften haben kleine Ticketbüros, in denen die Fahrtziele deutlich erkennbar in einer langen Reihe ausgewiesen sind. Weitere Ticketbüros liegen westlich davon rund um Mwanga.

Busse fahren zu folgenden Zielen:

Mwanza (31 000 TSh, 6 Uhr, 10–12 Std.). Über Nyankanazi (20 000 TSh, 7 Std.). Den besten Service bieten Adventure und NSL Express.

Bukoba (27 000 TSh, 6 Uhr, 12 Std.). Über Biharamulo (25 000 TSh, 8 Std.); wird angeboten von Ya-Alli und Takbir.

Tabora (23 000 TSh, 6 Uhr, 8 Std.) Den besten Service bieten NBS und Sasebosa.

Mpanda (20 000 TSh, 6 Uhr, 8 Std.) Wird angeboten von Adventure.

Uvinza (5000 TSh, 4 Std.) Alle Busse, die nach Tabora oder Mpanda fahren, kommen durch Uvinza.

FLUGZEUG

Precision Air (☎ 028-280 4720; www.precisionairtz.com) fliegt täglich über Mwanza nach Daressalam. **Air Tanzania** (☎ 0782 7377321; www.airtanzania.co.tz) verkehrt montags und donnerstags nach Tabora und täglich außer dienstags und samstags nach Daressalam. Die Flugverbindungen nach Kigoma ändern sich dauernd, also stets zur Sicherheit nachfragen.

Global Travel Services (☎ 0759 896711; Lumumba St.) verkauft Tickets für die meisten Fluglinien in Kigoma und anderen Orten.

Der Flugplatz liegt 5 km östlich der Stadtmitte; ein Taxi kostet 5000 TSh.

SCHIFF/FÄHRE

Fähre

Die MS *Liemba* (S. 263) zwischen Kigoma und Mpulungu (Sambia) über Lagosa (von hier starten Touren in den Nationalpark Mahale Mountains) und in andere Orte am See fährt am Passagierterminal ab, nördlich des Lake Tanganyika Hotel. Die Fähre läuft alle zwei Wochen aus.

Frachtschiffe nach Burundi und in die Demokratische Republik Kongo (Zaire), die ebenfalls Passagiere mitnehmen, legen im Hafen Ami nahe dem Bahnhof ab.

Wassertaxi

Wassertaxis sind kleine, motorisierte Holzboote, die stets voll mit Menschen und Waren sind. Sie verbinden die Orte am gesamten Seeufer miteinander. Wassertaxis sind zwar preiswert, haben aber keine Toiletten und bieten weder Schatten noch den geringsten Komfort. Wenn der See rau ist, kann die Fahrt sogar sehr gefährlich werden. Die Nächte sind sehr kalt. Wassertaxis gen Norden legen in Kibirizi ab, Boote Richtung Süden in Ujiji.

ZUG

Der Bahnhof von Kigoma ist die Endstation der Zugstrecke und der westlichste Punkt in Tansania, den man mit dem Zug erreichen kann. Züge fahren donnerstags und sonntags von Kigoma nach Tabora (1./2./3. Kl. 31 700/24 900/12 500 TSh).

ℹ Unterwegs vor Ort

Dalla-dallas (400 TSh) parken vor dem Bahnhof und fahren über die Hauptstraßen zur Bushaltestelle Bera, nach Kibirizi, Katonga und Ujiji. Ein Taxi zwischen der Stadtmitte und der Bushaltestelle Bera oder Kibirizi kostet 2000 bis 3000 TSh. Ein Motorradtaxi innerhalb der Stadt sollte nicht mehr als 1000 TSh verlangen.

Ujiji

Das winzige Ujiji ist einer der ältesten Marktorte Afrikas. Seinen Ruhm verdankt es einer schicksalhaften Begegnung: Hier begrüßte der Forscher und Journalist Henry Morton Stanley im Jahr 1871 den verschollenen berühmten Forscher mit dem beiläufigen Satz: „Dr. Livingstone, I presume?"

Ujiji war einer der Haltepunkte der alten Karawanenstraße zur Küste und wurde durch

REISEN IM WESTEN

Lange Zeit waren Reisen im Westen Tansanias nur unerschrockenen Travellern vorbehalten. Man musste miserable Straßen in Kauf nehmen und bereit sein, auf der Ladefläche von Lastwagen zu reisen. Die Straßen waren so schlecht, dass Busse schlichtweg nicht durchkamen.

Inzwischen verändert sich vieles innerhalb kurzer Zeit, und fast alle Hauptrouten sind nun asphaltiert. Dadurch reduziert sich die Reisezeit, und außer Lastwagen können jetzt auch Busse die Strecken befahren. Wer auf den Hauptrouten bleibt, kann davon ausgehen, überall mit dem Bus hinzukommen.

Nichtsdestotrotz sind die Straßen in diesem Teil des Landes schlechter als im restlichen Tansania, und entsprechend lang sind oft die Reisezeiten. Deshalb steigen viele Traveller lieber in einen Flieger. Immer mehr Inlandsflüge steuern Städte und Parks im Westen Tansanias an.

den Handel mit Sklaven und Elfenbein reich. Als Livingstone hier eintraf, war Ujiji die wichtigste Siedlung der Region; diesen Status verlor es, als die Bahnstation in Kigoma gebaut wurde. Hier machten Burton und Speke 1858 Station, bevor sie zur Erforschung des Tanganjikasees aufbrachen. Von dieser bedeutenden Vergangenheit ist in Ujiji nicht mehr viel zu spüren, mit Ausnahme einiger Gebäude abseits der Hauptstraße mit Anklängen an den Suaheli-Stil.

Ujiji liegt 8 km südlich von Kigoma; zwischen den beiden Orten verkehren den ganzen Tag über regelmäßig *dalla-dallas* (400 TSh, 20 Min.). Der Livingstone-Treffpunkt befindet sich an einer Kopfsteinstraße 1 km abseits der Hauptstraße. Hafen und Strand erreicht man von dort aus 300 m weiter. Jeder *dalla-dalla*-Fahrer, der „Livingstone" hört, fährt zur richtigen Stelle.

Sehenswertes

Livingstone Memorial Museum MUSEUM, DENKMAL
(Eintritt 20 000 TSh; 8–18 Uhr) Ein umzäuntes, halb zerfallenes graues Denkmal erinnert an die Stelle, an der Livingstone von Stanley mit den legendären Worten „Dr. Livingstone, I presume?" begrüßt wurde. Die zwei Mangobäume sollen Ableger der beiden abgestorbenen Bäume sein, in deren Schatten sich die beiden Männer trafen.

Das im gleichen Komplex untergebrachte Livingstone Memorial Museum bietet wenig mehr als ein paar Drucke über den ostafrikanischen Sklavenhandel, einige Bilder lokaler Künstler und Pappmaché-Modelle der beiden Männer. Wegen des hohen Eintrittspreises lohnt der Komplex wirklich nur für hartgesottene Fans der Geschichte von Livingstone und Stanley.

Hafen HAFEN
Viele Besucher finden den Strand und den keinen Dau-Hafen von Ujiji interessanter als den Wirbel um Livingstone und Stanley. Bei der Herstellung der Boote werden keine elektrischen Werkzeuge verwendet, sodass die Bauart noch die gleiche ist wie schon seit Generationen.

Nationalpark Gombe Stream

Der **Nationalpark Gombe Stream** (Kigoma 028-280 4009; Erw./Kind 100/20 US$, Wandergebühr 20 US$) ist mit einer Fläche von nur 52 km² Tansanias kleinster Nationalpark. Die bekannten Forschungen von Jane Goodall haben ihn weltberühmt gemacht. Auch wenn viele der etwa 100 Schimpansen von Gombe an Menschen gewöhnt sind, ist der Weg zu ihnen über steile Hügel und durch Täler doch schweißtreibend. Vor allem, wer früh am Morgen aufbricht, bekommt sie fast mit Sicherheit zu Gesicht. Neben Schimpansen ist auch die Fütterungsstation Jane Goodalls, der Aussichtspunkt auf dem Jane's Peak und der Kakombe-Wasserfall zu sehen. Zusätzlich zur Wanderung durch den Wald kann man im See schwimmen (weder Flusspferde noch Krokodile, doch Bilharziosegefahr kann ein Problem sein) oder am Ufer entlangspazieren.

Schlafen & Essen

Obwohl die Unterkünfte nur selten ausgebucht sind, sollten die Übernachtungen beim Parkbüro in Kigoma (S. 258) im Voraus gebucht werden.

Tanapa Resthouse PENSION $
(Kigoma 028-280 4009; Zi./Camping 20/30 US$) Das einigermaßen komfortable Gästehaus neben dem Besucherzentrum in Kasekela hat sechs einfache Zimmer (Strom morgens und abends). Bei starkem Andrang werden zwei weitere Räume mit schlechterer Qualität und Toiletten hinter dem Haus geöffnet. Die Preise im Restaurant sind hoch (Frühstück 10 US$, Mittag- und Abendessen 15 US$), aber man darf sich eigene Verpflegung mitbringen und kostenlos die Küche benutzen.

Gombe Forest Lodge ZELTCAMP $$$
(0732 978879; www.mbalimbali.com; EZ/DZ all-inclusive außer Getränken 800/1250 US$; Mai–Febr.) Die einzige private Lodge in Gombe besteht aus sieben Zelten in schattiger Lage am Wasser und bietet eine gewisse Klasse und Raffinesse im Dschungel. Die Zelte sind luxuriös, ohne protzig zu sein.

Praktische Informationen

Wer spätnachmittags eintrifft, bezahlt erst ab dem folgenden Tag. Für zwei Übernachtungen und bei früher Abfahrt am dritten Tag wird also nur eine Tagesgebühr für die eigentliche Exkursion im Wald verlangt. Allerdings kann sich diese bewährte Praxis jederzeit ändern – nachfragen lohnt sich also. Kinder unter 16 Jahren dürfen den Wald nicht betreten, können aber im Gästehaus warten. Besucher dürfen nur eine Stunde bei jeder Schimpansengruppe verweilen. Nach Ablauf der Stunde kann man allerdings ohne weitere Kosten eine andere Gruppe suchen gehen.

An- & Weiterreise

Gombe liegt 26 km nördlich von Kigoma und ist nur mit dem Boot zu erreichen. Gegen 12 Uhr fährt mindestens ein Wassertaxi von Kibirizi zum Park (4000 TSh, 3 Std.). Auf der Rückfahrt passiert es Kasekela schon um 7 Uhr.

In Kibirizi kann man ein Boot mieten. Der Preis für die Fahrt muss zwar hart ausgehandelt werden, doch letztlich sollte die Fahrt preiswerter sein als die Charterangebote (ein Fischer- oder Lastenboot zu chartern kostet hin und zurück ca. 250 US$). Meist wird ein Vorschuss fürs Benzin verlangt, doch den vollen Preis sollte man erst bei der Rückkehr in Kigoma bezahlen. Manche Bootsbesitzer versuchen gerne, den Touristen weiszumachen, es gäbe keine Wassertaxis, um selbst zum Zug zu kommen.

Sicherer und bequemer (auch weil die Boote Sonnenschutz bieten) sind Fahrten mit einem Charterboot einer etablierten Gesellschaft. Das Boot nach Tanapa zu chartern kostet hin und zurück 300 US$ zuzüglich 20 US$ für jede Nacht, die man in Gombe verbringt. Organisieren kann man die Tour im Informationsbüro des Parks (S. 258) in Kigoma. Alternativ kann man über das Lake Tanganyika Hotel in Kigoma ein Boot bekommen (450 US$, 50 US$ Übernachtungsgebühr pro Nacht). Das ebenfalls in Kigoma angesiedelte Mbali Mbali berechnet hin und zurück 655 US$ für Reisende, die keine Gäste der Gombe Forest Lodge sind, und 350 US$ hin und zurück für Gäste der Lodge. Eine Übernachtungsgebühr fällt nicht an. Alle aufgeführten Boote brauchen 1½ bis zwei Stunden.

Auch Tagestouren mit einem Charterboot sind möglich, allerdings sollte man sehr früh aufbrechen, denn später sinken die Chancen, die Schimpansen zu sehen.

NATIONALPARK GOMBE STREAM

Auf zum Nationalpark Dank der Arbeit von Dr. Jane Goodall ist dies mit Abstand das berühmteste Schutzgebiet für Schimpansen weltweit – und einer der besten Orte, um Schimpansen aus der Nähe zu sehen.

Reisezeit Zu jeder Zeit außer im März und April, wenn die Lodge geschlossen hat und Regen die Wanderwege schwer passierbar macht.

Praktisch & konkret Zu den Schimpansen gelangt man von beiden Unterkünften aus nach einem langen Fußmarsch. Den Park erreicht man nur mit dem Boot. Alle touristischen Aktivitäten werden in Kasekela am Strand nahe dem Parkzentrum vermittelt und bezahlt (hier legen auch die Wassertaxis an).

Budget-Tipps Abgesehen von den hohen Eintrittsgebühren kostet ein Besuch im Nationalpark recht wenig, wenn man bei der An- und Abreise ein Wassertaxi nimmt, im Tanapa Resthouse absteigt und sich selbst verpflegt.

Nationalpark Mahale Mountains

Eine idyllischere Kombination kann man sich kaum vorstellen: klares, blaues Wasser, weiße Sandstrände vor einem üppig grünen Bergpanorama, dazu unheimlich aufregende Wildtiere. Der **Nationalpark Mahale Mountains** (☎0789 045090; www.mahalepark.org; ⏰6–18 Uhr) ist so abgelegen, dass er nur wenig besucht wird (wobei die Besucherzahlen steigen). Unter Umständen hat man die 1613 km² fast für sich allein. Der Regenwald in der Westhälfte Mahales zieht sich als schmaler Streifen den Kongo entlang. Der Park wurde vor allem wegen der 900 Schimpansen eingerichtet, die in 14 Gruppen im und um den Park leben, zusammen mit Leoparden, Blauduckern, Rotschwanzmeeraffen, Roten Stummelaffen (die Schimpansen gerne als Snack verputzen), Riesenschuppentieren und vielen Vogelarten des Großen Grabenbruchs, die nirgendwo sonst in Tansania vorkommen. Dazu gesellen sich Flusspferde, Krokodile und Otter im See sowie Löwen, Elefanten, Büffel und Giraffen in der Savanne auf der Ostseite der Berge, die nahezu unerreichbar ist.

Es gibt keine Straßen in Mahale; Wanderungen und Bootsfahrten entlang dem Ufer sind die einzigen Möglichkeiten, den Park zu besuchen.

Aktivitäten

Vor den weißen Pudersandstränden Mahales könnte man hervorragend schnorcheln und schwimmen, doch leider sind Menschen nicht die einzigen, die den schönen Strand genießen – ein großer Krokodilbestand hat sich hier angesiedelt, sodass man nicht mehr schwimmen und schnorcheln darf.

Ein Guide kostet pro Gruppe (maximal sechs Personen) 20 US$, unabhängig, welcher Weg gewählt wird oder was man vorhat. Träger verlangen pro Tag 15 US$. Übernachtet man in einer der Lodges, ist die Gebühr für den Führer im Angebot enthalten.

Auf der Suche nach Schimpansen

Der Hauptgrund, warum Besucher die Mühen auf sich nehmen, um nach Mahale zu kommen, sind die Schimpansen. Wissenschaftler der Universität Kyoto untersuchen die Schimpansen seit 1965; die „M-Gruppe" ist an Menschen gewöhnt. Aufgrund der Größe und der Topografie Mahales kann es mehrere Tage (sowie einige steile, anstrengende und schweißtreibende Wanderungen) dauern, bis die ersten Schimpansen auftauchen. Allerdings sieht fast jeder Reisende, der hier ein paar Tage verbringt, in der Wildnis lebende Schimpansen. Mahale hat den Ruf, einer der besten Orte weltweit zu sein, um Schimpansen in freier Wildbahn zu beobachten.

Es darf sich jeweils nur eine Gruppe von maximal sechs Personen bei den Schimpansen aufhalten. Das heißt, dass man unter Umständen mehrere Hundert Meter von den Schimpansen entfernt warten muss, bis man an der Reihe ist. Jede Gruppe darf pro Tag nur eine Stunde bei den Schimpansen bleiben, und diese Regel wird streng durchgesetzt (mit Ansagen: „noch 10 Minuten", „noch fünf Minuten"). Wem eine Stunde nicht ausreicht (für die meisten Besucher ist es genug), der kann für weitere 100 US$ eine „photographer's experience" buchen und sich drei Stunden bei den Schimpansen aufhalten. Dafür muss man aber auch seinem Führer einen verhandelbaren Aufpreis zahlen.

Während des Aufenthalts bei den Schimpansen muss man eine Gesichtsmaske tragen, die gestellt wird. Kinder unter 12 Jahren und Besucher, die eine Erkältung oder eine andere Krankheit haben, dürfen nicht zu den Schimpansen gehen. Vor ein paar Jahren starben im Park fünf Schimpansen, die sich bei einem Parkbesucher mit Schnupfen angesteckt hatten.

WILDE TIERE IM WESTEN

Die Nationalparks **Gombe Stream** (S. 260) und **Mahale Mountains** bieten die wohl einmalige Gelegenheit, Schimpansen aus nächster Nähe zu beobachten, während man die meisten anderen Wildtiere zur Trockenzeit im **Nationalpark Katavi** (S. 267) zu Gesicht bekommt – ganz ohne störende Geländewagen im Blickfeld. Nicht vergessen: Bei **Kipili** kann man im Tanganjikasee, umgeben von Buntbarschen, tauchen.

Im Juni und Juli kommen die Schimpansen zum Fressen fast täglich bis zu den Lodges.

Wandern

Bei Bergtouren auf den **Nkungwe** (2462 m), den höchsten Berg Mahales, muss ein bewaffneter Ranger mitgehen. Gewöhnlich dauert die Tour zwei Tage bergauf und einen Tag bergab; übernachtet wird auf halbem Wege und knapp unterhalb des Gipfels. Campingausrüstung und Verpflegung müssen mitgebracht werden. Der Weg ist in Ordnung, verlangt aber gute Kondition. Wer es in zwei Tagen schaffen möchte, muss bereit sein, sich durch dichtes Gestrüpp zu kämpfen.

Schlafen

Im Park gibt es drei Lodges am See, jede mit eigenem Strandabschnitt. Daneben besteht die Möglichkeit, gemeinsam mit einem Park-Ranger in einem **Buschcamp** (pro Person 50 US$, pro Gruppe 20 US$) zu übernachten.

Mango Tree Bandas BUNGALOW **$$**

(☎0789 045090; 40 US$ pro Pers.) Die schönen Unterkünfte des Mango Tree gehören zu den besseren parkbetriebenen *bandas* in Tansania. Sie liegen 100 m landeinwärts vom See und haben zwar nicht den Seeblick der privaten Camps, dafür sind die Nachtgeräusche im Wald einfach toll.

Schwierig ist, dass man sich komplett selbst mit Lebensmitteln und Getränken versorgen und alles Notwendige im Gepäck dabeihaben muss. Dies ist nicht einfach, da der Zugang zum Park nicht leicht ist. Die Küche ist gut ausgestattet.

Kungwe Beach Lodge ZELTCAMP **$$$**

(☎0732 978879; www.mbalimbali.com; EZ/DZ all-inclusive außer Alkohol 890/1430 US$; ⏲Mitte Mai–Mitte Febr.; 📶) Ein wunderbar entspanntes, reizendes Luxuscamp. Unter Bäumen hinter dem Strand stehen hübsch eingerichtete Safarizelte mit großen Himmelbetten, verwitterten Truhen und knallheißen Duschen. Herzstück des Camps ist der dauförmige Speisebereich. Im Preis enthalten sind Tagestouren zur Schimpansenbeobachtung und eine Bootssafari.

Greystoke Mahale LODGE **$$$**

(www.nomad-tanzania.com; EZ/DZ all-inclusive 1670/2350 US$; ⏲Juni–März) In dieser Lodge an einem tollen Sandstrand fühlt man sich wie Robinson Crusoe: Alle Zimmer bestehen aus verwittertem, altem Schiffsholz. Dazu gibt es eine großartige mehrstöckige Bar auf einem Felsen und einen zahmen Pelikan.

So schön es auch sein mag – die Preise sind selbst für ostafrikanische Verhältnisse ausgesprochen hoch. Eine Tour zur Beobachtung von Schimpansen ist im Preis mit inbegriffen.

An- & Weiterreise

Zwar gibt es zahlreiche Verbindungen nach Mahale, doch die meisten sind teuer oder umständlich.

AUF DEM LANDWEG

Da es – zumindest derzeit – weder eine Straße noch öffentliche Verkehrsmittel gibt, ist Mahale auf dem Landweg schwer zu erreichen. Sowohl von Kigoma als auch vom Nationalpark Katavi aus kann man jedoch mit einem eigenen Fahrzeug mit Allradantrieb (es muss ein gutes Fahrzeug sein) nach Lagosa und zum Flugfeld des Nationalparks gelangen. Einfacher ist der Weg von Kigoma aus. Es gibt eine vernünftige Straße von Kigoma nach Sigunga, die in ihrer Verlängerung sehr holperig nach Lagosa weiterführt. Sechs bis sieben Stunden muss man für die Tour einplanen. Die Fahrt von Katavi hierher ist eine der holprigsten, langsamsten und quälendsten Touren, die man in Ostafrika machen kann, und dauert 10 bis 12 Stunden. Wer nach Einbruch der Dunkelheit in Lagosa ankommt, muss dort übernachten. Ein Jeep, den man in Kigoma oder rund um Katavi mietet, kostet mit Sprit rund 300 US$ pro Tag (nicht vergessen: Der Fahrer benötigt auch einen Tag, um wieder nach Hause zu fahren).

Bei der Recherche für dieses Buch waren beide Routen eine Baustelle. In Zukunft kann die Fahrt nach Mahale auf dem Landweg einfacher und günstiger werden.

CHARTERBOOT

Mbali Mbali (S. 256) in Kigoma verlangt 2950 US$ für ein Schnellboot (4–5 Std.).

FLUGZEUG

Safari Airlink (www.flysal.com) und **Zantas Air** (☎ 0778 434343) fliegen je zweimal wöchentlich nach Mahale, sofern genügend Passagiere (meist vier) mitkommen, um die Kosten zu decken. Zantas fliegt weiter nach Kigoma, allerdings nicht in Gegenrichtung. Da alle Flugzeuge eine Zwischenlandung im Nationalpark Katavi einlegen, werden beide Parks meist als Kombination angeboten. Von Daressalam aus liegen die Kosten für den einfachen Flug bei etwa 930 US$, von Arusha aus bei 825 US$ und bei 360 US$ zwischen Mahale und Katavi (einfacher Flug).

Wer in einer der Lodges wohnt, wird gewöhnlich von der Piste abgeholt, ansonsten sollte manvorab ein Boot im Hauptquartier des Parks bestellen.

NATIONALPARK MAHALE MOUNTAINS

Auf in den Nationalpark Auge in Auge mit Schimpansen sowie eine faszinierende Berglandschaft am Ufer des Tanganjikasees.

Reisezeit Ganzjährig geöffnet, doch von März bis Mitte Mai ist es einfach unangenehm nass. Juni bis Oktober sind die besten (trockensten) Monate, um über die steilen Hänge zu wandern.

Praktisch & konkret Es gibt keine Straßen im Park. Die meisten Besucher fliegen ein, aber einige Boote, darunter die nostalgische MS *Liemba, fahren von* Kigoma, Kipili und anderen Orten am Seeufer hierher.

Budget-Tipps Auf günstige und witzige Art kann man den Schimpansen näherkommen, wenn man an Bord der Fähre MS *Liemba* nach Mahale fährt, in einem *banda* im Park Quartier bezieht und sich selbst verpflegt. Falls sich der Fahrplan der Liemba nicht mit dem Reiseplan verbinden lässt, kann man auch ein Wassertaxi nehmen. Allerdings sind diese sehr langsam, sehr unbequem und nicht allzu sicher.

MS LIEMBA

Die ruhige und angenehme Reise mit dem Schiff nach Mahale ist kaum zu schlagen. Nach zehnstündiger Fahrt von Kigoma legt die MS *Liemba* in Lagosa (auch Mugambo genannt) nördlich des Parks an (1./2./Economy-Kl. 35/30/25 US$). Fahrplanmäßig erreicht sie sowohl von Norden (Donnerstag) als auch von Süden (Sonntag) kommend Lagosa um 15 Uhr. Wegen der üblichen Verzögerungen haben von Süden kommende Passagiere gute Chancen, den Nationalpark bei Tageslicht zu passieren – eine wunderschöne Reise. Die Fähre war in der Vergangenheit oftmals außer Betrieb. Nach einer gründlichen Wartung im Jahr 2014 sollte sich dies allerdings geändert haben. Sie legt alle zwei Wochen ab.

Wer sich vorher bei der Parkverwaltung anmeldet, kann ein Boot bestellen (es fasst acht Reisende mit Gepäck), das bei Ankunft der *Liemba* wartet. Vom Anleger der *Liemba* dauert es eine Stunde bis zu den *bandas* (mit Anmeldung und Bezahlung im Parkhauptquartier). Der Preis hat es in sich: Man zahlt 240 000 TSh. Ein Fischer verlangt für dieselbe Strecke kaum weniger.

In Lagosa gibt's ein einfaches Gästehaus, in dem man nach Verlassen des Parks auf die *Liemba* warten kann.

TANGANJIKASEE

Der Tanganjikasee ist der längste (660 km) sowie zweittiefste (über 1436 m) und bezogen auf das Wasservolumen der zweitgrößte See der Erde. Mit 9 bis 13 Millionen Jahren ist er auch einer der ältesten Seen unseres Planeten. Aufgrund seines Alters und der ökologischen Isolation gibt es eine außergewöhnlich hohe Zahl endemischer Fischarten. Hier leben 98 % der bei Aquarianern beliebten farbenfrohen Cichliden (Afrikanische Buntbarsche), die unglaubliche Schnorchel- und Taucherfahrungen versprechen. Nicht der ganze See ist frei von Bilharzioseerregern; vor dem Tauchen vor Ort erkundigen.

Abgesehen von einigen selten besuchten Dörfern ist Kigoma die einzige Stadt am tansanischen Ufer des Sees. In den Dörfern spielt sich das faszinierende traditionelle Leben ab; die Hügellandschaft in der Umgebung bietet sich für Tageswanderungen an. Neben der MS *Liemba* fahren Wassertaxis alle zwei oder drei Tage die Küste entlang. Von A nach B zu kommen kann schwierig und manchmal auch teuer sein. Doch mit etwas Beharrlichkeit gelangt man mit verschiedenen, extrem überfüllten Bussen oder an Bord von Booten in alle Dörfer und Städte am See.

TANAPA-BOOT

Mit etwas Glück kommt man sogar kostenlos aus dem Park heraus: Die Angestellten des Parks fahren mehrmals monatlich nach Kigoma und nehmen Passagiere mit, sofern noch Platz frei ist. Das klappt aber meist nur auf der Strecke Park–Kigoma, wenn man den Park verlassen möchte, denn auf dem Rückweg in den Park ist das Boot mit Vorräten beladen. Das Informationszentrum Gombe/Mahale (S. 258) in Kigoma weiß, wann das Parkboot fährt.

WASSERTAXI

Die südgehenden Wassertaxis fahren an den meisten Tagen der Woche irgendwann zwischen 17 und 18 Uhr (manchmal auch später) von Ujiji nach Kalilani (7000 TSh), 2 km nördlich des Park-Hauptquartiers. Die Reise dauert oft länger als einen Tag. In Kalilani starten sie gewöhnlich gegen 12 Uhr. Die Angestellten des Parks kennen sich mit den Booten aus; sie wissen, wann und an welchen Tagen die Wassertaxis fahren.

Die Reise wird erträglicher, wenn man mit einem Bus (Saratoga) von Kigoma bis Sigunga (7000 TSh, 11 Uhr, 6 –7 Std.) fährt und dort auf ein Wassertaxi wartet. Von Sigunga bis Kalilani dauert die Reise zwischen sieben und acht Stunden. Das Parkboot nimmt Gäste auch in Sigunga auf (2 Std. bis zum Hauptquartier). In Sigunga steht ein einfaches Gästehaus.

Von Kalema (20 000 TSh) fahren pro Woche mehrere Boote in nördliche Richtung, vom nahen Ikola legt jeden Abend ein Boot ab – die Boote schaukeln noch mehr als die von Kigoma. Je nach vorherrschendem Wind dauert die Fahrt zwischen 12 und 36 Stunden. Von Kalilani starten die südwärts gehenden Boote gegen 15 Uhr.

Kalema

Kalema (Karema) ist die erste ansatzweise große Stadt am See südlich der Mahale Mountains. Sie wurde 1885 gegründet und fungiert immer noch als katholische Missionsstation. Teile des Hauptkomplexes – mit Ziegelbögen, die ihm italienisches Flair verleihen – waren ursprünglich ein belgisches Fort, bevor sie 1889 den Weißen Vätern (auch bekannt als Afrikamissionare; eine internationale christliche Missionarsgruppe, die ihren Namen von ihren weißen Roben hat) übergeben wurden. Die im darauf folgenden Jahr gebaute große Kirche wird noch genutzt, sie wirkt jedoch dank Renovierungen modern.

In der Stadt gibt es zwei einfache Pensionen, und es lohnt, bei der Mission anzufragen, ob sie freie Zimmer haben.

Busse fahren von Kalema nach Mpanda (7000 TSh, 4–5 Std.).

Kipili

Kipili, ebenfalls eine Missionsstation, schlummert am Ufer des Tanganjikasees. Man erreicht den Ort über eine schöne Straße durch das Wildtierreservat Lafwe. Auf dem Hügel, 3 km nördlich des Dorfes, stehen die verwunschenen Ruinen der in den 1880er-Jahren erbauten Kirche – ein fantastisches Motiv für Fotos. Traumhafter Seeblick und die vielen Inseln in Ufernähe runden den Eindruck ab. Die Inseln haben viele felsige Stellen, an denen man umgeben von Buntbarschen toll schnorcheln kann und sich fast wie an einem Korallenriff im Roten Meer fühlt – nur ist das Wasser nicht salzig.

Schlafen

St. Benedict Mission HOTEL $

(Zi. 15 000 TSh; P) Unmittelbar hinter dem Dorf liegt am Seeufer die Pension der Missionsbenediktiner. Die kleinen, recht sauberen Zimmer haben aber nur Kaltwasserduschen.

★ **Lake Shore Lodge & Campsite** LODGE $$$
(☎ 0763 993166; www.lakeshoretz.com; Camping 14 US$, banda EZ/DZ mit Vollpension 160/240 US$, Chalet EZ/DZ mit Vollpension 345/490 US$; P) Die allseits gelobte, luxuriöse Lodge bietet Chalets mit schönem, offenem „afrikanischen Zen-Design", das aus Muscheln, Sand, Tauen, Blumen und sonnengebleichtem Holz besteht. Falls einem die Lodge zu teuer ist, kann man auch in einem der *bandas* (einfachere Variante von Chalets) absteigen oder auf dem Zeltplatz mit blitzsauberen Bädern Quartier beziehen.

Die Aktivitäten reichen für mehrere Tage: Kajak fahren auf dem See, Quad fahren, mountainbiken, tauchen (die einzige von der PADI zertifizierte Anlage auf der tansanischen Seite des Sees), schnorcheln, Dorfbesuche, Insel-Dinner und mehr. Einen Aufenthalt in der Lodge kann man hervorragend mit einem Besuch des Nationalparks Katavi und/oder Mahale Mountains verbinden. Das Personal bringt einen mit LKWs und Booten dorthin.

An- & Weiterreise

Von Sumbawanga nimmt man einen Bus nach Kirando und steigt in Katongoro (10 000 TSh, Mo–Sa 11 Uhr, 5 Std.) aus. Katongoro liegt 5 km von Kipili entfernt. Dann läuft man entweder zu Fuß weiter, wartet darauf, von einem vorbeikommenden Fahrzeug mitgenommen zu werden, oder fährt mit dem Motorrad (7000 TSh). Für 5 US$ holt die Lake Shore Lodge ihre Gäste in Katongoro ab. Von Mpanda fährt man nach Namanyere (15 000 TSh, 4 Std.), wo man in ein vorbeikommendes Fahrzeug nach Kipili einsteigen kann.

Kasanga

Das weitläufige Dorf Kasanga ist die letzte (oder erste) Station der MS *Liemba* in Tansania. Der Hafen wird zurzeit als Export-Import-Drehscheibe für die Demokratische Republik Kongo ausgebaut. Kasanga ist die deutsche Gründung Bismarckburg. Direkt hinter der Mole, 2 km vom Ort entfernt, steht noch die Ruine der alten *boma*. Sie darf aber weder besichtigt noch fotografiert werden, denn dort ist jetzt eine Militärbasis untergebracht. Es ist nicht weit bis zu den Kalambo-Fällen.

In der Stadt gibt's einfache Zimmer.

An- & Weiterreise

Pro Tag fahren ein bis zwei Busse von Sumbawanga über Matai nach Kasanga (8000 TSh, 12 Uhr, 5–6 Std.). Die MS *Liemba* läuft von Norden kommend in der Regel freitags (alle zwei Wochen) im Morgengrauen ein.

Mpanda

Die kleine, etwas heruntergekommene Stadt ist ein wichtiger Verkehrsknotenpunkt. Früher war sie eine Drehscheibe des Handels, und noch immer leben hier viele arabische Geschäftsleute.

In der Post findet sich ein verlässlicher Internetanschluss, und die CRDB Bank verfügt über einen international vernetzten Geldautomaten.

Schlafen & Essen

In Mpanda gibt es zwar viele Hotels, darunter aber nur wenige gute.

New Super City Hotel HOTEL $
(☎ 0763 728903; DZ oder 2BZ 15 000–18 000 TSh; P) Die angesagteste Adresse der Stadt bietet riesige Zimmer mit (leicht verschlissenen) Sofas, Duschen, die sofort heiß werden, und ein Restaurant im Haus, das in Ordnung ist. Am südlichen Kreisverkehr gelegen.

Baraka Guesthouse PENSION $
(☎ 0783 672424, 025-820 0485; Zi. 25 000 TSh, ohne Bad 15 000 TSh; P) Ein ruhiges Haus westlich des Zentrums mit ordentlichen Zimmern inklusive TV und heißem Wasser. Es ist zwar nichts Besonderes, aber für die Verhältnisse in Mpanda eine der besten Adressen vor Ort.

Moravian Hostel PENSION $
(☎ 0785 006944; EZ/2BZ ohne Bad & Frühstück 7000/9000 TSh; P) Die von der Kirche betriebene Pension ist freundlich und ihren Preis wert. Sie ist ruhiger als die Konkurrenz (die meisten anderen billigen Gästehäuser sind an Bars angeschlossen) und für die Busse frühmorgens günstig gelegen. Die Gemeinschaftsbäder lassen ein klein wenig zu wünschen übrig (Raumspray würde helfen).

An- & Weiterreise

BUS

Mpandas Busbahnhof liegt östlich der Straße nach Sumbawanga, in der Nähe des südlichen Kreisverkehrs. Die meisten Buslinien unterhalten Ticketbüros nahe der halbfertigen Moravischen Kirche im Stadtzentrum; hier werden auch die Busse eingesetzt, ehe sie zum Busbahnhof fahren.

Sumry verkehrt um 6, 8 und 14 Uhr über Sitalike (3000 TSh, 45 Min.) nach Sumbawanga (15 000 TSh, 5–6 Std.). Fahrgästen, die nach Sitalike möchten, wird manchmal der volle Fahrpreis nach Sumbawanga abverlangt. Ob man den niedrigeren Tarif bezahlt, hängt von der Laune der Angestellten im Ticketbüro ab.

NBS und **Air Bus** fahren nach Tabora (20 000 TSh, 6 Uhr, 8 Std.).

Adventure fährt über Uvinza (20 000 TSh, 4–5 Std.) nach Kigoma (20 000 TSh, 6 & 15 Uhr, 8–10 Std.).

FLUGZEUG

Auric Air (www.auricair.com) fliegt donnerstagnachmittags nach Mwanza.

TANZANIAS SCHIMPANSEN

Der Westen Tansanias stellt die östliche Verbreitungsgrenze der Schimpansen dar; die Forschungen von Jane Goodall haben die Gegend weltberühmt gemacht. Goodall wurde 1957 von Louis Leakey als Sekretärin angestellt, und obwohl sie über keine wissenschaftliche Ausbildung verfügte, war Leakey beeindruckt von ihrer detaillierten Beobachtungsgabe und ihrer Liebe zu den Tieren. Daher wählte er sie 1960 aus, das Verhalten der wilden Schimpansen im Schimpansen-Schutzgebiet Gombe Stream (heute Nationalpark Gombe Stream) zu untersuchen.

Ihre grundlegenden Forschungsergebnisse stellten die Grenzen zwischen Menschen und anderen Tieren infrage. Schon im ersten Jahr ihrer Beobachtungen sah sie als erster Mensch, wie Schimpansen Werkzeuge herstellten und benutzten (sie streiften Blätter von dünnen Zweigen und benutzten sie, um Termiten aus ihrem Bau zu „angeln"). Sie beobachtete, wie Schimpansen gemeinsam jagten und Fleisch verzehrten. Goodall dokumentierte auch das reiche soziale Miteinander dieser Tiere. Sie war Zeuge, als Schimpansen ihre Artgenossen töteten (und manchmal aufaßen), lang andauernde Fehden ausfochten, Waisen adoptierten, lebenslang anhaltende Familienbande knüpften und gelegentlich auch streng monogam lebten. Jane Goodall erweiterte aber nicht nur unser Wissen über Primaten, sondern revolutionierte die gesamte Verhaltensforschung. So gab sie ihren Schimpansen Namen (David Greybeard, Mike, Frodo, Fifi etc.) statt Nummern und schrieb ihnen Persönlichkeit, Denken und Gefühle zu. Was für Laien sinnvoll erscheint, wirkte auf Forscher wie Verrat an der wissenschaftlichen Konvention. Da die Forschungen bis heute weitergehen, stellen sie die längste Studie von Wildtieren in ihrer natürlichen Umgebung dar. Toshida Nishida von der Universität in Kyoto ist zwar weniger bekannt, seine Arbeiten (sie begannen ein Jahr später) an den Schimpansen in Mahale sind aber ebenso bedeutend – auch sie werden bis heute fortgeführt.

Pan troglodytes schweinfurthii (Östlicher Schimpanse), eine von vier Schimpansen-Unterarten, war einst im gesamten westlichen Tansania weit verbreitet. Heute handelt es sich um eine bedrohte Art mit nur noch ca. 2800 Tieren, die alle am Tanganjikasee und auf der Insel Rubondo leben. In den 1960er- und 1970er-Jahren wurden einige aus Zoos oder Zirkussen befreite Schimpansen auf Rubondo ausgesetzt. Zwar arbeiten viele Organisationen am Schutz der tansanischen Schimpansen mit, doch drei Viertel der Population lebt außerhalb der Schutzgebiete und wird durch den Verlust ihrer Lebensräume (Holzeinschlag für Bauholz und Holzkohle, Landwirtschaft) bedroht.

Die Schimpansenpopulationen von Gombe Stream und im Nationalpark Mahale Mountains sind vollständig an die Menschen gewöhnt; sie zu beobachten ist eine einzigartige Erfahrung. Die Beobachtungszeit ist auf eine Stunde beschränkt, und man muss mindestens 10 m Abstand zu den Tieren wahren. Viele Guides halten sich allerdings nicht an Letzteres, und auch die Schimpansen selbst beachten diese Regel nicht immer. Schimpansen sind anfällig für menschliche Krankheiten, daher dürfen Reisende mit Schnupfen oder anderen Krankheiten nicht an den Expeditionen teilnehmen. In Mahale müssen alle Besucher einen Mundschutz tragen. Essen, Trinken, Rauchen, lautes Rufen, Zeigen, Blitzlichter oder Parfüm sind in der Nähe der Schimpansen verboten. An den Exkursionen in Mahale dürfen nur Kinder teilnehmen, die mindestens 12 (in Gombe 16) Jahre alt sind. Der Besuch ist zwar während des ganzen Jahres erlaubt, doch in der Regenzeit sind die schlammigen Wege gefährlich, und die Schimpansen halten sich vorwiegend in den Baumkronen auf.

ZUG

Eine Nebenstrecke der Central Line verbindet Mpanda über Kaliua mit Tabora (1./2./3. Kl. 27 500/21 200/11 100 TSh; Dienstag, Donnerstag & Sonntag um 16 Uhr).

Nationalpark Katavi

35 km südlich von Mpanda liegt der **Nationalpark Katavi** (Erw./Kind 30/10 US$; ⏲ 6–18 Uhr). Tansanias drittgrößter Nationalpark ist bekannt für seine ursprüngliche Wildnis. Zusammen mit den beiden angrenzenden Wildschutzgebieten bedeckt er eine Fläche von 12 500 km². Obwohl Katavi viel isolierter und wilder ist als die anderen beliebten Parks in Tansania (allein die Serengeti besuchen pro Tag mehr Touristen als Katavi in einem ganzen Jahr), sind die Lodges dort genauso luxuriös. Für Backpacker stellt der Park die billigste und einfachste Alternative dar – wenn man Zeit mitbringt und die schwierige Anfahrt in Kauf nimmt.

Katavi wird von der 425 km² großen Katisunga-Ebene geprägt, eine unendliche Grasfläche im Herzen des Parks. Sie und andere Flussebenen gehen in weit ausgedehntes Buschland und Wälder über (eher süd- als ostafrikanisch) – ideale Lebensräume für Pferde- und Säbelantilopen. Nur im Nationalpark Ruaha gibt's eine ähnlich gute Chance, die beiden Arten zu sehen. In kleinen Flüssen und großen Sümpfen leben riesige Herden von Flusspferden, Krokodilen und unzählige Vögel: In Katavi wurden über 400 Vogelarten bestimmt. Zur Trockenzeit, wenn die Flussebenen austrocknen, versammeln sich gewaltige Tierherden: Dann zieht es Elefanten, Löwen, Zebras, Giraffen, Elen- und Topiantilopen sowie viele andere Tiere zu den verbleibenden Wasserlöchern. Besonders beliebt sind die Flusspferde: Bis zu 1000 Tiere gleichzeitig können sich am Ende der Trockenzeit (Ende September bis Anfang Oktober ist die beste Zeit) in einem kleinen, schlammigen Tümpel versammeln. Ebenso beliebt sind Büffel. Im Katavi leben einige der größten noch vorkommenden Büffelherden Afrikas, und es kann jederzeit passieren, dass man mehr als 1000 dieser Rinder zu Gesicht bekommt.

Die Parkverwaltung vermietet keine Wagen mehr. Stattdessen bietet **Riverside Camp** in Sitalike für 200 US$ pro Tag ein Fahrzeug mit Allradantrieb und Aufstelldach.

Die Eintrittskarte muss beim **Hauptquartier des Nationalparks** 1 km südlich von Sitalike oder alternativ beim Rangerposten Ikuu nahe der Landebahn bezahlt werden. Bei Anreise mit dem Flugzeug wird man von Rangern am Flugfeld abgefangen, um seine Gebühren zu entrichten. Wer im Park übernachtet, muss eine Campinggebühr bezahlen. Hat man sich in einem der Spitzenklasse-Camps einquartiert, ist die Gebühr schon im Paket enthalten.

Aktivitäten

Im ganzen Park sind **Wander-Safaris** mit bewaffnetem Ranger und Buschcamping (50 US$ pro Person plus Kosten für die geführte Wanderung: 20 US$ pro Gruppe für kurze, 25 US$ für lange Wanderungen) erlaubt, was Katavi zur ersten Wahl für Budgetreisende macht. Die Straße zum Katavi-See, einer weiteren Flussebene, ist ein gutes Ziel für Wanderungen. Da die Straße am Hauptquartier beginnt, braucht man kein Auto.

Manche Spitzenklasse-Camps untersagen ihren Gästen die Teilnahme an Wander-Safaris. Es gab ernsthafte Zwischenfälle auf Wander-Safaris, die von schlecht trainiertem Personal geführt wurden, wobei Touris-

NATIONALPARK KATAVI

Auf in den Nationalpark Außerordentlich gute Bedingungen, um in der Trockenzeit Wildtiere zu beobachten; abgelegene und zerklüftete, wilde Landschaft.

Reisezeit August bis Oktober sind ideal, um große Herden zu sehen; von Februar bis Mai ist es sehr feucht, sodass es nahezu unmöglich ist, sich im Park fortzubewegen. Alle Camps der Spitzenklasse haben geschlossen. Trotz alledem ist es eine gute Jahreszeit für die Vogelbeobachtung.

Praktisch & konkret Anreise mit dem Bus von Mpanda oder Sumbawanga; mit dem Flugzeug von Arusha oder dem Nationalpark Ruaha.

Budget-Tipps Der Katavi ist einer der budgetfreundlicheren Nationalparks Tansanias. Wenn man mit dem Bus nach Sitalike fährt und vor Ort in einem der günstigeren Hotels übernachtet, bevor man zu einer Wander-Safari aufbricht, kann man den Nationalpark kostengünstig besuchen. Zelten ist im Park ebenfalls möglich.

ABSTECHER

KALAMBO-FÄLLE

Die Kalambo-Fälle stürzen – je nach Quelle – 212 bis 250 m tief den Abhang des Großen Grabenbruchs nach Sambia hinunter. Sie werden fälschlicherweise oft als zweithöchste Wasserfälle Afrikas bezeichnet (wenn man die reine Fallhöhe ohne Stufen betrachtet, schaffen sie einen Platz in die Top 10). Die Schlucht ist in archäologischen Kreisen berühmt, denn hier wurden bei Ausgrabungen Spuren menschlicher Aktivitäten aus der frühen Steinzeit bis in die Eisenzeit gefunden.

Die Liemba Beach Lodge in Kasanga verlangt etwa 100 US$ für eine Bootsfahrt zur Mündung des Kalambo; von dort ist es noch ein langer Aufstieg. Wer campen und wandern möchte, kann ein Wassertaxi nehmen.

In der Trockenzeit geht's mit einem Geländewagen (nur Allradantrieb; auf dem Weg nach Kasanga im Dorf Kawala auf das Schild „Kalambo Falls 16 km" achten) bis auf einen kurzen Fußweg an die Fälle heran. In der Regenzeit schafft es ein guter Fahrer bis zum Dorf Kapozwa; von dort sind es noch 20 Minuten Fußweg. In Sumbawanga verlangen die Fahrer von Geländewagen 200 000 TSh für die 250 km lange Strecke (hin & zurück). Limousinen kosten deutlich weniger, sie müssen aber weit vor den Fällen anhalten.

ten zu Schaden kamen. Außerdem gehört Katavi zu den am schlimmsten von Tsetsefliegen befallenen Parks Afrikas.

Schlafen & Essen

Im Park

Außer Buschcamping (siehe oben) gibt es im Nationalpark zwei öffentliche Campingplätze (30 US$): einer bei Ikuu nahe der Katisunga-Ebene, der andere 2 km südlich von Sitalike. In beiden ist mit vielen wilden Tieren im Camp zu rechnen. Verpflegung und Getränke müssen selbst mitgebracht werden.

Alle Lodges im Park liegen in der Nähe der Landepiste von Ikuu an der Katisunga-Ebene.

Katavi Park Bandas BUNGALOWS $$
(katavi@tanzaniaparks.com; Zi. pro Pers. 30 US$; P) Die Bungalows stehen 2 km südlich des Dorfes innerhalb des Nationalparks (sodass man Eintritt in den Park bezahlen muss, wenn man hier übernachten möchte). Die Zimmer sind groß, hell und überraschend gut. Zebras, Giraffen und andere Tiere kommen regelmäßig zu Besuch.

★ **Katavi Wildlife Camp** ZELTCAMP $$$
(Foxes; ☎ 0754 237422; www.kataviwildlifecamp.com; EZ/DZ all-inclusive außer Getränken 675/1150 US$; ⏲ Juni–Febr.; P) Ein komfortables, gut geführtes Camp in bester Lage mit Blick auf die Katisunga-Ebene. Es ist optimal, um wilde Tiere vom Camp aus zu beobachten. Die sechs Zelte haben große Veranden mit Hängematten und sind schlicht-gemütlich, ohne übertrieben zu sein. Ausgezeichnete Führer runden die Erfahrung ab. Das Camp gehört den Foxes African Safaris, die hervorragende Kombinationen mit Parks im Süden anbieten. Eine Fahrt zur Beobachtung von Wildtieren ist im Preis inbegriffen.

Chada Katavi ZELTCAMP $$$
(www.nomad-tanzania.com; EZ/DZ all-inclusive 1120/1550 US$; ⏲ Juni–Jan.; P) Fantastisch unter hohen Bäumen gelegen, überblickt das Camp die Ebene des Chada. Es bietet das Ambiente klassischer Safaris. Vor allem das Zelt, in dem gegessen wird, verströmt das Flair eines Hemingway-Romans. Es eignet sich als Ausgangspunkt für Wanderungen mit exzellenten Guides, und bei Vorbestellung werden Camping-Übernachtungen in der Wildnis („Flycamps") organisiert. Eine Fahrt zur Beobachtung von Wildtieren ist im Preis inklusive.

Katuma Bush Lodge ZELTCAMP $$$
(☎ 0732 978879; www.mbalimbali.com; EZ/DZ all-inclusive außer Getränken 710/1070 US$; ⏲ Mitte Mai–Mitte Febr.; P) Die großen Safarizelte ermöglichen eine beeindruckende Aussicht über die Grassavanne und locken mit Himmelbetten, holzgeschnitzten Duschen und jeder Menge Privatsphäre. Das Beste ist die sehr entspannte Lounge mit einem Holzdeck, in das ein kleiner Pool eingelassen ist. Eine Fahrt zur Beobachtung von Wildtieren ist im Preis enthalten.

Sitalike

In diesem kleinen Dorf am Nordrand des Parks übernachten die meisten Backpacker. Dort befinden sich mehrere kleine Restaurants und Läden.

Kitanewa Pension PENSION $
(☎0767 837132; EZ/DZ 15 000/16 000 TSh; P) Ein faires Angebot für den Preis. Die Pension verfügt über würfelförmige Betonzimmer, Eimerduschen und Stehklos. An der Haltestelle für Busse/Lastwagen. Strom gibt's nur zu Beginn der Nacht.

Riverside Camp BUNGALOWS, ZELTPLATZ $$
(☎0767 754740; Camping/EZ/DZ 10/30/60 US$; P) Die hohen Preise sprechen dafür, dass Besucher des Parks erwartet werden. Das Beste ist eine Flusspferdherde ganz in der Nähe, und auch die *bandas* sind recht ordentlich. Der vertrauenswürdige Besitzer vermietet einen Jeep für Safaritouren. Strom gibt's nur zu Beginn der Nacht.

An- & Weiterreise

BUS

Busse und Laster zwischen Mpanda und Sumbawanga nehmen Reisende mit und lassen sie in Sitalike oder am Parkhauptquartier aussteigen. Am Morgen kommen viele Wagen vorbei, doch nach Mittag wartet man mitunter mehrere Stunden auf einen. Im Morgengrauen fahren zwei *dalla-dallas* von Sitalike nach Mpanda (3000 TSh, 45 Min.); sie kommen um 12 und um 16 Uhr zurück. Selbstfahrer können an den Tankstellen in Mpanda und Sumbawanga tanken.

FLUGZEUG

Safari Airlink (www.flysal.com)und **Zantas Air** steuern zweimal wöchentlich die Landebahn in Ikuu an. Die Lodges nehmen Nicht-Gäste in den Flugzeugen mit, wenn noch Plätze frei sind. Alle Lodges holen ihre Gäste kostenlos am Ikuu Airstrip ab. Wer nicht in einer der Lodges wohnt, muss vor der Ankunft des Flugzeuges einen Wagen bzw. als Fußgänger einen Ranger als Begleiter bestellen. Bei Ankunft mit dem Flugzeug kann man die Reise in den Nationalpark Katavi hervorragend mit einem Abstecher in den Nationalpark Mahale Mountains verbinden.

Sumbawanga

Zwar ist die lebhafte, angenehme Hauptstadt der Region Rukwa nicht besonders interessant, aber die meisten Besucher fühlen sich dort wohl. Sumbawanga eignet sich gut als Zwischenstopp auf der Fahrt durch den Westen, und auf dem Markt können zum letzten Mal die Vorräte für die Fahrt nach Norden in den Nationalpark Katavi aufgefüllt werden. An der Hauptstraße gibt es zwei Geldautomaten und mehrere Internetcafés.

Die Ufipa-Hochebene in 2000 m Höhe ist eine ökologisch wichtige Landschaft mit Wäldern, Bergwiesen und vielen endemischen Pflanzen. Das Gebiet wurde auch von BirdLife International zur „Important Bird Area" erklärt. Das vogelreiche **Waldreservat Mbizi**, ein paar Stunden Fußweg von Sumbawanga entfernt, eignet sich toll zur Vogelbeobachtung.

Unterhalb vom Reservat Mbizi dehnt sich der weite, flache **Rukwa-See** aus. Er ist über die vielen Dörfer zugänglich, die seine geschwungenen Ufer säumen. Am einfachsten geht's nach Ilanga, das mehrmals am Tag von Geländewagen angefahren wird.

Schlafen & Essen

Die meisten Gästehäuser Sumbawangas befinden sich im lebendigen, fröhlichen Viertel am Busbahnhof. Dort gibt's auch jede Menge einfacher Restaurants und Bars.

Libori Centre HOTEL $
(☎0757 494225; Zi. 15 000–25 000 TSh; P) Das von der Kirche betriebene Hotel nahe dem Busbahnhof bietet Zimmer, die im Prinzip sauber, sehr ruhig und sicher sind. Abgesehen von einem zusätzlichen Stuhl konnten wir keine Unterschiede zwischen den günstigsten und den teuersten Räumen feststellen. Ein sehr schlichtes Frühstück ist inbegriffen.

Holland Hotel HOTEL $
(☎0786 553753; Zi. 45 000 TSh; P) Unerwartet schick für ein solch staubiges kleines Haus präsentiert sich das Holland Hotel in der Nähe des Busbahnhofs. Es verfügt über große, luftige, helle Zimmer mit Schreibtisch, die leider furchtbar laut sind. Das Restaurant im Untergeschoss ist vielleicht nicht das allerbeste der Stadt, aber bestimmt das netteste. Sichere Parkplätze stehen zur Verfügung.

Ikuwo Lodge HOTEL $
(☎025-280 2393; Nyerere Rd.; Zi. 30 000 TSh) Wer einfach nur mitten im Marktviertel unterkommen möchte, ist in diesem knallblauen Glaswürfel genau richtig. Die Duschen sind sofort heiß, aber der Straßenlärm ist gewaltig.

Praktische Informationen

Bethlehem Tourism Information Centre
(☎0784 704343; charlesnkuba450@hotmail.com; Mpanda Rd.; ⌚7–22 Uhr) Der enthusiastische, hilfsbereite Charles führt diese Touristen-

information, die gleichzeitig auch als lokaler Touranbieter fungiert. Er hilft bei der Weiterreise und organisiert Wandertouren in der Gegend sowie zu weiter entfernten Zielen wie dem Rukwa-See.

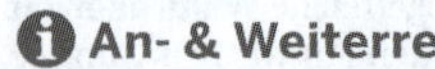

An- & Weiterreise

Zahlreiche Busgesellschaften sind in Sumbawanga ansässig, und die meisten Ticketbüros liegen direkt vor dem Busbahnhof. In der Regel starten die Busse zwischen 7 und 9.30 Uhr und steuern folgende Fahrtziele an:

Mbeya (16 000–17 000 TSh, 7 Std.) über Tunduma.

Mpanda (15 000 TSh, 5–6 Std.).

Nach Kasesya an der Grenze zu Sambia fährt ein *dalla-dalla* (10 000 TSh; 4–5 Std.) um 8 und um 16 Uhr.

Südliches Hochland

Inhalt ➡

Die schönsten Nationalparks

➡ Ruaha (S. 286)
➡ Udzungwa Mountains (S. 279)
➡ Mikumi (S. 277)
➡ Kitulo (S. 291)

Die beste Kultur

➡ Nyasa-See (S. 298)
➡ Uluguru-Berge (S. 276)
➡ Tukuyu (S. 297)
➡ Iringa (S. 282)

Auf ins südliche Hochland

Das südliche Hochland beginnt bei Makambako auf halber Strecke zwischen Iringa und Mbeya und reicht bis nach Malawi im Süden. Dieses Kapitel umfasst die gesamte Gebirgskette zwischen Morogoro im Osten bis zum Nyasa-See (auch Malawi-See) und der Grenze zu Sambia im Westen.

Für Touristen ist das Hochland hauptsächlich die Verbindung nach Malawi oder Sambia. Dabei ist es eine der wichtigsten Landwirtschafsregionen Tansanias – und es macht wirklich Spaß, die wunderschöne Landschaft mit den sanften Hügeln, lebendigen Märkten, von Jacarandas gesäumten Straßen, hübschen Lodges und ihrem Wildreichtum zu erkunden.

In den Udzungwa Mountains kann man herrlich wandern oder Tiere in den Nationalparks Mikumi oder Ruaha beobachten, in Uluguru-Gebirge erlebt man das faszinierende Luguru-Volk oder man reist in den abgelegenen Südwesten. Hier blühen wilde Orchideen im Nationalpark Kitulo und üppige grüne Berge fallen zum Ufer des friedlichen Nyasa-Sees ab.

Reisezeit

Mbeya

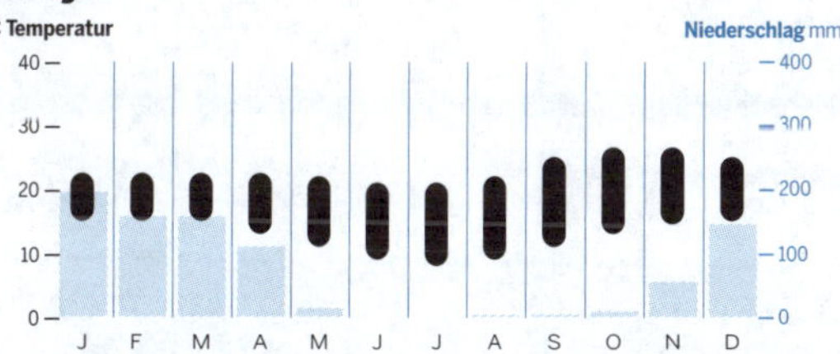

Juli–September Der Nationalpark Ruaha mit „Flüssen aus Sand" und den Elefanten zeigt sich in Bestform.

Oktober–November Überall blühen Jacarandas; Tolle Wildbeobachtung und Wanderungen.

Dezember–März Volle Blütenpracht im Nationalpark Kitulo; Vogelbeobachtung im Nationalpark Ruaha.

Highlights

1. Im wilden und zerklüfteten **Nationalpark Ruaha** (S. 286) zwischen Affenbrotbäumen Elefanten beobachten.

2. Der schöne und leicht zugängliche **Nationalpark Mikumi** (S. 276) bietet schnaubende Gnus, grasende Büffel und scheue Antilopen.

3. Vor ruhigen Buchten und einer grünen Bergkulisse am friedlichen Ufer des **Nyasa-Sees** (S. 298) entspannen.

4. Im farbenfrohen quirligen **Iringa** (S. 282) und seiner Umgebung das Leben der Einheimischen kennenlernen.

5. Rund um das kleine **Tukuyu** (S. 297) ein herrlich grünes Bergpanorama voller Obstgärten und Bananenstände genießen.

6. Vorbei an Wasserfällen durch den **Nationalpark Udzungwa Mountains** (S. 279) wandern und Vögel und Affen beobachten.

7. Jenseits ausgetretener Pfade den **Nationalpark Kitulo** (S. 291) mit seinen Orchideen, Wildblumen und weitem Ausblick erkunden.

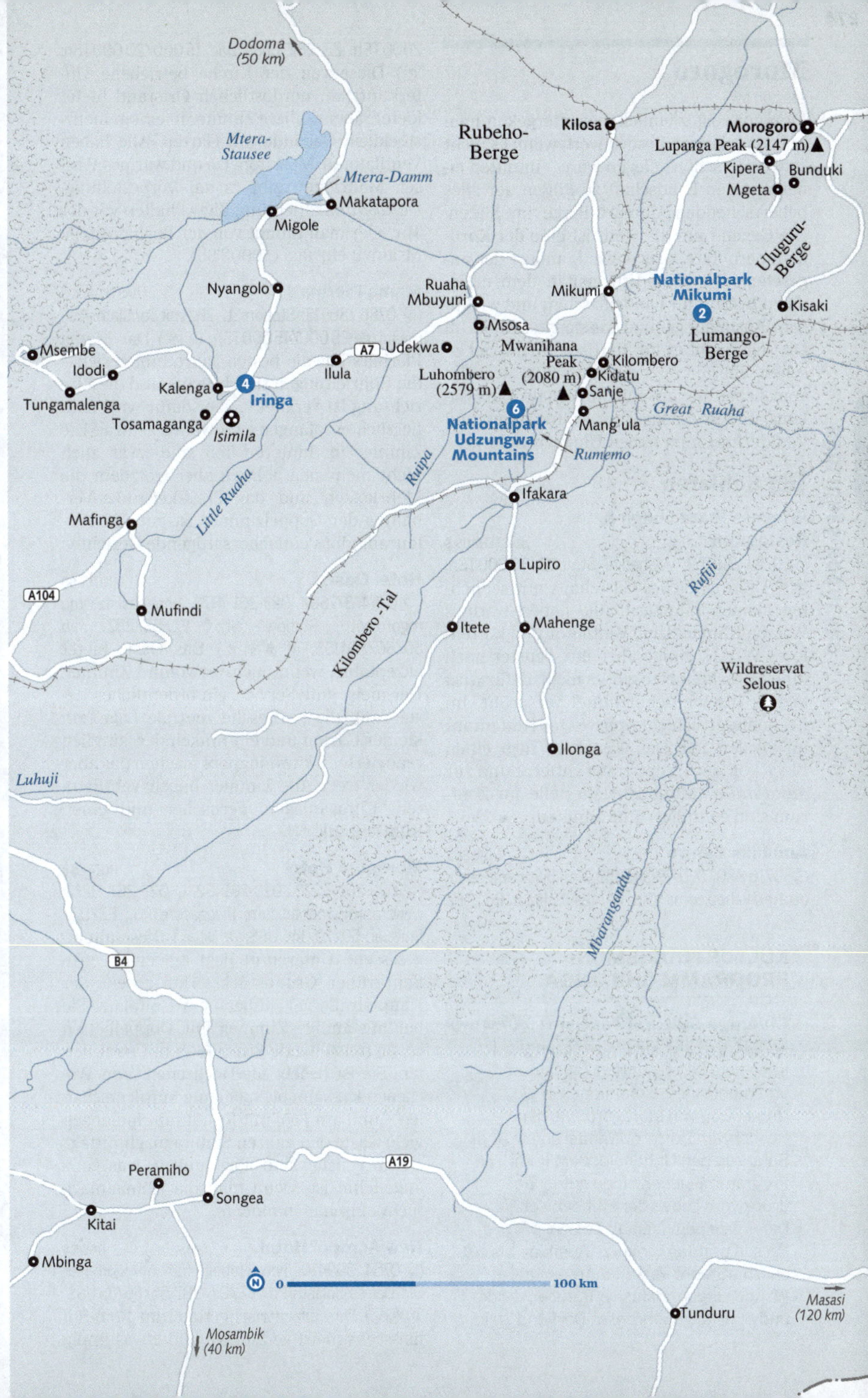

Dodoma
(50 km)
Mtera-
Stausee
Mtera-Damm
Makatapora
Migole
Rubeho-
Berge
Kilosa
Morogoro
Lupanga Peak (2147 m)
Kipera
Bunduki
Mgeta
Uluguru-
Berge
Nyangolo
Ruaha
Mbuyuni
Mikumi
Nationalpark
Mikumi
2
Kisaki
Msosa
Lumango-
Berge
Msembe
Idodi
Tungamalenga
A7
Udekwa
Mwanihana
Peak
(2080 m)
Kilombero
Kidatu
Sanje
Ilula
Luhombero
(2579 m)
Kalenga
4
Iringa
Tosamaganga
Isimila
6
Nationalpark
Udzungwa
Mountains
Great Ruaha
Mang'ula
Rumemo
Ruipa
Little Ruaha
Ifakara
Mafinga
Lupiro
Rufiji
A104
Mufindi
Kilombero -Tal
Itete
Mahenge
Wildreservat
Selous
Ilonga
Luhuji
Mbarangandu
B4
A19
Peramiho
Songea
Kitai
Mbinga
0
100 km
Tunduru
Masasi
(120 km)
Mosambik
(40 km)

Morogoro

286 000 EW.

Morogoro ist ziemlich heruntergekommen und wäre keinen Besuch wert, wenn es nicht so wunderschön gelegen wäre – inmitten einer üppigen Landschaft zu Füßen der alles beherrschenden Uluguru-Berge im Süden. Die Gegend um die Stadt ist eine der Kornkammern Tansanias sowie Standort der angesehenen Sokoine-Universität, dem nationalen Institut für Landwirtschaft und wichtigem Ausbildungs- und Missionszentrum. Im Ort selbst gibt es für Touristen nicht viel zu sehen, aber er zeigt ein unverfälschtes Bild vom Leben in Tansania außerhalb Daressalams, und ist die Basis für Kulturtouren und Wanderungen im nahen Uluguru-Gebirge.

Schlafen

Princess Plaza Lodge & Restaurant GÄSTEHAUS $

(☎ 0754 319159; Mahenge St.; DZ 30 000 TSh; ❄ 📶) Ein einfaches Gästehaus mit schlichten kleinen Zimmern. Alle haben warmes Wasser, Klimaanlage, Ventilator und kostenloses WLAN, einige aber nur Fenster nach innen. Moskitonetze gibt es nicht, dafür wird täglich Insektenschutzmittel versprüht. Im EG befindet sich ein preiswertes Restaurant im lokalen Stil. Das Gästehaus liegt einen Block von der Hauptstraße entfernt und zur *dalla-dalla* (Minibus)-Haltestelle im Zentrum sind es zu Fuß fünf Minuten.

Amabilis Centre HOSTEL $

(☎ 0716 880717, 0719 348959; amabilis.conference centre@yahoo.com; Old Dar es Salaam Rd.; EZ 2000 TSh, EZ/2BZ ohne Bad 15 000/20 000 TSh; P) Diese von der Kirche betriebene Unterkunft am nordöstlichen Ortsrand bietet kleine, aber saubere Zimmer in einem mehrstöckigen Gebäude mit Garten. Alle haben Ventilatoren, Moskitonetze und warmes Wasser. Mahlzeiten gibt es auf Vorbestellung. *Dalla-dallas* Richtung Bigwa halten vor der Tür oder man nimmt von der Bushaltestelle Msamvu ein Taxi (5000 TSh).

Mama Pierina's GÄSTEHAUS $

(☎ 0786 786913; Station St.; 2BZ mit Ventilator/Klimaanlage 25 000/45 000 TSh; P ❄) Das Mama Pierina's hat die besten Jahre hinter sich – die Rohrleitungen sind brüchig und die Einrichtung ist veraltet –, aber dafür wird man herzlich empfangen und wohnt zentral. Die Zimmer im hinteren Teil sind zwar auch nicht mehr neu, lohnen aber trotzdem die Mehrkosten und das Preis-Leistungs-Verhältnis der Doppelzimmer ist gut. Im Restaurant gibt's einfache, sättigende Gerichte.

Hotel Oasis HOTEL $$

(☎ 0754 377602, 023-261 4178; hoteloasistz@morogoro.net; Station St.; EZ/DZ/3BZ ab 50/60/80 US$; P ❄ 📶 🏊) Das Oasis bietet akzeptable, wenn auch verwohnte Zimmer. Der meist gute Service, ein ordentliches Restaurant, die praktische zentrale Lage, ein kleiner Garten und ein funkelnder, kürzlich renovierter Swimmingpool machen das aber wieder wett. Alle Zimmer haben Ventilatoren, Klimaanlagen, Fernseher und einen Kühlschrank.

Morogoro Hotel HOTEL $$

(☎ 023-261 3270, 023-261 3271, 023-261 3272; www.morogorohotel.com; Rwegasore Rd.; EZ/DZ/Suite ab 50/70/140 US$; P ❄ 🏊) Diese alteingesessene Unterkunft liegt auf einem großen grünen Grundstück 1,5 km abseits der Hauptstraße gegenüber dem Golfplatz. Sie hat anständige Zimmer mit Doppelbetten sowie freistehende Bungalows mit zwei Betten. Sie ist beliebt für Hochzeiten – an Wochenenden kann bis spät laute Musik erschallen – und am Pool mit Restaurant faulenzen viele Gäste den ganzen Sonntagnachmittag.

Die Fenster sind abgedunkelt, was ganz angenehm ist, wenn man die Klimaanlage nicht einschalten möchte.

New Acropol Hotel B&B $$

(☎ 0754 309410; newacropolhotel@morogoro.net; Old Dar es Salaam Rd.; EZ/DZ/3BZ 55/65/75 US$; P ❄ 📶) Das exzentrische Hotel im B&B-Stil hat sechs meist geräumige und etwas üppig

KULTURTOURISMUSPROGRAMM CHILUNGA

Chilunga Cultural Tourism (☎ 0754 477582, 023-261 3323; www.chilunga.or.tz; Rwegasore Rd.) vermittelt Tagestouren und mehrtägige Exkursionen in die Umgebung von Morogoro, wie den Besuch von Dörfern, Wanderungen und Safaris in den Nationalpark Mikumi. Die Programme geben einen guten Eindruck vom Leben der Einheimischen. Die Preise beginnen ab 25 US$ pro Person und Tag für kurze Ausflüge bis zu ca. 75 US$ pro Person für mehrtägige Wanderungen, inklusive Transfer, Guide und Eintrittsgebühren für Dorf und Wald.

Morogoro

möblierte Zimmer mit TV, Kühlschrank, Ventilator und Moskitonetzen, die einen kleinen zementierten Hof umgeben. Zum Hotel gehört auch ein gutes Restaurant mit Bar.

Mbuyuni Farm Retreat B&B $$$
(☎0784 601220, 023-260 1220; www.kimango.com; EZ/DZ 115/190 US$, Hütte für Selbstverpfleger (4 Pers.) 140 US$; P) Diese ruhige Unterkunft besteht aus drei geräumigen, hübschen Hütten. Sie stehen auf dem Privatgrundstück einer Farm vor den Toren von Morogoro mit Blick zu den Uluguru-Bergen. Man kann Mahlzeiten bekommen oder sich selbst verpflegen. 12 km östlich von Morogoro am Ende von Kingolwira nach Norden abbiegen, einer von Mangobäumen gesäumten Straße folgen und über eine kleine Brücke zur Farm fahren.

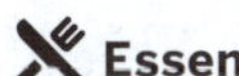

Essen

Red Chilli Restaurant INDISCH $
(New Green Restaurant; ☎0784 498874; Station St.; Gerichte 7000–10 000 TSh; Mittag- & Abendessen;) Das alteingesessene Restaurant hat seinen Namen geändert, aber bietet seiner treuen Stammkundschaft noch immer eine große Auswahl an indischen Gerichten sowie Grillhähnchen oder auch Fisch & Chips. Der Service ist langsam.

Pira's Supermarket SUPERMARKT $
(Lumumba St.; 10–18 Uhr) Dieser Supermarkt mit großer Warenauswahl eignet sich gut für Selbstversorger.

Dragonaire's CHINESISCH, INTERNATIONAL $$
(☎0715 311311; Gerichte ab 11 000 TSh; Mo–Fr 15–23 Uhr, Sa & So 12–23 Uhr;) Ein grünes Gelände, ein kleiner Kinderspielplatz, Sportübertragungen, große Portionen machen dieses Restaurant beliebt. Freitag- und samstagnachts findet Karaoke statt. Am Wochenende gibt's leckere Pizza, ansonsten werden chinesische Küche sowie Meeresfrüchte, Rindfleisch und ein paar vegetarische Gerichte serviert, allerdings oft mit ziemlich langer Wartezeit. Das Lokal liegt 2,5 km östlich der Stadt: etwa 700 m abseits der Old Dar es Salaam Road ausgeschildert.

Salon at Acropol INTERNATIONAL $$
(☎0754 309410; Old Dar es Salaam Rd.; Gerichte ab 12 000 TSh; 7–20 Uhr;) Das Acropol bietet leckere Suppen, Sandwiches, Fisch- und Fleischplatten und einige vegetarische Kost sowie ganztägiges Frühstück und guten lokalen Kaffee. Sitzplätze gibt's auf der überdachten Veranda und in der dunklen, gut bestückten Bar mit schweren Holzmöbeln sowie Safari-Memorabilien.

Morogoro

Aktivitäten, Kurse & Touren
1 Chilunga Cultural Tourism C2

Schlafen
2 Hotel Oasis C1
3 Mama Pierina's C1
4 New Acropol Hotel D1
5 Princess Plaza Lodge & Restaurant B2

Essen
6 Pira's Supermarket B1
7 Red Chilli Restaurant B2
Salon at Acropol ....(siehe 4)

WANDERN IN DEN ULUGURU-BERGEN

Die grünen Uluguru-Berge – Heimat des Matriarchats des Volksstamms Luguru – erheben sich direkt im Süden von Morogoro majestätisch aus der Ebene – der Anblick beherrscht die Stadt. Das Gebirge ist Teil der Eastern Arc Moutains. An den Hängen wachsen Reste uralter Wälder, die zahlreiche Vögel, Pflanzen und Insekten beherbergen. Einige der Arten wie der Uluguru-Schwarzkappenwürger kommen ausschließlich hier vor. Die einzigen ostafrikanischen Bergwälder, die Uluguru an Alter und endemischen Arten gleichkommen, wachsen an den Usambara-Bergen (S. 143). Wegen der hohen Bevölkerungsdichte wurden leider große Teile der Wälder am Uluguru bereits abgeholzt. Nur in den Höhen blieben kleine intakte Waldflächen erhalten.

Beim Wandern lässt sich das Gebiet am besten erkunden und man bekommt auch ein wenig Einblick in das Leben der hier heimischen Luguru. Eine gute Adresse für die Organisation ist Chilunga Cultural Tourism (S. 274) in Morogoro. Zum Angebot gehören eine Halbtageswanderung (inkl. Rückweg, 27 US$ pro Pers.) nach **Morningside**, einer alten deutschen Berghütte im Süden der Stadt auf etwa 1000 Höhenmetern, und eine Tagestour (40 US$ pro Pers.) zum **Gipfel des Lupanga** (2147 m), des höchsten Bergs in der näheren Umgebung. Leider versperrt der Wald den Ausblick vom Gipfel. Zu empfehlen ist die kulturelle Wanderung zum **Dorf Choma**, das etwa eine Stunde weiter ist als Morningside. Sie wird oft als Teil von Dreitagestouren mit zwei Übernachtungen angeboten (75 US$ pro Pers.).

Praktische Informationen

Exim Bank (Lumumba St.) Geldautomat

Internet Café (an der Lumumba St.; Std. 2000 TSh; So–Fr 8–22, Sa 7–22 Uhr) Nach Pira's Supermarkt fragen; das kleine Internetcafé liegt direkt um die Ecke.

Marhaba Pharmacy (023-261 3304; Old Dar es Salaam Rd.; Mo–Sa 7.30–17 Uhr) Morogoros am besten ausgestattete Apotheke liegt östlich der *dalla-dalla*-Haltestelle und direkt westlich der kleinen Fußgängerbrücke.

NBC (Old Dar es Salaam Rd.) Geldautomat.

An- & Weiterreise

BUS

Der Busbahnhof liegt 3 km nördlich der Stadt an der Dar es Salaam Road, 300 m östlich des Kreisverkehrs von Msamvu (5000 TSh mit dem Taxi, 400 TSh im *dalla-dalla;* nach Bussen mit der Aufschrift Kihonda Ausschau halten und sich vergewissern, dass sie nach Msamvu fahren). Es geht chaotisch und ohne erkennbare Ordnung zu – am besten vor Ort fragen, wo der gesuchte Bus steht. Um mit einem *dalla-dalla* herzukommen und sich in Msamvu zu orientieren, braucht man mindestens eine Stunde. In Morogoro werden keine größeren Busse eingesetzt, was für alle Ziele gilt. Man wartet am besten auf Busse aus Daressalam (6000–7000 TSh, 4 Std.) oder Iringa (13 000–15 000 TSh, 3–4 Std.); beide kommen gegen 9 Uhr durch Morogoro. Ein Direktbus täglich fährt um 8 Uhr nach Tanga (6000 TSh, 5 Std., tgl.). Es fahren auch Busse von Dar über Morogoro nach Dodoma (12 000–15 000 TSh, 4 Std.). Nach Kisaki (das nächste Dorf zum Matambwe-Tor des Wildreservats Selous) fährt zwischen 9 und 11 Uhr mindenstens einmal am Tag ein Bus ab Msamvu (9000 TSh, 5–6 Std.).

Die Haupthaltestelle der *dalla-dallas* (Minibus) liegt vor dem Markt, wo auch ein Taxistand ist.

FLUGZEUG

Wegen der zunehmenden Verstopfung der Ortsausgangsstraßen von Daressalam sind die fünf wöchentlichen Flüge nach/von Morogoro (100 US$ eine Strecke) von **Auric Air** (www.auricair.com; Old Dar es Salaam Rd.) für Traveller, die es eilig haben, eine immer attraktive Alternative zum Busfahren.

ZUG

Morogoro ist an die Central Line angeschlossen. Während unserer Recherchen für dieses Buch fuhren keine Züge. Wenn die Linie in Betrieb ist, kommen sie in der Regel etwa um 22 Uhr von Daressalam an.

Nationalpark Mikumi

Dies ist der viertgrößte Nationalpark Tansanias. Da er von Daressalam gut erreichbar ist und man fast garantiert Wildtiere zu Gesicht bekommt, ist **Mikumi** (Karte S. 314; www.tanzaniaparks.com/mikumi.html; Erw./Kind 30/10 US$) die ideale Safarilösung für Reisende mit wenig Zeit. Mikumi ist 3230 km² groß und liegt zwischen den Uluguru-Bergen im Nordosten, den Rubeho-Bergen im Nordwesten und den Lumango-Bergen im

Südosten. Im Mikumi leben Büffel, Gnus, Giraffen, Elefanten, Löwen, Zebras, Leoparden, Krokodile und andere Tiere. Die Chancen stehen recht gut, einige davon selbst bei einem kurzen Besuch des Parks zu sehen.

Am zuverlässigsten lassen sich Wildtiere nordwestlich der Hauptstraße in der Nähe der Mkata-Schwemmebene blicken; ein Highlight ist der Ausblick zu dem kleinen, aber sehr hübschen Millennium-Gebiet („Kleine Serengeti"). Hier kann man besonders gut Büffel beobachten – oft recht nah am Straßenrand – ebenso wie Giraffen, Elefanten und Zebras. Eine weitere Attraktion sind die Flusspferdteiche, direkt nordwestlich des Haupteingangs, wo man aus großer Nähe schnaubende und sich suhlende Flusspferde sehen kann. Auch zur Vogelbeobachtung ist der Park sehr gut geeignet.

Mikumi stellt ein wichtiges Zentrum für Lehre und Forschung dar. Eine der zahlreichen Feldstudien beschäftigt sich seit Langem mit den Steppenpavianen. Es ist eine der wenigen Langzeitstudien an afrikanischen Primaten.

Im Süden geht Mikumi in das Wildreservat Selous über.

Schlafen

Mikumi Park Cottages & Resthouse HÜTTEN $$
(☎0767 536135, 0689 062334; mikumi@tanzaniaparks.com; EZ/DZ/3BZ 50/75/90 US$; P ❄) Etwa 3 km vom Parkeingang entfernt bietet Park Cottages & Resthouse Zimmer in Steinbungalows. Alle haben Bäder, Ventilatoren sowie Klimaanlagen und auf Bestellung serviert das nahe Restaurantgebäude Mahlzeiten (10 000 TSh pro Portion). Im Rasthaus teilen zwei Doppelzimmer einen gemeinsamen Eingang; es hat auch eine Küche (Gas muss man selbst mitbringen). Direkt vor dem Haus spazieren oft Tiere vorbei.

Mikumi Park Campsites CAMPINGPLATZ $
(☎0767 536135, 0689 062334; mikumi@tanzaniaparks.com; Camping öffentlich/privat 30/50 US$) Im Park sind vier öffentliche Campingplätze. Die beiden nächsten zum Parkhauptquartier sind mit Toiletten ausgestattet, auf einem gibt es eine Dusche. Bei Choga Wale im Norden des Parks gibt es einen Privatplatz.

Mikumi Wildlife Camp LODGE $$$
(Kikoboga; ☎0684 886306, 022-260 0252/3/4; www.mikumiwildlifecamp.com; EZ/DZ Halbpension 218/384 US$; P ≋) Das Camp liegt gut 500 m nordöstlich des Parkeingangs. Die attraktiven Steinhütten mit schattigen Veranden bieten Blick auf ein grasiges Terrain, das gerne von Zebras und Antilopen besucht wird. Obwohl das Camp in der Nähe der Straße liegt und nicht gerade ein Erlebnis in der Wildnis verspricht, scheint das die Tiere nicht zu stören: Von der Veranda aus kann man viele von ihnen beobachten. Fahrzeuge mieten kann man nur nach vorheriger Anmeldung.

Vuma Hills Tented Camp ZELTCAMP $$$
(☎0754 237422; www.tanzaniasafaris.info; EZ/DZ mit Vollpension & Wildtierfahrten 365/570 US$; P ≋) Dieses angenehme Camp liegt auf einer Erhebung 7 km südlich der Hauptstraße mit schönen Ausblick über die weite Ebene. Die 16 Zelt-Cottages haben je ein Einzel- und ein Doppelbett. Die Atmosphäre ist entspannt, das Essen gut und das Baden im

NATIONALPARK MIKUMI

Auf in den Nationalpark Von Daressalam leicht zu erreichen; ganzjährig lohnt die Beobachtung von Wildtieren und Vögeln; Giraffen, Zebras, Büffel und manchmal Honigdachse.

Reisezeit Ganzjährig

Praktisch & Konkret Mit dem Mietwagen oder Bus von Daressalam. Den Eintritt (gültig 24 Std. für einmaligen Besuch) kann man nur per Visa oder MasterCard bezahlen. Im Park darf man nur von 6.30–18.30 Uhr herumfahren (abseits der Hauptstraße).

Spartipps Jeder Bus, der den Highway befährt, lässt Fahrgäste am Park aussteigen. Der Park vermietet keine Fahrzeug, aber manchmal bietet das Personal eigene Wagen an. Direkt am Tor fragen und sich auf Verhandlungen einstellen. Zum Übernachten bieten sich die billigen und hübschen Hütten im Park an, Mahlzeiten gibt es in Speiseräumen. Nach der Safari: einem Bus nach Iringa oder Dar winken, um die Reise fortzusetzen.

Zuverlässiger: Über eins der Hotels, die unter Mikumi angegeben sind, ein Safarifahrzeug mieten (ca. 200 US$ für ein 5-Pers.-Fahrzeug und eine ganztägige Safari); Mittagessen und Getränke selbst mitbringen.

Pool macht Spaß – besonders nach einer Safari. Die Zufahrtsstraße zweigt schräg gegenüber dem Parkeingang ab.

Anfahrt & Unterwegs vor Ort

BUS

Alle Busse auf der Durchfahrt von Daressalam zum Mbeya-Highway lassen ihre Fahrgäste am Parkeingang aussteigen. Zur Weiterreise können auch Pick-ups organisiert werden.

AUTO

Zwar kann ein Mietwagen manchmal privat beim Parkpersonal organsiert werden, aber es ist besser, mit dem eigenen Fahrzeug anzureisen oder über ein Hotel in Mikumi ein Auto zu mieten. Von Daressalam sind es fünf Autostunden bis zum Eingang des Parks. Die Höchstgeschwindigkeit auf der Hauptstraße durch den Park wird kontrolliert (70 km/h am Tag, 50 km/h nachts). Das allgemein gut gepflegte Straßennetz im Nordabschnitt von Mikumi ist mit normalen Autos befahrbar. Im Süden sind Geländewagen erforderlich – mit Ausnahme der Straße zum Vuma Hills Tented Camp. Wer den Nationalpark Mikumi mit dem Wildreservat Selous verbinden möchte, kann die 145 km lange Straße zwischen Mikumis Haupttor und dem Dorf Kisaki (21 km westlich des Matambwe-Tors zum Wildreservat Selous) nun ganzjährig nutzen, die nur noch bei heftigen Regenfällen geschlossen ist. Sie stellt eine landschaftlich schöne Alternative für Geländewagen dar; zwischen beiden Orten braucht man ca. fünf Stunden. Alternativ kann man über Morogoro (140 km, 5–6 Std. von Morogoro bis Kisaki) fahren.

Mikumi

Auf der Straße von Daressalam nach Mbeya ist Mikumi die letzte Stadt in der Ebene. Danach steigt die Straße durch die Schlucht des Ruaha spektakulär bis zu den Bergen des südlichen Hochlandes an. Die Stadt zieht sich mehrere Kilometer die Straße entlang – ein Ort mit echtem Trucker-Flair. Mikumi ist fast ausschließlich als Zwischenstation für den Besuch der Nationalparks Mikumi oder Udzungwa Mountains von Bedeutung. Es ist aber auch möglich, beide Parks zu sehen, ohne hier zu übernachten.

Schlafen

Tan-Swiss Hotel & Restaurant LODGE $$

(0787 191827, 0755 191827; www.tan-swiss.com; Main Rd.; Camping 7 US$, EZ/DZ/3 BZ 55/65/75 US$, Bungalow 90 US$;) Zu dem Hotel in einer großen Grünanlage unter Schweizer und tansanischer Leitung gehört ein eingezäunter Campingplatz mit Warmwasser-Duschen und weitläufigem Gelände. Das Hotel bietet bequeme Zimmer mit eigenem Bad und mehrere Bungalows mit Doppel- oder Familienzimmern, einige haben kleine Terrassen. Alle sind sauber, mit Ventilatoren ausgestattet und von Grünflächen umgeben. Es gibt einen kleinen Pool und ein gutes Restaurant mit Bar, wo man auch Sandwiches zum Mitnehmen kaufen kann. Ein Mietwagen für die Nationalparks Mikumi/Udzungwa kostet 145/220 US$ pro Tag.

Genesis Motel GÄSTEHAUS $$

(0653 692127, 0716 757707; udzungwamountainviewhotel@yahoo.com; Camping 5 US$, Zi. prp Pers. mit/ohne Klimanlage 40/30 US$;) Das effiziente Genesis steht direkt am Highway, 2,5 km östlich der Abzweigung nach Ifakara. Es hat kleine, eng aneinandergebaute Zimmer (man sollte nach einem der neueren fragen), eins davon mit Klimaanlage. Neben einem Restaurant und einem Schlangenzoo (Eintritt 5 US$) gibt's auch einen kleinen, eingezäunte Campingplatz mit Warmwasserduschen und einer nahe gelegenen Küche. Leihwagen (Vorbestellung nötig) für die Nationalparks Mikumi und Udzungwa kosten pro Tag 180 US$.

Angalia Tented Camp ZELTCAMP $$$

(0787 518911, 0652 999019; www.angaliacamp.com; Main Rd.; EZ/DZ Vollpension 150/250 US$;) Angalia liegt etwa 1,5 km abseits der Hauptstraße, westlich der Parkgrenze des Nationalparks Mikumi auf dem Weg zum Ort Mikumi und ist eine preiswerte Alternative zu den Lodges im Park. In einem Waldstück stehen fünf große Zelte im Safari-Stil und es gibt ein Restaurant sowie eine Bar.

An- & Weiterreise

Die Bushaltestelle in Mikumi ist an dem Highway am Westende der Stadt. Die Minibusse zum Nationalpark Udzungwa Mountains fahren regelmäßig; Umsteigen in Kilombero. Es ist aber günstiger, auf einen der größeren Busse von Daressalam nach Ifakara zu warten, die ab 11 Uhr durch Mizumi kommen und direkt bis zum Mang'ula-Hauptsitz des Udzungwa (6000 TSh, 2 Std.) und weiter nach Ifakara (13 000 TSh, 3½ Std.) fahren. Die nach Westen fahrenden Busse aus Daressalam kommen auf dem Weg nach Iringa (7000 TSh, 3 Std.) ab etwa 9.30 Uhr durch Mikumi. Ein direkter Bus von Kilombero nach Iringa fährt um 5.30 Uhr durch Mikumi. Die Richtung Osten fahrenden großen Busse nach Daressalam (12 000–13 000 TSh, 4½ Std.) fahren um 6.30 und 7.30 Uhr ab.

Nationalpark Udzungwa Mountains

Die wilden, üppig bewaldeten Hänge des Udzungwa-Gebirges ragen steil über der Kilombero-Ebene, 350 km südwestlich von Daressalam, empor. Teile des Waldgebietes sind als **Nationalpark Udzungwa Mountains** (www.tanzaniaparks.com/uzdungwa.html; Erw./Kind 30/10 US$) auf einer Fläche von 1900 km^2 geschützt – ein verlockendes Ziel jenseits der touristischen Pfade für alle, die gern auf einsamen Wegen wandern oder botanisch interessiert sind. Dort wachsen nicht nur zahlreiche einzigartige Pflanzen, die Wälder beherbergen außerdem eine unvergleichliche Primatendichte von zehn Arten – mehr als in jedem anderen Nationalpark Tansanias – und das erst kürzlich entdeckte Graugesichtige Rüsselhündchen (*Rhynchocyon udzungwensis*). Die Elefanten, Büffel, Leoparden, Flusspferde und Krokodile halten sich vorwiegend im Südwesten des Parks auf und sind selten zu sehen.

Im Park lassen sich hervorragend Vögel beobachten, besonders in der Kilombero-Schwemmebene, die ihn umgibt. Ein guter Startpunkt ist das Feuchtgebiet, das 2 km nördlich von Mang'ula – direkt unterhalb des Camps Hondo Hondo (S. 280) – an die Hauptstraße angrenzt. Dahinter, am Waldrand, sind oft Stummelaffen und andere Primaten zu sehen.

Aktivitäten

Im Udzungwa gibt es keine Straßen, sondern nur acht Haupt- und mehrere kleine Wanderwege, die unterschiedliche Teile des Parks erschließen. Die meisten Routen ziehen sich durch den Ostteil des Parks, obwohl inzwischen auch einige Routen durch den Westteil angelegt wurden. In der mit Baobabs bewachsenen Nordwestecke des Parks sind beispielsweise um den Rangerposten Msosa mehrere kürzere Touren möglich (auf längeren Strecken einen Wasserfilter mitnehmen).

Das Vergnügen kann allerdings recht anstrengend werden: Es gibt nur ein begrenztes Netz an Pfaden, die oft schlammig, steil und von Pflanzen überwuchert sind. Die Infrastruktur ist allenfalls rudimentär – ohne eigenes Zelt und einen Guide (20 US$ pro Gruppe und Tag) geht gar nichts. In Wildtiergebieten braucht man sogar einen bewaffneten Ranger (20 US$ pro Gruppe und Tag). Träger kosten je nach Weg zwischen 5000 und 15 000 TSh pro Tag.

Aber das nächtliche Konzert der Waldinsekten, das Rauschen der Flüsse und Wasserfälle und der Blick über die Ebenen machen die logistische Herausforderung mehr als wett. Außerdem kommen recht wenige Reisende in das fern der Hauptstraße gelegene Udzungwa-Gebirge, sodass man die Wanderwege oft ganz für sich allein hat.

Vorräte kann man am Bahnhof von Mang'ula auf einem winzigen Markt kaufen, einen weiteren gibt es in der Stadt nördlich des Bahnhofs – beide haben ein ziemlich eingeschränktes Angebot. Alle wichtigen Vorräte also vorsichtshalber aus Daressalam oder Morogoro mitbringen. Für längere Wanderungen braucht man zusätzlich zu den hier erhältlichen Vorräten Trockenfrüchte und Nüsse. Wasserflaschen gibt's in der Nähe der Märkte; für längere Wanderungen sollte man einen Wasserfilter mitbringen.

Sanje Falls WANDERN

Die beliebteste Route ist ein kurzer (3 bis 5 Std.), aber steiler Rundweg vom Dorf Sanje (10 km nördlich von Mang'ula) durch den Wald bis zu den Sanje-Fällen; Schwimmen und Campen ist erlaubt. Für Transfers zwischen Mang'ula und dem Beginn des Wanderwegs zu den Sanje-Fällen verlangt der Park happige 20 US$ pro Strecke.

Gipfel des Mwanihana WANDERN

Sehr schön und eine gute Einführung ins Udzungwa-Gebirge ist der Aufstieg zum Gipfel des Mwanihana (2080 m), dem zweithöchsten Punkt des Parks in drei Tagen und zwei Nächten. Wer fit ist, kann es auch in zwei langen Tagen schaffen.

DAS UDZUNGWA-GEBIRGE – HOTSPOT DER BIODIVERSITÄT

Im Udzungwa-Gebirge herrscht seit Millionen von Jahren ein konstantes Klima. Unter diesen stabilen Umweltbedingungen konnten sich sehr viele endemische Arten und eine hohe Biodiversität entwickeln. Zu dem Artenreichtum trug auch die große Höhendifferenz bei. Vom Kilombero-Tal im Süden des Nationalparks (durchschnittliche Meereshöhe 200 m) bis zum Luhombero (mit 2579 m der höchste Gipfel des Parks) erstreckt sich ein durchgehendes Waldgebiet – eine der wenigen Regionen Afrikas, wo sich ein derart geschlossener Regenwald erhalten konnte.

Gipfel des Luhombero WANDERN
In sechs Tagen führt der Trail von Udekwa (an der Westseite des Parks) bis zum Luhombero (2579 m), dem höchsten Punkt des Udzungwa-Gebirges. Man sollte lange im Voraus buchen, um sicherzugehen, dass der Trail begehbar ist.

Lumemo (Rumemo) Trail WANDERN
Der fünftägige Trail beginnt in Mang'ula und führt den Rumemo entlang bis zum Rangerposten Rumemo. Von hier führt eine unbefestigte Piste bis Ifakara, etwa 25 km weiter im Süden.

Schlafen

Östliches Udzungwa-Gebirge

Udzungwa Mountain View Hotel HOTEL $$
(☎0653 692127, 023-262 0218; udzungwamountainviewhotel@yahoo.com; Camping 5 US$, Zi. pro Pers. 30 US$; P) Dieses einfache Hotel mit Restaurant (Gerichte 12 000–20 000 TSh) auf einem schattigen Gelände wird vom Management des Genesis Motels in Mikumi geleitet. Es befindet sich etwa 800 m südlich des Parkeingangs an der Hauptstraße. Die Zimmer sind einfach und etwas eng.

Udzungwa Twiga Hotel HOTEL $$
(☎023-262 0223/4; udzungwatwiga@gmail.com; EZ/DZ/3 BZ 40/60/80 US$; P ❄) 700 m östlich der Parkverwaltung liegt das von Tanapa betriebene Twiga auf einem großen grünen Gelände mitten im Wald. Die Zimmer mit Blick auf einen kleinen Garten im Hof sind sauber und einwandfrei. Alle haben Doppelbetten (nur für Ehepaare), Ventilatoren und Fernseher. Das Restaurant serviert lokale Küche.

Udzungwa Mountains Park Campsites CAMPINGPLATZ $
(☎0767 536131, 0689 062291; udzungwa@tanzaniaparks.com; Camping 30 US$) In der Nähe der Parkverwaltung bietet der Park drei einfache Campingplätze; einer hat eine Dusche und die anderen liegen in der Nähe eines Flusses. Traveller übernachten hier jedoch selten, denn der Park bietet für viel Geld recht wenig, zudem muss man Vorräte selbst mitbringen. An den längeren Trails betreibt der Park mehrere weitere Campingplätze mit ähnlichen Preisen.

Hondo Hondo ZELTCAMP $$$
(Udzungwa Forest Camp; ☎0758 844228, 0712 304475; www.udzungwaforestcamp.com; E/D/3B-Hütten 22/44/60 US$, E/D/Luxuszelt 126/196/252 US$, Frühstück/Mittag-/Abendessen 10/20/20 US$; P) Das Camp hat mehrere Zelte im Safari-Stil mit Bad, einen Rasen-Campingplatz und zwei einfache Bungalows aus Lehmziegeln mit Strohdach, deren Bewohner die sanitären Anlagen des Campingplatzes nutzen müssen. Gemessen an der Aus-

NATIONALPARK UDZUNGWA MOUNTAINS

Auf in den Nationalpark Bergwanderungen, zehn Primatenarten (allerdings sind die meisten nicht leicht zu sehen), Wasserfälle, Vogelbeobachtung

Reisezeit Ende Juni bis Januar; die Regenzeit von März bis Mai sollte man meiden, da viele Wege dann nicht gewartet werden (und nicht begehbar sind).

Praktisch & Konkret Mit dem Mietwagen oder Bus vom Tanzam-Highway bis zum Ort Mang'ula oder den Zug von Daressalam nach Mang'ula nehmen und die gesamte Ausrüstung mitbringen (inkl. Proviant und Regenschutz für den Trail). Im Moment sind die Parkgebühren in der Hauptverwaltung in Mang'ula zu entrichten (aktuell nur in bar), außer wenn man mit der Parkverwaltung im Voraus vereinbart, dass der Eintritt an einem anderen Ort gezahlt werden kann.

Spartipps Den Eintritt für den Park bezahlt man für 24 Stunden, ob man nur einen kurzen Streifzug macht oder eine 8-stündige Wanderung. Am besten nutzt man nach der Ankunft in Mang'ula den Nachmittag, um zu planen, und bricht dann am nächsten Morgen früh zu einer ganztägigen Wanderung auf. Die Tagestouren, die von den Hotels im Ort Mikumi angeboten werden, lohnen sich nicht.

Eine Wanderung mit einer oder mehreren Übernachtungen im Park reicht vollkommen aus. Besser spart man die Parkgebühren und erkundet während des restlichen Aufenthalts die Umgebung. Zu den Aktivitäten außerhalb der Parkgrenzen zählen Fahrradtouren ab dem Dorf Hondo Hondo oder Wanderungen ab dem Campingplatz Msosa oder dem Crocodile Camp.

stattung sind die Preise hoch, aber die leckere Küche und die gut organisierten Ausflüge machen dies wett, zudem ist der Platz eine gute Basis zum Erkunden des Udzungwa-Gebirges. Er liegt 2 km nördlich der Parkverwaltung an der Straße nach Mang'ula.

Man kann Fahrräder ausleihen und viele Ausflüge buchen, darunter Tagestouren nach Kilombero und Wanderungen in Gebieten des nahen Waldschutzgebiets.

Westliches Udzungwa-Gebirge

Crocodile Camp CAMPINGPLATZ, BANDAS $$
(☎0784 706835, satellite +882-1645-550267; www.crocodilecamp.de; Camping 8000 TSh, DZ/3BZ/FZ 70 000/105 000/110 000 TSh, DZ ohne Bad 35 000 TSh; P) Der gastfreundliche Platz liegt 300 m vom Haupt-Highway entfernt und 12 km östlich von Ruaha Mbuyuni. Neben Camping bietet er einfache Bungalows und ein Restaurant. Das Personal kann Guides für Ausflüge organisieren, mit denen man etwa den Fluss hinter dem Camp mit einem Kanu überqueren und dann 14 km durch zerklüftete Landschaft zum Dorf Msosa wandern kann, von wo aus sich das westliche Udzungwa-Gebirge entdecken lässt. (Den Ausflug unbedingt vorher bei der Parkverwaltung anmelden!).

Msosa Campsite CAMPINGPLATZ $
(☎0784 414514; Camping 6 US$; P) Der Campingplatz im Busch bietet nicht mehr als eine Dusche, Toilette, Feuerholz und Wanderungen durch die Wildnis. Er liegt am Fluss Msosa River und ist eine gute Adresse, um Ausflüge ins westliche Udzungwa-Gebirge zu organisieren. Essen und Trinken muss man selbst mitbringen (im 2 km entferten Dorf Msosa bekommt man nur das Nötigste) und das Personal vorher telefonisch informieren, dass man kommt.

Alle Busse, die auf dem Highway verkehren, halten am Rastplatz Al-Jazeera, von dort kann man für die restlichen 10 km zum Campingplatz mit dem Motorrad (5000 TSh) zurücklegen. Der Platz ist an der Udzungwa Mountains National Park Road ausgeschildert; er liegt schräg gegenüber von Al-Jazeera. Von Iringa über Al-Jazeera nach Msosa verkehren ab und zu *dalla-dallas*.

Praktische Informationen

Den nächsten Bankautomat findet man in Kilombero, 30 km nördlich von Mang'ula auf dem Weg nach Mikumi.

ABSTECHER

KILOMBERO-TAL

Das Feuchtgebiet im Udzungwa Forest Camp und im Kilombero-Tal ist ideal, um Vögel, wilde Tiere und das Leben der Einheimischen kennenzulernen. Hondo Hondo und **Wild Things Safaris** (www.wildthingsafaris.com) organisieren Tagestouren mit dem Kanu, die an der Fähre von Ifakara starten. Wer mehr Zeit mitbringt, kann Ifakara, Mahenge (eine pittoreske Missionsstation) oder Itete einbeziehen, eine weitere alte Mission. Das **Mbega Resort** (Ifakara Road; DZ 40 000 TSh; ❄) in Ifakara bietet Unterkünfte und in Itete gibt es ein einfaches Gästehaus der Mission.

An- & Weiterreise

Der Haupteingang und die Hauptverwaltung des Parks sind im Dorf Mang'ula, 60 km südlich vom Ort Mikumi, an der Straße nach Ifakara zu finden. An zwei weiteren Orten sind Zugänge geplant: In Msosa, 10 km neben der Hauptstraße und südlich von Ruaha Mbuyuni, sowie in Udekwa, 60 km neben der Hauptstraße am Westrand des Parks, zu ereichen über eine Abzweigung vom Highway bei Ilula. Reisende, die von Iringa kommen oder im westlichen Udzungwa-Gebirge wandern möchten, werden von ihnen profitieren.

BUS

Von Mikumi (an der *dalla-dalla*-Haltestelle auf der Straße nach Ifakara südlich des Highways) bedienen täglich Minibusse und Pickups die Strecke nach Kilombero (Ruaha), wo man auf den Anschluss nach Mang'ula warten muss. Meistens kommt man jedoch schneller ans Ziel, wenn man auf einen er größeren Direktbusse aus Daressalam wartet. Sie starten zwischen 6.30 und 10 Uhr in Daressalam und sind zwischen 10.30 und 14 Uhr in Mikumi. In der anderen Richtung fahren jeden Morgen mehrere Busse von Ifakara ab und passieren Mang'ula zwischen 6 und 10 Uhr. Die Fahrt von Mang'ula nach Mikumi (2 Std.) kostet 5000 TSh, ebenso wie die von Ifakara nach Mang'ula (2 Std.).

Einer oder zwei Busse täglich verkehren zwischen Iringa und Kilombero (9000 TSh, 5 Std.) in beide Richtungen; sie fahren gegen 12 Uhr in Iringa und zwischen 5 und 7 Uhr in Kilombero ab.

Es verkehren einige Minibusse (500 TSh) zwischen Mang'ula und Sanje, wo der Wanderwegs zu den Sanje-Fällen beginnt. Die westlichen Eingänge des Parks in Msosa oder Udekwa werden nicht von öffentlichen Verkehrsmitteln angefahren. Von Msosa aus kann man wandern (10 km vom Highway) oder man mietet sich ein Fahrzeug.

ZUG

Reguläre Tazara-Züge halten in Mang'ula (und kommen derzeit um ca. 3 Uhr aus Daressalam an). Vom Bahnhof sind es noch 30 Minuten zu Fuß bis zum Parkhauptquartier. Hotels holen ihre Gäste nach Voranmeldung ab. Die Expresszüge halten in Ifakara, 50 km weiter südlich.

Iringa

151 350 EW.

Iringa thront auf einer 1600 m hohen Klippe über dem Little Ruaha. Der Ort wurde um die Wende zum 20. Jahrhundert von den Deutschen als Bastion gegen die Hehe erbaut. Heute ist er die Distrikthauptstadt, ein wichtiges landwirtschaftliches Zentrum und das Tor zum Nationalpark Ruaha. Wenn man erst mal die Staus durch Abzocker an der Hauptstraße hinter sich gelassen hat, sorgen die Höhenlage, das gesunde, kühle Klima und die Gebirgsstimmung für einen angenehmen Aufenthalt.

Sehenswertes

Markt — MARKT

Auf dem Markt von Iringa stapeln sich Obst, Gemüse, große, geflochtene Iringa-Körbe und andere Waren. Vor der Polizeistation am Südrand steht ein **Denkmal** zu Ehren der afrikanischen Opfer des Maji-Maji-Aufstandes (1905–1907); weiter westlich folgt an derselben Straße das Geschäftsviertel der Stadt, das von der von Deutschen erbauten **Ismaili-Moschee** mit einem eindrucksvollen Uhrturm beherrscht wird.

Friedhof des Commonwealth-Krieges — FRIEDHOF

Der Friedhof, auf dem die Gefallenen aus beiden Weltkriegen beerdigt sind, liegt am südöstlichen Rand der Stadt.

Felsmalereien von Iringa — HISTORISCHE STÄTTE

Das große Fries gleicht stilistisch den Felsmalereien von Kondoa und liegt abseits der Straße nach Dodoma am Rand der Stadt. Bei Neema Crafts kann man Guides buchen.

Neema Crafts — KUNSTHANDWERKSZENTRUM

(☎ 0783 760945; www.neemacrafts.com; Hakimu St.; ⏲ Mo–Sa 8.30–18.30 Uhr; 📶) In diesem Ausbildungszentrum erhalten taube und behinderte Jugendliche eine Berufsausbildung. Es wird von der Anglikanischen Kirche geleitet und verkauft wunderschöne Handwerkkunst: handgeschöpftes Papier und Karten, Schmuck, Decken, Kleidung, Batik und anderes mehr. Hinter dem Laden gibt es eine Weberei und daneben ein beliebtes Café (S. 284). Die Betreiber bieten kostenlose Führungen durch die Werkstätten an. Es liegt südöstlich des Uhrturmes am Kreisverkehr und ist sehr empfehlenswert. Gelegentlich werden freiwillige Helfer beschäftigt.

Gangilonga-Felsen — HISTORISCHE STÄTTE

Auf diesem großen Felsen im Nordosten der Stadt meditierte Häuptling Mkwawa und hier erfuhr er auch, dass er von den Deutschen gesucht wurde. „*Gangilonga*" bedeutet „sprechender Stein" in der Sprache der Hehe. Der Felsen ist leicht zu besteigen und bietet einen schönen Ausblick über die Stadt. Die Touristeninformation von Iringa (S. 285) oder die Mitarbeiter des Internetcafés vom Neema Craft Centre (S. 285) zeigen den Weg und stellen einen Führer. Nicht ohne Begleitung hinaufklettern, denn es kommt häufig zu Raubüberfällen.

Geführte Touren

Warthog Adventures Tanzania — TOUR

(☎ 0688 322888, 0718 467742, 026-270 1988; www.warthogadventures.com; Uhuru Ave.) Verfügt über gut gewartete Fahrzeuge und ist eine gute Adresse, um Ausflüge in den Nationalpark Ruaha zu organisieren. Safaris kosten 300 US$ pro Fahrzeug für den ersten Tag und 200 US$ dann jeden weiteren Tag. In der Touristeninformation von Iringa.

Schlafen

Rivervalley Campsite — CAMPINGPLATZ $

(Riverside Campsite; ☎ 0782 507017, 026-270 1988; www.rivervalleycampsites.com; Camping mit eigenem/gemietetem Zelt 6/10 US$, DZ Zelt/Hütte 40/60 US$; P) Rivervalley liegt idyllisch und ruhig am Fluss Little Ruaha auf einem weitläufigen Gelände 13 km nordöstlich von Iringa. Dort gibt es eine große Fläche zum Campen, einen Kinderspielplatz, Zelte mit zwei einzelnen Betten, Hütten für Familien und leckere Mahlzeiten. Um hierherzukommen fährt man mit dem *dalla-dalla* nach Ilula bis zu der ausgeschilderten Abzweigung nach rechts (1000 TSh) und läuft von dort noch 1,5 km eine unbefestigte Straße entlang. Taxis aus dem Ort oder von der Bushaltestelle Ipogoro kosten zwischen 15 000 und 20 000 TSh.

Die Anlage ist herrlich entspannend und besonders empfehlenswert für Familien. Auf dem Gelände gibt es auch eine Suaheli-Sprachschule.

Iringa

Iringa

Sehenswertes
1 Friedhof des Commonwealth-Krieges D2
2 Ismaili-Moschee B3
3 Maji-Maji-Aufstand-Denkmal B3
4 Markt B3
5 Neema Crafts C2

Aktivitäten, Kurse & Touren
Warthog Adventures Tanzania .... (siehe 12)

Schlafen
6 Iringa Lutheran Centre D1
7 Neema Umaki Guest House C2

Essen
8 Hasty Tasty Too C2
Neema Crafts Centre Café .... (siehe 5)
9 Ngow'o Supermarket B3

Praktisches
10 Aga Khan Health Centre B3
11 Greenzone Pharmacy B3
12 Iringa Info C1
13 Myomboni Pharmacy B3
Neema Crafts Centre Internet Café .... (siehe 5)

Transport
14 Busbahnhof B2
15 *dalla-dalla*-Haltestelle Myomboni B2

Iringa Lutheran Centre GÄSTEHAUS $
(☎0755 517445, 026-270 0722; www.iringalutherancentre.com; Kawawa Rd.; EZ/DZ/3BZ/Suite mit Frühstück 25/45/50/60 US$; P 🛜) Das alteingesessene Gästehaus mit Restaurant liegt am Nordostrand der Stadt, 700 m südöstlich der Hauptstraße. Die ruhigen, angenehmen Zimmer haben ein Doppelbett oder zwei Einzelbetten sowie ein Bad und heißes Wasser.

Neema Umaki Guest House GÄSTEHAUS $
(☎0683 380492, 0786 431274; www.neemacrafts.com; Hakimu St.; Bett/EZ/DZ/FZ 18 000/25 000/45 000/65 000 TSh; 🛜) Das zentral gelegene Gästehaus hat saubere und komfortable Zimmer mit Moskitonetzen und TV (Ventilatoren sind geplant) sowie einen Schlafsaal mit drei Betten. Es liegt neben Neema Crafts, aber die Zimmer befinden sich in einem ruhigeren Bereich im hinteren Teil. Am Uhrturm geht es Richtung Osten von der Uhuru Avenue ab und dann noch etwa 100 Meter zu Fuß.

Das Personal informiert Gäste über Wanderungen in der Stadt und Umgebung, orga-

HÄUPTLING MKWAWA

Mtwa (Häuptling) Mkwawa, Häuptling der Hehe und während der Kolonialzeit einer der schärfsten Gegner der Deutschen, ist eine legendäre Figur der tansanischen Geschichte. Er wird in Iringa besonders verehrt; ganz in der Nähe hatte er sein Hauptquartier. Unter Führung Mkwawas wurden die Hehe in der zweiten Hälfte des 19. Jahrhunderts zu einem der mächtigsten Stämme Zentraltansanias. Sie besiegten einen Stamm nach dem anderen, bis sie schließlich am Ende der 1880er-Jahre den Handelsverkehr auf der Karawanenstraße zwischen dem Westen Tansanias und Bagamoyo bedrohten. Nach mehreren vergeblichen Verhandlungsversuchen zwischen Mkwawa und den Deutschen kam es 1891 an der Straße nach Mikumi vor Lugalo zur Schlacht: Mkwawas Männer schlugen die kolonialen Truppen vernichtend und eroberten ein Jahr später das deutsche Fort in Kilosa.

Die Deutschen organisierten sich neu, setzten eine Belohnung auf Mkwawas Kopf aus, griffen sein Hauptquartier in Kalenga an und eroberten es. Mkwawa konnte zwar fliehen, beging aber 1898 Selbstmord, um sich nicht seinen Verfolgern ergeben zu müssen. Ihm wurde der Kopf abgeschlagen, der Schädel wurde nach Deutschland geschafft und fast vergessen – allerdings nicht von den Hehe. Im Jahr 1954 kam der Schädel, vor allem auf Betreiben von Sir Edward Twining (der damalige britische Gouverneur von Tanganjika) zurück nach Kalenga. Mkwawas Schädel und einige alte Waffen werden im Historischen Museum von Kalenga (S. 286) gezeigt, ca. 13 km außerhalb des Orts und direkt an der Straße zum Nationalpark Ruaha.

nisiert Besuche bei Familien sowie private Unterkünfte und stellt Guides zur Verfügung. Der Erlös kommt der Arbeit des Craft Centres zugute.

Mama Iringa B&B B&B $
(☎ 0753 757007; mama.iringa@yahoo.com; Don Bosco Area; 2BZ/FZ 40 000/60 000 TSh, EZ ohne Bad 15 000–20 000 TSh; P) Das ruhige Gästehaus in einem alten Kloster liegt 3,5 km von der Stadt entfernt im Bezirk Don Bosco. Es hat saubere, einfache Zimmer mit Moskitonetzen und ein Restaurant. Man folgt der Mkwawa Road bergab bis zur Kreuzung mit der Dänischen Schule und biegt links ab, dann folgt man der ersten rechts ausgeschilderte Straße bis zum Ende des Friedhofs und biegt dann wieder links ab. Mama Iringa liegt nach 1 km an der rechten Seite und ist nur dürftig beschildert.

Essen

Hasty Tasty Too TANSANISCH, INTERNATIONAL $
(☎ 026-270 2061; Uhuru Ave.; Gerichte ab 6000 TSh; Mo–Sa 7.30–20, So 10–14 Uhr) Der Klassiker in Iringa serviert ein gutes Frühstück, Joghurt, Shakes und leckere Hauptgerichte zu vernünftigen Preisen und bietet auch getoastete Sandwiches zum Mitnehmen für Camping-Safaris in den Nationalpark Ruaha an. Hier essen sowohl Einheimische als auch Fremde.

Neema Crafts Centre Cafe CAFÉ $
(☎ 0683 380492; www.neemacrafts.com; Hakimu St.; Hauptgerichte ca. 6500 TSh; ⌚ Mo–Fr 8–18.30 Uhr; 📶) Das Café im Obergeschoss von Neema Crafts ist zu Recht beliebt. Es gibt Kaffee und Tee aus der Region, selbstgemachte Plätzchen, Kuchen, Suppen, eine kleine Auswahl an Sandwiches und Eis. Die kleine Bücherei in einer Ecke informiert über die Entwicklungsprojekte der Region.

Ngow'o Supermarket SUPERMARKT $
(Market St.; ⌚ Mo–Sa 8.30–17.30 Uhr, So 10–14 Uhr) Der Supermarkt hat eine gute Auswahl, perfekt für Selbstversorger.

Mama Iringa Pizzeria & Italian Restaurant ITALIENISCH $$
(☎ 0753 757007; mama.iringa@yahoo.com; Don Bosco Area; Gerichte 9000–15 000 TSh; ⌚ Di–So 12–14.30 & 17–21 Uhr) Köstliche italienische Küche – wie Pizza, Gnocchi und Lasagne sowie Salate – wird in dem ruhigen Innenhof eines ehemaligen Klosters serviert. Das Restaurant liegt ca. 3 km vom Stadtzentrum entfernt (Taxi 5000 TSh). Man folgt der Mkwawa Road bis zur Kreuzung mit der Dänischen Schule und dort den Schildern.

Sai Villa INDISCH, INTERNATIONAL $$
(☎ 0684 062017, 0683 052680; www.saivilla.co.tz; Nebenstraße des Kenyatta Dr, Bezirk Gangilonga; Hauptgerichte 9000–20 000 TSh; ⌚ 12–15.30 & 19–21 Uhr; 📶) Der vor allem abends sehr

beliebte Laden hat eine umfangreiche Karte mit Gerichten der indischen und europäischen Küche. Man folgt der Kawawa Road in Richtung Lutheranisches Gästehaus etwa 500 m bis zum Mama Siyovelwa Pub, dann noch 300 m weiter bis zur zweiten Straße rechts (kurz nachdem die Kawawa Road auf den Kenyatta Drive trifft). Das Sai Villa ist das erste Tor rechts.

Praktische Informationen

GELD

Barclay's Bank (Uhuru Ave.) Geldautomat.

CRDB (Uhuru Ave.) Geldautomat.

INTERNETZUGANG

IringaNet (Uhuru Ave.; pro Std. 2000 TSh; ⌚ Mo–Sa 8–18, So 10–13 Uhr)

Neema Crafts Centre Internet Cafe (Hakimu St.; pro Std. 2000 TSh; ⌚ Mo–Sa 8.30–18.30 Uhr) Nur WLAN.

MEDIZINISCHE VERSORGUNG

Aga Khan Health Centre (☎ 026-270 2277; Jamat St.; ⌚ Mo–Fr 8–18, Sa & So bis 14 Uhr) Neben der Lutheranischen Kirche und in Marktnähe.

Greenzone Pharmacy (⌚ 8–21 Uhr) Gegenüber vom Markt.

Myomboni Pharmacy (☎ 026-270 2277, 026-270 2617; ⌚ 7.30–19.30 Uhr) Hügelabwärts vom Aga Khan Health Centre.

TOURISTENINFORMATION

Iringa Info (☎ 0782 507017, 026-270 1988; infoiringa@gmail.com; Uhuru Ave.; ⌚ Mo–Fr 9–17, Sa bis 15 Uhr) Empfehlenswert als erste Anlaufstelle, um sich über Safaris in den Nationalpark Ruaha zu informieren, ein verlässliches Auto zu mieten und Ausflüge durch Stadt und Dörfer zu buchen. Ein Café und Buchladen gehören auch dazu.

An- & Weiterreise

BUS

Sämtliche Busse, die nicht von Iringa aus starten, halten am Busbahnhof in Ipogoro, 3 km südöstlich der Stadt am Fuß des Hangs (5000 TSh mit dem Taxi zur/von der Stadt, aber in der Regel werden zuerst wesentlich höhere Preise genannt). Dort führt der Highway von Morogoro nach Mbeya an Iringa vorbei, und hier steigen Fahrgäste aus, die von Morogoro oder Mbeya kommen. Die *dalla-dallas* nach Ipogoro (400 TSh) fahren von Mashine Tatu (M/Tatu) hinter dem Busbahnhof der Stadt an der Uhuru Avenue ab. Die Starthaltestelle aller Busse, die ihre Route in Iringa beginnen, ist der Busbahnhof. Sie halten auch in Ipogoro, um weitere Fahrgäste aufzunehmen.

Busse von JM Luxury fahren täglich ab 7 Uhr vom Busbahnhof der Stadt nach Daressalam (20 000 TSh, 7–8 Std.); rechtzeitig vorher im JM-Büro hinter dem Busbahnhof buchen. Chaula Express bedient täglich um 7 Uhr die Strecke nach Mbeya (12 000–15 000 TSh, 5 Std.). Man kann aber auch versuchen, einen Platz im Bus aus Daressalam zu bekommen, der etwa um 13 Uhr in Iringa (Busbahnhof Ipogoro) ankommt.

Super Feo fährt um 6 Uhr vom Busbahnhof aus Richtung Njombe (8000–9000 TSh, 3½ Std.) und Songea (18 000 TSh, 8 Std.). Kimotco und mehrere andere Busunternehmen fahren täglich um 6 Uhr nach Dodoma (12 000 TSh, 4 Std.). Die Strecke führt auf einer größtenteils asphaltierten und guten Straße über Nyangolo und Makatapora.

FLUGZEUG

Auric Air (S. 405) fliegt fast täglich zwischen Iringa und Daressalam (160 US$ eine Strecke). Buchungen sind bei Iringa Info möglich; das Nduli Airfield befindet sich an der Straße nach Dodoma, 12 km außerhalb von Iringa.

Unterwegs vor Ort

Die zentrale *dalla-dalla*-Haltestelle („Myomboni") befindet sich unterhalb des Marktes beim Busbahnhof. Taxis warten an der kleinen Straße zwischen Busbahnhof und Markt sowie am Busbahnhof Ipogoro. Ein Taxi vom Busbahnhof zu den Hotels kostet ab 3000 TSh.

Steinzeitliche Fundstätte bei Isimila

Isimila (Erw./Kind 20 000/10 000 TSh, plus obligatorische Guide-Gebühr pro Gruppe 10 000 TSh; ⌚ 8–18 Uhr) ist an der Straße nach Mbeya links ausgeschildert und liegt ca. 15 km westlich von Iringa. Hier stießen Archäologen Ende der 1950er-Jahre auf einen der bedeutendsten Funde aus der Steinzeit: zwischen 60 000 und 100 000 Jahre alte Werkzeuge. Ein kleines Museum zeigt die Funde – mit informativen Kurztexten zu den Highlights.

Die umgebende Landschaft mit kleinen Canyons und abgetragenen Sandsteinsäulen ist faszinierend und eine Rundwanderung von etwa einer Stunde (Guide erforderlich) führt steil in das Säulental hinab. Die beste Zeit für einen Besuch sind der Morgen oder der späte Nachmittag, wenn die Sonne noch nicht im Zentith steht. Mitgebrachte Verpflegung kann an einem überdachten Picknickplatz verzehrt werden.

Wer weder Hitze noch Verkehr scheut, kann von Iringa aus mit dem Fahrrad fahren. Vom Busbahnhof in Iringa kann man auch ein *dalla-dalla* nach Ifunda oder Mafinga und den Fahrer bitten, an der Abzweigung nach Isimila anzuhalten (1500 TSh). Von dort sind es noch 15 Minuten zu Fuß. Taxifahrer verlangen für Hin- und Rückfahrt mindestens 25 000 TSh.

Ein schöner Abstecher mit dem Fahrrad oder eigenem Auto ist das nahe **Tosamaganga**. Die hübsche Missionsstation auf dem Hügel wurde zu Beginn des 20. Jahrhunderts von italienischen Missionaren eingerichtet. Zu erreichen ist sie über die nicht ausgeschilderte „Njia Pandaya Tosamaganga"-Abzweigung von der Hauptstraße, 4 km nordöstlich von der Abzweigung nach Kalenga. Die breite, unbefestigte Straße führt zuerst durch Maisfelder, dann durch eine Eukalyptus-Allee, bis nach 5 km die roten Ziegeldächer und die Kirche der Mission auftauchen.

Kalenga

Etwa 15 km hinter Iringa auf der Straße zum Nationalpark Ruaha befindet sich Kalenga, die ehemalige Hauptstadt der Hehe. Bis Kalenga in den 1890er-Jahren von deutschen Truppen erobert wurde, hatte Häuptling Mkwawa hier sein Hauptquartier. Er beging lieber Selbstmord, als sich zu ergeben.

Sehenswertes

Kalenga Historical Museum MUSEUM
(Erw./Kind 20 000/10 000 TSh; 8–17.30 Uhr) Das kleine Museum zeigt den Schädel Mkwawas, persönliche Gegenstände, eine Trommel aus Pythonhaut und mehrere andere Relikte aus seiner Zeit. Im Eintrittspreis enthalten ist eine Führung des Museumswärters (er freut sich über ein Trinkgeld). Wer sich nicht außerordentlich für Häuptling Mkwawa oder die Geschichte Tansanias interessiert, sollte das staubige Museum zum aktuellen Preis meiden – es sein denn, man erhält als Anwohner stark ermäßigten Eintritt.

Es ist aber auch möglich, mit dem Museumswärter historische Stätten der Umgebung zu besuchen. Er führt Gäste z.B. zu einem Friedhof, auf dem einige von Mkwawas 62 Frauen begraben sind, oder zur ehemaligen Wehrmauer um Kalenga (Ruinen gibt es nicht).

An- & Weiterreise

Dalla-dallas fahren vom Postamt in Iringa regelmäßig nach Kalenga (500 TSh). Sie halten auch an der Bushaltestelle von Mlandege am Kreisverkehr, wo die Straße nach Ruaha abgeht. Man bittet den Fahrer, an der ausgeschilderten Abzweigung anzuhalten. Von hier aus sind es durch das Dorf zum Museum 800 m Fußweg.

Nationalpark Ruaha

Zusammen mit den benachbarten Wildreservaten bildet der **Nationalpark Ruaha** (www.tanzaniaparks.com/ruaha.html; Erw./Kind 30/10 US$) den Kern eines über 40 000 km² großen, wilden Ökosystems. Der eigentliliche Park ist mit einer Fläche von 22 000 km² der größte in Tansania. Hier leben schätzungsweise 12 000 Elefanten, eine der größten Populationen des Landes. Zudem ziehen große Büffelherden, Große und Kleine Kudus, Grantgazellen, Wildhunde, Strauße, Geparde, Pferde- und Rappenantilopen durch den Park und es wurden hier über 400 Vogelarten nachgewiesen.

Ruaha ist berühmt für seine wilde und eindrucksvolle Landschaft – vor allem im Bereich seines Herzens, des Great Ruaha. Weite Teile bestehen aus hügeligen Plateaus, die durchschnittlich 900 m über dem Meeresspiegel liegen. Felsige Kuppen wechseln sich ab mit kleinen Baobabwäldchen. Die Berge im Süden und Westen steigen auf 1600 bis 1900 m und quer durch den Park verlaufen mehrere „Sandflüsse", die in der Trockenzeit kein Wasser führen und von den Tierherden als Verbindungswege zwischen verbliebenen Wasserstellen genutzt werden.

Ruaha ist auch eine bemerkenswerte Übergangszone zwischen der ostafrikanischen Savanne und den eher weiter südlich anzutreffenden *miombo*-Feuchtwaldgebieten. Daher ist hier eine Mischung aus Pflanzen- und Tierarten aus beiden Landschaftsformen vertreten.

Obwohl die Camps im Ostteil des Parks in der Hochsaison meist sehr gut belegt sind, wird Ruaha im Vergleich zu den Nationalparks im Norden nur wenig besucht. Weite Teile sind unberührt, und bis auf die Hochsaison (August bis Oktober) haben Besucher die Natur fast für sich allein. Wer Ruaha bestaunen will, sollte sich viel Zeit nehmen – es ist kein Park, in dem man sich kurz umschaut und wieder verschwindet.

Sehenswertes & Aktivitäten

Wer den Park von seiner schönsten Seite sehen möchte, sollte dem Fluss folgen, insbesondere auf dem Rundweg, der am Fluss-

NATIONALPARK RUAHA

Auf in den Nationalpark Zur Trockenzeit außergewöhnlich gute Beobachtung von Wildtieren möglich; bekannt für Elefanten und Flusspferde, Löwen und Afrikanische Wildhunde; zerklüftete Landschaft.

Reisezeit Die trockenste Zeit ist zwischen Juni und November. Dann ist es am leichtesten, Wildtiere an den Flussbetten zu beobachten. In der Regenzeit werden einige Gegenden unpassierbar und die Wildtiere sind schwer zu finden, aber grüne Landschaft, eine lavendelfarbene Blütenpracht und gutes Vögelbeobachten machen dies wett.

Praktisch & Konkret Mit dem Auto von Iringa aus oder mit dem Flugzeug von Arusha oder Daressalam. Der Eintritt gilt für 24 Std. nur einmal, und kann nur mit der Visa oder MasterCard bezahlt werden. Der Haupteingang (7–18 Uhr) liegt ca. 8 km innerhalb der Parkgrenze an der Ostseite, in der Nähe der Hauptverwaltung in Msembe. Man darf den Park von 6–18.30 Uhr befahren.

Spartipps Echte Sparmöglichkeiten gibt es im Ruaha nicht. Am besten mietet man zu viert oder fünft in Iringa ein Fahrzeug für eine Safari mit Übernachtung und schläft in den alten *bandas* des Parks. Essen gibt es hier, Getränke sollten mitgebracht werden. Man kann auch von Iringa mit dem Bus nach Tungamalenga fahren und hier ein Fahrzeug für eine Safari mieten (ca. 250 US$ pro Tag). Am besten im Voraus ein Fahrzeug reservieren und bedenken, dass die Parkgebühren nur einmaligen Zutritt pro 24 Std. beinhalten. Meist ist es preiswerter, das Fahrzeug in Iringa zu mieten und im Park zu übernachten.

ufer entlang Richtung Nordosten führt, bevor er ins Inland zum Gebiet um das Mwagusi Safari Camp abzweigt. Dort kann man hervorragend Vögel beobachten und sieht fast unter Garantie Flusspferde, Krokodile und Elefanten. Auf keinen Fall sollte man sich den Sonnenauf- und Sonnenuntergng entgehen lassen: Dann erstrahlen die riesigen Felsen entlang des Flussbettes in der Sonne und die angrenzende Vegetation sowie die Tiefebene erwachen zum Leben. Löffelfuchse und Schakale sind in der Gegend von Msembe verbreitet. Löwen gibt es auch, man bekommt sie allerdings nicht so leicht zu Gesicht wie in der Serengeti; gute Chancen bestehen in dem Gebiet nördlich des Flusses Richtung Mwagusi.

Von Juni bis Januar sind außerdem zwei- bis dreistündige **Wander-Safaris** (Gebühr für das Wandern im Park pro Gruppe 20 US$) möglich.

Geführte Touren

Ruaha Cultural Tourism Program CULTURAL TOUR
(☎0757 151349, 0752 142195; www.ruahaculturaltours.com; Halbtags-/Ganztagstour 20/40 US$, pro Pers. Vollpension in einem Massai-Dorf 27 US$) Bietet Kulturtouren in ein Massai-*boma* (Übernachtung möglich), traditionelle Kochkurse, Wanderungen in der Natur und mehr. Empfehlenswerter Zwischenstopp auf dem Weg von/nach Ruaha.

Schlafen

Im Nationalpark

Ruaha Park Bandas & Cottages HÜTTEN $$
(☎0756 144400; ruaha@tanzaniaparks.com; EZ/DZ *bandas* mit Gemeinschaftsbad 30/60, EZ/DZ/FZ, Hütten 50/100/100 US$; P) Ruaha hat „alte“ Park-*bandas* – Rundhütten mit zwei Metallbetten, die am Fluss liegen – in der Nähe der Hauptverwaltung des Parks. Es gibt auch Mahlzeiten und nach der Restaurierung werden alle Hütten über eigene Bäder verfügen. Etwa 3 km weiter liegen auf einem Hügel mit Flussblick in der Ferne „neue“ saubere Hütten aus Beton (alle mit Bad). Zum Gelände gehört ein Essraum (Mahlzeiten 6000 TSh).

Die Übernachtungen bezahlt man am Parkeingang per Kreditkarte.

Ruaha Park Campsites CAMPINGPLATZ $
(☎0756 144400; ruaha@tanzaniaparks.com; Camping öffentlich/weitere 30/50 US$) Innerhalb des Parks gibt es mehrere einfache Zeltplätze mit Toiletten und Duschen; etwa 9 km nordwestlich des Parkhauptquartiers in Msembe liegen fünf weitere (ohne sanitäre Einrichtungen) in größerer Entfernung von Msembe im Busch verstreut.

Mwagusi Safari Camp ZELTCAMP $$$
(☎+44 18 2261 5721; www.mwagusicamp.com; EZ/DZ all-inclusive 660/1190 US$; ⏲Juni–März; P) Dieses sehr empfehlenswerte Luxus-Zelt-

camp mit 16 Betten wird vom Besitzer betrieben. Die Lage am Sandfluss Mwagusi, 20 km vom Parkeingang entfernt, ist perfekt für die Tierbeobachtung. Es herrscht eine sehr intime Atmosphäre und die Qualität der Führungen ist Spitzenklasse. Neben den wundervollen Wildtieren in der Umgebung bietet es geräumige Zelt-*bandas*, rustikales natürliches Flair und romantische Stimmung am Abend.

Ruaha River Lodge LODGE $$$
(☎ 0754 237422; www.tanzaniasafaris.info; EZ/DZ mit Vollpension & Safarifahrten 405/650 US$; P) Die unprätentiöse Lodge mit 28 Zimmern war die erste im Park und bleibt die einzige am Fluss. Die Anlage ist in zwei Teile mit eigenen Essbereichen unterteilt. Die Steinhütten stehen direkt am Flussufer, wo sich Elefanten und Flusspferde beobachten lassen. Von der Bar-Terrasse auf Höhe der Baumkronen hat man einen fantastischen Ausblick über den Fluss.

Mdonya Old River Camp ZELTCAMP $$$
(☎ 022-260 1747; www.mdonya.com; pro Pers. inkl. Vollpension & Ausflüge 390 US$; ⏲ Juni–März; P) Das relaxte Mdonya Old River Camp ist 1,5 Fahrstunden von der Hauptverwaltung des Parks entfernt und besteht aus zwölf Zelten am Ufer des Sandflusses Mdonya. Es ist einfach und unprätentiös und bietet den erforderlichen Komfort, aber dennoch das Gefühl, mitten im Busch zu sein – gelegentlich wandern sogar Elefanten durch das Camp. Mit den Anflugsonderangeboten von Coastal Travel's ist die Ruaha-Safari ihren Preis wert.

Außerhalb des Parks

An der Straße zum Dorf Tungamalenga (von Iringa aus an der Straßengabelung links abbiegen) haben sich mehrere Unterkünfte direkt außerhalb des Parks angesiedelt. Wer hier übernachtet, sollte bedenken, dass der Parkeintritt nur für den einmaligen Zutritt innerhalb von 24 Stunden gültig ist.

Chogela Campsite CAMPINGPLATZ $
(☎ 0782 032025, 0757 151349; www.chogelasafaricamp.wix.com/chogelasafaricamp; Camping 10 US$, EZ/DZ Safarizelte 30/60 US$; P) Eine beliebte Budgetunterkunft dank schattigem Gelände, einem großen Koch- und Essbereich sowie Heißwasserduschen. Es stehen auch Zelte im Safari-Stil mit zwei Betten zur Verfügung, man kann Fahrzeuge mieten (250 US$ für eine Ganztagessafari, Vorbestellung erforderlich) und Mahlzeiten bestellen. Das Camp liegt etwa 34 km vom Parkeingang enfernt an der Straße nach Tungamalenga.

Ruaha Cultural Tourism Program (S. 287) ist hier ebenfalls vertreten, sodass man Wanderungen durch die Natur, Ausflüge in Dörfer und Tages- oder Übernachtungsbesuche in einer nahe gelegenen Massai-Gemeinde buchen kann.

Tungamalenga Lodge & Campsite LODGE $
(☎ 026-278 2196, 0787 859369; www.ruahatungacamp.com; Tungamalenga road; Camping 10 US$, Zi. pro Pers. mit Frühstück/Vollpension 40/65 US$; P) Das alteingesessene Camp liegt 35 km vor dem Eingang zum Park, in der Nähe der Bushaltestelle. Neben einem kleinen Garten zum Zelten bietet es in einem zweistöckigen Bungalow einfache, aber saubere Zimmer und ein Restaurant. Die Angestellten organisieren Ausflüge in Dörfer sowie Mietwagen (nur nach Vorbestellung).

Ruaha Hilltop Lodge LODGE $$
(☎ 0784 726709, 026-270 1806; www.ruahahilltoplodge.com; Zi. pro Pers. mit Vollpension 80 US$; P) Eine freundliche Lodge auf einem Hügel, 1,5 km neben der Straße nach Tungamalenga. Von der erhöhten Restaurant-Bar bietent sich ein weiter Blick über die Ebene. Die Gäste wohnen in einfachen Zwei-Personen-*bandas* aus Zement. Insbesondere während der Trockenzeit ziehen regelmäßig wilde Tiere auf der Ebene vorbei. Kulturwanderungen in die Umgebung werden ebenso arrangiert wie Leihwagen für eine Safari in den Nationalpark Ruaha.

Tandala Tented Camp ZELTCAMP $$$
(☎ 0755 680220, 0757 183420; www.tandalacamp.com; EZ/DZ Vollpension 250/440 US$; ⏲ Juni–März; P) Das hübsche Tandala liegt vor den Toren des Parks, 12 km vom Eingang entfernt. Auf dem schattigen Gelände mit Busch-Feeling verteilen sich elf aufgebaute Zelte (Elefanten und andere Tiere sind häufige Gäste). Das Personal organiert Mietfahrzeuge zum Nationalpark Ruaha sowie geführte Wanderungen und Nachtsafaris im Park. Der Swimmingpool und das lockere Ambiente machen es zu einer guten Wahl für Familien.

ℹ An- & Weiterreise

AUTO

Von Iringa führt eine 115 km lange, unbefestigte Straße bis zum Ruaha. Sie gabelt sich 58 km vor dem Park in zwei etwa gleich lange Straßen, die beide nach Ruaha führen, aber man folgt besser der stärker befahrenen und dichter bevölkerten Straße nach Tungamalenga (an der Gabelung

ABSTECHER

VON IRINGA NACH MAKAMBAKO

Von Iringa aus führt der Tanzam-Highway weiter in Richtung Südwesten durch dichte Kiefernwälder bis nach Makambako. Unterwegs gibt es einige sehr schöne Möglichkeiten für Abstecher.

Kisolanza – The Old Farm House (☎ 0754 306144; www.kisolanza.com; Camping 7 US$, EZ/DZ/3BZ/FZ Hütten mit Halbpension ab 110/140/185/170 US$, 2BZ mit Bad 40 US$; P) Das gemütliche Farmhaus aus den 1930er-Jahren, 50 km südwestlich von Iringa, steht in einem Kiefernwäldchen inmitten einer hügeligen Landschaft. Die herausragende Küche ist ebenso empfehlenswert wie die Unterbringung: Zwei Campingflächen (Campingbusse und private Fahrzeuge), Zimmer mit zwei Betten, gemütliche Holz-Chalets, Familienhütten mit offener Feuerstelle und zwei luxuriöse Gartenhäuschen. Alles ist sehr sauber, tadellos möbliert und seinen Preis absolut wert.

Es gibt eine Bar und einen Hofladen, in dem eigenes Gemüse sowie andere Produkte verkauft werden, und in der Umgebung sind viele schöne Wanderungen möglich. Die Busse halten an der Abzweigung nach Kisolanza, von dort sind es noch 1,5 km Fußweg bis zur Lodge. Wer in den Zimmern übernachten möchte, sollte sich vorher anmelden, für Camper steht ausreichend Platz zur Verfügung.

Mufindi Highlands Lodge (☎ 0754 237422; www.tanzaniasafaris.info; EZ/DZ Vollpension 210/300 US$; P) Die hübsche Lodge in einer Art Landschaftsgarten in den Hügeln und Teeplantagen um Mufindi bietet die kühle Luft des Hochlands und die Chance, sich zu erholen. Darüber hinaus gibt es Wanderwege und Möglichkeiten zum Fahrradfahren, Reiten und Angeln. Aus den gemütlichen Holzhütten kann man den Sonnenuntergang beobachten und aus Produkten des Hofs werden familienfreundliche Mahlzeiten zubereitet. Das Gelände liegt 45 km südlich von Mafinga; auf Anfrage kann man sich abholen lassen.

nach links). Die nächste Tankstelle ist in Iringa. Warthog Adventures (S. 282) in Iringa vermietet Fahrzeuge in den Ruaha, die am ersten Tag 300 US$ pro Fahrzeug und für jeden weiteren Tag 200 US$ pro Fahrzeug kosten. Hier findet man auch andere Reisende, mit denen man sich zu einer Gruppe zusammenschließen kann.

BUS

Täglich verkehrt ein Bus zwischen Iringa und Tungamalenga (6000 TSh, 5 Std.), der um 13 Uhr von Iringas Busbahnhof Mwangata (an der Südwestseite der Stadt am Anfang der Straße zum Ruaha) abfährt. Auf dem Bus steht »Idodi-Tungamalenga«. An der Bushaltestelle im Dorf Tungamalenga (an der Straße nach Tungamalenga, direkt vor dem Camp Tungamalenga) aus fährt er immer um 6 Uhr ab. Von Tungamalenga aus kommt man nur mit einem Auto in den Park; die Camps an der Straße nach Tungamalenga können Leihwagen organisieren (ab 250 US$ pro Tag). Im Nationalpark Ruaha selbst gibt's keine Autovermietung, abgesehen von Safarifahrzeugen, die bei Lodges vorbestellt werden können.

FLUGZEUG

In Msembe gibt es eine Landebahn. Coastal Aviation (S. 405) fliegt von Daressalam und Sansibar über das Wildreservat Selous nach Ruaha (350 US$ einfacher Flug von Daressalam, von Sansibar 390 US$) und bedient außerdem die Strecke zwischen Ruaha und Arusha (330 US$). Safari Airlink bietet zum gleichen Preis Flüge vom Ruaha nach Daressalam, Selous und Arusha sowie nach Katavi und Mikumi an.

Makambako

Makambako ist eine windige, schmuddelige Stadt im Hochland, am Schnittpunkt der Straße Songea–Njombe mit dem Highway Daressalam–Mbeya und eine Station an der Tazara-Eisenbahn. Die Region bildet das geografische Ende der östlichen Gebirgskette, hier beginnt das südliche Hochland. Makambako ist bekannt für seinen sehenswerten großen Markt mit einem riesigen Angebot an Secondhand-Kleidung, aber ansonsten gibt es keinen wirklichen Grund, hier haltzumachen – außer zum Mittagessen, wenn man mit dem Auto unterwegs ist oder hier vom Zug in den Bus umsteigt, um weiter nach Süden nach Njombe und Songea zu fahren.

Schlafen

Shinkansen Lodge HOTEL $
(☎ 026-273 0029; Njombe Rd.; EZ/DZ 25 000/35 000 TSh; P) Die kleine Anlage mit Doppel- und 2-Bett-Zimmern (einige haben nur Fenster nach innen) hat ein beeindruckendes Eingangstor im japanischen Stil und

WANDERN IM SÜDLICHEN HOCHLAND

Zur Einstimmung auf Wanderungen im Nationalpark Kitulo oder in anderen Regionen im Südlichen Hochland empfiehlt sich unbedingt das ausgezeichnete Buch von Liz de Leyser: *A Guide to the Southern Highlands of Tanzania.* Es ist in vielen Buchläden und Hotels in und um Mbeya und Iringa erhältlich. Weiteres über die Pflanzenwelt des Kitulo erfährt man in *Orchids and Wildflowers of Kitulo Plateau* von Rosalind Salter und Tim Davenport. Eine Reihe von Anbietern (S. 403) organisiert Ausflüge, Safaris und Trekkingtouren in den Süden von Tansania.

einen gut gesicherten Parkplatz. Die Zimmer sind sauber, aber die Atmosphäre ist insgesamt düster. Mahlzeiten gibt es nicht. Es liegt gut 1 km südlich der Hauptkreuzung und 500 m nördlich der Bushaltestelle.

Triple J Hotel GÄSTEHAUS $
(☎ 0767 310176, 026-273 0475; kaributriplejhotel@yahoo.com; Njombe Rd.; EZ/DZ 20 000/25 000 TSh; P) Kleine, saubere und recht enge Zimmer in einer kleinen Anlage. Das große Plus ist das dazugehörige Restaurant, wo man für gut 5000 TSh sättigende lokaltypische Mahlzeiten serviert bekommt – im Fall des Tagesgerichts sogar fast ohne Wartezeit. Das Hotel steht 800 m südlich der Hauptkreuzung an der Straße nach Njombe und 700 m nördlich der Bushaltestelle (ausgeschildert).

An- & Weiterreise

Die Bushaltestelle liegt 1,5 km südlich der Abzweigung an der Straße nach Njombe. Der erste Bus nach Mbeya (8000–9500 TSh, 3 Std.) fährt um 6 Uhr, ein zweiter um 7 Uhr ab. Die ersten Busse (alle kleinere Coastals) nach Njombe (3000 TSh, 1 Std.) und Songea (12 000 TSh, 5 Std.) fahren um 6.30 Uhr ab. Ebenfalls um 6.30 Uhr startet ein größerer Bus nach Iringa (8000 TSh, 3–4 Std.) und Daressalam.

Njombe

130 220 EW.

Njombe befindet sich 60 km südlich von Makambako und 235 km nördlich von Songea. Die Distrikthauptstadt ist ein landwirtschaftliches Zentrum und die Heimat des Bena-Stammes. Läge es nicht in einer überaus faszinierenden Ecke am Ostrand des Kipengere-Gebirges in fast 2000 m Höhe, wäre Njombe wohl kaum erwähnenswert. So hat es neben dem Ruf, Tansanias kälteste Stadt zu sein, auch Ausblicke über eine sanfte Hügellandschaft zu bieten, die sich bis zum Horizont erstreckt. Die Umgebung mit Teeplantagen und Wildblumenwiesen ist perfekt für Wanderungen und Radtouren. Allerdings gibt es keinerlei touristische Infrastruktur – ohne Eigeninitiative und GPS geht gar nichts.

Am Nordrand der Stadt und schon von der Hauptstraße aus sichtbar liegt der **Luhuji-Wasserfall,** der problemlos zu Fuß erreichbar ist. Njombe ist auch eine gute Basis für Ausflüge (mit Privatfahrzeugen oder öffentlichen Verkehrsmitteln) über Nebenstraßen ins Hochland bis zum Kitulo-Plateau und hinunter zum Ufer des Nyasa-Sees.

Schlafen & Essen

Hill Side Hotel HOTEL $
(Chani Motel; ☎ 0752 910068, 026-278 2357; chanihotel@yahoo.com; Zi. 30 000–50 000 TSh; P) Das gemütliche Hotel hat bescheidene Zimmer mit zwei Einzel- oder Doppelbetten, heißem Wasser (meist), einen kleinen, aber hübschen Garten mit Weihnachtssternen (Poinsettien) und ein Restaurant mit TV und sättigenden Gerichten.

Mwambasa Lodge GÄSTEHAUS $
(☎ 026-278 2301; Main road; Zi. 20 000 TSh) Das Mwambasa ist ein Gästehaus im lokalen Stil, das im Rahmen der Straßenerweiterung abgerissen werden soll. Bis es so weit ist (wahrscheinlich nicht, während dieses Buchs erhältlich ist), bleibt es eine zuverlässige Budgetunterkunft. Es liegt schräg gegenüber (und direkt im Norden) der Bushaltestelle an der Hauptstraße. Mahlzeiten gibt es nicht.

FM Hotel HOTEL $
(☎ 0786 513321; Songea Rd.; EZ 30 000–40 000 TSh, DZ 50 000 TSh, Suiten 70 000 TSh; P) Das seelenlose mehrstöckige Hotel an der Hauptstraße, 1 km südlich und auf der gegenüberliegenden Straßenseite von der Bushaltestelle, gilt als Njombes eleganteste Option. Es hat moderne Zimmer – einige mit Fenstern zum Highway und Blick über die Stadt, andere zum Innenhof, aber alle mit Moskitonetzen und TV – und ein Restaurant.

Duka la Maziwa SELBSTVERSORGUNG $
(Cefa Njombe Milk Factory; ☎ 026-278 2851; ⌚ Mo–Sa 7–18, So 10–14 Uhr) Frische Milch, Joghurt und köstlicher italienischer Käse; der

kleine Laden liegt zwei Häuserblocks abseits der Hauptstraße auf der linken Straßenseite, wenn man am TFA-Gebäude einbiegt.

Praktische Informationen

Die NBC- und die CRDB-Bank – beide am Südrand der Stadt an der Hauptstraße gelegen – haben Geldautomaten.

An- & Weiterreise

Die Bushaltestelle befindet sich auf der Westseite der Hauptstraße, 600 m südlich des großen, grauen Wassertanks.

Busse fahren täglich ab 6.30 Uhr nach Songea (9000 bis 12 000 TSh, 4 Std.), Makambako (3000 TSh, 1 Std.), Iringa (8000 TSh) und Mbeya (8000 TSh, 3½ Std.).

Anhalter finden tägliche Mitfahrgelegenheiten nach Bulongwa (ab etwa 10 Uhr in Njombe) und Ludewa (Abfahrt gegen 8 Uhr). Von dort geht's zu Fuß weiter nach Matema und Lupingu am Nyasa-See. Auf der Makete Road, unterhalb der Abzweigung zum Chani Motel am Nordrand der Stadt, erwischt man Wagen nach Bulongwa. Diese Straße führt weiter über den Nationalpark Kitulo und Isonjye zur Verbindungsstraße nach Tukuyu; sie ist zur Trockenzeit gut passierbar; in der Regenzeit geht's etwas langsamer. Ein Teilabschnitt bei Makete ist asphaltiert.

Nationalpark Kitulo

Dieser **Nationalpark** (www.tanzaniaparks.com/kitulo.html; Erw./Kind 30/10 US$) schützt das blumenreiche Plateau von Kitulo. Er schließt auch das ehemalige Livingstone-Waldschutzgebiet ein, das südlich des Plateaus parallel zum Ufer des Nyasa-Sees verläuft. Große Teile des Parks liegen im Hochland nordöstlich von Tukuyu zwischen 2600 m und 3000 m. Der Park ist bestechend schön und ein Paradies für Wanderer, auch wenn es so gut wie keine touristische Infrastruktur gibt. Während der Regenzeit zwischen Dezember und April ist er besonders beeindruckend: dann blühen vielfarbige Orchideen (bisher wurden über 40 Arten bestimmt), Iris, Aloe, Storchschnabel und andere Wiesenblumen. Über das Plateau erhebt sich die zweite Attraktion des Parks: Der Mtorwi ist mit 2961 m einen Meter höher als der Rungwe und damit der höchste Berg in Südtansania. Die schönsten Blüten öffnen sich von Dezember bis März; dann sind die Wege allerdings total verschlammt. Die berühmtesten Pflanzen des Plateaus, die Orchideen, erreichen ihre Hauptblüte im Februar.

Schlafen

Die einzige Unterkunftsmöglichkeit im Park ist Camping (30 US$). Zur Zeit der Recherche für dieses Buch war Camping überall erlaubt, aber das wird sich wahrscheinlich ändern, wenn der geplante Campingplatz mit Toiletten und Duschen eröffnet.

Außerhalb des Parks gibt es mehrere einfache Gästehäuser im Dorf Matamba, in der Nähe der Parkhauptverwaltung. Alle sind zu Fuß weniger als zehn Minuten von der Bushaltestelle entfernt.

NATIONALPARK KITULO

Auf in den Nationalpark Beeindruckendes Gelände mit vielen Blumen und Wasserfällen; hervorragende Wildniswanderungen für gut ausgerüstete Wanderer.

Reisezeit Für Wanderungen Juni–Oktober; für Wildblumen Dezember–März.

Praktisch & Konkret Mit dem Auto von Mbeya oder Iringa; mit dem Bus von Mbeya. Der Eintritt ist derzeit bar zu entrichten (Kartenzahlung ist geplant). Guides sind keine Pflicht, können aber in dem vorrübergehenden Tanapa-Hauptquartier im Dorf Matamba organisiert werden (20 US$ pro Tag), wo auch der Eintritt bezahlt wird. Bei Wanderungen muss man die Verpflegung selbst organisieren, also Essen, Wasser (Filter oder Reinigungstabletten mitbringen) und – wenn man auf eigene Faust wandert – ein GPS dabeihaben

Spartipps Täglich fährt ein Bus von Mbeya ins Dorf Matamba, wo es Gästehäuser gibt. Am nächsten Morgen bezahlt man die Parkgebühr, und fährt dann mit einem Motorrad oder Pick-up die 12 km vom Ort zum Parkeingang. Dann in Richtung Süden durch den Park wandern, eine Nacht zelten und am nächsten Tag von der Straße nach Makete an der Südgrenze des Kitulo mit einem Bus ins Dorf Isyonje (Richtung Tukuyu) oder nach Makete (Richtung Njombe) fahren. Achtung: Diese Tour eignet sich nur für hartgesottene, voll ausgerüstete Wanderer. Alternativ erkundet man den Kitulo mit einem Safarifahrzeug, das Gruppen in Mbeya zu fairem Preis mieten können.

Bustani ya Mungu GÄSTEHAUS $

(God's Garden; ☎0752 251976; EZ/DZ 30 000/35 000 TSh) Das kleine Gästehaus hat neue saubere Zimmer mit Blick in einen kleinen Garten und serviert auf Bestellung auch Mahlzeiten. Man folgt der Abzweigung bis zum ausgeschilderten »Super Eden Motel«, dann geht es noch 150 m auf einer nicht asphaltierten Straße weiter. Das nicht ausgeschilderte Bustani ya Mungu – ein rotes Ziegelsteingebäude mit blauem Dach – liegt an der rechten Seite.

Super Eden Motel GÄSTEHAUS $

(☎0763 654441; EZ/DZ/FZ 15 000/15 000/30 000 TSh) Das lokale Gästehaus bietet kleine Zimmer mit Doppelbetten sowie ein größeres Familienzimmer mit einem Doppelbett und zwei Einzelbetten. Mahlzeiten muss man bestellen, ebenso wie Eimer mit heißem Wasser zum Baden. Das Gästehaus liegt am südlichen Ende des Dorfs Matamba: Von der Bushaltestelle geht es ca. 100 m bergauf bis zu der ausgeschilderten Abzweigung nach rechts und von dort noch 50 m weiter.

An- & Weiterreise

Der beste Weg nach Kitulo führt über das Dorf Mfumbi, 90 km östlich von Mbeya am Highway. Von dort geht eine kleine, bei jedem Wetter befahrbare Straße 32 km hoch nach Matamba, wo die Tanapa vorübergehend ihre Zentrale eingerichtet hat. Unterwegs bietet sich mehrmals ein spektakulärer Ausblick. Die weiteren 12 km bis in den eigentlichen Nationalpark auf dem Plateau kann man entweder in einem Geländewagen mit großer Bodenfreiheit oder auf einem mehrstündigen Fußmarsch zurücklegen. Die Straße ist schlecht, bei Regen sogar manchmal unpassierbar.

Vom Highway führt 2 km westlich vom Ort Chimala und 80 km östlich von Mbeya eine ausgeschilderte Abzweigung zum Nationalpark Kitulo. Die holprige, teilweise auch felsige Strecke ist nur mit einem Auto mit Allradantrieb zu befahren. Sie windet sich über 9 km in mehr als 50 Haarnadelkurven den Hang des Plateaus hinauf – der Blick auf die Usangi-Ebene ist fantastisch. Oben angekommen, sind es noch 12 km bis Matamba, die an einem wundervollen Panorama entlangführen, zu dem der Fluss Chimala, Sonnenblumenfelder sowie hier und da auch ein Haus gehören. Die Straße muss mit äußerster Vorsicht befahren werden, denn es kommt regelmäßig zu Unfällen.

Eine weitere Möglichkeit ist die größtenteils gut gepflegte Piste über das Dorf Isyonje, östlich der Straße nach Tukuyu. Man folgt ihr ca. 35 km bis zur Kreuzung mit der Straße zum Park. Von hier sind es bis Matamba noch 32 km durch den Park. Von Njombe aus führt eine gute Piste 155 km über Makete und Bulongwa bis zum Park; sie geht in die Strecke von Isyonje über.

Wer öffentliche Verkehrsmittel nutzen möchte, kann täglich den Bus zwischen Mbeya und Matamba über das Dorf Mfumbi am Tanzam-Highway nehmen. Er fährt um 6 Uhr in Matamba ab und erreicht Mbeya zwischen 12 und 13 Uhr (7000 TSh, 4 Std.).

Gazelle Safaris (S. 292) in Mbeya organisiert Ausflüge in den Nationalpark Kitulo, ebenso wie Kisolanza – The Old Farm House (S. 289) bei Iringa.

Mbeya

385 280 EW.

Das aufstrebende Mbeya liegt in 1700 m Meereshöhe im Schatten des Loleza (2656 m) in einer Senke zwischen dem grünen Mbeya-Gebirge im Norden und den Poroto-Bergen im Südosten. Die Stadt, die 1927 gegründet wurde, um die Goldgräber in Lupa im Norden mit Vorräten zu versorgen, ist heute dank der günstigen Lage an der Tazara-Eisenbahn sowie am Tanzam-Highway ein zentraler Handels- und Verkehrsknotenpunkt zwischen Tansania, Sambia und Malawi. Die üppig grüne, attraktive Gebirgslandschaft ist außerdem landwirtschaftlich wichtig, denn hier werden Kaffee, Tee, Bananen und Kakao angebaut.

Als Ausgleich fürs marode Stadtzentrum (insbesondere im Viertel um den Busbahnhof) bietet Mbeya kühles Klima, Jacaranda-Bäume sowie den Blick auf die Hügel – und dazu Dutzende von Ausflugsmöglichkeiten.

Geführte Touren

Gazelle Safaris TOUREN, SAFARIS

(☎025-250 2482, 0784 666600; www.gazellesafaris.com; Jacaranda Rd.) Vermittelt Guides und Tagestouren in die Umgebung von Mbeya, Exkursionen in den Nationalpark Kitulo, Mietwagen und Safaris in entferntere Gegenden, insbesondere den Süden. Außerdem kann man Inlands- und internationale Flüge buchen.

Sisi Kwa Sisi TOUREN

(Station Rd.) Dieser nicht ausgeschilderte Veranstalter zwischen Markt und Busbahnhof ist nicht immer aktiv, aber manchmal nützlich, um Führer zu lokalen Attraktionen zu organisieren. Das Büro ist sehr oft nicht besetzt (immer dann, wenn der Besitzer einen

Mbeya

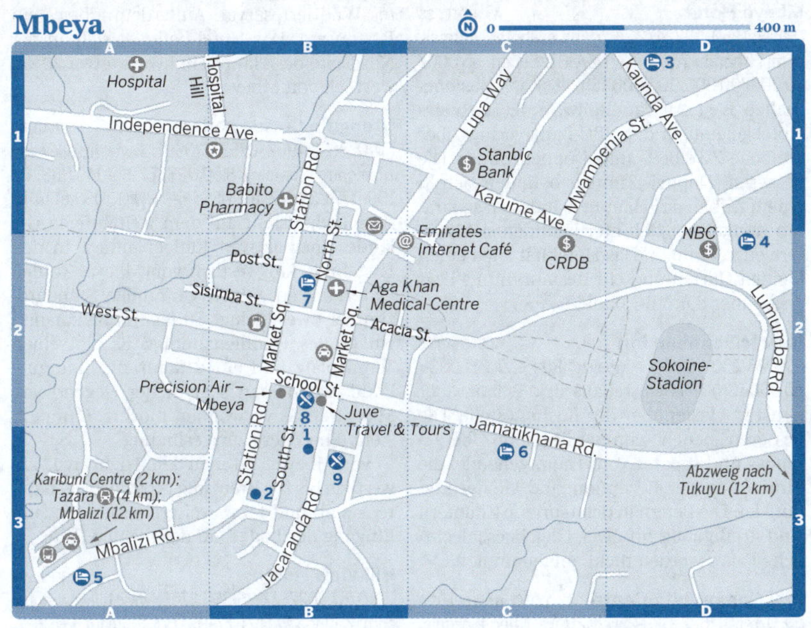

Ausflug leitet) – in diesem Fall einfach eine SMS an die Nummer schicken, die an der Tür steht.

Schlafen

Karibuni Centre GÄSTEHAUS $

(☎0754 510174, 025-250 3035; www.mec-tanzania.ch/karibuni; Camping 5000 TSh, EZ/DZ 20 000/32 000 v; Ⓟ) Diese saubere und ruhige Unterkunft wird von einer Mission geleitet. Sie liegt innerhalb eines abgeschlossenen Komplexes, wo man auch Zelte aufbauen kann. Die meisten Zimmer haben ein Bad und es gibt ein Restaurant. Das Karibuni liegt 3 km südwestlich der Stadtmitte. Von der Bushaltestelle ein Taxi (4000 TSh) nehmen.

Wer mit dem Auto anreist, fährt von der großen Kreuzung am Flughafen am Ortseingang von Mbeya 1,2 km westlich über den Highway bis zu dem kleinen Schild an der Lehner Street rechts abbiegen und 300 m bis zur T-Kreuzung fahren, dann wieder rechts. Die Anlage liegt 200 m weiter an der linken Seite.

Sombrero Hotel HOTEL $

(☎0766 755227, 025-250 0663; Post St.; EZ/2BZ/Suiten 30 000/40 000/60 000 TSh) Einfache, schlichte Zimmer in günstiger, zentraler Lage und ein winziges Restaurant im Untergeschoss. Die Fenster haben keine Fliegengitter, aber in den meisten Zimmern gibt es Moskitonetze.

Peace of Mind Rest House HOTEL $

(☎0754 277410, 025-250 0498; Jamatikhana Rd.; Zi. 40 000–60 000 TSh; Ⓟ❄📶) Der Name ist ebenso unpassend wie das Aussehen des mehrstöckigen lindgrünen Baus mit Säulen auf einem winzigne Grundstück, aber die modernen Zimmer – alle mit Doppelbetten – sind ihren Preis wert. Mahlzeiten kann man bestellen.

Mbeya Hotel HOTEL $$
(☎025-250 2224/2575; mbeyahotel@hotmail.com; Kaunda Ave.; EZ/DZ/3BZ/Suiten 50 000/70 000/90 000/100 000 TSh; P ❄ 📶) Das ehemalige East African Railways & Harbours Hotel gegenüber der NBC-Bank verfügt über einfache Zweibett- und Doppelzimmer. Die besseren (Doppel-)Zimmer befinden sich in einem Anbau des Hauptgebäudes, in separaten Bungalows, dahinter befinden sich weitere enge Zimmer. Das Hotel hat auch einen kleinen Garten und ein Restaurant. Es liegt gegenüber der NBC Bank.

New Millennium Inn GÄSTEHAUS $
(☎025-250 0599; Mbalizi Rd.; Zi. 17 000–20 000 TSh) Das Gästehaus liegt – laut, aber günstig – gegenüber der Bushaltestelle. Die besseren „neuen" Zimmer liegen im Obergeschoss und separat vom Hauptgebäude, die Zimmer an der Rezeption sind kleiner und dunkler. Die Betten in den teureren Zimmern sind groß genug für zwei. Gleichgeschlechtliche Paare werden nicht aufgenommen.

Ifisi Community Centre HOTEL, GÄSTEHAUS $
(☎0753 011622, 025-256 1021; icc@mec-tanzania.ch; Zi. Hotel 50 000–80 000 TSh, Zi. Gästehaus 25 000–40 000 TSh; P) Eine gute Option, wenn man die Strecke von/zur Grenze nach Samia mit dem eigenen Fahrzeug zurücklegt. Die Zimmer im Gästehaus sind klein, die im mehrstöckigen „Hotel" etwas größer und bieten teilweise den Blick auf ein privates Wildtierreservat. Außerdem gibt es ein Restaurant. Das Hotel befindet sich an der Nordseite des Haupt-Highways, etwa 20 km westlich von Mbeya.

Utengule Coffee Lodge LODGE $$
(☎0786 481902, 0753 020901; www.riftvalley-zanzibar.com; Camping 8,50 US$, EZ 85–140 US$, DZ 100–177 US$, FZ 165 US$; P 📶 🏊) Diese hübsche Lodge steht auf dem weitläufigen Gelände einer aktiven Kaffeeplantage in den Hügeln 20 km westlich von Mbeya. Zu den Unterkünften zählen geräumige Standardzimmer, zweistöckige Suiten mit Balkon und ein großes Familienzimmer. Es gibt einen Tennisplatz und ein Restaurant. Eine gute Wahl, wenn man sich in der Gegend von Mbeya etwas verwöhnen möchte. Campern steht eine Wiese zur Verfügung.

Von Mbeya folgt man dem Highway 12 km westlich bis zur Kreuzung Mbalizi, biegt dann rechts ab und fährt weitere 8,5 km bis zum Eingang der Lodge auf der rechten Seite.

Hill View Hotel HOTEL $$
(☎0767 502767, 025-250 2766; www.hillview-hotel.com; Kaunda Ave.; Zi. 77–95 US$, Suite für 4–6 Pers. 160–237 US$; P ❄ 📶) Das ruhig gelegene Hotel hat 25 moderne und komfortable Zimmer. In den teureren gibt es Whirlpools und viele sind im Stil von Apartments mit Gemeinschaftsküche und Wohnzimmer mit TV gestaltet. In einigen Zimmern nutzt man die Bäder und Toiletten der Apartments rund-

DER MBOZI-METEORIT

Etwa 65 km südwestlich von Mbeya liegt der **Mbozi-Meteorit** (Erw./Kind 10 000/5000 TSh), einer der größten Meteoriten der Welt. Er wiegt etwa 25 Tonnen, ist 3 m lang und 1 m hoch. Da sich kein Krater erhalten hat und keine lokale Legende sein Erscheinen erklärt, dürfte er bereits vor vielen Tausend Jahren eingeschlagen sein. Europäer entdeckten ihn erst 1930, doch den Einheimischen war die Stätte seit Jahrhunderten bekannt – von ihr zu sprechen war jedoch tabu.

Wie die meisten Meteoriten besteht auch der Mbozi-Meteorit zu 90 Prozent aus Eisen, dazu kommen 8 Prozent Nickel sowie Spuren von Phosphor und anderen Elementen. Seit 1967 ist er von der tansanischen Regierung als Naturdenkmal geschützt; verantwortlich ist das Ministerium für Altertümer. Die dunkle Farbe des Meteoriten kommt vom hohen Eisenanteil. Beim Eintritt in die Erdatmosphäre wurde der Meteorit zudem stark erhitzt und teilweise geschmolzen, wodurch seine Oberfläche ihr jetziges Aussehen bekam.

Der Meteorit ist nur mit dem Auto zu erreichen: von Mbeya aus der Hauptstraße Richtung Tunduma folgen. Nach rund 50 km ist linker Hand eine Abzweigung beschildert. Nach 13 km auf einer unbefestigten Piste (keine öffentlichen Verkehrsmittel) erreicht man den Meteoriten. In der Regenzeit ist ein geländegängiger Wagen erforderlich, ansonsten reicht auch ein „normales" Auto (Vorsicht bei einem Bach 2 km vor dem Meteoriten). Es gibt einen Wächter. Der Besuch ist kostenlos, man kann aber eine Informationsbroschüre kaufen.

herum, muss das Zimmer also verlassen – am besten beim Buchen fragen. Auf dem Gelände gibt es ein Restaurant.

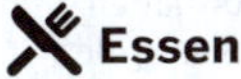

Essen

Malimbe de Ville TANSANISCH $
(Jacaranda Rd.; Gerichte 5000–12 000 TSh; ⌚ 7–21 Uhr) Preiswerte Snacks und Gerichte wie Smoothies und Pizza, gleich gegenüber Gazelle Safaris.

Sombrero Restaurant TANSANISCH $
(North St.; Gerichte 5000–8000 TSh; ⌚ Frühstück, Mittag- & Abendessen) Das Hotelrestaurant serviert eine kleine Auswahl lokaltypischer Gerichte. Es ist nichts Besonderes, aber die Küche ist o.k. und es ist ein ruhiger Ort zum Sitzen mitten in der Stadt.

Azra Supermarket SUPERMARKT $
(School St.) Klein, aber gut bestückt; oberhalb des Tanesco-Gebäudes.

Mbeya Hotel INDISCH, INTERNATIONAL $
(☎ 025-250 2224/2575; mbeyahotel@hotmail.com; Kaunda Ave.; Gerichte 6000–10 000 TSh; ⌚ 7–21 Uhr; ✎) Dieses beliebte Hotelrestaurant hat eine große Karte mit recht guter indischer Küche, darunter vegetarische Gerichte, sowie chinesischer und europäischer Kost. Das Essen ist tendenziell eher schwer (sehr viel Öl) aber die Portionen sind groß und es gehört zu den besseren Restaurants im Zentrum.

Utengule Coffee Lodge EUROPÄISCH $$$
(☎ 0753 020901, 025-256 0100; www.riftvalley-zanzibar.com; Gerichte 15 000–25 000 TSh; ⌚ Frühstück, Mittag- & Abendessen) Ideal für Gäste mit eigenem Auto. Das Hotel bietet gutes Essen – täglich wechselnde, feste Menüs und à la carte – und die Kaffeespezialitäten (auch zum Mitnehmen) in der Bar sind berühmt.

Praktische Informationen

GEFAHREN & ÄRGERNISSE

Als Verkehrsknotenpunkt zieht Mbeya viele Durchreisende an, die sich vorwiegend in der Gegend um den Busbahnhof aufhalten. Hier immer das Gepäck im Auge behalten, kein Geld wechseln und die Tickets ausschließlich in den offiziellen Büros der Busgesellschaften kaufen. Nicht jeder, der sich als Touristenführer vorstellt, ist einer – Touren sollten grundsätzlich nur in Büros gebucht werden. Mit Bustickets, vor allem für den grenzüberschreitenden Verkehr, werden viele Gaunereien versucht: daher auf keinen Fall auf Straßenverkäufer hereinfallen, die Tickets für Malawi (meistens) oder Sambia anbieten, auch wenn sie noch so „offiziell" wirken. Bustickets werden grundsätzlich nur bis zur Grenze gebucht und die Weiterreise erst im Nachbarland organisiert.

GELD

CRDB (Karume Ave.) Geldautomat.

NBC (Ecke Karume & Kaunda Aves.) Wechselt Bargeld; Geldautomat.

Stanbic Bank (Karume Ave.) Geldautomat.

INTERNETZUGANG

Emirates Internet Cafe (Jacaranda Rd.; 2000 TSh pro Std.; ⌚ Mo–Sa 8–20 Uhr, So 9–15 Uhr) Gegenüber der Post.

MEDIZINISCHE VERSORGUNG

Aga Khan Medical Centre (☎ 025-250 2043; Ecke North & Post Sts.; ⌚ Mo–Sa 8–20, So 9–14 Uhr) Nördlich des Markts.

Babito Pharmacy (☎ 0754 376808, 025-250 0965; Station Rd.; ⌚ Mo–Fr 7.30–18.30 Uhr, Sa 8–17 Uhr)

REISEVERANSTALTER

Juve Travel & Tours (☎ 0767 927627, 0655 656542; School St.; ⌚ Mo–Fr 8–18 Uhr, Sa 9–14 Uhr) Fastjet-Agentur; bucht auch Flüge anderer Airlines.

An- & Weiterreise

FLUGZEUG

Die Eröffnung des Internationalen Flughafens von Songwe, 22 km außerhalb von Mbeya bei Mbalizi, hat die Reise von/nach Mbeya erleichtert. Günstige Flüge gibt's bei Auric Air, Air Tanzania, **Precision Air** (☎ 0686 310228; www.precisionairtz.com; School St.; ⌚ Mo–Fr 8–17 Uhr, Sa & So bis 14 Uhr); Fastjet und Flightlink fliegen täglich zwischen Mbeya und Daressalam (55 000–160 000 TSh, eine Strecke). Flüge kosten oft nicht mehr als ein Busticket und sind viel schneller. Auric Air fliegt wöchentlich auch von Mbeya nach Ruaha (200 US$). In Mbeya kann man Tickets für alle Fluggesellschaften über Gazelle Safaris (S. 292) oder über Juve Travel & Tours (S. 295) buchen.

BUS

Green Star Express, JM Luxury und andere Linien fahren täglich ab 6 Uhr vom Busbahnhof in Mbeya über Iringa (16 000 TSh, 5 Std.) und Morogoro (30 000 TSh, 3–4 Std.) nach Daressalam (28 000–44 000 TSh, 12–14 Std.).

Super Feo macht sich täglich um 6 Uhr auf den Weg nach Njombe (8000–12 000 TSh, 4 Std.) und Songea (17 000–24 000 TSh, 8 Std.); gelegentlich fährt später ein zusätzlicher Bus ab.

Nach Tukuyu (3000 TSh, 1 bis 1½ Std.), Kyela (5500 TSh, 2 bis 2½ Std.) und zur Grenze nach Malawi (5500 TSh, 2 bis 2½ Std.; Bus nach Kyela) fahren täglich mehrere kleine Coastal-Busse. Zur

Grenze nach Malawi kommt man auch mit *dalla-dallas*, dann muss man aber in Tukuyu umsteigen. Wer zum Hafen Itungi will, steigt in Kyela um. Auch wenn die raffinierten Händler am Busbahnhof etwas anderes versprechen:

Gelegentlich gibt es einen Direktbus über Kyela nach Matema (9000–10 000 TSh, 6 Std.), der Mbeya gegen 13 Uhr verlässt. Meist muss man aber eine Verbindung nach Kyela nehmen, von dort nach Ipinda und dann schließlich nach Matema fahren.

Tunduma an der Grenze zu Sambia wird täglich von Minibussen (5000 TSh, 2 Std.) angesteuert. Jenseits der Grenze geht's mit einem sambischen Bus weiter. Wir können diesen Ausflug empfehlen. Einmal pro Woche verkehrt auch ein Bus zwischen Dar und Lusaka, der manchmal Fahrgäste bis Mbeya (35 000 TSh) mitnimmt; Betrügereien mit den Fahrkarten sind leider häufig.

Die beste Verbindung nach Sumbawanga ist der Sumry Bus, der täglich um 6 und 8 Uhr startet (13 000–15 000 TSh, 6 Std.); einige Busse fahren weiter bis Mpanda (29 000 TSh, 14 Std.).

Die Strecke über Rungwa nach Tabora bedienen in der Trockenzeit nur wenige Wagen pro Woche. An der Abzweigung nach Mbalizi gibt's Mitfahrgelegenheiten für die westliche Route über Saza und Makongolosi. Die Busse auf dem Tanzam Highway fahren über Chunya – diese kann man östlich von Mbeya anhalten.

Sumry fährt täglich um 5 Uhr Richtung Moshi ab (52 000 TSh, 16 Std.).

ZUG

Die Tickets für alle Klassen müssen mehrere Tage im Voraus am **Tazara-Bahnhof** (⌚ Mo–Fr 8–12 & 14–17 Uhr, Sa 10–14 Uhr) gekauft werden (manchmal gibt es Last-Minute-Plätze).

ℹ Unterwegs vor Ort

Taxis warten am Busbahnhof am Markt; die Fahrt zu den Hotels in der Innenstadt kostet 3000 TSh. Der Tazara-Bahnhof liegt 4 km außerhalb der Stadt am Tanzania–Zambia-Highway (Taxifahrt 8000 TSh). *Dalla-dallas* starten vor dem New Millenium Hotel; sie fahren bis zum Bahnhof und nach Mbalizi (Busse zum Bahnhof haben häufig keinen Platz fürs Gepäck). Taxis sind sicherer.

Rund um Mbeya

Mbeya

Nördlich von Mbeya liegt der Gipfel des Mbeya (2820 m). Es ist der höchste Berg der Region und eignet sich für eine angenehme Tageswanderung.

Es gibt mehrere Aufstiegsrouten: eine beginnt an der Abzweigung nach Mbalizi, 12 km westlich der Stadt an der Straße nach Tunduma. Ein *dalla-dalla* nach Mbalizi nehmen und am Hinweisschild zur Coffee Lodge aussteigen, dann rechts halten und der Piste 1 km lang bis zum Schild des St. Mary's Seminary folgen. Hier geht's nach rechts, man folgt der Straße am Seminar vorbei bis zur Lunji Farm und dann in Richtung Gipfel. Das eigene Auto kann bei der Lunji Farm geparkt werden, dann geht's zu Fuß weiter. Für Hin- und Rückweg sollte man fünf Stunden einplanen. Den Gipfel sollte man nur in Begleitung eines Guides erklimmern, den man über Gazelle Safaris (S. 292) in Mbeya engagieren kann.

Chunya

Diese alte Goldgräberstadt entstand mitten im Goldrausch der 1920er-Jahre, begann nach dessen Ende zu zerfallen und ist heute eine Art Geisterstadt. In Chunya selbst gibt es zwar wenig zu sehen, aber es ist eine Station auf einem interessanten, abenteuerlichen Rundkurs zum Rukwa-See – sofern ein eigener Wagen zur Verfügung steht. Von Mbeya aus geht's nach Nordosten zum Rand der Klippe und auf dem Weg dorthin passiert man den eindrucksvollen **World's End Viewpoint** mit Blick auf das Einzugsgebiet des Usangu (das Quellgebiet des Great Ruaha). In Chunya steht ein einfaches Gästehaus. Von dort geht's weiter über Saza und Ngomba bis zum Ufer des Rukwa-Sees; unterwegs gibt es keine Unterkünfte. Der Rückweg folgt entweder derselben Route oder wendet sich ab Saza nach Süden und auf schlechterer Piste über Galula und die Coffee Lodge wieder zurück nach Mbeya.

Zwischen Mbeya und Chunya (3 Std.) fahren regelmäßig Pickups. Da die Laster morgens zurückfahren, ist eine Übernachtung in Chunya erforderlich. Die über die Nordschleife fahrenden Laster starten außerhalb von Mbeya vor dem Sae-Gelände. Die Laster über Galula fahren an der Abzweigung nach Mbalizi ab. Über die schlechte Strecke von Chunya nach Norden bis Rungwa und weiter nach Tabora fahren während der Trockenzeit mehrere Busse wöchentlich.

Rukwa-See

In diesem großen Salzsee leben zahlreiche Krokodile und viele Wasservögel. Der Nordabschnitt gehört zum Wildschutzgebiet Rukwa, das in den Nationalpark Katavi übergeht. Von Mbeya führen Straßen über Chu-

Rund um Mbeya

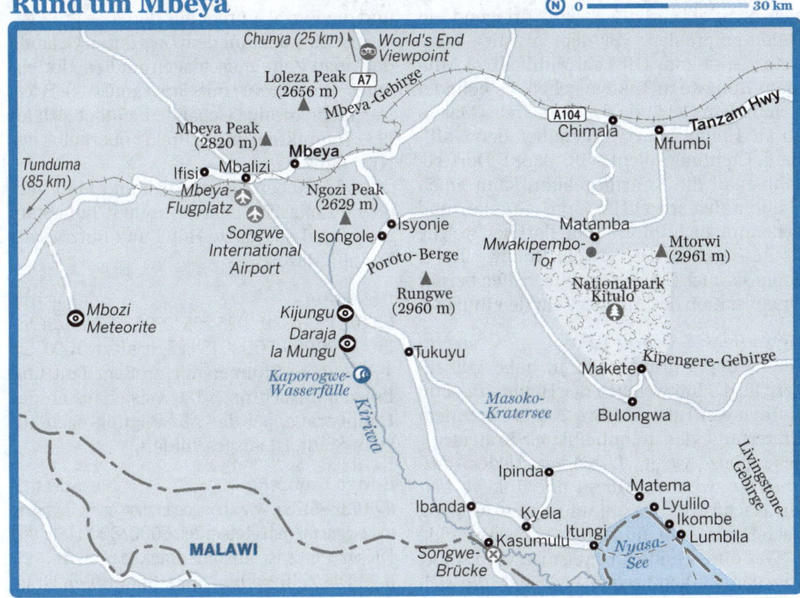

nya oder über Galula bis nach Saza und dann weiter zum See. Beide Routen sind ausschließlich mit geländegängigem Wagen befahrbar und selbst damit kommt man kaum bis zum Seeufer. Eine alternative Route (mit öffentlichen Verkehrsmitteln) führt über Sumbawanga zum See.

Da der Salzsee über keinen Abfluss verfügt, schwankt der Wasserstand zwischen Regen- und Trockenzeit beträchtlich. Allerdings ist er selten tiefer als 3 m und manchmal durch ein Sumpfgebiet geteilt.
Es gibt keinerlei Einrichtungen am See.

Tukuyu

Das kleine, spritzige Tukuyu am Nyasa-See liegt zwischen Obstplantagen in einer wunderschönen Hügellandschaft. In der Region gibt es viele Wanderwege und Naturschönheiten, allerdings nur sehr rudimentäre touristische Infrastruktur – Ausflüge hierher sind eher rustikal. Die **NBC Bank** (Main Rd.) hat einen Geldautomaten. Montag und Donnerstag sind Markttage.

Sehenswertes & Aktivitäten

Die Region bietet sehr viele Möglichkeiten für Wanderungen; organisieren kann man sie mit Rungwe Tea & Tours und Bongo Camping. Auch Afriroots (S. 55) bietet hier geführte Touren an. Für die meisten bezahlt man 20 000–35 000 TSh.

Daraja la Mungu (Brücke Gottes) BRÜCKE
Die alte Naturbrücke südlich des Ngozi, westlich der Hauptstraße entstand wahrscheinlich vor 180 Mio. Jahren, als Wasser durch einen noch heißen Lavastrom des nahen Rungwe floss. Sie überspannt einen kleinen Wasserfall. Weiter südlich folgen am Fluss Kiriwa die hübschen **Kaporogwe-Fälle.** Im nahen **Kijungu** („Kochtopf") schießt der Fluss durch eine Felsenschlucht.

Rungwe WANDERN
(Eintritt pro Pers. 10 US$) Große Teile des 2960 m hohen schlafenden Vulkans gehören zum Waldschutzgebiet Rungwe. Er erhebt sich im Norden von Tukuyu, östlich der Hauptstraße am Nationalpark Kitulo, wo sich der östliche und westliche Arm des Grabenbruchs treffen und viele endemische Arten leben.

Wer früh aufbricht, schafft Auf- und Abstieg in einem Tag. Die Wanderung führt durch unberührten tropischen Wald und dauert etwa zehn Stunden. Es gibt mehrere Routen, aber nicht alle sind ständig geöffnet. Die Pfade auf dem Berg sind häufig überwuchert und kaum zu erkennen. Um sich nicht zu verlaufen, wird dringend ein Guide empfohlen. Vor dem Aufstieg muss man zuerst zum Ofisi za Muhifadi ya Milimani Rungwe in Tukuyu gehen. Es befindet sich in dem Gebäude der Gemeinde (Majengo ya Halmashauri) gegenüber der NMB-Bank (Achtung: nicht NBC-Bank). Dort bezahlt man die Eintrittsgebühr, kann einen Guide anheuern (15 US$ pro Gruppe) und bekommt auch Information darüber, welche Route begehbar ist. Sowohl Rungwe Tea & Tours als auch Bongo Camping helfen bei der Organisiation des Aufstiegs auf den Rungwe.

Ngozi Peak & Crater Lake WANDERN

Dieser üppig grüne, 2629 m hohe Vulkanberg liegt 7 km westlich der Hauptstraße im Norden von Tukuyu. Etwa 200 m unter dem Kraterrand glänzt ein tiefblauer Kratersee – Schauplatz vieler Legenden. Jeder *dalla-dalla* zwischen Mbeya und Tukuyu hält auf Nachfrage hier an; an der Abzweigung nach Ngozi steht ein kleines Hinweisschild.

Wer ohne Guide angereist ist, wird sofort von den Einheimischen bedrängt, die sich als Führer anbieten. Die Wegstrecke kostet rund 5000 TSh. Am schnellsten geht's mit dem Auto von der Hauptstraße bis Ngozi und man wandert dann vom Fuß des Berges zum Kraterrand. Der anstrengende Aufstieg dauert etwa eine Stunde.

Geführte Touren

Rungwe Tea & Tours WANDERN

(☎ 0754 767389, 025-255 2489; rungweteatours@gmail.com) Das Einmann-Unternehmen organisiert Guides für Wanderungen in der Umgebung. Die Preise beginnen bei ungefähr 15 000 TSh pro Tag, inklusive Führer und Gebühr für die lokale Gemeinde. Es befindet sich in der Nähe von Ujenzi im Umoja wa Wakulima Wadogo wa Chai Rungwe-Gebäude hinter dem Landmark Hotel.

Bongo Camping WANDERN

(☎ 0732 951763; www.bongocamping.com) Vermittelt Englisch sprechende Guides für Wanderungen auf den Rungwe und andere Ausflüge in der Umgebung. Auch der Campingplatz ist gut.

Schlafen

Landmark Hotel HOTEL $

(☎ 0782 164160, 025-255 2400; Camping 5 US$, EZ/DZ 40/45 US$; P) Das Hotel mit Restaurant bietet große Zimmer mit TV und heißem Wasser, die ihren Preis wert sind. Die Doppelzimmer haben zwei große Betten und die Einzelzimmer ein Bett, das groß genug ist für zwei. Auf dem begrünten Gelände darf man Zelte aufschlagen und es gibt ein gutes Restaurant mit langsamem Service. Das mehrstöckige Gebäude befindet sich an der Hauptkreuzung, direkt oberhalb der NBC-Bank.

In der Nebensaison (April und Mai) mietet Tansanias Fußballmannschaft Taifa Stars manchmal das ganze Hotel und nutzt es als Trainingslager.

DM Motel HOTEL $

(☎ 0764 061580, 025-255 2332; EZ/DZ/Suiten 15 000/20 000/30 000 TSh, EZ ohne Bad 10 000 TSh; P) Saubere Zimmer mit großem Bett und Essen auf Nachfrage. Das Gästehaus an der Hauptstraße, bei der Abzweigung nach Tukuyu-Stadt, ist ausgeschildert.

Bongo Camping CAMPINGPLATZ $

(☎ 0732 951763; www.bongocamping.com; Camping mit eigenem/gemietetem Zelt 6000/8000 TSh; P) Dieser Platz ist absolut Backpacker-freundlich. Die Zelte stehen auf einer großen Grasfläche, es gibt eine Kochgelegenheit, Eimerduschen (heißes Wasser), Mietzelte und Essen auf Nachfrage. Der Platz liegt 3 km nördlich von Tukuyu, 800 m abseits der Hauptstraße im Dorf Kibisi (1000 TSh mit dem Taxi von der Bushaltestelle in Tukuyu). Es werden für Gäste auch Aktivitäten organisiert.

An- & Weiterreise

Zwischen Tukuyu und sowohl Mbeya (3000 TSh, 1 bis 1½ Std.) als auch Kyela (2500 TSh, 1 Std.) fahren mehrere Minibusse täglich.

Von Tukuyu aus führen zwei Straßen zum Nordufer des Nyasa-Sees. Die asphaltierte Hauptstraße führt zunächst in südwestlicher Richtung und gabelt sich in Ibanda. Dort führt die westliche Abzweigung zur Songwe-Brücke und nach Malawi, die östliche nach Kyela und zum Hafen Itungi. Eine zweite, allerdings unbefestigte Straße führt von Tukuyu in südöstliche Richtung bis Ipinda und dann östlich nach Matema.

Nyasa-See

Der Nyasa-See (auch Malawi-See), der drittgrößte See Afrikas nach dem Victoria- und dem Tanganjika-See, grenzt an Tansania, Malawi und Mosambik. Er ist über 550 km lang, bis zu 75 km breit und an einigen Stellen 700 m tief und zeichnet sich durch eine hohe Biodiversität aus – ein Drittel aller Buntbarscharten (Cichliden) lebt hier. Das tansanische Ufer wird im Osten vom Livingstone-Gebirge gesäumt. Die grünen, von Wolken umhüllten Hänge bilden einen faszinierenden Hintergrund zur sandigen Uferlinie. Aus dem Gebirge führen nur wenige Straßen zu den Orten am Ufer und an der Ostseite des Sees entlang. Im Norden und Osten leiten Berge zum Kitulo-Plateau über.

Die Berge mögen auf Wanderer einladend wirken, allerdings müssen sie sich dort komlett selbst versorgen (Zelt und Wasserfilter mitnehmen) und ein GPS mit sich führen. Eine mögliche Route beginnt an der Missionsstation von Bulongwa (mit dem Bus von Njombe zu erreichen) und führt nach Matema; der Abstieg zum Seeufer bietet an mehreren Stellen einen prachtvollen Ausblick. Die Tour dauert etwa 14 Stunden, man sollte also im Morgengrauen aufbrechen; in Bulongwa kann man vor der Wanderung in mehreren preiswerten Gästehäusern übernachten. Eine verlängerte Version der Tour beginnt am Eingang zum Nationalpark Kitulo, oder aber man nimmt ein *dalla-dalla* von Njombe nach Ludewa, fährt dann weiter nach Lupingu und wartet dort auf die MS *Iringa* oder MS *Songea*. Der Aufenthalt am Wasser ist kein reines Vergnügen – Krokodile an Flussmündungen und die Malariamücke Falciparum sind ernst zu nehmende Gefahren. Am Ufer ist daher Vorsicht geboten.

Zu den interessanten Orten auf der tansanischen Seite des Nyasa-Sees zählen (von Nord nach Süd) Kyela, Itungi, Matema, Ikombe, Liuli und Mbamba Bay.

Kyela

Kyela ist der nächste Ort an Itungi, der Hafen 11 km südlich, wo die Fähren des Nyasa-Sees ihre Fahrt vom tansanischen Seeufer aus beginnen. Es ist ein heruntergekommener Ort, an dem sich niemand lange freiwillig aufhält, es sei denn, das Boot kommt zu spät in Itungi an und man ist gezwungen in der Gegend zu übernachten. Fast überall ist Fotografieren verboten. Dafür ist die Umgebung umso ansprechender: Feuchtgebiete mit Reisfeldern.

Über die jeweils aktuellen Fahrpläne der Fähren informiert Kyela Commercial, gleich um die Ecke vom Steak Inn Restaurant. Es gibt keine Geldautomaten; Geld wechseln lässt sich am einfachsten bei den örtlichen Hotelbetreibern oder Ladenbesitzern.

Schlafen

Kyela Beach Resort HOTEL $
(☎ 0784 232650, 025-254 0152; kyelaresort@yahoo.com; Camping 3 US$, EZ/DZ 20/30 US$; P ❄) Eine gute Wahl, für alle, die mit eigenem Wagen kommen. Einfache, aber angenehme, gut belüftete Zimmer (Fenster auf beiden Seiten), ein Garten und ein Restaurant. Das Hotel steht etwa 1,5 km nördlich der Stadt und ist neben der Straße nach Tukuyu ausgeschildert.

New Livingstone Cottage GÄSTEHAUS $
(Zi. 15 000–25 000 TSh) Das preiswerte, saubere lokaltypische Gästehaus steht nördlich der Stadtmitte, 10 Minuten Fußweg von der Bushaltestelle entfernt; kein Essen.

An- & Weiterreise

Von Kyela fahren täglich mehrere Minibusse nach Tukuyu (2000 TSh, 1 Std.) und Mbeya (3500 TSh, 2 bis 2½ Std.). Sie starten an der Minibus-Haltestelle im Stadtzentrum; viele halten an der Grenze nach Malawi. Zwischen Kyela und dem Hafen Itungi sind täglich Pickups unterwegs (500 TSh), die ungefähr auf die An- und Abfahrt der Boote abgestimmt sind.

Itungi

Itungi befindet sich 11 km südwestlich von Kyela und ist der Haupthafen für die Fähren auf dem Nyasa-See. Es gibt keine Unterkünfte, Fotografieren ist verboten. Die sporadisch fahrenden Pickups sind grob an die Zeiten der Fähren angepasst (bis Kyela 500 TSh).

Matema

Matema ist eine ruhige Siedlung am Nordende des Nyasa-Sees und der einzige Ort mit wenigstens einer minimalen touristischen Infrastruktur. Dank der fantastischen Uferlage vor dem Hintergrund des Livingstone-Gebirges, das steil aus dem Wasser aufsteigt, lohnt es sich, hier ein paar Tage auszuspannen. Man kann wandern, im Einbaum paddeln oder einfach am Strand relaxen. Jeden Samstag findet im Dorf Lyulilo ein **Keramikmarkt** statt, auf dem Tontöpfe der Kisi angeboten werden. Lyulilo liegt 1,5 km östlich des Dorfzentrums am Seeufer kurz vor Ikombe. Ausreichend Bares mitnehmen, denn es gibt in Matema keine Geldwechselmöglichkeit.

Schlafen

★ **Blue Canoe Safari** CAMPINGPLATZ, HÜTTEN $$
(☎ 0783 575451; www.bluecanoelodge.com; Camping 7 US$, EZ/DZ-Bungalows 70/90 US$, *bandas*

ab 20/35 US$; P @) Der hübsche Platz am Seeufer bietet Camping mit blitzsauberen Waschhäusern und vier »luxuriöse« Bungalows mit Seeblick von den Veranden, polierten Holzböden und komfortablen Betten mit geräumig gespannten Moskitonetzen. In der Nähe stehen auch einfache preisgünstige *bandas*. Die Bar ist gut ausgestattet und das Essen köstlich. Schnorcheltouren und Ausflüge kann man auch buchen. Es liegt 3,5 km von Matemas Hauptkreuzung entfernt, auf Anfrage wird man abgeholt.

Die Besitzer haben sich sehr bemüht, ihre Lodge in die Gemeinde zu integrieren, sie bilden lokale Mitarbeiter aus und haben den traditionellen Baustil und das Material aus der Gegend genutzt. Das Ergebnis ist beeindruckend.

Matema Lake Shore Resort HÜTTEN $
(☎ 0782 179444, 0754 487267; www.mec-tanzania.ch/matema; Camping 6000 TSh, DZ/3BZ/FZ 50 000/50 000/60 000, DZ ohne Bad 25 000 TSh; P) Das empfehlenswerte von Schweizern erbaute Resort wartet neben mehreren großen, luftigen, komfortablen, zweistöckigen Familien-Chalets am Seeufer auf. Außerdem gibt es noch einige kleinere, ebenso schöne Hütten mit zwei oder drei Betten sowie eine für vier Personen. Bis auf die Zweibetthütten mit Bad haben alle herrlichen Seeblick. Das Frühstück ist nicht im Zimmerpreis enthalten, doch das Restaurant serviert einfache Gerichte zu vernünftigen Preisen.

Eine ideale Wahl für Familien. Alle Zimmer mit Bad haben einen Mini-Kühlschrank und Ventilator. Buchung im Karibuni Centre (S. 293) in Mbeya.

Matema Beach View Lutheran Centre HÜTTEN $
(☎ 0684 991030; www.matemabeachview.com; Camping 3000 TSh, EZ/DZ/3BZ ab 35 000/35 000/45 000 TSh, 2BZ/FZ ohne Bad 25 000/50 000 TSh; P) Die Zimmer in *bandas* aus Ziegelsteinen – am oder nahe beim Wasser – sind schlicht und etwas verblichen. Dafür ist das Ambiente ansprechend. Die Renovierungen schreiten voran und bald werden mehrere neuere Zimmer fertig sein. Im Preis für die Zimmer ohne Bad ist kein Frühstück enthalten. Das Gelände liegt 700 m westlich vom Krankenhaus und dem Dorfzentrum von Matema.

An- & Weiterreise

AUTO & MOTORRAD

In Kyela zweigt die beschilderte Straße nach Ipinda und Matema etwa 3 km nördlich des Stadtzentrums ab. Ab der Kreuzung sind es 14 km bis Ipinda und weitere 25 km bis Matema über eine passierbare, aber schlechte Straße. Für die 40 km sollte man 1½ Stunden einplanen. Von Tukuyu führt auch eine kürzere, landschaftlich schöne und nicht ganz so schlechte Straße direkt nach Ipinda. Etwa 20 km vor Tukuyu passiert die Straße nach Ipinda den Masoko-Krater. Hier sollen flüchtende deutsche Truppen im 1. Weltkrieg einen Goldschatz versenkt haben.

BUS

In Tukuyu am Kreisverkehr bei der NBC-Bank starten fast täglich gegen 8 Uhr Pickups nach Ipinda (2500 TSh, 2 Std.). Obwohl viele Fahrer behaupten, die ganze Strecke bis Matema zurückzulegen, kommt man in der Regel nur nach Ipinda. Von dort fahren sporadisch Pickups nach Matema (3000–3500 TSh, 35 km, 1–2 Std.). Da sie erst gegen 14 Uhr starten, muss man in Ipinda eine Weile warten. Die Wagen von Matema zurück nach Ipinda starten morgens. Wer in Ipinda stecken bleibt, kann in einigen sehr einfachen Gästehäusern übernachten.

Von Kyela fahren ab ca. 13 Uhr täglich mehrere Wagen Richtung Ipinda (1500 TSh), ein paar auch weiter bis Matema (3500 TSh, 3 Std.). Von Matema zurück nach Kyela geht es morgens. Von Kyela aus kommt man recht gut mit einem Mietwagen bis Matema (ab etwa 60 000 TSh).

Manchmal fahren auch Direktbusse zwischen Mbeya und Matema, die um ca. 13 Uhr in Mbeya und um 17 Uhr in Matema (9000 TSh, 5 Std.) starten. Alle Wagen ab Matema starten an der Hauptkreuzung beim Krankenhaus.

SCHIFF

Die Fahrpläne ändern sich dauernd, aber Matema wird von mindestens einem Boot pro Woche angelaufen. Entweder die **MS Iringa** (1. Klasse/Economy 22 000/15 000 TSh) oder die **MS Songea** (1. Klasse/Economy 25 100/16 100 TSh) legen auf ihrer Fahrt von Itungi entlang dem Ostufer nach Mbamba Bay an; derzeit ist es die MS *Songea (donnerstags nachmittags)*. Das Boot hält allerdings nicht direkt in Matema, sondern im Dorf Lyulilo, das 25 Minuten Fußmarsch von der Hauptkreuzung in Matema entfernt ist. Man folgt einfach ab der Kreuzung der „Hauptstraße" am Seeufer in südöstlicher Richtung und fragt nach dem „*bandari*" (Hafen).

Ikombe

Das Dorf Ikombe ist bekannt für seine Tontöpfe. Sie werden von Frauen der Kisi hergestellt und unter anderem auf dem Markt von Mbeya verkauft. Das Dorf befindet sich südöstlich von Matema am Seeufer und ist nur mit dem Einbaum von Matema (1½ Std.) oder zu Fuß (45 Min.) erreichbar. Es gibt keine touristische Infrastruktur.

Liuli

In Liuli stehen eine alte, immer noch aktive Anglikanische Mission und das kleine Missionskrankenhaus St. Anne's – das wichtigste medizinische Zentrum am Ostufer des Sees. Reisende mit ein wenig Fantasie erkennen in dem Felsen vor der Küste eine Sphinx (in der deutschen Kolonialzeit hieß Liuli „Sphinxhafen"). Es gibt keine Unterkünfte.

Mbamba Bay

Mbamba Bay ist der südlichste Hafen Tansanias am Nyasa-See. Dank seiner unverfälschten Atmosphäre und den von Palmen sowie Bananen- und Mangobäumen gesäumten Stränden kann man es hier durchaus ein paar Tage aushalten – ob man nun darauf wartet, dass ein Frachter über den Nyasa-See kommt oder sich nach stressigen Fahrten in Songea oder Tunduru eine Auszeit gönnen möchte. Auf dem Weg zwischen der Mbamba Bay und Songea, im Herzen eines bedeutenden Kaffeeanbaugebiets, liegt die kleine wohlhabende Stadt **Mbinga**. Wenn man mit dem Bus von/nach Mbamba Bay fährt, muss man hier wahrscheinlich umsteigen.

Schlafen

Mbamba Bay Bio Camp BANDA, CAMPINGPLATZ **$**
(0765 925255; info@bushkomba.de; DZ Zelt/*banda* 30 000/70 000 TSh) Gut 5 km nördlich von Mbamba Bay stehen komfortable Steinbungalows mit Strohdach und Bädern sowie einige Zelte am Strand unter *makuti* (Strohdächern aus Palmwedeln) und es gibt lokaltypische Mahlzeiten. Von der Bushaltestelle in Mamba Bay geht man zu Fuß oder mietet ein Motorrad. Es gibt Schnorcheltouren um die nahe gelegenen Inseln.

St. Benadetta Guest House HOSTEL **$**
(Zi. 15 000 TSh) Das Gästehaus nahe am Wasser wird von der Kirche betrieben und hat einfache, aber saubere Zimmer. Mahlzeiten auf Vorbestellung.

Neema Lodge GÄSTEHAUS **$**
(Mama Simba's; Zi. ohne Bad 10 000 TSh) Die Lodge bietet schlichte Zimmer, einfache Mahl-

DER MAJI-MAJI-AUFSTAND

Der Maji-Maji-Aufstand war die größte Rebellion gegen die deutsche Kolonialregierung in Ostafrika und gilt als Keimzelle des tansanischen Nationalismus. Zu Beginn des 20. Jhs. legte die deutsche Kolonialverwaltung im Südosten entlang der Eisenbahnlinie von Daressalam nach Morogoro riesige Baumwollplantagen an, die enorm viele Arbeitskräfte benötigten. Diese wurden meist zwangsverpflichtet und mussten unter miserablen Bedingungen bei schlechter Bezahlung arbeiten. Die Wut über diese Behandlung und der lange unterdrückte Hass auf die Kolonialregierung entzündeten einen Aufstand. Er begann 1905 in der Region um Kilwa an der Küste, doch schon bald schloss sich der gesamte Süden Tansanias von Kilwa und Lindi im Südosten bis Songea im Südwesten an. Neben den vielen im Kampf gefallenen Rebellen starben auch Tausende an Hunger, da die deutschen Truppen eine Politik der verbannten Erde praktizierten und Felder sowie Kornspeicher vieler Dörfer in Brand steckten. Auch ein weit verbreiteter Aberglaube der Kämpfer trug wohl mit zu der hohen Opferzahl bei: Sie glaubten, die Kugeln der Deutschen würden sich in Wasser verwandeln und sie nicht verletzen – *maji* heißt „Wasser" auf Suaheli.

Als der Aufstand 1907 schließlich niedergeschlagen wurde, hatte er fast 100 000 Opfer gefordert. Weite Landstriche im Süden waren zerstört und unfruchtbar, überall brachen Hungersnöte aus. Den härtesten Widerstand gegen die Deutschen leistete der Kriegerstamm der Ngoni, der von allen Nachbarn gefürchtet wurde. Sie setzten nach Ende des Aufstandes einen Guerillakrieg fort, der erst 1908 endete, als die letzten Reste ihrer Krieger-Gesellschaft zerschlagen wurden. Um den Widerstand der Ngoni ein für alle Mal zu brechen, ließen die deutschen Truppen 100 Ngoni-Anführer hängen und den berühmten Häuptling Songea köpfen.

Nach dem Ende des Maji-Maji-Aufstands wurden die strengen Gesetze etwas liberalisiert und die Militärregierung durch eine zivile Verwaltung ersetzt. Vor allem jedoch schuf der Aufstand bei den unterschiedlichen Stämmen eine gewisse nationale Identität, und so war letztlich die antikoloniale Stimmung Auslöser für die Gründung einer Unabhängigkeitsbewegung.

DER SELOUS-NIASSA-KORRIDOR

Der **Selous-Niassa-Korridor** (www.selous-niassa-corridor.org) – auf Suaheli „Ushoroba" – verbindet das Wildschutzgebiet Selous mit dem Schutzgebiet Niassa in Mosambik. Beide zusammen bedecken eine Fläche von 120 000 km² und gehören damit zu den größten Elefanten-Schutzgebieten. Neben den geschätzten 85 000 Elefanten streifen hier mit die größten Büffelherden des Kontinents und über die Hälfte der noch lebenden Wildhunde umher. Außerdem ist es eine wichtige Zwischenstation für Zugvögel, die hier rasten und brüten. Die Flusstäler des Rufiji und Ruvuma nehmen große Teile des Gebiets ein – ihre Wasserscheide verläuft etwa auf der Linie der Straße Songea–Tunduma. Die Undendeule, Ngoni und Yao, die in der Region leben, sorgen auf der Basis von Dorfgemeinschaften für den Schutz des Korridors. In einigen Dörfern gibt es erste Ansätze für Ökotourismus, so in Marumba, südöstlich von Tunduru. Das Chingoli Society Büro im Dorfzentrum vermittelt Dorfbesuche, aber auch Guides nach **Jiwe La Bwana** (mit Ausblick über die Grenze nach Mosambik) und in die **Chingoli-Tafelberge und Höhlen**, in denen sich die Stämme während des Maji-Maji-Aufstandes versteckten. Die touristische Infrastruktur ist sehr begrenzt, sofern sie überhaupt existiert. Vor dem Dorf gibt es einen sehr einfachen Campingplatz.

zeiten und eine schöne Lage mit Seeblick. Bei der Einfahrt in den Ort vor der Brücke nach links.

 An- & Weiterreise

Eine direkte Verbindung besteht ab Songea (9000 TSh, 5–6 Std.). Ansonsten muss man in Mbinga umsteigen.

Gelegentlich fahren von Mbamba Bay Geländewagen in nördlicher Richtung zur Missionsstation Liuli. Zwischen Liuli und Lituhi gibt es keinen öffentlichen und wenig privaten Verkehr, und von Lituhi noch weiter in den Norden führt nur ein Fußweg am See entlang. Die holprige Piste von Lituhi nach Südwesten in Richtung Kitai und Songea ist vielleicht eine interessante Alternative.

Wer in Mbamba Bay aus Tansania ausreisen möchte, muss ins Einwanderungsbüro/Polizeistation am Anleger gehen und dort die Passformalitäten erledigen.

Songea

203 300 EW.

Das knapp über 1000 m hoch gelegene Songea ist die Hauptstadt der Region Ruvuma. Reisenden, die von Tunduru oder Mbamba Bay kommen, wird es wie eine Metropole erscheinen. Tatsächlich ist der Ort – abgesehen vom heruntergekommenen, überfüllten Markt und der Bushaltestelle – attraktiv und sehr angenehm: Die Straßen liegen unter schattigen Bäumen und ringsum ist grünes Hügelland, in dem gelbe Sonnenblumen blühen und Vieh weidet.

Die wichtigste Stammesgruppe sind die Ngoni, die im 19. Jh. aus Südafrika einwanderten und kleinere Stämme unterwarfen. Songea verdankt seinen Namen einem bedeutenden Ngoni-Häuptling, der im Zuge des Maji-Maji-Aufstandes getötet wurde und 1 km außerhalb der Stadt beim Maji-Maji-Museum begraben liegt.

Der farbenprächtige Markt (Soko Kuu) entlang der Hauptstraße lohnt auf jeden Fall einen Besuch. Sowohl die eindrucksvoll geschnitzte Holztür der **katholischen Kirche** als auch die Wandmalereien im Innenraum sind sehr sehenswert. Die Kirche steht gegenüber der Bushaltestelle. An die große **Benediktinerabtei** in Peramiho, 30 km westlich des Ortes, ist ein Krankenhaus angeschlossen, falls medizinische Versorgung nötig wird.

Sehenswertes

Maji-Maji-Museum MUSEUM

(Eintritt 10 000 TSh; 8–16 Uhr) Das kleine Museum etwa 1 km außerhalb des Ortszentrums, an der Straße nach Njombe, erinnert an den Maji-Maji-Aufstand. Hinter dem Museum liegt das Grab von Häuptling Songea. Vom Ortskern aus nach der CRDB-Bank in die erste asphaltierte Straße rechts einbiegen und ihr 200 m folgen. Auf der linken Seite fällt der Museumseingang als großer, hellblauer Bogen auf.

Schlafen & Essen

Anglican Church Hostel HOSTEL $

(DZ 10 000 TSh, ohne Bad 5000 TSh) Ein alteingesessenes Hostel mit einfachen Zimmern um einen Hof, in ruhiger Lage nordwestlich der Hauptstraße. Essen gibt's in der Regel auf

Vorbestellung. Von der Bushaltestelle geht's bergauf und am Markt vorbei bis zum Tanesco-Gebäude, dann nach links und 400 m weiter auf gewundenem Pfad bis zur Anglikanischen Kirche.

OK Hotels 92 GÄSTEHAUS $
(DZ 15 000–20 000 TSh) Die Zimmer sind klein, aber in Ordnung. Von der Bushaltestelle hinter dem Markt 400 m hangaufwärts gehen, dann die zweite Straße rechts (die Lutheranische Kirche ist ausgeschildert). Nach 200 m geht's wieder nach rechts, dann taucht links das aprikosenfarbige Haus auf einem eingezäunten Grundstück auf. Essen gibt es gegenüber bei Krista Park.

Heritage Cottage HOTEL $$
(☎0754 355306, 025-260 0888; www.heritage-cottage.com; Njombe Rd.; EZ/DZ 75 000/90 000 TSh; P ❄) Das gute Hotel bietet moderne, saubere Zimmer mit TV (einige auch mit Mini-Kühlschrank) und ein beliebtes Bar-Restaurant. Es befindet sich 3 km nördlich der Stadt an der Njombe Road. Hinter dem Haus liegt ein großer Rasen mit Kinderspielplatz.

Seed Farm Villa B&B $$
(☎0752 842086, 025-260 2500; www.seedfarmvilla.com; EZ 75 000–90 000 TSh, DZ 85 000–105 000 TSh; P ❄) Das Haus mit acht modernen, ruhigen Zimmern mit TV liegt außerhalb des Stadtzentrums auf dem Gebiet der Seed Farm, umgeben von einem friedlichen Garten. Es hat ein Wohnzimer mit TV und ein Restaurant (Vorbestellung erforderlich). Die Stadt auf der Tunduru Road verlassen, am Hinweisschild nach 2,5 km abbiegen, dann noch 200 m weiter.

Agape Café TANSANISCH $
(Main Rd.; Snacks ab 2000 TSh; ⌚8–17.30 Uhr) Oberhalb der katholischen Kirche; es werden Kuchen und preiswerte Gerichte angeboten.

Krista Park Fast Food TANSANISCH $
(Gerichte 5000 TSh; ⌚ Mo–Sa 6.30–18.30 Uhr). Neben Snacks und heimischen Gerichten gibt es auch eine kleine Bäckerei. Vom Markt geht es etwa 400 m bergauf, dann die zweite Straße rechts (an dem Schild zur Lutheranischen Kirche). Nach etwa 200 m geht es noch einmal rechts ab; Krista Park liegt an der rechten Seite, neben dem Chilwa Guest House.

Heritage Cottage INTERNATIONAL, INDISCH $$
(☎0754 355306, 025-260 0888; Njombe Rd.; Gerichte ab 10 000 TSh; ⌚7–22 Uhr) Der Service in diesem Hotelrestaurant ist langsam, aber dafür werden dort leckere europäische und indische Gerichte serviert.

ℹ Praktische Informationen

CRDB (Njombe Rd.) Geldautomat.

Einwanderungsbehörde (Uhamiaji; Tunduru Rd.) Am Anfang der Tunduru Road. Hier muss man seinen Pass stempeln lassen, wenn man von/nach Mosambik reist.

NBC Hinter dem Markt; Geldautomat.

ℹ An- & Weiterreise

Busse von Super Feo fahren täglich ab 5 Uhr nach Iringa (18 000 TSh, 8 Std.) und Daressalam (40 000 TSh, 13 Std.) und um 6 Uhr über Njombe (9000–12 000 TSh, 4 Std.). nach Mbeya (18 000–24 000 TSh, 8 Std.). Weitere Busse nach Njombe starten um 9.30 und 11 Uhr.

Nach Mbamba Bay gibt es täglich um 7 Uhr einen Direktbus (9000 TSh, 5–6 Std.). Ansonsten muss man nach Mbinga fahren und hier nach Mbamba Bay umsteigen.

Nach Tunduru fährt in der Trockenzeit täglich um 7 Uhr ein Bus (15 000 TSh, 7–8 Std.). Außerdem startet täglich um 6 Uhr ein Direktbus nach Masasi (25 000 TSh, 13 Std.).

Die Busse nach Mosambik fahren im Majengo-C-Viertel ab. Es befindet sich südwestlich der Bushaltestelle, 600 m abseits der Hauptstraße – Einheimische kennen den Weg durch die Nebenstraßen. Selbstfahrer folgen der Straße nach Mbinga in westlicher Richtung; 18 km nach Songea folgt eine beschilderte Abfahrt. Von dort sind es noch 120 km auf einer unbefestigten, aber guten Straße bis zur Grenze von Mosambik.

Tunduru

Tunduru liegt etwa auf halber Strecke zwischen Masasi und Songea. Die wichtigen Edelsteinminen geben dem Ort einen Hauch von Wildem Westen. In der Stadt machen auch die Lastwagen Station, sodass fast jeder Reisende zwischen Masasi und Songea hier übernachten muss.

Schlafen

Namwinyu Guest House GÄSTEHAUS $
(☎0655 447225, 0786 447225; Songea Rd.; Zi. 30 000 TSh; P ❄) Die neueste und beste Unterkunft in Tunduru. Sie hat saubere, angenehme Doppelzimmer (Übernachtung nach Geschlechtern getrennt) und bietet auf Vorbestellung leckere preiswerte Mahlzeiten an. An der Nordseite der Hauptstraße am westlichen Ortsende; von der Bushaltestelle leicht in zehn Minuten zu erreichen.

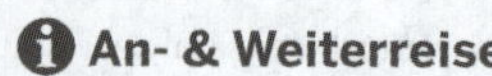

An- & Weiterreise

AUTO & MOTORRAD

In der Trockenzeit ist die Straße von Tunduru aus in beiden Richtungen gut passierbar; während der Regenzeit ist die Fahrt sehr viel anspruchsvoller (vor allem zwischen Tunduru und Songea). Derzeit liegt der schwierigste Abschnitt zwischen Namtumbo (ca. 70 km östlich von Songea) und Tunduru; in der Regenzeit ist hier ein Geländefahrzeug erforderlich. Vor der Abfahrt den Straßenzustand erfragen. In östlicher Richtung von Tunduru aus beginnt die aspahltierte Straße derzeit 60 km vor Masasi. Auf der Strecke zwischen Songea und Tunduru passiert man den Selous-Niassa-Korridor (Ushoroba auf Suaheli) mit weitem Ausblick über die Ebene des Ruvuma-Flusses. Etwa 65 km östlich von Songea führt eine Abzweigung in die Mbarang'andu Wildlife Management Area, eine Erweiterung des Selous-Ökosystems.

BUS

Mindestens ein Bus täglich verkehrt zwischen Tunduru und Masasi; er fährt um 6 Uhr ab (10 000 TSh, 5 Std.) und in der Trockenzeit gibt es eine tägliche Verbindung zwischen Tunduru und Songea (15 000 TSh, 7 bis 8 Std.). Westlich und östlich von Tunduru gibt es kaum Einkaufsmöglichkeiten, also ausreichend Verpflegung und Wasser mitnehmen.

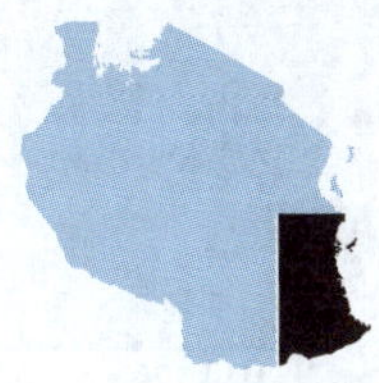

Südöstliches Tansania

Inhalt ➡

Die schönste Natur

- ➡ Wildreservat Selous (S. 312)
- ➡ Meerespark Mafia Island (S. 310)
- ➡ Privatinsel Fanjove (S. 302)

Die beste Kultur

- ➡ Ruinen von Kilwa Kisiwani (S. 319)
- ➡ Mafia-Archipel (S. 307)
- ➡ Mikindani (S. 328)

Auf ins südöstliche Tansania

Im dünn besiedelten Südosten Tansanias scheint die Zeit stehen geblieben zu sein. Er ist weniger entwickelt und nicht so hektisch wie der Norden, und Touristen lassen sich hier seltener blicken. Doch für Safari- und Tauch-Enthusiasten, oder für alle, die unverfälschtes afrikanisches Leben kennenlernen möchten, ist der Südosten genau das Richtige. Man sollte aber nicht zu lange warten: Das entspannte Leben der Region zeigt seit der jüngsten Entdeckung von Gasreserven vor der Küste schon erste Zeichen von Spannungen.

Zu den Highlights zählen das Wildreservat Selous mit tollen Möglichkeiten zur Tierbeobachtung, die weißen Strände und faszinierenden Korallen rund um die Insel Mafia sowie die Ruinen von Kilwa Kisiwani, die von einer Zeit zeugen, als dieser Teil des Kontinents in das weit gespannte Handelsnetz bis zum Fernen Osten eingebunden war.

Auf Mafia und im Wildreservat Selous wartet westlicher Komfort, in anderen Landesteilen ist wenig Infrastruktur. Reisen über die Straße können lang und holprig werden.

Reisezeit

Mtwara

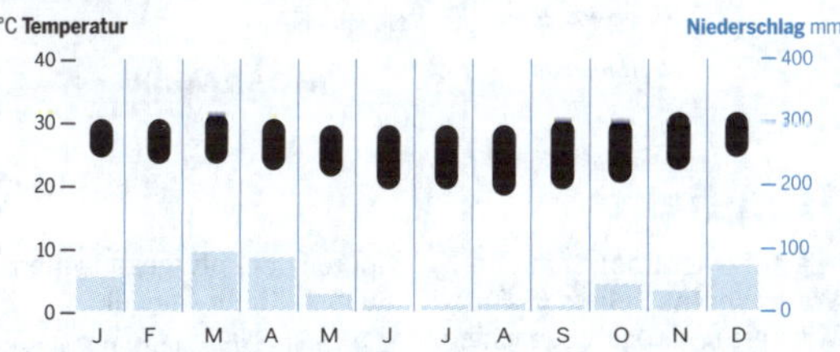

März–Mai Viele Camps in Selous sind geschlossen; wo geöffnet ist, kann man super Vögel beobachten.

Okt. Die beste Zeit, um in der Gegend um Mafia zu tauchen und zu schnorcheln.

Nov.–Feb. Vor Kilindoni (Mafia) kann man Walhaie sehen.

Highlights

1 Auf einer Boot-Safari im **Wildreservat Selous** (S. 312) Wildtiere und Vögel beobachten.

2 Im **Mafia-Archipel** (S. 307) tauchen oder entspannen.

3 In der alten Handelsstadt **Mikindani** (S. 328) auf den Spuren der untergegangenen Suaheli-Kultur wandeln.

4 Die faszinierenden Ruinen des berühmten mittelalterlichen Stadtstaates **Kilwa Kisiwani** (S. 319) besuchen.

5 Auf **Fanjove** (S. 321) im Songo-Songo-Archipel auf der eigenen Privatinsel relaxen.

6 In **Kilwa Masoko** (S. 316), **Lindi** (S. 322) und anderen Orten im Südosten Tansanias tief ins ländliche Leben eintauchen.

Mafia

45 000 EW.

Wer Spaziergänge unter Kokosnusspalmen, eine Küste mit dichten Mangroven und weißen Sandstränden oder traditionelle Suaheli-Kultur erleben möchte, wird Mafia lieben.

Die einsame und verführerische Insel Mafia ist ein grüner Streifen Land, umgeben von türkisblauem Wasser, unberührten Inseln und glitzernd weißen Sandbänken. Jahrelang lag sie abseits der üblichen Routen, nur gelegentlich kamen Hochseeangler oder ein Tourist vorbei. Das war einmal: Inzwischen gibt es auch hier ein halbes Dutzend Hotels. Noch hat der Massentourismus, der Sansibar bedrohlich überrollt, Mafia nicht entdeckt. Die Insel eignet sich bestens, um nach Safaris auf dem Festland zu entspannen, ist aber auch an sich ein lohnendes Urlaubsziel.

Mafias Pluspunkte sind absolute Ruhe, ein beeindruckendes Unterwasserleben, eine lebendige traditionelle Kultur und eine lange Geschichte. An den Stränden im Osten und auf den nahen Inseln Juani und Jibondo legen Karett- und Grüne Meeresschildkröten ihre Eier ab. Zum Schutz dieser und anderer Ökosysteme wurden der Südosten der Insel und das angrenzende Meer mitsamt Inseln als Nationaler Meerespark geschützt. Walhaie (*potwe* auf Suaheli) tauchen zwischen November und Februar vor der Insel auf und sind am besten vor Kilindoni zu beobachten.

Geschichte

Zum **Mafia-Archipel** gehören neben der Hauptinsel Mafia noch Juani (südöstlich von Mafia), Chole (zwischen Mafia und Juani), Jibondo (südlich von Juani) und mindestens ein Dutzend Inselchen und Sandbänke. Erstmals tauchte die Inselgruppe zwischen dem 11. und 13. Jh. aus dem Dunkel der Geschichte auf, als die Schirazi weite Abschnitte der ostafrikanischen Küste beherrschten. Dank ihrer Brückenlage zwischen dem Delta des Rufiji und dem Indischen Ozean war sie ein idealer Standort für Handelsstützpunkte – die Wirtschaft begann zu florieren. Eine der ersten Siedlungen entstand auf Ras Kisimani im Südwesten Mafias, dann folgte Kua auf Juani.

Als im 16. Jh. die Portugiesen erschienen, hatte Mafia bereits viel von seiner Bedeutung verloren und kam in den Einflussbereich des Sultans von Kilwa. Zu Beginn des 18. Jhs. wendete sich das Blatt wieder: Bis Mitte des 19. Jhs. förderte das mächtige Sultanat Oman die Insel als Handelszentrum zwischen Kilwa im Süden und Sansibar im Norden. In dieser Ära entstanden auch die Kokosnuss- und Cashewnussplantagen, die weite Teile der Insel bedecken.

Nach einem Angriff der madagassischen Sakalava wurde die Hauptstadt Mafias von Kua auf die nahe winzige Insel Chole verlegt. Choles Bedeutung nahm rasch zu – schließlich nannte man es Chole Mjini (Chole-Stadt), während die Hauptinsel Mafia sprachlich zu Chole Shamba (Hinterland Choles) degradiert wurde. Mafias Verwaltung blieb auch während der deutschen Kolonialzeit auf Chole. Erst die Briten verlegten die Verwaltung wieder auf die Hauptinsel nach Kilindoni; sie unterhielten auf Mafia eine Luft- und Marinebasis.

Inzwischen sind Landwirtschaft und Fischfang die wichtigsten Einnahmequellen der schätzungsweise 45 000 Einwohner Mafias. Die meisten leben auf der Hauptinsel. Auf den Märkten fallen die großen Mengen an Maniok, Cashewnüssen und Kokosnüssen auf.

Sehenswertes

Auf dem Mafia-Archipel fällt der Schritt zurück in die Vergangenheit leicht: Hier hat sich das Dorfleben seit den Glanzzeiten der Schirazi kaum verändert. Auf Mafia selbst gibt es kleine **Strände**, die rund um die Bucht von Chole mit Mangroven durchsetzt sind, sowie einige idyllische Sandbänke in der Nähe; alle Lodges arrangieren Exkursionen. Die Sand-

MAFIA: ORIENTIERUNG

Alle Fähren und Flugzeuge landen in Kilindoni, dem Verkehrsknotenpunkt der Inselgruppe. Hier befinden sich der Hafen, eine Bank (aber kein Geldautomat), ein Markt, kleine Läden und mehrere Gästehäuser der Budgetkategorie. Die meisten Lodges des oberen Preissegments finden sich in Utende, dem zweiten Ort der Insel, 15 km südöstlich von Kilindoni an der Bucht von Chole. Die Region um Utende und die Bucht von Chole sind die wichtigsten Tauchreviere. Auf der Westseite der Insel reihen sich kleine Dörfer, Inselchen und Sandbänke auf, Mangrovenhaine wechseln mit Stränden ab. Viele Lodges in der Bucht von Chole schließen im April und Mai. Juli und August können auf der Ostseite der Insel sehr windig sein.

Mafia

bank **Mange** liegt besonders nah. Auf dem wunderbar weißen Sandstrand am kristallklaren Meer leben nur Strandkrabben und Seevögel. Auf **Ras Mkumbi**, der windumtosten Nordspitze Mafias, befindet sich ein 1892 erbauter Leuchtturm. Dort liegen auch der **Strand von Kanga** und ein Wald mit Affen, Blauduckern und zahlreichen Vögeln.

Chole HISTORISCHE STÄTTE

(Tagesbesuch pro Person 5 US$) Die Insel eignet sich hervorragend als Ausgangspunkt für Erkundungen, insbesondere dank ihrer zerfallenden, aber atmosphärischen Ruinen aus dem 19. Jh. Auf Chole befindet sich auch Ostafrikas vermutlich einziges **Schutzgebiet für Flughunde** (Komoren-Flughund). Dies ist einer lokalen Frauengruppe zu verdanken, die das Areal gekauft hat, auf dem ein wichtiger Nistbaum dieser Tiere steht.

Juani HISTORISCHE STÄTTE

Auf der großen und dicht bewaldeten Insel Juani, südöstlich von Mafia, stößt man auf die überwucherten, aber stimmungsvollen Ruinen von Kua. Dazu gehören Überreste mehrerer Moscheen aus einer Schirazi-Siedlung des 18. und 19. Jhs. sowie zerfallene Palastwände. Gleich rechts des Haupteingangs zur Siedlung sind noch die Waschplätze sichtbar. Die Ruinen sind nur bei Flut zugänglich. In einem Kanal und einer Lagune südlich davon kann man schwimmen oder Vögel beobachten.

Jibondo INSEL

Die spärlich bewachsene Insel Jibondo ist nicht ganz so ansprechend wie Mafias andere Inseln, und ihre Einwohner sind traditionell nicht sehr gastfreundlich. Faszinierend ist jedoch, dass hier etwa 3000 Menschen leben, obwohl es keine natürlichen Süßwasserquellen gibt. Jibondo ist als Zentrum des Bootsbaus bekannt, ein großer Teil des benötigten Holzes stammt aus den Wäldern um Kilwa auf dem Festland. Der geschnitzte Türrahmen der Moschee im Dorfzentrum von Jibondo soll aus der alten Siedlung von Kua auf Juani stammen.

Täglich verkehren Boote zwischen Jibondo und Mafia, die in großen gelben Containern Wasser transportieren – außer während der Regenzeit, wenn das Regenwasser auf der Insel in Zisternen gesammelt wird. Am frühen Morgen nach Sonnenaufgang ist der Trubel am Strand nahe der Kinasi Lodge (S. 310) in der Bucht von Chole besonders groß.

Aktivitäten

Tauchen & Schnorcheln

Mafia bietet Tauchern ausgezeichnete Korallenriffe, eine beeindruckend reiche Fischfauna mit zahlreichen Freiwasserarten sowie entspanntes Tauchen ohne Gedränge. Motorisierte Daus fahren zu den Tauchrevieren hinaus. In der Bucht von Chole kann das ganze Jahr hindurch an mehreren Stellen getaucht werden (alle Schwierigkeitsgrade), erfahrene Taucher können saisonal (Oktober bis Februar) auch außerhalb der Bucht tauchen. Der beste Monat ist Oktober, besonders ungünstig sind April, Mai und Juni, wenn mit dem Regen alles schließt. Die Kinasi Lodge (S. 310) und Shamba Kilole (S. 310) bieten Gästen Tauchexkursionen und Tauchkurse an.

Big Blu TAUCHEN

(☎ 0784 474108; www.bigblumafia.com/blog; Bucht von Chole) Neben der Mafia Island Lodge (S. 310), unter Leitung von Moez, einem Tauchveteran mit großer Erfahrung auf Mafia. Es bietet Tauchen, zertifizierte Tauchkurse, Schnorcheln, Exkursionen rund um Mafia sowie recht günstige Unterkünfte.

Mafia Island Diving TAUCHEN

(☎ 0688 218569; www.mafiadiving.com; Mafia Island Lodge, Bucht von Chole) Hat Schnorcheln, Tauchen, zertifizierte Tauchkurse und Exkursionen im Programm.

Angeln

Unter Hochseeanglern genießt Mafia seit Langem einen guten Ruf: Hier gehen Marline, Fächerfische, Thunfische und andere Großfische an den Haken. Zwischen September und März sind die besten Fänge möglich, Juni und Juli sind wegen der starken Winde kaum geeignet. Interessenten wenden sich an Big Blu oder die Kinasi Lodge (S. 310). Angelscheine bekommt man über das Hauptquartier des Meeresparks (S. 310) in Utende.

Schlafen & Essen

Mafia

Alle Unterkünfte an der Bucht von Chole (auch die Budgethotels in Utende hinter dem Parktor sowie die Unterkünfte auf der Insel Chole) verlangen von ihren Gästen die Eintrittsgebühr für den Meerespark, die nicht im Hotelpreis enthalten ist. Die tägliche Gebühr muss jeder Besucher bezahlen, egal, ob er taucht oder nicht.

Rund um Kilindoni

Whale Shark Lodge GÄSTEHAUS **$**

(Sunset Camp; ✆ 0755 696067, 023-201 0201; carpho2003@yahoo.co.uk; Kilindoni; EZ/DZ 25/50 US$; @) Eine sehr backpackerfreundliche, günstige Lodge in ruhiger Lage auf einer Klippe mit Blick aufs Meer: eine erstklassige Stelle, um Walhaie zu sehen. Die Lodge bietet ein gutes Preis-Leistungs-Verhältnis und hat sechs einfache, nette Hütten mit Ventilator, Moskitonetz und eigenem Bad. Außerdem gibt's eine schöne große Terrasse mit Blick auf den Sonnenuntergang, auf der gegen Bestellung heimische Gerichte (7 US$) serviert werden. Ein kurzer Spaziergang die Klippen hinunter führt zu einem kleinen Strand, an dem man bei Flut schwimmen kann.

Die Lodge liegt 1,5 km außerhalb des Zentrums von Kilindoni hinter dem Krankenhaus; die Fahrt mit dem *bajaji* (Tuk-Tuk) kostet 1500 TSh.

New Lizu Hotel GÄSTEHAUS **$**

(✆ 023-201 0180; Kilindoni; EZ/DZ 15 000/20 000 TSh; @) Das alteingesessene Gästehaus hat saubere spartanische Zimmer mit Ventilator zu bieten und auf Bestellung gibt erhält man auch preiswertes Essen. Es liegt zentral an der Hauptkreuzung von Kilindoni, zu Fuß zehn Minuten vom Flugplatz und dem Hafen entfernt.

★ Butiama Beach LODGE **$$$**

(✆ 0784 474084; www.butiamabeach.com; EZ/DZ HP 180/300 US$; @) Diese zauberhafte Lodge mit 15 Zimmern auf palmenbestandenem Gelände an einem schönen Strand in der Nähe von Kilindoni, etwa 2 km südlich von dem kleinen Hafen. Man übernachtet in geräumigen, luftigen, ansprechend gestalteten Bungalows. Es gibt ein Restaurant, das köstliche Speisen im italienischen Stil serviert, Seekajaks, mit denen man die Vogelwelt in den Bächen der Umgebung erkunden kann, einen tollen Blick auf den Sonnenuntergang und ein warmes, stilvolles Ambiente. Ausgezeichnetes Preis-Leistungs-Verhältnis.

Die Lodge liegt günstig, um Walhaie zu beobachten, die zwischen November und März direkt vor der Küste entlangziehen. Da sich die Lodge außerhalb der Parkgrenzen befindet, werden Eintrittsgebühren nur bei Exkursionen in den Meerespark fällig.

Utende & rund um die Bucht von Chole

Big Blu GÄSTEHAUS **$**

(✆ 0784 474108; www.bigblumafia.com/blog; Bucht von Chole; Zi. pro Pers. 45 US$, EZ/DZ Zelt 20/30 US$; ⏲ Juli–Mitte April; @) Der freundliche Tauchveranstalter am Strand der Bucht von Chole hat mehrere einfache, günstige Zimmer am Strand sowie ein paar Zelte ein Stück dahinter. Sie sind in erster Linie für Taucher gedacht, doch jeder ist willkommen. Spezielle Tauchpakete inklusive Unterkunft sind ebenfalls im Angebot. Es gibt ein gutes Strandrestaurant, das Sandwiches, Salate und andere leichte Gerichte serviert.

Meremeta Guest House & Apartment GÄSTEHAUS **$**

(✆ 0787 345460, 0715 345460; www.meremetalodge.com; EZ/DZ/3BZ 30/50/75 US$) An der Hauptstraße, etwa 600 m vor dem Eingangstor zum Meerespark, liegt diese ordentliche Unterkunft mit schlichten, aber sauberen und angenehmen Zimmern mit Ventilator und Mahlzeiten (10–15 US$) sowie kostenlosem Kaffee und Tee. Sie verleiht auch Fahrräder und hilft dabei, Exkursionen auf der Insel zu organisieren. Auf das rosa Gebäude und die Ausstellung lokaler Kunstwerke achten.

Mafia Beach Bungalows BUNGALOWS **$**

(✆ 0653 327656, 0654 326404; EZ/DZ 30/50 US$) Mehrere winzige Bungalows ohne Schnickschnack auf einem steilen Hügel mit Blick aufs Meer in der Bucht von Chole. Essen gibt

DER MEERESPARK MAFIA ISLAND

Mit 822 km² ist der **Meerespark Mafia Island** (Erw./Kind 20/10 US$) das größte geschützte Meeresgebiet im Indischen Ozean. Er umfasst Flussmündungen, Mangroven, Korallenriffe und eine Meerenge mit rund 400 Fischarten. Zum Park gehört auch der einzige Naturwald der Insel. Innerhalb der Parkgrenzen liegen zehn Dörfer mit 15 000 bis 17 000 Einwohnern, die von den natürlichen Ressourcen des Parks leben.

Daher wurde der Park für die mehrfache Nutzung klassifiziert: Nur wenn die Bewohner die Ressourcen nachhaltig nutzen, helfen sie dabei, die Ökosysteme zu bewahren. Auch von Besuchern, die nicht tauchen, wird Eintritt verlangt. Er wird an der Schranke kassiert, die 1 km vor Utende die Zufahrt versperrt, und kann in allen großen Währungen bezahlt warden – aber nur in bar. Quittung aufheben, sie wird bei der Ausfahrt kontrolliert. Das **Parkhauptquartier** (☎ 023-240 2690; www.marineparktz.com) befindet sich in Utende.

Die meisten Touristen besuchen die Insel mit einem der Tauchveranstalter in der Bucht von Chole.

es auf Bestellung. In der Hochsaison (Juli bis Januar) können sich die Preise je nach Belegung verdoppeln, darum sollte man den aktuellen Preis vor der Buchung erfragen.

Didimiza BUNGALOWS **$**
(☎ 0787 071543, 0784 303554; alawia75@yahoo.com; EZ/DZ/4BZ 30/40/70 US$) Die sehr schlichte Unterkunft etwa 1 km vor dem Eingangstor zum Meerespark hat drei einfache, annehmbare Zimmer und einen kleinen Essbereich; lokale Mahlzeiten und Exkursionen können arrangiert werden. Sie liegt im Inland auf einem ziemlich zugewachsenen Grundstück, das man über eine wacklige Fußgängerbrücke erreicht. Zum Wasser geht's zehn Minuten zu Fuß durch die Mangroven. Der Transfer von Kilindoni kostet 15 US$ pro Person.

Mafia Island Lodge LODGE **$$**
(☎ 0786 303049, 022-260 1530; www.mafialodge.com; Bucht von Chole; pro Pers. 115–135 US$; ⏲ Juni–April; ❄ @) Das ehemalige Regierungshotel steht auf einem Rasengrundstück, das sanft zu einem kleinen Strand abfällt. Es bietet mehrere „Standard"- und „Superior"-Zimmer sowie zwei Familiensuiten an. Vom Hauptrestaurant mit ausladendem Strohdach geht der Blick über die Bucht von Chole. Es gibt eine Strandbar und ein angeschlossenes Tauch- und Wassersportzentrum. Nur mit Halb- oder Vollpension.

Shamba Kilole Eco Lodge LODGE **$$**
(☎ 0753 903752, 0786 903752; www.shambakilolelodge.com; Chalet/Suite inkl. Vollpension pro Pers. ab 140/180 US$; 📶 🏊) 🍃 Shamba Kilole steht auf einem ruhigen Gelände auf einer kleinen Anhöhe mit Blick auf die Bucht von Chole. Die Chalets sind individuell gestaltet und alle geschmackvoll dekoriert. Die italienischen Besitzer, die schon lange auf Mafia leben, führen die Lodge nach ökologischen Prinzipien; das biologisch erzeugte Essen stammt aus der Region. Außerdem gibt es einen PADI-Tauchlehrer.

Kinasi Lodge LODGE **$$$**
(☎ 0777 424588; www.kinasilodge.com; Bucht von Chole; EZ/DZ inkl. Vollpension ab 200/360 US$; @ 🏊) 🍃 Eine hübsche, elegante Anlage: 14 Steinhütten mit Strohdach stehen an einem langen, gepflegten Hang mit Palmen, der zur Bucht von Chole abfällt. Das marokkanisch beeinflusste Design kommt abends bei Laternenbeleuchtung am besten zur Geltung. Es gibt eine offene Lounge mit Satelliten-TV, einen kleinen Strand, ein Spa und ein Tauchzentrum. Das Ambiente ist ruhig und freundlich.

Das Management betreibt auch ein Luxus-Buschcamp an der Nordspitze Mafias.

Pole Pole Bungalow Resort LODGE **$$$**
(☎ 022-260 1530; www.polepole.com; Bucht von Chole; EZ/DZ inkl. Vollpension & tgl. Exkursionen 387/595 US$; @ 🏊) 🍃 Ein hochklassiger Rückzugsort unter Palmen und inmitten tropischer Vegetation auf einem langen Hang mit Aussicht auf die Bucht von Chole. Auf den ersten Blick erscheint es kaum bemerkenswert, doch die absolute Ruhe, der makellose Service, die hervorragende Küche, fehlendes TV und Bungalows mit höchstem Komfort finden genau die richtige Balance zwischen Luxus und Understatement. Kinder unter 10 Jahren sind nicht erlaubt.

Chole

Chole Foxes Guesthouse GÄSTEHAUS **$**
(☎ 0787 877393, 0715 877393; www.cholefoxeslodge.webs.com; Chole ; EZ/DZ 30/50 US$) Einzi-

ge Budgetunterkunft auf Chole: Das Gästehaus liegt hervorragend am Südwestufer der Insel mit Blick auf die Bucht von Chole und die Insel Mafia. Die Zimmer sind einfach, aber ausreichend, und auf Bestellung werden Mahlzeiten für etwa 10 US$ serviert.

Es befindet sich in der Umgebung von Kilimani, etwa 2,5 km von den Ruinen entfernt. Der gewundenen Zufahrt zwischen Palmen und Dörfern ist wegen der zahlreichen Richtungsänderungen schwer zu folgen; einen Einheimischen nach dem Weg fragen. Wer vorher bucht (was man auf jeden Fall tun sollte), wird mit dem Boot in Utende abgeholt.

Chole Mjini BAUMHAUS **$$$**
(☎ 0787 712427, 0784 520799; www.cholemjini.com; Chole; EZ/DZ inkl. Vollpension 265/420 US$; ⏲ Juni–Ostern) 🍃 Chole Mjini ist einzigartig: ein luxuriöses Busch-Abenteuer in Einklang mit der örtlichen Gemeinde und der Umwelt. Man schläft in fantastischen, geräumigen, rustikalen Baumhäusern, isst frische Meeresfrüchte und erlebt die Dunkelheit einer afrikanischen Nacht ohne Strom. Zudem kann man Tauchexkursionen unternehmen. Und bei allem unterstützt man auch immer gleichzeitig die Arbeit von Chole Mjini in der Gemeinde.

Chole Mjini arbeitet nach dem Konzept, die Dorfgemeinschaft zu fördern, daher bildet die Dorfentwicklung den Kern der Unternehmensphilosophie und ein Teil der Einkünfte fließt in Gesundheits- und Ausbildungsprogramme. In den letzten beiden Jahrzehnten wurden eine kleine Klinik, ein Kindergarten und eine Grundschule eingerichtet.

ℹ Praktische Informationen

GELD

National Microfinance Bank An der Straße zum Flugplatz bei der Hauptkreuzung in Kilindoni; wechselt nur Bargeld (Dollar, Euro und Britisches Pfund). Es gibt keine Geldautomaten.

INTERNETZUGANG

Internet Café (Kilindoni; pro Std. 3000 TSh; ⏲ 8–18 Uhr) Im New Lizu Hotel (S. 309).

MEDIZINISCHE VERSORGUNG

Eine Dorfklinik auf der Insel Chole führt Malariatests durch. Bei ernsteren Erkrankungen besser nach Daressalam fliegen.

TELEFON

Anrufe sind vom New Lizu Hotel (S. 309) in Kilindoni aus möglich.

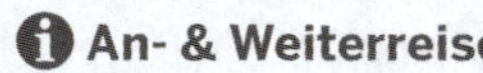

ℹ An- & Weiterreise

FLUGZEUG

Coastal Aviation (☎ 022-284 2700, 0767 404350, 0654 404350) fliegt täglich zwischen Mafia und Daressalam (120 US$), Songo Songo (120 US$), Sansibar (160 US$) und Kilwa Masoko (190 US$, mindestens fünf Passagiere); mit Anschluss zum Wildreservat Selous und nach Arusha. **Tropical Air** (☎ 024-223 2511; www.tropicalair.co.tz) bietet zu ähnlichen Preisen Flüge zwischen Mafia und Daressalam mit Anschluss nach Sansibar an.

Alle Hotels an der Bucht von Chole arrangieren für ihre Gäste den Transfer vom Flugplatz (manchmal im Zimmerpreis enthalten, ansonsten 15–30 US$; bei der Buchung erfragen).

SCHIFF/FÄHRE

Wenn sie nicht gerade wegen Reparaturen oder schlechtem Wetter vor Anker liegt (was ziemlich häufig vorkommt), fährt die **MS Baccara** (☎ 0686 649616; www.mafiarufijiexpress.com) täglich von Mafia (Hafen Kilindoni) zum Dorf Nyamisati auf dem Festland, südlich von Daressalam, und zurück. Sie ist das zuverlässigste von mehreren Schiffen. Abfahrt von Kilindoni ist um 8 Uhr, von Nyamisati um 13 Uhr (3–4 Std.). Die einfache Fahrt kostet 15 000 TSh. Das Hauptticketbüro in Kilindoni befindet sich neben der großen Moschee, ein weiteres ist in dem Gebäude mit rotem Dach am Hafen; die Tickets sollte man am Nachmittag vorher kaufen. In Nyamisati kauft man die Tickets am Hafen.

Andernfalls muss man sich auf die kleinen motorisierten Boote verlassen, die die Strecke Nyamisati–Kilindoni täglich zurücklegen, wenn es das Wetter erlaubt (einfach 12 500 TSh, ca. 4 Std.). Einige Budget-Reisende kommen auf diesem Weg nach Mafia, allerdings führen die kleineren Boote keinerlei Sicherheitsausrüstung mit sich. Sie sind oft überfüllt, bieten kaum Schatten, und in der Mitte des Kanals kann die Fahrt sehr windig und rau sein. Die Abfahrtszeiten richten sich nach dem Wetter und den Gezeiten, meistens geht es aber gegen 6 Uhr in Kilindoni los. Die Abfahrtszeiten von Nyamisati sind unregelmäßig.

Wer nach Nyamisati will, nimmt ein südwärts fahrendes *dalla-dalla* (Minibus) von Mbagala Rangi Tatu an der Straße nach Kilwa; zu erreichen per *dalla-dalla* von Daressalam Posta (6000 TSh); die Fahrt vom Zentrum Daressalams nach Nyamisati dauert etwa vier Stunden. Wer abends auf Mafia eintrifft und keinen Transfer mit einer Lodge arrangiert hat, muss in Kilindoni übernachten. Der Weg ins Zentrum von Kilindoni führt etwa 300 m geradewegs den Hügel hinauf. Bei der Ankunft per Boot in Nyamisati ist es leicht, ein nordwärts fahrendes *dalla-dalla* nach Mbagala und ins Zentrum von Daressalam zu finden. Falls man nachts in Nyamisati festsitzt, gibt es schlichte Unterkünfte in der alten schwedischen Mission.

Unterwegs vor Ort

Kilindoni ist per *dalla-dallas* mit Utende (1500 TSh, 45 Min., mehrmals tgl.) und Bweni (4000 TSh, 4–5 Std., mind. 1-mal tgl.) verbunden. Auf der Strecke Kilindoni–Utende starten die Busse in Kilindoni gegen 13 Uhr, in Utende gegen 7 Uhr. Der letzte Bus ab Utende geht gegen 16.30 Uhr. Die Busse zwischen Kilindoni nach Bweni fahren um 13 Uhr, in Bweni gegen 7 Uhr ab. Die zentrale Bushaltestelle in Kilindoni ist auf der „Plaza" am Markt, die Endhaltestelle für *dalla-dallas* in Utende befindet sich an der kleinen Lademole zwischen der Mafia Island Lodge (S. 310) und dem Big Blu (S. 309). Die Straße von Kilindoni nach Utende wird derzeit asphaltiert; wenn die Arbeiten beendet sind, werden sich diese Transportinformationen wahrscheinlich ändern.

In Kilindoni können Taxis oder *bajaji* für die Fahrt über die Insel gemietet werden. Unter 15 000 TSh (10 000 TSh für ein *bajaji*) für die Rückfahrt zwischen Kilindoni und Utende ist nichts drin und Handeln unbedingt erforderlich.

Eine weitere Option ist das Fahrrad (Mountainbike) – ein eigenes oder geliehenes. Ein schweres Rad ohne Gangschaltung kostet pro Stunde ab 500 TSh; es gibt sie am Markt von Kilindoni.

Die meisten Hotels an der Bucht von Chole organisieren für ihre Gäste Boote für Fahrten zwischen Utende und der Insel Chole; der Transfer kann auch mit Mafia Island Diving (S. 308) und mit Big Blu (S. 308) arrangiert werden. Ansonsten legen den ganzen Tag über am Strand vor der Mafia Island Lodge einheimische Boote ab (100 TSh). Hier fahren auch Boote nach Juani; bei Ebbe geht's auch zu Fuß von Chole nach Juani. Die Transportboote, die am Strand beim Pole Pole Resort (S. 310) nach Jibondo ablegen, nehmen gewöhnlich kostenlos Touristen mit.

Wildreservat Selous

Im Herzen des südlichen Tansanias liegt das **Wildreservat Selous** (Erw./Kind 50/30 US$ plus tgl. Naturschutzgebühr 15–25 US$). Es ist Afrikas größtes Wildreservat und das größte Schutzgebiet Tansanias – nur die Ökosysteme des Nationalparks Ruaha und die Serengeti sind ähnlich groß. Hier leben riesige Elefantenherden, Büffel, Krokodile, Flusspferde, Wildhunde und eine eindrucksvolle Vielfalt an Vögeln; dazu ein paar von Tansanias letzten Spitzmaulnashörnern. Der Rufiji teilt das Gebiet in zwei Teile: Er windet sich auf 250 km Länge vom Hochland durch Selous bis zum Meer und ist eines der größten Wassereinzugsgebiete Ostafrikas. Ganz nebenbei stellt er einen guten Transportweg dar zwischen Wäldern, Savannen und Hainen aus Borassus-Palmen – und bietet Touristen die außergewöhnliche Gelegenheit, wilde Tiere vom Wasser aus zu beobachten. Im Flussdelta gegenüber der Insel Mafia, das nicht mehr im Schutzgebiet liegt, vermischt sich das rotbraune Wasser des Flusses mit dem blauen Salzwasser des Meeres zu faszinierenden Mustern. Hier leben Dutzende von Vogelarten, Delfine und andere Tiere.

Im Nordwesten des Wildreservats erstreckt sich die durchschnittlich 100 m tiefe **Stiegler-Schlucht**. Sie ist nach einem Schweizer Forscher benannt, der hier 1907 von einem Elefanten getötet wurde.

Obwohl die Zahl der Touristen – entsprechend auch die der Lodges mit den besten Möglichkeiten zur Wildbeobachtung am Rufiji und in seiner Nähe – im Wildreservat Selous in den letzten Jahrzehnten stark zugenommen hat, wird es im Vergleich zu den Parks im Norden Tansanias noch immer wenig besucht. Weitere Vorteile sind die sehr intakte Wildnis und kleine Safaricamps mit viel Flair. Die reiche Tierwelt und die eindrucksvolle Flusslandschaft ziehen jeden Touristen, der Selous betritt, sofort in ihren Bann.

Für Touristen ist nur der Bereich nördlich des Rufijis erschlossen. In weiten Teilen des südlichen Wildreservats wurden Jagdlizenzen vergeben.

Geschichte

Die ersten Teile des Parks wurden schon 1896 unter Schutz gestellt, doch erst seit 1922 hat das Schutzgebiet seine heutige Größe und den Namen: Frederick Courteney Selous war ein britischer Forschungsreisender, der im Ersten Weltkrieg im Park erschossen und beerdigt wurde; sein **Grab** kann besucht werden. Bis 1975 wurde die geschützte Fläche regelmäßig erweitert – bis auf die heutige Größe. In den letzten Jahren wurden Anstrengungen unternommen, das Wildreservat Selous mit dem Niassa-Reservat in Mosambik zu vereinen. Die ersten Schritte zu diesem Projekt – ein Wildkorridor – wurden bereits eingeleitet.

Aktivitäten

Die meisten Camps und Lodges bieten **Boot-Safaris** auf dem Rufiji oder den Seen des Wildreservats an. Fast alle veranstalten in der Nähe der Camps **Wander-Safaris**, die etwa drei Stunden dauern; manche haben größere Touren mit Übernachtung in Zeltcamps („fly camps") im Programm. Neben den Boot- und Wander-Safaris, stellen auch **Wildtierfahrten**, einen wunderbaren Kontrast zur Hektik anderer Regionen dar.

Schlafen

Innerhalb des Reservats

Stellplätze auf allen öffentlichen Campingplätzen kann man bei der Ankunft an den Eingangstoren buchen und bezahlen. Wer zelten will, muss ein großes Gefäß für Wasser zum Waschen und Reinigen mitbringen, das später bei Bedarf in der Nähe der Campingplätze nachgefüllt wird. Auch alles Essen und Getränke muss man selbst mitbringen.

Öffentlicher Campingplatz Beho Beho CAMPINGPLATZ $
(Campen 30 US$) Öffentlicher Zeltplatz an der Beho-Beho-Brücke, etwa 12 km südöstlich von Matambwe mit minimalen Einrichtungen, z. B. Plumpsklo.

Öffentlicher Campingplatz Lake Tagalala CAMPINGPLATZ $
(Campen 30 US$) Auf dem Campingplatz Lake Tagalala gibt's nur die nötigsten Einrichtungen. Er liegt etwa auf halbem Weg zwischen Mtemere und Matambwe.

Spezielle Stellplätze CAMPINGPLATZ $
(mtbutalii@gmail.com; Camping 50 US$) Im Gebiet zwischen dem Mtemere-Tor und dem Manze-See (nordöstlich vom Tagalala-See) können spezielle Stellplätze arrangiert werden.

★ **Selous Impala Camp** ZELTCAMP $$$
(☎0753 115908, 0787 817591; www.adventurecamps.co.tz; EZ/DZ inkl. Vollpension & Exkursionen 690/1200 US$; ⌚Juni–März; P ☒) Das Impala Camp bietet acht geräumige, gut ausgestattete Zelte in erstklassiger Lage am Fluss nahe dem Mzizimia-See. Vom Restaurant geht der Blick über den Fluss, und die angrenzende Bar steht auf einem Deck über dem Wasser. Die Umgebung ist sehr wildreich.

Das Camp ist besonders günstig, wenn man in Daressalam die Pakete mit Flug und Unterkunft von Coastal Travels (S. 70) nutzt.

Lake Manze Tented Camp ZELTCAMP $$$
(☎0753 115908, 0787 817591; www.adventurecamps.co.tz; EZ/DZ inkl. Vollpension & Exkursionen 520/900 US$; ⌚Juni–März; P) Günstig an einem Seitenarm des Manze-Sees liegt das rustikale, aber komfortable Zeltcamp Lake Manze. Es hat zwölf einfache, aber nette Zelte, und die Atmosphäre ist sehr ruhig und naturnah. Das Camp empfiehlt sich besonders bei knapperer Kasse, vor allem als Teil der Flug-Übernachtung-Pakete von Coastal Travels.

Rufiji River Camp ZELTCAMP $$$
(☎0784 237422; www.rufijirivercamp.com; EZ/DZ pro Pers. all-inclusive 465/730 US$; P ☒) Das alteingesessene Camp wird von der Familie Fox geführt, die in ganz Südtansania Camps besitzt. Es liegt am Fluss 1 km hinter dem Mtemere-Tor. Alle Zelte blicken auf den Fluss; von einer Terrasse genießt man den Sonnenuntergang. Es gibt Boot- und Wander-Safaris mit Übernachtung. Gutes Preis-Leistungs-Verhältnis für Reisende mit begrenztem Budget.

Siwandu ZELTCAMP $$$
(Selous Safari Camp; ☎022-212 8485; www.selous.com; pro Pers. inkl. Vollpension & Exkursionen 650 US$; ⌚Juni–März; P ☒) Das gehobene Camp liegt an einem Nebenfluss des Rufiji in üppig grüner Umgebung mit Blick auf den Nzelekela-See. Es ist in zwei separate Camps unterteilt, in denen je ein halbes Dutzend große Zelte stehen, dadurch wirkt es sehr intim und exklusiv. An einer Seite befindet sich ein erhöhter Speise- und Loungebereich, und der Service ist durchgängig tadellos. Kinder unter sechs Jahren sind nicht erlaubt. Wenn man es sich leisten kann, ist das Camp eine gute Ausgangsbasis für Safaris im Selous.

Beho Beho LODGE $$$
(☎UK +44 19 3226 0618; www.behobeho.com; pro Pers. all-inclusive ab 920 US$; P ☒) Das Beho

WILDRESERVAT SELOUS

Auf in das Wildreservat Beste Wildbeobachtung vor dem Hintergrund einer faszinierenden Flusslandschaft; wunderbare, kleine Camps, tolle Boot-Safaris und die Möglichkeit für Wander-Safaris.

Reisezeit Juni bis Dezember; viele Camps schließen zwischen März und Mai wegen starkem Regen.

Praktisch & Konkret Anreise per Flugzeug oder Auto von Daressalam und mit dem Auto von Morogoro oder Mikumi. Sowohl das Mtemere- als auch das Matambwe Tor sind von 6.30 bis 18 Uhr geöffnet. Das **Hauptquartier des Reservats** (mtbutalii@gmail.com) befindet sich am nordwestlichen Rand des Selous in Matambwe.

Budget-Tipps Mit dem Bus von Daressalam ins Dorf Mloka fahren und außerhalb der Grenzen des Reservats übernachten; Eintrittsgeld zahlt man nur beim Betreten des Reservats.

Wildreservat Selous (Nördlicher Teil)

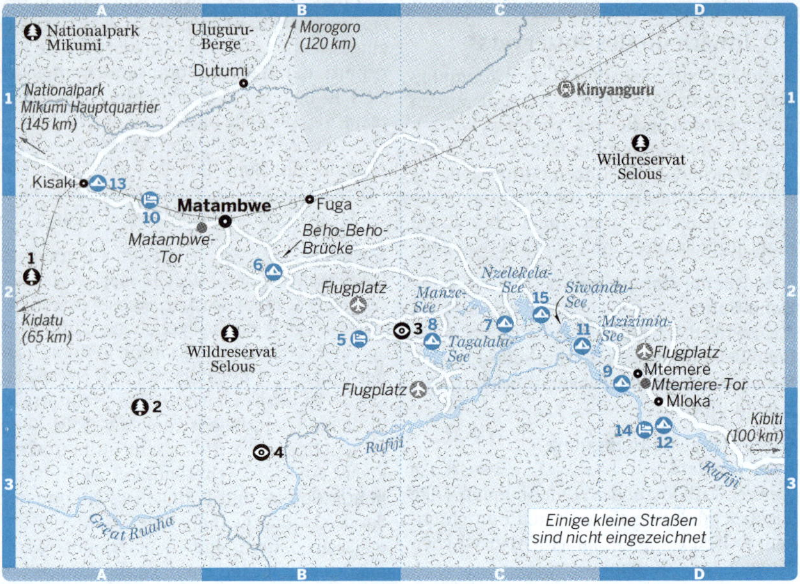

Einige kleine Straßen sind nicht eingezeichnet

Wildreservat Selous (Nördlicher Teil)

Sehenswertes

1 Nationalpark Mikumi A2
2 Wildreservat Selous A3
3 Selous' Grab C2
4 Stiegler-Schlucht B3

Schlafen

5 Beho Beho B2
6 Beho Beho Public Campsite B2
7 Lake Manze Tented Camp C2
8 Öffentlicher Campingplatz Lake Tagalala C2
9 Rufiji River Camp D2
10 Sable Mountain Lodge A2
11 Selous Impala Camp C2
12 Selous Mbega Camp D3
13 Selous Mbega Kisaki Annex A1
14 Selous River Camp D3
15 Siwandu C2

Beho auf einem Hügel nordwestlich vom Tagalala-See, abseits vom Fluss, empfiehlt sich für „Wiederholungstäter", die die Camps am Fluss schon erlebt haben und den Selous intensiver kennenlernen möchten. Die geräumigen Stein- und Strohbungalows bieten herrliche Sicht über die Ebenen, die geführten Exkursionen sind hervorragend, und auch die Übernachtung in einem privaten Baumhaus ist möglich.

Auf dem Tagalala-See, der für seine Vogelwelt, die Flusspferde und Krokodile berühmt ist, finden Boot-Safaris statt.

Außerhalb des Reservats

Die meisten Lodges vor dem Mtemere-Tor können Boot-Safaris auf dem Rufiji östlich der Grenze des Reservats, Wandertouren außerhalb des Reservats und Auto-Safaris im Reservat arrangieren. Die Gebühren für das Reservat werden nur an den Tagen fällig, die tatsächlich innerhalb des Reservats verbracht werden. Die Strecke vom Mtemere- zum Matambwe-Tor durch das Reservat beträgt etwa 75 km. Ein paar Tage außerhalb der Parkgrenzen, kombiniert mit einer eintägigen Autotour innerhalb des Reservats, ist eine lohnende Option. Allerdings halten sich in der Region um Matambwe deutlich weniger Tiere auf als innerhalb des Reservats bei Mtemere.

Selous River Camp BUNGALOWS $$
(☎ 0784 237525; www.selousrivercamp.com; Camping 5 US$, EZ/DZ Zelt inkl. Vollpension 105/155 US$, EZ/DZ Lehmhütte inkl. Vollpension 235/285 US$; P) Dieses freundliche Camp mitten

im Wald liegt dem Mtemere-Tor am nächsten. Es hat gemütliche „Lehmhütten" am Fluss sowie Zelte in Stehhöhe mit Feldbetten und Gemeinschaftswaschräume. Der schöne Bar-Restaurant-Bereich schaut an einer besonders malerischen Stelle direkt auf den Fluss. Insgesamt eine gute Wahl für Budgetreisende.

Boot-Safaris, Auto-Safaris und Dorfbesuche kann man vor Ort arrangieren.

Selous Mbega Camp ZELTCAMP **$$**

(☎ 0784 624664, 0784 748888; www.selous-mbega-camp.com; EZ/DZ inkl. Vollpension 140/200 US$, EZ/DZ „Backpackers Special" inkl. Vollpension 95/140 US$) Dieses entspannte, familienfreundliche Camp befindet sich ca. 1 km außerhalb der Ostgrenze des Reservats in der Nähe des Mtemere-Tors und gleich westlich des Dorfes Mloka. Es bietet schlichte, erhöht stehende Zelte, die mitten im Grünen mit Blick auf den Fluss liegen, sowie relativ günstige Boot- und Auto-Safaris. Der Transfer von und nach Mloka ist kostenlos. Sehr gutes Preis-Leistungs-Verhältnis im Budgetbereich.

Das „Backpacker Special" ist für Gäste, die mit dem Bus in Mloka oder Kisaki ankommen.

Selous Mbega Kisaki Annex ZELTCAMP **$$**

(☎ 0784 748888, 0784 624664; www.selous-mbega-camp.com; Camping 10 US$, EZ/DZ inkl. Vollpension 140/200 US$, EZ/DZ „Backpackers Special" inkl. Vollpension 95/140 US$; P) In der Nähe des Dorfes Kisaki und der Bahnlinie und 17 km vom Matambwe-Tor des Wildreservats entfernt. Es wird von denselben Managern geführt wie das ähnliche Selous Mbega Camp. Neben Zimmern bietet es auch Camping an, dabei muss man sich jedoch komplett selbst versorgen. Auch hier gibt es das „Backpacker Special" für Gäste, die mit dem Bus in Mloka oder Kisaki ankommen.

Sable Mountain Lodge LODGE **$$$**

(☎ 0713 323318, 022-211 0507; www.selouslodge.com; EZ/DZ inkl. Vollpension ab 230/350 US$, all-inclusive 410/530 US$; P) Die Sable Mountain Lodge ist freundlich, entspannt und ihren Preis wert. Sie liegt auf halbem Weg zwischen dem Matambwe-Tor und Kisaki an der Nordwestgrenze des Reservates. Es gibt gemütliche, komfortable Stein-Cottages, Zelt-*bandas* (Hütten mit Strohdach), ein Plätzchen zum Sternegucken, Wander-Safaris und Autofahrten zu den Wildtieren sowie Nachtfahrten außerhalb des Reservates.

ℹ An- & Weiterreise

AUTO & MOTORRAD

Selous ist nur mit dem Geländewagen befahrbar. Im Reservat gibt es keine Mietwagen, und Motorräder sind nicht erlaubt.

Zwei Straßenverbindungen führen zum Wildreservat. Die erste ist die asphaltierte Hauptstraße von Daressalam nach Kibiti, wo eine überwiegend recht gute Piste Richtung Südwesten abzweigt, die nach Mkongo, Mloka und weiter zum Mtemere-Tor führt (250 km). Die Straße ist bis Mkongo in relativ gutem Zustand. Der Abschnitt von Mkongo nach Mtemere (75 km) ist bei starkem Regen manchmal unpassierbar. Für die Fahrt sollte man ab Daressalam sechs Stunden einplanen.

Eine alternative Route führt von Daressalam über Morogoro bis Kisaki und dann weiter bis Matambwe (ca. 350 km). Die Strecke ist wegen der Fahrt durch die Uluguru-Berge landschaftlich schöner, aber holprig. Von Morogoro bis Kisaki sind es 141 km, von Kisaki bis zum Matambwe-Tor 21 km. Die Strecke ist zwar in

GEBÜHREN IM WILDRESERVAT SELOUS

Alle Gebühren gelten für 24 Stunden und werden in US$ (nur Barzahlung) erhoben. Bei unserer Recherche war der mehrfache Einlass innerhalb von 2 Stunden noch möglich, dies könnte sich aber bald ändern.

Eintritt Erw. 50 US$ (Kind bis 16 Jahren 30 US$; Kind unter 5 Jahren kostenlos).

Naturschutzgebühr 25 US$ pro Person bei Übernachtung in einem der Camps innerhalb des Parks (15 US$ pro Pers. bei Übernachtung in einem Camp außerhalb des Parks).

Fahrzeuggebühr 20 000 TSh für in Tansania zugelassene Fahrzeuge.

Camping auf öffentlichen Plätzen Erw./Kind 30/20 US$

Camping auf speziellen Plätzen Erw./Kind 50/30 US$

Wächter (vorgeschrieben auf Campingplätzen) 25 US$

Guide 40 US$ (25 US$ bei Wander- oder Boot-Safaris.

jüngster Zeit deutlich besser geworden, ist aber immer noch sehr abenteuerlich. Von Daressalam bis Morogoro ist die Straße asphaltiert. In Morogoro geht's auf die alte Daressalam-Straße in östlicher Richtung nach Bigwa. Etwa 3 bis 4 km außerhalb des Ortszentrums führt die Straße am Teachers' College Morogoro vorbei. An der Gabelung vor Bigwa rechts halten. Die unbefestigte Straße steigt nun in steilen Windungen durch den dichten Wald der Uluguru-Berge und mündet in eine flache Ebene. Für die Strecke von Morogoro nach Matambwe braucht es, je nach Jahreszeit, mindestens fünf bis sechs Stunden. Wer von Daressalam kommt und Morogoro meiden möchte, biegt 25 km östlich der Stadt von der Hauptstraße nach Daressalam nach links in eine unbeschilderte Straße nach Mikese ab; sie stößt in Msumbisi wieder auf die Straße nach Kisaki.

Die letzte Tankstelle aus Richtung Daressalam befindet sich in Kibiti (100 km nordöstlich des Mtemere-Tores). Da die Versorgung nicht gesichert ist, wäre Ikwiriri eine andere Option, danach kommt keine Tankstelle mehr. Wer aus der anderen Richtung kommt, findet die letzte Tankstelle in Morogoro (160 km von der Rangerstation Matambwe entfernt). Gelegentlich werden an der Straße in Matombo, 50 km südlich von Morogoro, und in verschiedenen anderen Dörfern Benzin und Dieselkraftstoff verkauft, die Qualität ist aber nicht zuverlässig. Für Fahrten innerhalb des Wildreservates Selous also auf jeden Fall einen ausreichenden Benzinvorrat mitbringen, denn weder in einer der Lodges noch in der Nähe des Reservats ist Benzin erhältlich.

Für den Transfer eines Fahrzeugs von Daressalam über Mloka sollte man mit 250 US$ pro Strecke rechnen.

BUS

Täglich fährt ein Bus vom sudanischen Markt in Temeke (in der Gegend von Majaribiwa) und vom Dorf Mloka, das etwa 10 km östlich des Mtemere-Tores liegt (11 000 TSh, 6–9 Std.), und zurück; Abfahrt in beide Richtungen ist um 5 Uhr. Die Fahrt von Mloka bis zu den Camps muss im Voraus organisiert werden, denn Trampen ist in Selous verboten, und es gibt keine Mietwagen in Mloka.

Wer von Selous weiter nach Kilwa, Lindi oder Mtwara möchte, kann das tägliche *dalla-dalla* von Mloka zur Kibiti-Kreuzung an der Hauptstraße nehmen. Es startet irgendwann zwischen 3 und 5 Uhr in Mloka (3–4 Std.). In Kibiti muss man einen der vorbeifahrenden Busse aus Daressalam anhalten und bis zur Kreuzung von Nangurukuru (weiter nach Kilwa) oder bis Lindi oder Mtwara mitfahren.

Von Morogoro kommend: Die Busgesellschaft Tokyo Bus Line verkehrt mindestens einmal täglich zwischen der zentralen Haltestelle Msamvu in Morogoro und dem Dorf Kisaki. Abfahrt in beiden Richtungen ist zwischen 9 und 11 Uhr (9000 TSh, 7 Std.). Von Kisaki muss man die Weiterfahrt bis zum 21 km entfernt gelegenen Matambwe-Tor im Voraus mit den Lodges arrangieren.

FLUGZEUG

Coastal Aviation (S. 311) fliegt täglich zwischen Selous und Daressalam (einfach 185 US$), Sansibar (einfach 220 US$), Mafia (über Daressalam, einfach 280 US$) und Arusha (über Daressalam, einfach 525 US$), mit Anschluss an andere Flugpisten im Norden. Coastal fliegt auch zwischen Selous und dem Nationalpark Ruaha (einfach 320 US$). Andere Airlines, die diese Routen zu ähnlichen Preisen bedienen, sind z. B. ZanAir (S. 71) und Safari Airlink (S. 405). Die Flüge nach Selous werden in der Regenzeit von März bis Mai in der Regel eingestellt. Alle Lodges holen ihre Gäste vom Flugplatz ab.

ZUG

Abenteuerlustige Reisende – vor allem, wenn sie den Nordwesten von Selous besuchen möchten – kommen mit dem Zug. Mit etwas Glück ziehen die ersten Wildtiere schon am Zugfenster vorbei. Alle Tazara-Züge halten in Kisaki. Der Bahnhof liegt fünf bis sechs Stunden von Daressalam entfernt, ist die erste Haltestelle der Expresszüge und auch der interessanteste Stopp. Die normalen Züge halten in Matambwe nahe dem Hauptquartier des Selous sowie an den Bahnhöfen Kinyanguru und Fuga, die heute aber nur noch selten genutzt werden.

Die schnellste Verbindung ist der Zug zwischen Daressalam und Selous. Allerdings sollte man seine Ankunft rechtzeitig ankündigen und sich abholen lassen, denn die Züge kommen meist nach Einbruch der Dunkelheit an (fahrplanmäßige Ankunft sowohl des normalen Zugs als auch des Expresszugs ist zwischen 19 und 20 Uhr). In entgegengesetzter Richtung kann es zu Verspätungen von bis zu 20 Stunden kommen. Darum sind viele Lodges nicht bereit, Reisende abzuholen, die aus Richtung Mbeya kommen. In Kisaki gibt es mehrere einfache lokale Gästehäuser (keines, das wir empfehlen können), falls man abends hier strandet.

Kilwa Masoko

Kilwa Masoko („Kilwa des Marktes") ist ein verschlafenes Küstenstädtchen etwa auf halber Strecke zwischen Daressalam und Mtwara. Es ist zwischen dichter Vegetation und ein paar schönen Sandstränden eingebettet. Die Stadt selbst ist eine relativ moderne Gründung und hat wenig Historisches zu bieten. Doch sie ist das Sprungbrett in eine der historisch bedeutsamsten Regionen Ostafrikas: zu den eindrucksvollen Ruinen der arabischen Siedlungen Kilwa Kisiwani (S. 319) und Songo Mnara (S. 320) aus dem 15. Jh.

Sehenswertes & Aktivitäten

Am Ostrand der Stadt befindet sich ein kurzer Sandstrand, der **Jimbizi-Strand**, in einer teilweise geschützten Bucht mit gelegentlichen Baobabs. Der tollste Küstenabschnitt ist der lange, von Palmen gesäumte Strand von **Masoko Pwani** am offenen Meer, 5 km nordöstlich der Stadt. Er ist am besten mit dem Fahrrad oder einem *bajaji* (einfach 5000 TSh) zu erreichen. Hier werden die Fische für Kilwa Masoko angelandet. Der farbenprächtige Hafen ist vor allem am späten Nachmittag einen Besuch wert.

Hotels und die Kilwa Islands Tour Guides Association (S. 318) vermitteln Dau-Ausflüge in die Mangrovensümpfe rund um Kilwa zur Vogelbeobachtung sowie Exkursionen zur Beobachtung von **Flusspferden** bei Mto Nyange. Etwa 85 km nordwestlich von Kilwa bei Kipatimo liegen ausgedehnte **Kalksteinhöhlen**.

Schlafen

Kilwa Bandari Lodge GÄSTEHAUS $
(☎ 0713 850745; EZ/DZ/2BZ 39 000/49 000/49 000 TSh; Mahlzeiten 7000 TSh; P) Sechs ordentliche, moderne Zimmer mit Ventilator, Moskitonetz, Fliegenfenstern und Betten im Sansibar-Stil machen diese Lodge zu einer der besten Budgetunterkünfte der Stadt. Auf Bestellung sind einheimische Mahlzeiten erhältlich. Sie befindet sich 1,5 km südlich vom Busbahnhof (1000 TSh mit dem *bajaji*) an der Hauptstraße und kurz vor den Hafentoren.

Kimbilio Lodge LODGE $$
(☎ 0656 022166; www.kimbiliolodges.com; EZ/DZ/3BZ/4BZ 90/130/150/170 US$; P) Die freundliche Unterkunft liegt wunderbar am besten Abschnitt des Jimbizi-Strandes. Übernachtet wird in sechs geräumigen, geschmackvoll gestalteten Rundhütten mit *makuti* (Palmstrohdach) direkt am Strand. Sehr empfehlenswert. Die Lodge bietet gute italienische Küche und (auf Voranmeldung) Tauchen. Auch Schnorchelexkursionen sowie Touren zu den Flusspferden und Mangrovensümpfen können arrangiert werden.

Kilwa Seaview Resort LODGE $$
(☎ 0784 613335, 023-201 3064; www.kilwa.net; Jimbizi-Strand; Camping 10 US$, EZ/DZ/3BZ/4BZ inkl. HP 100/130/160/190 US$; P) Das familienfreundliche Resort besteht aus geräumigen Zeltdachhütten auf einer Felsklippe mit Blick auf das östliche Ende des Jimbizi-Strandes. Das Restaurant rund um einen

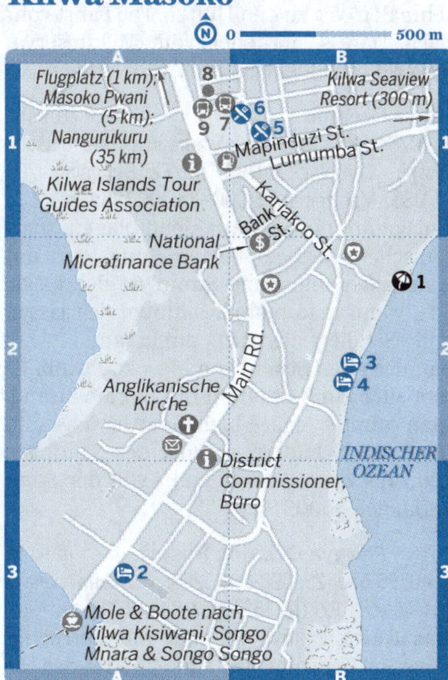

Kilwa Masoko

Sehenswertes
1 Jimbizi Beach B2

Schlafen
2 Kilwa Bandari Lodge A3
3 Kilwa Pakaya Oceanic Resort B2
4 Kimbilio Lodge B2

Essen
5 Mopei Fast Food B1
6 Nachtmarkt B1

Transport
7 Busse nach Daressalam & Lindi A1
8 Coastal-Aviation-Buchungsbüro A1
9 Transport nach Kilwa Kivinje & Nangurukuru A1

riesigen Baobab hat köstliche Gerichte, und der Badestrand ist nur einen kurzen Spaziergang entfernt.

Autofahrer biegen am Hinweisschild von der Hauptstraße in die Zufahrtsstraße ein. Wer mit dem Bus kommt, wendet sich von der Haltestelle zuerst auf der Hauptstraße nach Süden in Richtung Hafen und biegt an der Polizeistation links ab. Es geht an den Polizeibaracken und dem Krankenhaus vorbei den Hügel abwärts zur Kilwa Ruins Lodge und dem Jimbizi-Strand. Am nordöstlichen Ende des Strandes führt ein schmaler Weg zu den Hütten. Die Fahrt von/nach Daressalam oder vom Wildreservat Selous kostet 250 US$ pro Auto (einfach).

Kilwa Dreams BUNGALOWS $$
(☎0784 585330; www.kilwadreams.com; Masoko Pwani; Camping 10 US$, DZ/FZ Bungalow 70/95 US$; Mahlzeiten 25 000–35 000 TSh; P) Die Anlage mit ein paar strahlend blauen, spartanischen, aber gepflegten Bungalows mit Kaltwasser und ohne Strom ist der ideale Ort, wenn man mal alles hinter sich lassen will. Sie liegt idyllisch direkt am langen, wunderbaren Strand von Masoko Pwani. Es gibt auch ein Restaurant mit Bar am Strand. Man nimmt den Flughafen-Abzweig und folgt den Schildern entlang der Sandpiste 4 km bis zum Strand. *Bajaji* von der Stadt verlangen 5000 TSh.

Kilwa Pakaya Oceanic Resort HOTEL $$
(☎0776 570425, 023-201 3253; www.kilwapakayahotel.co.tz; EZ/DZ 152 000/184 000 TSh; P ❄) Das Kilwa Pakaya punktet mit herrlicher Lage im Zentrum des Jimbizi-Strandes. Es hat einen schönen Speisebereich am Strand, ein Beachvolleyballfeld und komfortable Zimmer in einem mehrstöckigen Gebäude im hinteren Teil, die alle Meerblick, Ventilator und Minikühlschrank bieten.

Mwangaza Hideaway LODGE $$
(☎0784 637026, 0687 848927; www.fishing-tanzania.com; pro Pers. inkl. HP 140 US$; P ≋) Die erste Adresse für Angler in Kilwa: Es verfügt über alles, was Angler benötigen. Die Gäste wohnen in vier rustikalen Bungalows. Vor allem für die Angelhauptsaison Ende Oktober muss rechtzeitig reserviert werden. Die Lodge liegt auf der Westseite der Halbinsel und ist auf der Hauptstraße kurz vor der Stadt ausgeschildert.

Essen

Preiswerte Fisch- und Hähnchengerichte mit Pommes Frites gibt's bei **Mopei Fast Food** (Mahlzeiten ab 3000 TSh) in der Nähe des Marktes. Auf dem lebhaften **Nachtmarkt** zwischen der Hauptstraße und dem Markt bekommt man ab Einbruch der Dämmerung günstigen Fisch und Straßensnacks.

Praktische Informationen

GELD

National Microfinance Bank (Main Rd.) Wechselt Bargeld. Es gibt keine Geldautomaten in Kilwa.

TOURISTENINFORMATION

Kilwa Islands Tour Guides Association (Main Rd.) Dieses kleine Büro erteilt Auskünfte. Hier kann man auch Führer für Besuche in Kilwa Kisiwani, Songo Mnara und für andere Exkursionen in der Gegend wie zu den Höhlen bei Kipatimo, den Flusspferdteichen von Mto Nyange und nach Kilwa Kivinje anheuern. Zudem verleiht es Fahrräder. Die meisten Exkursionen beginnen bei 25 US$ pro Person inklusive Führer und Transport; bei größeren Gruppen wird es günstiger.

Büro des District Commissioners (Halmashauri ya Wilaya ya Kilwa; ⏲Mo–Fr 7.30–15.30 Uhr) Hier erhält man Genehmigungen für den Besuch von Kilwa Kisiwani und Songo Mnara – nach dem Büro für „Mambo ya Kale" (Altertümer) fragen.

An- & Weiterreise

BUS

Nach Daressalam fahren in der Regel täglich zwei Busse, die für gewöhnlich auch in Kilwa Kivinje halten. Abfahrt ist in beiden Richtungen um 5.30 und 8 Uhr (12 000 TSh, 4–5 Std.). Die Tickets kauft man am Tag davor. Alle Busse nach Kilwa starten an der Bushaltestelle gleich bei der Hauptstraße in der Nähe des Marktes. In Daressalam fahren die Busse vom „Mbagala Rangi Tatu" an der Straße nach Kilwa ab, dies ist auch die Endhaltestelle für die Busse aus Kilwa. Wer von Daressalam kommt, kann auch einen Bus nach Mtawara nehmen und an der Nangurukuru-Kreuzung aussteigen; von dort geht's mit dem Nahverkehr weiter nach Kilwa Kivinje (1000 TSh, 11 km) oder Kilwa Masoko (2000 TSh, 35 km), man muss allerdings den vollen Fahrpreis von Daressalam nach Mtwara zahlen. Aus Kilwa kommend funktioniert dies nicht so gut, denn die Busse sind meistens voll, wenn sie durch Nangurukuru kommen (ab 11 Uhr). Die beste Wartestelle ist der große Rastplatz am Kivinje Restaurant, an der Hauptstraße etwa 50 m nördlich von der Nangurukuru-Kreuzung; die meisten Busse halten hier.

Mindestens ein direkter Bus täglich fährt nach Lindi (7000 TSh, 4 Std.; einen Tag im Voraus buchen). Er startet in Kilwa am Markt gegen 6 Uhr (südlich der Ticket-Büros für die Busse nach Daressalam). Es gibt keine direkte Verbindung nach Mtwara. Man kann ein Sammeltaxi bis zur Nangurukuru-Kreuzung nehmen und dort versuchen, einen Bus nach Mtwara zu erwischen, wobei der volle Fahrpreis von Daressalam nach Mtwara fällig wird. Alternativ fährt man erst nach Lindi und nimmt von dort einen Hiace-Minivan.

FLUGZEUG

Coastal Aviation fliegt bei Bedarf täglich zwischen Daressalam und Kilwa (einfach 250 US$), Kilwa und Sansibar (einfach 300 US$) sowie zwischen Kilwa und Mafia (190 US$, mind. zwei Passagiere). Buchungen sind beim Büro in Daressalam (S. 70) oder in Kilwa über das Coastal Aviation Office (Sudi Travel) nördlich der Tankstelle möglich. Die Landebahn liegt 2 km nördlich des Ortes an der Hauptstraße.

SCHIFF/FÄHRE

Daus legen am ehesten in Kilwa Kivinje ab. Boote nach Kilwa Kisiwani, Songo Mnara und Songo Songo fahren von der Mole am Südrand der Stadt ab.

TAXI

Mehrmals täglich fahren Sammeltaxis nach Nangurukuru (Kreuzung mit der Straße Daressalam–Mtwara; 2000 TSh, 1 Std.) und Kilwa Kivinje (2000 TSh, 45 Min.) von der Bushaltestelle auf der Hauptstraße nördlich des Marktes ab. Dort warten meist auch Taxis oder *bajaji* für Ausflüge in die Umgebung.

Kilwa Kisiwani

Kilwa Kisiwani (Kilwa auf der Insel; Erw./Student 27 000/13 000 TSh), ein ruhiges Fischerdorf, das in der Sonne vor sich hindöst, liegt direkt vor Kilwa Masoko im Meer. In seiner Glanzzeit residierten hier die Sultane, und es war in ein ausgedehntes Handelsnetz eingebunden, das die alten Königreiche von Shona und die Goldfelder von Simbabwe mit Persien, Indien und China verband. Der berühmte Reisende und Chronist Ibn Battuta besuchte Kilwa im frühen 14. Jh. und schwärmte von der Stadt als außergewöhnlich schön und wohlgebaut. Zu seiner Glanzzeit reichte Kilwas Einflussbereich weit nach Norden über die Inselgruppe von Sansibar hinaus und nach Süden bis Sofala an der Küste von Mosambik.

Diese Zeiten sind längst vorbei, doch die Ruinen der alten Stadt – zusammen mit den Ruinen auf der nahe gelegenen Insel Songo Mnara – zeugen noch von der Pracht der alten Suaheli-Bauwerke. Die Unesco setzte diese wichtige Stätte auf die Liste des Weltkulturerbes. Dank der Förderung durch Frankreich und Japan konnten große Teile der Ruinen restauriert und wieder zugänglich gemacht werden – informative Schilder auf Englisch und Suaheli erzählen ihre Geschichte.

Geschichte

Der Küstenstreifen um Kilwa Kisiwani ist bereits seit mehreren Tausend Jahren besiedelt. Auf der Insel wurden Artefakte aus der mittleren und jüngeren Steinzeit gefunden. Die ersten nachweisbaren Siedlungen entstanden um 800 n. Chr., doch Kilwa blieb bis ins frühe 13. Jh. ein relativ unbedeutender Ort. Damals bildeten sich die Handelsverbindungen mit dem 1500 km entfernten Sofala im Süden des heutigen Mosambik heraus. Kilwa übernahm die Kontrolle über Sofala und riss den lukrativen Goldhandel an sich. Bald darauf stieg es zum mächtigsten Handelszentrum an der Swahili-Küste auf.

Ende des 15. Jhs. wendete sich das Blatt. Zunächst schüttelte Sofala die Herrschaft Kilwas ab, und im frühen 16. Jh. übernahmen schließlich die Portugiesen die Insel. Erst 200 Jahre später wurde Kilwa wieder unabhängig und stieg erneut zu einem wichtigen Handelsstützpunkt auf. Es entwickelte sich zur Drehscheibe des Sklavenhandels, der Mauritius, La Réunion und die Komoren mit Sklaven vom Festland belieferte. In den 1780er-Jahren übernahm der Sultan von Oman die Herrschaft über Kilwa. Um die Mitte des 19. Jhs. musste sich der Herrscher der Insel dem Sultan von Sansibar unterwerfen. Der Schwerpunkt des Handels verlagerte sich auf das Festland nach Kilwa Kivinje, und die Insel versank in Bedeutungslosigkeit, die bis heute andauert.

Die Ruinen

Die Ruinen von Kilwa Kisiwani gliedern sich in zwei Baukomplexe: Bei der Anfahrt fällt als Erstes das **arabische Fort** (*gereza*) auf. Es wurde im frühen 19. Jh. von den Omanis an Stelle eines portugiesischen Forts aus dem frühen 16. Jh. erbaut. Im Südwesten des Forts stehen die Ruinen der wunderschönen **Großen Moschee**. Die Säulen und das elegant gewölbte Dach wurden eindrucksvoll restauriert. Einige Teile der Moschee datieren in das späte 13. Jh., die meisten Bauelemente stammen jedoch von einem Bau aus dem 15. Jh. Zu ihrer Zeit war diese Moschee die größte an der ostafrikanischen Küste. Südwestlich (hinter) der Großen Moschee trifft man auf die Überreste einer kleineren

> **NATIONALPARKS IM SÜDOSTEN**
>
> Das Wildreservat Selous (S. 312) ist das Hauptziel der Reisenden, die wilde Tiere sehen möchten. An der Küste sind der Meerespark Mafia Island (S. 310) und der angeschlagene Meerespark Mnazi Bay-Ruvuma Estuary (S. 329); in beiden kann man tauchen und schnorcheln.

Moschee aus dem frühen 15. Jh. Sie gilt als das besterhaltene Bauwerk von Kilwa und wurde ebenfalls hervorragend restauriert. Im Westen der kleinen Moschee ragen inmitten eines weiten, grünen Rasens und mit Blick auf das weite Meer die zerfallenen Ruinen des **Makutani** auf. In diesem großen, von einer Mauer umgebenen Palast, der aus der Mitte des 18. Jhs. stammen soll, lebten einige Sultane von Kilwa.

An der Küste, etwa 1,5 km vom Fort entfernt, liegt **Husuni Kubwa**. Der früher massive Baukomplex erstreckt sich über fast einen Hektar und bildet mit dem nahen **Husuni Ndogo** die älteste Ruinenstätte von Kilwa. Die Anlage entstand vermutlich im 12. Jh. – sie thront auf einem Hügel und muss einst die Bucht beherrscht haben. Sehenswert ist das achteckige Schwimmbecken. Husuni Ndogo ist kleiner als Husuni Kubwa und dürfte aus derselben Zeit stammen. Allerdings wissen die Archäologen noch nicht, welchem Zweck er diente. Bei Ebbe geht man die Küste entlang zu den Ruinen, bei Flut bleibt nur der längere Weg über Land.

Geführte Touren

Die Ruinen darf man nur in Begleitung eines Führers besuchen, den man über die Kilwa Islands Tour Guides Association an der Hauptstraße in Kilwa Masoko buchen kann. Im Büro des District Commissioners, das sich ebenfalls in Kilwa Masoko befindet (schräg gegenüber von der Post), muss man die obligatorische Genehmigung einholen und bezahlen. Man fragt nach dem Ofisi ya Mambo ya Kale (Büro für Altertümer); die Genehmigung wird in der Regel ohne Probleme ausgestellt, während man wartet. Der entsprechende Beamte ist am ehesten morgens anzutreffen. An den Wochenenden hängt die Telefonnummer des diensthabenden Beamten an der Tür aus; sie sind recht entgegenkommend, wenn es darum geht, Genehmigungen außerhalb der Dienstzeiten auszustellen.

Praktische Informationen

Im Nationalmuseum in Daressalam (S. 54) wird eine kleine Ausstellung über Kilwa Kisiwani gezeigt.

Auf der Insel gibt es keine Restaurants oder Hotels.

An- & Weiterreise

Wenn im Hafen von Kilwa Masoko genügend Passagiere warten, fahren Boote nach Kilwa Kisiwani (200 TSh) – meist früh am Morgen gegen 7 Uhr. Da Besucher die Insel nur mit einem Führer betreten dürfen, muss man für ihn jedoch in der Regel mitbezahlen. Führer von der Kilwa Islands Tour Guides Association (S. 318) berechnen pro Person 25 US$; dies beinhaltet die Fahrt mit einer Dau (30 US$ für ein Boot mit Motor, bei größeren Gruppen wird es billiger). Bei günstigem Wind dauert die Überfahrt in einer Segel-Dau 20 Minuten. Exkursionen, die über Hotels arrangiert werden, kosten in etwa genauso viel oder mehr.

Songo Mnara

Das winzige **Songo Mnara** (Erw./Student 27 000/13 000 TSh) befindet sich 8 km südlich von Kilwa Kisiwani. Die Ruinen am Nordrand des Ortes – ein Palast, mehrere Moscheen und zahlreiche Häuser – dürften aus dem 14. und 15. Jh. stammen. In mancherlei Hinsicht sind sie sogar bedeutender als Kilwa Kisiwani, denn die Grundrisse zeichnen eine fast komplett erhaltene Küstenstadt nach. Allerdings wirken sie optisch nicht so eindrucksvoll. An der Westseite der Insel liegen die Ruinen von **Sanje Majoma** aus derselben Zeit. Auf der kleinen Insel **Sanje ya Kati** zwischen Songo Mnara und Kilwa Masoko sind wenige Ruinen einer dritten Siedlung erhalten – vermutlich aus derselben Zeit.

Ein Passierschein für Songo Mnara kostet 27 000 TSh (13 000 TSh für Studenten unter 16 Jahren). Auf der Insel gibt es keine Unterkünfte und kein Essen.

Von Kilwa Masoko nach Songo Mnara geht's am einfachsten mit einem Motorboot, das über die Kilwa Islands Tour Guides Association (S. 318) oder eines der Hotels arrangiert werden kann. Für eine Segel-Dau inklusive Führer zahlt man etwa 50 US$, für eine Motor-Dau 70 US$. Die Daus zwischen Kilwa Masoko und Songo Mnara benötigen bei gutem Wind zwei bis drei Stunden (Motor-Daus 1½ Stunden). Für eine kombinierte Tagestour, die sowohl Songo Mnara als auch Kilwa Kisiwani beinhaltet, kosten der Führer und ein Motorboot 80 US$ pro Person.

Nach der Landung auf Songo Mnara muss man durch einen Mangrovensumpf waten, ehe man die Insel betreten kann.

Kilwa Kivinje

Nach dem Zusammenbruch des Sultanats von Kilwa bauten die Omanis aus Kilwa Kisiwani zu Beginn des 19. Jhs. **Kilwa Kivinje**

(„Kilwa des Kasuarinenbaumes") als Basis aus. Bis zur Jahrhundertmitte hatte sich die Siedlung zur Drehscheibe des Sklavenhandels etabliert und Ende des Jahrhunderts wurde sie deutsches Verwaltungszentrum. Nach dem Verbot des Sklavenhandels und der deutschen Niederlage im 1. Weltkrieg endete die kurze Glanzzeit von Kilwa Kivinje. Heute sind nur noch zerfallende und von Moos überwucherte, aber atmosphärische Bauten übrig, die an eine Suaheli-Stadt mit deutscher Kolonial- und arabisch-osmanischer Architektur erinnern.

Der interessanteste Teil der Stadt ist die alte deutsche **boma** (Verwaltungssitz). Die Straßen hinter der *boma* werden von kleinen Häusern mit geschnitzten Torbögen im Stil Sansibars gesäumt. Angeblich ist die nahe **Moschee** seit dem 14. Jh. ununterbrochen in Gebrauch – das behaupten jedenfalls die Einheimischen. Das Labyrinth der Nebenstraßen bietet einen ausgezeichneten Eindruck vom Leben einer Küstenstadt: Kinder spielen auf den Straßen und Frauen schleppen riesige Tabletts mit *dagga* (winzige Sardinen) zum Trocknen in die Sonne. Im geschäftigen **Dau-Hafen** legen bunt bemalte Schiffe nach Songo Songo, Mafia und in andere Küstenstädte ab.

Kilwa Kivinje wird am besten im Rahmen einer Halbtagestour von Kilwa Masoko aus besucht. Die Kilwa Islands Tour Guides Association (S. 318) organisiert Fahrradausflüge von Kilwa Masoko aus für etwa 25 US$ pro Person. Als Unterkünfte stehen nur einige undefinierbare Gästehäuser am Markt zur Verfügung. Dort kosten die Zimmer um die 10 000 TSh und machen sich in Bezug auf Schmuddeligkeit Konkurrenz.

An- & Weiterreise

Nach Kilwa Kivinje fährt man von Kilwa Masoko zunächst auf einer Asphaltstraße 25 km Richtung Norden (oder von der Nangurukuru-Kreuzung 5 km Richtung Osten) und biegt dann an der ausgeschilderten Abzweigung ab und fährt auf einer Sandpiste 5 km weiter. Sammeltaxis fahren mehrmals täglich von und nach Kilwa Masoko (2000 TSh), und auch der Bus zwischen Daressalam und Kilwa Masoko hält in der Regel in Kilwa Kivinje. Ein privates Taxi ab Kilwa Masoko kostet um die 25 000 TSh.

Von Kilwa Kivinje legen regelmäßig Daus nach Songo Songo ab (ca. 2000 TSh, 3–5 Std.; Motorboote 7000 TSh, 2–3 Std.). Die motorisierten Boote starten in der Regel gegen 11 Uhr. Wer nach Mafia will, nimmt einen Bus die Küste hinauf in Richtung Daressalam bis Nyamisati und fährt von dort mit dem Boot weiter.

Songo Songo

Die wichtigsten Attraktionen der 4 km² großen Insel sind 3500 Einwohner, Kokospalmen, Buschland, unzählige Vögel, ein Strand und ein großes natürliches Erdgasfeld – das Gas wird vom Songo Songo Gas to Electricity Project gefördert. Die Hauptinsel, **Fanjove** und mehrere kleine Inseln bilden den Songo-Songo-Archipel, eine ökologische Nische für Meeresschildkröten und Seevögel. In den Gewässern um die Inseln gedeiht eine eindrucksvolle Artenvielfalt von Hart- und Weichkorallen. Zusammen mit dem Delta des Rufiji, dem Mafia-Archipel und der Küste um Kilwa Masoko wurde die Region zum Feuchtgebiet von internationaler Bedeutung erklärt (Ramsar-Konvention). Der schönste Strand liegt im Südosten von Songo Songo und ist über eine Kokosnussplantage zugänglich. Auf der Insel gibt es keine touristische Infrastruktur.

Sie liegt 30 km nordöstlich von Kilwa Kivinje – mit einer Dau dauert die Fahrt bei gutem Wind 3½ Stunden. Coastal Aviation (S. 311) fliegt täglich von Songo Songo nach Daressalam, Kilwa Masoko und Mafia.

Schlafen

★ Privatinsel Fanjove LODGE $$$
(☎ 022-260 1747; www.ed.co.tz; pro Pers. inkl. VP 350 US$) Auf dieser kleinen Privatinsel stehen sechs rustikale, komfortable und umweltfreundliche *bandas* direkt an einem traumhaften Strand, die Duschen sind oben offen, und man kann Kajak fahren, schnorcheln und andere Exkursionen unternehmen. Alles ist schlicht und soll die Umwelt möglichst unberührt lassen. Die Lodge ist einzigartig und für alle empfehlenswert, die das Leben an der Suaheli-Küste kennenlernen möchten – besonders in Kombination mit Kilwa und Mafia.

Von Februar bis Juni ist die Nistzeit der Grünen Meeresschildkröte.

An- & Weiterreise

FLUGZEUG

Coastal Aviation (S. 311) fliegt zwischen der Hauptinsel Songo Songo und Daressalam (einfach 220 US$), Kilwa Masoko (100 US$) und Mafia (120 US$). Von Songo Songo führt eine kurze Bootsfahrt nach Fanjove; das Boot sollte im Voraus bei der Reservierung der Lodge gebucht werden (hin & zurück 40 US$ pro Pers.).

SCHIFF/FÄHRE

Abenteuerlustige können an den meisten Tagen um 11 Uhr mit einer Motor-Dau vom Dau-Hafen in

Lindi

Sehenswertes
1 Dau-Hafen ... B1

Schlafen
2 Lindi Beach Resort ... B2
3 Malaika Guest House ... A2
4 Vision Hotel ... A1
5 White Pearl Hotel ... A1

Essen
6 Himo-One ... A2

Ausgehen & Nachtleben
7 Santorini ... B1

Kilwa Kivinje nach Songo Songo (7000 TSh) übersetzen, von dort geht es nur mit dem vorher arrangierten Bootstransfer der Privatinsel Fanjove weiter. Ein Charterboot von Kilwa Masoko nach Songo Songo kann auch über die Kimbilio Lodge (S. 317) arrangiert werden, dabei ergeben sich schöne Möglichkeiten für Rundtouren.

Lindi

78 840 EW.

Lindi gehörte ursprünglich zum Sultanat Sansibar. Hier machten die Sklavenkarawanen auf dem Weg vom Nyasa-See Station, es war regionale Kolonialhauptstadt und ist die wichtigste Stadt im Südosten von Tansania. Nach dem Verbot des Sklavenhandels und dem Aufstieg von Mtwara zur lokalen Drehscheibe verschwand Lindi in der Versenkung. Nur zu Beginn des 20. Jhs., als in der Nähe Dinosaurierknochen gefunden wurden, trat es nochmals kurz ins Rampenlicht.

Heute ist Lindi ein lebendiger, angenehmer Ort, für den man ruhig einen Tag einplanen sollte, um ein Gespür für das Leben an der Küste zu bekommen. Natürlich hat Lindi längst nicht so viel Flair wie Kilwa Kivinje, doch im kleinen Dau-Hafen drängen sich die Schiffe, und ein paar geschnitzte Türen, Ruinen an staubigen Straßen, ein Hindutempel und indische Kaufleute lassen noch erahnen, wie reich diese Stadt an der Handelsroute in den Osten einst war.

Das wichtigste Produkt der Stadt ist Salz, das in den Salzbecken um die Stadt produziert wird. In Kikwetu am Flugplatz gibt es eine kleine Sisalplantage. Das Korallenriff in der Sudi Bay südlich von Lindi ist reich an Meerestieren; es wurde als Meeresschutzgebiet vorgeschlagen.

Sehenswertes & Aktivitäten

Die historische Altstadt zieht sich am Meer entlang, allerdings gestaltet sich die Suche nach den wenigen Überresten historischer Bauten aus der glorreichen Vergangenheit schwierig. Zu sehen sind noch die Reste der alten deutschen **boma**, die Ruinen eines arabischen Turmes und gelegentlich eine geschnitzte Tür. Auch der kleine, lebendige und farbenfrohe **Dau-Hafen** an der von Palmen gesäumten Bucht von Lindi ist einen Spaziergang wert. Von einigen der Hügel am Rand des Ortes bieten sich hübsche Ausblicke über die Palmenhaine, die Lindi Bay und über den Fluss Lukeludi bis zur **Halbinsel Kitunda** – die Einheimischen kennen die Wege zu den Vierteln Mtanda, Wailes („Drahtlos") oder Mtuleni. Kitunda war früher eine Sisalplantage, heute ist es nur noch ein schläfriges Dorf. Allerdings machen der Spaziergang über die Halbinsel und der Einblick in das traditionelle Dorfleben Spaß. Hinter dem Hügel am Ende der Halbinsel liegt ein guter Strand (mit einem Boot zu erreichen).

An der Straße zum Flughafen, 6 km nördlich des Ortes, befindet sich der **Strand von Mtema** – bis auf Wochenenden und die Ferien ist er meist leer. Auf die Wertsachen achten.

BRACHIOSAURUS BRANCAI

Zwischen 1909 und 1912 grub ein Team deutscher Paläontologen in Tendunguru, 100 km nordwestlich von Lindi, mehr als ein Dutzend Dinosaurierfossilien von höchstem wissenschaftlichem Wert aus. Der bedeutendste Fund war ein Skelett des *Brachiosaurus brancai*, das größte vollständige Dinosaurierskelett der Welt. Es steht heute im Naturkundemuseum von Berlin. Warum hier so viele Knochen lagerten, ist noch nicht geklärt. Möglicherweise fielen die Tiere einer Überschwemmung oder einer anderen Naturkatastrophe zum Opfer.

Heute ist Tendunguru nur noch für Hardcore-Paläontologen interessant. Für normale Touristen gibt es nichts zu sehen, und das Gelände ist selbst mit einem eigenen Wagen kaum zugänglich.

Schlafen

White Pearl Hotel GÄSTEHAUS $
(☎0713 766584; EZ/DZ 50 000/70 000 TSh) Dieses neue Gästehaus im lokalen Stil bietet saubere, moderne Zimmer und auf Bestellung Essen.

Vision Hotel GÄSTEHAUS $
(Makonde St.; Zi. 35 000 TSh; ❄) Alle Zimmer in dieser Unterkunft gegenüber vom Brigita Dispensary sind sauber und haben Ventilatoren, Fernseher sowie Doppelbetten. Essen bekommt man auf Bestellung.

Malaika Guest House GÄSTEHAUS $
(☎023-220 2880; Market St.; Zi. 18 000 TSh) Wenn die anderen Budgetunterkünfte voll sind, ist das Malaika, einen Block östlich vom Markt, eine Alternative. Die Zimmer sind sehr einfach, aber recht sauber und haben Ventilatoren. Essen muss bestellt werden.

Lindi Beach Resort HOTEL $$
(☎0656 032044, 023-220 2829; Waterfront Rd.; EZ/DZ/Suite 60 000/70 000/120 000 TSh; P❄) Dieses Hotel liegt sehr schön unterhalb des Hafens direkt am Ufer; die ordentlichen Zimmer mit Meerblick bieten ein annehmbares Preis-Leistungs-Verhältnis. Ein Restaurant gibt es ebenfalls. Die Suiten haben kleine Balkons.

Mtuleni Hills GÄSTEHAUS $$
(☎0784 782497, 0713 782497; giuseppetrupia@hotmail.com; Zi. 70 000–90 000 TSh) Dieses Gästehaus auf dem Gelände eines italienischen Restaurants besteht aus mehreren Blocks mit einfachen Zimmern, die meisten davon mit Gemeinschaftsbad. Es liegt 3 km außerhalb der Stadt hinter dem Tanesco in der Gegend von Mtuleni und ist eigentlich nur für Reisende mit eigenem Fahrzeug interessant.

Essen & Ausgehen

Lindi ist nicht gerade für seine gute Küche bekannt, aber immerhin gibt's köstlichen gegrillten Fisch. Das beste Straßenessen gibt's an der Bushaltestelle.

Himo-One TANSANISCH $
(Jamhuri St.; Gerichte 4000 TSh) Das bei den Einheimischen seit Langem beliebte Lokal mag zwar etwas schmuddelig sein, doch die Gerichte – Hühnchen oder Fisch und Reis oder Pommes – kommen schnell auf den Tisch und sind von verlässlicher Qualität. Alkohol wird nicht ausgeschenkt. Es liegt ein paar Blocks südlich vom Markt.

La Dolce Vita ITALIENISCH $$$
(Mtuleni Hills; ☎0784 782497, 0713 782497; giuseppetrupia@hotmail.com; Gerichte 10 000–32 000 TSh; ⏲13–14.30 & 18.30–22 Uhr; vorher anrufen) Leckere Pizzas, Pasta und andere italienische Gerichte, authentisch zubereitet. Etwa 3 km vom Stadtzentrum entfernt im Viertel Mtuleni (3000 TSh mit dem *bajaji*), hinter dem Tanesco-Büro. Besser anrufen, ob geöffnet ist, ehe man sich auf den Weg macht.

Santorini TANSANISCH
(Santolin; Waterfront Rd.; Gerichte ab 5000 TSh) Das Santorini hinter dem Stadion in der Gegend von Mikumbi ist ein guter Ort für einen Drink. Es gibt auch Essen, doch der Service ist langsam.

Praktische Informationen

GELD

CRDB (zentraler Kreisverkehr) Geldautomat.

NBC (Lumumba St.) Am Ufer; wechselt Geld und hat einen Geldautomaten.

MEDIZINISCHE VERSORGUNG

Brigita Dispensary (☎023-220 2679; brigita_dispensary@yahoo.de; Makonde St.) Diese Klinik unter westlicher Leitung ist bei medizini-

Mtwara

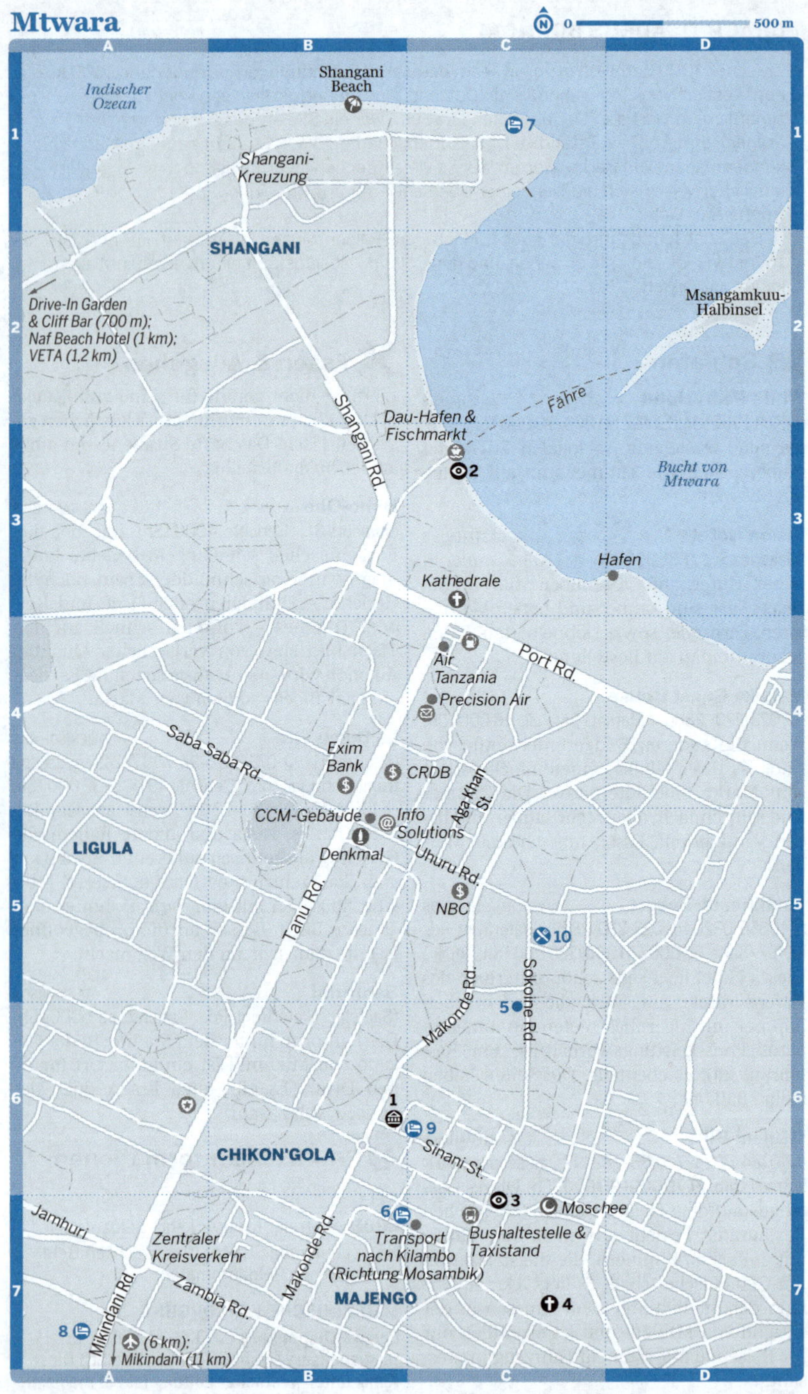

0
500 m
Indischer Ozean
Shangani Beach
7
Shangani-Kreuzung
SHANGANI
Drive-In Garden & Cliff Bar (700 m); Naf Beach Hotel (1 km); VETA (1,2 km)
Msangamkuu-Halbinsel
Fähre
Dau-Hafen & Fischmarkt
2
Shangani Rd.
Bucht von Mtwara
Hafen
Kathedrale
Port Rd.
Air Tanzania
Precision Air
Saba Saba Rd.
Exim Bank
CRDB
Aga Khan St.
CCM-Gebäude
Info Solutions
Denkmal
Uhuru Rd.
LIGULA
Tanu Rd.
NBC
10
Sokoine Rd.
Makonde Rd.
5
1
9
Sinani St.
CHIKON'GOLA
3
Moschee
6
Jamhuri
Zentraler Kreisverkehr
Transport nach Kilambo (Richtung Mosambik)
Bushaltestelle & Taxistand
Zambia Rd.
Makonde Rd.
MAJENGO
4
Mikindani Rd.
8
(6 km); Mikindani (11 km)

Mtwara

Sehenwertes
1 Centre for African Development through Economics & the Arts B6
2 Dau-Hafen & Fischmarkt C3
3 Markt C7
4 Pauluskirche C7

Aktivitäten, Kurse & Touren
5 Ayayoru Carvings & Tours C6

Schlafen
6 FL High Class Hotel B7
7 Msemo Hotel C1
8 Mtwara Lutheran Centre A7
9 Naf Blue View Hotel C6

Essen
10 Himo 2 Restaurant C5
Msemo Hotel ....(siehe 7)

schen Notfällen die beste. Sie liegt mehrere Blocks östlich vom Markt; den Weg sollte jeder Einheimische kennen.

An- & Weiterreise

BUS

Alle Busse nach Mtwara (4000 TSh) fahren an der zentralen Bushaltestelle mit Taxistand auf der Uhuru Street ab. Die Minibusse starten täglich zwischen 5.30 und 11 Uhr. Den ganzen Tag über verkehren Minibusse bis zur Abzweigung in Mingoyo (Mnazi Mmoja; 2000 TSh); dort findet man Anschluss an den Masasi–Mtwara-Bus.

Zwei bis drei Direktbusse fahren täglich zwischen 5 und 12 Uhr nach Masasi (3500 TSh). Alternativ den Minibus bis Mingoyo nehmen und dort auf den nächsten Anschluss warten. Der letzte Bus von Mtwara nach Masasi passiert Mingoyo gegen 14 Uhr.

Die täglich verkehrenden Direktbusse nach Daressalam fahren immer gegen 5 Uhr in Lindi ab (22 000 TSh, 8–10 Std.); sie enden an der Haltestelle Mbagala Rangi Tatu in Daressalam – hier starten auch die Busse nach Lindi.

Ein direkter Bus nach Kilwa Masoko fährt täglich gegen 5 Uhr in Lindi ab (7000 TSh, 4 Std.).

SCHIFF/FÄHRE

Die Frachtboote, die entlang der Küste bis nach Daressalam fahren, legen im Hafen nahe der NBC-Bank an, nehmen aber in der Regel keine Passagiere mit. Der Dau-Hafen liegt 800 m die Küste hinauf.

Die Boote, die auf dem Lukeludi nach Kitunda fahren, legen den ganzen Tag über ebenfalls vor der NBC-Bank ab.

Mtwara

108 300 EW.

Das weit ausgedehnte Mtwara ist die wichtigste Stadt im Südosten von Tansania. Der vergebliche Versuch der Briten, durch den Einstieg ins Geschäft mit Erdnussöl den Ölmangel nach dem Zweiten Weltkrieg zu beheben, verhalf Mtwara zu einem ersten Aufschwung. Es gab ehrgeizige Pläne, das kleine Fischerdorf Mtwara zu einem städtischen Zentrum mit 200 000 Einwohnern auszubauen. Ein Internationaler Flughafen und Tansanias erster Tiefwasserhafen wurden gebaut und die regionale Kolonialverwaltung von Lindi hierher verlegt. Die Infrastruktur war noch nicht fertiggestellt, da platzten die Träume von der Erdnuss-Connection bereits – Gründe waren Schwierigkeiten bei der Planung und das wenig kooperative Klima. Mtwaras Hafen spielte zwar in den folgenden Jahren eine wichtige Rolle beim Export von Cashews, Sisal und anderen Produkten, doch die Entwicklung der Stadt kam zum Stillstand. Jahrelang war sie kaum mehr als eine riesige, leere Hülle.

In jüngster Zeit hat Mtwara durch die Entdeckung von Erdgasreserven vor der Küste einen großen Boom erlebt und die lange vorherrschende schläfrige, sonnenverdörrte Atmosphäre der Stadt ist verschwunden. Ob die neue Entwicklung den Einwohnern nutzen wird, muss sich noch zeigen, doch im Moment ist Mtwara wie im Rausch. Der Stadt fehlt das historische Flair des nahe gelegenen Mikindani und anderer Orte an der Küste und hat Touristen wenig zu bieten. Doch dank guter Infrastruktur und der verkehrsgünstigen Lage ist sie ein praktischer Start- oder Endpunkt auf der Reise zwischen Tansania und Mosambik.

Mtwara breitet sich zwischen einem Geschäfts- und Bankenviertel im Nordwesten (an der Uhuru Road und Aga Khan Street), dem Markt und der Bushaltestelle 1,5 km südwestlich davon aus. Die wichtigste Nord-Süd-Achse ist die Tanu Road. Ganz im Nordwesten, 30 bis 40 Gehminuten von der Bushaltestelle entfernt, liegt Shangani am Meer mit einem kleinen Strand. In der äußersten Südostecke der Stadt, hinter dem Markt, liegen die quirligen Viertel Majengo und Chikongola.

Sehenswertes & Aktivitäten

In der Stadt gibt's einen geschäftigen **Markt** und neben dem Hauptgebäude werden traditionelle Heilmittel verkauft. Die **Aga Khan Street** säumen alte indische Handelshäuser aus den 1950er- und 60er-Jahren. Die Fische, die in Mtwara verkauft werden, stammen zum großen Teil aus Msangamkuu auf der anderen Seite der Bucht von Mtwara. Im kleinen **Dau-Hafen** und dem angrenzenden **Fischmarkt** geht's frühmorgens und am Spätnachmittag besonders farbenprächtig zu. Der **Strand** von Shangani ist während der Flutzeiten bei Schwimmern sehr beliebt. Wegen der schwachen Strömung eignet er sich hervorragend für Kinder, sie brauchen weder Seeigel noch andere Gefahren zu fürchten. Den besten Blick über die Bucht und den weißen Sand der Halbinsel Msangamkuu bietet der Aussichtspunkt am Msemo Hotel (S. 327); zu erreichen über einen schmalen Fußweg.

Centre for African Development Through Economics & the Arts MUSEUM

(ADEA; Sinani St.; Eintritt gegen Spende; ⌚Di–Sa 9–17 Uhr) Dieses ausgezeichnete kleine Museum ist mit Masken, Speeren, Werkzeugen und anderen kulturellen Gegenständen der Stämme Makonde, Makua und Yao gefüllt und alle Exponate sind auf Englisch und Suaheli erläutert. Es ist außerdem der beste Ort, um sich über das jährliche **Makuya-Festival** (makuyafestival@gmail.com) zu informieren. Von dem kleinen Kreisverkehr an der Makonde Road geht man einen Block Richtung Norden und biegt dann rechts ab. Es ist das zweite Gebäude auf der linken Seite.

Ayayoru Carvings & Tours GEFÜHRTE TOUREN

(☎0787 194196; www.mtwaratours.com; Sokoine Rd.) Geführte Touren in und um Mtwara, darunter Dorfbesuche mit traditionellem Tanz und Trommeln.

Schlafen

Drive-In Garden & Cliff Bar GÄSTEHAUS $

(☎0784 503007; Shangani Rd.; Camping 5000 TSh, Zi. 20 000 TSh) In diesem freundlichen Gästehaus dürfen Camper ihr Zelt im Garten aufstellen. Außerdem gibt es einige einfache Zimmer, die ihr Geld wert sind, und ein Restaurant (Frühstück kostet extra). Es liegt gleich gegenüber vom Strand auf der anderen Straßenseite; wer schwimmen möchte, muss bis zum Hauptstrand von Shangani an der Shangani-Kreuzung gehen.

An der Shangani-Kreuzung nach links abbiegen und der Straße parallel zum Strand folgen; nach 1,2 km steht links ein kleines Hinweisschild.

VETA HOSTEL $

(☎023-233 4094; Shangani; EZ/Suite 35 000/60 000 TSh; P ❄ 🏊) Alle Zimmer in diesem großen Hotel mit Restaurant sind sauber und haben große Doppelbetten, Ventilatoren, TV und Meerblick. Es befindet sich in Shangani, 200 m hinter dem Ufer (am Strand darf man nicht schwimmen). An der T-Kreuzung im Ort links halten, nach 2 km taucht das Hotel auf. Es gibt keine öffentlichen Verkehrsmittel; *bajaji* von der Stadt kosten ca. 3000 TSh.

Nicht-Gäste können für 5000 TSh den Pool benutzen.

Naf Blue View Hotel GÄSTEHAUS $

(☎023-233 4465; Sinani St.; EZ/DZ ab 70 000/80 000 TSh; ❄ @ 📶) Diese Unterkunft etwa 400 m westlich vom Busbahnhof ist eine der besseren Optionen in der geschäftigen Gegend um den Markt. Die modernen Zimmer haben fließend warmes Wasser, Satellitenfernsehen und Essen auf Bestellung. Moskitonetze gibt es nicht. In den Einzelzimmern ist das Frühstück im Preis enthalten, bei Doppelzimmern kostet es für zwei Personen 7000 TSh extra.

Mtwara Lutheran Centre HOSTEL $

(☎0686 049999, 0754 255576; Mikindani Rd.; Zi. 10 000–30 000 TSh; P) Die Zimmer sind recht sauber, schnörkellos und mit Ventilatoren ausgestattet; einige haben ein eigenes Bad. Essen gibt's auf Bestellung. Am Südrand der Stadt in der Nähe des Kreisverkehrs an der Straße nach Mikindani (vom Busbahnhof 2000 TSh mit dem *bajaji*). Busreisende bitten den Fahrer, am Kreisverkehr anzuhalten.

FL High Class Hotel GÄSTEHAUS $

(Zi. 50 000 TSh) Eine gute Budgetoption in der Nähe des Busbahnhofs. Alle Zimmer sind mit einem kleinen Doppelbett ausgestattet. Gleich nebenan fahren die Verkehrsmittel nach Mosambik. Es liegt einen Block südlich von der Bushaltestelle.

Naf Beach Hotel HOTEL $$

(☎0687 703042, 023-233 4706; www.nafbeachhotels.com; EZ/DZ ab 100/130 US$; P ❄ 📶) Kommt von allen Hotels in Mtwara einem westlichen Businesshotel wohl am nächsten. Alle Zimmer verfügen über ein Doppelbett, einen Minikühlschrank und Satellitenfernseher; einige haben Meerblick. Ein Restaurant gibt's auch. Das Naf Beach liegt 1,8 km westlich von der Shangani-Kreuzung direkt gegenüber vom Meer, Schwimmen kann man aber erst 1,5 km Richtung Osten am Shangani-Strand. Akzeptiert Visa und MasterCard.

PAULUSKIRCHE

Wer zufällig ins Majengo-Viertel von Mtwara gerät, sollte die bemerkenswerte Pauluskirche besichtigen. Der deutsche Benediktinerpater Polycarp Uehlein hat in den 1970er-Jahren die gesamte Front und die Seitenwände mit bunten Szenen aus der Bibel bemalt. Die Bilder – er arbeitete zwei Jahre an ihnen – bilden nur einen Teil einer ganzen Bilderserie. Der Pater hat Kirchen in vielen weiteren Orten Südtansanias verziert, darunter Nyangao, Lindi, Malolo, Ngapa und Daressalam. Seine Bilder sind aufgrund der Farbigkeit und des Stils bemerkenswert. Die Szenen zeigen die wichtigsten biblischen Themen, um auch normalen Kirchgängern die Bibel nahezubringen. Sie sollen ihnen helfen, die Predigten zu verstehen und deren Aussagen in Beziehung zu ihrem täglichen Leben zu setzen.

In seiner Zeit in Tansania hat Pater Polycarp mehrere Afrikaner unterrichtet. Sein bekanntester Schüler ist Henry Likonde aus Mtwara, der die biblischen Szenen „afrikanisiert“ hat. Likondes Arbeiten sind in der kleinen Kirche auf dem Hügel von Mahurunga (südlich von Mtwara an der Grenze zu Mosambik) und der Kathedrale in Songea zu sehen.

Msemo Hotel HOTEL **$$**
(Southern Cross Hotel; ☎0786 678283, 023-233 3206; www.msemoproject.com; Shangani; Zi. 80 US$, Bungalows 100 US$; P 📶) Das Hotel ist bei den Öl- und Gasarbeitern beliebt, die Mtwara zur Zeit überfluten. Man hat die Wahl zwischen kleineren Gartenzimmern, die etwas zurückgesetzt vom Wasser liegen, und großen Zimmern oder Bungalows direkt am Meer. In allen befindet sich ein Ventilator, ein Fernseher und ein Doppelbett im Sansibar-Stil.

Es liegt auf einer kleinen Felsklippe mit Blick aufs Meer in Shangani; ein kleiner Spaziergang führt zum Shangani-Strand, an dem man schwimmen kann.

Essen & Augehen

Drive-In Garden & Cliff Bar TANSANISCH **$**
(☎0784 503007; Gerichte 6000–12 000 TSh; ⏲Mittag- & Abendessen) Einfache, köstliche Gerichte in großen Portionen: gegrillter Fisch, Garnelen oder Hähnchen mit Pommes frites; dazu gibt es kalte Drinks. Befindet sich in einem friedlichen Garten, etwas abseits vom Meer. Wer die Wartezeit abkürzen möchte, sollte vorbestellen.

Himo 2 Restaurant TANSANISCH **$**
(Sokoine Rd.; Gerichte 5000 TSh; ⏲Mittag- & Abendessen) Das beliebte lokaltypische Restaurant bietet Hähnchen, *mishikaki* (marinierte, gegrillte Fleisch-Kebabs) und andere Standardgerichte der Region; dazu werden Reis, *ugali* (ein Grundnahrungsmittel aus Mais- oder Maniokmehl oder beidem) oder Pommes frites sowie Fruchtsäfte serviert. Von der Stadt aus in die erste Straße rechts nach der NBC Bank einbiegen. Das Himo 2 befindet sich ein paar Türen weiter links.

Msemo Hotel TANSANISCH, EUROPÄISCH **$$**
(Southern Cross Hotel; Shangani; Gerichte 12 000–20 000 TSh) Das Hotelrestaurant auf einer Terrasse mit Blick aufs Meer ist für einen Sundowner beliebt und hat auch leckeres Essen.

Praktische Informationen

GELD

CRDB (Tanu Rd.) Geldautomat. Andere CRDB-Geldautomaten befinden sich bei der St. Augustine's University, neben der Kathedrale in der Port Road und gegenüber vom Busbahnhof. Sie akzeptieren Visa und MasterCard.

Exim Bank (Tanu Rd.) Geldautomat. Dies ist auch der beste Ort, um Geld zu tauschen. Der Automat akzeptiert Visa und MasterCard.

NBC (Uhuru Rd.) Geldautomat. Akzeptiert Visa und MasterCard.

INTERNETZUGANG

Info Solutions (Uhuru Rd.; pro Std. 2000 TSh; ⏲Mo–Sa 8–18 Uhr) neben dem CCM-Gebäude.

An- & Weiterreise

AUTO & MOTORRAD

Auf der Strecke von/nach Daressalam gibt es Tankstellen in Kibiti (unzuverlässig), Ikwiriri (unzuverlässig), Nangurukuru, Kilwa Masoko, Lindi und Mtwara. Bis auf etwa 11 km ist die Straße durchgängig asphaltiert.

Wer selbst fährt, sollte sich zwischen Mtwara und der mosambikanischen Grenze am besten in Mikindani im Old Boma (S. 328) oder im Ten Degrees South (S. 329) über die aktuelle Situation bei der Überquerung des Flusses Rovuma informieren. An diesem Grenzübergang werden keine Visa für Mosambik ausgestellt, und in Mtwara gibt es kein mosambikanisches Konsulat (das nächste befindet sich in Daressalam).

BUS

Alle Fernbusse starten zwischen 5 und 12 Uhr an der Hauptbushaltestelle am Markt (Nebenstraße der Sokoine Rd.).

Die Busse nach Masasi fahren etwa stündlich zwischen 6 und 14 Uhr (7500 TSh, 5 Std.); in Masasi gibt's Anschluss nach Tunduru und Songea.

Mehrmals täglich bieten Minibusse eine Direktverbindung nach Lindi (4000 TSh, 3 Std.); sie starten in beide Richtungen morgens.

Nach Kilwa Masoko fährt gegenwärtig kein Direktbus. Man muss erst nach Lindi und von dort ein Transportmittel nach Kilwa Masoko nehmen oder einen Bus in Richtung Daressalam bis zur Nangurukuru-Kreuzung; dafür wird allerdings der volle Fahrpreis bis Daressalam fällig.

Direkte Busse nach Newala (7500 TSh, 6 bis 8 Std.) nehmen die Südroute über Nanyamba. Sie starten täglich zwischen 6 und 8 Uhr in Mtwara; in der Regenzeit eher sporadisch. Auch über Masasi kommt man nach Newala.

Die täglich verkehrenden Busse nach Daressalam (26 000 TSh, 8 Std. bis Temeke, 1–2 weitere Stunden bis Ubungo) fahren in beide Richtungen um 6, 8, 10 und 12 Uhr ab; im Voraus buchen. Die besten Linien sind zur Zeit Machinga (Abfahrt in beide Richtungen um 6.30 Uhr, Start & Endstation Temeke) und JM Luxury (Abfahrt in beide Richtungen um 7.30 Uhr). In Daressalam starten Busse in Ubungo oder – besser und häufiger – am Sudan-Markt im Viertel Temeke. Hier befinden sich auch die Ticketbüros aller nach Süden gehenden Linien.

Nach Mosambik fahren täglich mehrere Pickups sowie mindestens ein Minivan nach Mahurunga und zum tansanischen Grenzposten in Kilambo (5000 TSh); Abfahrt in Mtwara ist zwischen 5 und 10 Uhr vor dem Chilindima Guesthouse, einen Block südlich vom Hauptbusbahnhof.

FLUGZEUG

Es gibt täglich Flüge zwischen Mtwara und Daressalam (einfach 180 000–30 000 TSh) mit **Precision Air** (www.precisionairtz.com; Tanu Rd.). Die weniger zuverlässige **Air Tanzania** (☎ 0713 506959, 0713 766230; www.airtanzania.co.tz; Tanu Rd.) fliegt vier Mal wöchentlich.

Unterwegs vor Ort

Es kann schwierig sein, in Mtwara ein Taxi zu finden; man ist überwiegend auf *bajaji* angewiesen, die es überall gibt. *Bajaji*-„Stände" befinden sich beim Busbahnhof sowie in der Nähe des CCM-Gebäudes an der Kreuzung der Tanu Road und der Uhuhru Road. Der Transport zum oder vom Flughafen (ca. 6 km vom zentralen Kreisverkehr) kostet um die 10 000 TSh mit dem Taxi und etwa halb so viel mit dem *bajaji*. Für Fahrten innerhalb der Stadt mit einem *bajaji* werden 1000 bis 2000 TSh fällig (3000 TSh vom Zentrum nach Shangani).

Ein paar dalla-dallas fahren auf der Tanu Road ab/bis zur Bushaltestelle, allerdings keiner bis Shangani. Die Fahrradläden vermieten auch Räder (auch auf dem Markt nachfragen).

Mikindani

Mikindani liegt äußerst malerisch an einer von Kokospalmen gesäumten Bucht. Die alte, bezaubernde Suaheli-Stadt kann auf eine lange Geschichte zurückblicken. Während einige Touristen Mikindani nur auf einer Tagestour von Mtwara aus besichtigen, schätzen andere die Stadt als günstigen Ausgangspunkt für Ausflüge in die Umgebung.

Geschichte

Mikindani erlangte früh Bedeutung als Hafen für Daus und Zielpunkt der Karawanen vom Nyasa-See. Ende des 15. Jhs. reichte das Netz der Handelsstraßen vom Süden Tansanias bis nach Sambia und zur heutigen demokratischen Republik Kongo (Zaire). Nach einem kurzen Rückschlag wurde Mikindani als Teil des Sultanats Sansibar um die Mitte des 16. Jhs. wieder zu einer bedeutenden Handelsstadt – vor allem für Sklaven, Elfenbein und Kupfer. Im 19. Jh., nach dem Verbot des Sklavenhandels, geriet Mikindani in Vergessenheit. In den späten 1880er-Jahren setzte die deutsche Kolonialregierung hier ein regionales Hauptquartier ein und betrieb in großem Stil Anbau und Handel von Sisal, Kokosnuss, Kautschuk und Ölsamen. Der Boom sollte jedoch nicht lange anhalten. Die Ankunft der Briten und das Aufkommen großer Ozeandampfer ließ Mikandi neben dem deutlich besseren Hafen von Mtwara an Bedeutung verlieren. Seitdem scheint die Zeit hier stillzustehen: Weite Teile der Stadt stehen unter Denkmalschutz, und alles Leben konzentriert sich in dem kleinen Dau-Hafen, der immerhin Drehscheibe für den regionalen Küstenhandel geblieben ist.

Für Fans von David Livingstone: Der große Forschungsreisende verbrachte hier 1866 einige Wochen, ehe er auf seine letzte Reise ging.

Sehenswertes & Aktivitäten

Neben den historischen Gebäuden lohnt ein Spaziergang, um die Atmosphäre zu schnuppern und die zahlreichen geschnitzten Türen im Sansibar-Stil zu bewundern. Wer genug Zeit hat, sollte den Ausblick vom **Bismarckhügel** hinter der alten *boma* genießen.

Boma HISTORISCHES GEBÄUDE
Die 1895 gebaute, eindrucksvolle *boma* – einst Festung und Verwaltungszentrum – wurde als Hotel ausgebaut. Auch wer nicht hier wohnt, sollte den Turm besteigen und den weiten Blick über die Stadt genießen.

Sklavenmarkt HISTORISCHES GEBÄUDE
Unterhalb der *boma* liegt der alte Sklavenmarkt, der jetzt von Handwerksläden genutzt wird. Leider wurde er nicht so sorgfältig restauriert wie die *boma* und die alte Architektur hat ihren Reiz verloren, seit die Arkaden zugebaut wurden. Wie es früher hier aussah, zeigt nur noch eine tansanische Briefmarke.

Ruinen des Gefängnisses RUINEN
Die Ruinen befinden sich gegenüber dem Anleger. In dem großen, hohlen Baobab wurden aufsässige Gefangene in Einzelhaft gehalten.

ECO2 TAUCHEN
(☎ 0784 855833; www.eco2tz.com; Main Rd.) Ein guter Tauchveranstalter, der PADI-Unterricht und Tauchexkursionen in der Mikindani-Bucht und im Meerespark Mnazi Bay-Ruvuma Estuary anbietet.

Schlafen & Essen

Ten Degrees South LODGE $
(ECO2; ☎ 0766 059380, 0684 059381; www.tendegreessouth.com; Mikindani; DZ ohne/mit Bad 20/60 US$) Diese gute Basis für Budget-Traveller bietet vier renovierte Zimmer mit großen Doppelbetten, Gemeinschaftsbad und Blick auf die Bucht, außerdem gibt's eine Dachterrasse mit Liegestühlen. Im Nachbarhaus befinden sich einige neuere Doppelbettzimmer für Selbstversorger mit warmer Dusche. Ein Restaurant im Freien serviert leckere Wraps, Pfannkuchen, Currys und andere Gerichte für etwa 17 000 TSh.

Die Lodge ist der Sitz von ECO2, der besten Anlaufstelle, um Tauchexkursionen in der Mikindani-Bucht und im Meerespark Mnazi Bay-Ruvuma Estuary zu organisieren.

Samwange Beach Campsite CAMPINGPLATZ $
(☎ 0784 360774; Camping 20 US$) Etwa 7 km nördlich von Mikindani im Dorf Naumbe, gleich nördlich vom Dorf Pemba liegt dieser Campingplatz in der Bucht direkt am Strand. Er verfügt über einfache Sanitäreinrichtungen; Essen muss einen Tag vorher bestellt werden.

Von Mikindani fährt man in Richtung Lindi. Direkt hinter der kleinen Brücke am Rand von Mikindani zweigt eine Sandpiste nach rechts ab, der man rund um die Mikindani-Bucht Richtung Norden und Westen folgt, bis man ein Schild für den Samwange sieht. Vorher anrufen.

★ **Old Boma at Mikindani** HISTORISCHES HOTEL $$
(☎ 0756 455978, 023-233 3875; www.mikindani.com; EZ 77 US$, Zi. mit/ohne Balkon ab 188/120 US$, Suite 223 US$; P @ ≋) Der wunderschön restaurierte Bau liegt auf einem luftigen Hügel über der Stadt und Bucht von Mikindani. Die Doppelzimmer mit hohen Decken sind geräumig und haben viel Atmosphäre – sie kommen dem Standard eines Spitzenklassehotels in diesem Landesteil sehr nahe. Die Räume sind unterschiedlich, also mehrere ansehen. Es gibt eine Terrasse mit Ausblick auf den Sonnenuntergang, einen Swimmingpool zwischen Bougainvilleen im üppig grünen Garten und ein Restaurant.

Das Hotel wird von Trade Aid (www.tradeaiduk.org) betrieben, einer Non-Profit-Organisation, die Beschäftigungs- und Ausbildungsmöglichkeiten der Gemeinde fördert. Wer im Old Boma übernachtet, unterstützt diese Bemühungen; auf der Website finden sich weitere Infos.

Praktische Informationen

Die nächsten Banken befinden sich in Mtwara.

Im Old Boma gibt es eine Touristeninformation und Internetanschluss. Hier und im Ten Degress South lassen sich geführte Stadtspaziergänge und Exkursionen in der Umgebung buchen.

An- & Weiterreise

Mikindani liegt 10 km von Mtwara entfernt (befestigte Straße). Minibusse fahren den ganzen Tag zwischen beiden Städten (500 TSh). *Bajaji* von Mtwara kosten etwa 10 000 TSh (Taxis 20 000 TSh).

Meerespark Mnazi Bay-Ruvuma Estuary

Dieser **Meerespark** (Erw./Kind 20/10 US$) zieht sich als schmaler Küstenstreifen von der Halbinsel Msangamkuu (nördlich und östlich von Mtwara) im Norden bis zur Grenze Mosambiks im Süden. Hier leben – neben 5000 Menschen – über 400 Meerestierarten. Der um Erfolg ringende Park soll später den Kern eines Meeresschutzgebietes bilden, das im Süden bis nach Pemba in Mosambik reicht. Zurzeit ist es allerdings mit den Schutzmaßnahmen und ihrer Durchsetzung nicht weit her.

Im Herzen des geplanten Schutzgebietes liegen die **Halbinsel Msimbati** und die Mnazi-Bucht. Die meisten Besucher fahren gleich in das winzige Dorf **Ruvula.** Es liegt 7 km hinter Msimbati am Ende einer Sandpiste (bei Ebbe kann man den Strand entlanggehen) und punktet mit einem feinen Sandstrand, an dem man gut schnorcheln kann. Außer dem Strand mit Blick auf den Sonnenuntergang – einer der wenigen auf dem Festland, wo das möglich ist – liegt in Ruvula das Haus des britischen Exzentrikers Latham Leslie-Moore, in dem er bis 1967 lebte. Er wurde deportiert, weil er für die Unabhängigkeit der Halbinsel Msimbati agitierte. John Heminway hat die Geschichte in dem Buch *No Man's Land* und dem Dokumentarfilm *Africa Passion* verarbeitet. Leslie-Moores Haus ist heute eine Ruine und sein Grundstück Privatbesitz.

Die **Halbinsel Msangamkuu** am Nordrand des Parks ist am einfachsten von Mtwara aus zu erreichen. Hier gibt es einen kleinen Strand, der Bau eines Nobelhotels ist geplant.

Die meisten Tauchgänge im Meerespark finden in den Gewässern in der Nähe von Msimbati statt. Die beste Anlaufstelle für Taucher ist ECO2 in Mikindani.

Schlafen & Essen

Ruvula Sea Safari BANDAS $

(☎ 0788 808004, 0652 320183; Camping 20 000 TSh, DZ bandas 50 000 TSh; 🅿) Die einzige Unterkunft bietet schäbige *bandas* am Strand mit gleichermaßen schäbiger Einrichtung; all dies wird jedoch durch die erstklassige Lage am Strand wieder wettgemacht. Auf vorherige Bestellung bekommt man köstlichen gegrillten Fisch (15 000 TSh). Im Dorf Msimbati sind ein paar Grundnahrungsmittel erhältlich, aber Camper sollten sich besser in Mtwara eindecken und eine Taschenlampe mitbringen.

Man kann Ausflüge auf die gleich gegenüber gelegene Bird Island und Bootsfahrten durch die Mangroven buchen. Die schönsten Stellen zum Schnorcheln sind weiter links den Strand hinunter. Je weiter man geht, desto besser wird es.

Ein winziges Schild an der Abzweigung von der Straße Msimbati–Ruvula weist auf das Hotel hin. Tagesbesucher müssen 5000 TSh pro Person für den Strand bezahlen – wer Essen bestellt, bekommt den Eintritt erlassen.

Praktische Informationen

Der Eintritt in den Meerespark (nur in bar) wird am Eingangstor zum Park im Dorf Msimbati kassiert.

An- & Weiterreise

Mindestens ein Pickup täglich verkehrt zwischen Mtwara–Msimbati (2500 TSh, 2 Std.) in beide Richtungen und fährt gegen 10.30 Uhr von der Haupthaltestelle in Mtwara ab. Der Bus von Msimbati startet gegen 5.30 Uhr an der Polizeiwache in der Nähe des Parkeingangs.

Von Mtwara kommend, ab dem Kreisverkehr 4 km der Hauptstraße bis zum Dorf Mangamba folgen; am Hinweisschild links nach Mahurunga abbiegen. Nach 18 km ist Madimba erreicht, wo es wieder nach links geht. Nach weiteren 20 km kommt man nach Msimbati. Die Straße ist unbefestigt, aber in gutem Zustand. Radfahrer können sich auf dem Markt von Ziwani versorgen.

Zwischen Msimbati und Ruvula verkehren keine öffentlichen Verkehrsmittel, an Wochenenden ergeben sich manchmal Mitfahrgelegenheiten. Andere Optionen sind eine Mitfahrgelegenheit auf einem Motorrad (etwa 5000 TSh) oder bei Ebbe ein Fußmarsch am Strand entlang (mindestens eine Stunde). Die Straße ist sandig, aber o.k., da die Gasgesellschaft sie instand hält. Mit dem normalen Taxi kommt man problemlos von Mtwara zum Ruvula Sea Safari (S. 330) (hin & zurück 60 000 TSh).

Den ganzen Tag über fahren kleine Boote zwischen dem Dau-Hafen von Shangani in Mtwara und der Halbinsel Msangamkuu hin und her (100 TSh; bei gutem Wind 15 Minuten). Zur Zeit der Recherche war eine Autofähre geplant. Wenn sie eingerichtet ist, wird man über Msangamkuu ins Dorf Ziwani fahren können, wo die Straße auf die Hauptroute von Mtwara stößt (Letztere ist allerdings schneller).

Makonde-Plateau & Umgebung

Das kühle und landschaftlich schöne Makonde-Plateau liegt 700 bis 900 m über dem Meeresspiegel. Hier leben die Makonde, die in ganz Ostafrika für ihre exotischen Schnitzereien berühmt sind. Ihre verstreuten, isolierten Siedlungen und die offensichtliche Abneigung gegen Entwicklungsprojekte machen sie zu einer einzigartigen Volksgruppe, typisch für das Binnenland in Südost-Tansania. Sie sind definitiv einen Abstecher wert.

Newala

Das geschäftige Newala ist die größte Siedlung auf dem Plateau. Dank der Lage in 780 m Höhe ist das Klima angenehm frisch. Von der Stadt ergeben sich weite Blicke über das Tal des Ruvuma bis nach Mosambik hinein. Am Rand des Abhangs, am Südwestrand der Stadt, steht die alte deutsche boma (heute Polizeiwache), und ganz in der Nähe liegt das Shimo la Mungu (Gottesloch) – ein Aussichtspunkt. Vom Stadtrand führen mehrere Fußwege zum Fluss hinunter. Für Exkursionen sollte man einen Guide buchen und eine Passkopie bei sich haben – Letzteres ist in einer typischen Grenzstadt wie Newala ohnehin empfehlenswert. Am Markt werden Fahrräder vermietet.

Schlafen & Essen

Country Lodge Bed & Breakfast GÄSTEHAUS **$**
(Sollo's; ☎ 0784 950235, 023-241 0355; www.countrylodgetz.com; Masasi Rd.; EZ/DZ/Suite 30 000/35 000/50 000 TSh; P ❄) Das alteingesessene Haus ist die beste Unterkunft der Stadt und befindet sich gleich außerhalb an der Straße nach Masasi. Alle Zimmer haben Bäder, in den Doppelzimmern stehen zwei große Betten. Das ordentliche Restaurant serviert die üblichen Standardgerichte.

An- & Weiterreise

Zwischen Newala und Mtwara (über Nanyamba; 7000 TSh) sowie nach Masasi (5000 TSh, 1,5 Std.) fahren täglich Busse. Gewöhnlich gibt es mindestens eine Verbindung pro Tag zwischen Newala und Mtama, das östlich von Masasi an der Straße nach Mtwara liegt. Auf der Strecke nach Masasi und Mtama, die sich das Plateau hinaufwindet, hat man immer wieder einen wunderschönen Ausblick.

Masasi

Masasi, eine geschäftige Distrikthauptstadt und der Geburtsort des ehemaligen tansanischen Präsidenten Benjamin Mkapa, zieht sich entlang der Hauptstraße am Rand des Makonde-Plateaus vor einem Hintergrund aus Granithügeln hin und bietet sich für einen sinnvollen Zwischenstopp auf der Fahrt von/nach Mosambik über die Unity Bridge an. Die interessante Geschichte der heutigen Siedlung nahm ihren Anfang Ende des 19. Jhs., als die Anglican Universities' Mission to Central Africa (UMCA) aus Sansibar hier eine Siedlung für ehemalige Sklaven gründete. Inzwischen ist Masasi eine wichtige Drehscheibe für Transporte über die unbefestigten Straßen bis Tunduru im Westen oder Nachingwea und Liwale im Norden. Etwa 70 km östlich von Masasi, an der Straße nach Mtwara, befindet sich **Mahiwa.** Hier fand zwischen deutschen und britischen Truppen, vorwiegend nigerianische und südafrikanische Soldaten, eine der blutigsten Schlachten des 1. Weltkrieges in Afrika statt, bei der über 2000 Soldaten fielen.

DIE MAKONDE

Die Makonde, eine der größeren ethnischen Gruppen Tansanias, sind in ganz Ostafrika für ihre Holzschnitzereien berühmt. Sie wanderten seit dem 18. und 19. Jh. aus Nordmosambik – wo noch immer viele leben – nach Norden. Der Krieg in Mosambik schwemmte in den 1970er- und 80er-Jahren etwa 15 000 Makonde-Flüchtlinge nach Tansania, die hier Arbeit und ein sicheres Leben suchten. Obwohl die Makonde heute beiderseits des Ruvuma leben und als ein Stamm gelten, bestehen zwischen den beiden Gruppen größere kulturelle und sprachliche Unterschiede.

Die soziale Ordnung der Makonde basiert wie in vielen tansanischen Stämmen auf der weiblichen Erbfolge. Da Kinder und Besitz bei der Frau bleiben, ziehen die Männer nach der Hochzeit in die Dörfer ihrer Frauen. Die Siedlungen sind weit verstreut – vielleicht noch ein Überbleibsel aus der Zeit, als die Sklavenjäger durchs Land zogen. Jedes Dorf ist selbstständig und wird von einem Häuptling und einem Ältestenrat regiert. Es gibt kein übergeordnetes politisches System.

Die isoliert lebenden Makonde wurden weder durch die Kolonial- noch Post-Kolonialzeit merklich beeinflusst. Sie sind eine der traditionellsten Stammesgruppen des Landes. Noch heute neigen die Makonde den alten Stammesreligionen zu: In ihren Schnitzereien drücken sie die komplexe Welt der Geister aus.

Früher fügten sich die Makonde Wunden als Stammeszeichen zu. Junge Männer verzichten heute meist darauf; sie sind nur noch bei den Älteren zu sehen. Auch der traditionelle Holzpflock, den die Frauen der Makonde in der Oberlippe trugen, ist nur noch bei älteren Frauen – oder auf den Bildnissen in den Schnitzereien – zu sehen.

Die meisten Makonde sind Subsistenzbauern. Warum sie ausgerechnet auf einem wasserlosen Hochland siedelten, ist unklar. Möglicherweise suchten sie Sicherheit vor Eindringlingen (insbesondere Sklavenhändler), oder sie schätzten die Abwesenheit der Tsetsefliege.

Schlafen & Essen

Sechele Lodge GÄSTEHAUS $
(☎ 0784534438; Newala Rd.; Zi. 20 000–35 000 TSh; P) Etwa 800 m von der Bushaltestelle an der Newala Road. Das Gästehaus hat eine Handvoll sauberer, ordentlicher Zimmer – einige mit eigenem Bad, andere mit Bad vor der Tür – und ist ruhiger als die Gästehäuser im Zentrum. Auf Bestellung gibt's Essen.

Holiday Hotel MOTEL $
(Tunduru Rd.; Zi. 35 000 TSh) Recht saubere, schlichte Zimmer mit Ventilator in günstiger, aber lauter Lage 100 m östlich vom Busbahnhof.

Praktische Informationen

GELD

NBC Bank Geldautomat; in der Hauptstraße am östlichen Rand der Stadt.

TOURISTENINFORMATION

Büro des Masasi Reserve Wardens (☎ 0713 311129, 0784 634972, 023-251 0364) Wer das Wildreservate Lukwika-Lumesule besuchen möchte, muss sich hier eine Genehmigung besorgen. Das Büro befindet sich gegenwärtig in der Nähe des Einwanderungsbüros südlich der Straße nach Newala, soll aber ins Migongo-Viertel verlegt werden, etwa 1 km nördlich der Hauptstraße auf der linken Seite der Straße Richtung Nachingwea; nach *Mali Asili* (Natürliche Ressourcen) fragen.

An- & Weiterreise

Die Bushaltestelle liegt im Westen von Masasi an der Kreuzung der Straßen nach Tunduru, Nachingwea und Newala.

Die Straße von Masasi nach Mtwara ist in der Regel in gutem Zustand. Busse zwischen beiden Städten fahren zwischen 6 und 14 Uhr etwa stündlich (7500 TSh, 5 Std.).

Mehrmals täglich fahren Fahrzeuge nach Newala (5000 TSh, 1½ Std.).

Ndanda

Ndanda liegt am Rand des Makonde-Plateaus, 40 km nordöstlich von Masasi. Deutsche Missionare gründeten hier 1906 ein Benediktinerkloster, das den Ort noch immer beherrscht. Zum Kloster gehört ein Krankenhaus, das die medizinische Versorgung der Region übernimmt.

Neben dem Gästehaus des Klosters (nur für Klosterbesucher) hat Ndanda nur wenig ansprechende Gästehäuser zu Budgetpreisen zu bieten. Sie stehen an der Hauptstraße bei der Bushaltestelle, schräg gegenüber dem Klosterkrankenhaus.

Die täglichen Busse zwischen Masasi und Ndanda sowie alle anderen Fahrzeuge halten an der Hauptstraße.

Wildreservat Lukwika-Lumesule

Das winzige **Wildreservat Lukwika-Lumesule** (30 US$) liegt versteckt im abgelegenen Hinterland südwestlich und westlich von Masasi. Während der Jagdsaison von Juli bis Dezember ist es aufgrund lokaler Jagdkonzessionen offiziell geschlossen und den Rest des Jahres häufig inoffiziell wegen Regen für Besucher gesperrt. Beamten des Reservats zufolge ist Ende Juni die beste Zeit für einen Besuch.

Der Fluss Ruvuma trennt Lukwika-Lumesule vom Niassa-Schutzgebiet in Mosambik, und regelmäßig ziehen Tiere durch den Grenzfluss. Richtige Straßen gibt es im Reservat nicht, nur überwucherte Buschpfade. Mit viel Glück kann man Elefanten, Elenantilopen, Krokodile und Flusspferde sehen, die Wahrscheinlichkeit ist aber gering. Die größte Herausforderung – abgesehen von der Fortbewegung im Schutzgebiet – ist es, die Tiere in der oft dichten Vegetation zu sehen und der unersättlichen Tsetsefliege zu entgehen.

Vor dem Besuch muss man das Büro der Parkverwaltung (S. 332) in Masasi aufsuchen, um eine Besuchsgenehmigung einzuholen.

Schlafen & Essen

Camping im eigenen Zelt ist erlaubt und bislang kostenlos. Alle Vorräte – auch Trinkwasser – müssen selbst mitgebracht werden. In der Regel gibt es Wasser zum Baden.

An- & Weiterreise

Der Eingang zum Wildreservat Lukwika-Lumesule liegt 2,5 km südwestlich des Dorfes Mpombe in der Nordwestecke des Reservats; zu erreichen über das Dorf Nangomba, 40 km westlich von Masasi.

Keines der beiden Reservate ist an das öffentliche Verkehrsnetz angeschlossen. Mit Glück ergibt sich von Masasi aus eine Mitfahrgelegenheit in einem der Parkfahrzeuge. Ansonsten sind beide Parks ausschließlich mit dem eigenen Geländewagen zugänglich. Während der Trockenzeit ist eine Piste um Lukwika-Lumesule herum befahrbar.

Tansania verstehen

Tansania aktuell

Tansania ist ein sich schnell entwickelndes und zukunftsorientiertes Land. Es gehört zu den Top-Touristenzielen Afrikas und versucht, die große Beliebtheit von Nationalparks für sich zu nutzen. Dank der jüngst entdeckten Erdgasressourcen verfügt es außerdem über eine potenzielle neue Einnahmequelle und nähert sich langsam der Mehrparteiendemorkatie an. Wenn das Land es schafft, Hürden wie Korruption und ein schwaches Bildungssystem zu überwinden, wir es bis zu seinem hundertsten Geburtstag eine echte Wirtschaftsmacht.

Top-Bücher und -Filme

The Tree Where Man Was Born (Peter Matthiessen, 1972) Lyrischer Film über Tansanias Norden sowie die Bewohner, Tierwelt und Landschaft von Kenia.

The Gunny Sack (MG Vassanji, 1989) Erinnerungen an eine Familie und an das Erwachsenwerden.

Tumaini (2005) Die Zerstörung einer tansanischen Familie durch AIDS.

As Old as My Tongue (2006) Leben des legendären Sängers Bi Kidude.

Memoirs of an Arabian Princess from Zanzibar (Emily Ruete, 1888) Die Autobiografie einer sansibarischen Prinzessin aus dem 19. Jh.

Paradise (Abdulrazak Gurnah, 1994) Über das Erwachsenwerden in Ostafrika.

Etikette

Begrüßung Sich ruhig Zeit nehmen.

Essen Nichts mit der linken Hand essen oder übergeben.

Umgang mit Autoritätspersonen Respektvoll und nicht ungeduldigt auftreten; mit Rücksicht und Humor kommt man weit.

Besuche Vor dem Betreten eines Hauses laut *Hodi* (Darf ich eintreten?) sagen und warten, bis der Bewohner *Karibu* (Willkommen) sagt.

Geschenke Immer mit beiden Händen entgegennehmen oder aber mit der rechten Hand, während die linke Hand den rechten Ellenborgen berührt.

Nyereres Vermächtnis

Tansania ist immer noch nur etwas mehr als ein halbes Jahrhundert alt. In den ersten 25 Jahren seiner Unabhängigkeit wurde es von Julius Nyerere regiert und hat ihm viel zu verdanken. Der erste Präsident führte Suaheli als einigende Landessprache ein, förderte die Ideale der *ujamaa* (Familie) sowie politische Initiativen auf regionaler Ebene, um eine egalitäre Gesellschaft zu schaffen. Dank seiner Vision ist Tansania heute einer der stabilsten Staaten Ostafrikas und hat kaum Probleme mit religiösen und ethnischen Konflikten.

Wirtschaftliche Probleme

Auch wirtschaftlich befindet sich das Land derzeit auf einem guten Weg. Tansania hat in den letzten Jahren ein konstantes Wirtschaftswachstum verzeichnet und verfügt außerdem über ein großes Erdgasvorkommen an der Südostküste, was die Wirtschaft in den nächsten Jahrzehnten grundlegend verändern könnte. Dennoch kämpft das Land mit großen Problemen. Im Human Development Index der Vereinten Nationen (UNDP) schneidet Tansania sehr schlecht ab (es ist auf Platz 152 von 186 erfassten Ländern), und für zahlreiche Einwohner ist das Leben ein täglicher Kampf: Die Arbeitslosenquote liegt bei etwa 12 Prozent, und darüber hinaus ist Unterbeschäftigung weit verbreitet.

Korruption

Eins der größten Hemmnisse für echten Fortschritt ist die Korruption. Zwar behaupten große Plakate in Banken, Einwanderungsbüros und anderen Behörden, dass man sich in einer korruptionsfreien Zone befindet, doch tatsächlich sind alle Bereiche des geschäftlichen und öffentlichen Lebens von Korruption durchsetzt, was Investitionen und Wachstum lähmt. Falls sie unter Kontrolle gebracht und wirtschaftliches Potenzial sinnvoll genutzt wird, hat Tansania eine rosige Zukunft vor sich.

Familiengezänk

Die Politik ist sehr darauf bedacht, die Familienbande zwischen dem Festland und dem stolzen, unabhängigen Sansibar nicht zu zerreißen. Diese Koexistenz ist zwar einvernehmlich festgeschrieben, doch sie erfordert trotzdem ständige Aufmerksamkeit, und die allgegenwärtige Präsenz und Dominanz der Chama Cha Mapinduzi (CCM) Partei ist ein Problem. In den letzten landesweiten Wahlen gewann die Opposition allerdings mit insgesamt 91 von 357 Sitzen und 37,2 % der Stimmen bei der Präsidentschaftswahl erstaunlich hinzu und gab Beobachtern Anlass zur Hoffnung, dass die Alleinherrschaft der CCM nicht ewig fortbestehen wird und schließlich eine echte Mehrparteiendemokratie in Tansania Einzug hält. Nach typisch tansanischer Manier sind größere Probleme – zumindest auf kurze Sicht – unwahrscheinlich.

Lebendige Medienlandschaft

Die lebendige Medienlandschaft des Landes spielt eine große Rolle in öffentlichen Debatten. Während die meisten großen Tagesmedien auf die eine oder andere Weise mit der CCM verbunden sind, ist die Lokalpresse auf dem Festland weitgehend unabhängig. Die Organisation Reporters Without Borders bescheinigt Tansania deutlich mehr Pressefreiheit als seinen Nachbarländern.

Da Zeitungen jedoch nicht in jedem Ort auf dem Land erhältlich sind und die Analphabetenquote bei 32 % liegt, bleibt der Einfluss der Presse aber weitgehend auf die städtischen Zentren beschränkt.

Bildung für die Zukunft

Ein entscheidender Faktor in der zukünftigen Entwicklung Tansanias wird wohl das Bildungssystem sein. Seit zehn Jahren hat die Regierung der Bildung einen höheren Stellenwert auf der nationalen Agenda eingeräumt und heute steht Nyeres Ziel von einer allgemeinen Grundschulbildung kurz vor der Umsetzung. In vielen Teilen des Landes bleiben die Bildungsqualität und -standards aber weiterhin niedrig und die Zahl der Schulabbrecher ist hoch. Auf das ganze Land gesehen, kommt auf 51 Grundschüler ein Grundschullehrer, es herrscht Mangel an weiterführenden Schulen und die Abbrecherquote ist dort sogar noch höher: rund 15 % der Jugendlichen verlassen die Schule ohne Abschluss und weniger als 2 % der Schüler schaffen es bis auf die Universität.

BEVÖLKERUNG: **49.6 MIO. (26% DAVON IN URBANEN WOHNRÄUMEN)**

BIP: **1700 US$**

INFLATION: **7.8 %**

WIRTSCHAFTSWACHSTUM: **7%**

LEBENSERWARTUNG: **61 JAHRE**

HANDYS PRO 100 EINWOHNERN: **56**

Religionszugehörigkeit

(% der Bevölkerung)

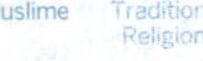

Andere

Wenn in Tansania 100 Menschen leben würden, lebten ...

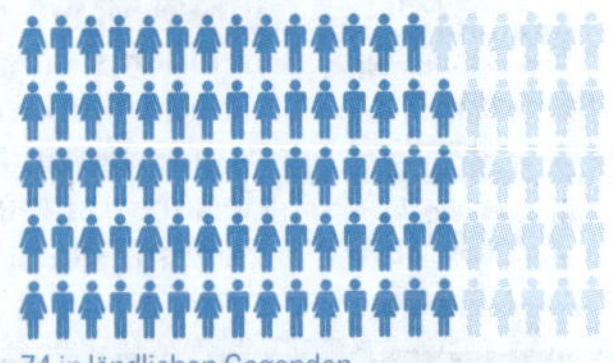

74 in ländlichen Gegenden
26 in den Städten

Einwohner pro km²

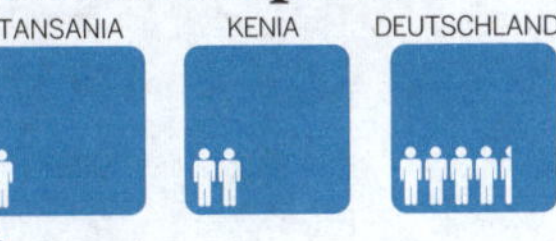

≈ 50 Einwohner

Geschichte

Tansanias Geschichte beginnt mit der Morgendämmerung der Menschheit. Im Verlauf der Jahrtausende hat das Land die großen afrikanischen Völkerwanderungen erlebt, Araber und Europäer kommen und gehen sehen, die Kolonialisierung überdauert und eine starke Unabhängigkeitsbewegung entwickelt, die zur heutigen Vereinigten Republik Tansania geführt hat.

Die Anfänge

Vor rund 3,6 Millionen Jahren zogen Ostafrikas erste Bewohner über die Ebene bei Laetoli nahe der Olduvai-Schlucht (in der Landessprache eigentlich Oldupai) im nördlichen Tansania und hinterließen ihre Fußabdrücke in einer vulkanischen Ascheschicht. Die Archäologin Mary Leakey legte sie 1978 frei und identifizierte sie als die Spuren unserer frühesten Vorfahren – als *Australopithecinen* bezeichnete Hominiden.

Vor etwa 2 Millionen Jahren teilte sich der Stammbaum des Menschen. *Homo habilis,* ein Gemischtköstler mit einem größeren Gehirn, erschien. Er nutzte grob behauene Steinwerkzeuge. Spuren seiner Existenz wurden in der Olduvai-(Oldupai)-Schlucht gefunden. Vor ca. 1,8 Millionen Jahren entwickelte sich *homo erectus,* dessen Knochen und Äxte Archäologen an Seeufer-Fundstätten in Ostafrika entdeckten.

Suaheli-Ruinen

- *Kilwa Kisiwani, Unesco-Welterbestätte*
- *Kaole-Ruinen, Bagamoyo*
- *Tongoni-Ruinen, nördlich von Pangani*
- *Ruinen von Juani und Chole, Mafia*

Was heute Tansania ist, wurde von wandernden Völkern besiedelt. Bei Kondoa fand man Felsmalereien, die möglicherweise 6000 Jahre alt sind. Vermutlich wurden sie von Clans nomadisch lebender Jäger und Sammler geschaffen, deren Sprache dem südafrikanischen Khoisan ähnlich war. Vor 3000 bis 5000 Jahren stießen kleine Gruppen Kuschitisch sprechender Bauern und Viehhirten hinzu, die vom heutigen Äthiopien einwanderten. Die Iraqw, die rund um den Lake Manyara leben, leiten ihre Herkunft von dieser Gruppe von Neuankömmlingen ab. Die Mehrheit der heutigen Tansanier sind Nachfahren Bantu sprechender Siedler, die um 1000 v. Chr. allmählich, über Jahrhunderte, vom Niger-Delta abwanderten und im 1. Jh. n. Chr. in Ostafrika ankamen. Die letzte Einwanderung von Migranten fand zwischen dem 15. und 18. Jh. statt, als Nilotisch sprechende Hirtenvölker aus dem südlichen Sudan in das nördliche

Zeitachse

ca. 25 Mio. v. Chr.

Tektonische Platten stoßen aufeinander, und die ostafrikanischen Ebenen heben sich. Der Ostafrikanische Grabenbruch bildet sich, und der Kilimandscharo sowie andere Vulkane entstehen.

3,6 Mio. v. Chr.

Unsere frühesten Vorfahren ziehen über die Ebene bei Laetoli im nördlichen Tansania und hinterlassen ihre Fußabdrücke, die von Archäologen entdeckt wurden.

10 000–3000 v. Chr.

Vereinzelte Clans von Jäger-Sammlern, gefolgt von Ackerbauern und Viehhirten besiedeln die ostafrikanischen Ebenen, das gut bewässerte Hochland und die Ufer der Seen im heutigen Tansania.

Tansania und zum Afrikanischen Grabenbruch vordrangen. Viele dieser Niloten – die Ahnen der Massai – ließen sich mit ihren großen Viehherden in den weniger fruchtbaren Regionen von Nord- und Zentraltansania nieder. Dort stand den Tieren viel Weideland zur Verfügung.

Monsunwinde

Da die Wanderungen im Binnenland stattfanden, wurden Küstengebiete von anderen Einflüssen geprägt. Azania, wie die Ostküste bei den Alten Griechen hieß, war schon um 400 v. Chr. ein wichtiger Handelsposten. Zu Beginn des 1. Jts. n. Chr. waren blühende Siedlungen von Händlern gegründet worden, die zunächst aus dem Mittelmeerraum und später aus Arabien und Persien mit den Monsunwinden an die Küste kamen und sich mit der dort ansässigen Bantu sprechenden Bevölkerung vermischten. So entstanden die suahelische Sprache und Kultur. Die Kaufleute aus Arabien brachten auch den Islam mit, der sich bis zum 11. Jh. durchsetzte. In den folgenden Jahrhunderten errichteten die Kaufmänner Handelsposten entlang der Küste, auch auf Sansibar und in Kilwa Kisiwani. Diese Siedlungen florierten und erlebten ihre Blütezeit zwischen dem 13. und 15. Jh. Waren wie Elfenbein und Gold wurden bis nach Indien und China verkauft.

Die Ankunft der Europäer

Der erste Europäer, der seinen Fuß auf tansanischen Boden gesetzt hat, war der portugiesische Seefahrer Vasco da Gama. 1498 segelte er auf der Suche nach Ostindien die Küste hinauf. Portugiesische Kaufleute blieben bis Anfang des 18. Jhs. an der Küste, als sie von Omani-Arabern vertrieben wurden. Die Omanis übernahmen die Herrschaft über Kilwa und Sansibar und setzten in den Küstenstädten auf dem Festland ihre Statthalter ein. Händler von der Küste zogen auf den Karawanenrouten durch das Innere des Kontinents bis zu den großen Seen. Sie kauften Elfenbein und Sklaven im Tausch gegen Stoffe und Feuerwaffen. Doch die Kaufleute brachten auch Pocken und Cholera sowie Kanonen mit. Ende des 19. Jhs., als Europa einen begehrlichen Blick auf Afrika warf, war Ostafrika durch Krankheiten und Gewalt geschwächt.

Europäische Fremdherrschaft

Die romantischen Berichte von europäischen Ostafrikareisenden des frühen 19. Jhs. wie Richard Burton, John Speke, David Livingstone und Henry Morton Stanley erregten im späten 19. Jh. die Aufmerksamkeit eines jungen deutschen Abenteurers. 1885 gründete Carl Peters ohne die Genehmigung seiner Regierung eine „Gesellschaft für Deutsche Kolonisation". Von Sansibar reiste er aufs Festland und besorgte sich Unterschriften von afrikanischen Häuptlingen auf einem Stapel von Blanko-

GESCHICHTE DES HANDELS

Der erste Reiseführer für die tansanische Küste war der Periplus Maris Erythraei („Küstenfahrt des Roten Meeres"). Ein griechischer Handelsreisender verfasste ihn um 60 n. Chr. für Seeleute. Aus Persien und Nordafrika stammende Münzen aus dem 3. Jh. v. Chr. wurden an der tansanischen Küste gefunden – Belege für eine lange Handelsgeschichte mit Arabien und dem Mittelmeerraum.

1. Jh. n. Chr.
Monsunwinde treiben arabische Handelsschiffe an die Küste Ostafrikas. Ihnen folgen später islamische Siedler, die sich mit der ansässigen Bevölkerung vermischen. Sprache und Kultur des Suaheli entstehen.

1331
Der marokkanische Reisende Ibn Battuta kommt nach Kilwa, eine blühende Stadt mit 10 000 bis 20 000 Einwohnern, einem großen Palast, einer Moschee, einem Wirtshaus und einem Sklavenmarkt.

1498
Auf der Suche nach einem Weg nach Ostindien kommen portugiesische Seefahrer an die ostafrikanische Küste und betreiben hier 200 Jahre lang einen Küstenhandel mit Sklaven und Elfenbein.

um 1400–1700
In mehreren Wellen wandern kleine Gruppen nomadisch lebender Viehhirten vom Sudan nach Süden in den Ostafrikanischen Grabenbruch – Vorfahren der heutigen Massai.

Vertragsformularen. In Berlin billigte Reichskanzler Bismarck diesen dubiosen Erwerb afrikanischen Territoriums – sehr zum Ärger der Briten. Diese hatten nämlich inzwischen informell die Herrschaft über Sansibar inne.

1886 wurde Ostafrika zwischen den Briten und den Deutschen in „Einflusssphären" aufgeteilt. Die Grenze verlief von der Küste nach Westen bis zum Victoriasee entlang der heutigen Grenze zwischen Kenia und Tansania. Dass die Afrikaner zu dem Abkommen nicht befragt wurden, versteht sich. Auch der Sultan von Sansibar nicht. Die Deutschen ließen ein Kriegsschiff im Hafen von Sansibar liegen, bis er seine Ansprüche auf das Festland abtrat.

Der portugiesische Einfluss ist heute noch in der Architektur, den Bräuchen (z. B. der Stierkampf auf Pemba) und der Sprache zu erkennen. Das Suaheli-Wort *gereza* (Gefängnis), von Portugiesisch *igreja* (Kirche), stammt aus der Zeit, als in portugiesischen Festungen beide Gebäude auf demselben Gelände standen.

Kolonialzeit

Während der Kolonialzeit hielt das westliche Bildungs- und Gesundheitssystem Einzug in Deutsch-Ostafrika. Darüber hinaus wurden Straßen und Eisenbahnschienen gebaut, doch davon haben allerdings nur wenige Afrikaner profitiert. Die deutschen Machthaber waren alles andere als beliebt. Harte Arbeitsbedingungen, die Einführung einer Hüttensteuer und zahlreiche andere unpopuläre Maßnahmen schürten die Unzufriedenheit in der Bevölkerung. Die erste ernst zu nehmende Revolte gegen die Kolonialherren ereignete sich 1888 (der Aufstand der ostafrikanischen Küstenbevölkerung; siehe S. 142), seinen Höhepunkt erreichte der Widerstand mit dem Maji-Maji-Aufstand zwischen 1905 und 1907 (siehe S. 301), der viele Menschen in Südtansania das Leben gekostet hat und als Ursprung des tansanischen Nationalismus gilt.

Die Deutschen kontrollierten das Territorium bis zum Ende des Ersten Weltkriegs. Danach fiel Deutsch-Ostafrika gemäß eines Völkerbundmandats an die Briten und erhielt einen neuen Namen: Tanganjika. Nach dem Zweiten Weltkrieg wurde Tanganjika zum Treuhandgebiet erklärt, aber nach wie vor von den Briten verwaltet. Um in der Nachkriegszeit seiner eigenen Wirtschaft auf die Beine zu helfen, behielt

SUAHELI

Obwohl sich die Suaheli-Kultur zu Beginn des 1. Jts. n. Chr. zu entwickeln begann, setzte sie sich erst im 18. Jh. mit dem Aufstieg der Omani-Araber auf Sansibar durch. Die Rolle des Suaheli als Lingua franca festigte sich, als sie sich auf den Karawanenstraßen durch Ost- und Zentralafrika ausbreitete. Europäische Missionare und Entdecker übernahmen die Sprache schon bald, um sich mit den Einheimischen verständigen zu können. In der zweiten Hälfte des 19. Jhs. begannen Missionare, vor allem Johann Ludwig Krapf, die Sprache in lateinischer Schrift zu notieren. Zuvor wurde Suaheli ausschließlich in Arabisch geschrieben.

19. Jh.

Der sansibarische Sklavenhändler Tippu Tip betätigt sich im Export von Sklaven, der bereits seit dem 9. Jh. blüht, und kontrolliert ein Handelsimperium, das sich von der Küste nach Westen bis zum Fluss Kongo erstreckt.

1840

Der Sultan von Oman hält in einem prachtvollen Palast an der Lagune von Sansibar Hof, von wo aus er seine Herrschaft über den Küstenstreifen Tanganjikas ausübt.

1840er- bis 1860er-Jahre

Die ersten christlichen Missionare treffen aus Europa ein. 1868 wurde die erste Festlandmission in Bagamoyo errichtet als Station für Sklaven, die sich freikaufen wollten.

1856

Die britischen Entdecker Richard Francis Burton und John Hanning Speke dringen auf der Suche nach der Quelle des Nil von Sansibar aus ins Innere Afrikas vor und entdecken den Tanganjika- und den Victoriasee.

Großbritannien den Zwangsanbau bei und setzte Zwangsumsiedlungen durch. Die Entwicklung eines industriellen Sektors wurde von den Briten aktiv verhindert, da sie den tansanischen Markt für ihre eigenen Produkte offenhalten wollten. Auch wurden nur sehr wenige Afrikaner in den Beamtendienst übernommen.

Die Geburt der TANU

Im Jahr 1948 gründete eine Gruppe junger Afrikaner die Tanganyika African Association (TAA) aus Protest gegen die Kolonialpolitik. 1953 wurde die von dem Lehrer Julius Kambarage Nyerere geführte Organisation in TANU-Unabhängigkeitspartei umbenannt. Ziel ihrer Bemühungen wurde die nationale Befreiung. Schließlich zogen sich die Briten 1961 bzw. 1963 ziemlich abrupt aus Tanganjika und Sansibar zurück. Dies war auf die wachsende europäische Einsicht zurückzuführen, dass die Erhaltung von Kolonialreichen zu teuer war, sowie auf die Anerkennung des Grundrechts der Afrikaner auf Freiheit von Unterdrückung.

Unabhängigkeit

Die Bewohner Tanganjikas gingen mit optimistischem Blick in die Unabhängigkeit. Doch Tanganjika war zu arm für das Projekt der nationalen Selbstständigkeit. Die Staatskasse war leer, die Wirtschaft geschwächt und unterentwickelt, und es gab nur wenig Industrie. Im Jahr 1961 fanden sich insgesamt 120 afrikanische Hochschulabsolventen im ganzen Land.

Angesichts dieser Umstände wählte die erste autonome Regierung, die vom 39 Jahre alten Julius Nyerere geführt wurde, Tanganjikas Kontinuität statt radikale Umwandlung der wirtschaftlichen oder der politischen Struktur. Die TANU führte auf Vorschlag der Briten das britische Parlamentssystem ein. Gleichzeitig verpflichtete sich die Partei, in das Bildungswesen sowie eine allmähliche Afrikanisierung des Beamtentums zu investieren. In der Übergangszeit stellten Expatriates (oft frühere britische Kolonialbeamte) das Personal der Regierungsbürokratie.

Wie der Politikwissenschaftler Cranford Pratt im Einzelnen darlegt, beruhten die frühen Pläne der Regierung Nyerere auf der Annahme, dass vom Ausland und vor allem Großbritannien beträchtliche Hilfe geleistet würde. Das war jedoch nicht der Fall. Der neue Staat musste um Gelder kämpfen, um die ersten schwierigen Jahre nach der Befreiung zu überstehen. Während die Regierung sich mühte, marode Straßen zu reparieren, Krankenhäuser zu betreiben und die Jugend des Landes zu erziehen, gelang es ihr im Jahr 1964 auch noch, Truppenmeutereien wegen Lohnforderungen zu beenden. Als auf Sansibar im Januar 1964, nur wenige Wochen nach seiner Unabhängigkeit von Großbritannien, eine blutige Revolution ausbrach, verhinderte Nyerere geschickt die möglicherweise davon ausgehende destabilisierende Wirkung. Er gestand Inselpolitikern

Highlights

- *Oldupai-(Olduvai)-Schlucht-Museum*
- *Felsmalereien von Kondoa*
- *Museum für Naturgeschichte, Arusha*
- *Nationalmuseum, Daressalam*
- *Museum der Arusha-Deklaration, Arusha*
- *Nyerere-Museum, Musoma*

Das Wort „Suaheli" („Küste", vom arabischen Wort *sahil*) bezeichnet sowohl die Sprache Suaheli als auch die islamische Kultur der Völker an der ostafrikanischen Küste von Mogadischu (Somalia) bis hinunter nach Mosambik. Sprache und Kultur sind ein Gemisch aus Bantu, arabischen, persischen und asiatischen Einflüssen.

1873

Auf Druck des britischen Konsuls stimmt der Sultan von Sansibar der Abschaffung des Sklavenmarktes auf Sansibar und des Menschenhandels auf dem Festland zu.

1885

Der Deutsche Carl Peters schlägt Henry Morton Stanley in einem Wettlauf um ein Bündnis mit dem binnenländischen Königreich Buganda und nimmt dabei das Gebiet Tanganjika für Deutschland in Besitz.

5. Oktober 1889

Yohani Kinyala Lauwo und Hans Meyer ersteigen den Berg Kilimandscharo. Lauwo verbrachte den Rest seines langen Lebens damit, Trekker auf den Berg zu führen und neue Guides auszubilden.

1890

Deutschland erhält von Grobritannien das strategisch günstig gelegene Helgoland und erkennt dafür den britischen Einfluss auf Sansibar an. Beide teilen Ostafrika zwischen sich auf und Tanganjika wird Deutschland zugeteilt.

Nyereres politische Ansichten sind in zwei Sammlungen zusammengefasst: *Freedom and Unity* (1967) und *Freedom and Socialism* (1968). Seine Reden und Schriften sind auch auf Deutsch erschienen (Horlemann, 2001) – leider nur noch antiquarisch.

eine prominente Rolle in einer neu ausgerufenen Vereinigten Republik Tansania zu, die im April des Jahres 1964 aus der Union von Tanganjika und Sansibar entstand.

Ujamaa – Tansanias großes Experiment

Die Ereignisse der ersten Jahre nach der Unabhängigkeit – das Ausbleiben ausländischer Hilfe, zivile Unruhen im Land und die Entstehung einer privilegierten Klasse inmitten anhaltender Massenarmut – veranlassten Nyerere, den Kurs, den seine Regierung für die Nation verfolgte, zu überdenken.

Seit seiner Studienzeit hatte Nyerere über die Bedeutung von Demokratie für Afrika nachgedacht. Im Jahr 1962 veröffentlichte er einen Aufsatz mit dem Titel *Ujamaa [Familie, Leute gleicher Art]: Grundlage des afrikanischen Sozialismus*. Darin legte er dar, dass die persönliche Anhäufung von Reichtum angesichts weit verbreiteter Armut antisozial sei. Afrika solle danach streben, eine Gesellschaft zu schaffen, die auf gegen-

JULIUS KAMBARAGE NYERERE

Julius Kambarage Nyerere – Baba wa Taifa („Vater der Nation") oder einfach nur Mwalimu („Lehrer") genannt– stieg aus bescheidenen Anfängen zu einem der angesehensten Staatsmänner Afrikas auf. Er wurde 1922 in Butiama in der Nähe des Victoriasees als Sohn eines Häuptlings des kleinen Zanaki-Stammes geboren. Nach Beendigung seines Studiums, darunter ein Doktorgrad aus Schottland, begann er, als Lehrer zu arbeiten. 1953 schloss er sich einer Gruppe gleich gesinnter Nationalisten an und gründete die Tanganyika African National Union (TANU), die er erfolgreich zur Unabhängigkeit Tanganjikas von Großbritannien und durch die ersten zwei Regierungsjahrzehnte führte.

Nyerere erwarb sich viel Respekt für seinen Idealismus, für seinen Erfolg bei der Gestaltung einer Gesellschaft, die politisch stabil und frei von Stammesrivalitäten war, und für seinen Beitrag zur Erhöhung der Alphabetisierungsrate Tansanias, die während seiner Amtszeit zu einer der höchsten in Afrika wurde. Sein Einsatz für den Panafrikanismus und sein regionales Wirken erhielt auch internationale Anerkennung – auf diesem Gebiet blieb er bis zu seinem Tod im Oktober 1999 aktiv.

Trotz der Kritik an seinem autoritären Stil und seiner Wirtschaftspolitik war Nyerere unbestritten eine von Afrikas einflussreichsten Persönlichkeiten und schaffte es fast im Alleingang, Tansania auf die Weltbühne zu heben. Er erhielt viel Beifall für seinen entschlossenen Widerstand gegen Südafrikas Apartheidssystem und für seine Invasion in Uganda 1979, die zur Absetzung des Diktators Idi Amin Dada führte.

In seinen späteren Jahren nahm Nyerere die Rolle eines Staatsmannes an und diente 1996 als Krisenvermittler im Burundi-Konflikt. Er starb 1999 und wurde in seinem Heimatdorf Butiama bestattet. Viele seiner Schriften, Fotos und andere Erinnerungsstücke sind im Nyerere-Museum ausgestellt.

1905–1907
In den Matumbi-Bergen bei Kilwa stachelt der Heiler Kinjikitile afrikanische Arbeiter zur später als Maji-Maji-Aufstand bekannt gewordenen Rebellion gegen ihre deutschen Kolonialherren an.

1909–1912
Deutsche Paläontologen legen bei Tendunguru in der Lindi-Region die Überreste verschiedener Dinosaurier-Arten frei, darunter auch das Skelett eines *Brachiosaurus brancai*, des größten bekannten Dinosauriers der Welt.

1919
Nach dem Ersten Weltkrieg wird Tanganjika unter das „Protektorat" der Briten gestellt, die zunächst im Namen des Völkerbundes und später der Vereinten Nationen handeln.

1946–1951
Mit dem Tanganyika Groundnut Scheme versucht die britische Regierung mithilfe des Erdnuss-Anbaus den Mangel an pflanzlichen Fetten zu beheben. Das Projekt scheitert und wird schließlich im Januar 1951 beendet.

seitiger Hilfe und wirtschaftlicher wie politischer Gleichheit beruhe, wie sie nach seiner Meinung in der Zeit vor der europäischen Kolonialherrschaft jahrhundertelang bestanden habe.

Die Arusha-Deklaration

Im Jahr 1967 trafen sich die Funktionäre der TANU in der nördlichen Stadt Arusha, wo sie einen von Nyerere entworfenen, radikal neuen Plan für Tansania verabschiedeten. In der sogenannten Arusha-Deklaration verpflichtete sich die tansanische Regierung zu einem sozialistischen Kurs, der dann in mehreren politischen Grundsatzerklärungen weiter spezifiziert wurde. Die Regierung gelobte, ihre Abhängigkeit von ausländischem Kapital zu verringern und stattdessen auf „self-reliance", das Vertrauen auf die eigene Kraft, in der tansanischen Gesellschaft zu setzen. Um zu verhindern, dass sich Bürokraten und Parteifunktionäre der Regierung bereicherten, erließ Nyerere einen Ehrencodex für Führungskräfte. Unter anderem verbot das Gesetz Regierungsbeamten, Aktien einer Privatgesellschaft zu besitzen, Hausangestellte zu beschäftigen oder Grundbesitz zum Zwecke der gewinnbringenden Vermietung zu erwerben.

Die Arusha-Deklaration verkündete auch die Verstaatlichung von Industrien, Handel und Banken. Sie schränkte direkte ausländische Investitionen ein und legte fest, dass die Regierung selbst in Industriebetriebe investieren würde, deren Produkte importierte Güter ersetzen könnten. Alles Land sollte fortan vom Staat verwaltetes Gemeinschaftseigentum sein. Die Regierung strebte den kostenlosen Schulbesuch für jedes Kind an. Schulkinder lernten, sich in erster Linie als stolze Tansanier mit einer gemeinsamen Sprache – Suaheli – zu verstehen und dann erst als Mitglieder einer von über 100 Ethnien, die innerhalb der Landesgrenzen zusammenlebten.

Sozialistische Tendenzen?

Nyerere selbst war von den wirtschaftlichen Entwicklungsstrategien der Chinesen fasziniert, tat aber die Befürchtungen des Westens ab, dass Tansania mit doktrinärem Marxismus chinesischer oder sowjetischer Spielart experimentiere. In *Freedom and Unity – Essays on Socialism* (1967) vertrat er die Ansicht, dass Tansanier „ebenso wenig zum Sozialismus ‚konvertiert' werden müssen, wie man uns Demokratie ‚lehren' muss. Beides wurzelt in unserer Vergangenheit – in der traditionellen Gesellschaft, die uns hervorgebracht hat." Nyereres Visionen wurden nicht nur von der tansanischen Öffentlichkeit, sondern auch von westlichen Akademikern und von Geldgebern aus Ost und West enthusiastisch aufgenommen. Manche seiner politischen Überzeugungen lösten aber selbst bei seinen glühendsten Anhängern im Ausland Bedenken aus. Im Jahr 1965 beschloss die TANU-Partei, das ihr von Großbritannien hinter-

Nyerere forderte seine Landsleute zu harter Arbeit auf und zitierte ein Suaheli-Sprichwort: „Behandelt Euren Gast zwei Tage lang als Gast; gebt ihm am dritten Tag eine Hacke!"

Infolge der Arusha-Deklaration halfen überall im Land die Leute ihren Nachbarn, neue Schulen zu bauen, Straßen zu reparieren, Nahrungspflanzen anzubauen und zu verkaufen, um das Geld für die medizinische Versorgung aufzubringen. Nyerere und seine Minister griffen regelmäßig zu einer Schaufel und packten mit an.

1954

Der charismatische junge Lehrer Julius Nyerere wird Präsident der „Tanganyika African National Union" (TANU), einer Organisation, deren Ziel die Befreiung Tanganjikas von der Kolonialherrschaft ist.

9. Dezember 1961

Tanganjika wird unter Nyerere als Präsident unabhängig von der britischen Kolonialmacht. Sansibar wird im Dezember 1963 unabhängig und bildet eine konstitutionelle Monarchie unter dem Sultan.

1964

Nach einem blutigen Aufstand auf Sansibar, bei dem mehrere Tausend Sansibarer getötet werden, vereinen sich Tanganjika und Sansibar in der Vereinigten Republik von Tansania.

1967

Auf einer Tagung von TANU-Parteifunktionären in Arusha erhält Julius Nyerere enthusiastische Unterstützung für die Arusha-Deklaration, mit der Tansanias Weg zum afrikanischen Sozialismus beginnt.

Die Ostafrikanische Gemeinschaft – 1967 von Tansania, Kenia und Uganda gegründet und nach ihrer Auflösung 1977 später neu gegründet – zählt heute auch Ruanda und Burundi zu ihren Mitgliedern. Fortschritte wurden auf dem Gebiet der wirtschaftlichen Zusammenarbeit erzielt, aber eine politische Kooperation ist noch in weiter Ferne.

lassene demokratische Mehrparteiensystem aufzugeben. Tansania wurde ein Einparteienstaat. Nyerere war der Meinung, dass Demokratie kein Synonym für Mehrparteienpolitik sei und dass die Herausforderungen an das neue Land derart groß seien, dass jeder mit anpacken müsse. Er trat für Rede- und Gedankenfreiheit ein, verbot aber Oppositionsparteien. Wähler konnten zwischen mehreren Kandidaten wählen, aber diese gehörten alle der TANU-Partei an. Außerdem genehmigte Nyerere die Inhaftierung von Dissidenten, denen man vorwarf, sie handelten gegen die Interessen des Staates. Seine Verteidiger sagen, er tat sein Bestes, um ein oft aufsässiges Kabinett und ein Land zusammenzuhalten zu einer Zeit, als überall in Afrika in gerade unabhängig gewordenen Staaten Bürgerkriege und Diktaturen herrschten. Kritiker meinen, er habe bei Verletzungen bürgerlicher Grundrechte ein Auge zugedrückt.

„Ujamaa-Dorfgemeinschaften"

Die vielleicht umstrittenste politische Maßnahme, die nach Arusha ergriffen wurde, war die Idee der „Ujamaa-Dorfgemeinschaften". Die meisten Tansanier lebten auf dem Lande, und die Arusha-Deklaration sah in der Landwirtschaft den Motor wirtschaftlichen Wachstums. Durch Gemeinschaftsarbeit, wie sie laut Nyerere in früheren Zeiten üblich war, sollte die landwirtschaftliche Produktivität massiv gesteigert werden. Ab Anfang 1967 wurden die Tansanier aufgefordert, sich in Gemeinschaftsdörfern zu organisieren, wo sie die Felder zum Wohle der Nation gemeinsam bestellen sollten. Einige taten dies, aber nur eine Handvoll kooperativer Dorfgemeinschaften wurde freiwillig gegründet.

1974 begann die Regierung mit der Zwangsumsiedlung von 80 % der Bevölkerung, wodurch die nationale Agrarproduktion empfindlich gestört wurde. Der Plan litt jedoch unter einer Vielzahl von Problemen. Das neue Ackerland war oft unfruchtbar, die erforderlichen Geräte fehlten. Die Menschen wollten nicht in der Gemeinschaft arbeiten; sie wollten erst einmal ihre eigenen Familien versorgen. Die von der Regierung festgelegten Preise für die Ernten waren zu niedrig angesetzt. Nach Ansicht des Analysten Goran Hyden reagierten die Bauern darauf mit der Rückkehr zur Subsistenzwirtschaft – sie bauten nur ihre eigene Nahrung an. Die nationale Agrarproduktion und die Einnahmen aus für den Export produzierter „Cash Crops" erreichten einen Tiefpunkt.

In einer abschließenden Beurteilung der Politik der Arusha-Deklaration gestand Nyerere freimütig ein, dass die Regierung Fehler gemacht habe. Aber er verwies auch auf den Fortschritt in Richtung soziale Gleichheit: Das Verhältnis zwischen den höchsten Gehältern und den niedrigsten Löhnen sank von 50:1 im Jahr 1961 auf ungefähr 9:1 im Jahr 1976. Trotz dürftigen Hinterlassenschaften der Kolonialzeit unternahm Tansania gewaltige Schritte im Erziehungs- und Gesundheitswesen. Un-

1978–1979

Der ugandische Diktator Idi Amin Dada brennt tansanische Dörfer am Fluss Kagera nieder, die ugandischen Rebellen Unterschlupf gewährt haben sollen. Tansania stürzt Amin und bringt Milton Obote wieder an die Macht.

1981

Das Zentrum des „endlosen Landes", der Nationalpark Serengeti, wird von der Unesco zum Weltnaturerbe erklärt. Mit 14 763 km² zählt er zu den größten und bedeutendsten Nationalparks der Erde.

1985

Nach fünf Amtsperioden tritt Julius Nyerere freiwillig als Präsident zurück. Dies ebnet den Weg für einen friedlichen Übergang zu seinem gewählten Nachfolger.

1986

Nach mehrjährigem Widerstand akzeptiert Tansania angesichts seiner katastrophalen Wirtschaftslage die strengen Bedingungen des IWF-Förderprogramms für Strukturreformen.

TANSANIA AUF DER WELTBÜHNE

In den 1960er- bis 1980er-Jahren war Julius Nyerere, der Repräsentant Tansanias, eine Stimme mit moralischer Autorität in globalen Foren wie der UNO, der Organisation für Afrikanische Einheit und dem Commonwealth. Er trat für die Autonomie von „Dritte-Welt"-Staaten ein und drängte auf eine fairere Weltwirtschaftsstruktur.

Nyereres Regierung machte sich auch für die Befreiung des südlichen Afrikas von weißer Minderheitenregierung stark. Seit 1963 stellte Tansania mit seinem Territorium sowie mit militärischer Unterstützung unter hohem Einsatz von Menschen und Material eine Basis für die Befreiungsbewegungen in Südafrika, Simbabwe und Mosambik.

Tansania nahm zwar in den 1970er-Jahren dankbar chinesische Hilfe beim Bau der Tazara-Eisenbahn von Sambia nach Daressalam in Anspruch, blieb aber während des Kalten Krieges beharrlich neutral und widerstand den Machenschaften und Verlockungen des Ostens wie des Westens.

Dass Tansania in den letzten Jahren auf der Weltbühne kaum in Erscheinung trat, ist auf den Tod des charismatischen und verehrten Nyerere ebenso zurückzuführen wie auf den beschränkten Handlungsspielraum der Regierung angesichts der katastrophalen wirtschaftlichen Verhältnisse sowie der Abhängigkeit von ausländischer Unterstützung. Nichtsdestotrotz hat Tansania seine Türen immer für Zivilisten offen gehalten, die vor Gewalt in den Nachbarländern – Uganda, Burundi, Kongo und Mosambik – flohen. Noch heute beherbergt es über 100 000 Flüchtlinge – mehr als irgendein anderes afrikanisches Land. Sie kommen vor allem aus Burundi und der Demokratischen Republik Kongo (Zaïre) und leben in Flüchtlingslagern an Tansanias Westgrenze.

ter Nyereres Führung entstand ein ausgeprägtes Nationalbewusstsein. Mit Ausnahme gelegentlicher Unruhen auf Sansibar herrschte in Tansania seit seiner Entstehung Frieden und Stabilität.

Vom Liebling der Geldgeber zum Bösewicht

Nach der Arusha-Deklaration war Tansania der erklärte Liebling der Geldgebergemeinschaft. Es war in den 1970er-Jahren der größte Empfänger ausländischer Hilfe im Subsahara-Afrika und das Versuchsgelände für jede neuartige Entwicklungstheorie, die irgendwo auftauchte.

Als es mit der Wirtschaft in den späten 1970er- und frühen 1980er-Jahren kontinuierlich bergab ging, forderten die Weltbank, der Internationale Währungsfond (IWF) und eine wachsende Schar verärgerter Geldgeber strenge wirtschaftliche Reformen – eine tiefgreifende Strukturanpassung des Wirtschaftssystems. Über ihre eigenen verfehlten Projekte hinwegsehend, gaben sie einem aufgeblähten Beamtenapparat und einem moribunden Produktionssektor die Schuld und predigten, dass

Tansania steht auf der Rangliste der Pressefreiheit von Reporter ohne Grenzen (www.reporter-ohne-grenzen.de) an 69. Stelle vor allen seinen ostafrikanischen Nachbarn.

1992

Oppositionsparteien werden auf Drängen der internationalen Gebergemeinschaft zugelassen.

1995

In Tansania finden die ersten Mehrparteienwahlen mit 13 politischen Parteien statt.

7. August 1998

Innerhalb von Minuten explodieren bei Al-Qaida-Anschlägen Bomben in den US-amerikanischen Botschaften in Nairobi und Daressalam. Elf Tansanier verlieren ihr Leben, Dutzende werden verletzt.

2000

Bei umstrittenen Wahlen zu Sansibars Legislative kommt es zu Straßenschlachten. Bei Massendemonstrationen werden 22 Menschen, die gegen die Wahlergebnisse protestieren, von der Polizei erschossen.

beide dem frischen, reinigenden Wind des offenen Marktes ausgesetzt werden müssten. Nyerere lehnte ein Eingreifen des IWF strikt ab. Als die wirtschaftliche Situation sich weiter verschlechterte, nahm der Dissens in den Reihen der Regierung zu. 1985 trat Nyerere zurück. 1986 stimmte die tansanische Regierung den Bedingungen des IWF zu. Das große tansanische Experiment mit afrikanischem Sozialismus war gescheitert.

Strukturreformen

Wie auch anderswo auf dem Kontinent waren die Strukturveränderungen eine Schocktherapie, die der Nation fast den Atem nahm. Der Beamtenapparat wurde um mehr als ein Drittel verkleinert. So war man zwar viele „Nieten" losgeworden, aber auch Tausende von Lehrern, Beschäftigte im Gesundheitswesen und das Geld für Schulbücher, Kreide und Lehrerausbildung. Die Wachstumsraten der Wirtschaft erreichten um 1974 ihren Tiefstand, wo sie die folgenden 25 Jahre verharrten. 1997 gab Tansania viermal so viel für den Auslandsschuldendienst aus wie für das Gesundheitswesen, eine Situation, die sich erst in den letzten beiden Jahrzehnten etwas verbessert hat.

Fast ein Drittel (102) der Mitglieder der (scheidenden) Nationalversammlung Tansanias sind Frauen. Damit ist das Land eines von nur einer Handvoll weltweit, die den 1995 von der UNO anvisierten Anteil der Frauen in der Politik erfüllen.

Mehrparteien-Demokratie

Teil des Hilfsprogramms für Strukturreformen war 1992 die Wiedereinführung des Mehrparteiensystems nach westlichem Vorbild. Seither haben vier Parlamentswahlen stattgefunden, die auf dem Festland im Großen und Ganzen friedlich abgelaufen sind, auf Sansibar weniger – die Differenzen zwischen der Regierungspartei Chama Cha Mapinduzi (CCM) und der Opposition, Civic United Front (CUF), sind einfach zu groß.

Bei den Wahlen 2010 wurde Jakaya Mrisho Kikwete mit 62% der Stimmen im Präsidentenamt bestätigt. Sein größter Konkurrent war Willibrod Slaa von der Partei für Demokratie und Fortschritt, der 27% der Wählerstimmen erhielt. Ein derart starkes Oppositionslager hatte es in der Geschichte Tansanias bis dato noch nie gegeben. Die nächsten Wahlen stehen im Oktober 2015 an. Zum jetzigen Zeitpunkt ist die Liste potenzieller Kandidaten noch offen.

2005

Chama Cha Mapinduzi (CCM), 1977 aus dem Zusammenschluss von TANU und der sansibarischen Afro Shirazi Party entstanden, gewinnt bei den Wahlen die Mehrheit und bleibt Regierungspartei.

2008

Im Februar beginnt die erste Bauphase des Projektes *Wassertanks für Tansania* der Ingenieure ohne Grenzen im Hochland von Tansania.

2010

Jakaya Mrisho Kikwete wird mit rund 62% der Stimmen in einer hart umkämpften Wahl mit einem erstaunlich starken Auftritt der Oppositionskandidaten wiedergewählt.

Oktober 2015

Bei den Parlamentswahlen soll der Nachfolger von Präsident Jakaya Kikwete bestimmt werden.

Bevölkerung & Alltagsleben

Zu den Höhepunkten des Reisens in Tansania zählt es, die Menschen und ihre vielfältige Kultur kennenzulernen sowie all das, was Tansania im Vergleich zu seinen Nachbarn so einzigartig macht. Da Englischkenntnisse recht weit verbreitet sind und Gastfreundschaft Tradition hat, ist es für Besucher recht leicht, die lokalen Bräuche und kulturellen Eigenheiten des Landes zu erleben.

Die Menschen in Tansania

In Tansania leben etwa 120 Stammesgruppen sowie ein relativ kleiner, aber wirtschaftlich bedeutsamer Anteil asiatischer und arabischer Einwohner und eine winzige europäische Gemeinschaft. Die meisten Stämme sind sehr klein, etwa 100 von Ihnen machen zusammen nur ein Drittel der Gesamtbevölkerung aus. Daher hat es keine Stammesgruppe geschafft, das politische oder kulturelle Leben zu dominieren. Nur die Chagga und die Haya, die traditionell zu den gebildeten Gruppen gehören, stellen einen unverhältnismäßig großen Anteil in Politik und Wirtschaft.

Etwa 95 Prozent der Bevölkerung gehört zur Gruppe der Bantu. Zu ihnen zählen die Sukuma um Mwanza und den südlichen Victoriasee (etwa 16 Prozent der Gesamtbevölkerung), die Nyamwezi um Tabora, die Makonde in Südosttansania, die Haya um Bukoba und die Chagga am Kilimandscharo. Die Massai und eine Reihe kleinerer Gruppen wie die Arusha und die Samburu – alle im Norden des Landes – haben hamitische oder nilotische Wurzeln. Die Iraqw um Karatu und nordwestlich vom Manyara-See sind Kuschiten, ebenso die nördlich-zentralen Stämme der Gorowa und der Burungi. Die Sandawe und entfernt auch die halbnomadisch am Eyasi-See lebenden Hadzabe gehören ethnolinguistisch zu den Khoisan.

Als Folge von Julius Nyereres Bemühungen, nach der Unabhängigkeit die Macht der lokalen Häuptlinge zu brechen, sind die Stammesbindungen jedoch nur schwach bis gar nicht mehr ausgeprägt.

Etwa drei Prozent der tansanischen Bevölkerung lebt auf Sansibar und den Inseln, ein Drittel davon auf Pemba. Die meisten afrikanischen Sansibaris gehören zu einer von drei Gruppen: den Hadimu, den Tumbatu und den Pemba. Den größten Anteil unter den Nicht-Afrikanern stellen die Shirazi, die sich als Nachkommen eingewanderter Perser aus Shiraz (Iran) verstehen.

Tansania ist das einzige afrikanische Land, in dem Mitglieder aller prägenden ethno-linguistischen Gruppen des Kontinents leben (Bantu, Niloten, Hamiten, Kuschiten, Khoisan). An den Seen Eyasi und Babati siedeln sie sogar in direkter Nähe zueinander.

Der Nationalcharakter

Teilweise liegt es an der großen Zahl kleiner Stämme, sicher aber auch an dem von Julius Nyerere propagierten Ideal der *ujamaa* (Familie), das die Gesellschaft immer noch prägt, dass praktisch keine Rivalitäten zwischen Tansanias Stämmen bestehen. Auch die religiösen Spannungen sind nur gering, denn Christen und Muslime leben friedlich nebeneinander. Obwohl gelegentlich politische Konflikte aufbrechen, spielen sie in den persönlichen Beziehungen keine entscheidende Rolle.

Die Tansanier legen großen Wert auf Höflichkeit und Zuvorkommenheit. Die Begrüßung hat einen hohen Stellenwert. Wer gleich mit der Tür ins Haus fällt und sich nicht nach dem Befinden des Angesprochenen und seiner Familie erkundigt, wird freundlich auf seinen Fehler hingewiesen. Tansanische Kinder lernen, Ältere mit einem respektvollen *shikamoo* (wörtlich: „Ich halte deine Füße") zu grüßen, was in ländlichen Gegenden oft von einem leichten Knicks begleitet wird. Fremde werden häufig mit *dada* (Schwester) oder *mama,* falls es sich um eine ältere Frau handelt, *kaka* (Bruder) oder *ndugu* (Verwandter oder Freund) angeredet.

Alltagsleben

Die Familie ist von großer Bedeutung. Hochzeiten, Beerdigungen und andere Ereignisse werden in großem Rahmen begangen – auch, um den gesellschaftlichen Status zu demonstrieren, womit sie häufig die Möglichkeiten der Gastgeberfamilie bei Weitem übersteigen. Es wird erwartet, dass arbeitende Familienmitglieder ihren Teil dazu beitragen. Die erweiterte Familie (die auch die Dorfgemeinschaft einschließt) bildet ein wichtiges Netzwerk, da ein soziales Sicherungssystem des Staates fehlt.

Soziale Hierarchien haben große Bedeutung im täglichen Leben. Männer sind die Familienoberhäupter, Frauen sind ihnen untergeordnet und fast auf derselben Stufe wie Kinder. In der größeren Gemeinschaft ist es bislang nicht viel anders. Das Aufziehen der Kinder fällt den Frauen, der Broterwerb den Männern zu; allmählich rücken allerdings immer mehr gut ausgebildete Frauen in höhere Positionen auf. Dorfverwalter (*shehe* auf Sansibar) beaufsichtigen alles und treffen nach Beratungen mit anderen älteren Mitgliedern der Gemeinde alle wichtigen Entscheidungen.

In Tansania sind etwa 5,1 Prozent der Bevölkerung HIV-positiv oder leiden unter AIDS. Inzwischen nimmt das öffentliche Bewusstsein zu, und in den großen Städten weisen Plakate auf das Problem hin. Eine Diskussion findet in der Öffentlichkeit jedoch kaum statt, und Todesfälle werden in vielen Kreisen oft mit „Tuberkulose" begründet.

FAMILIE UND GEMEINSCHAFT

Manchmal ist es in Tansania schwierig zu unterscheiden, wo die Familie aufhört und die Gemeinschaft beginnt. Die Türen stehen immer offen, und es wird erwartet, dem anderen in der *jamaa* (Clan, Gemeinschaft) zu helfen – zu Feiern wird jeder eingeladen.

Religion

Mit Ausnahme der kleinsten Dörfer steht in jedem Ort eine Moschee, eine Kirche oder beides und fast jeder Tansanier bekennt sich zu irgendeiner Religion. Religiöse Feste werden meist mit Inbrunst gefeiert und sind Anlass für Gesang, Tanz und Familienzusammenkünfte.

Muslime, die etwa 35 Prozent der Bevölkerung ausmachen, leben traditionell entlang der Küste sowie im Landesinneren entlang der alten Karawanenstraßen. Sunniten (Shafi-Schule) bilden den größten Anteil, darunter fast sämtliche Einwohner des Sansibar-Archipels.

Ungefähr 35 bis 40 Prozent der Tansanier sind Christen, unter ihnen dominieren die römisch-katholische, die lutheranische und die anglikanische Kirche. Nur ein kleiner Prozentsatz sind Anhänger anderer christ-

ETIKETTE IN TANSANIA

Tansanier sind konservativ. Sie sind zu höflich, um es direkt anzusprechen, werden aber unter sich den Kopf über Touristen schütteln, die halb nackt rumlaufen, unordentlich angezogen sind oder öffentlich Zärtlichkeiten austauschen. Insbesondere an der muslimischen Küste sollte man daher Schultern und Beine bedeckt halten und tiefe Ausschnitte, hautenge Kleidung und Ähnliches vermeiden.

Höflichkeit ist wichtig. Auch wer nur nach dem Weg fragt, sollte sich die Zeit nehmen, den Angesprochenen zuerst zu begrüßen. Es ist üblich, sich nach dem Wohlbefinden des Gesprächspartners und seiner Familie zu erkundigen und dies wird auch von Fremden erwartet. Tansanier halten sich oft noch Minuten nach der Begrüßung und manchmal während der ganzen Unterhaltung an den Händen, insbesondere im Süden umfasst man als Zeichen des Respekts beim Händeschütteln gern mit der linken Hand den rechten Ellbogen.

BILDUNG ALS BASIS?

Obwohl Tansania von einem Lehrer gegründet wurde (Julius Nyerere wird immer noch *mwalimu* oder „Lehrer" genannt) , zählt Tansania heute weltweit zu den Schlusslichtern im Bereich Bildung. Doch das war nicht immer so: Nyerere war überzeugt, dass sein Konzept des Sozialismus und der *self-reliance* (Eigenständigkeit) nur mit einer gebildeten Bevölkerung Erfolg haben könnte. Unter ihm wurden eine Grundschulpflicht und Hilfsprogramme für den Bau von Schulen in Dörfern eingeführt, mit dem Ergebnis, dass Tansania in den 1980er-Jahren eine der höchsten Alphabetisierungsraten in ganz Afrika hatte.

Diese positive Entwicklung hat sich aber leider nicht fortgesetzt. Obwohl 94 Prozent der Kinder eine Grundschule besuchen, machen etwa 30 Prozent nicht den Abschluss und weniger als 15 Prozent absolvieren erfolgreich die höhere Schule. Dafür gibt es zahlreiche Gründe: Es fehlen ausgebildete Lehrkräfte, Schulen und vor allem Geld. Der Besuch einer weiterführenden Schule scheitert oft am Schuldgeld sowie an den Sprachkenntnissen. In der Grundschule wird auf Suaheli unterrichtet und die Englischkenntnisse viele Schüler reichen für die Sekundarschule nicht aus.

licher Glaubensrichtungen, darunter Baptisten und die Pfingstbewegung. Der höchste Anteil an Christen lebt im Nordosten Tansanias bei Moshi, das seit Mitte des 19. Jhs. Zentrum missionarischer Tätigkeit war.

Die restliche Bevölkerung hängt traditionellen Religionen an, die sich um die Ahnenverehrung, das Ackerland und verschiedene rituelle Gegenstände drehen. Außerdem gibt es kleine, aber aktive Gemeinden mit Sikhs und Ismailiten.

Historisch gesehen gab es vor allem Spannungen zwischen Tansanias Muslimen und Christen, die zwar bis heute fortbestehen, aber kaum merklich sind. In der derzeitigen tansanischen Politik spielt die Religion generell keine große Rolle mehr. Eine Ausnahme bildet das Sansibar-Archipel, wo in jüngerer Zeit immer mehr gewaltsame Auseinandersetzungen zwischen Anhängern verschiedener Religionen ihre Schatten geworfen haben.

Frauen in Tansania

Obwohl Frauen das Rückgrat der Wirtschaft bilden – sie ziehen nicht nur Kinder groß, sondern arbeiten nebenher auch noch auf dem *shamba* (der kleine Familienacker) oder in einem Büro –, stehen sie in der sozialen Hierarchie ganz weit unten. Insbesondere in Politik und Bildung werden sie ins Abseits geschoben: Nur ungefähr fünf Prozent der Mädchen schließen die höhere Schule ab, und nur eine Handvoll von ihnen macht einen Universitätsabschluss. Die Einschulungsraten an weiterführenden Schulen sind ohnehin niedrig, aber vor allem Mädchen werden häufig aus Geldmangel, als Hilfe im Haushalt oder aufgrund einer Schwangerschaft zu Hause behalten.

Immerhin lässt sich eine leicht positive Entwicklung erkennen. Seit 1996 hat die Regierung sich verpflichtet, 20 Prozent der Parlamentssitze mit Frauen zu besetzen; aktuell sind sogar über 30 Prozent der Nationalversammlung weiblich. Und in Grundschulen wurde die unterschiedliche Behandlung der Geschlechter praktisch abgeschafft.

Vor allem im ländlichen Raum ist es üblich, dass Frauen ihren eigenen Namen ablegen und *Mama* genannt werden, gefolgt vom Namen ihres ältesten Sohnes (oder Tochter, wenn sie keine Söhne haben).

Kunst

Musik & Tanz

Tansanias herausragende Musik- und Tanzszene vermischt die unterschiedlichsten Einflüsse von den über 100 Stammesgruppen des Landes miteinander – sowohl aus den verschiedenen Regionen an der Küste und im Binnenland als auch aus traditionellen und modernen Elementen.

Dreh- und Angelpunkt ist Daressalam, das auch die größte Vielfalt an Gruppen und Stilen hat. Aber wer sich im Rest des Landes umsieht (am besten Einheimische fragen), kann einige echte Highlights entdecken.

Traditionell

Die traditionellen Tänze Tansanias *(ngoma)* zeichnen lebendige Bilder und beziehen die gesamte Gemeinschaft in ihre Botschaft ein. Sie werden genutzt, um Gefühle wie Dank oder Lobpreisung auszudrücken oder mit den Ahnen zu kommunizieren.

Maskentänze werden vor allem im Südosten aufgeführt, wo sie eine wichtige Rolle bei den Initiationsfeierlichkeiten der Makonde (deren *mapiko*-Masken berühmt sind) und der Makua spielen.

Der verehrte Dichter und Schriftsteller Shaaban Robert (1909–62) ist die wichtigste Persönlichkeit der Literaturszene Tansanias. Er gilt als Nationaldichter und hat beinahe im Alleingang die Entwicklung der modernen Suaheli-Prosa geprägt. Eine Einführung in sein Werk (von Clement Ndulute ins Englische übertragen) gibt das Buch *The Poetry of Shaaban Robert*.

Modern

Den größten Einfluss auf Tansanias moderne Musikszene hatten kongolesische Gruppen, die Anfang der 1960er-Jahre in Daressalam auftraten und Rumba sowie Soukous (*lingala*-Musik) in einen ostafrikanischen Kontext transportierten. Eine der bekanntesten von ihnen ist das Orchestre Super Matimila, dem auch der wohl berühmteste Musiker Tansanias, Remmy Ongala („Dr. Remmy"), angehörte. Er stammt aus der Demokratischen Republik Kongo (Zaire), wurde aber in Tansania populär und lebt heute in Daressalam. Viele seiner Songs (die meisten auf Suaheli) kommentieren Themen wie AIDS, Armut oder Hunger und haben dazu beigetragen, die Musik aus der Region über den Kontinent hinaus bekannt zu machen.

Von größerer Bedeutung sind auch eine lebendige Hip-Hop-Szene – oft mit Texten auf Suaheli – und der beliebte Bongo Flava, ein vom Hip-Hop beeinflusster Musikstil. Am weitesten verbreitet ist jedoch der kirchliche Chorgesang *(kwaya)*.

Sansibars Musikszene wird seit Langem von *taarab* dominiert, doch vor allem bei der jüngeren Generation hat *kidumbak* – ein ähnlicher Stil, der sich durch rhythmische Vielfalt und Trommeln sowie oft aktuelle, kritische Texte auszeichnet – ebenfalls viele begeisterte Anhänger.

Hochzeitsmusik

In der Kolonialzeit führten die deutschen und britischen Militärblaskapellen zur Entwicklung von *beni ngoma* – Tanz- und Musikvereinen, die westliche Blechinstrumente mit afrikanischen Trommeln und anderen traditionellen Instrumenten kombinierten und sich noch heute auf jeder Hochzeit finden. Wer sich in Arusha an einem Wochenende nachmittags an die Kreuzung der Straßen Moshi und Old Moshi stellt, kann den Hochzeitsumzügen zusehen, die von einer Band auf einem Pickup begleitet werden.

NGOMA

Die Trommel ist das wichtigste Instrument der traditionellen tansanischen Musik. Für Trommel wird dasselbe Wort *(ngoma)* wie für den Tanz verwendet, was die enge Beziehung zwischen den beiden verdeutlicht. Viele Tänze können nur zum Klang einer ganz bestimmten Trommel getanzt werden. Einige Tänze, vor allem die der Sukuma, verwenden noch anderes Beiwerk, darunter lebende Schlangen und andere Tiere. Die berühmten Tänze der Massai werden nur von Gesängen und oft auch von kräftigen Sprüngen begleitet.

Andere traditionelle Musikinstrumente sind die *kayamba* (eine mit Körnern gefüllte Rassel), Rasseln und Glocken aus Holz oder Eisenblech, Xylophone (die manchmal als *marimbas* bezeichnet werden), *siwa* (Hörner) und *tari* (eine Art Tamburin).

Bildende Künste

Malerei

Der bei Weitem beliebteste Stil ist *tingatinga,* begründet von dem Maler Eduardo Saidi Tingatinga, der ihn in den 1960er-Jahren als Reaktion auf die Nachfrage aus Europa schuf. Tingatinga-Bilder haben traditionell ein quadratisches Format und zeigen farbenfrohe Tiermotive vor einem monochromen Hintergrund. Der charakteristische Glanz entsteht durch die Verwendung von verdünnten und oft ungemischten Emailfarben.

Bildhauerei & Holzschnitzerei

Tansanias Makonde sind – ebenso wie die aus Mosambik – in ganz Ostafrika für ihrer originellen und höchst fantasievollen Schnitzereien berühmt. Viele Makonde haben aufgrund der besseren Verdienstmöglichkeiten ihre ursprüngliche Heimat im Südosten des Makonde-Plateau verlassen und sind nach Norden gekommen. Heute befindet sich das Zentrum der Schnitzkunst bei Mwenge in Daressalam, wo geschickte Künstler Blöcke des schwarzen Hartholz Grenadill (Dalbergia melanoxylon, in Suaheli *mpingo*) zu Leben erwecken.

Ujamaa-Schnitzarbeiten sind Totempfähle oder „Lebensbäume", auf denen Menschen- und Tierfiguren um einen gemeinsamen Ahnen verschlungen sind. Jede Generation ist verbunden mit der, die ihr voranging, und unterstützt die, die ihr folgt. Lebensbaum-Schnitzereien sind oft mehrere Meter hoch und bestehen fast immer aus einem einzigen Stück Holz. *Shetani*-Schnitzereien, die Bilder aus der Geisterwelt zeigen, sind abstrakter und teils sogar grotesk. Sie sollen Betrachter zu neuen Interpretationen bewegen und zugleich der Fantasie des Schnitzers freien Lauf lassen.

Die Tansanier sind berühmt für ihre Sprichwörter, die sie benutzen, um ihre Kinder zu erziehen oder dem Partner freundlich mitzuteilen, dass sie sauer sind. Häufig werden Sprichwörter auf den Rand der *kangas* (Wickeltücher aus Baumwolle) gedruckt. Einige Beispiele findet man auf www.glcom.com/hassan/kanga.html und www.mwambao.com/methali.htm.

Umwelt & Nationalparks

Mit einer Gesamtfläche von über 943 000 km² (über zweieinhalbmal so groß wie Deutschland) ist Tansania das größte Land Ostafrikas. Die Landschaft ist sehr abwechslungsreich. Bewaldete Berge und ausgedehnte Savannen werden von großen Seen und Flüssen gesäumt bzw. durchzogen. Hinzu kommt eine lange Küstenlinie. Dazu passt Tansanias Artenreichtum (Tiere und Pflanzen) und außergewöhnlich viele Nationalparks.

Topografie

Im Osten grenzt Tansania an den Indischen Ozean mit seiner Traumwelt aus Korallen, Fischen und Schildkröten und am westlichen Ende liegen die tiefen Seen des Zentralafrikanischen Grabens (dem Tanganjikasee und dem Nyassa- bzw. Malawisee), von deren Ufern hohe Gebirge aufsteigen. Zentral-Tansania ist in weiten Teilen ein trockenes Hochplateau, das zwischen 900 und 1800 m über dem Meeresspiegel liegt und sich zwischen die östlichen und westlichen Zweige des Ostafrikanischen Grabensystems schmiegt. Die schönsten Savannen erstrecken sich im Norden, im Nationalpark Serengeti.

Tansanias Gebirgszüge lassen sich in einen steil ansteigenden nordöstlichen Teil (den Östlichen Bogen) sowie einen offenen, hügeligen zentralen und südlichen Teil (das Südliche Hochland oder der Südliche Bogen) einteilen. Das Krater-Hochland mit aktiven und erloschenen Vulkanen liegt im nördlichen Tansania an der Flanke des Ostafrikanischen Grabensystems.

Der größte Fluss des Landes ist der Rufiji; sein Einzugsgebiet auf dem Weg zur Küste ist das Südliche Hochland. Weitere bedeutende Ströme sind Ruvu, Wami, Pangani und Ruvuma.

Die besten Orte, um … zu sehen

Spitzmaulnashörner *Ngorongoro-Krater*

Uluguru-Buschwürger *Uluguru-Gebirge*

Rote Colobus-Affen *Jozani-Wald, Sansibar*

Wildhunde *Wildreservat Selous, Nationalpark Ruaha*

Pemba-Flughunde *Pemba*

Tiere

Zebras, Elefanten, Gnus, Büffel, Flusspferde, Giraffen, Antilopen, Dikdiks, Gazellen, Elenantilopen und Kudus (große und kleine) – nur eine kleine Auswahl der gut 430 Tierarten und Unterarten, aus denen die über vier Millionen Tiere umfassende Wildtierpopulation Tansanias besteht. Berühmt sind vor allem die Raubtiere: Der Nationalpark Serengeti beherbergt die höchste Konzentration frei lebender Löwen, Geparden und Leoparden. Hinzu kommen Hyänen- und Wildhund-Populationen (Letztere im Nationalpark Ruaha und im Wildreservat Selous) sowie die Schimpansen in den Nationalparks Gombe und Mahale Mountains.

Tansania erstreckt sich in einer Übergangszone zwischen den ostafrikanischen Savannen und den südafrikanischen *miombo*-(Brachystegia-) Waldgebieten und beherbergt die für beide Vegetationstypen typischen Arten. Im Nationalpark Ruaha leben z. B. ostafrikanische Grant-Gazellen Seite an Seite mit Lichtenstein-Antilopen und Großen Kudus, die man eher aus dem Süden kennt.

Ergänzt wird die bunte Tiervielfalt von weit über 1000 Vogelarten, darunter verschiedene Arten von Eisvögeln, Nashornvögeln (in der Gegend von Amani in den östlichen Usambaras), Bienenfressern (an den Flüssen

RETTUNG DER MEERESSCHILDKRÖTEN

Tansanias Meeresschildkröten sind vom Aussterben bedroht: Ihre Nester werden geplündert und die erwachsenen Tiere wegen ihres Fleischs gejagt; andere ersticken in Fischernetzen. **Sea Sense** (www.seasense.org) arbeitet mit den Küstengemeinden zum Schutz der Meeresschildkröten, Seekühe, Walhaie und anderer Meerestiere zusammen und hat beträchtliche Erfolge erzielt, insbesondere beim Schutz der Schildkrötennester. Ausgebildete Dorfbewohner tragen die Verantwortung; sie erfassen die Eiablage und schützen die Nester vor Wilderern und anderen Gefahren.

In Zusammenarbeit mit dieser Initiative führen die „Schildkröten-Tour-Guides", ebenfalls Dorfbewohner, die Besucher zu den Nestern und ermöglichen ihnen, die schlüpfenden Schildkröten auf ihrem Weg zum Meer zu beobachten. Solche Touren werden in der Südbucht von Daressalam, am Strand von Ushongo (südlich von Pangani) und auf der Insel Mafia angeboten. Die bescheidenen Einkünfte werden zwischen Sea Sense, zur Unterstützung der Nistprogramme, und den Umweltfonds der Dörfer aufgeteilt. Auf diese Weise profitiert die Dorfgemeinschaft unmittelbar von den Schutzbemühungen. Wer schlüpfende Schildkröten beobachten möchte, sollte Sea Sense (info@seasense.org) kontaktieren.

Rufiji und Wami), Fischadlern (am Victoriasee) und Flamingos (unter anderem im Manyara- und Natronsee). Zahlreiche Vögel kommen ausschließlich in Tansania vor, wie z. B. das Udzungwa-Waldrebhuhn, die Pemba-Grüntaube, der Usambara-Weber und der Usambara-Uhu. Keine Frage, Tansania ist ein Paradies für (Hobby-)Ornithologen.

Außerdem leben hier mehr als 60 000 Insektenarten, rund 25 Reptilien- und Amphibienarten, 100 Schlangenarten und zahllose Fischarten.

Top-Ziele für Botanik-Fans

Nationalpark Kitulo

Naturreservat Amani

Nationalpark Udzungwa Mountains

Bedrohte Arten

Zu den bedrohten Arten gehören Spitzmaulnashorn, Uluguru-Buschwürger, die Echte Karett-, Grüne, Bastard- und Lederschildkröte, Roter Colobus-Affe, Wildhunde und der Pemba-Flughund *Pteropus voeltzkowi*.

Pflanzen

Die kleinen Inseln tropischen Regenwalds in Tansanias östlichem Bogen stellen die Heimat einer Vielzahl von Pflanzen dar, von denen ein großer Teil nirgendwo sonst auf der Welt vorkommt. Dazu gehören das Usambara-Veilchen (Saintpaulia) und die Impatiens, die heute überall in der westlichen Welt als Topfpflanzen verkauft werden. Ähnliche Waldinseln – Überbleibsel des weitaus größeren tropischen Waldes, der sich einst quer über den Kontinent erstreckte – sind auch in den Udzungwas, Ulugurus und mehreren anderen Gegenden zu finden. Im Süden und Westen des östlichen Bogens finden sich große Baobab-Bestände.

Abseits der Gebirgsketten ist das Land zum großen Teil mit („feuchtem" Wald) bedeckt. Hier besteht die Vegetation zumeist aus verschiedenen Arten von Brachystegia-Bäumen. Auf der trockenen zentralen Hochebene dominieren Savanne, Buschland und Dickicht, während sich auf der Serengeti und anderen Ebenen ohne ausreichend gute Entwässerung Grasland erstreckt.

Das Naturschutzgebiet Amani und der Nationalpark Kitulo gehören zu den botanischen Kostbarkeiten des Landes; Kitulo ist in der Tat einer der wenigen Parks in Afrika, dessen Schwerpunkt auf Wildblumen liegt.

Etwa 6 % (59 000 km^2) des tansanischen Festlandes sind von Binnenseen bedeckt. Der Tanganjika-See ist der tiefste, der Victoriasee der größte (und einer der seichtesten).

Nationalparks & Naturschutzgebiete

In Tansania gibt es 15 Nationalparks, 14 Wildreservate und das Schutzgebiet Ngorongoro Conservation Area auf dem Festland sowie drei Meeresnationalparks und mehrere maritime Reservate. Bis vor Kurzem konzentrierten sich die Entwicklungsarbeiten und der Tourismus auf die nördlichen Parks (Serengeti, Manyara Lake, Tarangire und Arusha) sowie die

In Tansanias Bergwäldern wachsen 7 % von Afrikas endemischen Pflanzenarten auf nur 0,05 % der Gesamtfläche des Kontinents. Die Website der Tanzania Forest Conservation Group (www.tfcg.org) gibt eine Einführung in die Wälder des Landes und den Schutz ihrer außerordentlichen Biodiversität.

Ngorongoro Conservation Area und den Nationalpark Kilimandscharo für Trekking. Alle sind auf dem Landweg oder mit dem Flugzeug leicht zu erreichen und dank guter Infrastruktur stark besucht. Außer den faszinierend schönen Landschaften sind die hohe Konzentration, Vielfalt und Zugänglichkeit von Wildtieren die Hauptattraktionen des Nordens.

Die südlichen Schutzgebiete – in erster Linie der Nationalpark Ruaha und das Wildreservat Selous sowie die Nationalparks Mikumi und Udzungwa Mountains – üben zwar immer mehr Anziehungskraft aus, verzeichnen aber noch nicht annähernd die Besucherzahl der nördlichen Parks. Nicht zuletzt deswegen wirken die meisten dieser Gebiete wilder und unberührter. Abgesehen vom Mikumi-Park ist ein Besuch dieser Gebiete auch zeitaufwendiger, wenn man mit dem Auto anreist. Die Tier- und Pflanzenwelt ist jedoch genauso eindrucksvoll, auch wenn sie sich häufig auf größere Flächen verteilt.

Im äußersten Westen liegen die Nationalparks Mahale Mountains und Gombe Stream mit den Schimpansen als Hauptattraktionen – bei Mahale ist es die Abgeschiedenheit. Auch Katavi ist abgelegen und bietet das wohl ursprünglichste Wildniserlebnis überhaupt. Der Nationalpark Rubondo Island liegt auf Inseln im Victoriasee und ist besonders für Vogelbeobachter interessant. Der Nationalpark Saadani, nördlich von Daressalam, ist der einzige Nationalpark direkt an der Küste. Der Nationalpark Mkomazi bei Same, an der Straße Arusha–Tanga, wurde als Refugium für Spitzmaulnashörner eingerichtet.

Nationalparks

Tansanias Nationalparks werden von der **Tanzania National Parks Authority** (Tanapa; www.tanzaniaparks.com; Dodoma Rd., Arusha) verwaltet.

Die Eintrittsgebühren sind auf der Website von Tanapa nachzulesen und liegen je nach Park zwischen 30 und 100 US$ pro Erwachsener und

DER GROSSE AFRIKANISCHE GRABENBRUCH

Der Große Afrikanische Grabenbruch (englisch: Great Rift Valley) ist ein Abschnitt des Ostafrikanischen Grabenbruchsystems – eine massive geologische Bruchzone, die sich 6500 km vom Toten Meer im Norden bis Beira (Mosambik) im Süden durch den afrikanischen Kontinent erstreckt. Das Grabenbruchsystem entstand vor über 30 Millionen Jahren, als die tektonischen Platten, auf denen sich die afrikanischen und eurasischen Landmassen befinden, zusammenstießen und dann auseinanderdrifteten. Als sich die Platten trennten, sanken große Bruchstücke der Erdkruste zwischen ihnen ab. Auf diese Weise entstanden im Lauf der Jahrtausende massive Steilkanten, tiefe Schluchten sowie flache Ebenen und Seen, die heute Ostafrikas Topografie ausmachen.

Das Grabensystem ist weithin bekannt für seine Calderas und Vulkane (darunter der Kilimandscharo, der Meru und die Calderas des KraterHochlands) sowie für seine Seen. Einige sind sehr tief: Ihr Grund liegt oft weit unter dem Meeresspiegel, während ihr Wasserspiegel manchmal mehrere Hundert Meter darüber liegen kann.

Nördlich des Turkana-Sees in Kenia teilt sich der Hauptzweig des Bruchsystems, wodurch die beiden Zweige des tansanischen Rift Valley entstanden sind. Der Zentralafrikanische Graben im Westen (englisch: Western Rift Valley) erstreckt sich am Albert-See (Uganda) vorbei durch Ruanda und Burundi bis zum Tanganjika-See und Nyasa-See, während der östliche Zweig, der Ostafrikanische Graben (englisch: Eastern Rift Valley), südlich vom Turkana-See am Natron- und Manyara-See entlang verläuft, bevor er sich wieder mit dem Western Rift am Nyasa-See vereinigt. Die Seen des Ostafrikanischen Grabens sind kleiner als die des westlichen Zweigs, und einige von ihnen sind wasserlose Salzseen. Die größten sind der Natron- und der Manyara-See. Der Eyasi-See ist in einem Seitenzweig des Hauptgrabens gelegen.

Die Steilwände im tansanischen Teil des Grabenbruchs sind in der Ngorongoro Conservation Area und im Nationalpark Manyara Lake besonders eindrucksvoll.

DIE EASTERN ARC MOUNTAINS

Die alten Eastern Arc Mountains – dazu gehören die Usambara-, Pare-, Udzungwa- und Uluguru-Gebirgszüge – erstrecken sich in einem Halbmond von den Taita Hills im südlichen Kenia bis nach Morogoro und zum Südlichen Hochland. Ihr Alter wird auf 100 Millionen Jahre geschätzt, wobei die Gesteine, aus denen sie bestehen, 600 Millionen Jahre alt sind. Ihre klimatische Isolation und Stabilität waren die Voraussetzung für eine beispiellose Evolution. Heute zeichnen sie sich durch ihre biologische Vielfalt aus und sind die Heimat einer großen Pflanzen- und Vogelwelt, die insgesamt ungefähr ein Drittel der Arten der Flora und Fauna Tansanias ausmacht. Darunter sind viele endemische Arten sowie eine Fülle von Heilpflanzen.

Im späten 19. Jahrhundert führten das Bevölkerungswachstum und die Ausweitung der lokalen Holzindustrie zu einer Ausdünnung der ursprünglichen Walddecke des Östlichen Bogens. Die Erosion wurde zu einem ernsthaften Problem. In den westlichen Usambara-Bergen war sie so schlimm, dass Anfang der 1990erJahre ganze Dörfer in tiefer liegende Gebiete umgesiedelt werden mussten. Inzwischen wurde der Holzeinschlag reduziert und mehrere Aufforstungsprogramme initiiert, sodass sich die Lage etwas stabilisiert hat. Dennoch bleibt die Erosion ein großes Problem.

Tag (Kinder von 5 bis 16 J. zahlen zwischen 10 und 20 US$ pro Tag). Die teuersten Parks sind Serengeti, Kilimandscharo, Mahale Mountains und Gombe Stream, am günstigsten sind Mkomazi, Saadani, Mikumi, Udzungwa Mountains, Kitulo, Katavi und Rubondo Island. Fürs Camping zahlt man in den Parks 30 US$ pro Erwachsener (5 US$ pro Kind) auf öffentlichen Zeltplätzen und 50 US$ pro Erwachsener (10 US$ pro Kind) auf privaten Campingplätzen. Weitere Kosten fallen für die Guides (20–25 US$ pro Gruppe bei Wander-Safaris) und Fahrzeuge an (ausländisches/tansanisches Kennzeichen 40 US$/20 000 TSh). Mit Ausnahme einiger weniger gut besuchter Parks, wo die Kreditkartenzahlung geplant, aber noch nicht umgesetzt ist, müssen der Eintrittspreis und sämtliche anderen Parkgebühren elektronisch per Visa- oder MasterCard bezahlt werden. Alternativ kann man auch die „Smart Card" nutzen, die von der CRDB- und Exim-Bank herausgegeben wird. Am besten packt man also die Visa- bzw. MasterCard und einen Vorrat an US-Dollar oder tansanischen Schillingen ein (Letztere sind praktisch, wenn man nicht mit der Kreditkarte zahlen kann), bevor man sich auf den Weg zu einem der Parks macht.

Unesco-Welterbestätten

- *Nationalpark Kilimandscharo*
- *Felsenmalereien von Kondoa*
- *Naturschutzgebiet Ngorongoro*
- *Ruinen von Kilwa Kisiwani & Songo Mnara*
- *Die „Steinstadt" von Sansibar*
- *Nationalpark Serengeti*
- *Wildreservat Selous*

Wildreservate

Wildschutzgebiete werden von der **Wildlife Division of the Ministry of Natural Resources & Tourism** (☎022-286 6064, 022-286 6376; scp@africaonline.co.tz; Ecke Nyerere & Changombe Rds, Daressalam) verwaltet. Gebühren sind zurzeit bar in US$ zu bezahlen, allerdings soll man in Selous bald per Kreditkarte (Visa) zahlen können, es ist auch das einzige Schutzgebiet mit einer touristischen Infrastruktur. In den anderen Gebieten wurden weite Teile als Jagdlizenz vergeben, auch der südliche Teil von Selous.

Meeresparks & -schutzgebiete

Die Meeresparks Mafia Island, Mnazi Bay-Ruvuma Estuary, Tanga Coelacanth, Maziwe und die Meeresparks von Daressalam (Mbudya, Bongoyo, Pangavini und Fungu Yasini Islands) unterstehen der **Marine Parks & Reserves Unit** (Karte S. 58; www.marineparks.go.tz; Olympio St, Upanga, Daressalam), einer Abteilung des Umwelt- und Tourismusministeriums. Der Eintritt für Meeresparks (20 US$ pro Erw. und Tag, 10 US$ pro Kind) und - schutzgebiete (10 US$ pro Erw., 5 US$ pro Kind) muss man in bar bezahlen.

DIE WICHTIGSTEN NATIONALPARKS & NATURSCHUTZGEBIETE

PARK	MERKMALE	AKTIVITÄTEN	BESTE REISEZEIT
Nationalpark Arusha	Meru, Seen & Krater: Zebras, Giraffen, Elefanten	Trekking, Kanu- & Auto-Safaris, Wandern; Kulturtourismus in der Nähe	ganzjährig
Nationalpark Gombe Stream	Seeufer, Wald: Schimpansen	Schimpansenbeobachtung	Juni–Okt.
Nationalpark Katavi	Überschwemmungsebenen, Seen, Wald: Büffel, Flusspferde, Antilopen	Auto- & Wander-Safaris	Juni–Okt.
Nationalpark Kilimandscharo	Kilimandscharo	Trekking, Kulturtourismus auf den unteren Hängen	Juni–Okt., Dez.–Feb.
Nationalpark Kitulo	Hochland-Plateau: Wildblumen, Wildnis	Wandern	Dez.–April für Wildblumen, Sept.–Nov. zum Wandern
Nationalpark Lake Manyara	Manyara-See: Flusspferde, Wasservögel, Elefanten	Auto-Safaris, Wandern, Kulturtourismus, Nacht-Safaris	Juni–Feb. (Dez.–April zum Vogelbeobachten)
Nationalpark Mahale Mountains	Einsame Seeufer, Berge: Schimpansen	Schimpansenbeobachtung	Juni–Okt., Dez.–Feb.
Nationalpark Mikumi	Mkata Schwemmebene: Löwen, Büffel, Giraffen, Elefanten	Auto-Safaris, kurze Wanderungen	ganzjährig
Nationalpark Mkomazi	Trockene Buschsavanne: Breitmaulnashörner & Wildhunde (für Touristen kaum sichtbar), Vögel	Auto-Safari, kurze Wanderungen	Juni–März
Naturschutzgebiet Ngorongoro	Ngorongoro-Krater: Spitzmaulnashörner, Elefanten, Löwen, Zebras, Flamingos	Auto-Safaris, Wandern	Juni–Feb.
Nationalpark Ruaha	Fluss Ruaha, Sandflüsse: Elefanten, Flusspferde, Kudus, Antilopen, Vögel	Auto- & Wander-Safaris	Juni–Okt. für Wildtiere; Dez.–April für Vögel
Nationalpark Rubondo Island	Victoriasee: Vögel, Sitatungas, Schimpansen	Kurze Wanderungen, Bootsfahrten, Angeln	Juni–Feb.
Nationalpark Saadani	Fluss Wami, Strand: Vögel, Flusspferde, Krokodile, Elefanten	Auto-Safaris, kurze Bootsfahrten, kurze Wanderungen	Juni–Feb.
Wildreservat Selous	Fluss Rufiji, Seen, Wald: Elefanten, Flusspferde, Wildhunde, Spitzmaulnashörner, Vögel	Boots-, Wander- & Auto-Safaris	Juni–Dez.
Nationalpark Serengeti	Ebenen & Savannen, Fluss Grumeti: Gnus, Zebras, Löwen, Geparden, Giraffen	Auto-, Wander- & Ballon-Safaris, Wanderungen & Kulturtourismus in den Randgebieten	ganzjährig
Nationalpark Tarangire	Fluss Tarangire, Wald, Baobabs: Elefanten, Zebras, Gnus, Vögel	Auto-Safaris, Wanderungen, Nachtfahrten & Kulturtourismus in den Randgebieten	Juni–Okt.
Nationalpark Udzungwa Mountains	Udzungwa-Gebirge, Wald: Primaten, Vögel	Wandern	Juni–Okt.

VERANTWORTLICH REISEN IN TANSANIA

Der Tourismus ist in Tansania ein großes Geschäft. Nachfolgend ein paar Richtlinien, um die Belastung für die Umwelt so gering wie möglich zu halten:

- Die lokale Wirtschaft unterstützen
- Souvenirs direkt von denen kaufen, die sie herstellen
- Safari- oder Trekking-Veranstalter wählen, die im Umfeld der Nationalparks ansässige Kommunen als gleichberechtigte Partner behandeln, und die sich verpflichtet haben, die lokalen Ökosysteme zu schützen
- Die Gebühren für kulturelle Veranstaltungen möglichst direkt an die betroffenen Einheimischen statt an die Guides des Tour-Unternehmens oder andere Vermittler zahlen
- Um Erlaubnis bitten, bevor man Menschen fotografiert
- Wahlloses Geschenkeverteilen vermeiden; Spenden für anerkannte Projekte sind nachhaltiger und haben eine bessere Chance, diejenigen zu erreichen, die sie am meisten brauchen.
- Keine aus Elfenbein, Häuten, Muscheln usw. hergestellten Gegenstände kaufen
- Die natürlichen Ressourcen schonen
- Die Kultur und die Bräuche des Landes respektieren

Naturreservat Ngorongoro

Das Schutzgebiet Ngorongoro wurde eingerichtet, um den Schutz des Tierbestands mit dem Fortbestand der Weidewirtschaft der Massai unter einen Hut zu bringen. Letztere hatten andere große Flächen ihres einstigen Territoriums bei der Schaffung des Nationalparks Serengeti verloren. Das Schutzgebiet untersteht der Verwaltung durch die **Ngorongoro Conservation Area Authority** (www.ngorongorocrater.org). Der Ngorongoro-Krater eignet sich hervorragend für Tierbeobachtungen, außerdem ist das Hochland ringsum ein herrlich rustikales Wandergebiet. Wenn die Technik funktioniert, bezahlt man den Eintritt zum Reservat (50 US$ pro Erw. pro Tag und 10 US$ pro Kind zzgl. Gebühren für den Wagen und den „Krater-Service") mit der Kreditkarte, sonst in bar.

Umweltprobleme

Obwohl Tansania beim Einrichten von Schutzgebieten unter den afrikanischen Ländern eine Spitzenstellung einnimmt (ungefähr 40 Prozent der Landesfläche sind in irgendeiner Form geschützt), behindern begrenzte finanzielle Mittel und Korruption den Umweltschutz. Wilderei, Erosion, Bodenauslaugung, Desertifikation und Abholzung reduzieren allmählich die natürlichen Reichtümer. Schätzungen zufolge verliert Tansania jährlich 3500 km² Waldfläche als Folge landwirtschaftlicher und kommerzieller Rodungen. Rund 95 Prozent des tropischen Hochwalds, der einst Sansibar und Pemba bedeckte, sind verschwunden. In den nördlichen Nationalparks und Selous hat die Wilderei aufgrund von Korruption und der gestiegenen Nachfrage bei gleichzeitig lascher strafrechtlicher Verfolgung deutlich zugenommen. Dies trägt in Verbindung mit zu hohen Besucherzahlen zu einer Reduzierung des Wildtierbestands und der Zerstörung der Ökosysteme bei.

Ein weiteres Problem sind die sich beständig ausdehnenden Ballungszentren, deren Abwasserreinigung und Imissionsschutz nicht ausreichten. In Daressalam nutzen fast 70 % der Haushalte Plumpsklos und die veraltete Kanalisation kann das Abwasseraufkommen nicht bewältigen. Zwar wird sie derzeit erneuert, doch es fließen weiter Unmengen von

Die Initiative Mpingo Conservation & Development (www.mpingoconservation.org) und das African Blackwood Conservation Project (www.blackwoodconservation.org) haben das Ziel, den Nationalbaum Tansanias zu schützen – den *mpingo* (Blackwood oder Afrikanischer Grenadill) – der das Holz für Schnitzereien liefert.

Schmutzwasser ungeklärt ins Meer und die Kanäle laufen häufig über. Auch die Luftverschmutzung ist besorgniserregend: Es werden immer mehr Wagen zugelassen, das Benzin ist von minderer Qualität und der Schadstoffausstoß wird nicht angemessen reglementiert.

In Küstenregionen wird teilweise noch mit Dynamit gefischt, doch vielerorts hat der Kampf gegen diese Praxis große Fortschritte gemacht: So wurde genau zu diesem Zweck der Meerespark Mafia Island eingerichtet. In den zehn Jahren seit seiner Gründung ist die Dynamitfischerei dort nahezu komplett verschwunden. Zugleich hat die Parkaufsicht erfolgreichen Naturschutz betrieben und die lokalen Gemeinden für die nachhaltige Ressourcennutzung sensibilisiert.

Insgesamt ist zu bemerken, dass immer mehr Gemeinden unmittelbar am Umweltschutz beteiligt werden. Dorfgemeinschaften nehmen durch eigene Interessenvertreter Anteil an der Entwicklung von Lodges und dem Ausbau touristischer Infrastruktur. Ein gutes Beispiel für das, was mit einer langwierigen Zusammenarbeit mit lokalen Fischern in Sachen Naturschutz und Umweltbildung erreicht werden kann, ist der Korallenpark Chumbe Island. Weitere Musterprojekte sind die Manyara Ranch Conservancy und die Kilimanjaro Conservancy, zwei private Umweltschutzinitiativen, bei denen eine Zusammenarbeit mit den lokalen Gemeinden erreicht wurde. Sie nehmen aktiv am Umwelt- und Tierschutz teil – und profitieren davon.

DIRK FREDER/GETTY IMAGES ©

Zebras

Tierwelt & Lebensräume

Wer an Ostafrika denkt, dem fällt sofort das Wort „Safari“ ein: Kein Land weltweit bietet so viele Möglichkeiten, Wildtiere aus nächster Nähe zu erleben, wie Tansania. Hier sind Raubtiere und ihre Beute wie eh und je im ewigen Kreislauf des Lebens verbunden. Die Bilder unüberschaubar großer Herden von Zebras und Gnus auf der Wanderung, belauert von Geparden, die im raschen Sprung aus der Deckung kommen, vergisst man nie. Über der Serengeti oder dem Ngorongoro-Krater liegt nachts das markerschütternde Brüllen von Löwen. Und bei über 40 Nationalparks und Wildreservaten fällt es leicht, ausgetretene Touristenpfade zu meiden und eine Safari nach eigenem Geschmack zu organisieren.

– David Lukas

1

ROEVIN/GETTY IMAGES ©

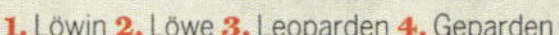

1. Löwin **2.** Löwe **3.** Leoparden **4.** Geparden

3

WAYNE LYNCH/GETTY IMAGES ©

Großkatzen

Die drei Großkatzen – Leoparden, Löwen und Geparden – sind das Highlight vieler besonderer Safaris. Schon beim ersten Anzeichen, dass sie in der Nähe sein könnten, spürt man förmlich, wie die ganze Savanne wachsam wird.

Löwe

Gewicht 120–150 kg (Weibchen), 150–225 kg (Männchen); Länge 210–275 cm (Weibchen), 240–350 cm (Männchen) Die träge im Schatten ausgestreckten Löwen sind Afrikas meistgefürchtete Raubtiere. Ausgestattet mit Zähnen, die mühelos durch Knochen und Sehnen schneiden, können sie so große Beutetiere wie Giraffenbullen schlagen. Jede Gruppe mit erwachsenen Tieren (ein Rudel) bildet sich um Generationen von Weibchen herum, die primär für die Jagd zuständig sind; die Männchen kämpfen miteinander und fressen, was die Weibchen erlegen. Häufig zu sehen im Nationalpark Serengeti und am Ngorongoro-Krater.

Leopard

Gewicht 30–60 kg (Weibchen), 40–90 kg (Männchen); Länge 170–300 cm Der Leopard verlässt sich auf seine Tarnung. Am Tag entdeckt man ihn vielleicht, wenn er auf einem Baum mit dem Schwanz zuckt, aber sein nächtliches Brüllen geht durch Mark und Bein. Häufig zu sehen in den Nationalparks Serengeti, Ruaha und Tarangire.

Gepard

Gewicht 40–60 kg; Länge 200–220 cm Der Gepard ist weniger eine Raubkatze, sondern eher ein Windhund: Der Weltklasse-Sprinter erreicht Geschwindigkeiten von 112 km/h. Allerdings ermüdet er schon nach 300 m und muss sich dann erst mal 30 Minuten abkühlen, bevor er weiterjagen kann. Was die Geschwindigkeit angeht, ist der Gepard kaum zu schlagen, dafür fehlt es ihm aber an den Zähnen und der Kraft, um seine Beute oder auch seine Jungen gegen andere große Raubtiere zu verteidigen. Häufig zu sehen im Nationalpark Serengeti.

1

2

JAMES HAGER/GETTY IMAGES ©

DOUG CHEESEMAN/GETTY IMAGES ©

1. Serval 2. Karakal 3. Wildkatze

KEVIN SCHAFER/GETTY IMAGES ©

Kleinkatzen

Verständlicherweise ziehen die Großkatzen die meiste Aufmerksamkeit auf sich, doch ihre kleineren Verwandten sind ebenso interessant – wenn auch schwieriger zu entdecken. Sie hetzen nicht hinter Gazellen oder Gnus her, sondern pirschen sich an Nagetiere an oder schnappen sich mit unglaublicher Sprungkraft Vögel aus der Luft.

Karakal

Gewicht 8–19 kg; Länge 80–120 cm
Der Karakal oder Wüstenluchs ist eine prächtige gelbbraune Katze mit extrem langen, spitzen Ohren. Er hat große Ähnlichkeit mit dem Luchs, besitzt allerdings auffallend lange Hinterbeine. Sie ermöglichen, dass die schlanke Raubkatze 3 m hoch in die Luft springt und nach Vögeln schnappt.

Serval

Gewicht 6–18 kg; Länge 90–130 cm Der hübsch gefleckte Serval ist doppelt so groß wie eine Hauskatze, hat aber enorm lange Beine und sehr große Ohren. Er ist optimal ans Laufen in hohem Gras angepasst und macht gewaltige Sprünge, um Nagetiere und Vögel zu erbeuten. Da er tagaktiver ist als die meisten Katzen, kann man ihn manchmal dabei beobachten, wie er seine Beute in die Luft wirft und mit ihr spielt. Häufig zu sehen im Nationalpark Serengeti.

Wildkatze

Gewicht 3–6,5 kg; Länge 65–100 cm
Die unscheinbar gestreifte Wildkatze des tansanischen Flachlands ist wahrscheinlich die direkte Ahnin unserer gezähmten Hauskatzen. Sie ist überall dort zu Hause, wo es reichlich Mäuse und Ratten gibt, und kommt darum auch in der Nähe von Dörfern vor. Sie ist an ihren ungemusterten rötlichen Ohren und langen Beinen zu erkennen.

1

2

JAMES HAGER/GETTY IMAGES ©

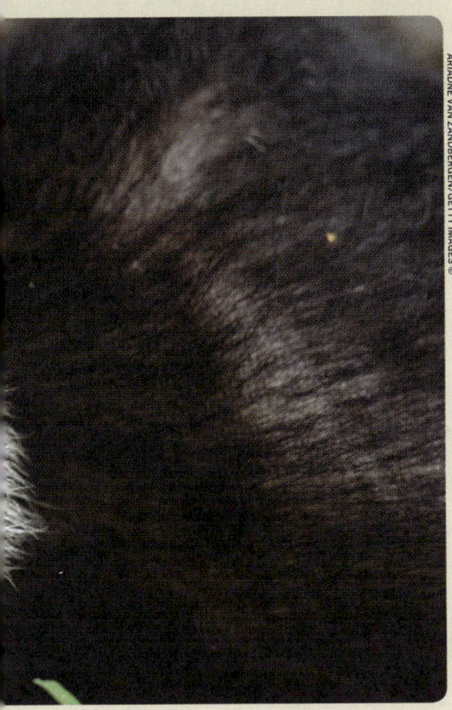

1. Schimpanse 2. Anubispavian 3. Grüne Meerkatze

Am Boden lebende Primaten

Ostafrika ist entwicklungsgeschichtlich die Wiege der Primatenvielfalt. Hier entstanden über 30 Arten von Affen, Menschenaffen und Halbaffen – alle mit Greifhänden und -füßen. Nicht alle Primaten halten sich ausschließlich in den Bäumen auf. Mehrere Arten leben auf dem Boden, wo sie anfälliger für Raubtiere sind.

Schimpanse

Gewicht 25–40 kg; Größe 60–90 cm Schimpansen leben ähnlich wie Menschen in Gruppen mit hochkomplexen Beziehungen und nach festen Regeln. Nicht nur Hirnforscher können die hohe Intelligenz und Gefühlsregungen hinter den tiefliegenden Augen erahnen. Wissenschaftler in den Nationalparks Gombe und Mahale Mountains haben erstaunliche Entdeckungen zum Verhalten dieser Tiere gemacht. Oft zu sehen in den Nationalparks Gombe Stream und Mahale Mountains.

Anubispavian

Gewicht 11–30 kg (Weibchen), 22–50 kg (Männchen); Größe 95–180 cm Der Anubis- oder Grüne Pavian hat 5 cm lange Krallen und kann einen Leoparden töten. Seine beste Verteidigung ist es aber, Eindringlinge mit flüssigen Exkrementen zu bespritzen. Diese cleveren Tiere breiten sich im nördlichen Tansania immer stärker aus, während die heller gefärbten Steppenpaviane über das restliche Land verteilt sind. Oft zu sehen im Nationalpark Lake Manyara.

Grüne Meerkatze

Gewicht 4–8 kg; Größe 90–140 cm Wenn ein Affe Ostafrikas als Charaktertier gelten kann, dann die weit verbreitete und anpassungsfähige Grüne Meerkatze. Jede Gruppe Meerkatzen besteht aus Weibchen, die ein von Generation zu Generation vererbtes Revier verteidigen, während die Männchen um ihren Platz in der Rangordnung und um Paarungsvorrechte kämpfen. Die Geschlechtsorgane der unauffällig grauen Tiere sind intensiv blau und rot gefärbt, wenn sie erregt sind.

Kletternde Primaten

Es gibt auch zahlreiche Primaten, die im Wald auf Bäumen leben. Meist bleiben die beweglichen Tiere mit ihren langen Gliedmaßen gut versteckt in den Baumkronen. Auf der Suche nach Blättern und Früchten klettern und schwingen sie sich von Ast zu Ast. In der Regel sind nur die geschulten Augen eines Guides in der Lage, einige dieser Primaten aufzuspüren.

Schwarzweißer Mantelaffe

Gewicht 10–23 kg; Größe 115–165 cm
Der auch Guereza genannte Schwarzweiße Mantelaffe ist eine von etwa sieben Stummelaffen-Arten in Tansania, er bekommt aber dank seiner wehenden weißen Seitenmähne die größte Aufmerksamkeit. Wie alle Stummelaffen besitzt er eine hakenförmige Hand, mit der er sich von Ast zu Ast hangeln kann. Wenn zwei Gruppen aufeinander treffen, ist einiges los. Häufig zu sehen im Nationalpark Arusha.

Diademmeerkatze

Gewicht 4–12 kg; Größe 100–170 cm
Diese langschwänzigen Affen haben sich an viele bewaldete Lebensräume südlich der Sahara angepasst und sind weit verbreitet. In einigen Waldschutzgebieten Tansanias fallen sie als erste Primatenart ins Auge. Die anpassungsfähigen Tiere leben in großen Gruppen und verlassen nur selten die schützenden Bäume. Häufig zu sehen in den Nationalparks Arusha und Lake Manyara.

Riesengalago

Gewicht 550–2000 g; Größe 55–100 cm
Das katzengroße, nachtaktive Tier mit hundeähnlichem Gesicht gehört zu einer Gruppe von Halbaffen, die sich in 60 Mio. Jahren kaum verändert hat. Der vor allem wegen seiner lauten Schreie (denen er auch den Namen „Buschbaby" verdankt) bekannte Galago ist kaum je zu sichten, es sei denn, er sucht die Futterstationen auf, die viele Safari-Lodges eingerichtet haben. Da Galagos in einer Welt der Dunkelheit leben, verständigen sie sich untereinander durch Duft und Rufe.

1

1. Schwarzweißer Mantelaffe **2.** Diademmeerkatze **3.** Riesengalago

3

2

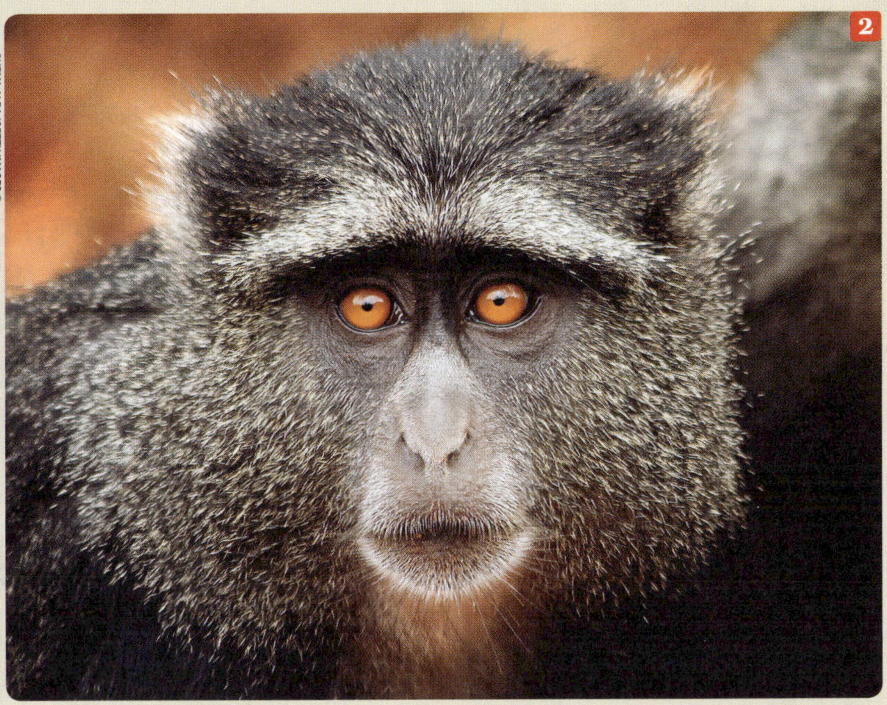

CHEMA ALBA/GETTY IMAGES ©

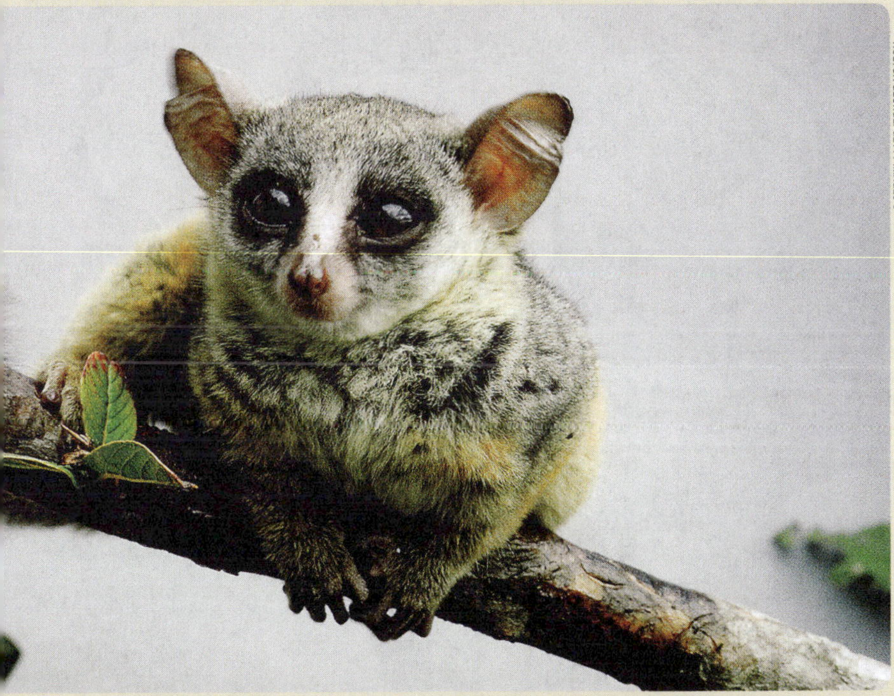

HOLTON GEORGE/GETTY IMAGES ©

ADAM JONES/GETTY IMAGES ©

1. Giraffengazelle **2.** Gnus **3.** Afrikanischer Büffel **4.** Großer Kudu

3

MARC GUITARD/GETTY IMAGES ©

2

DAVID LAZAR/GETTY IMAGES ©

4

NIGEL PAVITT/GETTY IMAGES ©

Wiederkäuer

Die meisten Huftiere schließen sich zum besseren Schutz vor Raubtieren zeitweilig zu riesigen Herden zusammen. In dieser Familie stellen die Antilopen mit 40 Arten allein in Ostafrika die größte Gruppe.

Großer Kudu

Gewicht 120–315 kg; Länge 215–300 cm Dank seiner weißen Querstreifen ist der Große Kudu im Buschgelände gut getarnt. Die sehr langen Hörner des Männchens kommen bei Paarungskämpfen zum Einsatz. Häufig zu sehen im Nationalpark Ruaha.

Gnu

Gewicht 140–290 kg; Länge 230–340 cm In der Serengeti bilden die Gnus riesige Wanderherden, begleitet von Raubtieren und Scharen staunender Touristen. Häufig zu sehen in den Nationalparks Serengeti, Tarangire und am Ngorongoro-Krater.

Thomsongazelle

Gewicht 15–35 kg; Länge 95–150 cm Die schlanken, wachsamen Tiere sind sehr schnell und ziehen in Herden mit Zebras und Gnus umher. Oft zu sehen im Nationalpark Serengeti und am Ngorongoro-Krater.

Afrikanischer Büffel

Gewicht 250–850 kg; Länge 220–420 cm Er ähnelt einer muskelbepackten Kuh mit gebogenen Hörnern. Meist sind sie friedlich; nur wütende oder verletzte Büffel sind extrem gefährlich. Oft zu sehen im Nationalpark Katavi und am Ngorongoro-Krater.

Giraffengazelle

Gewicht 30–50 kg; Länge 160–200 cm Sie lebt in den semiariden Strauchsavannen des Nordostens und stellt sich steil auf die Hinterbeine, um an 2 m hohen Zweigen zu äsen. Oft zu sehen im Nationalpark Tarangire.

Wasserbock

Gewicht 160–300 kg; Länge 210–275 cm Der große, struppige Wasserbock ist auf Ufervegetation angewiesen. So schwanken seine Bestände zwischen feuchten und trockenen Jahren beträchtlich. Oft zu sehen im Wildreservat Selous und im Nationalpark Lake Manyara.

Huftiere

Zu dieser Gruppe zählen einige der charismatischsten Tiere der afrikanischen Wildnis. Außer Giraffen sind Huftiere jedoch keine Wiederkäuer. Sie haben ein breites Spektrum von Lebensräumen erobert. Viele sind in Afrika seit Jahrmillionen zu Hause und gehören somit zu den erfolgreichsten Säugetieren, die je den Kontinent durchwandert haben. Ohne die menschlichen Eingriffe in die Natur würde Afrika heute sicherlich von Elefanten, Zebras, Flusspferden und Warzenschweinen beherrscht.

Giraffe

Gewicht 450–1200 kg (Weibchen), 1800–2000 kg (Männchen) So geschickt sich die 5 m hohe Giraffe auch anstellt, wenn es um hohe Zweige geht – damit hat sie eine Futterquelle erobert, die anderen Tieren verschlossen bleibt –, so mühsam muss sie sich zum Wasser bücken, wenn sie trinken will. Sie schreitet zwar gelassen dahin, kann aber durchaus jedem Raubtier davonlaufen. Häufig zu sehen, vor allem in den Parks des Northern Circuit.

Afrikanischer Elefant

Gewicht 2200–3500 kg (Kuh), 4000–6300 kg (Bulle); Schulterhöhe 2,4–3,4 m (Kuh), 3–4 m (Bulle) Niemand, weder Mensch noch Löwe, bleibt stehen, wenn ein massiger Elefantenbulle aus dem Busch hervorbricht. Der in Afrika als „König der Tiere" verehrte Elefant lebt in Herden, die von älteren Kühen geleitet werden. Häufig zu sehen in den Nationalparks Ruaha, Selous, Tarangire und am Ngorongoro-Krater.

Steppenzebra

Gewicht 175–320 kg; Länge 260–300 cm Das mit den Streifen bei Zebras ist verflixt: Obwohl die charakteristischen Streifenmuster der Tiere so unterschiedlich sind wie Fingerabdrücke, haben Forscher immer noch nicht genau herausgefunden, welche Aufgabe diese Muster haben. Helfen sie womöglich den Zebras, sich gegenseitig zu erkennen? Häufig zu sehen in den Nationalparks Serengeti und Tarangire.

1

1. Giraffen **2.** Afrikanische Elefanten **3.** Steppenzebras

3

DARYL BALFOUR/GETTY IMAGES ©

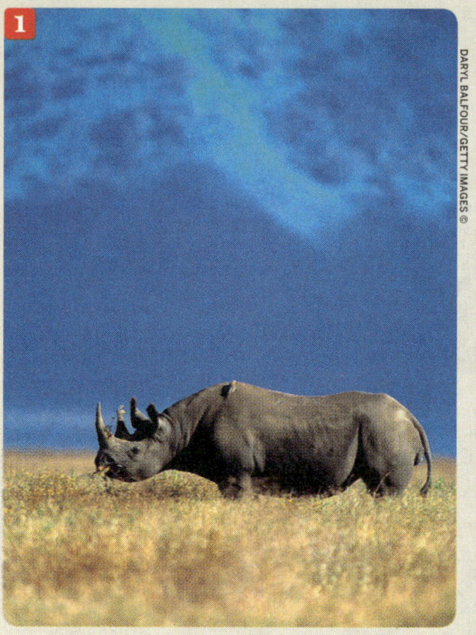

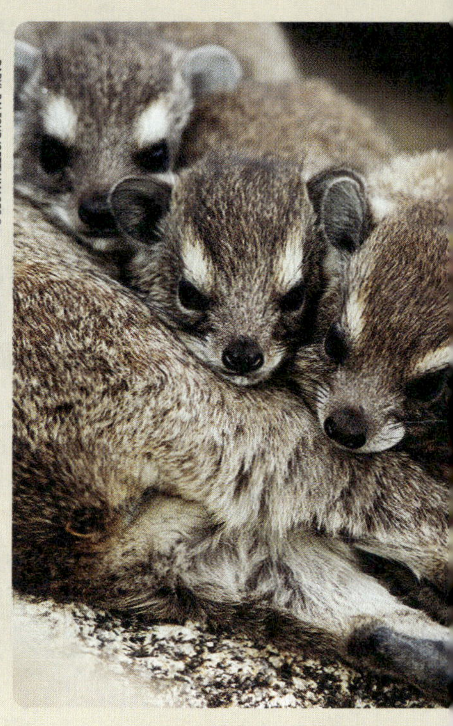

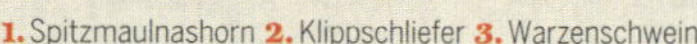

1. Spitzmaulnashorn **2.** Klippschliefer **3.** Warzenschwein **4.** Flusspferd

NIGEL PAVITT/GETTY IMAGES ©

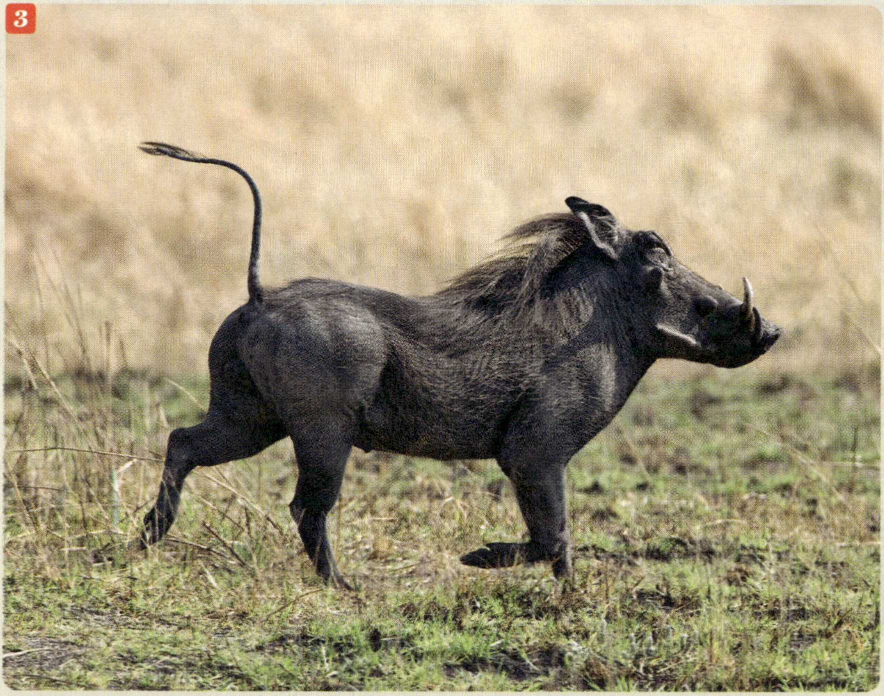

MANOJ SHAH/GETTY IMAGES ©

Noch mehr Huftiere

Auch diese sehr unterschiedlichen Huftiere zeugen von der erstaunlichen Vielfalt dieser Tiergruppe in Afrika. Natürlich möchte jeder Elefanten und Giraffen sehen, doch Flusspferde und Warzenschweine sind nicht minder interessant.

Spitzmaulnashorn

Gewicht 700–1400 kg; Länge 350–450 cm Unglücklicherweise ist das Horn des Spitzmaulnashorns wertvoller als Gold. Das einst südlich der Sahara weit verbreitete und zahlreich vorkommende Nashorn ist sehr stark vom Aussterben bedroht. Dazu trägt auch bei, dass eine Nashornkuh nur alle fünf Jahre ein Junges zur Welt bringt. Häufig zu sehen am Ngorongoro-Krater.

Klippschliefer

Gewicht 1,8–5,5 kg; Länge 40–60 cm Wenngleich die schwanzlosen Tiere wie Murmeltiere aussehen, die auf Felsen herumklettern, haben Klippschliefer und Elefanten gemeinsame Vorfahren. Wenn sie gähnen, dann blitzen ihre Stoßzähne im Miniformat hervor. Häufig zu sehen im Nationalpark Serengeti.

PURESTOCK/GETTY IMAGES ©

Warzenschwein

Gewicht 45–75 kg (Weibchen), 60–150 kg (Männchen); Länge 140–200 cm Trotz ihres furchteinflößenden Äußeren und der bedrohlichen Eckzähne sind nur die großen Männchen vor Löwen, Geparden und Hyänen sicher. Werden sie angegriffen, laufen Warzenschweine zu ihrem Bau, schieben sich rückwärts hinein und schlagen dabei wild mit ihren Hauern um sich. Einfach zu entdecken in vielen Parks in Tansania.

Flusspferd

Gewicht 510–3200 kg; Länge 320–400 cm Das über 3000 kg schwere Flusspferd verbringt die meiste Zeit in oder in der Nähe von Gewässern und kaut Wasserpflanzen. Friedfertig? Keineswegs! Flusspferde entwickeln enorme Kraft und werden wild, wenn sie gereizt sind. Häufig zu sehen im Wildreservat Selous und im Nationalpark Katavi.

JASON EDWARDS/GETTY IMAGES ©

1. Goldschakal **2.** Tüpfelhyäne
3. Zebramangusten **4.** Afrikanischer Wildhund

3

NIGEL PAVITT/GETTY IMAGES ©

MARC GUITARD/GETTY IMAGES ©

TOM BRAKEFIELD/GETTY IMAGES ©

Raubtiere

Die bemerkenswert große Zahl von Raubtieren ist ein weiterer Beleg für Afrikas reiche Fauna. Bei den Raubtieren stößt man auf so manch Unerwartetes. An eine Begegnung mit ihnen erinnert man sich ein Leben lang!

Zebramanguste

Gewicht 1,5–2 kg; Länge 45–75 cm
Familientrupps, die auf ihrer morgendlichen Beutesuche durch die Savanne springen, suchen nach leckeren Fröschen, Skorpionen und Nacktschnecken. Weit verbreitet in Tansania.

Afrikanischer Wildhund

Gewicht 20–35 kg; Länge 100–150 cm
Afrikanische Wildhunde leben in Rudeln mit komplexer Rangordnung und festen Verhaltensmustern. Die erfolgreichen Jäger hetzen Antilopen und andere Tiere. Häufig zu sehen im Wildreservat Selous und im Nationalpark Ruaha.

Honigdachs

Gewicht 7–16 kg; Länge 75–100 cm Manch ein Afrikaner sagt, er wolle lieber einem Löwen als einem Honigdachs (auch Ratel genannt) begegnen, und selbst Löwen lassen ihren Fang liegen, sobald ein Honigdachs auftaucht. Ihren Namen verdanken die Tiere ihrer Vorliebe für Honig – der Honiganzeiger, ein Vogel, zeigt ihnen den Weg zum Bienenstock. Häufig zu sehen im Nationalpark Mikumi.

Tüpfelhyäne

Gewicht 40–90 kg; Länge 125–215 cm
Tüpfelhyänen leben in Gruppen, die von Weibchen mit penisähnlichen Sexualorganen angeführt werden. Ihre kraftvollen Kiefer beißen sich locker durch Knochen. Wenn sie jagen, bricht unter den Beutetieren Panik aus. Häufig zu sehen am Ngorongoro-Krater.

Goldschakal

Gewicht 6–15 kg; Länge 85–130 cm Der Goldschakal schreckt durch schiere Angriffslust und Bluffen auch hungrige Geier und viel stärkere Hyänen ab. Häufig zu sehen im Nationalpark Serengeti und am Ngorongoro-Krater.

MARSCH1962UK/GETTY IMAGES ©

1. Schreiseeadler **2.** Sekretäre
3. Weißrückengeier und Sperbergeier **4.** Gaukler

3

WINFRIED WISNIEWSKI/ MINDEN PICTURES/GETTY IMAGES ©

2

Greifvögel

In Tansania leben fast 100 verschiedene Arten von Falken, Adlern, Geiern und Eulen. Mehr als 40 davon wurden allein im Nationalpark Manyara gesichtet, der einer der besten Plätze der Welt ist, um eine unvorstellbare Vielfalt von Greifvögeln zu beobachten.

Sekretär

Länge 100 cm Mit dem Körper eines Adlers und den Beinen eines Kranichs stelzt der 1,30 m hohe Vogel täglich 20 km auf der Suche nach Vipern, Kobras und anderen Schlangen umher. Häufig zu sehen im Nationalpark Serengeti.

Gaukler

Länge 60 cm Der Gaukler ist ein auffallend tief fliegender Luftakrobat. Aus der Nähe stechen das ausgeprägte Farbmuster und das scharlachrote Gesicht hervor. Häufig zu sehen in den Nationalparks Katavi und Tarangire.

4

Schreiseeadler

Länge 75 cm Das Ebenbild des amerikanischen Weißkopfadlers ist eine beeindruckende Erscheinung. Bekannt ist er aber vor allem wegen seiner lauten, unverwechselbaren Rufe, die auch als „Stimme Afrikas“ bezeichnet werden. Häufig zu sehen im Nationalpark Rubondo Island.

Felsenbussard

Länge 55 cm Der Felsenbussard dürfte der häufigste Raubvogel Tansanias sein und besetzt eine breite Palette wilder und kultivierter Lebensräume. Der erfolgreiche Jäger lässt sich fast bewegungslos vom Aufwind tragen und schießt dann im Sturzflug auf die erspähte Beute herab.

Weißrückengeier

Länge 80 cm Geier streiten sich mit Löwen, Hyänen und Schakalen um die blutigen Kadaver. In der Regel reicht ihre schiere Zahl aus, um den großen Raubtieren Teile der Beute streitig zu machen. Lässt sich in den meisten Parks von Tansania leicht erspähen.

1. Dreifarben-Glanzstar 2. Zwergflamingos
3. Gabelracke 4. Afrikanischer Strauß

2
ARIADNE VAN ZANDBERGEN/GETTY IMAGES ©

Andere Vögel

Vogelliebhaber aus aller Welt reisen nach Tansania, denn der Reichtum der Vogelwelt, die dieses Land zu bieten hat, ist unvergleichlich groß. Um die 1100 Arten wurden hier gezählt, die in allen denkbaren Formen und Farben nicht unterschiedlicher sein könnten.

Sattelstorch

Höhe 150 cm; Flügelspannweite 270 cm Der Sattelstorch ist die auffälligste von Tansanias acht Storchenarten. Seine Flügelspannweite von 2,70 m ist schon beeindruckend genug, doch dazu kommen noch seine leuchtend roten Fersengelenke und der rot-schwarz-gelbe Schnabel. Häufig zu sehen im Nationalpark Serengeti.

Zwergflamingo

Länge 100 cm Wenn sich Hunderttausende Zwergflamingos auf den in der Sonne flimmernden Salzseen einfinden, bieten sie ein eindrucksvolles, unvergessliches Naturschauspiel. Oft zu sehen im Nationalpark Manyara.

4
VOLANTHEVIST/GETTY IMAGES ©

Gabelracke

Länge 40 cm Fast jeder lernt auf einer Safari die prachtvoll gefärbte Gabelracke kennen. Ihr Bauch ist ultramarin, Kehle und Brust sind lila, Kopf und Nacken grün. Den Glanz ihres Gefieders bringen sie besonders zur Geltung, indem sie beim Fliegen ihren Körper hin- und herrollen. Leicht zu entdecken in vielen Parks in Tansania.

Afrikanischer Strauß

Höhe 200–270 cm Der bis 130 kg schwere Strauß ist eine sehr alte Art. Dieser flugunfähige Vogel rennt seinen Feinden mit einer Geschwindigkeit von 70 km/h davon, oder er tarnt sich flach auf dem Boden liegend als Sandhaufen. Häufig zu sehen im Nationalpark Serengeti.

Dreifarben-Glanzstar

Länge 18 cm Mit schwarzem Gesicht, gelben Augen und blaugrünem Rücken, kontrastreich vom orangeroten Bauch abgesetzt, ist der Sperlingsvogel zwar sehr häufig, aber nicht leicht zu entdecken. Oft zu sehen in den Parks des Northern Circuit.

1

Lebensräume

Fast alle Tiere Tansanias halten sich ausschließlich in einem ganz bestimmten Lebensraum auf. Immer wieder ist zu hören, wie Ranger und Mitreisende die Namen dieser Lebensräume nennen, als wären sie Codewörter. Wer zum ersten Mal nach Ostafrika reist, braucht etwas Zeit, um die wichtigsten Lebensräume und ihre jahreszeitlichen Veränderungen zu erfassen. Doch durch aufmerksame Beobachtung werden die Zusammenhänge deutlicher, und man erkennt, welche Tiere sich welche Lebensräume teilen.

Halbtrockene Wüste

In Teilen des nordöstlichen Tansanias fällt so wenig Regen, dass nur Büsche und dürre Gräser statt Bäumen wachsen. Der übliche Besucher Tansanias erwartet hier kaum wilde Tiere, doch geduldige Beobachter werden umso reicher belohnt: Der Wassermangel zwingt Zebras, Gazellen und Antilopen zu den Wasserlöchern. Wenn es wieder regnet, erwachen Pflanzen- und Tierwelt explosionsartig zu neuem Leben. In der Trockenzeit werfen viele Pflanzen ihre Blätter ab, um kein Wasser abzugeben, und grasende Tiere ziehen auf der Suche nach Futter und Wasser weiter. Der Nationalpark Mkomazi ist der beste Ort Tansanias, um diesen Lebensraum zu erkunden.

Savanne

Die Savanne ist die klassische ostafrikanische Landschaft – weites, leicht hügeliges Grasland mit vereinzelten Akazien. Die offene, weite Graslandschaft ist der perfekte Lebensraum für große Herden weidender Zebras und Gnus sowie für

1. Nationalpark Serengeti (S. 201) **2.** Baobabbäume, Nationalpark Ruaha (S. 286)

Raubtiere wie den schnell sprintenden Geparden. Hier bekommen Reisende zahlreiche Tiere zu sehen. Savannen entstehen überall dort, wo sich lange Regen- mit langen Trockenzeiten abwechseln – die idealen Bedingungen für dichte, nährstoffreiche Gräser. Von Flächenbränden und grasenden Tiere gestaltet, ist die Savanne ein dynamischer Lebensraum mit fließendem Übergang zu den angrenzenden Wäldern. Der Nationalpark Serengeti bietet einzigartige Möglichkeiten, die afrikanische Savanne zu erleben.

Wald

Tansania ist das einzige Land in Ostafrika, wo es – neben anderen Waldtypen – den lichten *miombo*-Wald gibt. Dieser feuchte Wald ist eigentlich typisch für das südliche Zentralafrika. Das geschlossene Kronendach der Bäume bietet den Tieren Schutz vor Raubtieren und brennender Sonne. Dieser wichtige Lebensraum ist Heimat von vielen Vögeln, kleinen Säugetieren und Insekten und ein Paradies für Naturbeobachter. Wo sich Ausläufer des *miombo* in die Savanne ausdehnen, suchen Tiere wie Leoparden und Antilopen Schatten und Plätze, wo sie tagsüber ruhen können. Während der Trockenzeit können Waldbrände und Futter suchende Elefanten Teile des Waldes dem Boden gleichmachen. Im Nationalpark Ruaha sieht man sowohl reine *miombo*-Wälder als auch die artenreichen Lebensräume zwischen Savanne und *miombo*.

Löwinnen, Ngorongoro-Naturschutzgebiet

Die tansanische Küche

Man kann in Tansania leicht den Eindruck gewinnen, dass sich das ganze Land nur von *ugali* – einem aus Mais- oder Cassava-(Maniok-)Mehl oder beidem gekochten Brei – und Soße ernährt. Dabei gibt es auch richtige Leckerbissen. Der Sansibar-Archipel ist eines der kulinarischen Highlights der ostafrikanischen Küche. Hier kann man sich vom Duft von Koriander oder Kokosnuss in die Zeit versetzen lassen, als Schiffe aus dem Orient auf der Gewürzroute die Küste anliefen. In anderen Gegenden entschädigt die lebendige Atmosphäre und tansanische Gastfreundschaft für die eintönige Küche.

Typisches & Spezialitäten

Ugali ist das tansanische Nationalgericht. Diese dicke, teigartige Masse – an die sich viele Ausländer erst gewöhnen müssen – ist je nach verwendeter Mehlsorte und Zubereitungsart unterschiedlich in Geschmack und Konsistenz. Generell sollte gutes *ugali* weder zu trocken noch zu klebrig sein. Meist wird dazu eine Soße mit Fleisch, Fisch, Bohnen oder grünem Gemüse gereicht. Reis sowie *ndizi* (gekochte Kochbananen) sind weitere Grundnahrungsmittel und Pommes frites gibt's überall.

Mishikaki (marinierte, gegrillte Fleischspießchen) und *nyama choma* (gewürztes Bratenfleisch) sind beliebte Snacks. An der Küste und an den Seen isst man viel Fisch, oft gegrillt oder (an der Küste) gekocht mit Kokosmilch bzw. als Curry.

Manche Tansanier beginnen den Tag mit *uji*, einem dünnen, süßen Brei aus Bohnen, Hirse oder einem anderen Mehl. Frauen rühren schon frühmorgens an Straßenecken *uji* in großen dampfenden Töpfen an. *Vitambua* – Reisküchlein, die kleinen, dicken Pfannkuchen ähneln – isst man vor allem im Südosten zum Frühstück. Auf Sansibar gibt es *mkate wa kumimina*, ein Brot, das aus einem ähnlichem Teig wie *vitambua* gebacken wird. *Urojo*, eine weitere Spezialität aus Sansibar (auch in Daressalam zu bekommen), ist eine sättigende Suppe mit *kachori* (gewürzte

Guter Kaffee

- *Zanzibar Coffee House, Zanzibar Town*
- *Utengule Coffee Lodge, Mbeya*
- *Union Cafe, Moshi*

ETIKETTE

Für Tansanier stärkt eine gemeinschaftlich eingenommene Mahlzeit aus einer gemeinsamen Schüssel die Zusammengehörigkeit zwischen Gastgebern und Gästen.

- Wer zum Essen eingeladen und nicht hungrig ist, braucht nur zu sagen, dass er gerade gegessen hat, sollte aber ein paar Bissen probieren, um damit seine Verbundenheit mit den Gastgebern zu zeigen.
- Einen kleinen Rest auf dem Teller zurücklassen, um dem Gastgeber zu zeigen, dass man satt geworden ist.
- Nicht den letzten Rest aus der Gemeinschaftsschüssel nehmen, weil der Gastgeber dann denken könnte, er habe nicht genug angeboten.
- Das Essen nie mit der linken Hand anfassen!
- Wenn andere mit der Hand essen, sollte man das Gleiche tun, selbst wenn Besteck vorhanden ist.
- Bei unbekannten Sitten nach dem Gastgeber richten.

Kartoffeln), Mango, Limetten, Kokosnuss, Cassavaflocken, Salat und manchmal *pili-pili* (scharfe Pfefferschoten).

Drei Mahlzeiten pro Tag sind auch in Tansania üblich, obwohl das Frühstück häufig aus nicht viel mehr als *kahawa* (Kaffee) oder *chai* (Tee) und *mkate* (Brot) besteht. Die Hauptmahlzeit wird mittags eingenommen.

Getränke

Neben der allgegenwärtigen Fanta und Coca-Cola ist der häufigste Softdrink *tangawizi*, eine Art lokales Gingerale. Frische Säfte sind fast überall zu haben, aber man sollte sich vergewissern, dass sie nicht mit unsauberem Wasser verdünnt wurden. Wasser aus dem Hahn sollte man meiden, aber Wasserflaschen sind fast überall erhältlich. In abgelegenen Regionen, wo Wasser in Flaschen schwerer zu bekommen ist, sollte man einen Filter oder Wasserreinigungstabletten im Gepäck haben.

In der Gegend von Tanga und am Victoriasee sind *mtindi* und *mgando* zu empfehlen, joghurtähnliche angedickte Milchprodukte, die mit einem Strohhalm aus Plastikbechern getrunken werden.

Tansanias Angebot an Bieren umfasst die Marken Safari, Kilimandscharo und Castle Lager sowie kenianische und deutsche Sorten. Bier wird immer und überall verkauft, allerdings ist es selten kalt.

Lokale Biersorten fallen unter den Sammelbegriff *konyagi*. In der Nähe des Kilimandscharo ist *mbege* (Bananenbier) am leckersten. *Gongo* (auch *nipa* genannt) ist ein illegal destilliertes Cashew-Getränk, nur die gebraute Version (*uraka*) ist legal. Auch aus Papaya hergestellte Biere sind beliebt.

Tansanias kleine Wein-Industrie befindet sich bei Dodona.

KAFFEE-VERKÄUFER

Zu den bleibenden Eindrücken eines frühen Morgens auf Sansibar gehören die Kaffeeverkäufer, die mit einem Stapel Kaffeebecher und einer kohlebeheizten Kanne mit langem Griff durch die Stadt ziehen. Das Klappern ihrer Metallbecher lockt Kunden schon von Weitem an.

Essen gehen

Bei einem Aufenthalt in Tansania isst man an den unterschiedlichsten Orten – sei es eine einfache Bude am Straßenrand (*Mama Lishe*), in der die „Mama" aus dem Ort ein Tagesgericht zubereitet oder ein Restaurant im europäischen Stil.

Hoteli, Nachtmärkte & Teesalons

Wer landestypisch essen will, setzt sich in ein *hoteli* – ein kleines, einfaches Restaurant – und sieht dem Treiben auf der Straße zu. Viele haben das Tagesgericht auf eine Tafel geschrieben und in der Ecke einen Fernseher. In Städten sind die belebten Nachtmärkte oft eine gute Alternative zu *hoteli*, um die lokale Atmosphäre in sich aufzusaugen. Hier werden am Straßenrand auf offenem Feuer *nyama choma*, gegrillter *pweza* (Tintenfisch) und andere Gerichte zubereitet – ideal als Snack oder leichtes Essen.

KARIBU CHAKULA

Jede Einladung zum Essen – *karibu chakula* – beginnt mit dem Händewaschen. Der Gastgeber kommt mit einem Wasserkrug und einer Schüssel; man hält die Hände über die Schüssel, während der Gastgeber Wasser darüber gießt. Manchmal werden Seife und ein Handtuch zum Abtrocknen gereicht.

Das eigentliche Essen dreht sich um *ugali* oder Reis mit Soße: mit der rechten Hand etwas Reis aus der Gemeinschaftsschüssel nehmen, mit den Fingern zu einer kleinen Kugel rollen und mit dem Daumen eine Grube eindrücken. Dann wird die Kugel in die dazu gereichte Soße getaucht. Das Essen mit der Hand ist zunächst schwierig, aber nach ein paar Versuchen hat man sich daran gewöhnt. Das *ugali* nicht zu lange in Soße dippen (damit es nicht zerkrümelt) und die Hand dabei niedriger als den Ellbogen halten (natürlich nicht beim In-den-Mund-Stecken), damit die Soße nicht am Unterarm herunterläuft.

Außer Obst gibt es selten Nachtisch; die Mahlzeit wird mit einem erneuten Händewaschen beendet. Man dankt dem Gastgeber mit den Worten *chakula kizuri* oder *chakula kitamu* – damit wird ausgedrückt, das Essen sei wohlschmeckend und köstlich gewesen.

KULINARISCHE KÖSTLICHKEITEN

In gehobenen Safaricamps und Hotels ist das Abendessen gut. Wer auf eigene Faust unterwegs ist oder aufs Geld achten muss, ist den allgegenwärtigen Reis mit Soße schnell leid. Im Folgenden ein paar Adressen zum Stillen von Heißhunger außerhalb der großen Städte:

Lushoto Hausgemachte Marmelade, Vollkornbrot und Käse von der Irente Farm und der St. Eugene's Lodge

Njombe Italienischer Käse und frischer Joghurt im Duka la Maziwa

Iringa to Makambako Gourmetküche sowie frisches Obst und Gemüse vom Bauernhof in Kisolanza – The Old Farmhouse

Iringa Echte italienische Küche bei Mama Iringa; Bananenmilchshakes und Pfannkuchen im Hasty Tasty Too

Pemba Frisches, warmes Brot an Straßenständen, die morgens und abends in Chake Chake aufgebaut werden, und dazu Honig von der Insel Pema (*asali*) vom Markt

Tanga Frischer Joghurt und Käse im Tanga Fresh

Tansanische Küste Fisch und Meeresfrüchte an jeder Ecke

Restaurants

Internationale Küche findet man vorwiegend in großen und mittelgroßen Städten, wo es meist eine ordentliche bis gute Auswahl an Restaurants gibt, deren Preise deutlich unter denen ihrer europäischen Pendants liegen.

Mittagessen wird etwa zwischen 12 und 14.30 Uhr und Abendessen von 19 bis 22 Uhr serviert. Je kleiner die Stadt, desto früher schließen die Restaurants; in ländlichen Gegenden kann es schon nach 19 Uhr schwierig werden, noch etwas anderes als Straßenküche zu bekommen.

Die meisten größeren Städte haben mindestens einen Supermarkt, der Importwaren wie Dosenfleisch, Fisch und Käse (aber keine Spezialwaren wie Proviant für Wanderungen oder Energieriegel) führt. In Küstengegenden gibt's immer fangfrischen Fisch und jemanden, der ihn zubereitet. Die beste Zeit, danach Ausschau zu halten, ist der frühe Morgen.

Esskultur

Es ist in Tansania Sitte, mit der Hand aus großen Schüsseln zu essen, die in der Mitte des Tisches stehen. Immer finden sich irgendwo Gelegenheiten, die Hände zu waschen – entweder wird ein Krug Wasser mit einer Schüssel herumgereicht oder in der Ecke ist ein Waschbecken. Während das Essen geteilt wird, ist das bei Getränken nicht üblich. Zu den Mahlzeiten wird gern Sodawasser getrunken, und meist steht ein Krug mit Wasser, das allerdings nicht unbedingt keimfrei ist, auf dem Tisch. Kinder essen meist an eigenen Tischen. Wenn ein Toast ausgesprochen wird, sagt man *afya!* – (auf Ihre/deine) Gesundheit!

Snacks oder Zwischenmahlzeiten werden üblicherweise im Stehen auf der Straße eingenommen. Restaurantbesuche, wie in Europa üblich, sind zwar in größeren Städten möglich, gehören aber nicht zur Esskultur des Landes. Üblicherweise trifft man sich zu Hause oder in einem gemieteten Saal, um besondere Gelegenheiten mit einem Festessen zu feiern.

In Restaurants für Touristen wird ein Trinkgeld von etwa zehn Prozent erwartet – vorausgesetzt, der Service war in Ordnung. In kleinen Lokalen auf dem Lande ist Trinkgeld zwar unüblich, aber es wird gern gesehen, wenn man die Rechnung aufrundet.

Für Obst und Gemüse gilt eine einfache Verhaltensregel: „Koch es, schäl es oder vergiss es".

Vegetarische Küche

Obwohl in Tansania keine Gerichte als „vegetarisch" ausgezeichnet sind, kommen Vegetarier durchaus auf ihre Kosten. *Wali* (gekochter Reis) und *maharagwe* (Bohnen) gibt's überall. Dennoch ist es äußerst schwierig, eine abwechslungsreiche und ausgewogene Ernährung einzuhalten und genug Eiweiß zu essen, vor allem, wenn man keine Eier oder Meeresfrüchte isst. In größeren Städten sollten Vegetarier indische Restaurants ansteuern. Am besten indische Ladenbesitzer nach Tipps fragen; viele können sicherlich auch sagen, wo es frischen Joghurt gibt. Erdnüsse (*karanga*) und Cashewnüsse (*korosho*) sind fast überall zu haben, ebenso wie frisches Obst und Gemüse.

Lebensmittelglossar

Eine vollständige Liste mit Begriffen und Sätzen befindet sich auf S. 418 f.

biryani	Gebratener, gewürzter Reis mit Fleisch oder Meeresfrüchten
chipsi mayai	Omelette mit Pommes frites gefüllt
kiti moto	wörtlich „heißer Sitz"; gebratene Schweinefleisch-Stückchen
kuku/samaki/nyama na wali/ugali/chips/ndizi	Hähnchen/Fisch/Rindfleisch mit Reis/Ugali/Pommes/Kochbananen
mchuzi	Soße, manchmal mit kleinen Rindfleischstückchen und sehr weich gekochtem Gemüse
mishikaki	marinierte Grillfleischspieße
nyama choma	Grillfleisch
pilau	scharfer Reis, gekocht in Brühe, mit Meeresfrüchten oder Fleisch und Gemüse
supu	Suppe; in der Regel etwas fettig. Wird serviert mit einem Stück Rindfleisch, Schweinefleisch oder Fett darin
ugali	Grundnahrungsmittel aus Mais- und/oder Maniokmehl
uji	Brei
urojo	sansibarische Suppe

GRUNDNAHRUNGSMITTEL

maharagwe	Bohnen
mkate	Brot
matoke	gekochte und gestampfte Kochbananen
ndizi ya kupika	Kochbananen
viazi	Kartoffeln
wali	Reis (gekocht)

ANDERE GERICHTE & GEWÜRZE

chumvi	Salz
mayai (yaliyochemshwa)	Eier (gekocht)
maziwa mgando	Joghurt
sukari	Zucker

GETRÄNKE

bia	Bier
chai	Tee
kahawa	Kaffee
maji (ya kuchemsha/ya kunywa/ya chupa)	Wasser (abgekocht/Trinkwasser/abgefüllt)
maji ya machungwa	Orangensaft

Praktische Informationen

Allgemeine Informationen

Arbeiten in Tansania

Tansania hat eine hohe Arbeitslosenrate, und Beschäftigungsmöglichkeiten für Ausländer sind sehr begrenzt, außer man hat eine besondere Ausbildung.

➡ Die besten Chancen bestehen bei Safariveranstaltern, im Tourismus, als Tauchlehrer oder Lehrer. Allerdings ist die Konkurrenz überall hoch und die Bezahlung mies.

➡ Am einfachsten findet man einen Job, wenn man auf die Beziehungen eines Bekannten zurückgreifen kann. Auf den Websites von Safariveranstaltern oder der Lodges werden gelegentlich freie Stellen ausgeschrieben.

➡ Für die Arbeitserlaubnis und die Aufenthaltsgenehmigung sorgt der Arbeitgeber oder die jeweilige Hilfsorganisation; die Aufenthaltsgenehmigung wird bereits vom Heimatland aus beantragt. Der bürokratische Aufwand ist allerdings beträchtlich.

➡ Stellen als Lehrer werden fast ausschließlich an Freiwillige über Hilfs- oder kirchliche Organisationen im Heimatland des Ausländers vermittelt.

Botschaften & Konsulate

In Daressalam unterhalten folgende Länder Botschaften und Konsulate. Die meisten haben Montag bis Freitag von 8.30 bis 15 Uhr geöffnet. Visumanträge für die Nachbarländer Tansanias werden am besten morgens gestellt.

Botschaft von Burundi (Karte S. 56; ☎022-212 7008; Lugalo St., Upanga) Gegenüber dem Militärgelände in der Nähe des Palm Beach Hotel. Ein einmonatiges einfaches Einreisevisum kostet 90 US$, und man benötigt ein Foto. Das Konsulat in Kigoma vergibt Visa für die ein- und mehrfache Einreise.

Botschaft der Demokratischen Republik Kongo (ehemals Zaire) (Karte S. 56; 435 Maliki Rd., Upanga) Visa werden nur tansanischen Bürgern ausgestellt. Kongolesische Visa, die in Tansania ausgestellt wurden, haben bei der Einreise in die Demokratische Republik Kongo keine Gültigkeit, sofern man nicht eine Aufenthaltserlaubnis für Tansania hat.

Deutsche Botschaft (Karte S. 58; ☎022-211 7409-15; www.daressalam.diplo.de; Umoja House, Ecke Mirambo St. & Garden Ave)

Hohe Kommission von Kenia (Karte S. 56; ☎022-266 8285/6; www.kenyahighcomtz.org; Ecke Ali Hassan Mwinyi Rd. & Kaunda Dr., Oysterbay)

Hohe Kommission von Malawi (Karte S. 58; ☎022-277 4308, 022-277 4220; mmhcrdar@yahoo.co.uk; Rose Garden Rd., Mikocheni B) Deutsche Staatsangehörige benötigen bei einer Aufenthaltsdauer von bis zu 90 Tagen kein Visum zur Einreise nach Malawi, österreichische und Schweizer Bürger hingegen schon.

Hohe Kommission von Mosambik (Karte S. 58; ☎022-212 4673; 25 Garden Ave) Ein einmaliges einfaches Einreisevisum mit einem Monat Gültigkeit kostet 50 US$, außerdem benötigt man zwei Fotos. Das Visum wird innerhalb von fünf Tagen ausgestellt (der 24-Stunden-Service kostet 100 US$).

Botschaft von Österreich (Karte S. 58; ☎022-2601 494; Slipway Rd., Plot 1684/1, Msasani Peninsula)

Botschaft von Ruanda (Karte S. 56; ☎0754 787835, 022-260 0500; www.tanzania.embassy.gov.rw; 32 Ali Hassan Mwinyi Rd.) Ein einmaliges Einreisevisum (drei Monate gültig) kostet 50 US$, zudem braucht man zwei Fotos. Bürger der USA, Deutschlands, Südafrikas, Kanadas und vieler anderer Länder benötigen kein Visum.

Hohe Kommission von Sambia (Karte S. 58; ☎022-212 5529; EG, Zambia House, Ecke Ohio St. & Sokoine Dr.) Ein einmaliges Einreisevisum mit einmonatiger Gültigkeit kostet 50 US$, außerdem benötigt man zwei Fotos. Das Visum wird innerhalb von zwei Tagen ausgestellt.

Schweizer Botschaft (Karte S. 58; ☎022-2666 0089; www.edo.admin.ch/daressalaam; Kinondoni Rd.)

Botschaft von Uganda (Karte S. 56; ☎022-266 7391; info@ughc.co.tz; 25 Msasani Rd.) Ein einmaliges Einreisevisum mit einmonatiger Gültigkeit kostet 50 US$, außerdem benötigt man zwei Fotos. Visa werden innerhalb von 24 Stunden ausgestellt. Die Botschaft liegt gegenüber dem Gebäude der Oyster Bay Secondary School.

Ermäßigungen

Studenten mit Internationalem Studentenausweis bekommen 50 % Ermäßigung auf Zugfahrten und oft auch auf Museumseintritte.

Essen

Informationen zur tansanischen Küche stehen auf S. 381.

Feiertage & Ferien

Neujahr 1. Januar

Tag der Revolution, Sansibar 12. Januar

Ostern März/April – Karfreitag, Ostersonntag und -montag

Union Day 26. April

Tag der Arbeit 1. Mai

Saba Saba (Tag der Kleinbauern) 7. Juli

Nane Nane (Tag der Bauern) 8. August

Unabhängigkeitstag 9. Dezember

Die islamischen Feiertage richten sich nach dem Mond und werden erst einige Tage im Voraus bekannt gegeben. Sie finden von Jahr zu Jahr elf Tage früher statt und heißen:

Eid al-Kebir (Eid al-Haji) An diesem Tag verlangte Gott von Abraham, seinen Sohn zu opfern, und Abraham gehorchte. Erst im letzten Moment hielt ihn Gott zurück, und Abraham opferte einen Widder. Das Fest ist gleichzeitig das Ende der Pilgerfahrt (*hajj*) nach Mekka.

Eid al-Fitr Das Ende des Ramadan und der wichtigste islamische Feiertag in Ostafrika. In vielen Regionen bleibt dann zwei Tage lang alles geschlossen.

Eid al-Moulid (Maulidi) Der Geburtstag des Propheten Mohammed.

Ramadan Die jährliche, 30 Tage dauernde Fastenzeit, wenn zwischen Sonnenauf- und -untergang nicht getrunken oder gegessen werden darf. Obwohl Ramadan kein Fest im eigentlichen Sinn ist, bleiben auf Sansibar und in den Küstenorten viele Restaurants geschlossen.

PREISE FÜR ESSEN

Die folgenden Preisspannen beziehen sich auf eine Standardmahlzeit mit einem Gang inklusive Getränk:

$ unter 10 000 TSh

$$ 10 000–20 000 TSh

$$$ über 20 000 TSh

Fotos & Videos

➡ Menschen, die man fotografieren will, immer vorher um Erlaubnis bitten – und unbedingt deren Wünsche respektieren. In vielen Orten verlangen die Einheimischen eine kleine Gebühr für Aufnahmen (gewöhnlich zwischen 1000 und 5000 TSh). Die Summe ist angemessen.

➡ Alle Objekte, die mit der Regierung oder dem Militär in Verbindung gebracht werden könnten – auch Armeebaracken, Menschen und Landschaften in der Nähe solcher Baracken –, dürfen nicht fotografiert werden. Auch Fotos von Regierungsgebäuden, Postämtern, Banken, Bahnhöfen und Flughäfen sind offiziell verboten.

Frauen unterwegs

Tansania ist ein gutes Reiseland für Frauen. Es gibt kaum geschlechtsspezifische Probleme, sondern viel eher Herzlichkeit, Gastfreundschaft und schwesterliche Solidarität. In der Tat werden weibliche Reisende zuvorkommender behandelt als Männer. Selbstverständlich

ISLAMISCHE FEIERTAGE

Rund um die folgenden Termine liegen in etwa die islamischen Feiertage in Tansania.

Ereignis	2015	2016	2017
Beginn des Ramadans	18. Juni	6. Juni	27. Mai
Eid al-Fitr (Ende des Ramadans, zweitägiges Fest)	17. Juli	5. Juli	25. Juni
Eid al-Kebir (Opferfest)	23. Sept.	11. Sept.	1. Sept.
Eid al-Moulid (Geburtstag des Propheten)	21. Dez.	11. Dez.	1. Dez.

SPARTIPPS BEIM REISEN

- Bei Reisen in der Nebensaison sind Nachlässe bei Zimmer- und Safaripreisen möglich (nachfragen).
- Familien: In Nationalparks und Hotels nach Ermäßigungen fragen.
- Safaris und Wanderungen sind günstiger in der Gruppe (vier Personen sind ideal).
- Last-Minute-Angebote nutzen.
- In manchen Nationalparks und Wildreservaten gibt es auch in den Außenbezirken Tiere zu sehen – die Übernachtung außerhalb der Parkgrenzen ist billiger.
- Wer einen für 24 Stunden gültigen Eintritt um die Mittagszeit bezahlt, hat beste Chancen, die Tiere sowohl in der günstigen Abend- als auch in der Morgendämmerung zu sehen – für den Preis eines Tages.
- Übernachten im Zelt ist viel preiswerter.
- Verkehrsmäßig gut erschlossene Parks und Schutzgebiete halten die Transportkosten gering.
- Das öffentliche Verkehrsnetz ist billiger als private Unternehmen/Taxis.
- „Cultural Tourism Programs" sind günstiger als Safaris.
- Einheimische Gerichte essen.
- Vorräte und Getränke sind in den Geschäften der großen Städte viel preisgünstiger als in Hotelshops oder den Läden für Touristen.
- Safari-Ziele jenseits der ausgetretenen Touristenpfade sind fast immer preiswerter als auf dem Northern Circuit.

fallen allein reisende Frauen stärker auf als Frauen in der Gruppe, daher müssen sie in einigen Regionen vorsichtiger sein. Hier einige Tipps:

- Die Kleidung sollte angemessen sein – Hosen oder ein langer Rock mit einer Bluse mit Kragen. Es kommt auch besser an, wenn das Haar unter einer Kappe oder einem Kopftuch getragen oder hochgesteckt wird.
- Eine Sonnenbrille zu tragen kann einem Ärger ersparen, da Abzocker keinen direkten Blickkontakt aufnehmen können und nicht sehen, wie man auf ihre Versuche reagiert. Andererseits kann das Tragen einer Sonnenbrille von Einheimischen bei der Kontaktaufnahme als unhöflich empfunden werden.
- Wer mit gesundem Menschenverstand vorgeht, seinen Instinkten vertraut und die üblichen Vorsichtsmaßnahmen ergreift, dürfte kaum Schwierigkeiten bekommen. Frauen sollten nachts nicht alleine ausgehen und einsame Orte meiden. Insbesondere an Stränden ist Vorsicht geboten – sie leeren sich oft sehr schnell.
- Wer sich bedrängt fühlt, sollte kreativ vorgehen. Am besten erklärt man, dass man auf seinen Mann (echt oder fiktiv) oder eine Gruppe Freunde wartet, die gleich eintreffen wird. Dieselbe Taktik funktioniert gewöhnlich auch dann, wenn jemand neugierig fragt, warum eine Frau keinen Mann oder Kinder hat bzw. warum sie gerade nicht mit ihnen unterwegs ist. Einfach antworten, dass man nicht verheiratet sei, weil man noch zu jung ist (*bado kijana*) – je nach dem tatsächlichen Alter wird der Fragende mit einem Lächeln reagieren. Eine andere Antwort wäre *bado* („noch nicht"), wenn jemand nach Ehemann oder Kindern fragt. Selbstverständlich kann man auch immer behaupten, dass man Mann und Kinder später treffen wird.

Freiwilligenarbeit

Wer sich als Freiwilliger an Hilfsprojekten beteiligen möchte, findet in Tansania ein breites Betätigungsfeld: Lehren oder Mitarbeit an Umwelt- und Gesundheitsprojekten. Das Arrangement sollte allerdings vor der Anreise nach Tansania getroffen werden. Eine dreimonatige Aufenthaltsgenehmigung im Land (Klasse C) kostet 200 US$. Einige hilfreiche Adressen sind u. a.:

Frontier (www.frontier.ac.uk) Meeresschutz auf der Insel Mafia.

Indigenous Education Foundation of Tanzania (www.ieftz.org) Bildungsarbeit in Massai-Gegenden im Norden Tansanias.

Kigamboni Community Centre (www.kccdar.com) Unterrichten und weitere Möglichkeiten in einer ländlichen Gemeinde am Rand von Daressalam.

Peace Corps (www.peacecorps.gov) US-Freiwilligenorganisation.

Responsible Travel.com (www.responsibletravel.com) Stellt für die Planung einer Reiseroute den Kontakt zu ökologisch und kulturell nachhaltigen Tourveranstaltern her.

Trade Aid (www.tradeaiduk.org/volunteer.html) Vermittlung von Kompetenzen im Ort Mikindani im Süden Tansanias.

Ujamaa Hostel (www.ujamaahostel.com) Nachhilfe, Vermittlung von Kompetenzen und Arbeit im Gesundheitsbereich in und um Arusha.

Voluntary Service Overseas (VSO; www.vso.org.uk) Britische Freiwilligenorganisation.

Gefahren & Ärgernisse

Im Allgemeinen ist Tansania ein sicheres Reiseland. Wer vorher beispielsweise in Nairobi (Kenia) war, wird den Unterschied erleichtert wahrnehmen. Mit den üblichen Vorsichtsmaßnahmen und wenn man sich an Reisewarnungen der Regierung hält, kann eigentlich kaum etwas passieren.

- Einsame Stellen sollten unbedingt gemieden werden (vor allem an Stränden).
- Nachts in Touristengegenden und Städten mit dem Taxi fahren.
- Nur an offiziellen Taxiständen oder vor dem Hotel in ein Taxi steigen; niemals in ein Taxi einsteigen, in dem bereits ein Fahrgast sitzt.
- In öffentlichen Verkehrsmitteln keine Getränke von Fremden annehmen.
- Grundsätzlich vorsichtig reagieren, wenn sich jemand als „Bekannter" vom Flughafen oder aus dem Hotel ausgibt.
- Außerdem niemals etwas im Voraus bezahlen, sondern den Anbieter gründlich überprüfen und niemals außerhalb eines Büros bezahlen.
- Im Westen des Landes treiben sich an der Grenze zu Burundi gelegentlich Banditen herum, oder es gibt politische Unruhen. Bei Redaktionsschluss war dort alles ruhig – die Informationsstellen der Außenministerien kennen den jeweils letzten Stand. In den Touristenregionen – vor allem in Arusha, Moshi und auf Sansibar – halten sich um die Busbahnhöfe und Budgetunterkünfte ziemlich aggressive Schwarzmarkthändler und Schlepper auf. Dagegen hilft nur selbstsicheres Auftreten – und sich keinesfalls als gerade erst eingetroffener Tourist outen.
- Zielstrebig laufen. Es ist besser, in einem Laden nach dem Weg zu fragen oder auf einer Karte nachzusehen.
- Lange mit dem Gepäck über die Straße zu laufen ist keine gute Idee.
- Gepäck sollte man auf der Suche nach einem Zimmer entweder bei einem guten Bekannten oder in einem Hotel unterstellen.
- Bustickets werden grundsätzlich einen Tag im Voraus gekauft (ohne Gepäck).
- Bei der Ankunft in einer neuen Stadt ist es ratsam, mit dem Taxi vom Busbahnhof zum Hotel zu fahren anstatt zu laufen.

Noch ein paar Tipps:

- Kein Geld in Außentaschen stecken, auf baumelnde Rucksäcke und Kamerataschen verzichten. Schmuck, auffällige Uhren, Handys und ähnliche Dinge versteckt man am besten. Pass, Geld und andere Dokumente gehören in einen Brustbeutel, der direkt auf der Haut unter lockerer Kleidung getragen wird. Noch besser ist ein zuverlässiger Hotelsafe: Die Wertsachen kommen in eine verschließbare Tasche, an der sich niemand zu schaffen machen kann.
- Wer zum ersten Mal mit dem Bus in einer großen Stadt ankommt, dürfte einen fast traumatischen Schock erleben: Von allen Seiten drängen die Schlepper heran, wollen das Gepäck tragen, bei der Hotelsuche helfen oder eine Safari vermitteln. Hier hilft nur: Wertsachen unter der Kleidung verstecken, Gepäck festhalten und zum Taxistand gehen (möglichst schon vor dem Aussteigen danach suchen und dann auf direktem Weg hin). Die paar Dollar Fahrtkosten sind allemal besser als ein langer Weg mit Gepäck zum Hotel.
- Nicht jeder „Flüchtling" oder „Student", der um eine Gabe bittet, ist tatsächlich das, was er vorgibt zu sein. Wer gerne helfen und etwas spenden möchte, wendet sich besser an eine der etablierten Hilfsorganisationen.

ALLEINREISENDE IN TANSANIA

Auf dem Land stoßen Alleinreisende, insbesondere Frauen, gelegentlich auf Neugier, doch in den meisten Regionen Tansanias sind Einzelreisende – Männer oder Frauen – kein Problem. Manchmal ist es allerdings günstiger, sich einer Gruppe anzuschließen. So sind Safaris oder Trekkingtouren in der Gruppe deutlich preiswerter, und in manchen Städten ist es sicherer, am Abend in der Gruppe auszugehen. Wer dennoch nachts alleine unterwegs ist, sollte ein Taxi nehmen und besonders vorsichtig sein – das gilt vor allem für Städte und Touristenregionen. Einsame Strände sollten auf jeden Fall vermieden werden – tagsüber und nachts.

PRAKTISCH & KONKRET

➜ **Gewichte & Maße** Tansania verwendet das metrische System.

➜ **Radio** Radio Tanzania (regierungsnah); BBC World Service; Deutsche Welle.

➜ **Zeitungen** Täglich erscheinen u. a. Guardian und Daily News; East African wird einmal pro Woche herausgegeben.

➜ In Autos bleibt das Seitenfenster bei einem Verkehrsstau geschlossen, das Gepäck sollte unsichtbar auf dem Boden unter den Füßen liegen.

➜ Beim Handeln um Preise wird die Geldbörse erst gezückt, wenn der Handel abgeschlossen ist.

Geld

Im Folgenden ein Überblick:

➜ Die Landeswährung ist der Tansanische Schilling (TSh). Die Scheine sind gestaffelt in 10 000, 5000, 1000 und 500 TSh, die Münzen als 200, 100, 50, 20 und die selten gebrauchten 10, 5 und 1 TSh.

➜ Das Design aller Scheine wurde jüngst geändert; akzeptiert werden sowohl die alten als auch die neuen Scheine.

➜ Um an Geldautomaten Geld abzuheben oder für die Eintrittsgebühren in die meisten Nationalparks braucht man eine Visa-Karte oder MasterCard.

➜ Kreditkarten werden bei der Bezahlung in Hotels nur selten akzeptiert und wenn, dann oft gegen hohe Gebühren. Daher ist man auf Bargeld und Geldautomaten angewiesen.

➜ US-Dollar-Noten, die vor 2006 gedruckt wurden, werden nirgendwo akzeptiert.

Bargeld

US-Dollar und Euros sind die am meisten verbreiteten Währungen und erzielen die besten Kurse. In den städtischen Zentren werden natürlich auch andere Währungen akzeptiert. Die amerikanischen 50- und 100-Dollarscheine bekommen bessere Kurse als kleine Werte. Die alten US-Banknoten und vor 2006 ausgestellte US-Banknoten werden nirgendwo akzeptiert.

Geldautomaten

➜ In größeren Städten gibt's ausreichend Geldautomaten (24 Std.). Allerdings sind sie oft außer Betrieb, sodass man immer eine kleine Barreserve bei sich haben sollte. Tansanische Schilling können an international vernetzten Geldautomaten mit Visa oder MasterCard gezogen werden. Als Obergrenzen gelten generell 300 000 oder 400 000 TSh pro Transaktion (Geldautomaten in kleineren Städten haben oft ein Limit von 200 000 TSh) mit einem Tageslimit von 1,2 Mio. TSh (weniger in Kleinstädten). Einige Automaten akzeptieren auch andere Karten der Cirrus/Maestro/Plus-Gruppe.

Die wichtigsten Banken:

Barclays Daressalam, Arusha, Moshi, Sansibar, Tanga

CRDB größere Städte

Exim Arusha, Moshi, Mwanza, Tanga, Daressalam, Morogoro

National Bank of Commerce In größeren Städten

Stanbic Daressalam, Arusha, Moshi, Mbeya

Standard Chartered Daressalam, Arusha, Moshi, Mwanza

➜ In großen Städten sind am Freitagnachmittag die Schlangen vor den Geldautomaten endlos lang; Geld also möglichst zu anderen Zeiten ziehen.

Dass ein Geldautomat kein Geld ausspuckt, welchen Grund die Maschine auch immer angibt, liegt oft daran, dass die Obergrenze der Transaktion überschritten wurde – einfach nochmal versuchen. Wird die PIN-Nummer dreimal falsch eingegeben, wird die Karte eingezogen.

Geldwechsel

➜ Bargeld lässt sich am einfachsten bei Banken oder Forex-Büros (foreign exchange) in größeren Orten und Städten wechseln. Da sich Kurse und Gebühren unterscheiden, zahlt sich ein Vergleich aus.

➜ Die Forex-Büros arbeiten etwas schneller, sind weniger bürokratisch und bieten bessere Kurse an – leider fehlen sie in vielen kleinen Orten. Außerdem akzeptieren sie mehr Fremdwährungen als Banken.

➜ Die NBC Bank hat Filialen im ganzen Land und dürfte die beste Adresse für den Geldumtausch sein. Banken und Forex-Büros sind von Samstag 12 Uhr bis montagmorgens geschlossen.

➜ Um die letzten Reste tansanischen Geldes wieder in harte Währung umzutauschen, einige der Umtauschquittungen aufbewahren, auch wenn selten danach gefragt wird. Die einfachste Gelegenheit für einen Rücktausch bietet sich an den Flughäfen von Daressalam und Kilimandscharo. Manchmal funktioniert der Rücktausch auch in den Forex-Büros oder bei einer Bank in größeren Städten.

➜ Außerhalb der Geschäftszeiten oder in kleinen Städten tauschen viele von Indern geführte Geschäfte Geld um oder tansanische Schillinge in Euros oder US$ zurück, wenn auch zu sehr ungünstigen Kursen.

➡ Eigentlich müssen Ausländer alle Unterkünfte, Parkeintritte, die besseren Hotels und die Fähren nach Sansibar mit US$ bezahlen (Ausnahmen sind die Parks, die Kreditkarten verlangen), doch in der Praxis werden auch Tansanische Schillinge zum aktuellen Kurs akzeptiert.

Kreditkarten

Man braucht Kreditkarten, insbesondere Visa oder MasterCard, um am Automaten Geld abzuheben. Vor allem Visa wird vielerorts akzeptiert. Die meisten Nationalparks verlangen Visa-Karten oder MasterCard für den Eintritt. Einige Hotels und Tourveranstalter der Spitzenklasse sowie wenige Mittelklassehotels akzeptieren die Zahlung mit Kreditkarte, verlangen aber Gebühren von 5 bis 10 %. Da sich viele Hotels weigern, Kreditkarten zu akzeptieren, immer vorher nachfragen.

Reiseschecks

Reiseschecks kann man in Tansania nirgendwo mehr einlösen.

Schwarzmarkt

Für Fremdwährungen existiert kein Schwarzmarkt. Wer auf der Straße „günstige" Kurse anbietet, ist also gewöhnlich auf einen Betrug aus.

Steuern

Tansania erhebt eine Mehrwertsteuer (VAT) von 18 %, die aber in den Preisen bereits enthalten ist.

Trinkgeld

➡ In kleinen, ländlichen Hotels und Restaurants ist Trinkgeld nicht üblich, während die Angestellten in größeren Städten und Touristenregionen ein Trinkgeld erwarten.

➡ In einigen Spitzenklassehotels ist ein Servicezuschlag bereits in der Rechnung aufgeführt. Es ist üblich, den Rechnungsbetrag aufzurunden oder 10 bis 15 % Trinkgeld zu geben, wenn der Service ein Trinkgeld wert war.

➡ Auf Trekkingtouren und Safaris bekommen Fahrer, Führer, Portier und das übrige Personal ein Trinkgeld.

Internetzugang

In Daressalam, Arusha und auf Sansibar gibt es zahlreiche Internetcafés, und selbst kleine Städte haben oft Internetzugang. Die Preise pro Stunde liegen durchschnittlich bei 1000 bis 2000 TSh. Die Übertragungsgeschwindigkeit schwankt enorm – wirklich schnelle Verbindungen sind aber selten. Die meisten Geschäftshotels, Cafés und einige Safari-Lodges bieten drahtlose Internetzugänge an, wenn auch zu hohen Preisen (ab 5000 TSh pro Std. bis zu 15 000 TSh pro Tag in einigen Safari-Lodges mit Satellitenverbindung). Nur in einigen Safari-Camps ist eine Verbindung möglich. Wer länger in Tansania bleibt, sollte sich einen USB-Stick von einem der größeren Provider (30–75 US$) für den Laptop anschaffen. Es gibt zahlreiche verschiedene Optionen für durchschnittlich 7000 bis 15 000 TSh für 1 GB Surfen (gültig für sieben Tage).

Karten & Stadtpläne

➡ Gute Landkarten werden von Nelles und Harms-IC veröffentlicht. Beide sind in Tansania erhältlich und decken auch Ruanda und Burundi ab. Harms-IC hat auch Karten vom Nationalpark Lake Manyara, dem Ngorongoro-Schutzgebiet und Sansibar im Angebot.

➡ Das **Surveys and Mapping Division's Map Sales Office** (Karte S. 58; Ecke Kivukoni Front & Luthuli St.; ⏲ Mo–Fr 8–14 Uhr) in Daressalam verkauft topografische Karten (1:50 000) von Tansania (Festland). Leider sind die Blätter mit begehrten Zielen

HANDELN ODER NICHT HANDELN ...

Jeder Straßenhändler in Touristengebieten erwartet, dass seine Kunden handeln, vor allem, wenn er Souvenirs verkauft. Es gibt nur wenige Souvenirshops mit festen Verkaufspreisen. Auf echten Märkten, wo die Einheimischen kaufen, sind allerdings häufig die Endpreise angegeben („real price"). Dort werden nicht zwangsläufig Fantasiepreise verlangt.

Leider gibt es keine Faustregeln für erfolgreiches Handeln – allenfalls freundlicher Umgang miteinander und Aufgeschlossenheit. Wer sich für ein bestimmtes Objekt interessiert, sollte sich zunächst umsehen, was andere Händler verlangen, oder einen Käufer fragen, was er bezahlt hat, um ein Gefühl für den wahren Wert zu bekommen. Sollte die Verhandlung zu hitzig werden oder sich zu lange hinziehen, ist es am besten, sich höflich, aber bestimmt zu verabschieden. Gelegentlich wird man zurückgerufen, wenn der Händler bereit ist, etwas nachzugeben. Es gibt nur sehr wenige Händler, die ganz auf ein Geschäft verzichten, sei der Profit auch noch so klein. Lässt sich der Händler nicht auf einen bestimmten (fairen) Preis herunterhandeln, könnte er bei dieser Summe tatsächlich keinen Profit machen, oder er hat bereits zu viele „spendable" Touristen bedient und kann daher ruhig auf ein Geschäft verzichten.

REISEWARNUNGEN

Die Reisewarnungen der jeweiligen Regierungen geben einen guten Eindruck von der augenblicklichen Sicherheitslage:

- **Deutschland** (www.auswaertiges-amt.de)
- **Österreich** (www.bmaa.gv.at/)
- **Schweiz** (www.eda.admin.ch

häufig vergriffen. Topografische Karten von Sansibar und Pemba bekommt man in Stone Town.

➡ Unter dem Namen Maco werden ausgezeichnete handgezeichnete Karten verkauft. Sie decken Sansibar, Arusha und die Parks im Norden ab. Die Karten sind in Buchläden von Daressalam, Arusha und Zanzibar Town erhältlich.

Klima

Tansania hat ein angenehmes tropisches Klima, das sich je nach Region allerdings beträchtlich unterscheidet. An der Küste herrscht warmes Klima mit hoher Luftfeuchtigkeit, das von den Monsunwinden beherrscht wird – sie sorgen für zwei Regenzeiten. Während des *masika* (langer Regen) von Mitte März bis Mai regnet es praktisch täglich, wenn auch nicht ganztägig, und die Luft kann drückend schwül werden. Die leichteren *mvuli* (Regenschauer von kurzer Dauer) fallen im November, Dezember und manchmal bis in den Januar hinein. Im Landesinneren bestimmt die Höhenlage über das Klima. Insbesondere im Gebirge braucht man früh am Morgen und abends eine Jacke.

Öffnungszeiten

Folgende Öffnungszeiten sind üblich:

Banken und Regierungsbüros Montag bis Freitag 8–15 Uhr

Geschäfte Montag bis Freitag 8.30–18, Sa 9–13 Uhr, freitagnachmittags wegen des Gottesdienstes in der Moschee oft geschlossen

Restaurants 7–9, 12–14.30 und 18.30–21.30 Uhr; in der Nebensaison kürzere Öffnungszeiten

Supermärkte Montag bis Freitag 9–18, Samstag 9–16, Sonntag 10–14 Uhr

Post

Die Post ist zuverlässig, allerdings besser keine Wertsachen versenden. Pakete werden auf eigenes Risiko verschickt. Es gibt sowohl Geschichten von Reisenden, deren Andenken sicher zu Hause ankamen, als auch von Paketen, die verschwunden sind.

Rechtsfragen

➡ Neben Delikten im Straßenverkehr – Geschwindigkeitsüberschreitung, Fahren ohne Sicherheitsgurt (für Fahrer und Beifahrer Pflicht) – sind Drogenbesitz und -konsum das größte Problem. In vielen Regionen ist Marihuana (*bangi* oder *ganja*) erhältlich. Wenn Straßenhändler Touristen in Sansibar oder Daressalam Drogen anbieten, handelt es sich dabei fast immer um Polizisten – oder aber um Kriminelle, die sich als Polizisten ausgeben. Um einer Inhaftierung zu entgehen, müssen Touristen ein ordentliches Schmiergeld bezahlen.

➡ In Daressalam läuft dieser Handel immer nach demselben Schema ab: Einige Männer verwickeln einen Touristen in ein Gespräch und bieten ihm Drogen an. Noch ehe man eine Chance hat, sie abzuschütteln, tauchen plötzlich echte (oder falsche) Polizisten auf. Sie beschuldigen den Touristen des Drogenhandels und verlangen ein hohes Schmiergeld. In der Regel geht ein Protest nach hinten los. Am besten zieht man sich sofort zurück, noch bevor man angesprochen wird. Wenn die Situation eintritt, darauf bestehen, in die nächste Polizeiwache geführt zu werden und dort versuchen, das Schmiergeld herunterzuhandeln. Oft werden 300 US$ verlangt, doch mit geschicktem Verhandeln kann die Summe auf unter 50 US$ gedrückt werden.

Reisen mit Behinderung

Obwohl es in Tansania nur wenige behindertengerechte Einrichtungen gibt, sind die Einwohner stets gerne bereit,

SUAHELI-ZEIT

Die Tansanier benutzen das Zählsystem der Suaheli, um die Zeit anzugeben: Die erste Stunde ist die *saa moja* (*asubuhi*), das entspricht 7 Uhr. Die Abendzeit beginnt mit der *saa moja* (*jioni*; die erste Stunde, also 19 Uhr). Obwohl sich die meisten mit Ausländern redenden Tansanier an das internationale System halten, kann es zu Verwirrungen kommen. Zur Sicherheit also nachfragen, ob die *saa za kizungu* (internationale Zeit) oder *saa za kiswahili* (Suaheli-Zeit) gemeint war. Hinweisschilder mit Öffnungszeiten verwenden häufig die Suaheli-Zeit.

Menschen mit Behinderungen zu helfen – sofern sie verstehen, was sie möchten. Zu bedenken ist:

- Nur wenige Lodges sind mit Rampen für Rollstühle ausgestattet, viele Hotels haben keine Aufzüge und sehr enge Treppen. Das gilt vor allem für Stone Town auf Sansibar, wo sehr steile, enge Treppen die Regel sind. In Badezimmern gibt es nur selten Griffe oder Haltestangen.
- Viele der Lodges in den Nationalparks sind zwar ebenerdig, doch die Zuwege – um Eingriffe in die Natur gering zu halten – sind sehr holprig oder steinig, und die Zimmer oder Zelte stehen auf Sockeln; Nachfrage vor der Buchung zahlt sich also aus.
- Soweit wir wissen, sind die Hinweisschilder in Parks und Museen nicht in Blindenschrift verfasst. Außerdem gibt es keine Einrichtung für Gehörlose.
- Überall auf Sansibar und dem Festland können Minibusse für Fahrten oder Safaris gechartert werden. Auf Anfrage stellen die Autoverleiher in Daressalam und die Tourveranstalter in Arusha Wagen mit breiten Schiebetüren zur Verfügung. Die Taxis sind landesweit Limousinen mit normalen Türen, und die Busse nicht für Rollstühle ausgerüstet.

Lonely Planets **Travel for All** Community auf Google+ bietet einen Einstieg. Weitere gute Adressen:

Accessible Journeys (www.disabilitytravel.com)

Access-Able Travel Mobility International (www.miusa.org)

Disability Horizons (www.disabilityhorizons.com)

National Information Communication Awareness Network (www.nican.com.au)

Naenda Safaris (☎0756 038703; www.naendasafaris.com) Safaris auf dem Northern Circuit für Reisende mit Behinderung.

ONLINE BUCHEN

Die Autoren von Lonely Planet haben unter www.lonelyplanet.com/hotels/ weitere Informationen zu den Unterkünften zusammengestellt. Dort stehen auch unabhängige Bewertungen und Empfehlungen für bestimmte Unterkünfte – und man kann direkt online buchen.

Schwule & Lesben

In Tansania – auch auf Sansibar – ist Homosexualität strafbar, bei Vergehen drohen bis zu 14 Jahre Freiheitsstrafe. Obwohl es nur selten zu einer Verurteilung kommt, sollten gleichgeschlechtliche Paare diskret vorgehen. Homosexualität ist mit einem kulturellem Tabu belegt, und es ist grundsätzlich verpönt, seine Zuneigung öffentlich zu zeigen – dies gilt auch für gemischtgeschlechtliche Paare.

Sprachkurse

Tansania ist das am besten geeignete Land in Ostafrika, um Suaheli zu lernen. Einige Schulen vermitteln die Unterbringung in Privathaushalten.

ELCT Language & Orientation School (www.studyswahili.com; Lutheran Junior Seminary, Morogoro) Angesehene, von der Mission geleitete Schule am Stadtrand von Morogoro.

Institute of Swahili & Foreign Languages (Karte S. 88 f.; ☎024-223 0724, 024-223 3337; www.suza.ac.tz; Vuga Rd.; 10/200 US$ pro Std./Woche) Sansibar gilt als Ursprungsland des Suaheli, sodass man die Sprache hier besonders gut lernen kann. Das Institut bietet gut strukturierte Kurse mit erfahrenen Lehrern und die Möglichkeit, in Privatunterkünften zu wohnen (Vollpension 20 US$ pro Pers. pro Nacht) sowie an Kulturausflügen in Begleitung eines Lehrers teilzunehmen. Gruppenunterricht ist günstiger.

KIU Ltd (☎0754 271263; www.swahilicourses.com) Hat mehrere Niederlassungen in Daressalam sowie Filialen in Iringa und auf Sansibar.

Makoko Language School (☎028-264 2518; swahilimusoma@juasun.net) Die alteingesessene, von der Kirche geleitete Schule liegt im Viertel Makoko, in den Außenbezirken von Musoma.

Meeting Point Tanga (www.meetingpointtanga.net) Südlich von Tanga.

MS Training Centre for Development Cooperation (☎0754 651715, 027-254 1044; www.mstcdc.or.tz) Am Fluss Usa, etwa 15 km außerhalb von Arusha.

Rivervalley Campsite (☎026-270 1988; www.rivervalleycampsites.com) Nahe Iringa.

Strom

PREISE FÜR ÜBERNACHTUNGEN

Die folgenden Preise beziehen sich auf ein Standard-Doppelzimmer.

**$** unter 50 US$

**$$** 50–200 US$

**$$$** über 200 US$

➡ Mit Ausnahme der billigen lokalen Gästehäuser (nur Zimmervermietung) sind in den Zimmerpreisen Bad und europäisches Frühstück inklusive (Kaffee/Tee, Brot, Marmelade, manchmal auch ein Ei). Bei Hotels der Mittel- und Spitzenklasse ist ein reichhaltiges Frühstück in der Regel inbegriffen.

➡ Viele Lodges und Luxus-Camps in den Nationalparks machen All-inclusive-Angebote: Unterkunft mit Vollpension, Exkursionen zur Tierbeobachtung, kurze, geführte Wanderungen oder Boot-Safaris. Eintritte in Parks sind nur selten enthalten.

➡ Wenn nicht anders angegeben, sind alle Zimmer mit Moskitonetzen ausgestattet.

Telefon

Die Büros der Tanzania Telecom (TTCL) findet man meist in der Post. Ihre Nummern haben sieben Stellen, plus eine dreistellige Vorwahl.

Handys

Telefonieren mit dem Handy ist in allen größeren Städten möglich, auf dem Land ist der Empfang oft schlecht. Handynummern bestehen aus sechs Ziffern mit 07XX oder 06XX als Vorwahl. Die größten Gesellschaften sind zurzeit Vodacom, Airtel, Tigo und Zantel (auf Sansibar). Bei Anrufen aus dem Ausland muss die Landesvorwahl, die Codenummer des Handys ohne die 0 und dann die sechsstellige Nummer gewählt werden. Bei Anrufen innerhalb Tansanias wird der Code mit der 0 und dann die Nummer gewählt – ohne Landescode. Das eigene Handy ist in der Regel die billigste Option, um mit dem Ausland zu telefonieren.

Sämtliche Anbieter verkaufen Prepaid-Pakete für gut 1,50 US$, die Karten zum Aufladen sind überall im Land in Läden erhältlich.

Vorwahlnummern

Die Landesvorwahl von Tansania ist ☎255. Für einen internationalen Anruf erst ☎000 wählen, dann die Landesvorwahl, die Ortsvorwahl (ohne die 0) und schließlich die Nummer.

Toiletten

Bei den Toiletten gibt es von primitiven Plumpsklos zu Luxustoiletten mit Wasserspülung alle Varianten. Fast alle Mittel- und Spitzenklassehotels haben aber mitteleuropäische Toiletten mit Wasserspülung, während in den Hotels am unteren Ende der Preisskala Sitztoiletten eher die Ausnahme sind. In den Budget-Gästehäusern muss man sich häufig mit einfachsten Stehklos zufriedengeben – manchmal mit Spülung, manchmal mit einem Eimer Wasser. Das Toilettenpapier (unbedingt eigenen Vorrat mitnehmen) liegt in einer Dose, meist in der Ecke.

Eine Reihe Buschcamps der oberen Kategorie bieten Trockentoiletten: Eine Form von Plumpsklo, auf dem ein westlicher Toilettensitz befestigt ist.

Touristeninformation

Das **Tanzania Tourist Board** (TTB; www.tanzaniatouristboard.com) ist die offizielle Organisation im Land.

Unterkunft

➡ Die Unterkünfte in Tansania rangieren zwischen sehr bescheidenen Häusern mit Bad aus dem Eimer bis zu einigen der luxuriösesten Safari- und Insel-Lodges Afrikas.

➡ In den meisten Hotels der oberen Kategorien gelten Juli, August sowie Weihnachts- und Neujahrsferien als Hauptsaison; einige berechnen zwischen Ende Dezember und Anfang Januar einen Aufschlag auf den normalen Zimmerpreis.

➡ Von März bis Anfang Juni ist Nebensaison, dann sind ordentliche Nachlässe möglich – wer gut verhandelt, darf mit bis zu 50 % auf den Zimmerpreis rechnen.

➡ Viele Hotels und Lodges, auch in den Nationalparks, geben Gästen mit Aufenthaltserlaubnis Rabatt.

Camping

Mit einem Zelt ist man nicht nur unabhängiger – insbesondere in abgelegenen Regionen –, es kann auch eine Menge Geld sparen. Hinweis: In den meisten Nationalparks kostet Camping pro Person und Nacht mindestens 30 US$, fast so viel wie die Übernachtung in einer Unterkunft des Parks. Wenn nicht anders vermerkt, gelten die Campingpreise pro Person und Nacht.

NATIONALPARKS

In jedem Park gibt es „öffentliche" *(ordinary)* oder „spezielle" *(special)* Camping- oder Zeltplätze. In den meisten Parks stehen simple Hütten (auch *bandas* genannt), in einigen auch sehr einfache Rasthäuser. In einigen Nationalparks des Nordens bieten Gästehäuser (Hostels) Unterkunft für Studenten oder als Ersatz, wenn die Hütten und Rasthäuser belegt sind.

Die öffentlichen Plätze haben Toiletten (meist einfache Plumpsklos), manchmal auch eine Wasserversorgung. Buchen im Voraus ist nicht erforderlich.

Spezial-Plätze sind kleiner, liegen eher abseits und haben keine Versorgungseinrichtungen. Diese Plätze sollen so wenig wie möglich in die Natur eingreifen. Sie müssen im Voraus gebucht werden und sind teurer. In der Regel wird der Spezial-Platz nur für einen Reisenden und/oder seine Gruppe gebucht.

AN ANDEREN ORTEN

- In den meisten größeren Städten gibt es Campingplätze, viele in der Nähe der Nationalparks und einige in sehr schöner Lage an den wenigen großen Highways (z. B. Daressalam–Mbeya und Tanga–Moshi).
- Die Preise liegen zwischen 7 US$ pro Person und Nacht und steigen in der Nähe von Nationalparks auf mehr als das Doppelte.
- Von freiem Campen ist grundsätzlich abzuraten. Auf dem Land sollte der Dorfälteste oder -chef um Erlaubnis gebeten werden, ehe das Zelt aufgeschlagen wird.
- Auf Sansibar ist Camping grundsätzlich verboten.

Hotels & Lodges

In größeren Städten gibt's gewöhnlich ein bis mehrere Mittelklassehotels (Zimmer mit Bad oder Toilette; in tansanischer Hotelsprache *self-contained* oder *self-containers*). Sie haben heißes Wasser, einen Ventilator und/oder Klimaanlage. Die Qualität deckt einen Bereich zwischen nicht-ganz-so-gut und ihren-Preis-wert ab, die Zimmerpreise rangieren zwischen 25 und 100 US$ pro Person.

Am oberen Ende des Spektrums stehen eine Reihe von hübschen Hotels und Lodges mit allen Annehmlichkeiten, die man für diesen Preis erwartet – ab 100 US$ pro Person und Nacht. Vor allem auf den Safaristrecken findet man besonders schöne und sehr luxuriöse Lodges, die zwischen 150 und 500 US$ pro Person und Nacht kosten. Einige Unterkünfte in den Parks gewähren Gästen einen Preisnachlass, wenn sie mit dem eigenen Wagen anreisen.

Pensionen

Fast jede Stadt Tansanias verfügt über mindestens ein sehr einfaches Gästehaus. Ganz unten auf der Komfortskala stehen Zimmer – oft klein, ohne Lüftung und selten wirklich sauber – in Zementhütten mit Schaumstoffmatratzen, Gemeinschaftsbädern (Duschen aus Eimern, separate Toiletten), manchmal mit Moskitonetz oder Ventilator. Die Preise liegen zwischen 10 000 und 15 000 TSh pro Zimmer und Nacht.

Eine Kategorie besser sind Häuser mit sauberen, ordentlichen Zimmern, häufig mit Bad (allerdings nicht immer mit fließendem oder heißem Wasser). Hier kostet ein Doppelzimmer ca. 20 000 TSh (Einzelzimmer ab 15 000 TSh).

Hinweise & Tipps:

- Wer Ruhe und Frieden möchte, sollte ein Gästehaus ohne Bar wählen.
- In vielen Städten wird die Wasserversorgung während der Trockenheit zum Problem: Es ist also keineswegs selten, dass Gästen in einer Budgetunterkunft ein Eimer hingestellt wird. Viele der preiswerteren Unterkünfte haben kein heißes Wasser. In kühleren Regionen kann das während der kalten Jahreszeit auch in Afrika ein Handicap sein. Immerhin stellen viele Häuser auf Wunsch heißes Wasser im Eimer bereit.
- Das Suaheli-Wort *hotel* oder *hoteli* bezeichnet nicht nur die Unterkunft, sondern auch einen Ort, wo man essen und trinken kann. Das übliche Wort für „Unterkunft" wäre *guesti* (Gästehaus) oder sehr korrekt *nyumba ya kulala wageni*.
- Zudem existieren zahlreiche Missionsherbergen und -gästehäuser. Sie sind zwar primär für die Missionare und Angestellten der Hilfsorganisationen gedacht, nehmen aber auch andere Reisende auf, wenn Platz frei ist.
- An der Küste wohnt man in Bungalows oder *bandas* – kleinen Hütten mit Holz- oder Lehmwänden, gedeckt mit Stroh. Das können ziemlich einfache Hütten auf dem Sand, aber auch Luxusbauten mit allem Schnickschnack sein.

Zeltcamps & Fly Camps

ZELTCAMPS

In vielen Parks gibt es „permanente Zeltcamps" oder „Luxus-Zeltcamps", die Jahr für Jahr am selben Ort stehen. Gäste schlafen in geräumigen Zelten mit verschließbaren Fenstern in bequemen Betten – hier eint sich der Komfort eines Hotelzimmers mit dem Flair der Wildnis. Die meisten Zelte haben eigene Bäder mit fließend heißem Wasser, ein Generator sorgt zumindest zeitweilig für Strom.

FLY CAMPS

Neben den festen Camps bieten einige Veranstalter mobile Camps *(Fly camps)* an, die nur für eine Saison oder speziell für einige Nächte während einer Safari errichtet werden. In solchen mobilen Camps kommen Reisende, die in festen Zeltcamps oder Lodges wohnen, auf einer Wanderung durch die tansanischen Parks den Tieren besonders nahe. Obwohl die *Fly camps* nicht so perfekt ausgestattet sind wie ein dauerhaftes Luxus-Camp (es gibt z. B. kein fließendes Wasser), werden die Gäste rundum versorgt: Wasserbehälter, die von der Sonne erwärmt werden, speisen die Duschen. Da das gesamte Zubehör, Wasser und Verpflegung herangeschafft werden müssen, sind mobile Camps allerdings teurer als permanente Camps.

Versicherung

Eine Reiseversicherung, die Diebstahl, Verlust und medizinische Probleme abdeckt, wird sehr empfohlen. Hier ein paar Tipps:

➡ Man sollte immer die Konditionen genau abklären, denn was bei einer Pauschalreise in Europa ausreicht, könnte in der Wildnis von Tansania völlig unzureichend sein.

➡ Gerade hier ist das Kleingedruckte fast wichtiger als der Text, denn viele Policen schließen „gefährliche Aktivitäten" aus – je nach Interpretation also auch Tauchen, Motorradfahren oder Trekkingtouren. Manche Policen schließen auch im Land gemachte Motorradführerscheine aus.

➡ Einige Versicherungen übernehmen die Kosten direkt vor Ort, andere verlangen Vorkasse und zahlen dann auf Antrag die Kosten zurück.

➡ Vor allem sollte die Police einen Heimflug bei Notfällen abdecken.

➡ Vor der Reise nach Tansania lohnt es sich, über eine Mitgliedschaft bei folgenden Organisationen nachzudenken. Beide bieten rund um die Uhr ambulante Versorgung mit Flugzeugen und bei akuten Notfällen Rettungsflüge innerhalb von Tansania an:

➡ **African Medical & Research Foundation Flying Doctors** (Amref; www.flydoc.org) Eine Mitgliedschaft für Ostafrika kostet ab 16 US$ pro Monat und Person für Alleinreisende und 10 US$ bei Gruppen ab 10 Personen.

➡ **First Air Responder** (www.firstairresponder.com) Mitgliedschaften für Ostafrika ab 10 US$ pro Woche. Unter www.lonelyplanet.com/travel-insurance gibt's einen weltweiten Versicherungsschutz. Er kann jederzeit und von überall abgeschlossen, erweitert und in Anspruch genommen werden.

TOURISTENVISUM FÜR OSTAFRIKA

Im November 2014 gab Tansania bekannt, das Land wolle sich dem Verbund East Africa Tourist Visa (EATV) anschließen – wann dies geschehen sollte, wurde jedoch nicht gesagt. Der Verbund, gegründet von den Regierungen von Kenia, Uganda und Ruanda Anfang 2014, ermöglicht es Besuchern, für eine einmalige Gebühr von 100 US$ ein 90 Tage gültiges Visum für die mehrfache Einreise zu erwerben, mit dem man in und aus diesen drei Ländern ein- und ausreisen kann.

Vor der Abreise nach dem neuesten Stand erkundigen. Wenn sich Tansania dem Verbund angeschlossen hat, sollte man das Visum bei der Ankunft an allen großen Flughäfen und Grenzposten im Land erhalten. Es kann auch im Vorfeld beantragt werden, doch erste Anlaufstelle muss das Land sein, über das man das Visum beantragt hat.

Weitere Informationen und Links zu Online-Antragsformularen unter www.visiteastafrica.org/visa/.

Visa

Fast jeder Reisende benötigt ein Visum, das für die meisten Nationalitäten 50 US$ kostet (Dreimonatsvisum für einmalige Einreise). Offiziell müssen alle Reisenden, in deren Heimatland es eine diplomatische Vertretung von Tansania gibt, dort auch ihr Visum besorgen. Derzeit werden jedoch einmalige Einreisevisa mit einer Geltungsdauer von einem Monat (jedoch nicht Visa zur mehrfachen Einreise) bei Ankunft (egal, aus welchem Land) an den internationalen Flughäfen Daressalam und Kilimanjaro ausgestellt, ebenso am Grenzposten Namanga an der kenianischen Grenze und am Grenzübergang Tunduma zwischen Tansania und Sambia. So weit die Theorie. In der Praxis werden derzeit auch an den meisten anderen Grenzen auf dem Festland sowie an Häfen Visa ausgestellt (nur gegen US-Dollar in bar und nur einfache Einreise). Unser Tipp: Nach Möglichkeit im Vorfeld ein Visum besorgen. Klappt dies nicht, sollte man es einfach an der Grenze probieren.

Visaverlängerung

Visa werden für einen Monat, maximal für drei Monate ausgestellt. Wer länger bleiben möchte, wendet sich an ein Einwanderungsbüro in einer größeren Stadt. Verlängerungen innerhalb der Dreimonatsfrist werden grundsätzlich kosten- und problemlos ausgesprochen. Danach muss das Land verlassen und ein neues Visum beantragt werden.

Zeit

In Tansania gilt die GMT-Zeit plus 3 Std. Keine Sommerzeit.

Zoll

Die Ausfuhr von Muscheln, Korallen, Elfenbein und Schildkrötenpanzern ist verboten. Souvenirs im Wert von bis zu 160 000 TSh sind zollfrei. Fremdwährung darf in beliebiger Höhe ein- und ausgeführt werden, Beträge über 10 000 US$ müssen deklariert werden.

Verkehrsmittel & -wege

AN- & WEITERREISE

Flüge, Autos und Touren können online gebucht werden unter www.lonelyplanet.com/bookings.

Einreise

➡ Mit einem gültigen Visum kann man völlig problemlos nach Tansania einreisen.

➡ Wer aus einem Land mit Gelbfieber (das betrifft viele Nachbarländer Tansanias) einreist, benötigt eine Impfung gegen diese Krankheit.

Flugzeug

Flughäfen

Julius Nyerere International Airport (DAR; Karte S. 75; ☎022-284 2402; www.taa.go.tz) Daressalam; Tansanias Drehscheibe für den Luftverkehr.

Kilimanjaro International Airport (JRO; ☎027 255 4707, 027-255 4252; www.kilimanjaroairport.co.tz) Zwischen Arusha und Moshi für internationale Flüge. Dieser Flughafen ist die beste Option für Ausflüge von Arusha und zu den nördlichen Safarirouten. Hinweis: Etwa 8 km weiter westlich liegt der zweite Flughafen von Arusha (ARK). Von hier werden nur inländische Ziele bedient.

Weitere Flughäfen für internationale und Inlandsflüge:

Kigoma Airport (TKQ) Gelegentlich regionale Flüge.

Mtwara Airport (MYW) Regionale Flüge.

Mwanza Airport (MWZ) Regionale Flüge.

Songwe Airport Regionale Flüge.

Zanzibar International Airport (ZNZ) Internationale und regionale Flüge.

Fluglinien

Regionale und internationale Flüge werden von folgenden Airlines durchgeführt (bis auf die vermerkten Ausnahmen fliegen alle Daressalam an):

Air Kenya (www.airkenya.com) Von Nairobi zum Kilimanjaro International Airport (KIA).

Air Tanzania (www.airtanzania.co.tz) Von Bujumbura (Burundi) nach Daressalam.

Air Uganda (www.air-uganda.com) Entebbe (Uganda) nach KIA und Daressalam.

Auric Air (www.auricair.com) Von Mwanza und Bukoba nach Entebbe (Uganda).

British Airways (www.britishairways.com)

Egyptair (www.egyptair.com)

Emirates Airlines (www.emirates.com)

Ethiopian Airlines (www.ethiopianairlines.com) Auch KIA.

Fastjet (www.fastjet.com) Johannesburg (Südafrika) nach Daressalam.

Fly540.com (www.fly540.com) Nairobi (Kenia) nach Sansibar.

Kenya Airways (www.kenya-airways.com)

KLM (www.klm.com) Auch KIA.

Linhas Aéreas de Moçambique (www.lam.co.mz)

KLIMAWANDEL & REISEN

Fast jede Art der motorisierten Fortbewegung erzeugt CO_2 (die Hauptursache für die globale Erwärmung), doch Flugzeuge sind mit Abstand die schlimmsten Klimakiller – nicht nur wegen der großen Entfernungen und der entsprechend großen CO2-Mengen, sondern auch weil sie diese Treibhausgase direkt in hohen Schichten der Atmosphäre freisetzen. Auf vielen Websites kann man mit speziellen „CO_2-Rechnern“ ermitteln, wie das persönliche Emissionskonto nach einer Reise aussieht, und mit einer Spende für Umweltprojekte eine Art Wiedergutmachung leisten. Auch Lonely Planet spendet Gelder, wenn Mitarbeiter und Autoren auf Reisen gehen.

Precision Air (www.precisionairtz.com) Daressalam nach Entebbe (Uganda), Kigali (Ruanda), Nairobi (Kenia), Pemba (Mosambik), Lubumbashi (Demokratische Republik Kongo) und Lusaka (Sambia); auch von Mwanza und KIA nach Nairobi.

Qatar Airways (www.qatarairways.com) Auch KIA.

South African Airways (www.flysaa.com)

Swiss International Airlines (www.swiss.com)

Turkish Airlines (www.turkishairlines.com) Auch KIA.

ZanAir (www.zanair.com) Mombasa nach Arusha Airport.

Auf dem Landweg

Auto & Motorrad

Zur Einreise nach Tansania sind folgende Papiere nötig:

- Fahrzeugpapiere
- Führerschein
- temporäre Einfuhrgenehmigung (20 000 TSh für einen Monat; erhältlich an der Grenze) oder ein *Carnet de passage en douane* als internationales Zolldokument, denn das Fahrzeug darf nicht im Land verkauft werden. Das Carnet wird im Heimatland (von der zuständigen Behörde) ausgestellt; daraus muss auch hervorgehen, welche Ersatzteile mitgeführt werden.
- Haftpflichtversicherung (an der Grenze oder in der nächsten Stadt; 50 000 TSh für ein Jahr)
- einmalige Abgabe für Benzin (5000 TSh)

Die meisten Autovermietungen schließen eine Grenzüberquerung mit dem Mietwagen aus. Sollte eine Firma den Grenzübertritt zulassen, müssen die Papiere rechtzeitig besorgt werden.

Da es an den meisten Grenzübergängen weder Tankstellen noch Werkstätten gibt, muss der Benzinvorrat bis zur nächsten größeren Stadt reichen.

Bus

- Mit dem Bus kommt man von Kenia, Uganda, Ruanda, Burundi und Sambia nach Tansania.
- Die Fahrgäste müssen für die Formalitäten auf beiden Seiten der Grenze aussteigen und dürfen erst nach der Kontrolle wieder einsteigen. Bei Strecken, die eine Grenze überqueren, sind die Visumgebühren nicht im Fahrpreis enthalten.
- An den Grenzübergängen zu anderen Ländern muss man auf der tananischen Seite der Grenze aus dem einen Bus aus- und dann auf der anderen Seite der Grenze in einen anderen Bus umsteigen.

Burundi

GRENZÜBERGÄNGE

Der wichtigste Grenzübergang ist die Kobero-Brücke zwischen Ngara (Tansania) und Muyinga (Burundi); außerdem Manyovu, nördlich von Kigoma.

BUS

Kobero-Brücke: Von Mwanza, Zuberly und Nyehunge starten Busse täglich um 5.30 Uhr nach Ngara (17 000 TSh, 7–8 Std.). Zudem fahren den ganzen Tag über Sammeltaxis von Nyakanazi nach Ngara (9500 TSh, 2 Std.). Von Ngara geht's dann weiter zu dem tansanischen Grenzposten in Kabanga.

Manyovu: Hamza Transport und Burugo Travel (beide Ticketbüros an der Bero-Bushaltestelle in Kigoma) verkehren mehrmals in der Woche um 7 Uhr direkt zwischen Kigoma und Bujumbura (Burundi; 15 000 TSh, 7 Std.). Eine Alternative wäre ein *dalla-dalla* (Minibus) von Kigoma nach Manyovu (5000 TSh, 1–2 Std.), dann zu Fuß über die Grenze und dort weiter. Fast immer fährt irgendein Wagen nach Mabanda (Burundi), wo es mit Minibussen bis nach Bujumbura geht (3–4 Std.).

Kenia

GRENZÜBERGÄNGE

Die wichtigste Verbindungsstraße von/nach Kenia ist die asphaltierte Straße zwischen Arusha (Tansania) und Nairobi (Kenia). Sie führt über den beliebten Grenzübergang Namanga (24 Std. geöffnet). Weitere Grenzübergänge sind Horohoro (Tansania) im Norden von Tanga, Holili (Tansania) im Osten von Moshi, Loitokitok (Kenia) nordöstlich von Moshi und Sirari (Tansania) im Nordosten von Musoma. Mit Ausnahme des Grenzübergangs Serengeti–Masai Mara (zurzeit geschlossen) fahren über alle Grenzübergänge zwischen Tansania und Kenia öffentliche Verkehrsmittel.

VON & NACH MOMBASA

Modern Coast Express (www.moderncoastexpress.com) verkehrt täglich am frühen Morgen zwischen Daressalam und Mombasa über Tanga. Der Bus von Tanga startet ca. um 12 Uhr (15 000 TSh, 4–5 Std. von Tanga nach Mombasa; 25 000 TSh, 10–11 Std. von Daressalam nach Mombasa). An der Grenze gibt es keine offiziellen Wechselstuben. Da die Schwarzhändler unverschämt schlechte Kurse anbieten und man seine Kenianischen Schillinge in Tanga kaum los wird, entsprechend planen.

VON & NACH NAIROBI

BUS

Dar Express fährt täglich zwischen Daressalam und Nairobi (57 000 TSh, 14–15 Std.). Die Busse in beide Richtungen starten um ca. 6 Uhr. Zusteigen kann man auch in Arusha (23 000 TSh, 5 Std.), sofern noch Plätze frei sind. Dar Express betreibt ebenfalls Busse Richtung Nairobi, die um 14 Uhr in Arusha losfahren.

DALLA-DALLA

Zwischen dem Hauptbusbahnhof (am nördlichsten Ende) in Arusha und dem

Grenzübergang Namanga fahren ab 6 Uhr täglich regelmäßig bequeme neunsitzige Minivans (7500 TSh, 2 Std.) sowie altersschwache, überfüllte normale Vans (sie halten mehrfach unterwegs). In Namanga geht's ein paar Hundert Meter zu Fuß über die Grenze, um dort in eines der regelmäßigen *matatus* (Minibusse) oder Sammeltaxis nach Nairobi (500 KSh) umzusteigen. In Nairobi fahren die *matatus* und Sammeltaxis auf der Ronald Ngala Street ab, nahe der Kreuzung mit der River Road.

ÄRGER AN DER GRENZE

Der Grenzposten Namanga ist für Betrüger berüchtigt – sie geben vor, für ein Busunternehmen zu arbeiten. Sie verlangen von den Reisenden, eine Gebühr zu bezahlen, Geld einzuwechseln oder zu einem „anderen Gebäude" mitzukommen, um dort die finanziellen Angelegenheiten am Grenzübergang Tansania oder Kenia zu regeln. Bis auf die Kosten für das Visum werden aber in Wirklichkeit weder Gebühren erhoben noch muss eine bestimmte Geldsumme gewechselt werden. Die Wechselkurse der Forex-Büros liegen unter dem Mittelwert.

SHUTTLEBUS

Die günstigste und bequemste Verbindung zwischen Moshi oder Arusha und Nairobi sind die Shuttlebusse, die täglich um 8 und 14 Uhr in Arusha und Nairobi (5 Std.) sowie um 6 und 11 Uhr in Moshi (7 Std.) abfahren. Beide verlangen für die einfache Fahrt 25/30 US$ ab Arusha/Moshi. Wer handelt, kann auch für den Preis der Einheimischen fahren (25 000–30 000 TSh). Sie halten vor den Büros der Busgesellschaften und den Hotels im Zentrum. Je nach Ankunftszeit holen/setzen sie Reisende auch am Kilimanjaro International Airport ab. Nachfragen bei der Buchung.

Empfehlenswerte Busgesellschaften:

Impala Shuttle (Karte S. 166 f.; ☎ 027-250 7197, 027-250 8451; Impala Hotel, Simeon Rd.; pro Pers. 25 US$; ⏲ 8 & 14 Uhr) Fährt vom Parkplatz des Impala Hotel ab.

Jamii Shuttle (Karte S. 166 f.; abseits Simeon Rd.; pro Pers. 25 US$; ⏲ 8 & 14 Uhr) Abfahrt/Ankunft an der Simeon Road im Osten von Arusha.

Rainbow Shuttle (Karte S. 166 f.; India St.; pro Pers. 25 US$; ⏲ 8 & 14 Uhr) Ticketbüro und Abfahrt an der India Street.

VON & NACH VOI

Von Moshi starten täglich um 8.30 Uhr Raqib Coach's Busse über Voi (16 000 TSh, 4 Std.) nach Mombasa. Zudem verkehren zwischen Moshi und dem Grenzort Holili (2000 TSh, 1 Std.) regelmäßige *dalla-dallas*. An der Grenze (6–20 Uhr) können *piki-pikis* (Moped; 1000 TSh) oder Fahrräder ausgeliehen werden; damit geht's durch 3 km Niemandsland bis zum kenianischen Einwanderungsposten in Taveta. Von Taveta fahren sporadische Minibusse über eine holprige Straße bis Voi (300 KSh); ab dort bestehen Transportmöglichkeiten bis Nairobi und Mombasa. Wer mit einem im Nachbarland registrierten Fahrzeug ankommt/abfährt, muss den nötigen Papierkrieg während der Dienstzeiten erledigen (tgl. 8–13, 14–17 Uhr).

VON & NACH KISII

BUS

Derzeit existieren keine direkten Busverbindungen über den Grenzübergang. Man muss einen der vielen Busse nehmen, die täglich zwischen Mwanza und dem Grenzposten Sirari–Isebania (12 000 TSh, 5 Std.) verkehren, und dann auf der anderen Seite mit kenianischen Verkehrsmitteln nach Kisii weiterreisen. Mehrere *dalla-dallas* fahren täglich von Musoma bis zur Grenze (6000 TSh, 1 Std.).

Malawi

GRENZÜBERGÄNGE

Der einzige Grenzübergang befindet sich in Kasumulu (Brücke über den Songwe; 7–19 Uhr tansanische, 6–18 Uhr malawische Zeit), südöstlich von Mbeya (Tansania).

BUS

Von Mbeya fahren täglich Minibusse und 30-Sitzer (so genannte *coastals* oder *thelathini*) bis zur Grenze (5500 TSh, 2 Std.). Jenseits des tansanischen Grenzpostens sind es noch 300 m Fußweg bis zur malawischen Seite und den Minibussen nach Karonga. Ein malawischer Bus verkehrt täglich von der Malawi-Seite der Grenze nach Mzuzu (Malawi); er startet am Nachmittag und kommt abends an.

Einige Tipps:

- Nach den Bussen nach Kyela suchen (sie machen einen Umweg zur Grenze) und sich erkundigen, ob der Bus wirklich bis zur Grenze durchfährt. Einige fahren trotz anders lautender Aussage nur bis Tukuyu (40 km weiter nördlich) oder Ibanda (7 km vor der Grenze). Nicht die Schlepper von der Minibusgesellschaft, sondern lieber die Fahrgäste fragen – sie antworten wahrheitsgemäß.
- Bei den größeren *thelathini* stehen die Chancen auf eine direkte Verbindung deutlich besser; sie fahren zwei- bis dreimal täglich in Mbeya ab und halten wirklich an den angekündigten Zielen.
- Die Endhaltestelle liegt in Kasumulu (Songwe-Fluss) sieben Gehminuten von der

Grenze entfernt; das Fahrradtaxi, das sich aufdrängen wird, ist nicht nötig.

➡ Zurzeit fahren keine Wagen von Mbeya über die Grenze bis nach Malawi hinein, auch wenn die Schlepper am Busbahnhof von Mbeya das behaupten. Bei der Fahrt in beide Richtungen muss man eine Übernachtung in Mbeya oder Tukuyu einplanen; die Busse von Mbeya nach Daressalam starten zwischen 6 und 7 Uhr.

➡ Wenn man am Grenzübergang von Kasumulu nicht sofort weiterreisen kann, gibt es hier Übernachtungsmöglichkeiten in einfachen Bungalows, mit Mahlzeiten auf dem **MG Campsite Park** (☎0732 950054; malagcamp@yahoo.com; Camping/Zi. 5/10–20 US$), und einfache Zimmer (ohne Verpflegung) in der **Lug Lodge** (☎0754 630531, 0758 913383; Main Rd.; Zi. 20 000–25 000 TSh).

Mosambik

GRENZÜBERGÄNGE

Der wichtigste Grenzübergang für Fahrzeuge ist die Unity-Brücke über den Ruvuma River bei Negomano (Anfahrt über Masasi). Beim Dorf Mtomoni, 120 km südlich von Songea, überquert die Unity-2-Brücke den Ruvuma. Der Fluss kann auch mit einer Autofähre bei Kilambo (südlich von Mtwara) überquert werden. Auf Bootsreisende warten Einwanderungsbeamte in Msimbati (Tansania) sowie in Palma und Mocímboa da Praia (Mosambik). An der Grenze zu Tansania stellt Mosambik keine Visa aus – das muss vorher erledigt werden.

AUTO

Der wichtigste Grenzübergang für Fahrzeuge ist die Unity-Brücke über den Ruvuma bei Negomano, südwestlich von Kilambo, am Zusammenfluss mit dem Lugenda. Von Masasi aus nimmt man die Straße nach Tunduru bis zum Dorf Nangomba (35 in südwestliche Richtung). Von dort geht es 68 km auf einer in der Trockenzeit guten Straße in südwestliche Richtung bis zum Dorf Masuguru. Die Brücke folgt nach 10 km bei Mtambaswala. Auf der anderen Seite führt eine ordentliche, unbefestigte Straße ins 160 km entfernte Mueda. Die Einreiseformalitäten kann man auf beiden Seiten der Brücke erledigen (das Visum für Mosambik muss man sich vorher besorgen). Die Zollformalitäten für den Wagen werden in Tansania in Mtwara abgewickelt.

Eine andere Möglichkeit ist die Unity-2-Brücke südlich von Songea. Mit einem privaten Auto ist die Strecke von Songea nach Lichinga in acht bis neun Stunden zu schaffen.

In Kilambo verkehrt die Fähre **MS Kilambo** (pro Pers./Fahrzeug 500/30 000 TSh) fast jeden Tag, wenn Flut ist. Ob sie startet, erfährt man in Mikindani z. B. bei **ECO2** (☎0784 855833; www.eco2tz.com; Main Rd.) oder **The Old Boma** (☎0756 455978, 023-233 3875; www.mikindani.com; EZ 77 US$, Zi. mit/ohne Balkon ab 188/120 US$, Suiten 223 US$; P@🛜≋) 🍃.

BUS

In Mtwara starten täglich zwischen 5 und 10 Uhr Busse zum Grenzposten Kilambo (5000 TSh, 1 Std.). Es folgt die Überquerung des Ruvuma River mit dem Einbaum oder anderen kleinen Booten (*fibers*; 5000–10 000 TSh, je nach Verhandlungsgeschick; je nach Wasserstand 10 Minuten bis über 1 Std.; gefährlich bei schwerem Regen). Die Bootsführer der kleinen Boote halten gerne mitten auf dem Fluss an und fordern ein höheres Entgelt von den Fremden. Wenn sie fährt, ist die Fähre **MS Kilambo** (pro Pers./Fahrzeug 500/30 000 TSh) die beste Option.

Am mosambikanischen Ufer fahren meist zwei Pickups täglich bis zum Grenzposten von Mosambik (4 km entfernt) und weiter bis Mocímboa da Praia (13 US$); der letzte startet gegen 12 Uhr. Die Überfahrt über den Ruvuma ist berüchtigt für Taschendiebe. Insbesondere beim Ein- und Aussteigen das Gepäck nicht aus den Augen lassen; auf dem Weg von und zum Ufer in der Gruppe bleiben. Weiter im Westen fahren gegen 11 Uhr täglich ein bis zwei Geländewagen oder Laster vom Majengo-C-Viertel in Songea (12 000 TSh, 3–4 Std.) in das Dorf Mtomoni und zur Unity-2-Brücke. Am anderen Flussufer in Mosambik dann ein Transportmittel nach Lichinga (25 000–30 000 TSh, 5 Std.) suchen. Es ist sicherer, den Fahrpreis in Etappen zu bezahlen, statt bereits in Songea den Gesamtpreis von 35 000 bis 40 000 TSh (Songea–Lichinga) zu entrichten. Wer früh aufbricht, kann die Strecke Songea–Lichinga mit öffentlichen Verkehrsmitteln innerhalb eines Tages schaffen.

Ruanda

GRENZÜBERGÄNGE

Der wichtigste Grenzübergang ist Rusumu Falls, südwestlich von Bukoba (Tansania).

BUS

Bei unserer Recherche gab es keine direkten Busverbindungen nach Kigali. Ab Mwanza muss man zwei Busse nacheinander nehmen. Für die Reise sind ca. 12 bis 14 Stunden und Fahrtkosten von etwa 25 000 TSh einzuplanen.

Sambia

GRENZÜBERGÄNGE

Der wichtigste Grenzübergang (7.30–18 Uhr tansanische, 6.30–17 Uhr sambische Zeit) ist Tunduma (Tansania), südwestlich von Mbeya. Weitere Grenzübergänge sind Kasesya (Tansania) sowie zwischen Sumbawanga (Tansania) und Mbala (Sambia).

AUTO

Wer mit dem Auto von Sambia nach Tansania fährt, kann seine Versicherung nicht an der Grenzstation Kasesya abschließen, sondern erst 120 km weiter in Sumbawanga.

BUS

Minibusse fahren mehrmals täglich zwischen Mbeya und Tunduma (3000–4000 TSh, 2 Std.). Die Grenze nach Sambia wird zu Fuß überquert; von dort geht's mit sambischen Verkehrsmitteln nach Lusaka (ca. 20 US$, 18 Std.).

Der Grenzübergang Kasesya wird selten benutzt; in der Regenzeit kann die Straße extrem schlecht werden. Es gibt keine direkte Verbindung, doch täglich sollte mindestens ein Laster die Grenze in beiden Richtungen überqueren (10 000 TSh, 4–5 Std. von Sumbawanga nach Kasesya). Nur mit Glück ist die gesamte Strecke an einem Tag zu schaffen, denn die Wagen fahren in Sumbawanga und Mbala jeweils nachmittags ab. Am frühen Morgen starten die Wagen an der Grenze; eine Übernachtung in einem der sehr einfachen Grenzorte ist also nötig.

ZUG

Die Bahnlinie **Tazara (www.tazarasite.com)** verbindet Daressalam mit Kapiri Mposhi in Sambia. Die Züge verkehren zweimal wöchentlich über Mbeya und Tunduma. Die Express-Züge (1./2./Economy-Kl. 104 000/ 84 600/72 6000 TSh, etwa 40 Std.) starten dienstags um 15.50 Uhr in Daressalam, die normalen Züge freitags um 13.50 Uhr (86 500/70 600/60 500 TSh, ca. 48 Std.). Bei beiden Zugarten sind Verspätungen von bis zu 24 Stunden möglich. In Mbeya fahren die Züge nach Sambia (Express/1./2. Kl. 58 000/46 000/40 200 TSh) mittwochs um 13.30 Uhr und samstags um 14.40 Uhr ab. Studenten mit Internationalem Studentenausweis (ID) bekommen 50 % Ermäßigung. Von Kapiri Mposhi geht's nur mit dem Bus weiter nach Lusaka. In New Kapiri Mposhi fahren die Züge dienstags um 16 Uhr (Express) und freitags um 14 Uhr los. Visa werden derzeit an der Grenze für beide Länder erteilt.

Uganda

GRENZÜBERGÄNGE

Der wichtigste Grenzübergang ist Mutukula (Tansania), nordwestlich von Bukoba; die Straße ist beiderseits der Grenze asphaltiert. Der Grenzübergang Nkurungu (Tansania) weiter im Westen ist nur über eine schlechte und selten befahrene Straße zugänglich. Von Arusha oder Moshi fährt man besser über Kenia nach Uganda.

BUS

Die klimatisierten Kampala-Busse aus Daressalam und Arusha nach Nairobi fahren weiter bis Kampala (105 000 TSh, 30 Std. von Daressalam nach Kampala; 66 000 TSh, 20 Std. von Arusha nach Kampala). Die Fahrt nach Jinja kostet genauso viel wie nach Kampala.

Um 6 Uhr bedienen mehrere Busgesellschaften (Friends Safari ist besonders zu empfehlen) die Strecke von Bukoba nach Kampala (15 000–17 000 TSh, 6 Std.). Von Kampala aus starten sie um 7 Uhr und meist auch um 11 Uhr.

Von Mwanza gibt es keine direkte Verbindung. Man muss mehrmals umsteigen und braucht für die Fahrt 16 bis 18 Stunden.

Auf dem Seeweg

Für alle Boote und Fähren, die einen tansanischen Hafen verlassen, wird eine Hafensteuer von 5 US$ pro Person fällig.

Burundi

Die regelmäßige Passagierfähre zwischen Kigoma und Bujumbura fährt derzeit nicht. Den neuesten Stand im Passagierhafen von Kigoma erfragen. Es ist allerdings möglich, auf einem Frachtschiff zwischen Kigomas Hafen Ami und Bujumbura mitzufahren (10 000 TSh, 18 Std.). Sie verkehren unregelmäßig. Im Durchschnitt läuft dreimal pro Woche ein Schiff aus, aber auf Nachfrage bekommt man häufig tagelang hintereinander die Antwort „morgen" ... Wassertaxis fahren ein- oder zweimal wöchentlich von Kibirizi (nördlich von Kigoma) nach Bujumbura. Sie sind wenig empfehlenswert, weil sie einen ganzen Tag brauchen und gelegentlich ausgeraubt werden. Stattdessen besser das nachmittags fahrende Wassertaxi bis Kagunga (tansanische Grenzstation mit einem einfachen Gästehaus) nehmen und die Grenze am nächsten Morgen überqueren. Von dort geht's mit dem Motorradtaxi nach Nyanza-Lac (Burundi) und mit dem Minibus weiter bis Bujumbura.

Demokratische Republik Kongo (DRC; früheres Zaire)

Vom Hafen Ami in Kigoma legen etwa einmal pro Woche Frachtschiffe nach Kalemie (20 US$, nur Decksklasse, 7 Std.) oder Uvira ab. Manchmal übernimmt die MS *Liemba* in ihrer Ruhewoche eine Tour nach Kalemie. Die Abfahrtstage und -zeiten erfährt man entweder am Hafen Ami oder in der kongolesischen Botschaft in Kigoma. Essen und Getränke müssen mitgebracht werden, ebenso eine Unterlage, wenn man an Deck schlafen möchte.

Kenia

DAU

Daus segeln sporadisch zwischen Pemba, Tanga und Mombasa (15 000–20 000 TSh zwischen Tanga und Mombasa) hin und her; die Tour kann anstrengend sein und lange dauern und ist nicht zu empfehlen. Informationen gibt's in den Häfen von Tanga oder Mkoani und Wete auf Pemba. In Kenia ist der Hafen von Mombasa (besser Shimoni) die richtige Anlaufstelle. Außer den Einheimischen informieren die Außenministerien der Regierungen über die Pirategefahr.

FÄHRE

Auf dem Victoriasee verkehrt keine regelmäßige Fähre zwischen Tansania und Kenia. Gelegentlich fahren in Mwanza Frachtschiffe nach Kenia ab (manchmal mit Zwischenstopp in Musoma). Mit etwas Glück findet man einen Kapitän, der Passagiere mitnimmt, aber die meisten sind nicht dazu bereit. Im Südhafen von Mwanza bekommt man Informationen über ablegende Schiffe.

Malawi

Derzeit fahren zwischen der Mbamba Bay in Tansania und der Nkhata Bay in Malawi keine Passagierfähren. Frachtschiffe (10 000 TSh, 6 Std.) nehmen Passagiere mit, aber die Sicherheitsstandards sind minimal, und sie legen oft mitten in der Nacht ab, weil das Wasser dann ruhiger ist. Feste Fahrpläne gibt es nicht; man kann sich im Einwanderungsbüro erkundigen, wann das nächste Schiff ausläuft.

Mosambik

DAU

Daus zwischen Mosambik und Tansania (12–30 Std. und mehr) fahren am ehesten in Msimbati und Mocímboa da Praia (Mosambik) ab.

FÄHRE

Zurzeit gibt es keinen offiziellen Fährverkehr zwischen Südwest-Tansania und Mosambik. Es besteht die Möglichkeit, auf einem der Frachtschiffe zwischen Mbamba Bay und Nkhata Bay mitzufahren und dann weiter auf der MS *Chambo*, die einmal pro Woche von Nkhata Bay zur Insel Likoma (Malawi), Cóbuè und Metangula (beide Mosambik) übersetzt. Bei unserer Recherche legte sie donnerstags von der Nkhata Bay ab und mittwochs von Metangula. Daneben fahren zwischen Tansania und Mosambik kleine Boote am Ostufer des Nyasa-Sees entlang. Allerdings ist der See für seine plötzlichen und heftigen Regenstürme bekannt – diese Route ist daher riskant und nicht empfehlenswert.

In Mbamba Bay sitzt ein Einwanderungsbeamter, die Einwanderungsbehörden für Mosambik sind in Cóbuè und Metangula, für Malawi auf der Insel Likoma und in Nkhata Bay. Ein Visum für Mosambik muss man im Voraus beantragen.

Sambia

Seit fast einem Jahrhundert tuckert die ehrwürdige MS *Liemba* nun schon durch die Wellen des Tanganjikasees und gehört zu den Klassikern der Abenteuerreisen. Wö-

REISEN MIT EINER DAU

Für abenteuerlustige Reisende verkörpern diese alten Schiffe mit ihren geblähten Segeln und der schnittigen Form ein Symbol Ostafrikas. Daus sehen zwar romantisch aus, die Realität ist aber oft ganz anders. Statt eine lange Reise zu riskieren, sollte lieber eine kurze Tour in den Sonnenuntergang gebucht werden. Normalerweise kennt das Personal der Küstenhotels zuverlässige Kapitäne. Wer sich vor Ort für eine Dau entscheidet, sollte Folgendes bedenken:

- Die Bedingungen können rau werden. An Bord gibt es keine sanitären Einrichtungen, allenfalls ein Toilettenhäuschen am Heck. Da die Boote von den Gezeiten und dem Wind abhängig sind, legen sie häufig bereits vor Sonnenaufgang ab.
- Viele Reisen dauern länger als erwartet – einen ausreichenden Vorrat an Wasser und Essen mitnehmen.
- Ohne Sonnenschutzcreme, Hut und Kleidung geht gar nichts; dazu eine wasserdichte Hülle für das Gepäck und einen Regenmantel.
- Jedes Jahr kentern Boote, und Menschen kommen ums Leben. Niemals in überladene Boote oder bei schlechtem Wetter einsteigen.
- Fahrten mit der Hauptwindrichtung sind relativ sicher: von Juli bis September von Süden nach Norden; von November bis Ende Februar von Norden nach Süden.

Was europäische Reisende Dau nennen, heißt bei den Tansaniern *jahazi* oder *mashua*. Ein *jahazi* ist ein großes Boot mit lateinischem Segel; ein *mashua* ist kleiner und häufig mit relativ breitem Rumpf und einem Motor. Eine Dau hat eine schräge Heck- und Buglinie. Auf Seen und den Gewässern des Inlandes sind *mokoro* (Einbaum) üblich. An der Küste, insbesondere an den Stränden im Osten Sansibars, verkehren Auslegerkanus (*ngalawa*).

chentlich verbindet sie Kigoma mit Mpulungu in Sambia (1./2./Economy-Kl. 100/90/70 US$, nur US$ in bar). Die Strecke dauert mindestens 40 Stunden, und unterwegs legt das Schiff in zahlreichen Dörfern am Seeufer an, z. B. in Lagosa (zum Nationalpark Mahale Mountains, 35 US$ 1. Kl. ab Kigoma), Kalema (südwestlich von Mpanda, 50 US$), Kipili (70 US$) und Kasanga (südwestlich von Sumbawanga; 95 US$). Theoretisch startet das Schiff mittwochs um 16 Uhr in Kigoma und kommt freitagmorgens in Mpulungu an. Am Freitagnachmittag um 14 Uhr legt sie (theoretisch) in Mpulungu wieder ab und ist sonntagnachmittags zurück in Kigoma.

Verspätungen sind üblich und die MS *Liemba* war auch schon häufig außer Betrieb, aber nach der Generalüberholung von 2014 hat sich dies hoffentlich gebessert. Essen, Mineralwasser, Bier und Wasser in Flaschen werden an Bord verkauft, es ist aber besser, einen Vorrat mitzunehmen. Die 1. Klasse ist erstaunlich komfortabel. Die beiden Kojen sind sauber, es gibt ein Fenster und einen Ventilator. Die Kabinen der 2. Klasse (vier Kojen) und der Economy-Klasse sind schlecht belüftet und unbequem.

Das Fahrgeld ist für einen Platz an Deck besser anlegt als für einen Sitz in der Economy-Klasse. Das Gepäck auf keinen Fall aus den Augen verlieren und früh genug buchen (Nachfragen unter ☎028-280 2811); die Kabinen der 1. Klasse sind aber meist frei.

In Kigoma und Kasanga legt das Schiff an Docks an, doch bei den kleineren Orten steigt man mitten im See durch eine Tür im Schiffsrumpf in kleine Landungsboote um. Das klingt zwar nach spannendem Abenteuer, kann aber nachts oder bei stürmischem Wetter nervenaufreibend sein.

Uganda

Es gibt zwar keine Passagierfähren, doch die Frachtschiffe zwischen Mwanza und Port Bell in Kampala (ca. 16 Std., etwa drei pro Woche) nehmen manchmal Passagiere mit. Auf der ugandischen Seite braucht man eine kostenlose Einreisegenehmigung vom Bahnhofsvorstand. Er sitzt im Büro des Managers im Gebäude neben dem Bahnhof von Kampala (1. OG). In Mwanza ist diese Bescheinigung nicht nötig, eine Nachfrage beim Einwanderungsbeamten im Südhafen ist aber anzuraten. Der Preis liegt inkl. Hafengebühren bei rund 20 US$. Wer einen kleinen Extrabetrag springen lässt, bekommt manchmal eine Crewkabine.

Geführte Touren

Deutschland, Österreich, Schweiz

ATS African Special Tours (www.ast-reisen.de) Erfahrener Spezialist für Touren in das südliche und östliche Afrika.

Chamäleon Reisen (www.concept-reisen.de) Gutes Preis-Leistungs-Verhältnis.

Flycatcher Safaris (www.flycat.com) Schweizer Anbieter mit Schwerpunkt Serengeti.

Globetrotter Select (www.globetrotter-select.com) Trekkingtouren und Badeurlaub.

ITST Tanzania Special Tours (www.tanzania-tours.de) Schweizer Anbieter mit Schwerpunkt Serengeti.

Macho Porini (www.macho-porini.com) Der Besitzer ist in Tansania aufgewachsen und bietet eine gute Beratung.

Moja Travel (www.moja-travel.net) Auch Safaris für Familien.

OUTBACK AFRICA Erlebnisreisen (www.outbackafrica.de) Organisiert auch Touren in den Süden.

Wikinger-Reisen (www.wikinger-reisen.de) Hat auch Trekking-Touren auf den Kilimandscharo im Programm.

UNTERWEGS VOR ORT

Auto & Motorrad

Wenn man nicht gerade ein eigenes Auto oder Motorrad hat und über Erfahrungen mit dem ostafrikanischen Straßenverkehr verfügt, ist das Auto als Transportmittel auf dem Festland eher untypisch. Allerdings ist es üblich, auf kurzen Strecken ein Fahrzeug über einen Tour- oder Safariveranstalter zu buchen. Nur auf Sansibar lohnt es sich, ein Auto oder Motorrad zu mieten und auf eigene Faust auf Entdeckungsreise zu gehen.

Führerschein

Auf dem Festland gilt zwar auch der Führerschein des Heimatlandes, besser ist aber ein Internationaler Führerschein (IDP). Auf Sansibar ist ebenfalls der IDP plus der Führerschein des Heimatlandes erforderlich oder eine Fahrerlaubnis von Sansibar (S. 102), Kenia, Uganda oder Südafrika.

Benzin & Ersatzreifen

Ein Liter Benzin oder Diesel kostet etwa 2200 TSh. In allen größeren Städten gibt es Tankstellen und Autowerkstätten. Ansonsten sind Tankstellen dünn gesät, daher jede Gelegenheit zum Tanken nutzen und Ersatzreifen mitnehmen. In abgelegenen Regionen und bei längeren Aufenthalten in den Nationalparks sind große Reservekanister ein absolutes Muss. Selbst in Tankstellen an großen Straßen wird dem Benzin oder Diesel manchmal Kerosin oder Wasser beigemischt – vor dem Tanken also unbedingt bei Einheimischen oder Ladenbesitzern rückfragen. Außerdem kommt es vor, dass in Werkstätten Originalteile gegen Ersatzteile schlechterer Qualität ausgetauscht werden. Eine Menge Schwierigkeiten kann man vermeiden, wenn man dem Mechaniker während der Reparatur über die Schulter schaut. Vor einer Wartung auch Kilometerstand und Tankfüllung notieren.

Mietfahrzeuge

In Daressalam kostet ein normaler Wagen ab 70 US$ pro Tag; dazu kommen Benzin sowie Versicherung und Steuer ab 30 US$. Ein Geländewagen (mit Allradantrieb) schlägt pro Tag mit 100 bis 250 US$ zu Buche, plus Versicherung (30–40 US$ pro Tag), Benzin und Fahrer (20–50 US$ pro Tag). Hinzu kommen 20 % Mehrwertsteuer.

Außerhalb der Stadt ist fast überall Allradantrieb erforderlich. Die meisten Autovermieter erlauben keine Fahrten auf eigene Faust außerhalb von Daressalam, und nur wenige haben Wagen ohne Kilometerbegrenzung im Angebot – pro gefahrenen Kilometer kommen 0,50 bis 1 US$ zum Mietpreis dazu. Vor Vertragesabschluss nachfragen, wie die Firma im Schadensfall vorgeht.

Geländewagen (mit Allradantrieb) können in Arusha, Karatu, Mwanza, Mbeya, Zanzibar Town und anderen Touristenorten über Reisebüros, Tourveranstalter und Hotels gemietet werden. Bis auf Sansibar werden die meisten Wagen mit Fahrer vermietet. Die durchschnittlichen Tagespreise liegen zwischen 100 und 200 US$ plus Benzin; auf Sansibar etwas darunter.

Motorräder vermietet **Dustbusters** (www.dustbusters-tz.com) in Arusha. Wer ein Fahrzeug mit Fahrer mieten möchte, kann sich an das in Daressalam ansässige Unternehmen **Jumanne Mastoka** (☎0784 339735; mjumanne@yahoo.com) wenden.

Versicherung

Wer nicht bereits bei einem anderen Anbieter versichert ist, beispielsweise über die Kreditkarte, sollte bei der Autovermietung eine Vollkaskoversicherung abschließen.

DIE TÜCKEN DER STRASSE

Verkehrsunfälle sind das größte Sicherheitsrisiko in Tansania, sehr häufig mit Bussen, die zu schnell fahren. Die Straßenverhältnisse sind mies, und die Fahrkünste vieler Fahrer lassen zu wünschen übrig. Blindes Überholen oder zu schnelles Fahren sind bekannte Probleme. Viele Busse sind alt und klapprig, die Windschutzscheibe ist zerbrochen, die Bremstrommeln abgefahren – und das auf kurvenreichen Straßen voller Schlaglöcher. Der Fahrer sieht das ganz anders: Er steuert sein Gefährt wie ein Rennfahrer auf schnurgerader Straße – nervenaufreibend wäre vorsichtig ausgedrückt. Die ängstlichen Wünsche von Fahrgästen, doch etwas langsamer zu fahren, werden prinzipiell ignoriert; auch Reiseübelkeit vorzutäuschen, ist eher kontraproduktiv. Viele Busse tragen Sprüche wie *mungu atubariki* (Gott segne uns) oder in *god we trust* – vielleicht nützt diese Bitte um Hilfe von oben wenigstens in den allerschlimmsten Situationen.

Wer seine Chancen auf sicheres Ankommen verbessern möchte, sollte nur am Tag fahren und die Einheimischen nach empfehlenswerten Buslinien fragen. Wenn die Wahl besteht, ist ein großer Bus immer einem Minibus (die schlechteste Wahl) oder einem 30-Sitzer vorzuziehen.

Straßenzustand & Gefahren

Etwa ein Drittel der Straßen Tansanias ist asphaltiert. Der Zustand der Nebenstraßen schwankt – je nach Jahreszeit – zwischen gut und unpassierbar. Für alle Fahrten außerhalb der Ortschaften ist ein geländegängiger Wagen mit Allradantrieb anzuraten.

Wer das Fahren in Ostafrika nicht gewöhnt ist, sollte besonders auf Fußgänger, Kinder und Tiere achten, die auf der Straße gehen oder unvermittelt auf die Straße rennen. Vor allem auf dem Land, wo die Menschen nicht selbst fahren, sind Bremswege und selbst minimale Sicherheitsvorkehrungen völlig unbekannt. Nachtfahrten sind keine gute Idee, und vor Kurven immer mit überholendem Gegenverkehr rechnen. Statt Warndreieck oder Warnlicht legen die Leute auf dem Land einen Ast auf die Straße und hoffen, dass niemand in den liegen gebliebenen Wagen oder ein riesiges Schlagloch kracht – oder in ein anderes Hindernis auf der Straße.

Verkehrsregeln

In Tansania fährt man auf der linken Straßenseite (zumindest theoretisch), und wer sich im Kreisverkehr befindet, hat Vorfahrt. Die Höchstgeschwindigkeit von 80 km/h (sofern nicht anders angezeigt) wird auf einigen Strecken, etwa von Daressalam nach Arusha, regelmäßig von der Polizei mit dem Radar kontrolliert. In Tansania gilt Anschnallpflicht für Fahrer und Beifahrer. Wer bei einem Verkehrsdelikt erwischt wird, muss in der Regel 20 000 TSh zahlen.

In den Nationalparks sind Motorräder verboten. Eine Ausnahme ist die Straße von Daressalam nach Mbeya, die durch den Nationalpark Mikumi führt, sowie die Straße zwischen Sumbawanga und Mpanda (im Nationalpark Katavi).

Bus

Für viele Reisende gehören die Busfahrten in Tansania einfach dazu. Wenn man die riesigen Entfernungen berücksichtigt, sind die Preise angemessen, und viele Orte sind ohnehin nur mit dem Bus zu erreichen.

➡ Auf den langen Strecken kann zwischen Express- und normalen Bussen gewählt werden; der Unterschied äußert sich im Preis. Expressbusse halten seltener an, sind nicht so voll und fahren fahrplanmäßig ab. Einige Busse sind mit Toilette und Klimaanlage ausgestattet – die besten sind als „Luxusbusse" gekennzeichnet. Auf den Nebenstrecken fahren nur die normalen Busse. Sie sind häufig bis zum Dach vollgestopft, halten oft an und richten sich kaum nach den Fahrplänen (wenn es überhaupt welche gibt).

➡ Für viel befahrene Routen muss man schon im Voraus buchen werden. Manchmal bekommt man noch einen Platz, wenn man eine Stunde vor Abfahrt am Busbahnhof aufkreuzt. Jede Buslinie hat ein eigenes Buchungsbüro, meist in der Nähe der Haltestelle.

➡ Expressbusse haben Gepäckfächer, aber man sollte sein Gepäck besser bei sich behalten und nie auf das Dach packen.

➡ Die Preise sind festgelegt, gelegentlich wird trotzdem zu viel verlangt. Auf den Busbahnhöfen geht es chaotisch zu. In Arusha und anderen Touristenorten fallen sofort Schwarzhändler über Fremde her. Tickets also grundsätzlich im Buchungsbüro und niemals bei diesen Händlern kaufen! Zudem werden keine Extragebühren für Gepäck fällig (Ausnahme sind übergroße Gepäckstücke).

➡ Wer auf einer Hauptstrecke nur ein kurzes Stück mitfahren will, wird auf Wunsch vom Fahrer abgesetzt – allerdings wird dann oft der Gesamtpreis bis zur nächsten größeren Station berechnet.

➡ Auf langen Strecken schläft man entweder im Bus, der an der Straße parkt, oder in einem schmierigen Gästehaus.

Minibus & Sammeltaxis

Für kürzere Strecken abseits der Hauptrouten hat man oft die Wahl zwischen 30-Sitzern (*coastals* oder *thelathini*) und *dalla-dallas* oder Minivans von Hiace. In beiden Fällen kann das Hühner auf dem Dach, Waren unter dem Sitz und keinen Platz für die Beine bedeuten – Fahrpläne sind eher die Ausnahme. Vor allem die *dalla-dallas* laufen immer Gefahr überzuquellen. Sammeltaxis sind selten, außer in der Umgebung von Arusha, am Busbahnhof Ubungo in Daressalam und an einigen anderen Orten. Wie die übrigen Busse fahren auch *dalla-dallas* und Sammeltaxis ab, sobald sie voll sind – sicherheitstechnisch eine sind sie Katastrophe.

Lastwagen

In abgelegenen Landstrichen, insbesondere in weiten Teilen des westlichen Tansanias, dienen Lastwagen als Busersatz (mit etwa denselben Fahrpreisen). Die Passagiere sitzen oder stehen auf der Ladefläche. Selbst wenn Busse verkehren, ziehen viele Fahrgäste den Laster vor.

Flugzeug

Fluglinien in Tansania

Ein gutes Netz an Fluggesellschaften – meist mit kleinen Maschinen – verbindet Daressalam, Arusha, Sansibar und andere größere Städte und Nationalparks. Inlandsflüge sind teuer. Man muss die gebuchten Flüge mindestens einmal bestätigen und mit Verspätungen rechnen.

Auric Air (☎0783 233334; www.auricair.com) Bukoba, Mwanza, Sansibar, Daressalam und weitere Städte sowie die Nationalparks Katavi und Rubondo Island.

Air Excel (☎027-254 8429; www.airexcelonline.com) Arusha, Nationalpark Serengeti, Nationalpark Lake Manyara, Daressalam, Sansibar.

Air Tanzania (☎022-211 8411; www.airtanzania.co.tz) Daressalam, Mwanza, Kigoma, Tabora, Mtwara, Kilimandscharo, Mbeya und Bujumbura (Burundi).

Coastal Aviation (☎022-284 2700; www.coastal.co.tz) Fliegt viele Nationalparks und größere Städte an, darunter Arusha, Daressalam, Dodoma, Kilwa Masoko, Nationalpark Lake Manyara, Mafia, Mwanza, Pemba, Nationalpark Ruaha, Nationalpark Rubondo Island, Nationalpark Saadani, Wildreservat Selous, Nationalpark Serengeti, Tanga, Nationalpark Tarangire und Sansibar.

Flightlink (☎0782 354448, 0782 354449; www.flightlinkaircharters.com) Flüge zwischen Daressalam und dem Archipel Sansibar, Selous, Dodoma, Serengeti und Lake Manyara.

Precision Air (☎0787 888407, 022-216 8000; www.precisionairtz.com) Fliegt von Daressalam in viele größere Städte wie Bukoba, Kilimandscharo, Mbeya, Mtwara, Mwanza und Sansibar. Auch Flüge von Daressalam nach Entebbe (Uganda), Kigali (Ruanda), Nairobi (Kenia), Pemba (Mosambik), Lubumbashi (DRK) und Lusaka (Sambia).

Regional Air Services (☎027-250 4477, 027-250 2541; www.regionaltanzania.com) Arusha, Daressalam, Kilimandscharo, Nationalpark Lake Manyara, Ndutu, Nationalpark Serengeti und Sansibar.

Safari Airlink (☎0777 723274; www.safariaviation.info) Daressalam, Arusha, Nationalpark Katavi, Nationalpark Mahale Mountains, Pangani, Nationalpark Ruaha, Wildreservat Selous und Sansibar.

FÄHRREISEN IN TANSANIA

Die Reise auf einer tansanischen Fähre kann ein angenehmes und landschaftlich schönes Erlebnis sein. Eine Fahrt auf der MS *Liemba* über den Tanganjikasee gehört sogar zu den klassischen Reiserouten in Afrika. Fähren auf dem Nyasa-See schippern durch eine hübsche Gegend, vorbei an Bergen und Dörfern am Seeufer. Auch der Anblick von Stone Town, wenn sich die Fähre aus Daressalam der Insel Sansibar nähert, ist unvergesslich.

Doch wer sich in diesem Teil der Welt den Fähren anvertraut, muss sich über die Risiken im Klaren sein. Die meisten Fähren Tansanias sind in die Jahre gekommen, und viele müssten dringend gründlich überholt werden. Zudem sind viele Fähren das einzige Transportmittel der Einheimischen, viele nehmen dazu noch Ladung auf und machen sich völlig überladen auf den Weg. In jüngster Zeit ereigneten sich mehrere katastrophale Fährunfälle, darunter der Untergang der MS *Bukoba* auf dem Victoriasee (1996); 2011 sank der Spice Islander auf der Fahrt von Sansibar nach Pemba. Mit Ausname der Kabinen der 1. Klasse, die nicht immer vorhanden sind, herrschen an Bord einfachste Bedingungen; die Passagiere drängen sich auf dem überfüllten Deck. Noch gefährlicher ist die minimale Ausstattung oder gar fehlende Rettungseinrichtungen. Die meisten Fähren haben zwar Rettungsboote und Schwimmwesten an Bord, aber die Zahl reicht für die Passagiere nicht aus. Einzige Ausnahme sind die „Schnellfähren" zwischen Daressalam und Sansibar: Sie sind besser gewartet und gepflegt.

Wer sich dennoch nicht abschrecken lässt, sollte nur am Tag und bei gutem Wetter fahren, nicht in überladene Boote einsteigen und rechtzeitig an Deck nach einer Schwimmweste suchen.

Tropical Air (☎0777 431431, 024-223 2511; www.tropicalair.co.tz) Sansibar, Daressalam, Mbeya, Pemba, Mafia und Arusha.

ZanAir (☎024-223 3670, 024-223 3678; www.zanair.com) Flugverbindungen zwischen Arusha, Daressalam, Pemba, Nationalpark Saadani, Wildreservat Selous und Sansibar. Fliegt auch zwischen Sansibar, Mombasa (Kenia) und Arusha.

Zantas Air (☎0688 434343, 0713 409412; www.zantasair.com) Arusha, Nationalpark Katavi, Nationalpark Mahale Mountains, Kigoma, Nationalpark Lake Manyara und Nationalpark Serengeti.

Nahverkehr

Dalla-dalla

Der öffentliche Nahverkehr wird von *dalla-dallas*, in ländlichen Regionen auch von Pickup-Trucks oder alten Geländewagen geleistet. Die Preise sind niedrig und festgelegt – in der Stadt 100 bis 400 TSh. Die Fahrzeuge halten oft an und sind gewöhnlich überfüllt. Vor allem Minibusse sind immer wieder in Unfälle verwickelt, weil sich die Fahrer vor der nächsten Haltestelle Rennen um Passagiere liefern. Das Ziel steht auf einem Schild auf der Windschutzscheibe, oder der Schaffner – er kassiert auch den Fahrpreis – ruft es aus. Reisende mit großem Rucksack sollten zweimal überlegen, ehe sie in ein *dalla-dalla* einsteigen: Sie sind vor allem in der Rushhour so voll, dass der Rucksack die anderen Fahrgäste beeinträchtigt.

Taxi

Taxis auf dem Festland haben ein weißes Schild, auf Sansibar ist *gari la abiria* (Auto für Passagiere) darauf geschrieben. Sie stehen in allen größeren Städten bereit. Es gibt keine Taxameter, der Preis muss unbedingt vorher mit dem Fahrer ausgehandelt werden. Kurze Trips in der Stadt beginnen bei 2000 TSh. In größeren Städten haben die Fahrer eine „offizielle" Preisliste, doch die darauf stehenden Preise – 1000 TSh/km – sind deutlich höher als das, was verlangt wird. Wer unsicher ist, sollte einen Einheimischen nach dem Preis fragen, um eine Verhandlungsbasis zu haben. Längere Touren außerhalb der Stadt richten sich nach Entfernung, Benzinkosten, Straßenzustand und einer fairen Verdienstspanne für den Fahrer. Nur die Taxis, die an größeren Hotels oder einem offiziellen Taxistand warten, sind empfehlenswert. Man sollte kein Taxi auf der Straße anhalten und nie zusteigen, wenn ein „Freund" des Fahrers oder ein anderer Fahrgast mitfährt.

Schiff/Fähre

Dau

Wichtige Routen verbinden Sansibar und Pemba mit Daressalam, Tanga, Bagamoyo und Mombasa; Kilwa Kivinje, Lindi, Mikindani, Mtwara und Msimbati mit anderen Küstenstädten und Mafia mit dem Festland. Offiziell dürfen Touristen weder auf nicht-motorisierten Daus noch auf der Route zwischen Sansibar und Daressalam mitfahren; wird ein Kapitän erwischt, muss er Strafe bezahlen. Daher weigern sich viele, Fremde mitzunehmen. Auch besteht ein Sicherheitsrisiko. Stattdessen sollte man Chartertouren bei den Hotels an der Küste (viele haben eigene Daus) oder bei Safari Blue (S. 122) buchen.

Fähren

Auf dem Victoria-, Tanganjika- und Nyasa-See sind Fähren unterwegs, auch zwischen Daressalam, Sansibar und Pemba. Bei jeder Ausfahrt werden 5 US$ Hafengebühr fällig.

VICTORIASEE

Die MS *Victoria* legt dienstags, donnerstags und sonntags um 21 Uhr in Mwanza ab. In Bukoba startet die Fähre Montag, Mittwoch und Freitag um 21 Uhr (1. Kl./2. Kl. mit Bett/2. Kl. mit Sitz/3. Kl. 36 000/27 600/24 000/17 500 TSh). In der 1. Klasse gibt es 2-Bett-, in der 2. Klasse 6-Bett-Kabinen. Die 2. Klasse mit Sitz ist nicht besonders bequem – wenn kein Platz in der 1. oder 2. Klasse mit Bett mehr frei ist, sollte man besser gleich die 3. Klasse nehmen. Mit etwas Glück findet sich ein bequemes Plätzchen in der Lounge der 1. Klasse. Kabinen der 1. und 2. Klasse sind in beide Richtungen rasch ausgebucht – frühes Buchen zahlt sich aus. An Bord gibt es Verpflegung. Vorsicht vor Taschendieben – sowohl an Deck als auch auf den Sitzplätzen. Die Reise dauert etwa 9 Stunden.

NYASA-SEE

Theoretisch legt die MS *Songea* donnerstagmittags von Itungi ab und fährt die Küste entlang über Matema, Lupingu, Manda, Lundu, Mango und Liuli bis Mbamba Bay (1./Economy-Kl. 25 100/16 100 TSh, 18–24 Std. zwischen Itungi und Mbamba Bay). Dann steuert sie wieder zurück und erreicht die Häfen von Matema und Itungi am Sonntag.

Die kleinere MS *Iringa* klappert die Dörfer am Seeufer zwischen Itungi und Manda ab (etwa die Hälfte des tansanischen Seeufers). Während der Recherche war sie außer Betrieb. Wenn sie wie üblich fährt, wechselt sie sich immer mit der MS *Songea* ab.

Die Fahrpläne beider Schiffe ändern sich ständig. In Kyela oder in einem der Hotels von Matema nach genaueren Infos fragen.

Trampen

Trampen in Tansania läuft nicht gut. In Nationalparks ist Trampen verboten und in der Umgebung der Parks auch ziemlich sinnlos. Tatsächlich hält in abgelegenen Gegenden niemand an, außer hier und da ein freundlicher Lastwagenfahrer. Er erwartet eine Bezahlung, die so viel oder etwas weniger ausmacht als der Preis für ein Busticket – der Platz vorne kostet doppelt so viel wie ein Platz zwischen der Ladung. Um ein Auto anzuhalten, die Hand etwa hüfthoch halten (Handfläche nach unten) und auf und ab bewegen.

Gelegentlich halten ausländische Arbeiter oder wohlhabende Tansanier an. Sie erwarten keine Bezahlung, freuen sich auf längeren Strecken aber über einen Beitrag zum Benzin.

Das Trampen ist nirgendwo auf der Welt wirklich sicher und auch in Tansania nicht empfehlenswert. Jeder Tramper sollte sich darüber im Klaren sein, dass er ein Risiko eingeht. Wenn schon Trampen, dann unbedingt zu zweit – vorab sollte jemand über das Ziel informiert werden.

Zug

Reisende mit viel Zeit können vom Zug aus die schöne Landschaft genießen und zugleich Einblick in das Alltagsleben der Menschen bekommen. Es gibt zwei Linien: **Tazara** (Tanzanian Zambia Railway Authority; ☎0713 225292, 022-286 5187; www.tazara.co.tz; Ecke Nyerere & Nelson Mandela Rds.; ⏰Ticketbüro Mo–Fr 7.30–12.30 & 14–16.30 Uhr, Sa 9–12.30 Uhr) verbindet Daressalam mit Kapiri Mposhi in Sambia über Mbeya und Tunduma. Die von der Tanzanian Railway Corporation betriebene **Central Line** (☎022-211 7833; Ecke Railway St. & Sokoine Dr., Daressalam; 1./2./Economy-Kl. von Daressalam nach Kigoma 75 700/ 55 400/27 700 TSh) verbindet Daressalam mit Kigoma und Mwanza. Eine Nebenstrecke der Central Line verkehrt zwischen Tabora und Mpanda. Die Strecke der Central Line zwischen Singida und Dodoma wurde stillgelegt, da jetzt die Straße komplett asphaltiert ist.

Im Allgemeinen ist Tazara zwar bequemer und zuverlässiger als Central Line, aber auf beiden Linien gibt es regelmäßig Verspätungen von bis zu 24 Stunden und mehr; auch mit Pannen ist immer zu rechnen. Wer unbedingt Bahn fahren möchte, sollte zunächst eine kürzere Strecke buchen, etwa von Daressalam ins Wildreservat Selous oder von Tabora nach Kigoma. Auf längeren Strecken sollte man sich Essen und Getränke mitbringen, um die einfachen Mahlzeiten zu ergänzen, die in beiden Linien erhältlich sind.

Klassen

Die Tazara verfügt über vier Klassen: 1. Klasse mit 4-Bett-Abteilen, 2. Klasse (6-Bett-Abteile), 2. Klasse mit Sitzen (auch *super sealer* genannt) und eine meist überfüllte Economy-Klasse (3. Klasse) mit Bänken. In den Schlafabteilen dürfen Männer und Frauen nur zusammen schlafen, wenn sie das ganze Abteil buchen. Nachts muss man das Fenster mit einem Stock sichern, und das Gepäck darf keinen Moment aus den Augen gelassen werden. Die Central Line bietet 1. Klasse (4-Bett-Abteile), 2. Klasse (6-Bett-Abteile) und Economy-Klasse.

Reservierungen

Tickets für die 1. und 2. Klasse sollte man einige Tage im Voraus buchen, obwohl gelegentlich am Reisetag noch ein Sitz frei ist. Tickets für die Economy-Klasse kauft man direkt am Abreisetag gekauft.

TAZARA

Tazara fährt mit zwei Zügen wöchentlich von Daressalam nach Kapiri Mposhi in Sambia über Mbeya; die Züge starten dienstags (Express) um 15.50 Uhr und freitags (normaler Zug) um 13.50 Uhr. Die Expressverbindung kostet von Daressalam und Mbeya 46 000/38 600/ 32 400 TSh für die 1./2./ Economy-Kl. (normale Züge sind etwas günstiger). In Mbeya fahren die Züge mittwochs um 14.30 Uhr (Express) und samstags um 15 Uhr (normaler Zug) ab. Für die Schlafwagen wird Bettwäsche gestellt.

CENTRAL LINE

Die Central Line nach Kigoma verlässt Daressalam jeden Dienstag und Freitag um 17 Uhr (1./2./Economy-Kl. 75 700/55 400/27 700 TSh, ca. 40 Std.). In Kigoma starten die Züge Sonntag und Donnerstag um 18 Uhr; von Mwanza fahren sie an denselben Tagen um 17 Uhr ab. In den Schlafwagen gibt es nur Matratzen (keine Bettwäsche).

Züge zwischen Tabora und Mpanda (nur Economy, 17 800 TSh, ca. 14 Std.) fahren immer mittwochs und samstags um 21 Uhr in Tabora sowie donnerstags und sonntags um 13 Uhr in Mpanda ab.

Gesundheit

Wer seinen Impfschutz rechtzeitig erneuert und ein paar grundlegende Vorsichtsmaßregeln einhält, dürfte von den meisten Problemen verschont bleiben. Tansania „glänzt" zwar mit einer beeindruckenden Liste von Tropenkrankheiten, doch Durchfall oder Erkältung sind viel wahrscheinlicher als exotische Krankheiten. Die einzige wirkliche Bedrohung – fast überall im Land – ist die Malaria. Das Ansteckungsrisiko reduziert sich bereits, wenn man nur tagsüber reist, mit Bussen oder Privatfahrzeugen fährt und *dalla-dallas* meidet.

VOR DER REISE

- Vor der Reise sollte man sich vom Hausarzt und Zahnarzt durchchecken und sich über chronische Krankheiten (hoher Blutdruck, Asthma usw.) sowie regelmäßige Medikamenteneinnahme informieren lassen.
- Zur Vorbereitung gehören Ersatz für Kontaktlinsen und Brillengläser.
- Auch eine Reiseapotheke mit Medikamenten sowie die erforderlichen Schutzimpfungen sind notwendig.
- Jeder Reisende kann Mitglied bei der International Association for Medical Advice to Travellers (www.iamat.org) werden, die Listen mit angeschlossenen Ärzten veröffentlicht.
- Wer sich längere Zeit in abgelegenen Gebieten aufhält, sollte an einem Erste-Hilfe-Kurs teilnehmen (das Rote Kreuz hilft weiter).
- Ins Land dürfen nur Medikamente in den Originalpackungen (beschriftet) eingeführt werden.
- Vor allem Spritzen und Injektionsnadeln müssen durch einen Brief des Arztes als medizinisch gekennzeichnet sein.

Versicherung

Vor der Abreise muss geklärt werden, ob die Krankenversicherung alle (und welche) Zahlungen direkt übernimmt oder ob Vorkasse geleistet

EMPFOHLENE IMPFUNGEN

Unabhängig vom Ziel empfiehlt die Weltgesundheitsorganisation (www.who.int/en) allen Reisenden die folgenden Schutzimpfungen:

- Diphtherie
- Tetanus
- Masern
- Mumps
- Röteln
- Kinderlähmung
- Hepatitis B

Speziell für Tansania empfiehlt das Center for Disease Control and Prevention (www.cdc.gov) auch folgende Schutzimpfungen:

- Hepatitis A
- Hepatitis B
- Tollwut
- Typhus
- Auffrischungsimpfungen gegen Tetanus, Diphtherie und Masern

Bei der Einreise wird keine Bescheinigung über Gelbfieberimpfung verlangt, doch wer aus einer Region mit Gelbfieber kommt, sollte sie bei sich führen. Vor der Reise mit dem Arzt sprechen.

werden muss. Die meisten Ärzte in Tansania erwarten eine sofortige Zahlung in Bargeld.

Bezahlt die Krankenversicherung (Reisekrankenversicherung) einen medizinisch notwendigen Transport nach Nairobi (Kenia)? Übernimmt sie sogar die Rückführung bis ins Heimatland – bei Bedarf mit medizinischer Begleitung? Es kann sich durchaus lohnen, kurzfristig Mitglied der African Medical & Research Foundation (www.amref.org) oder der First Air Responder (www.firstairresponder.com) zu werden.

Medizinische Checkliste

Die Reiseapotheke sollte folgende Medikamente enthalten, die bei kleineren Erkrankungen oder Verletzungen hilfreich sind:

- Paracetamol oder Aspirin
- Klebestreifen, Bandagen, Mullbinden und -auflagen, Pflaster
- Antibakterielle Salbe gegen Schnitt- und Schürfwunden
- Antibiotikum wie beispielsweise Ciprofloxacin oder Norfloxacin
- Mittel gegen Durchfall (z. B. Loperamid)
- Antihistamine (bei Heuschnupfen oder allergischen Reaktionen)
- Entzündungshemmende Mittel (z. B. Ibuprofen)
- Anti-Malaria-Mittel
- Insektenschutzmittel zum Einreiben (mit DEET)
- (Digitales) Thermometer
- Salze zur Rehydrierung (zum Einnehmen)
- Insektenschutzmittel mit Permethrin, als Spray für Kleidung, Zelte, Moskitonetze
- Taschenmesser
- Schere, Sicherheitsnadeln, Pinzette
- Malaria-Schnelltest, um Malariaerreger in einem Blutstropfen zu bestimmen
- Sterile Kanülen, Spritzen und Flüssigkeit, bei Reisen in abgelegene Gegenden
- Sonnenschutzcreme (Lichtschutzfaktor 30+)
- Wasserreinigungstabletten

Infos im Internet

Allgemeine Informationen:

- Lonely Planet (www.lonelyplanet.com)
- MD Travel Health (www.mdtravelhealth.com)
- Fit for Travel (www.fitfortravel.nhs.uk)
- *International Travel and Health* (www.who.int/ith) – kostenlose online-Publikation der Weltgesundheitsorganisation.
- Auf Deutsch gibt's Informationen auf der Seite www.travelmed.de.

Noch mehr Lektüre

- *Wo es keinen Arzt gibt* von David Werner (2012)
- *Gesund reisen, gesund heimkommen* von Britta Hermle-Geibel (2000)
- *Healthy Travel Africa* von Isabelle Young und Tony Gherardin (2008)
- *How to Stay Healthy Abroad* von Richard Dawood (2002)
- *Travel with Children* von Cathy Lanigan (2004)

IN TANSANIA

Medizinische Versorgung & Kosten

Gute medizinische Versorgung bietet nur Daressalam. Aber auch in Arusha und einigen Missionskrankenhäusern gibt es akzeptable bis gute Ärzte. Bei wirklich ernsten Erkrankungen ist eine Überführung nach Nairobi (Kenia) erforderlich. Hier landen alle medizinischen Notfälle aus Tansania, oder sie werden ins Heimatland geflogen. Wer die Wahl hat, sollte unbedingt versuchen, ein privates oder Missionskrankenhaus aufzusuchen – sie sind besser als die staatlichen Einrichtungen. Wer in fremder Umgebung krank wird, für den sind im Land lebende Ausländer oder das Personal der Luxushotels die besten Ansprechpartner auf der Suche nach einem guten Krankenhaus. Im Notfall steht auch die Botschaft zur Verfügung. In jeder Stadt gibt es mindestens eine Klinik, um einen preiswerten Malariatest zu machen und erste Maßnahmen zu ergreifen.

Die Apotheken in den größeren Städten haben gewöhnlich die wichtigsten Mittel auf Lager; ein Rezept wird selten verlangt. Allerdings könnten die Verfallsdaten überschritten sein. Obwohl die größeren Orte auch Antimalariamittel vorrätig haben, sollten die entsprechenden Medikamente sowie Mittel gegen chronische Krankheiten besser von zu Hause mitgebracht werden. Manche der in Tansania verkauften Arzneimittel sind unwirksam: Sie wurden gefälscht (besonders Malariatabletten und Antibiotika) oder falsch gelagert. Kondome sind nicht überall erhältlich und keineswegs sicher – auch das kann sowohl an der Qualität wie an der falschen Lagerung liegen.

In Tansania besteht ein großes Risiko, bei Bluttransfusionen mit dem HI-Virus infiziert zu werden. Die BloodCare Foundation (www.bloodcare.org.uk) liefert sichere Blutkonserven; sie beliefert jeden Ort auf der Welt innerhalb von 24 Stunden.

Infektionskrankheiten

In Tansania grassieren folgende Infektionskrankheiten. Mit gezielter Vorbeugung ist die Gefahr der Ansteckung allerdings äußerst gering.

Cholera

Cholera bricht typischerweise nach großen Katastrophen – Kriege, Überschwemmungen, Erdbeben –, aber auch spontan aus. Reisende werden selten mit Cholera infiziert. Sie wird von Bakterien verursacht, die sich in verseuchtem Trinkwasser ausbreiten. Das wichtigste Symptom ist starker, wässriger Durchfall. Wenn der Flüssigkeitsverlust nicht rasch wieder ausgeglichen wird, trocknet der Körper aus und wird schwächer. Der Impfstoff aus den USA ist nur teilweise wirksam. Wer auf sauberes Trinkwasser und Essen achtet, bekommt keine Probleme mit Cholera. Als Therapie wird die Körperflüssigkeit ergänzt (oral oder über einen Tropf), manchmal sind auch Antibiotika nötig. Keine Selbstmedikation!

Dengue-Fieber

In Tansania, vor allem in Daressalam, brechen immer wieder Miniepidemien dieser durch Mücken übertragenen Krankheit aus. Zu den Symptomen zählen hohes Fieber sowie schwere Kopf- und Körperschmerzen (Dengue war lange Zeit auch als Knochenbrecherfieber bekannt). Bei einigen Betroffenen kommt es zu Hautausschlag und Durchfall. Es gibt keinen Impfstoff, man kann nur Vorbeugung leisten. Die das Dengue-Fieber übertragende Mücke *Aedes aegypti* ist Tag und Nacht aktiv, deshalb sollte man den ganzen Tag über immer wieder Insektenschutzmittel mit DEET verwenden. Wer glaubt, sich angesteckt zu haben, muss unbedingt einen Arzt aufsuchen und sich überwachen lassen (in Daressalam kann man sich auf Dengue-Fieber testen lassen). Es gibt keine spezielle Behandlung: Erkrankte sollten sich ausruhen und Paracetamol einnehmen – kein Aspirin, denn das verstärkt das Risiko für Blutungen. Schweres Dengue-Fieber kann tödlich enden.

Diphtherie

Diphtherie wird über Tröpfcheninfektion verbreitet. Der Körper reagiert mit Fieber und starker Halsentzündung. Wenn sich eine Pseudomembran bildet, muss ein Luftröhrenschnitt gemacht werden, um Erstickung zu verhindern. Eine Impfung ist empfehlenswert, wenn die Reise ein mit Diphtherie infiziertes Gebiet berührt. Die Gefahr ist bei Kurzreisen deutlich geringer als bei längerem Aufenthalt. Der Impfstoff wird als Injektion gegeben, oft zusammen mit Tetanus, und behält seine Wirkung zehn Jahre lang. Keine Selbstmedikation!

Filariose

Die Filariose wird von winzigen Würmern verursacht, die ins Lymphsystem einwandern; verbreitet über Mückenstiche. Typische Symptome sind juckende, anschwellende Beine und/oder Genitalien. Eine Behandlung ist möglich. Keine Selbstmedikation!

Gelbfieber

Tansania und Sansibar verlangen von Touristen nur dann einen Impfpass gegen Gelbfieber, wenn sie aus Ländern mit grassierendem Gelbfieber (wie Kenia) einreisen. In einigen Nachbarländern, etwa Ruanda und Burundi, ist die Impfung Pflicht. Gelbfieber wird von Mücken übertragen. Die Symptome reichen von einer grippeartigen Erkrankung über ernste Hepatitis (Leberentzündung) und Gelbsucht bis hin zum Tod. Die Impfung muss von einer spezialisierten Klinik ausgeführt werden und schützt zehn Jahre lang. Der Impfstoff besteht aus einer lebenden Kultur und kann nicht während der Schwangerschaft oder bei Immunschwäche verabreicht werden. Keine Selbstmedikation!

Hepatitis A

Hepatitis A wird über kontaminierte Lebensmittel (insbesondere Muscheln) und Wasser übertragen. Der Patient leidet an Gelbsucht, und obwohl die Krankheit selten tödlich endet, führt sie zu längerer Lethargie. Der Heilungsprozess dauert lange. Nach einem Befall mit Hepatitis A darf sechs Monate lang kein Alkohol getrunken werden; Spätfolgen sind nicht zu befürchten. Frühe Symptome sind dunkler Urin und gelb verfärbte Augen, manchmal gesellen sich Fieber und Bauchschmerzen dazu. Die Impfung gegen Hepatitis A (Avaxim, VAQTA, Havrix) wird als Injektion ausgeführt: Eine Impfung ist bis zu einem Jahr wirksam, nach einer Auffrischung hält der Schutz zehn Jahre an. Die Impfung gegen Hepatitis A und Typhus kann in einem Zug mit Hepatyrix oder Viatim durchgeführt werden. Keine Selbstmedikation!

Hepatitis B

Hepatitis B wird über Geschlechtsverkehr, infiziertes Blut und kontaminierte Spritzen übertragen. Mütter können die Krankheit bei der Geburt an die Babys weitergeben. Sie befällt die Leber, ruft Gelbsucht und manchmal Leberversagen hervor. Während sich die meisten Menschen wieder erholen, bleiben andere Träger des Virus und leiden an Leberzirrhose oder -krebs. Wer sich längere Zeit in einem Risikogebiet aufhält oder zu einer sozialen oder beruflichen Risikogruppe (medizinisches Personal) gehört, sollte sich impfen lassen. Die Impfung kann mit der Hepatitis-A-Impfung verabreicht werden.

Sie bietet Schutz für fünf Jahre und wird über einen Zeitraum von vier Wochen oder sechs Monaten gegeben. Keine Selbstmedikation!

HIV

Das HI-Virus (HIV) führt letztlich zu AIDS – ein ernstes Problem in Tansania. Die Infektionsrate liegt bei durchschnittlich 6,5 %, in einigen Gegenden sogar deutlich höher. Das Virus wird über infiziertes Blut und Blutprodukte sowie den Sexualkontakt oder während der Geburt oder beim Stillen von Mutter zu Kind übertragen. Die Ausbreitung ist auch bei Blut-zu-Blut-Kontakt über medizinische Instrumente beim Arzt, Zahnarzt, bei der Akupunktur oder beim Piercing möglich. Drogensüchtige, die dasselbe Besteck benutzen, sind stark gefährdet. Heilung ist nicht möglich, die Medikamente halten die Krankheit aber unter Kontrolle. Doch Medikamente sind für viele Tansanier viel zu teuer oder nicht erhältlich. Bei Verdacht auf eine Infektion ist ein Bluttest möglich, die Antikörper tauchen aber erst drei Monate nach der Infektion im Blut auf. Keine Selbstmedikation!

Malaria

Malaria ist in fast ganz Tansania verbreitet und eine der häufigsten Krankheiten (Ausnahmen sind Höhenlagen über 2000 m, wo das Infektionsrisiko sehr gering ist, sowie die Insel Sansibar, wo die Krankheit ausgerottet wurde). In der Regenzeit ist die Infektionsrate höher, doch das Risiko besteht während des ganzen Jahres, sodass jeder Tourist, selbst bei kurzen Reisen, vorbeugende Maßnahmen ergreifen sollte.

Malaria wird von einem Blutparasiten verursacht, der von der weiblichen Malariamücke Anopheles übertragen wird. Es gibt mehrere Formen – *Plasmodium malariae* ist die gefährlichste und in Tansania besonders verbreitete Art. Im Unterschied zu anderen Tropenkrankheiten gibt es (noch) keinen wirksamen Impfschutz gegen Malaria. Immerhin stehen mehrere vorbeugende Medikamente zur Verfügung, und die Forschung geht weiter. Vor der Reise sollte man sich von seinem Hausarzt beraten lassen, der ggf. auch an eine Spezialpraxis verweisen kann. Es gibt je nach Patient unterschiedlich wirksame Präparate. Der Parasit verändert sich kontinuierlich und mit ihm die jeweils wirksamste Behandlungsweise.

SYMPTOME

Im Frühstadium äußert sich Malaria als Kopfschmerz, Fieber, unspezifischer Schmerz und Übelkeit – alles erinnert an eine Grippe. Weitere Symptome sind Bauchschmerzen, Durchfall und Husten. Jeder, der eine oder bis zwei Wochen nach dem Urlaub in Tansania Fieber bekommt, sollte so lange von Malaria ausgehen, bis sich der Bluttest als negativ erweist; selbst wenn man vorbeugende Medikamente genommen hat. Wird die Krankheit nicht behandelt, entwickelt sich innerhalb von 24 Stunden das nächste Stadium, insbesondere bei *Plasmodium malariae*: Gelbsucht, Dämmerzustand bis Koma (zerebrale Malaria). Der Patient muss sofort ein Krankenhaus aufsuchen, doch selbst in den besten Einrichtungen liegt die Sterberate bei 10 %.

NEBENWIRKUNGEN & RISIKEN

Leider denken viele Reisende, Malaria sei eine leichte Krankheit, die einfach und wirkungsvoll zu behandeln sei. Sie glauben, dass die Nebenwirkungen der vorbeugenden Medikamente schlimmer seien als die Krankheit selbst. Das ist nicht wahr! Welche Nebenwirkungen tatsächlich auftreten, richtet sich nach

TRADITIONELLE MEDIZIN

Nach Schätzungen vertrauen etwa 80 % der Einwohner Tansanias ganz oder teilweise auf traditionelle Heilmethoden. Fast zwei Drittel suchen bei einer Erkrankung zunächst einen Heiler auf. Die *mganga* (traditionelle Heiler) sind hoch geachtet, und auf den meisten lokalen Märkten wird traditionelle Medizin angeboten. Das mag zum Teil daran liegen, dass die Kosten für westliche Medizin bedeutend höher sind, zum anderen aber auch an kulturellen und Glaubenstraditionen – außerdem helfen die Heiler häufig. In vielen Fällen haben die Kranken auch keine andere Wahl. Im Nordosten Tansanias kommt schätzungsweise nur ein Arzt auf 30 000 Einwohner, aber ein Heiler auf 150 Menschen. Landesweit sind Krankenhäuser und Arztpraxen hauptsächlich in den Städten zu finden. Zudem arbeiten viele von ihnen wegen fehlendem Personal und chronischem Mangel an Ausrüstung und Medikamenten nicht besonders effektiv.

Einige der traditionellen Medikamente scheinen gegen Malaria, Sichelzellenanämie, Bluthochdruck und andere Erkrankungen zu helfen. Allerdings gehen die traditionellen Heiler nicht zur Schule, sondern lernen durch Anschauung bei einem Meister – ihre Ausbildung ist häufig unvollkommen und sporadisch (entsprechend auch ihr Wissen). Das **Institute of Traditional Medicine** (www.muchs.ac.tz; Muhimbili Medical Centre, Daressalam) hat sich diesen zentralen Problemen angenommen. Es untersucht die Wirksamkeit traditioneller Heilmittel und fördert die Anwendung wirkungsvoller Therapien. Daneben gibt es auch lokale Anstrengungen, die Heiler in einem landesweiten Verband zu vereinen und in so grundlegenden Dingen wie Hygiene auszubilden.

den Medikamenten. Doxycyclin verursacht Sodbrennen und Magenverstimmung; Mefloquin (Larium) kann Angstattacken, Schlaflosigkeit und Albträume sowie (selten) psychische Probleme hervorrufen; Chloroquin kann zu Übelkeit und Haarausfall führen und Proguanil Geschwüre im Mund hervorrufen. Allerdings treten die Nebenwirkungen nicht allgemein auf und lassen sich bei korrekter Einnahme des Medikamentes (mit dem Essen) reduzieren. Nicht alle Patienten reagieren gleich auf ein bestimmtes Medikament. So dürfen Epileptiker kein Mefloquin und schwangere Frauen und Kinder unter 12 Jahren kein Doxycyclin einnehmen.

Wer bewusst auf vorbeugende Medikamente verzichtet, muss sich über die Risiken im Klaren sein und um jeden Preis Mückenstiche vermeiden. Das geht nur mit Moskitonetzen und Insekten abwehrenden Mitteln. Bei jedem Anzeichen von Fieber muss sofort ein Arzt aufgesucht werden. Einige Reisende schwören zwar auf homöopathische Präparate, deren Wirksamkeit allerdings sehr umstritten ist. Nicht nur Ärzte, sondern auch einige Homöopathen raten dringend davon ab. Schwangere Frauen, die von Malaria befallen werden, riskieren Fehlgeburten oder verfrühte Wehen – das Risiko für Mutter und Kind ist beträchtlich. Daher sollten sich Schwangere lieber zweimal überlegen, ob sie nach Tansania reisen möchten.

NOTFALLTHERAPIE

Wer sich nicht in einer größeren Stadt, sondern in einer abgelegenen Landschaft aufhält, muss zur Notfalltherapie greifen: mit dem Arzt absprechen, ob und welche Medikamente mitgenommen werden sollen und die genaue Dosis notieren. Allerdings ist eine derartige Selbstmedikation wirklich nur in äußersten Notfällen anzuraten – keinesfalls als routinemäßige Absicherung. Sie kommt nur in Frage, wenn in der Tat kein Krankenhaus in der Nähe ist und wenn man genau über die Symptome und die Anwendung der Medikamente aufgeklärt wurde (schriftliche Anwendungsvorschriften mitnehmen). Sobald man wieder in bewohnte Regionen kommt, muss ein Arzt aufgesucht werden, der überprüft, ob die Sofortmaßnahmen wirksam waren. Das gilt vor allem für den kritischen Fall der zerebralen Malaria, die innerhalb von 24 Stunden tödlich sein kann. Europäische Apotheken haben Selbsttests, die mit einem Bluttropfen aus der Fingerkuppe arbeiten; es lohnt sich, sie mitzunehmen.

Meningokokken-Meningitis

Meningokokken werden durch Tröpfcheninfektion übertragen – gefährlich sind dichte Menschenansammlungen wie größere Schlafräume, Busse und Clubs. Die Krankheit kommt zwar in Tansania vor, Touristen werden aber nur selten angesteckt. Wer länger im Land bleibt, sollte sich impfen lassen; das gilt insbesondere für das Ende der Trockenzeit. Symptome sind Fieber, starker Kopfschmerz, steifer Nacken und roter Ausschlag. Medizinische Behandlung ist unbedingt erforderlich.

Eine Impfung mit ACWY wird allen Reisenden empfohlen, die in Länder südlich der Sahara reisen. ACWY ist nicht dasselbe, wie der Impfstoff gegen die Meningokokken-Meningitis Typ C, mit dem Kinder und Erwachsene in manchen Ländern geimpft werden – beide können kombiniert werden. Keine Selbstmedikation!

Onchozerkose (Flussblindheit)

Diese Krankheit wird von den Larven eines winzigen Wurms verursacht, die über den Biss einer kleinen Fliege übertragen werden. Erste Anzeichen einer Infektion sind stark juckende, rote und entzündete Augen. Touristen werden allerdings nur selten infiziert. Heilbar ist die Krankheit nur durch eine spezielle Behandlung in der Klinik. Keine Selbstmedikation!

Poliomyelitis (Kinderlähmung)

Diese Krankheit wird durch verseuchtes Wasser oder Lebensmittel übertragen. Eine Schutzimpfung wird bereits in der Kindheit empfohlen und sollte alle zehn Jahre aufgefrischt werden (oral oder als Injektion). Kinderlähmung kann ohne äußere Symptome ablaufen oder kurzfristig zu Fieber führen. In seltenen Fällen kommt es zur dauerhaften Muskellähmung. Keine Selbstmedikation!

Schistosomiasis (Bilharziose)

Diese Krankheit ist in ganz Tansania verbreitet. Sie wird durch einen parasitischen Plattwurm übertragen, der in Süßwasserschnecken lebt und seine Eier in langsam fließendem oder stehendem Gewässer ablegt. Die Parasiten dringen in die Haut schwimmender Menschen ein und wandern in die Blase oder den Darm. Über Stuhl oder Urin gelangen sie zurück ins Süßwasser – der Kreis schließt sich. Reisende sollten auf keinen Fall in gefährdetem Wasser (auch nicht im Victoriasee) schwimmen gehen. Als Symptome treten kurzfristiges Fieber oder Ausschlag auf, dann blutiger Stuhl oder Urin. Mit einem Bluttest können die Erreger erkannt und eine erfolgreiche Behandlung eingeleitet werden. Nicht behandelte Bilharziose führt zu Nierenversagen oder dauerhaften Darmschäden. Eine Übertragung von Mensch zu Mensch ist nicht möglich. Keine Selbstmedikation!

Tollwut

Tollwut wird durch Tiere übertragen – mit einem Biss oder durch Ablecken einer offenen Hautstelle. Sobald klinische Symptome einsetzen (bis mehrere Monate nach der Infektion), führt die Tollwut zum Tod. Die nachträgliche Impfung muss deshalb unmittelbar nach einem Biss erfolgen, um zu verhindern, dass sich das Virus im zentralen Nervensystem ausbreitet (diese Impfung muss unabhängig davon erfolgen, ob man bereits vor dem Biss geimpft war oder nicht). Eine prophylaktische Impfung ist jedem anzuraten, der abseits der größeren Städte unterwegs ist, denn dort ist eine notfallmäßige Impfung innerhalb von 24 Stunden nicht möglich. Um die Impfung wirksam zu machen, muss innerhalb eines Monats dreimal geimpft werden. Patienten ohne bestehenden Impfschutz werden fünfmal geimpft; die erste Impfung muss spätestens 24 Stunden nach dem Biss erfolgen. Patienten mit Impfschutz benötigen weniger Nachimpfungen und haben einen etwas günstigeren Zeitrahmen bis zur medizinischen Versorgung. Keine Selbstmedikation!

Trypanosomiasis (Schlafkrankheit)

Die Schlafkrankheit wird durch die Tsetsefliege übertragen. Symptome sind Kopfschmerz, Fieber bis hin zum Koma. Wer diese Symptome aufweist und keine Malaria hat (negatives Testergebnis), sollte sofort eine angesehene Klinik in Daressalam aufsuchen, um sich behandeln zu lassen. Die Krankheit ist heilbar. Keine Selbstmedikation!

Tuberkulose (TB)

TB wird über Tröpfcheninfektion übertragen, gelegentlich auch durch verseuchte Milch und Milchprodukte. Wer einen längeren Aufenthalt und intensiven Kontakt mit den Tansaniern plant, sollte sich impfen lassen, obwohl der Impfschutz nicht hundertprozentig wirkt. Wenn die Krankheit ohne offensichtliche Symptome verläuft, fällt sie erst bei einer Röntgenroutineuntersuchung der Lunge auf. Symptome sind Husten, Gewichtsverlust, Fieber – manchmal noch Monate oder Jahre nach der Ansteckung. Keine Selbstmedikation!

Typhus

Typhus verbreitet sich über Nahrung oder Trinkwasser, das durch menschliche Ausscheidungen kontaminiert wurde. Erste Symptome sind meist Fieber und ein rosa Ausschlag auf dem Unterleib. Gelegentlich tritt eine Blutvergiftung auf. Eine Typhusimpfung (Typhim Vi, Typherix) schützt drei Jahre lang vor Infektion. In einigen Ländern ist der orale Impfstoff Vivotif erhältlich. Als Gegenmittel werden Antibiotika eingesetzt. Wenn keine Blutvergiftung eintritt, endet die Krankheit selten tödlich. Keine Selbstmedikation!

TRINKWASSER

Bis sich der Darm an tansanische Verhältnisse gewöhnt hat, sollte kein Leitungswasser getrunken werden, das nicht abgekocht, gefiltert oder chemisch desinfiziert wurde (beispielsweise mit Jodtabletten). Speiseeis und Fruchtsäfte sind unbedingt zu meiden. Auch das Wasser aus Flüssen und Seen darf erst getrunken werden, nachdem es desinfiziert wurde. Das gilt auch für Wasserpumpen oder Quellen. Selbst wenn sie sauberes Wasser fördern, könnte es durch Tiere verunreinigt sein. Mit Ausnahme sehr abgelegener Regionen (dort braucht man einen Wasserfilter oder Reinigungstabletten) ist überall Trinkwasser in Flaschen erhältlich.

Durchfallerkrankungen

Auch wenn nicht jeder Reisende in Tansania zwangsläufig Durchfall bekommt, sollte er damit rechnen. Durchfälle sind die häufigste Reisekrankheit überhaupt und werden gelegentlich bereits durch eine veränderte Ernährung ausgelöst: zur Sicherheit kein Leitungswasser trinken, frisches Obst und Gemüse erst essen, wenn es geschält oder gekocht wurde, und alle Milchprodukte meiden, die nicht pasteurisiert wurden. Selbst wenn das Essen frisch zubereitet wurde, könnten Teller oder Bestecke schmutzig sein. Wer unbedingt Essen auf der Straße versuchen möchte, sollte sich den Händler kritisch ansehen und darauf achten, dass die Speisen wirklich heiß zubereitet werden. Bei Durchfall viel trinken, am besten eine spezielle Lösung zur Rehydrierung. Solange sich der Durchfall in Grenzen hält, besteht kein Anlass zur Sorge, doch bei mehr als vier- bis fünfmal pro Tag ist ein Antibiotikum erforderlich sowie ein Mittel gegen Durchfall, wenn keine Toilette in der Nähe ist. Sind die Durchfälle blutig, halten sie länger als 72 Stunden an oder werden sie von Fieber, Schüttelfrost und Unterleibsschmerzen begleitet, muss ein Arzt aufgesucht werden.

Amöbenruhr

Amöbenruhr wird durch verseuchtes Essen und Wasser übertragen. Der Kot sieht blutig und schleimig aus. Die Krankheit kann mild ausfallen und wieder verschwinden. Hält sie an, muss ein Arzt aufgesucht werden, der eine spezielle Therapie mit Antibiotika einleitet.

Giardiasis

Auch die Giardiasis (Lambliasis) wird durch verseuchte Speisen oder Wasser übertragen. Die Krankheit bricht etwa eine Woche oder auch später nach Kontakt mit dem Parasiten aus. Giardiasis kann sich als kurzfristiger bis lange andauernder Durchfall äußern. Bei Verdacht auf Giardiasis muss ein Arzt aufgesucht werden. In abgelegenen Gebieten zunächst Antibiotika einnehmen und dann medizinische Hilfe suchen.

Gesundheitsrisiken

Hitzekollaps

Ein Kollaps wird durch starkes Schwitzen verursacht, wenn der Flüssigkeits- und Mineralstoffverlust nicht ausgeglichen wird. Die Gefahr besteht vor allem bei sportlicher Betätigung in heißen Ländern – also vorher an die Bedingungen akklimatisieren. Symptome sind Kopfschmerz, Schwindelgefühl und Müdigkeit. Wenn man durstig wird, hat die Dehydrierung bereits eingesetzt – dann so viel trinken, dass der Urin hell und dünn bleibt. Selbsthilfe: viel Wasser und/oder Fruchtsäfte trinken, den Körper mit kaltem Wasser oder Ventilator abkühlen. Zum Ausgleich des Salzverlustes sollten salzige Flüssigkeiten getrunken (Suppen) und die Speisen etwas stärker gesalzen werden als sonst.

Hitzschlag

Ein Hitzschlag ist eine besonders schwere Form des Hitzekollapses. Der Körper reagiert nicht mehr mit Schweißausbrüchen, um die Temperatur zu regeln, die Körpertemperatur steigt an, es kommt zum Wärmestau, das Verhalten wird irrational und hyperaktiv – bis hin zu Bewusstlosigkeit und Tod. Die beste Hilfe ist sofortiges Abkühlen des Körpers mit kaltem Wasser und einem Ventilator. Als medizinische Notmaßnahme wird der Flüssigkeits- und Elektrolythaushalt mit einem Tropf ausgeglichen.

Höhenkrankheit

Viele Menschen leiden in Höhen über 2500 m unter dem verminderten Sauerstoffgehalt der Atemluft. Muskeln und Gehirn werden mit weniger Sauerstoff versorgt, Herz und Lunge müssen stärker arbeiten. Die Symptome einer akuten Höhenkrankheit (AMS) treten innerhalb der ersten 24 Stunden auf, halten aber bis drei Wochen lang an. Schwache Symptome sind Kopfschmerz, Lethargie, Schwindel, Schlafstörungen und Appetitlosigkeit. AMS kann ohne Vorwarnung sehr ernst werden und sogar zum Tod führen. Jeder, der den Kilimandscharo oder den Meru besteigt – trainiert oder untrainiert –, muss mit diesem Risiko rechnen. Ernste Symptome sind Atemlosigkeit, trockener Reizhusten (unter Umständen mit schaumigem rosa Schleim), schwerer Kopfschmerz, Koordinationsschwierigkeiten, Verwirrung, Brechreiz, starkes Schwindelgefühl bis zur Bewusstlosigkeit. Es gibt keine Faustregel, ab welcher Höhe es gefährlich wird. Todesfälle nach AMS kamen schon bei 3000 m vor, die übliche Höhe ist 3500 bis 4500 m.

Bei leichten Symptomen kann AMS durch eine Ruhepause von ein bis zwei Tagen in der Höhe ausgeglichen werden. Gegen Kopfschmerzen hilft Paracetamol oder Aspirin. Wenn die Symptome nicht verschwinden oder stärker werden, muss man sofort absteigen; manchmal helfen bereits 500 m. Medikamente sind keine Alternative zum Abstieg. Auf keinen Fall darf der Aufstieg fortgesetzt werden.

Manche Ärzte empfehlen Acetazolamid und Dexamethason zur Vorbeugung gegen AMS; das ist allerdings umstritten. Die Medikamente können zwar die Symptome lindern, dabei werden allerdings auch Warnsignale übersehen, und der Körper könnte dehydrieren. Es sind Fälle schwerer und tödlicher AMS nach Einnahme bekannt. Wir empfehlen diese Medikamente nicht.

Folgende Vorkehrungen dienen der Vorbeugung von AMS:

- Langsam aufsteigen – auf den Kilimandscharo möglichst eine längere Route wählen. Ein zusätzlicher Ruhetag auf dem Berg, also zwei Nächte auf derselben Höhe schlafen, und über den Tag verteilt kurze Ausflüge unternehmen, ist hilfreich. Alle Tourveranstalter können diese Rast einplanen und die Mehrkosten (im Vergleich zu den Gesamtkosten vernachlässigbar klein) sind gut angelegt.
- Ein guter Tipp ist, etwas tiefer zu schlafen, als man am Tag aufgestiegen ist („hoch steigen, tief schlafen").
- Viel Flüssigkeit ist lebenswichtig. Die Bergluft ist kalt, und durch das Atmen geht Feuchtigkeit verloren. Auch der Wasserverlust über den Schweiß kann dehydrierend wirken.
- Das Essen sollte leicht sein, mit vielen Kohlenhydraten.
- Alkohol erhöht das Risiko der Dehydrierung.
- Keine Beruhigungsmittel einnehmen.

Insektenbisse & -stiche

Stiche von Mücken und anderen Insekten können schmerzhaft sein und zu Entzündungen führen. Als Gegenmittel empfehlen sich dieselben Maßnahmen wie gegen Malaria. Bei Allergikern können Bienen- und Wespenstiche bis zum anaphylaktischen Schock führen; gefährdete Reisende sollten eine Adrenalin-Injektion mitnehmen.

In ariden Landschaften ist mit Skorpionen zu rechnen,

deren schmerzhafte Bisse lebensbedrohlich sein können. Wer von einem Skorpion gebissen wird, muss sofort medizinische Hilfe aufsuchen.

In Hostels und billigen Hotels gibt es Wanzen, die juckende Quaddeln hinterlassen. Der Wechsel der Bettwäsche und das Einsprühen der Matratze mit einem Insektenmittel löst das Problem.

In billigen Unterkünften gibt's auch Krätzmilben. Diese winzigen Tierchen leben in der Haut, häufig zwischen den Fingern, und verraten sich durch einen stark juckenden Ausschlag. Der Ausschlag wird mit einer Malathion- und Permethrinlösung aus der Apotheke behandelt. Beim Ausbruch von Krätze müssen alle Mitglieder eines Haushaltes behandelt werden, selbst wenn sie keine Symptome aufweisen.

Schlangenbisse

Das beste Mittel gegen Schlangenbisse ist, nicht gebissen zu werden! Barfuß gehen oder mit einem Stock in Löchern herumstochern, ist sicher keine gute Idee. Tatsächlich geben beißende Schlangen nur in 50 % aller Fälle auch wirklich Gift ab. Wer von einer Schlange gebissen wird, darf keinesfalls in Panik verfallen. Das gebissene Glied wird mit einem Stock ruhig gestellt und die Wunde mit starkem Druck verbunden – wie bei einer Verstauchung. Die Wunde darf weder mit einem Stauschlauch abgebunden noch ausgesaugt werden. Der Gebissene sollte so schnell wie möglich einen Arzt aufsuchen, der ein Gegengift verabreichen kann. Je genauer die Beschreibung der Schlange ist, desto besser kann der Arzt helfen.

Unterkühlung

Bei Trekkingtouren in der Höhe, auf den Kilimandscharo oder den Meru, ist immer mit Feuchtigkeit und Kälte zu rechnen – die passende Kleidung tragen. Selbst in niedrigeren Gebirgen wie Usambara, am Kraterrand des Ngorongoro oder im Uluguru-Gebirge kann es feucht und kalt werden.

Typische Symptome sind Erschöpfung, taube Haut (vor allem an Zehen und Fingern), Zittern, Sprachschwierigkeiten, irrationales oder aggressives Verhalten, Lethargie, Stolpern, Schwindelanfälle, Muskelkrämpfe und plötzliche Anfälle von Energie. Manche Patienten fühlen sich warm und wollen ihre Kleidung ausziehen.

Bei leichter Unterkühlung sollte der Betreffende aus dem Wind und/oder Regen geschafft werden und trockene, warme Kleidung anziehen. Heiße Getränke – kein Alkohol – und leicht verdauliche, kalorienreiche Nahrung tun gut. Abreiben ist kontraproduktiv; der Körper sollte sich langsam und aus eigener Kraft aufwärmen. Mit diesen Maßnahmen lässt sich eine leichte Unterkühlung beheben, eine schwere Unterkühlung ist kritisch.

Sprache

Suaheli ist die Amtssprache Tansanias und Kenias. Es ist darüber hinaus die wichtigste Kommunikationssprache in Ostafrika und damit eine der am weitesten verbreiteten Sprachen des gesamten Kontinents. Wenngleich die Anzahl der Suaheli sprechenden Afrikaner auf über 50 Millionen geschätzt wird, wird es lediglich von etwa 5 Millionen als Muttersprache gesprochen. Suaheli ist damit die wichtigste Zweitsprache oder Lingua franca in anderen afrikanischen Staaten. Suaheli ist eine Bantu-Sprache und gehört zur Niger-Kongo-Sprachfamilie. Sie lässt sich bis ins 1. Jahrtausend n. Chr. zurückverfolgen. Es wird bei der Größe Ostafrikas kaum überraschen, dass eine größere Anzahl unterschiedlicher Dialekte gesprochen wird, doch so lange man sich an die hier vorgestellten Wendungen hält – der Standarddialekt der Küste – dürften weder in Tansania noch in der weiteren Umgebung größere Kommunikationsprobleme auftreten.

AUSSPRACHE

Die Aussprache zu erlernen dürfte der leichteste Teil eines Sprachkurses für Suaheli sein. Jeder Buchstabe wird auch ausgesprochen, es sei denn, er gehört zu einer Konsonantenkombination (siehe unten bei „Konsonanten"). Doppelbuchstaben werden ausgesprochen: *mzee* (ein respektierter Alter) wird als m-SE-e in drei Silben ausgesprochen. Das „m" ist eine eigenständige Silbe, die beiden „e" werden als Doppelvokal gesprochen.

In Suaheli wird fast immer die vorletzte Wortsilbe betont.

VOKALE

Um verstanden zu werden, muss man insbesondere die Vokale korrekt ausgesprochen werden. Wer mit den Angaben unten nicht zurechtkommt, hört einfach zu, wie die Einheimischen sprechen, und übt ein wenig. Die Kamusi-Website (www.kamusiproject.org/) verfügt über eine sehr nützliche Aussprachehilfe.

Nicht vergessen: Ein Doppelvokal wird in Form von zwei einzelnen Vokalen ausgesprochen. So klingt *kawaida* (normal) wie ka-wa-ii-da.

a	wie in „Rahm"
e	wie das „ey" im englischen „they"
i	wie in „tief"
o	wie in „Sonne"
u	wie in „Kuh"

KONSONANTEN

Viele Konsonanten klingen in Suaheli ähnlich wie deutsche oder englische Konsonantenpaare. Gewöhnungsbedürftig ist der am Wortanfang stehende Doppelkonsonant „ng". Er wird flüssig gesprochen wie in „Ding" – nur ohne „Di-". In Lehnwörtern aus dem Arabischen kommen die Paare „th" und „dh" vor.

r	In Suaheli gibt es kaum einen Unterschied zwischen r und l; ein weiches „d" statt „r" kommt dem Sprachgebrauch recht nahe.
dh	wie das englische „th" in „this"
th	wie „th" in „thing"
ny	wie das „ni" in „onion"
ng	wie in „Dinge"
gh	wie das „ch" in „Loch"
g	wie in „gut"
ch	als „tsch"

NOCH MEHR SUAHELI?

Wer die Sprache des Landes besser verstehen möchte, findet mehr praktische Beispiele im *Swahili Phrasebook* von Lonely Planet. Es ist im Buchhandel erhältlich sowie online unter shop.lonelyplanet.com

WICHTIGE REDEWENDUNGEN

Um sich in Suaheli auszudrücken, werden die folgenden einfachen Redewendungen mit beliebigen Worten kombiniert:

Wann fährt (der nächste Bus)?
(Basi ijayo) itaondoka lini?

Wo ist (der Bahnhof)?
(Stesheni) iko wapi?

Was kostet (das Zimmer)?
(Chumba) ni bei gani?

Ich suche (ein Hotel).
Natafuta (hoteli).

Haben Sie (eine Karte)?
Una (ramani)?

Bitte bringen Sie (die Rechnung).
Lete (bili).

Ich hätte gerne (die Speisekarte).
Nataka (menyu).

Ich habe (reserviert).
Nina (buking).

KONVERSATION & NÜTZLICHES

Jambo ist Pidgin-Suaheli. Mit diesem Wort werden Touristen begrüßt, denen man keine Suaheli-Kenntnisse zutraut. Wenn die Tansanier vermuten, dass der Tourist ein paar Worte Suaheli spricht, benutzen sie die folgenden Grußformeln:

Wie geht es Ihnen? *Habari?*

Meine Grüße (respektvoll) *Shikamoo*

Auf Wiedersehen *Tutaonana*

Guten ... *Habari za ...?*

- **Morgen.** *asubuhi.*
- **Nachmittag.** *mchana.*
- **Abend.** *jioni.*

Ja. *Ndiyo.*

Nein. *Hapana.*

Bitte. *Tafadhali.*

(Vielen) Dank *Asante (sana).*

Keine Ursache. *Karibu.*

Tut mir leid. *Samahani.*

Entschuldigung. *Pole.*

Wie geht es Ihnen? *Habari?*

Gut. *Nzuri.*

Prima. *Salama*

Wenn alles in Ordnung ist, fügt man *tu* (nur) an die oben genannten Antworten an. Um auszudrücken, dass es richtig gut geht, fügt man *sana* (sehr) oder *kabisa* (ganz) statt *tu an*.

Wie heißen Sie?
Jina lako nani?

Mein Name ist ...
Jina langu ni ...

Sprechen Sie Englisch?
Unasema Kiingereza?

Ich verstehe nicht.
Sielewi.

ESSEN & TRINKEN

Ich möchte einen Tisch für ... reservieren *Nataka kuhifadhi meza kwa ...*

- **(zwei) Personen** *watu (wawili)*
- **(acht) Uhr** *saa (mbili)*

IIch möchte die Karte. *Naomba menyu.*

Was können Sie empfehlen?
Chakula gani ni kizuri?

Haben Sie vegetarisches Essen?
Mna chakula bila nyama?

Ich möchte das. *Nataka hicho.*

Prost! *Heri!*

Das war köstlich! *Chakula kitamu sana!*

Bitte, bringen Sie die Rechnung. *Lete bili.*

Ich esse kein(e) ... *Sili ...*

- **Butter** *siagi*
- **Eier** *mayai*
- **rotes Fleisch** *nyama*

Grundwortschatz

Abendessen	*chakula cha jioni*
Flasche	*chupa*
Frühstück	*chai ya asubuhi*
Gabel	*uma*
Gericht	*chakula*
Glas	*glesi*
halal	*halali*
heiß	*joto*
kalt	*baridi*
koscher	*halali*
Löffel	*kijiko*
Markt	*soko*

Messer	*kisu*
Mittagessen	*chakula cha mchana*
Restaurant	*mgahawa*
Schüssel	*bakuli*
Snack	*kumbwe*
Teller	*sahani*
würzig	*chenye viungo*
mit	*na*
ohne	*bila*

Fleisch & Fisch

Rindfleisch	*nyama ng'ombe*
Hähnchen	*kuku*
Krebs	*kaa*
Fisch	*samaki*
Hering	*heringi*
Lamm	*mwanakondoo*
Fleisch	*nyama*
Hammel	*nyama mbuzi*
Auster	*chaza*
Schweinefleisch	*nyama nguruwe*
Meeresfrüchte	*chakula kutoka bahari*
Tintenfisch	*ngisi*
Thunfisch	*jodari*
Kalbfleisch	*nyama ya ndama*

Obst & Gemüse

Ananas	*nanasi*
Apfel	*tofaa*
Aubergine	*biringani*
Banane	*ndizi*
Erdnuss	*karanga*
Gemüse	*mboga*
Grapefruit	*balungi*
Guave	*pera*
Kartoffel	*kiazi*
Kohl	*kabichi*
Linse	*dengu*
Mango	*embe*
Möhre	*karoti*
Obst	*tunda*
Orange	*chungwa*
Spinat	*mchicha*
Tomate	*nyanya*
Trauben	*zabibu*
Zitrone	*limau*
Zwiebel	*kitunguu*

Weitere Begriffe

Brot	*mkate*
Butter	*siagi*
Ei	*yai*
Honig	*asali*
Käse	*jibini*
Marmelade	*jamu*
Nudeln	*tambi*
Pfeffer	*pilipili*
Reis (gekocht)	*wali*
Salz	*chumvi*
Zucker	*sukari*

Getränke

Bier	*bia*
Fruchtsaft	*jusi*
Kaffee	*kahawa*
Milch	*maziwa*
Mineralwasser	*maji ya madini*
Orangensaft	*maji ya machungwa*
Rotwein	*mvinyo mwekundu*
Sekt	*mvinyo yenye mapovu*
Softdrink	*soda*
Tee	*chai*
Wasser	*maji*
Weißwein	*mvinyo mweupe*

NOTFÄLLE

Hilfe!	*Saidia!*
Geh' weg!	*Toka!*
Ich habe mich verlaufen.	*Nimejipotea..*
Rufen Sie die Polizei.	*Waite polisi.*
Rufen Sie einen Arzt.	*Mwite daktari.*
Ich bin krank.	*Mimi ni mgonjwa.*

Schilder

Mahali Pa Kuingia	Eingang
Mahali Pa Kutoka	Ausgang
Imefunguliwa	Geöffnet
Imefungwa	Geschlossen
Maelezo	Information
Ni Marufuku	Verboten
Choo/Msalani	Toiletten
Wanaume	Männer
Wanawake	Frauen

Hier tut es mir weh.	*nauma hapa.*
Ich bin allergisch gegen (Antibiotika).	*Nina mzio wa (viuavijasumu).*
Wo ist die Toilette?	*Choo kiko wapi?*

SHOPPEN & SERVICE

Ich hätte gerne ...	*Nataka kununua ...*
Ich sehe mich nur um.	*Naangalia tu.*
Darf ich es ansehen?	*Naomba nione.*
Das gefällt mir nicht.	*Sipendi.*
Wie viel kostet das?	*Ni bei gani?*
Das ist zu teuer.	*Ni ghali mno.*
Bitte senken Sie den Preis.	*Punguza bei.*
Da ist ein Fehler in der Rechnung.	*Kuna kosa kwenye bili.*
Geldautomat	*mashine ya kutolea pesa*
Öffentliches Telefon	*simu ya mtaani*
Post	*posta*
Touristeninformation	*ofisi ya watalii*

TRANSPORT

Öffentliche Verkehrsmittel

Welcher ... fährt nach (Mbeya)?
... ipi huenda (Mbeya)?

Bus	*Basi*
Fähre	*Kivuko*
Minibus	*Daladala*
Zug	*Treni*

Wann fährt der Bus?
Basi ... itaondoka lini?

erste	*ya kwanza*
letzte	*ya mwisho*
nächste	*ijayo*

Ein ... Ticket nach (Iringa)
Tiketi moja ya ... kwenda (Iringa).

1. Klasse	*daraja la kwanza*
2. Klasse	*daraja la pili*
einfach	*kwenda tu*
hin & zurück	*kwenda na kurudi*

Wann fährt der/die/das nach (Kisuma)?
Itafika (Kisumu) saa ngapi?

Hält er/sie/es in (Tanga)?
Linasimama (Tanga)?

Ich möchte in (Bagamoyo) aussteigen.
Nataka kushusha (Bagamoyo).

Fragewörter

Wann?	*Wakati?*
Warum?	*Kwa nini?*
Was?	*Nini?*
Welcher?	*Gani?*
Wer?	*Nani?*
Wie?	*Namna?*
Wo?	*Wapi?*

Auto- & Radfahren

Ich möchte ein (en) ... mieten *Nataka kukodi ...*

Auto	*gari*
Fahrrad	*baisikeli*
Geländewagen	*forbaifor*
Motorrad	*pikipiki*

Diesel	*dizeli*
Normal	*kawaida*
unverbleit	*isiyo na risasi*

Ist das die Straße nach (Embu)?
Hii ni barabara kwenda (Embu)?

Wo finde ich eine Tankstelle?
Kituo cha mafuta kiko wapi?

(Wie lange) darf ich hier parken?
Naweza kuegesha hapa (kwa muda gani)?

Ich brauche einen Automechaniker.
Nahitaji fundi.

Mein Reifen ist platt.
Nina pancha.

Ich habe kein Benzin mehr.
Mafuta yamekwisha.

UHRZEIT & DATUM

Die Suaheli-Zeit beginnt sechs Stunden nach unserer Zeit – mit dem Sonnenaufgang (ganzjährig um 6 Uhr). So bedeutet *saa mbili* (wörtlich: zwei Uhren) 2 Uhr nach Suaheli-Zeit und 8 Uhr nach internationaler Zeit.

Wie spät ist es?	*Ni saa ngapi?*
Es ist (10) Uhr.	*Ni saa (nne).*
Halb (10).	*Ni saa (nne) na nusu.*
Morgen	*asubuhi*
Nachmittag	*mchana*
Abend	*jioni*
gestern	*jana*
heute	*leo*
morgen	*kesho*

Montag	*Jumatatu*
Dienstag	*Jumanne*
Mittwoch	*Jumatano*
Donnerstag	*Alhamisi*
Freitag	*Ijumaa*
Samstag	*Jumamosi*
Sonntag	*Jumapili*

UNTERKUNFT

Wo ist ein (e) ...? *... iko wapi?*

Campingplatz	*Uwanja wa kambi*
Gästehaus	*Gesti*
Hotel	*Hoteli*
Jugendherberge	*Hosteli ya vijana*

Haben Sie ein ... Zimmer?	*Kuna chumba kwa ...?*
Doppel (mit einem Bett)	*watu wawili kitanda kimoja*
Doppel (mit Einzelbetten)	*watu wawili, vitanda viwili*
Einzel	*mtu mmoja*

Wie viel kostet es pro ...?	*Ni bei gani kwa ...?*
Tag	*siku*
Person	*mtu*
Bad	*bafuni*
Fenster	*dirisha*
Klimaanlage	*a/c*
Schlüssel	*ufunguo*
Toilette	*choo*

WEGWEISER

Wo ist ...?	*... iko wapi?*
Welche Adresse?	*Anwani ni nini?*
Wie komme ich dahin?	*Nifikaje?*
Wie weit ist es?	*Ni umbali gani?*

Können Sie es mir (auf der Karte) zeigen?
Unaweza kunionyesha (katika ramani)?

Zahlen

1	*moja*
2	*mbili*
3	*tatu*
4	*nne*
5	*tano*
6	*sita*
7	*saba*
8	*nane*
9	*tisa*
10	*kumi*
20	*ishirini*
30	*thelathini*
40	*arobaini*
50	*hamsini*
60	*sitini*
70	*sabini*
80	*themanini*
90	*tisini*
100	*mia moja*
1000	*elfu*

Es ist ...	*Iko ...*
an der Ecke	*pembeni*
bei (nahe bei)...	*karibu na ...*
gegenüber ...	*ng'ambo ya ...*
gerade	*moja kwa*
neben ...	*jirani ya ...*
vor ...	*mbele ya ...*
voraus	*moja*

Abbiegen ...	*Geuza ...*
an der Ampel	*kwenye taa za barabarani*
an der Ecke	*kwenye kona*
links	*kushoto*
rechts	*kulia*

GLOSSAR

(m) männlich, (w) weiblich; (pl) Plural

ASP – Afro-Shirazi-Partei

bajaji – *tuk-tuk*

banda – Holz- oder Lehmhütte mit Strohdach; auch Bezeichnung für einfache Unterkünfte (Bungalows, Hütten)

bangi – Marihuana

bao – ein ostafrikanisches Brettspiel, das vor allem auf Sansibar häufig gespielt wird

baraza – Steinbänke vor den Häusern in Stone Town auf Sansibar zum Ausruhen oder Schwatzen

boda-boda – Motorradtaxi (abgeleitet von „border-border" – Grenze-Grenze – da solche Motorräder im Niemandsland zwischen den Grenzstationen verkehren)

boma – befestigtes Wohnhaus; in der Kolonialzeit ein Verwaltungsgebäude

bui-bui – schwarze Kleidung mit Schleier, die von manchen islamischen Frauen außerhalb der Wohnung getragen wird

Bunge – Tansanisches Parlament

chai – Tee

chakula – Essen

Chama Cha Mapinduzi (CCM) – Revolutionspartei (Regierungspartei)

choo – Toilette

Cites – UN Convention on International Trade in Endangered Species; Washingtoner Artenschutzübereinkommen

Civic United Front (CUF) – die wichtigste Oppositionspartei

Coastal (thelathini) – 30-sitzige Busse, die auf einigen Strecken anstelle der großen Reisebusse eingesetzt werden *(coasters)*

dada – Schwester, oft als Anrede gebraucht

dalla-dalla – Minibus

DOAG – Deutsch-Ostafrikanische Gesellschaft

Dau – arabisches Segelschiff mit uralter Tradition, engl. *dhow*

duka – kleiner Laden oder Kiosk

fly camp – Zeltcamps, die während einer Safari oder einer Exkursion benutzt werden; gedacht, um authentische Buschatmosphäre zu schnuppern

flycatcher – Schlepper, die hauptsächlich in Arusha und Moshi für ein Safariunternehmen oder ein Hotel arbeiten. Sie drängen die Touristen, eine Safari bei ihrem Unternehmen zu buchen. Dafür erhalten sie eine Provision. Der Name „Fliegenfänger" geht auf das klebrige Papier zurück, auf dem Fliegen unwiederbringlich kleben bleiben – genauso wie die Schlepper an den Touristen kleben

forex – *foreign exchange* (Wechselstuben)

ganja – siehe *bangi*

gongo – Branntwein aus Cashewnüssen

hodi – wird gerufen, bevor man ein Haus betritt; bedeutet etwa „Darf ich eintreten?"

hotel/hoteli – einfache Speisegaststätte

jamaa – Clan, Gesellschaft

kahawa – Kaffee

kaka – Bruder; auch als Anrede benutzt und um im Restaurant nach dem Kellner zu rufen

kanga – bedruckte Baumwolltücher, die von den tansanischen Frauen als Wickelkleid getragen werden. Auf den Saum sind Sprichworte in Suaheli gedruckt

kanzu – weißes Überkleid, das auf Sansibar und anderen Gegenden von Suaheli-Männern zum Gebet getragen wird

karanga – Erdnüsse

karibu – „Willkommen" auf Suaheli; wird überall benutzt

kidumbak – eine Form der *taarab*-Musik: stark rhythmisch, mit Trommeln und bissigen Texten

kikoi – Baumwollstoff, der von Männern der Küstenregionen als traditionelle Wickelkleidung getragen wird

kitenge – wie ein *kanga*, aber größer und schwerer und ohne die Suaheli-Sprichworte

kofia – eine Mütze, meist aus weißem, besticktem Leinen, die von Männern auf Sansibar und anderen von Suaheli bewohnten Gegenden getragen wird

kopje – felsiger Hügel oder findlingsartiger Fels

maandazi – Donut

makuti – Strohdach

marimba – Musikinstrument, das mit dem Daumen gespielt wird

mashua – Dau mit Motor

masika – langer Regen

matatu – Minivan aus Kenia

matoke – Kochbananen

mbege – Bananenbier

mgando – siehe *mtindi*

mihrab – die Gebetsnische in einer Moschee; sie weist gen Mekka

mishikaki – Fleischkebab

mnada – Auktion oder Markt; meist regelmäßig ein- oder zweimal pro Monat

moran – Massaikrieger

mpingo – Afrikanischer Grenadill (Hartholz)

mtepe – ein traditionelles Segelschiff der Suaheli, das ohne Nägel gebaut wird. Die Planken werden mit Holzzapfen und Kokosfasern befestigt

mtindi – Milchprodukt, so ähnlich wie Joghurt

mvuli – kurzer Regen

Mwalimu – Lehrer; Bezeichnung für Julius Nyerere

mzungu – Weißer, Fremder (Pl. *wazungu*)

nazi – Vergorener Kokoswein

NCA – Ngorongoro Conservation Area

NCAA – Ngorongoro Conservation Area Authority

ndugu – Bruder, Kamerad

ngoma – Tanzen und Trommeln

northern circuit – Safariroute im Norden, zu den Nationalparks Serengeti, Tarangire, Lake Manyara und der Ngorongoro Conservation Area

nyika – Busch oder Hinterland

orpul – ein Lager der Massai, in dem die Männer Fleisch essen

papasi – wörtlich „Zecken"; Schlepper, die sich in Sansibar an Touristen heranmachen

piki-piki – Motorrad

potwe – Walhai

pweza – Oktopus (Krake), wird auf Nachtmärkten oder von Straßenverkäufern angeboten, meist gegrillt

public (ordinary) campsite – Campingplatz/Stellplatz in den Nationalparks, einfache Ausstattung, meist mit einer Latrine und Wasserversorgung

shamba – kleiner Bauernhof

shehe – Dorfhäuptling

shetani – wörtlich „dämonisch" oder „übernatürlich". In der Kunst eine Schnitzerei, die ein Wesen aus der Geisterwelt darstellt

shikamoo – Gruß auf Suaheli, der Respekt ausdrückt. Er wird gegenüber Älteren oder Autoritätspersonen angewandt; die Antwort lautet „marahaba"

special camp site – Campingplatz/Stellplatz in den Nationalparks, im Unterschied zu den *public camp sites* ohne jede Versorgungseinrichtung

TAA –Tanganyika Africa Association, Nachfolgeorganisation der African Association und Vorläufer der TANU

taarab – Musikstil auf Sansibar, der afrikanische, arabische und indische Elemente verknüpft

Tanapa – Tanzania National Parks Authority

TANU – Tanganyika (später Tansania) African National Union

TATO – Tanzanian Association of Tour Operators

Tazara – Tanzania-Zambia Railway

tea room – kleines Lokal mit ein paar Tischen, in dem Snacks und leichte Gerichte serviert werden

tilapia – Nilbarsch, im Victoriasee weit verbreitet

Tingatinga – Tansanias bekanntester Malstil. Er wurde in den 1960er-Jahren von Edward Saidi Tingatinga entwickelt: typischerweise ein quadratisches Format mit farbenprächtigen Tiermotiven vor einfarbigem Hintergrund

TTB – Tanzania Tourist Board

ugali – Grundnahrungsmittel; Brei aus Mais und/oder Maniokmehl

uhuru – Freiheit; so heißt der höchste Gipfel des Kilimandscharo

ujamaa – Familie, Gemeinsamkeit

umoja – Einheit

Unguja – Suahelischer Name für die Insel Sansibar

vitambua – Reiskuchen

wali – gekochter Reis

ZIFF – Zanzibar International Film Festival

ZNP – Zanzibar Nationalist Party

ZPPP – Zanzibar & Pemba People's Party

ZTC – Zanzibar Tourist Corporation

Hinter den Kulissen

WIR FREUEN UNS ÜBER EIN FEEDBACK

Post von Travellern zu bekommen ist für uns ungemein hilfreich – Kritik und Anregungen – halten uns auf dem Laufenden und helfen, unsere Bücher zu verbessern. Unser reiseerfahrenes Team liest alle Zuschriften genau durch, um zu erfahren, was an unseren Reiseführern gut und was schlecht ist. Wir können solche Post zwar nicht individuell beantworten, aber jedes Feedback wird garantiert schnurstracks an die jeweiligen Autoren weitergeleitet, rechtzeitig vor der nächsten Nachauflage.

Wer uns schreiben will, erreicht uns über **www.lonelyplanet.de/kontakt**.

Hinweis: Da wir Beiträge möglicherweise in Lonely Planet Produkten (Reiseführer, Websites, digitale Medien) veröffentlichen, ggf. auch in gekürzter Form, bitten wir um Mitteilung, falls ein Kommentar nicht veröffentlicht oder ein Name nicht genannt werden soll. Wer Näheres über unsere Datenschutzpolitik wissen will, erfährt das unter www.lonelyplanet.com/privacy.

DANK AN UNSERE LESER

Wir danken unseren Lesern, die mit der letzten Ausgabe unterwegs waren und hilfreiche Hinweise, Tipps und interessante Geschichten beigetragen haben:
Anneke Valk, Annika Goorsenberg, Annika Gunnarsson, Astrid Naundorf, Aurelie Cloix, Bob Demyan, Bruce Becker, Chris Hughes, Darren Keogh, Eduardo Fajer, Eleanor Kirby, Elizabeth Greive, Friederike Haberstroh, Gianluca Valenti, Hervé Palanchon, Hilbert Weemstra, Isabel Vorrath, Jan Gorter, Johann Schelesnak, Jonas Kronqvist, Jose Rocha, Julian Hercun, Katarina Forsström, Katerina Sourouni, Lena Leuthold, Lisa Henry, Maaike Bouma, Marc Eichen, Marco van Zwetselaar, Marijke Bakker, Mbaraka Kilopola, Neil Bennett, Neil Cook, Nicolas Combremont, Panagiota Fatourou, Patricia Moreira, Renate Hellerud, Rouna Ali, Steph Lewis, Steve Conway, Tajan Tober, Terry Noctor, Thomas Mayes, Vince Calderhead

DANK DER AUTOREN

Mary Fitzpatrick

Vielen Dank an die einzigartigen J4 in Daressalam, an die Ranger am Mtemere-Eingang des Wildreservats Selous, an Matt Phillips für seine Unterstützung, klugen Ratschläge und Geduld, an meine Koautoren für ihre Professionalität und ihre Hilfe bei so vielen kleinen Extrainfos, und – am allermeisten – an Rick, Christopher, Dominic und Gabriel für ihre gute Gesellschaft und ihren Humor auf dieser und auf allen unseren Reisen.

Stuart Butler

Die Recherchen für mehrere Reiseführer bei einer einzigen Reise haben mich lange von zu Hause fortgehalten, darum muss ich vor allem meiner Frau danken, die zu Hause den Laden geschmissen hat, und – wieder einmal – meinen Kindern, die so lange ohne ihren Vater durchgehalten haben. In Tansania möchte ich Rama fürs Fahren danken, William von Kiroyera Tours, Louise und Chris von der Lakeshore Lodge, Canon Shaban, Mercedes Bailey, Michelle Attala, Nick Greaves in Katavi, Des und Kim im Nationalpark Mahale Mountains und allen Naturführern, die mich wirklich jedes Mal mit ihrem Wissen schwer beeindruckt haben.

Anthony Ham

Herzlichen Dank an Matt Phillips und Mary Fitzpatrick, zwei kluge Reisegefährten in Afrika, denen ich seit Langem verbunden bin. Danke auch an Sandy Evans, (Manyara Ranch Conservancy), Ingela Jansson (Ngorongoro Lion Project), Daniel Rosengren und Craig Packer (Serengeti Lion Project) und Peter Ndirangu. An Marina, Carlota und Valentina – nächstes Mal reisen wir gemeinsam.

Paula Hardy
Dank der Großzügigkeit von Mohammed Abdul Samad, Stefanie Schoetz, Suzanne Degeling, Said el-Gheity, Martin Mhando, Bobby McKenna, Simai Mohammed Said, Christian und Tammy Moorhouse-Chilcott, Hafsa Mbamba, Nassor Haji, Eliakira Pallangyo, David Bega, Russell Bridgewood, Julie Lawrence, Mohammed Okala und Kelly Atkins standen mir in Daressalam, Sansibar und anderen Orten viele Türen offen. Mein größter Dank gilt jedoch Nasir Mussa, mit dem ich unterwegs so oft gelacht habe, und Harold Webb und David Hardy für ihre endlosen Abenteuerausflüge in Ostafrika.

QUELLENANGABEN

Klimakarte nach Peel MC, Finlayson BL & McMahon TA (2007) 'Updated World Map of the Köppen-Geiger Climate Classification', Hydrology and Earth System Sciences, 11, 163344.

Umschlagfoto: Geparden, Nationalpark Serengeti. © Mitsuaki Iwago/Corbis.

DIESES BUCH

Dies ist die 3. deutsche Auflage von *Tansania*, basierend auf der mittlerweile 6. Auflage von *Tanzania*. Sie wurde von Mary Fitzpatrick, Stuart Butler, Anthony Ham and Paula Hardy verfasst und von den folgenden Personen produziert:

Verantwortlichr Redakteur
Matt Phillips

Leitende Redakteure
Briohny Hooper, Luna Soo

Chefkartograf Corey Hutchison

Umschlagdesign Mazzy Prinsep

Redaktionsassistenz Kate Chapman, Melanie Dankel, Andrea Dobbin, Paul Harding, Victoria Harrison, Andi Jones, Kellie Langdon, Jenna Myers, Saralinda Turner

Kartografiessistenz
Mick Garrett

Umschlagrecherche
Naomi Parker

Dank an Sasha Baskett, Ryan Evans, Campbell McKenzie, Claire Naylor, Martine Power, Diana Saengkham, Samantha Tyson, Maureen Wheeler, Tracy Whitmey, Amanda Williamson

Register

Kartenverweise **000**
Fotoverweise **000**

Kartenverweise **000**
Fotoverweise **000**

N

O

P

R

S

T

Kartenverweise **000**
Fotoverweise **000**

U

V

W

Y

Z

Kartenlegende

Sehenswertes

- Strand
- Vogelschutzgebiet
- Buddhistisch
- Burg/Festung
- Christlich
- Konfuzianisch
- Hinduistisch
- Islamisch
- Jainistisch
- Jüdisch
- Denkmal
- Museum/Galerie/ Historisches Gebäude
- Ruine
- Sento/Onsen
- Shintoistisch
- Sikhistisch
- Taoistisch
- Weingut/Weinberg
- Zoo/Tierschutzgebiet
- Andere Sehenswürdigkeit

Aktivitäten, Kurse & Touren

- Bodysurfen
- Tauchen
- Kanu-/Kajakfahren
- Kurs/Tour
- Skifahren
- Schnorcheln
- Surfen
- Schwimmen/Pool
- Wandern
- Windsurfen
- Andere Aktivität

Schlafen

- Hotel/Pension
- Campingplatz

Essen

- Restaurant

Ausgehen & Nachtleben

- Bar/Kneipe/Club
- Café

Unterhaltung

- Theater/Kino/Oper

Shoppen

- Geschäft/Einkaufszentrum

Praktisches

- Bank
- Botschaft/Konsulat
- Krankenhaus/Arzt
- Internet
- Polizei
- Post
- Telefon
- Toilette
- Touristeninformation
- Noch mehr Praktisches

Landschaften

- Strand
- Hütte/Unterstand
- Leuchtturm
- Aussichtspunkt
- Berg/Vulkan
- Oase
- Park
- Pass
- Rastplatz
- Wasserfall

Städte

- Hauptstadt
- Landeshauptstadt
- Stadt/Großstadt
- Ort/Dorf

Transport

- Flughafen
- Grenzübergang
- Bus
- Seilbahn/Standseilbahn
- Fahrradweg
- Fähre
- Metro/MRT-Bahnhof
- Einschienenbahn
- Parkplatz
- Tankstelle
- Skytrain-/S-Bahn-Station
- Taxi
- Bahnhof/Eisenbahn
- Straßenbahn
- U-Bahn-Station
- Anderes Verkehrsmittel

Hinweis: Nicht alle Symbole kommen in den Karten dieses Reiseführers vor.

Verkehrswege

- Mautstraße
- Autobahn
- Hauptstraße
- Landstraße
- Verbindungsstraße
- Sonstige Straße
- Unbefestigte Straße
- Straße im Bau
- Platz/Fußgängerzone
- Stufen
- Tunnel
- Fußgängerbrücke
- Spaziergang/Wanderung
- Wanderung mit Abstecher
- Pfad/Wanderweg

Grenzen

- Staatsgrenze
- Bundesstaaten-/Provinzgrenze
- Umstrittene Grenze
- Regionale Grenze/Vorortgrenze
- Meeresschutzgebiet
- Klippen
- Mauer

Gewässer

- Fluss/Bach
- Periodischer Fluss
- Kanal
- Gewässer
- Trocken-/Salz-/ Periodischer See
- Riff

Gebietsformen

- Flughafen/Start- & Landebahn
- Strand/Wüste
- Christlicher Friedhof
- Sonstiger Friedhof
- Gletscher
- Watt
- Park/Wald
- Sehenswertes Gebäude
- Sportanlage
- Sumpf/Mangroven

UNSERE AUTOREN

Mary Fitzpatrick

Hauptautorin, Nordöstliches Tansania, Südliches Hochland, Südöstliches Tansania Mary besuchte Tansania das erste Mal vor zwei Jahrzehnten, um den Kilimandscharo zu besteigen. Seitdem kam sie unzählige Male zurück – hat hier gelebt, Suaheli gelernt und geschrieben – und hat (fast) jedes Fleckchen des Landes besucht. Die Arbeit an dieser Ausgabe hat ihr unheimlich viel Spaß gemacht, weil sie wieder ihre liebsten Gegenden des Landes besuchen konnte, insbesondere das Südliche Hochland und das Südöstliche Tansania. Seit bereits 17 Jahren ist Mary als Reiseschriftstellerin tätig und war Autorin sowie Koautorin vieler Lonely Planet Bände. Für diese Ausgabe von *Tansania* verfasste sie auch die Kapitel Reiseplanung, Tansania verstehen und Allgemeine Informationen.

Stuart Butler

Victoriasee, Westliches Tansania Stuart wuchs mit den Geschichten seines Vaters über dessen Kindheit in Ostafrika auf sowie mit den Erzählungen seiner Großeltern über deren Mitarbeit an der ersten englischen Ausgabe der kenianischen Tageszeitung Daily Nation. Als erstes Ziel auf dem afrikanischen Kontinent wählte auch Stuart Ostafrika und wurde nicht enttäuscht. Seither kehrte er viele Male zurück. Seine Reisen führten ihn nach ganz Afrika und darüber hinaus, vom farbenfrohen Asien bis zur arktischen Tundra. Heute lebt er mit seiner Frau und zwei kleinen Kindern an den Stränden Südwestfrankreichs. Seine Website ist www.stuartbutlerjournalist.com

Mehr über Stuart erfährt man unter:
lonelyplanet.com/members/stuartbutler

Anthony Ham

Nördliches Tansania, Zentral-Tansania Anthony (www.anthonyham.com) bereist Afrika seit 15 Jahren und hat seine Erfahrungen, die er schon in vielen Texten und Fotos festgehalten hat, auch in den aktuellen *Tansania* eingebracht. Bei Besuchen in Nord- und Westafrika verliebte er sich in den Kontinent und reiste in jüngerer Zeit ausgiebig durch seinen Osten und Süden, um für Zeitungen und Zeitschriften aus aller Welt über Umweltprobleme, Nomaden und Ureinwohner sowie die Konflikte zwischen verschiedenen afrikanischen Staaten zu schreiben. Wenn er nicht gerade in Afrika unterwegs ist, pendelt Anthony mit seiner Frau und zwei Töchtern zwischen Melbourne und Madrid.

Mehr über Anthony erfährt man unter:
lonelyplanet.com/members/anthony_ham

Paula Hardy

Daressalam, Sansibar-Archipel Paula wurde in Kenia geboren und wuchs dort auch auf. Als Kind verbrachte sie ihre Ferien immer in den Strandbungalows Ostafrikas und hat jeden einzelnen der unvergleichlichen Strände Sansibars und Pembas persönlich getestet (Irgendwer muss es ja machen!). Seit 1999 arbeitet sie für Lonely Planet und hat an mehr als 30 Lonely Planet Bänden mitgearbeitet, darunter *Kenia*, *Marokko* und *Tansania*. Wenn sie nicht gerade für Lonely Planet unterwegs ist, schreibt sie für verschiedene Websites und Zeitschriften. Man findet sie unter paulahardy.com oder auf Twitter: @paula6hardy

David Lukas

Von David stammt das Kapitel Tiere & Lebensräume. Er ist freiberuflicher Naturforscher und wohnt in der Nähe des Yosemite Nationalparks in Kalifornien. Er schreibt ausführlich über die Wildtiere der Welt und hat an acht Lonely Planet Reiseführern über Afrika mitgeschrieben.

DIE LONELY PLANET STORY

Ein uraltes Auto, ein paar Dollar in den Hosentaschen und Abenteuerlust, mehr brauchten Tony und Maureen Wheeler nicht, als sie 1972 zu der Reise ihres Lebens aufbrachen. Diese führte sie quer durch Europa und Asien bis nach Australien. Nach mehreren Monaten kehrten sie zurück – pleite, aber glücklich –, setzten sich an ihren Küchentisch und verfassten ihren ersten Reiseführer *Across Asia on the Cheap*. Binnen einer Woche verkauften sie 1500 Bücher und Lonely Planet war geboren. Heute unterhält der Verlag Büros in Franklin und Oakland (USA), London, Melbourne (Australien), Peking (China) und Delhi (Indien) mit über 600 Mitarbeitern und Autoren. Sie alle teilen Tonys Überzeugung, dass ein guter Reiseführer drei Dinge tun sollte: informieren, bilden und unterhalten.

Lonely Planet Publications,
Locked Bag 1, Footscray,
Melbourne, Victoria 3011,
Australia

Verlag der deutschen Ausgabe:
MAIRDUMONT, Marco-Polo-Straße 1, 73760 Ostfildern,
www.lonelyplanet.de, www.mairdumont.com
info@lonelyplanet.de

Chefredakteurin deutsche Ausgabe: Birgit Borowski

Redaktion: Thomas Grimpe, Tina Steinhilber, Claudia Fahlbusch, Margit Riedmeier; Verlagsbüro Wais & Partner, Stuttgart
Mitarbeit: Nadine Beck
Übersetzung der 3. Auflage: Julie Bacher, Anne Cappel, Britt Maaß, Claudia Riefert, Petra Sparrer, Katja Weber
(An früheren Auflagen haben zusätzlich mitgewirkt: Dr. Wolfgang Hensel, Sabine Tessloff)
Technischer Support: Primustype, Notzingen

Tansania
3. deutsche Auflage Oktober 2015,
übersetzt von *Tanzania 6th edition*, Juni 2015
Lonely Planet Publications Pty

Printed in China

MIX
Paper from responsible sources
FSC® C124385